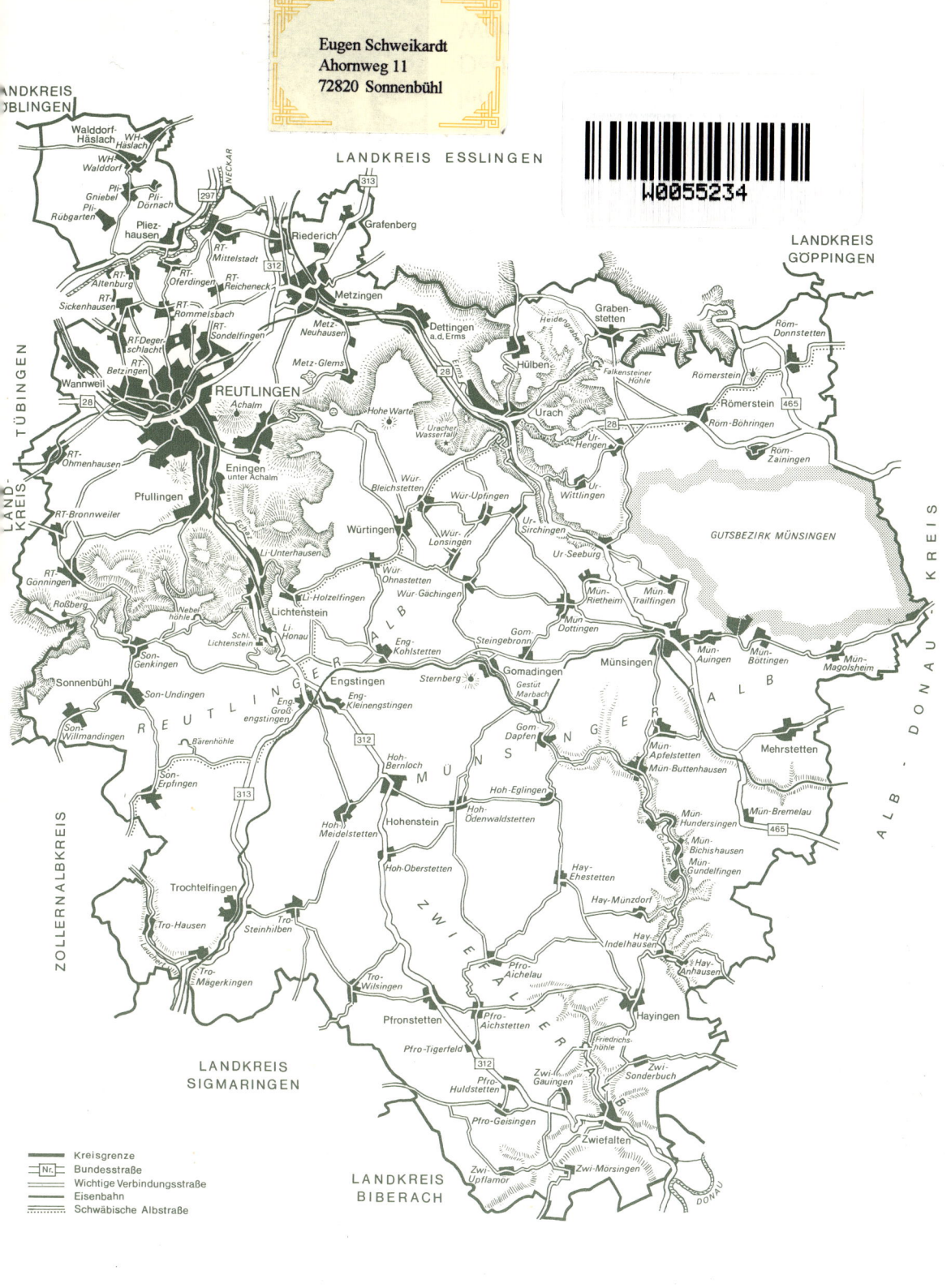

LANDKREIS ESSLINGEN

LANDKREIS GÖPPINGEN

LANDKREIS TÜBINGEN

LANDKREIS REUTLINGEN

ZOLLERNALBKREIS

ALB - DONAU - KREIS

LANDKREIS SIGMARINGEN

LANDKREIS BIBERACH

GUTSBEZIRK MÜNSINGEN

REUTLINGER ALB

MÜNSINGER ALB

ZWIEFALTER ALB

Kreisgrenze
Nr. Bundesstraße
Wichtige Verbindungsstraße
Eisenbahn
Schwäbische Albstraße

Heimat und Arbeit

Kuratorium

Vorsitzender: Dr. Adalbert Seifriz, Minister a. D.
Karl Schiess, Innenminister
Walter Krause, Innenminister a. D.
Professor Dr. Wilhelm Hahn, Kultusminister
Dr. Rudolf Eberle, Minister für Wirtschaft, Mittelstand und Verkehr
Dr. Friedrich Brünner, Minister für Ernährung, Landwirtschaft und Umwelt
Annemarie Griesinger, Minister für Arbeit, Gesundheit und Sozialordnung
Roland Klett, Präsident der Arbeitsgemeinschaft der Industrie-
   und Handelskammern in Baden-Württemberg
Alfred Geisel, Präsident der Arbeitsgemeinschaft der Handwerkskammern
   in Baden-Württemberg
Landrat Bruno Rühl, Präsident des Landkreistags Baden-Württemberg
Eugen Frick, Hauptgeschäftsführer des Landkreistags Baden-Württemberg
Oberbürgermeister Reinhold Zundel, Präsident des Städtetags Baden-Württemberg
Bürgermeister Werner Thrum, Präsident des Gemeindetags Baden-Württemberg
Dr. Wolfgang Klüpfel, Präsident des Badischen Sparkassen- und Giroverbandes
Karl Stolz, Präsident des Württembergischen Sparkassen- und Giroverbandes
Theo Götz, Direktor der Landeszentrale für politische Bildung Baden-Württemberg
Günter Erlewein, Landesbezirksvorsitzender des Deutschen Gewerkschaftsbundes
Professor Dr. Hermann Haas, Stuttgart

Herausgeber: Dr. Konrad Theiss

Der Kreis Reutlingen

Konrad Theiss Verlag
Stuttgart und Aalen

Herausgeber: Landrat Gerhard Müller
Redaktion: Jörg König und Hans Schleuning

Das Umschlagbild zeigt den Blick über Pfullingen auf die Achalm

© Konrad Theiss Verlag Stuttgart und Aalen 1975
ISBN 3 8062 0136 6
Gesamtherstellung: Grafische Betriebe Süddeutscher Zeitungsdienst, Aalen
Printed in Germany

Geleitwort des Kuratoriums

Die Buchreihe „Heimat und Arbeit" sieht ihre Aufgabe darin, dem Bürger in Stadt und Land solide Information in Form eines umfassend und anschaulich gestalteten Sachbuches an die Hand zu geben, das über den engeren, gerade noch überschaubaren Lebens- und Heimatbereich zuverlässig Auskunft bereithält, einen gründlichen Überblick über alle Wissenbereiche vermittelt und den Ursachen nachgeht, die diesen Raum so und nicht anders gestaltet haben.

In einer in raschem Wandel begriffenen Welt ist es unumgänglich, die Voraussetzungen nicht aus den Augen zu verlieren, die von Natur aus gegeben sind und die vom Menschen umgeformt zu einer lebenswerten Heimat gestaltet wurden. Arbeits-, Gesellschafts- und Lebensformen stoßen Überaltetes ab, technologische und ökonomische Entwicklungen prägen dem Gesicht eines Gebietes völlig neue Züge auf. Die Umwelt wird vielfach zu einem Problem für den Menschen, der sie über Generationen geprägt hat, der in ihr lebt, arbeitet und sich in ihr heimisch und geborgen fühlen möchte.

Die Veränderungen unserer landschaftlichen und sozialen Umwelt sind so vielfältig und so schwer zu überschauen, daß eine ausreichende Sachkenntnis für den einzelnen immer schwerer wird und die Gefahr falscher Urteile entsteht. Die Buchreihe „Heimat und Arbeit" erfüllt hier eine wichtige Aufgabe, indem sie für einen überschaubaren Raum eine umfassende und zuverlässige Information anschaulich in Text und Bild vermittelt und damit zur Gewinnung eines sicheren Standortes für die eigene Arbeit beiträgt. Gleichzeitig schafft sie damit eine solide Ausgangspositon für die Beurteilung größerer Zusammenhänge.

Deshalb ist die Herausgabe dieser modern gestalteten Heimatbücher, die gleichzeitig als Sach- und Nachschlagwerke raschen Überblick vermitteln, heute notwendiger denn je.

Vorwort des Landrats

Die Schwäbische Alb, wo sie am schönsten ist – so würden wohl viele Bewohner des Landkreises Reutlingen antworten, wenn man sie nach ihrer Heimat fragt. Jusi, Achalm, Roßberg sind bekannte und gern besuchte Ausflugsziele am Albtrauf, der den Landkreis diagonal durchzieht. Urach und Seeburger Tal, Reutlingen und Echaztal, Lichtenstein und Traifelberg, Nebelhöhe und Bärenhöhle, Falkensteiner Höhle und Wimsener Höhle sind Attraktionen für Zehntausende von Besuchern, ebenso wie das Landgestüt Marbach mit seiner Hengstparade und die liebliche Landschaft des Lautertals mit ihren Burgruinen und romantischen Ortsbildern. Die neu erschlossenen Thermalquellen von Urach werden ebenso gern besucht wie die prächtige Klosterkirche in Zwiefalten.

Vom Schönbuch über das Neckar- und Albvorland, über den Albtrauf und die Hochalb bis fast zur Donau erstreckt sich der an landschaftlicher und kulturgeschichtlicher Vielfalt ungemein reiche Landkreis Reutlingen, der in seiner heutigen Form erst am 1. 1. 1973 neu gebildet worden ist und doch trotz seiner großen Ausdehnung und gegensätzlichen Struktur schon so erfreulich zusammengewachsen ist. Landkreis, Städten und Gemeinden ist es gemeinsam gelungen, eine neue leistungsfähige Einheit zu schaffen. Ich freue mich sehr darüber, daß es mit dem vorliegenden Band möglich ist, diesen Landkreis schon zwei Jahre nach seiner Entstehung darzustellen. Es gibt bei uns bisher lediglich die bekannten etwa 60 Jahre alten Oberamtsbeschreibungen der einzelnen früheren Oberämter. Deshalb besteht ein echtes Bedürfnis für ein zeitgemäßes Heimatbuch, in dem Auskunft über den Landkreis und über die Träger der Selbstverwaltung, über Geschichte, Landschaft, Kultur und über die Wirtschaft gegeben wird. Die Beiträge stammen durchweg aus der Feder von Persönlichkeiten, die die Verhältnisse in unserem Landkreis gründlich kennen, und wurden eigens für dieses Buch verfaßt. Allen diesen Mitarbeitern möchte ich herzlich dafür danken, daß sie ihre Kenntnisse und Erfahrungen für die Bevölkerung zur Verfügung gestellt haben. Ich möchte aber auch dem Verlag, allen Städten und Gemeinden sowie der Wirtschaft des Landkreises danken, ohne deren finanzielle Beteiligung die Herausgabe dieses Buches nicht möglich gewesen wäre.

Es möge diesem Heimatbuch gelingen, über die Verhältnisse in unserem Landkreis so zu informieren, daß der Leser Interesse und Freude daran findet. Dem Fremden möge dieses Buch als Aufforderung dienen, unseren schönen Landkreis näher kennenzulernen.

Reutlingen, im Herbst 1975

Gerhard Müller

Inhalt

Landschaft und Natur

Geschichte und Kultur

Verzeichnis der Autoren des Bandes

Dr. Herbert Beyer, Hauptgeschäftsführer, Handwerkskammer Reutlingen

Professor Dr. Ulrich Ammer, Oberforstrat, Reutlingen, Forstwissenschaftliche
Fakultät Universität Freiburg

Dr. Peter Anstett, Hauptkonservator, Landesdenkmalamt Baden-Württemberg,
Außenstelle Karlsruhe

Angelika Bischoff-Luithlen, Laichingen-Feldstetten

Dr. Christian Eberhardt, Regierungslandwirtschaftsdirektor, Münsingen

Walter Frick, Forstdirektor, Reutlingen

Professor Dr. Gerd Gaiser, Reutlingen

Werner Goerlich, Oberforstrat, Reutlingen

Albrecht Haas, Oberförster, Reutlingen

Hans-Peter Henninger, Handwerkskammer Reutlingen

Dr. Volker Himmelein, Konservator, Württembergisches Landesmuseum Stuttgart

Professor Dr. rer. pol. Karl Keim, Reutlingen

Professor Walter Mergenthaler, Metzingen

Professor Dr. Karl Michael Komma, Komponist, Reutlingen

Gerhard Müller, Landrat, Reutlingen

Dr. Manfred Oechsle, Oberbürgermeister, Reutlingen

Dr. Adolf Rieth, Landeskonservator a. D., Tübingen

Dr. Dr. Johann Jakob Sommer, Reutlingen

Dr. Karl Schädel, Oberlandesgeologe, Geologisches Landesamt, Freiburg

Dr. Herbert Scheurer, stellvertretender Hauptgeschäftsführer
der Industrie- und Handelskammer Reutlingen

Professor Dr. Klaus Schreiner, Institut für geschichtliche Landeskunde
der Universität Tübingen

Dr. Paul Schwarz, Stadtoberarchivrat, Reutlingen

Herbert Thomanek, Verkehrsdirektor, Reutlingen

Alfred Vöhringer, Urach-Wittlingen

Dr. Georg Wenzler, Landoberstallmeister a. D., Dingelsdorf/Bodensee

Auskunft einer Karte

von Gerd Gaiser

Nehmen wir an, die Kreiskarte läge vor uns, eine Abstraktion, exakt hergestellt, informierend mit Lineaturen und Einfärbungen, mit den Mitteln der Typografie und der Zeichen, die für Erdformen und menschliche Einrichtungen gesetzt sind. Was ist zu lesen? Auf vergangenen Karten gab es die Weite des Landes, klein nahmen darin die bewohnten Orte sich aus, punktförmig angeflogen, dazwischen schmales Geäder von Wegen. Es könnte sein, daß sich das in künftigen Karten umkehrt: offenes Land nur wie Inseln, umschlossen von überbauten Flächen. Vorläufig noch ist die Proportion anders: Flächendeckungen haben wir zwar, Stadtflächen, technisches Areal, Verkehrsflächen, aber auch das noch, was beinahe anachronistisch eine dünne Besiedelung heißen darf: viel Landschaft, Luft also; Ackerland, Weide, Waldungen, auch die ungenutzte und nicht nutzbare Form, „Unland", Felsenzone. Das Relief muß die Vorstellung aufbauen: vom nordöstlichen Zipfel die Abhänge gegen den Neckar, die Talrinne selbst, dann die Schwelle vor dem Albrand, der steil und stark eingerissen im ganzen von Südwest nach Nordost hinzieht. Die Schichtungen und damit die hohen Flächen der Alb neigen sich gegen die Donauseite. Das Bett des Neckars liegt tiefer als das der Donau. So zieht es die lebhaftere Aktivität der Gewässer an sich. Das wird an den Talformen deutlich. Dicht hinter dem Albtrauf verläuft die Wasserscheide zwischen Nordsee und Schwarzem Meer.

Eine organische Einheit ist so ein Kreis nicht. Er ist weder als Landschaft gebildhaft geschlossen noch aus historischen Gefügen erklärt. Verwaltungen gehen ihre eigenen Gänge: im Königreich figuriert Reutlingen sogar als Vorort des Schwarzwaldkreises. Schwarzwald haben wir nicht; dafür andere, glücklich verschiedene Landschaftsmuster. Mit einem Zipfel reicht noch der Schönbuch herein, das grüne Revier in der Landesmitte, das als Bannwald und fürstliches Jagdgebiet lange geschont blieb. Über dem Neckar liegt Pliezhausen mit dem römischen Mercurius in seiner Kirchmauer (umgekippt eingemauert, damit er keinem mehr etwas tut). Die Bahnlinie Stuttgart–Tübingen spart diesen Talabschnitt aus; der weitblickende Friedrich List ließ sie einen Haken schlagen, um der Vaterstadt Reutlingen ihren Anteil am Progreß zu verschaffen. So blieb ein Stück Flußlandschaft frei (der Hölderlinsche Neckar „mit seinen lieblichen Wiesen und Uferweiden" – dazu die neu entstehenden und schon eingewachsenen Baggerseen). Im Einzugsgebiet des Neckars fehlt nicht der schwäbische Weinberg, ans „Unterland" erinnernd, Rebengelände über Metzingen und Neuhausen; selbst die Reutlinger Kreszenz behauptet sich unbeirrt gegenüber alten Verleumdungen. Auf die Albfront öffnet der beste Blick sich aus der Distanz, vom Schönbuchrand her, von Punkten der Reichenecker Gegend. Die Schwelle des Vorlands sinkt noch einmal sacht ab, wie um aus einer Mulde von Raum den Anlauf freizugeben; Florian, Achalm, Georgenberg, die Alteburg sind vor dem Steilrand postiert – genauer gesagt, sie sind Nachhutposten des Rückzugs, auf dem sich der Albtrauf befindet; freilich in Dimensionen der Zeit, die sich Menschen entziehen. Der Gebirgsrand, für den Fernblick von kompakter Geschlossenheit, gliedert sich mit dem Eintritt in vielfältige Täler und Talspinnen auf in geteilte Szenerien, beschwingte und bewegte, ernsthafte, auch einmal finstere Passagen. Dort spielt, gegenüber den horizontalen und flachen Wellen der oberen Begrenzung, die Vertikale ihre Rolle: Riffe und Stürze, Hochwald, steile Schotterzungen. Hinter dem Steilrand, – „auf der Alb" also – gewinnt es wieder das Weitgedehnte und Offene. Da ist die „Vordere" Alb um Hülben und Böhringen, die „Hintere Alb" um Upfingen und Würtingen, die Reutlinger, Münsinger und Zwiefalter Alb. Die Neigung zur Donauseite vollzieht sich gemächlich. Eben noch, auf ein paar Schritte, wird die Donau berührt.

Verschieden wie die Charaktere im Landschaftlichen sind die historischen Strukturen: Reutlingens alte Stadtdemokratie, landesfürstliches Territorium, Amtsstädte und Kleinresidenzen, geistliches Regiment – der Krummstab, unter dem „gut leben" war –, vor allem die einst bedeutende Reichsabtei Zwiefalten. Die Historie setzt ihre Marken; aus dem Neckarland dringen die spätgotischen Spitztürme vor, desgleichen die Wegzeichen der Industrialisierung, vom Oberland her die barocken Turmzwiebeln; die Donauseite zeigt länger die Merkmale einer stärker agrarischen, bewahrenden Lebensform.

Bevölkerungen, menschliche Sonderarten, Lokaltypen: der „Geist" der Reutlinger, reichsstädtisch und handfest gegenüber herrschaftlichen Anmaßungen, er hatte seinen Ruf. Die Neckarseite, altwürttembergisch, protestantisch – schaffig, sie zeichnet sich atmosphärisch ab. Der Älbler, ihn kannte das Lesebuch als tief heimatverwurzelt, bedächtig, schlicht und treu – gilt das alles noch, kann man noch so sagen? Der spintisierende Schäfer der Alb, der Reutlinger Wengerter, der Hausierer mit „Reutlinger Artikeln", der Eninger Kleinhändler, der Gönninger Samenkaufmann, der seine Körner und Zwiebeln bei Mogulen und Zaren feilbot und, wenn er Glück hatte, als ein kleiner

2. Tropfsteinbildungen in der Nebelhöhle bei Genkingen (Gemeinde Sonnenbühl)
1. (umseitig) Das Schloß Lichtenstein gab der neuen Gemeinde Lichtenstein mit den
Ortsteilen Holzelfingen, Honau und Unterhausen den Namen.

Krösus unter seinen Roßberg zurückkehrte, das ist Vergangenheit. „Von der Alb 'ra"
ist keine Kennzeichnung mehr, und keine Reutlingerin wird mehr darum angesehen,
wenn sie „einen Engel um einen Gockeler" (den Goldengel der Marienkirche gegen den
ländlichen Turmhahn) eintauscht. Freizügigkeit und Verkehr, die Mobilität der Indu-
striegesellschaft, die Veränderungen im Agrarwesen, der Zustrom von Bevölkerungs-
teilen nach dem letzten Krieg, die Nachrichtenmittel, Ferienkolonien und Zweitwoh-
nungen bringen Angleichung und schmelzen Unterschiede ein. Spuren von Lokalbräu-
chen, Dialektfärbungen, sogar Reste von Trachten finden sich noch. Doch gibt es kaum
noch Anhalte für den Ortswitz, der sich am Nachbarn rieb und dessen Stall- und Kü-
chensitten, Gemeindelaster oder Vokalbildungen aufs Korn nahm.
Was gibt die Karte? Die Akustik der Namen, die Spur des Geschichtlichen, das sie trans-
portieren. Optische Zeichen für Reste, Mauern, Umwallungen, Hügelgräber, dazu Be-
nennungen: Heuneburg, Heidengraben, Römerstraße. Ein paar keltische Relikte in
Flußnamen, wohl der Name Alb selbst, *Mons Alba* schrieben die Römer. Die Sippendörfer der Landnahmezeit und die späteren – Hausen oder Stetten. Die Patrozinien der
Kirchen, die Zusammenhänge herstellen ebenso wie die Namen von Fabrikgründun-
gen. Sprechende Ortsnamen: Dapfen und Bernloch, Rübgarten, Wasser-, Dürren- und
Ödenwaldstetten. Hülben, Steinhilben: die Alb ohne Wasserversorgung, die Hüle,
auch Hülbe der Lösch- und Notteich, die Viehtränke und, bei äußerstem Mangel, wenn
der „Dachbrunnen" nichts mehr hergab, letzter Behelf für Bewohner. Am besten ge-
fällt mir (nicht bloß als Name) Upflamör. Wo paßt nur das hin; estnisch, finnisch? Ein
Schreiber, findig, doch offenbar kein Landeskind, hatte die Häuser „Ob Pflummern"
orthografisch zu bezwingen. Er bezwang.
Was liefert die Karte nicht, was gehört zur Wirklichkeit, was hat das Bewußtsein, die
sinnenhafte Erinnerung beizutragen? Worin findet der einzelne seine Erfahrungen
wieder, seine Orte, seine Umgebungen: altes Kinderspiel, mehrmals umdrehen, drei-
mal darfst du raten, die Augen verbunden, also tasten, schmecken, riechen, wo bin ich
nun? Tastbares: glatter und klirrend harter Kalk, schmieriger Höhlenlehm unter den
Sohlen, wollige Schafsrücken, Pferdehaar, Disteln. Laute: das Tosen der großen Straßen, Signale, das Negativum der Lautlosigkeit, vielleicht das Singen eines Segelflug-
zeugs; Gerüche: Algengeruch an Tufframdern, Flußwasser, stinkend, die Pest von
Müllhalden, wohlduftende Vegetation, Thymian, Steinröschen, trockener Mist,
schlappe, von Gasen beschwerte Luft, hohe und scharfe Luft, Aufwinde am Hang,
Lärmstöße, Druckwellen – das liegt im Bewußtsein gespeichert und wird von ein paar
Zeichen heraufgeholt. Aber wieviel Auskunft gibt dieses Sichtbare und Tastbare, geben
diese Oberflächen und Ausstrahlungen? Liegen die Wirklichkeiten vielmehr in Ziffern,
in der Statistik, in Haushalten und Kapazitäten, in Steueraufkommen, Immissionen
und Verkehrswegen, in der Problematik von Leben und Überleben, in dem Planspiel,

das ein Verwaltungsbezirk zu bestehen hat? Wenn ein Bild sich herstellen soll aus den Chiffren der Karte, aus den Speichern der Erfahrung, was ist nichtig und transitorisch, was hat Dauer von sich aus, was verlangt Bewahrung? Geht es um das, was mit einem mißverständlichen und gewagten Wort Schöpfung zu nennen wäre, Wachstum, Bodenformen, um die Spur dessen, was der Mensch, götter- und gottesfürchtig, im Stand der Geschöpflichkeit gemacht hat, um das, was er ferner gemacht und angerichtet hat in den Abläufen einer ehrwürdigen, redlich mühevollen, hysterischen und beklagenswerten Geschichte?

Die Geschichte hat ihren Lauf. Auch Landschaften sind nicht von Ewigkeit, weder vor der Geschichte noch in ihr. Nicht die von uns so genannten Urlandschaften und nicht die uns liebgewordenen Markungen, die durch Rodung, Steinlese, Viehtrieb und Befahrung ihre Gestalt bekommen haben und diese Gestalt in der Gegenwart ändern oder verlieren. Wir leben in den Veränderungen, durch sie und mit ihnen. Hinsichtlich unserer Eingriffe werden wir neuerdings nachdenklicher. Wir spüren die Einbußen. Das hat nichts mit Irrationalismus zu tun, viel eher mit Aufklärung. Obskurantismus liegt häufig im vermeintlichen Fortschritt. Wie und wohin auch immer – die Karten ändern sich rascher.

Also zurück zur Karte, zu ihren Zeichen und zu den Reproduktionen des Bewußtseins. Das sind Gänge des einzelnen : ich treffe auf ihr keinen unbekannten Ort, keinen Weg, den ich nicht einmal oder oft oder ungezählte Male gegangen oder gefahren wäre. Die Erfahrungen, die Akzente sind subjektiv.

Reutlingen : wie das anfangen? Zurück um die Zeit, die man früher ein Menschenalter genannt hat; mutlose und erschreckte Pause am Hauptbahnhof, verschlissen, im Hunger natürlich und die letzte Zigarette hervorkramend; Blick auf einen zerhackten Platz, Löcher und Unkraut dort, wo der einstmals präsentable „Kronprinz" gestanden hatte, zerfetzte Bäume und zerrissener Gehsteig – und nun noch einmal in die Zeit zurück, und das muß, weiß Gott, noch unter dem Kaiser gewesen sein : noch nicht schulpflichtig und nicht an eine Stadt gewöhnt, fortgeschlichen von der schleichenden Öde eines Erwachsenen-Kaffee-Nachmittags, befangen gehend in einer Straße, die still und warm war und beinahe menschenleer, eingesäumt von gestutzten Bäumen, ich weiß nicht mehr, Rotdornen oder Akazien. Zaghaft weiter bis auf einen gleichfalls fast leeren Platz, eine Anlage, schön symmetrisch, da stand auf seinem Sockel schön groß der Professor List, ich staunte ihn an, auch die saubere Klassik des Bahngebäudes; eben kam doch ein Schwung Menschen heraus, es mußte ein Zug eingetroffen sein. Der Geruch nach Eisenbahn und das Puffen der Lokomotive – *ach wenn doch was käme und mich mitnähme* –

Reutlingen bildet nicht die Mitte des Kreises; im Kartenviereck sitzt es links oben wie die liebe Sonne im Kinderbild oder die Spinne, die fleißig ihr Netz gewirkt hat. Es bildet

Fläche im Drang einer unaufhörlichen Ausdehnung, nach den Ziffern nicht weit von der Titular-Großstadt. Die nächtliche Inszenierung läßt die Bereiche ineinander übergehen, das Gebiet der Stadt, ihrer Teil- und Nachbargemeinden, durchschossen von Lichtschnüren, gepunktet von ausgestreuten, gebündelten, stehenden oder intermittierenden Lichtern, weißem, grünlichem, orangefarbenem Kunstlicht. In die nächtliche Sicht herein spielt noch das rote Geblinker vom Flugplatz Echterdingen; hinter dem Horizont herauf der Anschluß der diffus andringenden Helligkeit von Groß-Stuttgart. Die Lage ist bevorzugt. Flankiert von Achalm und Georgenberg, bedient von einem bescheidenen, aber fleißigen Flüßchen, eingebettet in eine Gartenlandschaft mit dem „Gütle", das man besaß (auch zwei oder drei) – so stellte sich das einmal dar. Heute sind Um- und Vorland bedeckt von Siedlungs- und Industriegebieten, Sport- und Hochschulanlagen, Verkehrsbauten. Der Blick, der zu gliedern versucht, entziffert mit Mühe das alte Reutlingen.

Wunderlich klein nimmt sich das längliche, einst bewehrte Viereck aus: die eine Langseite mit dem Ledergraben (törichterweise zur „Lederstraße" deklariert) entlang der Echaz, die zweite zu ihr parallel, die Flanke zur Achalm beschirmend. Der Länge nach durchziehend die alte Haupt- und Kaufstraße und im gleichen Verlauf die Straße der Fuhrleute, zu der sich nach rückwärts die Anwesen öffneten.

Zwischen Burgherren und Reichsstadt ging alter und heftiger Hader. Die Reutlinger schlugen sich nicht schlecht. Heute haust oben kein kühner Aar mehr, wie Uhland es balladisch beschrieb; die Hänge dienen der friedlichen Schafzucht, dem Lustwandel und der Gastronomie, neuerdings öffnen sie sich der archäologischen Erkundung. Gehört die Achalm ihnen auch nicht zu eigen, die Reutlinger sehen sie dennoch als ihren Hausberg an. Ludwig Finckh, der „Bodenseher", Poet und Heimatstreiter, hat an ihr seinen Gedenkstein bekommen.

Man hielt treu zu den Staufern. *Federico di Suevia*, unser zweiter Friedrich, verteidigte im fernen Apulien seine cäsarische Monarchie; im schwäbischen Stammland gingen die Reutlinger auf ihre Mauern und schlugen mit aller Bravour den Handstreich eines Gegenkönigs, des Heinrich Raspe, zurück (1247). An den siegreichen Widerstand knüpfte sich ihr Gelübde, der Heiligen Jungfrau eine „Prächtige Kapelle" zu errichten. Es ist die Zeit eines erstarkenden bürgerlichen Selbstbewußtseins. Ein als spätromanische Anlage schon begonnener Bau wurde mit stolzerem Anspruch und in gewandelter Form fortgesetzt. In diese Marienkirche zog der erbeutete Sturmbock der Belagerer als Trophäe ein und behielt seinen Platz bis zu seiner Entfernung durch das „Sturmbockloch" – wie inschriftlich noch zu lesen.

Das Stück ist verschollen. Als Wahrzeichen wurde es neu für das neue Rathaus der 60er Jahre. Es hängt dort als Bildträger der heroischen Episode. HAP Grieshaber, Bewohner der Achalm, hat die Bildfolge auf die Flanke des Rammbocks geschnitzt.

Die Marienkirche, eine Kirche der Bürgerschaft und dem Dienstrang nach nur Kapelle, war durch ein rundes Jahrhundert im Bau und 1343 vollendet. Das ist vergleichsweise nicht einmal eine lange Bauzeit, gemessen an der Zahl der Einwohnerschaft, die zugleich ihre Stadtwehr zu festigen und zu erhalten hatte. Erstaunlich auch aus heutiger Sicht ein Bewußtsein, das sich an ein Projekt wagte, mit dessen Vollendung keiner rechnen konnte, der den Anfang unternahm. Der Bau, der aus solchen Anstrengungen erwuchs, besitzt seine eigenartige Wucht. Er gehört zu den stattlichen Zeugnissen gotischer Kirchenarchitektur im Land: das Westwerk eintürmig mit dreiteiligem Portalsystem, zwei Chortürme; reizvoll der rechteckige Chorschluß, der sich im Inneren durch einen optischen Trick der Gewölbeführung als Mehreck darstellt. Dem Langhaus hat sich der Hochdrang französischer Bauten nicht mitgeteilt, eine gewisse Schwere blieb dem Baukörper, der durch pedantisch korrekte Restaurationen nicht lebendiger geworden ist. Die Erhaltung des Bauwerks macht wie allenthalben Sorgen, und die Stadt knausert darin nicht.

Die alten Wahrzeichen, die auf einstigen Ansichten die Dominanten bildeten, die Kirchentürme und die beiden noch stehenden Tortürme des Garten- und des Tübinger Tors werden im heutigen Stadtbild an Höhe und Masse übertrumpft durch andere, neuere Dimensionen. Die Substanz der Reichsstadt ist schon durch den großen Brand von 1726 schwer geschädigt worden; der nachfolgende Wiederaufbau, der in eine Zeit geringerer Prosperität fiel, bewegte sich in einem mittleren Zuschnitt. In dem immerhin noch ansehnlichen Stadtkern räumt die Gegenwart schauderhaft auf. Obwohl sich die Einsicht befestigt, daß die Atmosphäre der alten Städte ein bißchen mehr als Postkartenplunder gewesen ist und ihre Zerstörung irreparabel bleibt, schreitet das Niederlegen, das man Sanierung nennt, fort. Der Verkehr ist schlimm, zumal auch der ganze Durchgang durch die Stadt gepreßt wird.

In ihrer Geschichte hat die Bürgerschaft Charakter gezeigt, im Städtekrieg, in den Tagen der Reformation, in der Behauptung ihrer Rechte. Die Zünfte gewannen früh die Vorhand; die vielgenannten Färber und Gerber, später die Buchdruckerkunst befestigten ihr Ansehen. Kostbare Druckwerke der Stadtbibliothek geben davon Proben. Dubiose spätere Praktiken (,,wie haben da die Drucker / so weidlich nachgedruckt / und manchem armen Schlucker / sein Honorar verschluckt'') seien übergangen; Goethes Schwager Vulpius, der Erfolgsautor, ließ seiner Rage den Lauf, indem er in seinem Räuberroman (von der 4. Auflage ab) Rinaldinis Bande einen Reutlinger zur Nachbehandlung überwies. Andere Späße und Anekdoten, die man den Reutlingern angehängt hat und die sich vor allem auf ihren Erwerbssinn bezogen, erweisen sich teils als unverbürgt, teils als halbwahr und drittens und viertens natürlich vom Neid ersonnen. Die Reutlinger selbst kolportieren sie nicht ungern. In den Schoß gefallen ist ihnen nichts, weder durch Gunst der Natur noch durch fürstliche Segnungen; man hat hart gearbeitet und hart (,,b'häb'') zusammengehalten. Der Reutlinger Hermann Kurz gab von dem handwerklich-bürgerlichen Gemeinwesen, in dem auch der Ackerbürger und Weingärtner noch seine Rolle spielte, eine anschauliche Miniatur: Rechtlichkeit, selbstbewußte Bescheidung, städtische Geborgenheit gegenüber fürstlicher Launenherrschaft und einem ungesicherten ,,Draußen''. Es war die Zeit unter Karl Eugen, die er beschrieb.

Die Reutlinger Industrie, die sich auf dem alten handwerklichen Grund entwickelte, weist heute nicht nur umfängliche Produktion auf, sondern auch einzigartige Zweige der Fertigung. Forschung und Fertigung arbeiten zusammen, Lehrstätten und Fachschulen dienen dem Nachwuchs. Im Hochschulbereich hat sich das altrenommierte, aus aller Welt aufgesuchte ,,Technikum'' fortentwickelt. Seit 1962 besteht die Pädagogische Hochschule, die auf dem Hohbuch ihren Campus hat.

Das Reutlinger Klima, heißt es, habe die Musen nicht als Dauergäste gelockt. Diese Damen aber sind ohnedies schwierig, und sollte es so gewesen sein, zeigt die Regel Einbrüche, früher ebenso wie heute. Rege sind die musikalischen Interessen und das Konzertleben. Seinen soliden Platz hat seit langem das Reutlinger Naturtheater. In der ,,Tonne'' müht man sich um die Aktualität der Bühne und wagt das Experiment. Konzert und szenisches Spiel sind auf ihre Weise Gemeinschaftsaktivitäten, dem Ort verbunden durch ihr hier und jetzt – anders als die Produktion des einzelnen, die sich am Schreibtisch oder in der Werkstatt vollzieht. Doch für ein Forum kann eine Gemeinde sorgen. In den Räumen des ,,Spendhauses'', neuerdings auch des Rathauses, hat die Stadt eine Tradition regelmäßigen Ausstellungswesens gebildet. Dazu kommt eine Reihe von Kunst- und Studiogalerien eigener Initiative.

Die *Vita activa*, von der die Stadt geprägt worden ist, war auch die Lebensform des Reutlingers Friedrich List. Denn bei ihm muß man doch wohl von der Substanz reden, nicht von einem Zufall des Geburtsortes: als Ratsherrensohn gefestigt in den Vorstellungen einer alten städtischen Demokratie, Theoretiker und Systematiker der nationalen Ökonomie, selbst praktischer Geschäftsmann, unbeugsam politisch handelnd und in seinen Entwürfen seiner Gegenwart voraus – das tragische Ende gehört dazu. – ,,Was nicht zur Tat wird, hat keinen Wert'' – so sprach ein Zeitgenosse sein Bekenntnis zur aktiven Lebensform aus. Es war der ,,Vater Werner'', auch eine Reutlinger Figur. Geistlicher Revolutionär und suspekter Vikar, hielt er Predigt in Grasgärten und Schafställen und entwarf Ideen zu einer ,,christlichen Fabrik''. So wurde er Begründer des Reutlinger ,,Bruderhauses''. Industrielle Betätigung und soziale Aktion, die zugleich dem Betreuten nach Maß seiner Kräfte Aktivität zumaß, sollten sich in seinen Anstalten verbinden. Soziale, patriarchalisch getönte Bezüge treffen wir mit Jahrhundertanfang in Bautätigkeiten von Reutlinger Fabrikherren: die ,,Wendlerei'' und das ,,Gmindersdorf'' erinnern an das ältere, umfänglichere Konzept der Augsburger Fugger, sie sollten Betriebsangehörigen eine Heimstatt geben. Das Gmindersdorf, nach zeitgenössischer Ideologie als ländliches Wohndorf für eine Arbeitergemeinde gedacht, entwarf 1903 der Architekt Theodor Fischer: ein merkwürdig wenig bekanntes historisches Wohnstättenmodell.

Das Echaztal aufwärts geht es nach Pfullingen. Die stark strapazierte Echaz zu finden, wird schwieriger. Ihre Einfärbung verriet zeitenweise dem Kundigen, was sich in der Produktion abspielte. Pfullingen, historisch würdig, hat den heiligen Wolfgang hervorgebracht (924); freilich wurde er nicht der Patron der Pfullinger, sondern der Regensburger; der große Michael Pacher hat ihm mit Altarbildern ein leuchtendes Andenken gesichert. Wie weit das Stiften von Kirchen, worin der Heilige sich hervortat, schon in der Sippe angelegt war, wissen wir nicht; immerhin liegen unter der Pfarrkirche mehrere Vorgängerbauten bis zu beträchtlichem Alter. Es ist, wie in Metzingen, Mittelstadt, Münsingen, eine Martinskirche, das kann auf Anfänge der Missionierung deuten. Das Clarissenkloster besteht nicht mehr, dafür läßt das Klosterbräu imposante Kessel blinken. Weiter hinaus liegen die „Pfullinger Hallen". Hier treffen wir wieder auf die Spur Theodor Fischers, den der Stifter Laiblin berief, zugleich auf ein bedeutendes Stück Malerei. Es ist ein Freskenzyklus mit der „Herabkunft der Freude" als zentralem Thema. Eine Malergemeinschaft, der Schülerkreis Adolf Hoelzels, hat diese Wandbilder geschaffen.

Hinter Pfullingen rücken die Berge näher heran, und das Tal verengt sich. Pfullingen, Unterhausen, Honau: mit ihren Endungen deuten die Ortsnamen die aufwärts dringende Besiedlung an. Honau auf seiner Tuffbarre hat unter sich eine Grotte, an seiner Hauptstraße Forellenwirtschaften und über sich auf der einen Seite die imposante Szenerie der Traifelbergfelsen, auf der anderen das Schloß Lichtenstein. Unseren Wilhelm Hauff hat das – wie man damals sagte – sagenumwobene Gelände zu seinem „Lichtenstein"-Roman inspiriert, Muster aus Walter Scott auf schwäbisch. Der einstige Bestseller konnte die Herzen rühren: der hochfahrende und exzentrische Ulrich, der wackere Georg, Marie das Ritterfräulein; sodann auf der Volksebene der treue Pfeifer von Hardt und das herzige Bärbele; bis zum dynastischen Wahrtraum von künftiger Glorie blieb kein Wunsch übrig. Die Silhouette, die das besungene Schloß freilich erst *ex post* bekommen hat (1840 durch Heideloff) – wer erkennt sie nicht wieder, nachgebastelt in Vorgärten, auf Souvenirgläsern gemalt, gestickt auf Ruhekissen? Das Volksfest zu Pfingstmontag bei der Nebelhöhle wird immer noch begangen.

Abgebaut ist dagegen die technische Rarität, das aufregende Zahnradbähnchen von einst: kaum demontiert, wie anziehend und selbst lukrativ würde heute die nostalgische Kletterfahrt. Der Bahnstrang ist jetzt eine spitz beschotterte Geisterstraße. Auf den Kehren der Autostraße, über dem Quelltopf der Echaz, müht der Verkehr sich aufwärts.

Oben wird mit einem Schlag die Sicht frei und offen. Lichtwechsel. Feldbreiten hin
zu den beiden Engstingen, das eine mit dem (protestantischen) Spitzturm, das andere
mit der (katholischen) Haube. In Kleinengstingen pumpe man sich einen Schluck aus
dem veritablen Sauerbrunnen, der in schlichtem Häuschen dicht an der Straße gefaßt
ist. „Passen Sie auf", warnte besorgt die Großmutter mit dem Krügchen, „so kriegen
Sie ja den Husten". (Wir kriegten ihn). Die Straße teilt sich, ein Strang läuft über die
Haid, einst ein Weidegebiet der Albschäfer, heute vielfach angebaut, auch aufgeforstet
und militärisch genutzt, gegen das alte und schmucke Städtchen Trochtelfingen. Die
andere Route führt über das offene, schwach gewellte Hochland gegen Zwiefalten.
Ungefähr parallel zur Echaz bricht das Tal der Erms den Steilrand auf. Im Gebiet dazwi-
schen neue Marken im Landschaftsbild: korrespondierende Staubecken im Tal nahe
Glems und hinter dem Höhenrand beim Gestütsgelände von St. Johann. In der Breite
des Vorlands liegt Metzingen. Die Metzinger Hügel, Weinberg und Florian, haben so
wie der Reutlinger Jörgenberg – nicht aber die Achalm – vulkanische Substanz; es ist
Streugebiet des „Schwäbischen Vulkans". Über Metzingen, weiterhin über Neuhausen
Rebhänge, gut gehalten und von geschätztem Ertrag; der Boden teilt Feuer mit. Die
Gänge dort an den Hangwegen, entlang den Stützmauern und Weinberghäuschen, im
Vorfrühling, wenn die Knospen treiben, im Herbst, wenn die Spiegel blitzen – dieses
Mauer- und Girlanden-Gelände hat einen südlichen Anflug. Am Metzinger Bahnhof
(Knotenpunkt) stand das alte Hotel Sprandel für Anschlußreisende zur Nächtigung,
ferner für die Reutlinger, damit sie dort speisen konnten. Es steht nicht mehr. Was
noch steht, sind jene sieben Keltern, eine erstaunliche Baugruppe, die mit ihren Proportionen, ihrem Zimmermannswerk und dem Ensemble von Walmdächern geradewegs
eine Ansicht der Dürerzeit zu vermitteln scheint. Gustav Schwab in seiner Beschreibung der Alb (1823) fand das Ganze „merkwürdiger als Ägyptens sieben Wunderwer-
ke". Falls sich dort einst ein steriles City-Center zusammensanieren und ein mumifi-
zierter Stummel darin stehen bleiben sollte, wird man sich erinnern.
Vom Neckar an bis hinter Urach ist das Tal eine Werkstättenlandschaft. Urach hat Industrie und schickt sich zugleich an, Bäderstadt zu werden. Man hat gebohrt; jetzt
sprudeln die heißen Quellen, und ihre Fama geht ins Land wie vom biblischen Teich Be-
thesda, der den Andrang nicht fassen konnte. Vierzig Jahre lang (1442–1482), während
der Teilung Württembergs in die Stuttgarter und die Uracher Linie, ist Urach Residenz
gewesen. Daran erinnert unter anderen ansehnlichen Gebäuden das Schloß, neuerdings
wieder in gutem Stand mit kräftig gemauertem Unterbau und darüber Fachwerkgeschossen; unten die vierschiffige Dürnitz; der Prunkraum des Goldenen Saales, heute
beliebte Konzertstätte, im zweiten Obergeschoß. *Attempto*, ich wag's, die ritterliche
Devise des Grafen Eberhard, zusammen mit der symbolischen Palme, dem immergrü-
nen, auf die Morgenlandreise des Bärtigen deutenden Baum, wiederholt sich im Ober-

geschoß. Der weltläufige Mann, der die Tübinger Universität gründete und eine Gonzaga als schwäbische Landesmutter heimführte, hatte die Stadt gern; so steht noch sein geschnitzter Betstuhl in der Kirche zu St. Amandus.

An die gotische Flanke der Kirche schließt sich der Hof des bescheidenen Klosterbaus, als Chorherrenstift ebenfalls von Eberhard eingerichtet. Späterhin nahm der Bau eines der vier theologischen Seminare auf. Der Weg in sie führte durch die Schleuse des schwäbischen „Landexamens", zu welchem die Präzeptoren ihre Primi zu entsenden pflegten, und weiter ins Tübinger Stift. Auch eine Institution, die ihre Zeit hinter sich hat und deren Geschichte soeben zu Ende geht. Über viele Generationen des Ländchens hin übte sie prägende Wirkung: Klausur, in der allerhand Potential sich speicherte und ins Weite ausbrach oder sich in der Enge verkroch. Die Erinnerungen schwanken, die meinige nicht; Uracher Tage waren glücklich: Thukydides wie auch die Propheten im Urtext; Grübeln über dem Leitartikel der „Frankfurter Zeitung" und dessen Transposition in ein nach Möglichkeit silbernes Latein – nicht zu nennen die eigenen Aufschwünge und farbigen Expressionen, und die Ausflüge zu den Mostkrügen von St. Johann, und das viele Schilaufen, und die mittelmäßig genialischen Aufstände gegen geheiligte Lehren, sowie die Leiden, die wir um die Töchter Urachs zu leiden willig waren. Umgang natürlich mit Mörike, ebenfalls Uracher Seminarist. Besuch in Urach: „– *besonnte Felsen, alte Wolkenstühle –*"

Nach so einer Landschaft, pflegte der Ephorus Mettler zu sagen, der ein trefflicher Kunsthistoriker und ein ebenso trefflicher Seelenkenner war, – nach so einer Landschaft können Sie in der Welt weit herumlaufen. – In den Albrand schneiden die grasigen, kurvig begrenzten Talsohlen ein und umlaufen die Berghalbinseln. Senkrecht fallen die Wände der Rutschenfelsen ins Finstere der „Hölle". Von seiner Terrasse stürzt über eine Tuffschnauze der Wasserfall, dickstrahlig und über moosigen Trümmern zerstäubend. Im Winkel von Güterstein, wie als Kontrast angelegt, bildet der Wasseraustritt Kaskaden und ein Netzwerk von sprudelnden Rinnsalen. Die Kartause im Tal ist verschwunden. Als imposante Ruine erhalten ist auf ihrem Bergsporn die einstige Festung Hohenurach. Ihr Gegenstück, der Runde Berg, aus schmaler Einziehung sich zur Kegelform entwickelnd, hat einen Zugang nur über einen schrittbreiten Gratweg, eine natürliche Zuflucht, auch wohl Herrensitz bis in vorfränkische Zeit. Ausgrabungen waren in den letzten Jahren am Werk.

Zahlreich sind die Höhlen. Unwirtlich und beklemmend die längste der Albhöhlen, die „Falkensteinerin". Ihr Gang führt durch eine Folge von Seen, in deren manche die hängenden Decken eintauchen und Siphonverschlüsse bilden. Nur Froschmänner können hier etwas ausrichten, und Mannschaften haben in dem Stollen Unfreundliches erlebt; ein paar Stunden Sturzregen oben bringen die Höhlengewässer zu wütendem Ausbruch. Die Höhlen der Uracher Gegend hat der Doktor Weinland mit seinen „Rula-

man"-Leuten bevölkert; und ließ er auch wenig korrekt keltische Invasion ins Paläolithikum einbrechen, die Figuren gerieten doch so, daß sie noch am Leben sind. Dennoch
waren die Kelten da: hoch über der Falkensteiner Höhle ist durch den „Heidengraben"
– Ortsname Grabenstetten – eine vieleckige Hochfläche abgetrennt und zu einer gewaltigen Fortifikation ausgebaut worden. Gesichert durch Ausnutzung des Geländes und
durch dessen intelligente Verstärkung, konnte eine ganze Bevölkerung samt ihrem
Viehbestand in dem Areal Zuflucht finden. Das setzt eine Summe von Organisation
und Planung, auch beträchtliche Arbeitskräfte voraus.

Das Kapitel der Albhöhlen: sonderbare Gänge gibt es unter dem Boden. Die Nebelhöh-
len, auch eine Reihe von kleineren und weniger genannten wären zu begehen; Ruhm
und Namen hat die Erpfinger Bärenhöhle von ihrem Reichtum an fossilen Resten, ganzen Knochenbetten von Tieren, die in ihr hausten und endeten. Angestrahlt, glänzen
die versinterten Wände wie Salz oder Reif. Unter Scharen von hängenden Zapfen, zwischen Säulenschäften hindurch zwängen sich die Passagen wie durch organische Bildungen, an Flanken hin, die von Strängen überlaufen, von Zotten besetzt sind. Es
schlappt wie von hängenden Segeln oder gerafften Portieren; farbige Einschüsse stellen
sich ein, Rosttöne, Ringelbildungen, bernsteinfarbene Schlieren, Sprenkelungen. Un-
versehens trifft der Blick auf das Nicht-Figurative, das *Informel*, das Epochen moderner
Kunst gesucht haben, in Realisationen dieser Natur.

Doch zurück ins Licht. Gegenüber den Randlandschaften mit ihren Abbrüchen,
Schluchten und Schlingen, ihren Hangwäldern und bizarren Massenkalken mag die
Albfläche eintönig erscheinen. Sie ist es nicht. Die Beschaffenheiten wechseln. Da sind
Kuppenlandschaften und weit ausgedehnte, kaum gegliederte Feldmarken, dazwischen
die Trockentäler mit kurzem Schafrasen und Wacholdern, andere Abschnitte, die von
Steinriegeln durchzogen sind, labyrinthische Gelände, in denen Äcker, Wiesen und
schmale Waldstücke einander ablösen, die „einmähdigen" Magerwiesen mit ihrer be-
sonderen Flora, Regionen der Steppenheide und des Steppenheidebuschs. Da sind
Pflanzenstandorte, die von Liebhabern aufgesucht und nicht gern verraten werden: eigenwillige, wählerische Gewächse finden dort ihr Behagen, und das Singuläre ihres
Auftretens überrascht oft, hier und ein paar Schritte weiter nicht mehr und nirgends
sonst – eine Magie von Orten, deren Faktoren freilich analysierbar sind.

Hier tut der Zugriff der Regulierung zuweilen weh. Man weiß, daß solche Markungen
durch archaische Lebensformen geprägt sind und daß das optisch Reizvolle an ihnen in
mancherlei Nöten seinen Ursprung hat und Beschwerde bedeutet; Besitzstrukturen,
Realteilungen, der vorsichtigere, vom Gelände bestimmte Gang alter Wegführungen
haben sie so geprägt. Man weiß auch, daß man von Durchblicken und gelben Enzianen
nicht leben kann. Die Veränderung landwirtschaftlicher Methoden, die Maschinenbe-
stellung, der Übergang zur arrondierenden Form der Aussiedlerhöfe, das alles erfordert

unumgängliche und auch nützliche Korrekturen. Zu hoffen bleibt, daß die Korrekturen nicht Selbstzweck werden und nicht überall eine Art von Magdeburger Börde entsteht. Andere Einebnungen vollziehen sich: tiefe Erdfälle, Einödreste mit ihren Brüchen, Klüften und Buschinseln, auch mancher Talschluß und manche einsame Trockenrinne füllen sich mit genehmigten oder frei gewählten Ablagerungen. Da wird Müll geschluckt, und was blau in der Ferne räuchert, kommt nicht von frommen Feuern. Daß Formen der Nutzung und der Bewachsung sich ändern, ist nicht neu. So wie heute geräumt und gehobelt wird, haben frühere Generationen gerodet, dann Ackerland wieder aufgegeben und es dem Wald überlassen; der Waldboden zeigt noch die Spuren der alten Verläufe und Abböschungen. Jetzt nimmt Weidegelände zu, nicht in der Form der früheren Schafweiden, sondern von Rindern und Pferden belebt und von Zäunen umzogen; eine großflächige Nutzung, die sich früher verbot. Die „Schaffkuh", die früher vor dem Leiterwagen trottete, gibt es nicht mehr; die „glücklichen Kühe" atmen die reine Luft.

Dann und wann geht, trotz den Maschinen, vor dem Wagen noch ein Pferdegespann. Davon unabhängig, tritt das Pferd wieder häufiger ins Bild. Auf dem Land wird geritten, Reitplätze und Sprunggärten sieht man an Dorfrändern. Dann gibt es die alte und hoch angesehene Pferdezucht in den Gestütsgeländen von Marbach, Offenhausen und St. Johann mit ihren Weideflächen und großzügigen Alleen, zwischen denen die Pferderudel sich tummeln. Da herrscht reges Treiben, nicht nur von den Adepten des Reitsports, die sich zusammenfinden, sondern auch Schwärmen von feiertäglichen Besuchern.

Das Albdorf vom alten, „gewachsenen" Gepräge besteht nicht mehr. Die einstige Schicksals-Sorge ums Wasser, die der Hüle ihre Stellung in der Dorfmitte gab, ist schon unter dem Königreich durch die einst berühmte Albwasserversorgung behoben worden; Hüle und Dachbrunnen haben ihre Rolle ausgespielt; die Örtlichkeit des abgegangenen Schnakentümpels bezeichnet, mit mehr oder weniger Glück, ein Anlägchen. Ein Kuriosum bleibt in Lonsingen der „Große Brunnen", eine kreisrunde, gemauerte Zisterne, an der sich, geradewegs wie in der – gleichfalls ehemaligen – Puszta, der Arm eines Schöpfgalgens bewegt. Die Bäuerin von heute, die ihren Traktor steuert, lebt anders als ihre Großmütter, die sich in endloser Mühsal auf kleinen, verstreuten Feldstücken, auf langen Wegen, in der Sorge um Vieh und „Ziefer" verbrauchen mußten (dazu aufstehen früh vor Tag, über Stunden zu Markt gehen, den Korb mit Eiern auf dem Kopf, ein paar Batzen heimtragen). Die Dorfjugend trifft sich nicht mehr im Dämmern, um unter der Linde „*Wenns die Blümlein draußen zittern*" anzustimmen; im Lokal spielt die Band und verteilt der Bildschirm, was überall verteilt wird. (Gemeint ist nicht, daß die Blümlein noch oder wieder zittern, auch nicht, daß die Bildschirme erblinden sollten. Wer schreibt, wird mißverstanden.) Aus den Bauerndörfern sind Wohngemeinden

geworden; man fährt zur Arbeit, aus der Strickmaschine im Haus wird ein kleiner Betrieb, aus den kleinen Betrieben werden mittlere und große. Zahlreich sind noch die Feierabendbauern. Die rein bäuerlichen Wirtschaften nehmen an Zahl ab und nehmen zu an Fläche; mit den Aussiedlerhöfen ändert sich insgesamt das Siedlungsbild. Das überkommene, bodenständige Albhaus, meistens recht schlicht, mit hohem Dachstock und kleinen, eher quadratischen, vielgeteilten Fenstern ist kaum mehr zu finden. Die stattlichste Form zeigt der alte „Streckhof"-Wohnteil, Stall und Scheune in einer Achse unter einem Dach. Was neu entsteht, weist die allgemeinen, rationalisierten Formen auf. Hinzu kommen Wohnkolonien, Landhausgebiete, Feriendörfer.
Die zahlreichen Schigelände haben Zulauf und bringen ein. Es fehlt nicht an Liftanlagen. Wer hier investiert, entgeht freilich auch nicht den Wettersorgen, den Plagegeistern des Landmanns. Nicht jeder Winter ist produktiv. Segelflug-Gelände: auch hier Erinnerungen. Erste Rutscher vom Hang weg, der Start mit dem Gummiseil und *Ausziehen – Laufen – Los* über den harten, glänzenden Rasen, der Singsang der Spanndrähte – und zu der Bruchlandung der mitleidslose Kommentar eines vorüberziehenden Bauern, der die Ordnung des Seins erklärt: „*Wäret ihr onta blieba. D' Luft g'haiert de Vögel.*"
Die Erschließung als Erholungsgebiet ist im Gang und wird gefördert. Dabei heißt es nachdenken, damit nicht zugleich der Rummel in Gang kommt. Deklarierte Schwerpunkte, „freizeit-intensiv", büßen meist den Charakter ein, der die Lockung verursacht; sie verlieren ihre Unschuld. Was zum „Potential", wird, verändert sich. Das muß in Kauf genommen werden. Jeder hat sein Anrecht auf Luft.
Was zeigt die Karte weiter? Im Osten des Kreises eine ausgedehnte Flächenschraffur, mit der Kreisgrenze endend. Es ist der Truppenübungsplatz zwischen Münsingen und Feldstetten. Dieses „Münsinger Hart", das eine Römerstraße westöstlich durchzieht, hatte einst seine eigentümlichen Rechtsverhältnisse, die Anrechte und Pflichten der „Hartgenossen" regelten. Das siedlungsarme, von Kommandohügeln aus überschaubare Gelände mit seinen Breiten, Waldstücken und bezifferbaren Kuppen bot sich militärischer Disposition an, und mancher lernte es als eine rauhe Gegend kennen. Die Ansprüche weiteten sich aus; davon zeugt die makabre Dorfruine von Gruorn, dessen Einwohner 1938 ausgesiedelt worden sind. Eine kenntnisreiche, von Angelika Bischoff-Luithlen bearbeitete und vom Albverein betreute Dokumentation bewahrt die Geschichte des Dorfes und seiner Markung.
Münsingen ist der alte Vorort der Gegend und früh schon zu einem städtischen Mittelpunkt auf der Hochalb bestimmt. Die Landesgeschichte verzeichnet den Münsinger Vertrag (1482), kraft dessen die beiden regierenden Vettern Eberhard das Problem einer Wiedervereinigung lösten; auch in diesem Fall freilich nicht ohne nachfolgende Querelen. Älteren Generationen ist Münsingen vor allem als Soldatenstadt in Erinne-

rung, neueren auch als *Camp militaire*. Wirtschaftlich wachsend, läßt sich die Stadt allerlei einfallen, – wie etwa auf dem Beutenlay zu sehen –, um ihre Rolle als Landschaftsmittelpunkt zu vertiefen.

Das nahe Marbach, Sitz des württembergischen Hauptgestüts, liegt an der oberen Lauter. Hier beginnt der kleine Fluß, zwar die „große" Lauter genannt, seine vielgenannte und vielbesuchte Tallandschaft zu bilden. Wo das Heimtal von Apfelstetten herunter eintritt, liegt die Gemeinde Buttenhausen. Sie bewahrt das traurige Andenken an alteingesessene jüdische Familien, die bis zu ihrer Austilgung dort wohnhaft gewesen sind und dem Gemeinwesen wertvollen Beitrag leisteten. Durch die enge, aber flache, scharf abgesetzte Talsohle zieht der kleine Fluß windungsreich hin, an den begleitenden Hängen wechselt auf Schattenseiten der Hochwald mit den Trockenrasen der Mittagseite, die von Föhren, Wacholderstöcken und Buschgewächsen getupft sind. Riffe und turmartige Felsgebilde treten aus; das Wasser muß Barren umlaufen, die ihm den Weg verlegen. Höhlen wie das Bettelmannsloch, die Gerberhöhle bei Indelhausen, zeigen Spuren früher Bewohnung, auch der Zuflucht in Notzeiten. Auch Köhler nutzten solche Felsdächer als Unterschlupf, so bei Anhausen, wo der – vorläufig noch – straßenlose untere Abschnitt beginnt. Bis dorthin drängen sich die Häuser der kleinen, einander in geringen Abständen folgenden Dörfer eng an die Straße und bewahren manches ursprüngliche Bild. Zahlreich zeigt die Karte zu Seiten des Tales die stehenden oder geneigten Fähnchen, die Herrschaftssitze markieren, Ruinen über Gundelfingen und Hundersingen, die Schülzburg, die Maisenburg; auf der Höhe über Indelhausen die große vorgeschichtliche Schanze mit ihren Vorgräben und Abschnittswällen.

Auf der Höhe liegt die Stadt Hayingen, durch Rathaus, Spital und Fruchtkasten ausgewiesen. Ihr Naturtheater – auch die Stücke von M. Schleker entstehen am Ort – hat schon Tradition gebildet. Westlich von Hayingen setzt das Glastal an. Durch den Wald sich nähernd, tritt man hinaus auf den jähen Absturz des Lämmersteins, der mit seinen Schroffen an alpine Bildungen erinnert. Tiefer im Tal entspringt aus der Wimsener Höhle die Zwiefalter Aach als fertiges Flüßchen. In den unterirdischen Lauf unter der Felsmasse kann ein Boot einfahren, das von Zacke zu Zacke weitergezogen wird. Die Aach zieht abwärts gegen Zwiefalten. Dorthin nimmt auch die Straße Reutlingen–Riedlingen ihren Abstieg.

Verglichen mit dem nördlichen Steilrand, ist die Schrägung der Alb zur Donau eher ein allmähliches Fallen. Die Talrisse und kleinen Tobel, so kräftig sie in ihren Formen sind, tragen den Stempel des Abgeschlossenen, des Verlustes an Bewegung. Überraschend sind Sichten in die Großräumigkeit der Donauniederung. Mit den Türmen von Obermarchtal und Zwiefalten zeigt zugleich eine andere Kulturlandschaft ihr Gesicht. Immer noch scheinen die Uhren um eine Kleinigkeit anders zu gehen hier, wo das „neuwürttembergische" Oberland ansetzt, die ehemals vorderösterreichische Herrschaft

ihre Spur hinterlassen hat, und das Bauwesen in den Zusammenhängen des österrei-
chisch-süddeutschen Kirchenbarock steht. In geringer Entfernung voneinander und
wie Lehrstücke aufgebaut, liegen Obermarchtal (dies außerhalb der Kreisgrenze) und
Zwiefalten. Obermarchtal zeigt die Tradition der älteren Vorarlberger Bauschule, der
spätere Bau von Zwiefalten eine letzte, um die Mitte des 18. Jahrhunderts erreichte Stil-
stufe.
Die bedeutende, zuletzt reichsunmittelbare Abtei der Benediktiner war nicht zimper-
lich in ihrem Bauwillen. Noch stand die Anlage aus romanischer Zeit unversehrt; so er-
staunt die Unbedenklichkeit gegenüber der Historie, mit der man das Vorhandene nie-
derlegte in der Sicherheit, Besseres aufzurichten. Entscheidend als Architekt war Johann Michael Fischer, ein Großbaumeister der Zeit, dessen Werkverzeichnis ein halbes
Hundert von Kirchen und Klöstern umfaßt. Der vergleichsweise einfache, großzügige
Außenbau umfaßt eine Raumgestalt, die wenig ihresgleichen besitzt. Mir gelingt es
nie, Zwiefalten zu durchfahren, ohne daß ich dort eintrete. Ich bin mit Skandinaviern,
mit Franzosen eingetreten, die etwas Ähnliches nicht kannten; sie waren verblüfft und
dann meist erschlagen. Dieses Innere mag auf den ersten Blick verwirren, dann tritt die
Struktur klar heraus und behauptet sich in der scheinbaren Willkür der schweifenden,
nach der Höhe an Intensität zunehmenden Dekoration: das rhythmische Fortschreiten
des Langhauses mit Seitenkapellen und ausschwingenden Emporen, der Übergang in
die Zentralgestalt unter der laternenlosen Kuppel, die Tiefenerstreckung des verengten
Chorteils. Ein reiches, durch perspektivische Tricks irritierendes Gitter schrankt diese
Flucht ab, in der sich das Gestühl, ein nußbraunes, kurviges Gebirge aus Schnitzerei
und Vergoldungen, aufbaut. Nur im Gehen erschließt sich der Sinn des Gesamtraums.
Es ist eine späte Zeit, in der jede Möglichkeit beherrscht wird, doch ohne Zeichen von
Ermüdung. Das Gestische und selbst Pompöse läuft nicht leer. Ungeheuer ist der Vor-
rat an Formen. Das architektonische Konzept, die Dekorationen und Ausstattungen, in
einem Zug zu Ende gebracht, ergänzen einander in einer bruchlosen Harmonie. Das
immense Angebot an Schmuckformen und Figuren geht nicht auf Kosten der Qualität;
das Detail hält stand. Durch die Mittel hochroutinierter Malerei werden die Raumbe-
grenzungen in Frage gestellt, Flächen und Tiefen heben einander auf, Decken öffnen
sich in wolkengesäumte Räume. Kategorien von Materialgerechtigkeit, Ökonomie und
Strenge sind hier nicht am Ort. Die Materie steht im Dienst, ihr wird diktiert, Gips hat
zu Marmor, Stuck zu Brokat, ja weiß Gott zu Gewölken zu werden, eines entwickelt
sich aus dem andern und wächst in das nächste hinüber, die plastische Form in das
Trompe-l'oeil der Malerei. Die Farben: die Töne des Fresko, im Dekorativen gehaltene,
schwer benennbare Farben im Grau- und Rosa-Bereich, dazu Gold; wiederum das Fi-
gürliche in Weiß. Das ist ein Kunstgriff des Abstrahierens, der banale Abbildlichkeit
zurückweist. So brillant man die Täuschungen hinspielt, so souverän werden sie ver-

worfen. Kein Zweifel, daß dies alles propagandistisch und *ad maiorem gloriam* angelegt war; nicht einmal der naive Appell fehlt, das Volkstümliche. Es wird angeredet und
es wird geworben, nicht aber so, daß man sich auf untere Ebenen einläßt. Die Geste des
Imponierens ist zugleich Einladung. Der Angeredete wird gewürdigt.

Das Gesamtbild der Abtei, das Kompositorische ihrer Anlage ist beeinträchtigt durch
Überbauung des Hangs, vor dem sich die Architektur einst abgezeichnet hat. Bis in jüngere Zeit noch hatten die Gegenden nach der Donauseite etwas Verborgenes, noch nicht
Eingeholtes; viel Wald, wenig Durchgang. Doch in den Wäldern Grabhügel, die auf
nicht geringe Besitzer weisen; tief im Wald eine Anlage wie die Große Heuneburg. Die
andere, besser erforschte, liegt südlich von ihr und schon außerhalb des Kreises, sie läßt
weite Beziehungen, Anschlüsse an entfernte Kulturen erkennen.

Hier gab es also viel Leben und sogar Konzentration von Macht. Mit den Heunen der
Sage, den geschichtlichen Hunnen, haben diese Anlagen nichts zu tun, die Benennung
knüpfte sich an etwas Entferntes und Ungeheures. Der Wald, der die Große Heuneburg
deckt, erhält ihre Verläufe, aber verwischt sie auch; der Bewuchs verklammert die
Trümmer und verschiebt sie. Die Vorwerke, Eckbastionen und Zugänge sind zu lesen,
die Gräben, der Niederstieg zu der einstigen Wasserstelle, einer Sickerquelle, die noch
blinkt. Einst lag das alles frei. Welche Bewachsungen, welche Erdbewegungen, welche
Bevölkerungen werden folgen? –

Die Karte ist abgefragt, nur nach wenigen Punkten, die Befragung ließe sich ohne Ende
fortsetzen. Sie ist ein Ausschnitt. Ließe man die Karte sich dehnen, würde der Ausschnitt kleiner und kleiner, endlich zu einem winzigen Fleck. Aber dann die Anschlüsse: die Formen der Alb, fortgesetzt in ihren Verläufen ins Fränkische, ins Burgundi-
sche. Der Gedanke läßt sein Papierschiffchen treiben, neckarabwärts, rheinabwärts zur
Nordsee, hinunter die Donau, vorüber an Giurgiu und Braila zum Schwarzen Meer.
Das sind Verbindungen, die unser Bewußtsein kaum mehr herstellt und die dennoch
unseren Ort bestimmen. Die Stränge, die wir gelegt haben, fördern schneller und direkter und richten sich anders aus, Schienen und Autobahnen, die unsichtbaren Netze der
Flugpisten und der Nachrichtenwege. Wie werden fernere Karten beschaffen sein, was
werden sie zu sehen und zu erraten geben? „ – *Und nach abermals fünfhundert Jahren
/ will ich desselbigen Weges fahren.*"

Landschaft und Natur

Erd- und Landschaftsgeschichte des Kreises Reutlingen

von Karl Schädel

Die Landschaft

Der Landkreis liegt im schwäbischen Schichtstufenland an dessen Südgrenze. Reutlingen selbst lagert sich vor dessen schönster, markantester Stufe, dem Albrand. Hat man diese erstiegen, folgen keine deutlichen Landstufen mehr, denn mit der Albhochfläche hat man das Dach des Schichtstufenlandes erklommen. Südlich der Klifflinie beginnt für den Geologen eine neue jüngere Landschaft mit anderen Gesetzen.

Das Schichtstufenland ist eine natürliche Freitreppe, die vom Schwarzwald, Kraichgau und Odenwald zur Albhochfläche hinaufführt. Die Fußfläche ist das Grundgebirge aus Granit, Gneis, Porphyr. Darüber lagern die harten und weichen Schichten der Sedimentgesteine. Durch die Arbeit der atmosphärischen Kräfte wie Regen, Frost, Wind und die Erosion des fließenden Wassers sind die weichen Schichten zerstört und ausgeräumt, die harten Felsbänke aber als Stufen herauspräpariert worden, bis nach Millionen von Jahren das Schichtstufenland als Ergebnis vorlag. Damit hat es im einzelnen schon noch seine Geheimnisse, hier aber genügt es, wenn gesagt wird: Harte Schichten sind Stufenbildner, weiche Schichten streichen zwischen den Stufen aus.

Von diesem Orientierungsausflug durch Südwestdeutschland kehren wir ans obere Ende der Freitreppe in den Landkreis zurück. Der tiefste Einschnitt wird durch das Neckartal gebildet, das den Nordzipfel des Kreises abschneidet. Steigt man aus ihm heraus auf seine Talschultern, so erkennt man die weite, untere Liasstufenfläche beiderseits des Tales. Sie ist überwiegend Ackerland. Nur im Schönbuch nördlich der Schaich trägt sie weite Waldflächen. Im Süden schließt sich die Stufe des oberen Lias an. Auf ihr leuchten die nördlichen Vorstädte von Reutlingen. Dahinter liegt eine breite bewaldete Landstufe, die bis zur Mitte des braunen Juras, bis zu den „Blaukalken" hinaufreicht und diagonal durchs Kreisgebiet zieht. Neckartal, untere und obere Liasstufen bis zu den Blaukalken gehören landschaftlich gesehen zum „Neckarland", von dem man den Teil südlich des Flusses auch als „Albvorland" abtrennen kann.

Die Blaukalke bilden eine Ackerfläche auf halber Höhe des Albtraufes, die wie eine Aussichtsterrasse gelegen ist. Ohne Zweifel hier wird das Prinzip der Schichtstufe am deutlichsten verwirklicht. Wendet man sich aber von der Aussicht nach Norden ab und dreht sich dem Gebirge zu, so steht vor einem der eigentliche Albrand, der „Albtrauf", bedeckt von seinem charakteristischen Buchenwald, aus dem heraus wie weiße Zähne die Anrisse der Kalksteinfelsen blinken.

Bei Reutlingen, wie in der ganzen Südwestalb, ist der Albtrauf in zwei Stufen, in die „beta"- und in die „delta"-Stufe, zu untergliedern. Ihre Namen rühren von der Quenstedt'schen Bezeichnung der Juragesteine her, aus denen sie sich gebildet haben. Die untere „beta"-Stufe hat eine ebene, von Wiesen bedeckte Oberfläche. Ist man aber oben auf der „delta"-Stufe angelangt, so sucht man vergebens die Fläche. Man steht urplötzlich zwischen bewaldeten Kuppen in sanftgeschwungenen Wiesentälern, in einer völlig verwandelten, anderen Landschaft. Dies „Anderssein" hat zwei Gründe, die zusammenfallen. Bis zum Albtrauf ist alles „rheinisches Land", jenseits davon beginnt das Reich der Donau. Mit dem Passieren des Traufes überschreiten wir die „Europäische Wasserscheide". (Wer's nicht glauben will, der nehme die Straße von Seeburg nach Münsingen. An der höchsten Stelle steht ein Schild, darauf steht's!) Der Rhein mit seinem Lehensmann, dem Neckar, regiert sein Land mit harter Hand. Drei Untervögte, die Wiesaz, die Echaz und die Erms, haben sich hineingefressen in die Kalktafel der Alb, deren Oberfläche oft nur zum Schein der milden, altersweisen Herrschaft der Donau unterworfen ist. Wie weit und mit welcher Raffinesse vom Neckar her diese Herrschaft untergraben ist, werden wir an anderer Stelle lesen.

Aber nicht nur die Zugehörigkeit zu einem anderen Flußsystem mit anderen Gefällverhältnissen – der Neckar fließt 200 m tiefer als die Donau – bedingen die anderen Landschaftsformen der Albhochfläche. Ein zweites kommt hinzu. Das Gestein selbst ist nicht eben abgelagert worden (am Meeresboden bei seiner Bildung), sondern kuppig. So erklären es die Geologen. Manche Geographen – es sind aber nicht viele – führen die kuppige Bildung der Landschaft auf Karstformen zurück, wie sie in wärmeren Klimaten zu beobachten sind. Nach ihnen ist die Kuppenform ein Relikt, ein Zeugnis eines wärmeren Klimas der (tertiären) Vorzeit.

Ohne uns weiter auf diesen geomorphologischen Streit einzulassen, wollen wir unseren Überblick über die Landschaften des Landkreises vervollständigen, indem wir zwischen den Kuppen, die nun einmal da sind, nach Süden wandern. Allmählich sammeln sich die trockenen Wiesentäler zwischen den Kuppen in Haupttälern und auf einmal ist Wasser da, das als starke Quelle aus dem Kalkstein bricht. Folgen wir den starken Bächen, sei es

3. *(umseitig) Eingang zur Falkensteiner Höhle bei Grabenstetten*

4./5. *Die Bärenhöhle bei Erpfingen (Gemeinde Sonnenbühl), durch ihre Tropfsteinpracht berühmt, ist einer der Hauptanziehungspunkte des Fremdenverkehrs auf der Schwäbischen Alb.*

im Lauchert-, Seckach-, Lauter-, Schmiechtal nach Süden und erklettern nach einem Dutzend Kilometer wieder die Hochfläche, so hat sich die Landschaft nochmals gewandelt. Die Kuppen sind verschwunden. Weite Ackerflächen bestimmen die Landschaft. Statt der Kuppenalb stehen wir auf der Flächenalb. Für ihre Entstehung hat man nur eine Erklärung: Sie ist die Abrasionsfläche der miozänen Meeresküste.

Die Flüsse

Hauptfluß ist der Neckar, der etwa in einer Meereshöhe von 305 m in das Kreisgebiet eintritt und es in ungefähr 290 m wieder verläßt. Der Fluß von mittlerer Größe, dessen Mittelwasser 9 – 12 m³/s betragen mag, hat ein beachtliches Gefälle, das in Triebwerken ausgenutzt wird, um elektrische Kraft zu gewinnen. Aber sein Tal ist im Kreisgebiet einfach nicht bedeutend, es ist der schmalste Abschnitt seines Mittellaufes. Seine Talflanken werden durch den Stubensandsteinfelsen eingeengt, jedoch kommt es nicht zur Ausbildung eines ansehnlichen Engtales wie im Muschelkalk. Der Stubensandstein ist zu wenig mächtig und was er hält, verspielt im Hangenden der Knollenmergel völlig, denn er ist nun einmal alles andere als standfest. So liegen zwei Täler übereinander. Eine weite Senke, in der ein flaches Engtal eingeschachtelt ist.

Im Kreisgebiet kommt kein Nebenfluß aus dem Norden, wenn man nicht die Schaich, einen Nebenbach der Aich, nennen will, dessen stilles, reizvolles Wiesental tief im Schönbuch eingebettet ist. – Aber von Süden fließen dem Neckar drei muntere Flüßchen zu. Alle entspringen sie in tiefen Einbuchtungen des Albrandes. Alle haben sie den gleichen Charakter: tiefeingeschnittene Wiesentäler, deren ebener Talboden von einem starken Wasser durchflossen wird, das in einem flachen Bett über hellen Kalktuffgrund rasch dahinströmt.

Wiesaz, Echaz und Erms sind die eigentlichen Flüsse des Kreises. Die Triebkraft ihrer raschen Fluten schuf den Anfang der Industrie in Gönningen, Unterhausen, Pfullingen, Reutlingen, Wannweil, Urach, Dettingen, Metzingen, Riederich.

Auf der Albhochfläche sind es Lauchert und Seckach im Westen, von denen sich die letztere durch überaus konstante Wasserführung auszeichnet. Im Osten ist es die große Lauter, deren klare Wasser zwischen Steilhängen und Felsen zur Donau ziehen. Ganz im Süden schaltet sich zwischen diesen beiden Haupttälern der mittleren Alb die Zwiefalter Ach ein, die starke Zuflüsse aus der Wimsener Höhle, aber auch aus Karstquellen bekommt, die unterhalb des Lämmersteins entspringen. Um der Vollständigkeit willen sei noch die Schmiech genannt, die sich ganz nach Osten zum Alb-Donau-Kreis hinwendet, aber einen großen Teil der Wässer der Münsinger Alb empfängt. Im Abschnitt über die Karsterscheinungen der Alb wird auf die Probleme der unterirdischen Entwässerung näher eingegangen werden.

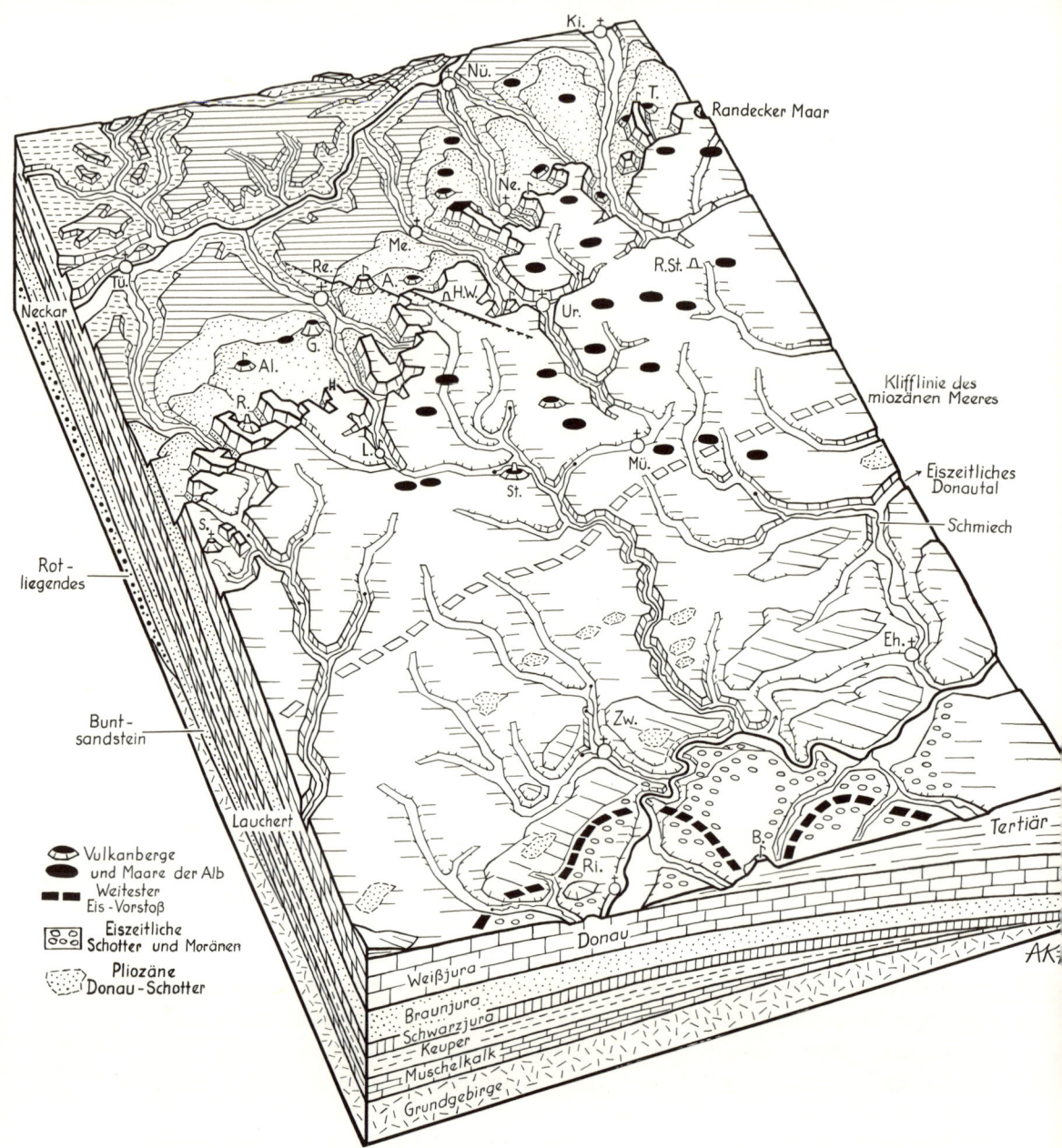

Geologisches Blockbild des Kreises

Abkürzungen: A. = Achalm, Al. = Alteburg, B. = Bussen, G. = Georgenberg, H. W. = Hohe Warte, L. = Lichtenstein, R. St. = Römerstein, R. = Roßberg, S. = Salmendinger Kapelle, St. = Sternberg, T. = Teck, Eh. = Ehingen, Ki. = Kirchheim, Me. = Metzingen, Mü. = Münsingen, Ne. = Neuffen, Nü. = Nürtingen, Re. = Reutlingen, Ri. =Riedlingen, Tü. = Tübingen, Ur. = Urach, Zw. = Zwiefalten

Der geologische Bau

Die Schichten, die das Schichtstufenland aufbauen, auf dem unser Land und der Landkreis liegen, bestehen aus Gesteinen, und zwar aus verschiedenen Gesteinen. Bevor auf deren Abfolge im einzelnen eingegangen wird, soll eine einfache Verständigung über Gesteinsnamen versucht werden.

Ein *Sandstein* besteht aus verfestigtem Sand, das heißt aus Quarzkörnern, die grob (Grobsandstein) oder klein (Feinsandstein) sein können. Er ritzt die Stahlklinge, Quarz ist härter als Stahl. *Kalkstein* ist dichter und gleichmäßiger ausgebildet, er braust mit verdünnter Salzsäure zusammengebracht auf (was der schwerere Dolomit nicht tut). Seine Farbe ist hell oder graublau. Er ritzt die Stahlklinge nicht, ist also weicher. Diese beiden Felsarten kennt fast jeder. Weniger bekannt ist der *Tonstein*, der fast immer eine schichtig-schiefrige Struktur hat, nicht spröde, sondern zäh ist, an der Luft aber rasch in Plättchen zerfällt. Im Landkreis wird er „Schiefer" genannt, hat aber nicht die Wetterbeständigkeit von Dachschiefern. Den Übergang zwischen Kalkstein und Tonstein vermittelt der *Mergelstein*, der ein Tonstein mit hohem Kalkgehalt (Tonmergelstein) oder ein Kalkstein mit hohem Tongehalt (Kalkmergelstein) sein kann. Dies alles sind Sedimentgesteine, d. h. sie sind aus Wasser, meist aus Meerwasser abgelagert worden im Laufe der Erdgeschichte. – Sie werden von unten durchbrochen von vulkanischen Gesteinen, die bei uns Basalt oder Basalttuff heißen, besser eine Basaltvarietät, dessen wissenschaftlicher Name Melilithankaratrit lautet und hier als Kuriosum genannt werden soll, denn der Ankaratrit ist ein französischer Gesteinsname aus Madagaskar. Der *Basalt* ist ein dunkles, massiges scharfkantiges Gestein (bei uns mit kugeliger, schaliger Absonderung), unser „*Basalttuff*" aber besteht aus den bunt zusammengewürfelten Brocken und Bruchstücken aller Gesteine, die man sich denken kann und natürlich sind auch Basaltkügelchen dabei, aber auch Gesteine aus großer Tiefe wie Granit und Gneis. – An der Erdoberfläche sind Sand, Ton, Mergel, Kalkstein und alle anderen Gesteinsvarietäten, die der Einfachheit halber nicht genannt wurden, von der Einwirkung von Luft, Frost, Wind, Regen zerstört und umgewandelt worden; sie sind „verwittert", wie es die Umgangssprache plastisch ausdrückt. Aus ihnen ist der *Boden* entstanden, besser die verschiedenen *Bodenarten*, denn Sandstein gibt einen sandigen Boden, Tonstein einen tonigen (sehr schweren), aber vom Kalkstein bleibt ein brauner Verwitterungslehm. Dazwischen aber liegen Brocken des felsigen Ausgangsgesteins, die von Frost und Pflug immer neu der Oberfläche zugeführt werden. – Von verrotteten Pflanzen bekommt der Boden seinen *Humus*.

Diese Gesteine haben sich im Laufe der Erdgeschichte an dem Teil der Erdkugel abgelagert, der heute den Landkreis Reutlingen trägt. Und, wenn zur Auflockerung etwas nicht völlig Ernstgemeintes gestattet ist, so hat die Erde es an nichts fehlen lassen, damit es so weit kam, weder an glutvollen Staubwüsten, noch an faulendem Meeresschlamm, hat türkisschimmernde Meeresriffe nicht vergessen und schließlich auch Feuer speien lassen – schütteln tut sie sich sogar heute noch – was sicher keine Aversion gegen die Reutlinger sein kann, denn in Tübingen schüttelt's auch.

Die ältesten Gesteine sind der Granit und Gneis, die beide im Basalttuff enthalten sind. Ihr Alter mag zwischen 700 und 1000 Millionen Jahren geschätzt werden. Zwischen ihrem Alter und dem des ältesten Sedimentgesteins, das an der Oberfläche im Landkreis entsteht, liegt mehr als drei Viertel der Geschichte des Lebens; denn für den Stubensandstein des Keupers als ältestes der Schichtgesteine, wird aufgrund der radioaktiven Altersbestimmung eine Entstehung von 200 Millionen Jahren angegeben. Das jüngste Sedimentgestein aber ist der Kalktuffsand in den Tälern. Er bildet sich heute noch, und vor 10 000 Jahren gab es noch keinen. Zwischen beiden liegen 200 Millionen Jahre, denn wenn wir auch die 10 000 Jahre abziehen, so haben sich die 200 Millionen nur um 0,005 Prozent verringert, also um einen Prozentsatz, der weit unter der Genauigkeitsgrenze der radioaktiven Altersbestimmung liegt.

Der Keuper (Tabelle 1)

Von den Gesteinen der Trias, der „Dreiheit", die Buntsandstein, Muschelkalk und Keuper umfaßt, streicht am Neckartal zwischen Altenburg, Mittelstadt, Pliezhausen – aber auch am Südabhang des Schaichtales – der Mittlere Keuper aus. Wenn wir von einem dünnen Ausstrich der obersten Lagen der „*Bunten Mergel*" absehen, ist es der *Stubensandstein*, der die Talhänge des Neckar- und Schaichtales aufbaut. Es ist ein weißer Grobsandstein; unter der Lupe erkennt man helldurchsichtige Quarzkörner, die durch Kalk oder Dolomithäutchen verbacken sind, dazwischen reichlich porzellanweiße, zu Kaolin verwitterte Feldspäte, aber auch fahlgrüne Mergelbröckchen und manchmal Erzfunken (Fahlerz, Pyrit, Kupferkies). Die ganze, etwa 50 bis 70 m mächtige Schichtfolge besteht nicht ausschließlich aus Sandstein. Zwischendurch sind grüne Tonmergel, aber auch düsterrote oder karamelbraune Tone eingeschaltet. Der Gesamtcharakter geht aus der Abbildung hervor:

Unten große Steinmergelkonglomerate, dann kommt die Hauptsandsteinfolge, über der erste Tonlagen sich einschalten, nochmals kräftiger Sandstein und dann eine ziemlich zusammenhängende Tonfolge, die nach oben von kreuzgeschichteten, schmalspaltenden Sandsteinplatten abgeschlossen werden; dazwischen liegen oft „Häfnerletten", ein fetter weißer Ton, auf dem – wie rötliche Grieben – ein Feinkonglomerat als Grenzschicht zum Knollenmergel erscheint.

Fossilien, also Versteinerungen, sind selten, kommen aber an einzelnen Stellen gehäuft

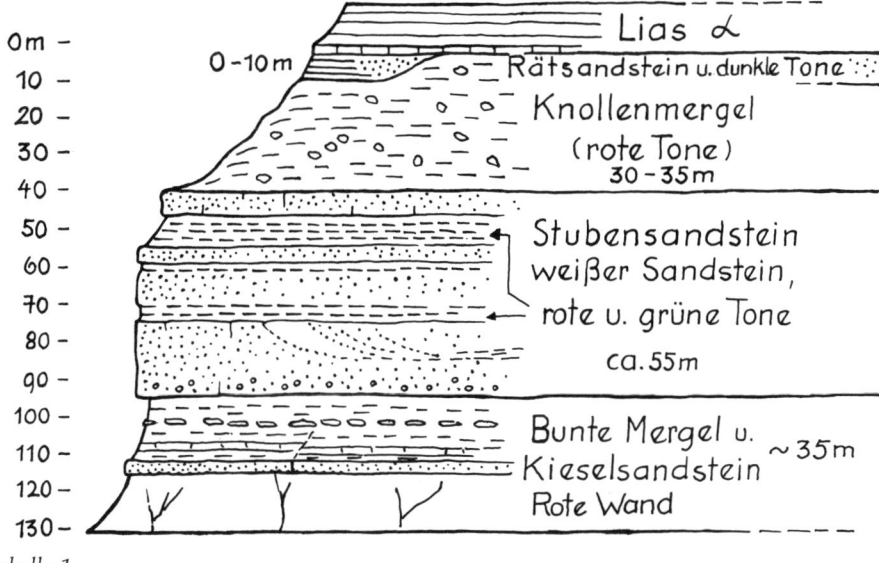

Tabelle 1

vor. Vor allem Fische, aber auch Pflanzen, Schachtelhalme, Farne. In grünen, grauen oder schokoladenfarbigen Tonen liegen Pflanzenhäcksel, Holzkohle, Kieselhölzer, aber auch Fischschuppen.

Der Sandstein wurde früher beiderseits des Neckars abgebaut in Steinbrüchen, die bei Altenburg, Oferdingen und Pliezhausen liegen. Er gibt einen guten Baustein, aus dem wegen seines rauhen Korns schönes, lebendiges Naturmauerwerk entsteht. Die bauchigen Weinbergmauern an den Hängen des Neckartales bestehen aus ihm, aber auch große Bauwerke, wie die Reutlinger Marienkirche.

Der Stubensandstein ist von Flüssen abgelagert worden, die von Osten in das Becken der Germanischen Trias einströmten. Der weiße Sand stammt von einem granitenen Hügelland, dem „Vindelizischen Land", das zwischen Kempten, Augsburg und Erlangen lag. Seine versunkenen Reste sind in 2000 bis 3000 m Tiefe von Erdölbohrungen angetroffen worden. Weite weiße, wenig über Meeresspiegelhöhe liegende Sandebenen mit Tümpeln, Gehölzen entlang den Flußbetten, und dazwischen eingestreute rote Staubhügel, alles unter tropischer Sonne – das ist die Landschaft der Stubensandsteinzeit.

Der *Knollenmergel* darüber ist 30 bis 35 m mächtig, ein Gestein, dessen offene Anrisse in der Farbe von geronnenem Blut leuchten. Es ist ein Staubsediment; Wüstenstaub hat die helle Flußlandschaft überdeckt und erstickt.

Über den steilen Stubensandsteinhängen lagern die flachen Hanglandschaften des

Knollenmergels wellig, kuppig, meist von Obstwiesen bestanden oder von Viehweiden eingenommen. Der frische rohe Schlufftonstein, in dem einzelne Kalkknötchen schwimmen, verwittert an der Luft zu schwerem tonigem Lehm. Kommt Wasser dazu, entsteht ein roter, zäher Brei, der hangabwärts kriecht. Wegen dieser Eigenschaft bildet er die flachen Hänge, die zur Hangbebauung locken. Deswegen aber rutscht er auch und ist als Baugrund nur mit gewissen Einschränkungen annehmbar. Will man auf ihm bauen, heißt es „drainieren und armieren"!

Überlagert und geschlossen wird der Mittlere Keuper vom *Rät* oder *Oberen Keuper*. Das Rät, das in Südtirol Dolomite abgesetzt hat, die Felswände von Hunderten von Metern ausmachen, ist bei uns bescheiden entwickelt, wenn es nicht überhaupt fehlt; denn das Kreisgebiet ist arm an Vorkommen, während es um Tübingen fast immer vorhanden ist und bei Nürtingen sich sogar noch schöner entwickelt. Der zehn Meter mächtige Sandstein fehlt, dagegen sind beim Bau der Reutlinger Kläranlage blaugraue Tone von drei bis vier Meter Mächtigkeit erschlossen gewesen, die viele kleine Kohleschmitzen enthielten. Rekonstruiert man in Gedanken die Landschaft, so entsteht eine flache amphibische Landschaft im Meeresspiegelniveau. In den Flutrinnen lagern Sande, daneben setzen sich schlickige blaugraue Tone mit Treibholz ab. Die Knollenmergelwüste war dabei, langsam zu ertrinken, denn zwischen den Gewässerarmen liegen die flachen blutroten Rücken aus der Knollenmergelzeit. – Mit dem Rät endet der Keuper und mit ihm die Trias.

Der Jura

Gegenüber dem immer wieder spürbaren Festlandeinfluß der Trias ist der Jura gänzlich marin. Ein flaches Meer erfüllt das Germanische Becken, dessen Wassertiefen 100 m – allenfalls 200 bis 300 m – betragen haben mögen. Nach Süden stand es mit dem großen warmen Mittelmeer der Erdgeschichte, der Tethys in Verbindung. Während der Jurazeit von über 50 Millionen Jahren Dauer sinkt der Boden dieses Beckens annähernd gleichmäßig ab, so daß es möglich ist, daß sich in diesem Flachmeer ein Mehrfaches seiner Wassertiefe an Sedimenten absetzen kann. Heute in gesacktem und verfestigtem Zustand beträgt die darin entstandene Gesteinmächtigkeit rund 800 bis 900 m, wobei zu berücksichtigen ist, daß vielleicht einiges an der ursprünglich abgelagerten Schichtfolge fehlt.

Es ist gut, wenn man sich klarmacht, bevor man Einzelheiten der Schichtfolge kennenlernt, daß dieses Jurameer eine wesentlich größere Ausdehnung hatte als die Alb und das Albvorland und große Teile von Mitteleuropa, Norddeutschland, Polen, England und Frankreich überdeckte. Die Alb und ihr Vorland ist als ruinenhafter Rest seiner Sedimente anzusehen, das, was zufällig stehen geblieben ist und zwar in Form der uns bereits bekannten Schichtstufenlandschaft. Im südlichen Kreisgebiet versinkt der Jura unter viel jüngeren Schichten. Er ist aber in Erdölbohrung weit nach Oberschwaben hinein zu verfolgen.

Die Juragesteine werden in drei große Gruppen gegliedert: Von unten nach oben folgen übereinander der *Lias* oder *Schwarzjura*, so genannt wegen seiner dunklen Gesteinsfarben, dann der *Dogger* oder *Braunjura*, dessen rotbraun verwitterte Oolith- und Muschelbänke namengebend waren und schließlich der *Malm*, dessen weiße Kalksteine ihn zum *Weißjura* werden ließen. Lias, Dogger, Malm sind die international gültigen, aus England stammenden Bezeichnungen.

Während der Lias- und Doggerzeit überwiegen im Meer nordische, die Geologen sagen boreale, Einflüsse. Im Weißjura aber überwiegt der südliche Einfluß aus der Tethys. Jede dieser drei Juragruppen wird nach der von F. A. von Quenstedt stammenden Gliederung in sechs Stufen eingeteilt und mit den ersten sechs kleinen Anfangsbuchstaben des griechischen Alphabets bezeichnet; so gibt es z. B. einen Lias alpha, Lias beta usw. bis zum zeta. Maßgebend für die Untergliederung sind die verschiedenen Schalenreste von Ammoniten, im Volksmund „Schnecken" genannt.

Schwarzjura oder Lias (Tabelle 2)

Von der Rätgrenze unten bis zur Doggergrenze oben hat der Lias eine Mächtigkeit von 110 bis 120 m. 70 Prozent sind Tonstein, 30 Prozent Kalkmergel, Kalkschiefer und Kalkbänke.

Der Lias ist ein Gestein des Albvorlandes. Seine unterste Stufenfläche, der Lias alpha, bedeckt die Flächen der Härten und die Höhen beiderseits des Neckars. Eine zweite Stufenfläche zieht sich von der Nordstadt von Reutlingen über Sondelfingen bis nach Metzingen. Die Abfolge der einzelnen Schichten wird von der Tabelle wiedergegeben. Hier einige Orientierungs- und Sammlerhinweise: Die Rutschhänge des Knollenmergel sind überall an ihren Wülsten zu erkennen. Was darüber kommt, ist der Lisa alpha, hier gute 30 m mächtig. Die versteinerungsreichsten Felsbänke liegen ganz oben, also auf der schrägen, mit 1 bis 2 Grad geneigten Liasfläche an deren Südrand. Es sind vier blaue, jeweils 20 bis 30 m mächtige Kalkbänke. Die zweite von unten, der „Schneckenfels" oder „Uhrenfels", ist die beste. Hier liegen die gesuchten „Arieten". Nach dieser Ammonitenfamilie heißt der oberste felsige Schichtstoß Arietenkalk.

Der Lias beta darüber besteht aus dunklen Tonen. – Heller, von Kalkmergelbänken unten und oben durchsetzt, ist der Lias gamma, der auch Numismalismergel genannt wird. – Ein nächstes sicheres Orientierungsmerkmal ist aber erst der Lias epsilon, der Ölschiefer (Posidonienschiefer). Jedem Reutlinger ist der Schieferstoß oberhalb der Fa-

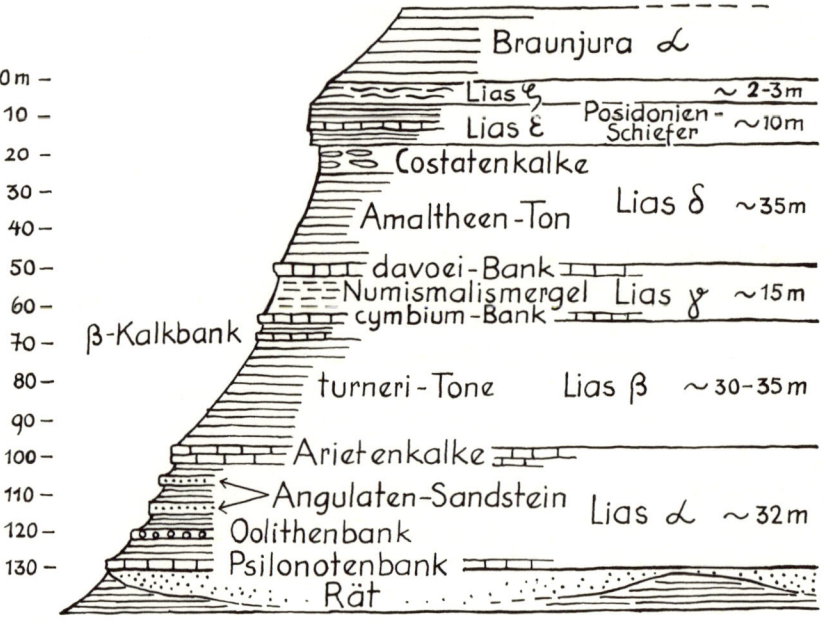

Tabelle 2

brik von Emil Adolff bekannt. Die Pädagogische Akademie steht auf ihm. Aus ihm entsprang der Heilbrunnen, eine starke Schwefelquelle südlich des Güterbahnhofs. In diesem zehn Meter dicken Schichtenstoß liegen alle Fossilien, Muscheln, Ammoniten, Fische papierdünn gepreßt in millimeterdünnen Schieferschichten übereinander. Der Schiefer enthält, von diesen Organismenresten stammend, 4 bis 8 Prozent feinverteiltes Bitumen, eine Mischung verschiedener Kohlenwasserstoffe, die als Schieferöl früher durch Schwelen gewonnen wurden. – Direkt auf dem Schiefer lagern knollige Kalkmergel, die ganz von Ammonitensteinkernen erfüllt sind. Dies ist der nur 1 bis 1,5 m mächtige Lias zeta, die obere Grenzschicht zum Braunjura.

Aus dem Lias epsilon von Reutlingen stammen weltberühmte Fossilien; so das „Schwäbische Medusenhaupt", eine Seeliliengruppe von außerordentlicher Größe, die in den Sammlungen des Tübinger Geologisch-Paläontologischen Institutes aufbewahrt wird.

9. *Die 1964 erbaute Kirche in Erpfingen (Gemeinde Sonnenbühl)*

6. *(umseitig) Feriendorf ,,Sonnenmatte'' bei Erpfingen (Gemeinde Sonnenbühl)*
7. *(links oben) Blick auf Erpfingen (Gemeinde Sonnenbühl)*
8. *(links unten) Rathaus in Erpfingen (Gemeinde Sonnenbühl)*

10./11. Blick auf Undingen (Gemeinde Sonnenbühl). Unten die Steinbühlhalle.

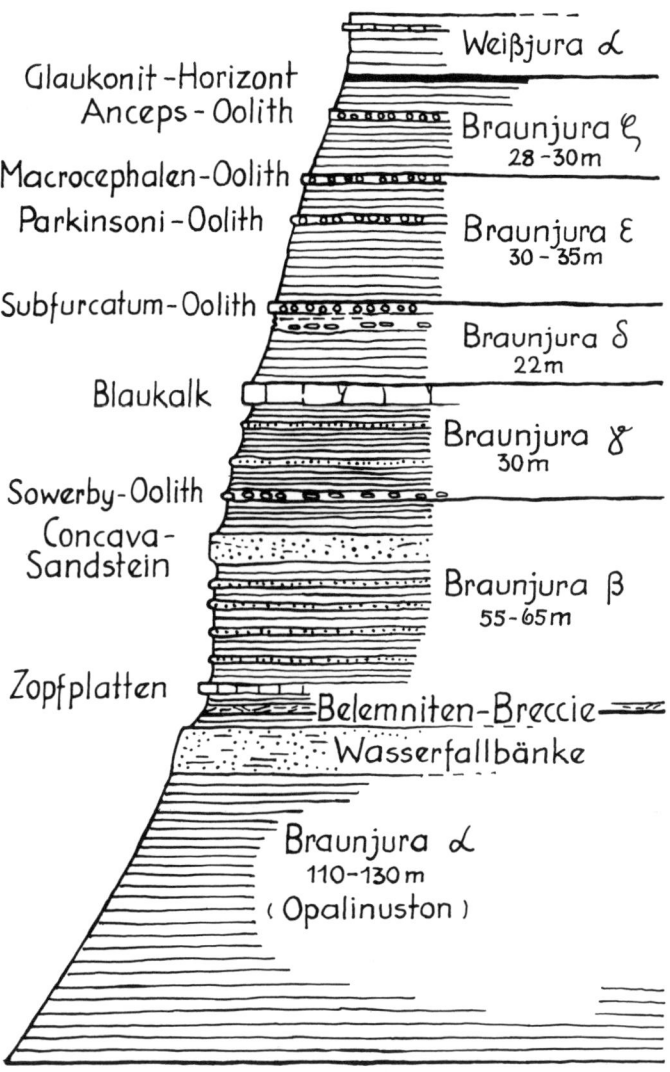

Glaukonit-Horizont
Anceps-Oolith

Macrocephalen-Oolith

Parkinsoni-Oolith

Subfurcatum-Oolith

Blaukalk

Sowerby-Oolith

Concava-
Sandstein

Zopfplatten

Weißjura α

Braunjura ζ
28-30m

Braunjura ε
30-35m

Braunjura δ
22m

Braunjura γ
30m

Braunjura β
55-65m

Belemniten-Breccie
Wasserfallbänke

Braunjura α
110-130m
(Opalinuston)

Tabelle 3

Brauner Jura, Dogger (Tabelle 3)

Der Braune Jura baut die Vorhügel der Alb auf, er ist ihr „Sockel", auf dem ruht sie. Unter dem Gewicht von 400 m Kalkstein sind die dunklen Tone, ursprünglich als Meeresschlick abgelagert, in Jahrmillionen immer fester geworden, bis sie sich in einen blaugrauen schiefrigen, zähen Tonstein verwandelt haben. Aus solchem Tonstein besteht 90 Prozent des Braunen Juras. Zehn Prozent sind oolithische Kalksteinbänke. Nach letzteren orientiert man sich. Dem Anfänger wird aber eine Orientierung nur schwer gelingen, denn die Tonsteine, entlastet vom Gewicht der Alb, unter Einwirkung von Luft und Wasser, entsinnen sich ihrer Vergangenheit als Meeresschlick. Sie verwandeln sich in schwere Tonböden, die mit dem Feuchtigkeitswechsel der Witterung quellen oder schrumpfen und die dabei an den Hängen abwärtswandern oder rutschen. Die Verwitterungstone – drei bis fünf Meter, manchmal aber auch zehn Meter mächtig – überkleiden alle Hänge. Nur in den Bachrinnen ist dem Braunjura unter seiner dicken Haut beizukommen. Aber auch hier nicht immer, denn auf den Seiten der Klingen ist alles in Bewegung, und nur im Bach selbst kann man kleinere Anrisse des frischen Gesteins erblicken.

Orientierung im Gelände: Einen unteren Orientierungspunkt gibt die Lias epsilon-Zetafläche. Der Braunjura alpha, allein 110 oder 120 m mächtig, ist bestens geeignet, jedermann durch seine Einförmigkeit zu verwirren. Die Mitte des Braunjura, die Blaukalkplatte, ist aber von jedem Laien leicht zu finden. Es ist „die" Schichtstufe im unteren Drittel des Albaufstieges schlechthin, und zwar so ausgeprägt, daß die Verbindungsstraße Öschingen – Gönningen – Pfullingen weithin auf dieser Verebnung verläuft. Der Abfall unter ihr ist Braunjura gamma und beta. Scheibengipfel und Schillerhöhe beiderseits der Achalm gehören zur Blaukalkplatte, die die neuen Viertel von Eningen trägt. Auf dem Scheibengipfel, nördlich Eningen, aber auch auf der „Röt" westlich Pfullingen wurden früher die Blaukalkplatten in Steinbrüchen ausgebeutet. Fast alle alten Weinbergmauern, die Stadtmauern von Reutlingen, das Spendhaus und alle alten Steingebäude sind aus ihnen errichtet worden.

Über dem Blaukalk ist nicht allzuviel mehr zu sehen. Wer aber seine Neugierde befriedigen will, gehe an die Nordseite der Achalm. Dort befinden sich etwa 80 bis 100 m unter dem Gipfel zwei Anrisse. In ihnen kommt der Braunjura zeta zum Vorschein. Ganz oben werden die milden, schwärzlichen Schiefertonsteine voller Muschelschill durch rauhe, härtliche Mergel überlagert. Diese gehören schon zum Weißjura. Aber darunter liegen phosphorreiche Kalkknollen, die „Lambertiknollen" und eine dunkelgrüne, 40 cm hohe Lage von Glaukonit. Dies ist die Grenze Braunjura/Weißjura.

Eine gewisse Berühmtheit der lokalen Geologie ist das „Hamitenloch" von Eningen an der alten Steige nach Sankt Johann, im unteren Braunjura epsilon. Die Stelle liegt etwa

300 m oberhalb des Eninger Friedhofs. Hier hat der alte Pfarrer Gußmann von Eningen täglich seine Ammoniten gegraben. Nur wenn das Glöckchen der Friedhofskapelle bimmelte, stellte er seinen Spaten für kurze Zeit zur Seite und eilte hinab, um ein Schäflein seiner Gemeinde der Erde zu übergeben. Mit dem aber, was Gußmann dort gegraben hat, den „Hamiten" nämlich, hat es eine besondere stammesgeschichtliche Bewandtnis. Es sind Ammoniten, die vom Pfade der Tugend abwichen, denn die sonst allen Ammoniten eigene, plane, scheibenförmige Aufrollungsart haben sie zum ersten Mal in der Erdgeschichte verloren. Heute weiß man, daß diese Ammoniten kein freischwimmendes Leben geführt haben, wie ihre Stammesbrüder, sondern sich kriechend auf dem Meeresboden bewegten. – Diese Hamitentone des unteren Braunjura epsilon sind eine Eninger Spezialität. In den übrigen Teilen der Alb fehlt diese Schicht.

Der Weißjura oder Malm (Tabelle 4)

Der Weißjura ist das eigentliche Gestein der Alb, ihres Steilrandes und ihrer Hochfläche. Die Gesamtmächtigkeit übersteigt 350 m. Davon sind über 200 m Kalksteine und Dolomite, der Rest Kalkmergel. In der Landschaft treten die Kalkmergel als konkav geschwungene Hangformen hervor, während die Kalksteine darüber als Steilstufe – oft besetzt mit einem Felsenkranz – anstehen, aber auch unter Kuppen und Tälern der

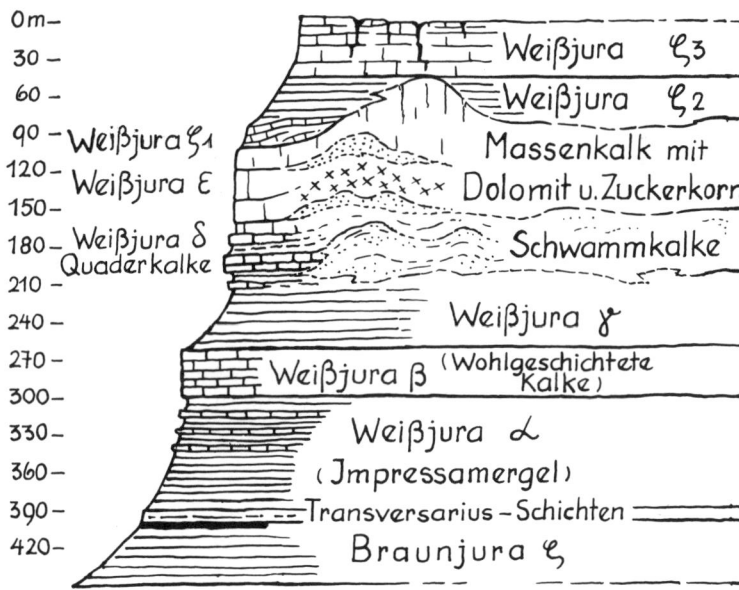

Tabelle 4

Hochfläche lagern. Die Kalkmergelsteine sind grau, im frischen Zustand fest, verwittern aber zu einem tonigen, plastischen Mergel. Vom Kalkstein bleibt bei Verwitterung wenig übrig, denn er besteht zu über 90 Prozent aus löslichem, wenn auch sehr schwer wasserlöslichem $CaCo_3$. So enthalten sehr junge Böden wenig mineralische Substanz, sondern viel durch Kalk stabilisierten Humus und Pflanzenmull (Mullrenzina). Gewöhnlich aber sammelt sich auf den Kalksteinen der Kalksteinverwitterungslehm (Kalksteinbraunlehm) an, ein toniger, mittelschwerer Boden, der ein gutes Wasserhaltevermögen hat.

Kalksteine und Kalkmergelsteine sind in einem relativ warmen Meer abgesetzt worden. Vor allem unten in der Schichtenfolge, aber auch wieder oben sind es auffallend regelmäßig gebankte Schichten. Im Weißjura alpha, der 80 m mächtig ist, wechseln Kalkstein und Kalkmergelsteinbänke in regelmäßiger Folge wohl einige hundert Mal. Darüber aber lagern die „wohlgeschichteten Kalke" oder auch „Mauerkalke" des Weißjura beta, deren 20 bis 30 cm mächtige Bänke und der ganze Rhythmus ihrer Aufeinanderfolge in der mittleren Alb überall gleich ausgebildet sind. Beide Gesteine sind häufig in sogenannten „Rutschen" entblößt und können dort gut beobachtet werden (z. B. am Ursulaberg). Der Weißjura beta bildet eine Vorstufe der Albhochfläche oder – wie im Westen des Kreisgebietes bei Willmandingen, Melchingen und Salmendingen – eine größere eindrucksvolle Hochfläche von weiträumigem Charakter.

Von der beta-Stufe aus schwingt nochmals ein konkaver Mergelhang, auf dem die Weißjura-gamma-Mergelsteine ausstreichen, empor zum massigen Felsenkranz des delta-epsilon. Unten zeigt das Gestein noch hin und wieder Reste einer mächtigen, dickbankigen Schichtung, weshalb auch der Name Quaderkalke gebräuchlich war. Seitlich oder darüber lagert ruppiger „Schwammkalk", „dichter Felsenkalk", „zuckerkörniger Lochfels" oder sandig abwitternder Dolomit. Diese Gesteinsvarietäten wechseln auf engem Raum, sind aber in ihrem Typus alle miteinander verwandt und durch Übergänge verbunden.

Diese Massenkalke, wie sie zusammenfassend bezeichnet werden, sind verhältnismäßig rasch durch Mithilfe von Organismen aus dem Meerwasser ausgeschieden worden. Im wesentlichen waren es Meeresschwämme, die in großen Riffen, aber auch auf Schwammrasenbänken gelebt haben und deren tote oder überwucherte Körper beim Verwesen oder Absterben in Kalkmumien verwandelt wurden. Sie gehörten zur Gattung der Kieselschwämme, hatten also kein Kalkskelett. Nur untergeordnet, aber nie Riffe bildend, kommen auch kleine Kalkschwämmchen vor. Daneben waren die Riffe bevölkert von Brachiopoden, z. B. von Rynchonellen, die selbst kleine Riffstotzen bildeten, Bryozoen, sessilen Foraminiferen, Borstenwürmern und Algen. Ein einfaches Riff hatte die Gestalt eines runden Hügels von 100 bis 200 m Durchmesser und 50 bis 80 m Höhe. Die Riffhügel sind oft zusammengewachsen, so daß zwischen ihnen Mulden liegen, die einer Schüssel ähneln. Diese Schüsseln füllen sich mit dem Schutt der Riffe oder herabgefallenen Schwämmen und Kalkschlamm, später im Weißjura zeta mit Bankkalken und Zementmergeln. Vielfach sind die weicheren Schüsselfüllungen zwischen den härteren Riffkalken wie Zahnplomben ausgewaschen worden, so daß heute die Zementmergelschüsseln als sanfte Mulden zwischen kuppigen Höhen eingebettet sind.

Die Massenkalke werden in Steinbrüchen gebrochen und als Bruchschotter oder zu Mineralbeton verwendet. Früher wurden aus ihnen die wassergebundenen Albsträßchen hergestellt, die für diese Hochflächenlandschaft ebenso charakteristisch, wie staubig waren.

Tertiär

Im Oberen Jura zog sich das Meer zurück. Gewisse Anhaltspunkte sind vorhanden, daß das Land von Nordwesten kam und daß das Meer sich nach Südosten zurückzog. Im Alpinen Jura und auch im Schweizer Jura sind Grenzschichten des Jura zur Kreide erhalten. Bei uns aber fehlen sie. Von der langen Kreidezeit, vom älteren Tertiär, ist keine geschlossene Schichtfolge vorhanden. In Spalten und Höhlen aber findet man gewisse geheimnisvolle Sedimentreste, deren Herkunft weitgehend ungeklärt ist. Einmal tritt hin und wieder etwas auf, was der Alb sonst gänzlich fremd ist, so daß sich auch ein Geologe die Augen reibt, weil er glaubt zu träumen. Es finden sich Taschen von weißen *Quarzsanden*, deren Körner intensiv angelöst sind. In anderen Spalten, und dies sind die meisten, lagert *Bohnerzlehm*. Bohnerze sind kleine rotbraune Kügelchen aus Brauneisenstein (Limonit), die eine schalige Struktur haben. Sie liegen in Verwitterungslehmen des Tertiärs, von denen die älteren von einer heißeren Sonne feuerrot gebrannt sind. Aus dem Bohnerzlehm kann man die Bohnerze auswaschen, was auf der Alb im 18. Jahrhundert eine verzweifelte Beschäftigung der Bauern war, um zu etwas Geld zu kommen. Die Lehme enthalten aber auch Fossilreste und zwar Knochenbruchstücke von Vögeln, Schildkröten, Huftieren – zum Teil recht viel – so daß man nach einigen Stunden an einer guten Spalte – man wäscht mit einem Küchensieb – eine ganze Fauna beieinander hat.

Über der älteren „Bohnerzformation" lagert südlich der Klifflinie des Miozänen Meeres zuerst in Relikten, die sich nach Süden zu einer Sedimentendecke zusammenschließen, das Molassetertiär. Es beginnt mit der *Oberen Meeresmolasse* (OMM) bestehend aus Grobsanden mit Austernbruchstücken, von Pholaden angebohrten Geröllen und Feinsand. Darüber folgen Sand, Mergel und Süßwasserkalke, die zur *Oberen Süßwassermolasse* gezählt werden. In den letzteren wird bei Gauingen „Marmor" gebrochen,

d. h. ein löcheriger Süßwasserkalk, in der Helix sylvana, eine Süßwasserschnecke, vorkommt. Zwischen der Oberen Meeresmolasse und der Oberen Süßwassermolasse liegen in einer fossilen Flußrinne, die am Südrand der Alb parallel zum Donautal verläuft,
aber ein entgegengesetztes Gefälle hatte, die „Grimmelfinger Graupensande". Diese
sind von einem Fluß abgelagert worden, der seinen Ursprung etwa im bayrisch-böhmi-
schen Wald hatte, auch Zuflüsse vom Fichtelgebirge bekam und hierher dessen charakteristische Gesteine, Milchquarze von Hagelkorngröße und schwarze Kieselschiefer
transportiert hat. – Diese Ablagerungen finden sich im südlichsten Zipfel des Kreises
beiderseits von Zwiefalten, wo aus ihnen die Höhenzüge westlich und östlich des Ach-
tales aufgebaut sind.

Vulkanismus

Der westliche Teil des „Uracher Vulkans" liegt im Landkreis. Unter dem „Uracher
Vulkan" versteht man die 300 bis 330 Durchschlagsröhren, die im Gebiet von Urach gezählt werden. Ihr gleichartiger Bau und die ähnliche petrographische Ausbildung des
vulkanischen Gesteins berechtigt zu der zusammenfassenden Bezeichnung.
Die vulkanischen Schlote haben im Tertiär das Deckgebirge senkrecht durchschlagen,
besser durchbohrt. Die Durchschlagsröhren mit rundlichem oder ovalem Querschnitt
haben einen Durchmesser von 100 bis 300 m. Sie reichen sicher bis ins Grundgebirge,
also 1000 bis 1200 m tief hinab, vermutlich aber noch viel tiefer. Ihre Wurzeln sind
nicht bekannt. Sie sind gefüllt mit Basalttuff, d. h. vulkanischen Gesteinsbröckchen eines „Melilithit" oder „Ankaratrit" (letzterer nach einem Gestein aus Madagaskar benannt, das zur Balsaltsippe gehört) und Bruchstücken des durchbohrten Nebengesteins,
sowohl vom Hangenden, wie vom Liegenden. Beigemischt sind Biotit-, Augit-, Olivin-
kristalle, vulkanische Bomben und Gläser. Am „Eisenrüttel", „Sternberg" und „Gelben Häldle" wird auch Basalt anstehend gefunden, der kugelig absondert, aber leider
qualitativ minderwertig ist.
Der Anteil an vulkanischem Material der einzelnen Tuffröhren ist sehr verschieden. Im
Durchschnitt liegt er unter 20 Prozent. Vor allem das Feinmaterial und das Bindemittel
enthalten viel primärvulkanische Substanz. Man kann aus der Beobachtung folgende
Regel ableiten: Die größten Brocken kommen von oben, das Kleine kommt von unten.
So ist am Drackenberg östlich Eningen eine riesige, zusammenhängende Scholle aus
Weißjura delta zu beobachten, die aus dem alten Schlotdeckel entstanden sein muß. Sie
ist nur 30 bis 50 m im Schlot nach unten gewandert.
Der Tuff liegt nicht immer ungeregelt, sondern oft geschichtet. Parallel zur Schlot-
wand, also senkrecht angeordnet, verläuft eine „Kettenschichtung"; oben im Spreng-

trichter ist häufig Kreuzschichtung zu beobachten. Die Blöcke sind oft kantengerundet durch die rollende und schleifende Bewegung im Schlot und haben vielfach gestriemte Harnische.

Am Albrand und im Albvorland bilden die vulkanischen Schlote häufig Kuppen oder Kegel. Auf der Albhochfläche dagegen sind es Mulden, z. T. wieder freigelagerte Maare, also Sprengtrichter, die mit einem See erfüllt waren, der verlandete und dessen Sedimente wieder ausgeräumt wurden.

Der Basalttuff ist wasserundurchlässig und wird in Tuffschloten der Albhochfläche von den Bauern „Wasserstein" genannt, weil er das Wasser im Gegensatz zum Kalkstein hält. Der Keller im Wasserstein ist naß; im Wasserstein kann man einen Brunnen graben. Häufig entspringen auf ihm kleine Quellen, die am Rand des Tuffschlotes sofort wieder versiegen (z. B. Saraisenbrunnen in Würtingen, Quelle auf dem Sternberg). Dadurch hat der Basalttuff eine eminent siedlungsgeschichtliche Bedeutung, denn die meisten Dörfer der Uracher und Reutlinger Alb liegen wegen der Wasserführung des Gesteins auf Basalttuffschloten.

Interessant ist die Wasserführung des Schlotes von Kleinengstingen. Vor dem Rathaus ist in den Wasserstein eine große Zisterne eingehauen worden, deren runde, gewölbte Steinmetzarbeit sehenswert ist. 30 m östlich davon ist dasselbe Grundwasser kohlensäurehaltig. Vermutlich steigt auf Randklüften des Schlotes Kohlendioxyd auf, das sich an dieser Stelle im Grundwasser löst und dieses mineralisiert. Hier befindet sich ein Brunnenhäuschen mit einer Handpumpe, an der jedermann trinken kann.

Der Vulkanismus ist etwa 14 bis 20 Millionen Jahre alt. Die Miozäne Juranagelfluh und der darunterliegende Knollenkalk sind verstützt im Schlot des Hungerberges bei Münsingen zu beobachten. Der dortige Schlot ist also jünger als diese zur helvetischen und tortonischen (?) Molasse gehörenden Ablagerungen. An dieser Stelle sei darauf hingewiesen, daß bei Urach und Neuffen die geothermische Tiefenstufe verringert ist. Wenn sonst im Durchschnitt die Temperatur in tiefen Bohrlöchern oder Bergwerken pro hundert Meter um etwa drei Grade ansteigt, so ist sie in der Mineralwasserbohrung in Urach bereits in 760 m Tiefe auf 58° C gestiegen, was einer Zunahme um mehr als sechs Grad auf hundert Meter entspricht. Ob diese Wärmeinsel in der Erdkruste tatsächlich auf den Vulkanismus zurückzuführen ist, wie vielfach angenommen wird, ist gegenwärtig noch nicht bewiesen.

Tektonik

Die Schichten der Juragesteine, die am Roßberg und Bolberg fast 900 m Meereshöhe erreichen (wenn alles erhalten wäre, würden sie die 1000-m-Grenze übersteigen), sind etwa 200 m unter dem Meeresspiegel abgelagert worden. Die Erdkruste hat sich also um über 1000 Meter gehoben. Diese tektonische Bewegung ging langsam in Jahrmillionen vonstatten. Sie hängt mit der Aufwölbung des Schwarzwaldes und der Vogesen zusammen, zwischen denen der Rheingraben eingebrochen ist. Durch diese Aufwölbung liegen die Schichten im Kreisgebiet – wie in vielen Gegenden Süddeutschlands – nach Südosten geneigt. Sie fallen durchschnittlich um 1 bis 2°, was auf einen Kilometer immerhin schon 30 bis 40 m ausmacht. So liegt der Hauptmuschelkalk bei Rottenburg am Neckar 400 m über dem Meeresspiegel, bei Urach aber bereits mehr als 250 m unter dem Meeresspiegel.

Die Schichtaufwölbung ging nicht ohne Bruch vor sich. Nördlich der Achalm zieht ein Sprung von WNW nach OSO hart am Berg vorbei, der auf der tiefen, abgesunkenen Scholle liegt und deshalb, von der Abtragung verschont, als wundervoller Bergkegel erhalten blieb. Die Störungen sind 500 m nördlich des Gipfels am treppenförmigen Absinken des „Blaukalks" gut zu beobachten. Geradezu prächtig erschlossen ist dieselbe Verwerfung drei Kilometer weiter östlich im Steinbruch Vollmer am oberen Ende der Steige nach Sankt Johann. – Im südlichen Kreisgebiet ist der „Lauchertgraben" eine bedeutende tektonische Störungszone, die etwa 20 km in nord-südlicher Richtung von Steinhilben – Meidelstetten bis Sigmaringen hindurchzieht und eine Breite von mehreren Kilometern hat. Erwähnenswert ist, daß der Vulkanismus erstaunlich wenig Beziehungen zur Tektonik ergibt, wenn man von örtlichen Tuff- und Basaltgängen, die Klüften folgen, absieht. Z. B. zieht die Achalmverwerfung durch das Vulkangebiet, aber die Schlote reihen sich keineswegs auf ihr aneinander, wie das von anderen Vulkangebieten – z. B. der Auvergne – bekannt ist.

Mit dem Uracher Vulkangebiet wird eine weiträumige Einmuldung der Schichten in Verbindung gebracht, die als großräumige Nachsackung des Vulkandaches von einigen Autoren angesehen wird.

Pleistozän und Holozän (Eiszeit und Jetztzeit)

Schon während des jüngeren Tertiär, vor allem aber während des Pleistozäns (Eiszeit) und des Holozäns (Nacheiszeit, Jetztzeit) herrschte im Landkreis – wie in ganz Süddeutschland – Abtragung. Die Gesteinsneubildung tritt weitgehend zurück. Die Landschaft ist, seitdem das Meer landfest geworden ist, von Tälern überzogen, die sich das Entwässerungsnetz selbst geschaffen hat. Aber nicht nur Flüsse und Bäche zerschneiden das Gestein, sondern auch unter der flächenhaften Einwirkung von Regen, Wind und Eis verändert sich die Landschaft, sie wird abgetragen. Nur an wenigen Stellen kommt es auch während allgemeiner Abtragungszeiten zur Bildung von Sedimenten. Diese Ablagerungen haben den Charakter von Zwischendeponien. Sie werden im weiteren Verlauf der Erdgeschichte wieder zerstört. Für uns sind sie aber wichtige Zeugen, Urkunden, die – richtig gedeutet – die Rekonstruktion der Erdgeschichte ermöglichen. Während der Eiszeit gleichen die Bäche und Flüsse überlasteten Transportbändern. Sie werden mit dem anfallenden Schutt nicht fertig und beginnen kräftig aufzuschottern, d. h. sie bilden Kiesbänke, die immer breiter und dicker werden und das Gewässer zwingen, sein Bett seitlich zu verlegen. Dadurch fällt erneut Material an, das Bett wird verschüttet, und das Wasser zieht verzweigt in einzelnen Armen über Kies und Geröllbänke dahin.

Eiszeitliche Schotter liegen in allen Flußtälern, vor allem im Neckartal. Dort begleiten den Fluß Schotterterrassen, die 50 oder 80 m über dem heutigen Talboden liegen und bei Altenburg, Oferdingen und Pliezhausen deutlich ein altpleistozänes, höhergelegenes Tal erkennen lassen. Solche Schotterterrassen finden sich auch entlang den südlichen Nebenflüssen des Neckars.

Über diesen alten Schotterterrassen lagert Lößlehm, ein gelbbrauner, bindiger, fruchtbarer Boden, der bis zu sechs Meter mächtig werden kann. Er ist aus dem Flugstaub abgelagert worden, den die Staubstürme der arktischen Kältewüste mit sich gebracht haben; denn Frost, starker Frost hat durchaus trockenen Charakter, da alles Wasser zu Eis erstarrt. Seine stärkste Verbreitung findet der Lößlehm auf der Liasfläche, Spuren sind aber auch an höheren Schichtstufen, ja sogar auf der Albhochfläche zu finden.

Da die Alb in der Eiszeit nicht vergletschert war, fehlen Moränenablagerungen. Aber es sind andere Spuren des kalten Klimas zu erkennen. Am Albtrauf und auf der Hochfläche an Kuppen hat sich Frostverwitterungsschutt – sogenannter Bergkies – gebildet. Er besteht aus eckigen Weißjurabruchstücken, die oft überraschend gleichkörnig aussehen. – Ein weiteres Zeugnis des kalten Klimas der Eiszeit auf der Alb sind die ,,Firnmulden", worunter Mulden zu verstehen sind, die in die Nord- oder Ostseite von Kuppen eingreifen und in denen manchmal zerfrorenes Blockwerk liegt. In ihnen lagerte ganzjährig Firneis, aber für gletscherähnliche Fließbewegungen waren sie zu klein.

Zwischen Zwiefalten und Bechingen berührt die Kreisgrenze echte Gletscherablagerungen, denn sie streift die äußerste Endmoräne des alpinen Rheingletschers, die während der Rißvereisung abgelagert wurde.

Ablagerungen des Holozäns, der jüngsten Zeit, sind die Kalktuffe der Albtäler. Sie bilden sich auch noch heute. Besonders schön ist das am Uracher Wasserfall zu beobachten, einer Kalktuffterrasse, die von einer starken Karstquelle erbaut wird, welche auf den gamma-Mergeln des Weißen Jura austritt. Die Kalktuffbildung begann vor 8000 bis 10000 Jahren in der Eichenmischwaldzeit, der trocken-warmen Periode der Nacheiszeit. Durchschnittlich ist der Kalktuff acht bis zehn Meter mächtig, es kommen aber auch Mächtigkeiten bis zu 20 m und darüber vor. Charakteristisch ist die Tendenz, Terrassen in die Täler einzubauen, die dann stufenförmig abbrechen. Mit der Entfernung von der Quelle nimmt die Kalkübersättigung des Wassers ab, deshalb wird talauswärts immer weniger Kalktuff abgesetzt.

Verkarstung

Im Hinblick auf die Karsterscheinungen kann man die Alb als geneigte Kalksteintafel von 250 m Dicke ansehen. Der Kalkstein besteht zu über 90 Prozent aus $CaCo_3$, aus Kalziumkarbonat. Ähnlich wie Steinsalz und Gips ist das Kalziumkarbonat wasserlöslich, allerdings viel weniger als die beiden anderen Salzgesteine. Die Löslichkeit ist aber größer, wenn nicht reines Wasser, sondern kohlensäurehaltiges Wasser angreift. Niederschlagswasser enthält nur wenig Kohlensäure. Beim Versickern und Passieren der belebten Bodenschicht aber löst es sehr viel Kohlensäure, die im Boden durch Bakterienleben entstanden ist. Unterhalb des Bodens ist das Wasser Kalkstein gegenüber korrosiv. Es löst pro Liter mehrere hundert Milligramm des Gesteins auf und erhält dadurch seine Härte. Durch den oben beschriebenen Lösungsvorgang werden Haarrisse und Klüfte des Gesteins zu Spalten erweitert. Horizontal kann das Wasser, längs Schichtflächen wirkend, Gänge und Höhlen aus dem Gestein herauslösen (z. B. Falkensteiner Höhle). Von der Erdoberfläche aus entstehen senkrechte Naturschächte, in denen das Wasser 60 oder 80 m tief herabstürzt.

Im Laufe von Jahrmillionen ist aus dem ursprünglich dichten Felsgestein der Albtafel eine löcherige, klüftige, poröse Platte geworden. Im Vergleich zur Gesamtmasse ist das herausgelöste Kluft- und Höhlenvolumen gering und wird kaum über 1,5 Prozent geschätzt, jedoch genügt das, um große Wassermengen – das Karstwasser – zu speichern. Oberflächlich sichtbare Zeichen der Verkarstung sind trichterförmige Dolinen, die sich zu Reihen und Gruppen zusammenschließen können. Sie liegen vielfach in Trockentälern. – Höhlen werden meistens nur zufällig entdeckt, sei es, daß Tiere ihre Gänge hineingraben; sei es, daß sie sich im Winter durch Dampfbildung anzeigen oder es entströmt ihnen ein Bach (z. B. Wimsener Höhle).

Die Verkarstung ist alt. Wir haben gesehen, daß die Spaltenfüllungen bis ins ältere Tertiär zurückdatiert werden können. Früher war sie intensiver. Durch Bodenfließen in den Eiszeiten und durch die Bodeneisbildung wurde sie zeitweise plombiert, so daß sich in den Kaltzeiten zusammenhängende Täler ausbilden konnten.

Grundwasser, Quellen, Wasserversorgung

Im Landkreis Reutlingen fallen durchschnittlich pro Jahr 700 bis 1000 mm Niederschlag. Relativ regenarm ist das Neckartal, relativ reich der Albrand, vor allem die Gegend um den Roßberg und Lichtenstein, aber auch der nördliche Truppenübungsplatz

Münsingen. Von dieser Regenmenge verdunsten etwa 400 bis 500 mm. Der Rest fließt ab oder gelangt ins Grundwasser und speist Brunnen und Quellen.

Für die Grundwasserbildung sind die sogenannten Speichergesteine oder Wasserträgergesteine von größter Bedeutung. Es sind dies poröse Sande und Kiese sowie klüftige Festgesteine wie Kalksteine oder Sandsteine. In diese kann das Wasser eindringen und ist der Verdunstung entzogen. Dort fließt es sehr langsam ab mit Geschwindigkeiten von wenigen Metern pro Tag, manchmal sind es nur Zentimeter. Nur in Karst- und Kluftgesteinen werden höhere Geschwindigkeiten beobachtet. – Die Speichergesteine haben eine undurchlässige Sohlschicht, die sich am Hang als Quellhorizont bemerkbar macht. Solche Sohlschichten bestehen aus Tonen, Tonsteinen oder Mergelsteinen.

Alles Grundwasser im Kreisgebiet ist aus Niederschlagswässern entstanden. Sogenanntes juveniles Wasser, d. h. Wasser, das aus dem Erdinnern stammt, kommt nicht vor. Allerdings ruht das Wasser in klüftigen Gesteinen, die in großer Tiefe liegen, sehr lange; vermutlich mehrere tausend Jahre, man spricht dann von fossilen Wässern. Für die öffentliche Trinkwasserversorgung kommen im Landkreis nur die ergiebigsten Wasservorkommen in Frage. Diese sind der Karstwasserkörper der Alb, die von ihm gespeisten Karstquellen in den Tälern und das Grundwasser in den jungen Talfüllungen. Dagegen sind alle anderen Grundwasserstockwerke und Quellhorizonte von untergeordneter Bedeutung.

Das Karstwasser der Alb zirkuliert in Höhlen, Spalten und Klüften des Kalksteins. Durchschnittlich beträgt das Porenvolumen im Kalkstein 0,5 bis 2 Prozent, allerhöchstens 3 Prozent. Dennoch ist in der Kalktafel der Alb viel Wasser gespeichert, da das Speichergestein eine große Mächtigkeit besitzt und oft 30, 60 oder 80 m wassererfüllt sind. Im Vergleich dazu gelten zehn Meter wassererfüllter Kies bereits als guter Wert. Außerdem hat der Wasserträger in der Alb eine weithin flächige Ausdehnung, was bei Kiesen bei uns nirgends der Fall ist.

Um sich klarzumachen, welche Wassermengen gespeichert werden können, kann man das nach Villinger 90 km² große Einzugsgebiet der Echazquellen (mit Föhnerquelle, Sittere und Jockelesbrunnen) betrachten. Die jährliche Neubildung von ungefähr 400 mm/m² gibt $3{,}6 \times 10^7$ m³ (36 Millionen Kubikmeter), was etwa mit dem durchschnittlichen Abfluß der Quellen von 3,3 bis $3{,}7 \times 10^7$ m³ übereinstimmt. Das Speichervolumen wird von mir auf etwa $4{,}5 \times 10^7$ m³ geschätzt. Es dürfte etwas größer als der jährliche Abfluß sein. Regnet es drei Monate im Jahr nicht, so laufen 0,4 bis $0{,}6 \times 10^7$ m³ ab, also etwa 10 bis 15 Prozent der Gesamtmenge. Im Einzugsgebiet sinkt der Karstwasserspiegel dann durchschnittlich um drei bis vier Meter, was der Größenordnung der beobachteten Werte entspricht.

Die unterirdischen Fließwege des Karstwassers werden erkundet, indem man gefärbtes Wasser (der am besten dazu geeignete Farbstoff ist Uranin) in den Untergrund versikkert. Eine für die Alb klassische Stelle ist Würtingen, wo im Saraisenloch neben der Saraisenquelle deren Wasser sofort wieder versickert und unterirdisch zum Uracher Wasserfall fließt. Für die etwa vier Kilometer lange unterirdische Fließstrecke benötigt das Wasser 20 Stunden. Ein anderes Beispiel zeigt, daß der rasche Durchfluß nicht unbedenklich ist. Das relativ schwach geklärte Abwasser von Klein- und Großengstingen fließt unterhalb der Kläranlage in das Trockental ab, welches nach Kohlstetten und zur großen Lauterquelle hinabführt. Oberhalb von Kohlstetten bildet es einen übelriechenden Weiher, den man rechts der Straße nach Münsingen im Tal liegen sieht. Sein Wasser gelangt innerhalb von zwei Tagen in die Echazquellen, die Sittere und den Jockelesbrunnen, d. h. in Trinkwasserquellen, die 70 000 bis 80 000 Menschen versorgen (Wasserversorgung für Lichtenstein, Pfullingen, Reutlingen). Bis zum gegenwärtigen Zeitpunkt wird das Wasser wohl entkeimt, aber nur ein kleiner Teil wird gefiltert und aufbereitet.

Große Karstquellen liegen auch am Südrand der Alb bei Zwiefalten und speisen die Zwiefalter Ach, ein Flüßchen von relativ konstanter Wasserführung. Am Fuß des Lämmerfelsens beginnt die Ach mit einer ersten Quelle, der dann von Westen aus der Wimsener Höhle ein sehr starker Bach zuströmt und durch den Zwiefalter Achtopf soviel Zufluß bekommt, daß die gesammelten Gewässer einen Fluß bilden.

In den Tälern, die in die wassergefüllten Kalksteinfelsen des Karstes einschneiden, tritt Wasser aus dem Karst in die Talfüllungen über, sei es, daß sie aus Kies oder Kalktuff bestehen. Während im Kies alle Hohlräume mit Wasser erfüllt sind, rinnt das Wasser im Kalktuff nur in einzelnen höhlenartigen Gängen. Ein Beispiel bietet der Forstbrunnen im Ermstal, dessen Wasser nachweislich zuerst aus dem Karst stammt und dann in der Talfüllung aus Kalktuff kilometerweit sehr rasch wandert, um vor einer Talverengung aus der Tiefe aufzubrechen.

Das Echaz- und das Ermstal führen in Kiesen auf ihrem ganzen Lauf Grundwasser, ebenso natürlich das Neckartal. Die wichtigsten Fassungen sind die drei Brunnen von Urach im Ermstal oberhalb der Stadt, die von Metzingen auf der Uracher Bleiche und die zwei Brunnen von Dettingen. – Der Nordzipfel des Kreises wird im wesentlichen vom Horizontalfilterbrunnen Pliezhausen versorgt, der im Kies des Neckartales liegt. Neben der Nutzung von örtlich vorhandenen Wasservorräten wird in Reutlingen, Eningen und den Härdten-Gemeinden Bodenseewasser verbraucht. Gegenwärtig deckt die Fernwasserversorgung etwa 50 Prozent des Wasserverbrauchs der Stadt Reutlingen (im Jahr 1971 über sieben Millionen Kubikmeter), während in Eningen nur Bodenseewasser getrunken wird.

Der Vollständigkeit halber sei noch auf einen geologisch bedingten Wasserhorizont hingewiesen, der aber heute nur noch in Einzelfällen für öffentliche Trinkwasserversorgungen genutzt wird. Der Lias alpha birgt in seinen Kalk- und Sandsteinbänken etwas Grundwasser, das am Rand der Fläche in vielen, meist kleinen Quellen austritt. In Rübgarten und Mittelstadt wird dieser Horizont genutzt, der in größerer Tiefe angebohrt, auch Mineralwasser liefern kann.

Echte Mineralwasservorkommen sind selten. Der Reutlinger Heilbrunnen südlich des Güterbahnhofs (heute Max-Planck-Straße) lieferte ein starkes Schwefelwasser; ein weiterer Schwefelbrunnen war in Sondelfingen. Neuerdings wurde südlich von Rommelsbach im Stubensandstein ein hoch mineralisiertes Wasser von guter Qualität erschlossen. Vor allem aber sind die Bohrungen Urach I und II zu erwähnen. Sie erschließen in 760 und 740 m Tiefe ein Kalzium-Natrium-Chlorid-Sulfat-Säuerling, dessen Sohltemperatur 58°C beträgt und das mit 54°C ausläuft. Zum Baden wird es mittels Wärmeaustauscher auf 34°C abgekühlt. Die übrige Wärme wird zu Heizzwecken des Thermalbadgebäudes verwendet. Wasserträger sind der Trigonodusdolomit des Hauptmuschelkalks und der Lettenkeuper. Aber auch höher, im Lias alpha, wird etwas Thermalwasser angetroffen, das aber nicht genutzt wird.

Natur und Landschaft

von Ulrich Ammer

unter Mitarbeit von Werner Goerlich und Albrecht Haas

Die vielfachen standörtlichen Unterschiede des Geländes nach Exposition, Klima, Grundwasserverhältnissen, Boden und ihr wechselseitiges Zusammenwirken ergeben ein Mosaik von kleinsten Einheiten, die sich aber zu größeren, einheitlichen Räumen zusammenfügen lassen. Solche geschlossenen, nach außen abgrenzbare Räume empfinden wir als landschaftliche Einheit. Die Grenzen zwischen ihnen sind nur selten scharf, sondern in der Regel nur durch einen Grenzsaum darzustellen.

Diese Großgliederung der Landschaft ist im vorstehenden Kapitel beschrieben. Daran anschließend soll im folgenden auf die klimatischen und vegetationskundlichen Gegebenheiten eingegangen werden.

Das Klima

Entsprechend der landschaftsgeographischen Abgrenzung in Schönbuch, Albvorland, Mittlere Kuppenalb und Flächenalb bzw. Donaualb ergeben sich auch klimatische Differenzierungen.

Die von Schlenker und Müller ausgewerteten Temperatur- und Niederschlagswerte von 1931 bis 1960 ergaben für den *Schönbuch* eine Jahresdurchschnitt-Temperatur von 8,6° C und Niederschlagsmengen von 680 bis 780 mm. Die Zahl der Tage mit Temperaturen über 10° C beträgt 154 bis 170. Es ist danach der Schönbuch etwas kühler und trockener als das anschließende Albvorland (mit 8,9° C mittlerer Jahrestemperatur und 769 bis 888 mm Niederschlag). Die Keuperscholle des Schönbuchs stellt sich damit als eine im Regenschatten des Schwarzwaldes liegende Trockeninsel dar.

Im *Albvorland* fällt das Ermstal mit seiner deutlich wärmeren Ausprägung (Weinbauklima) heraus. Bedeutsam ist ferner, daß es im Albvorland häufiger zu Inversionslagen kommt als auf der Albhochfläche und im Schönbuch.

Die kontinental-montane Ausprägung der *Kuppenalb* gibt Tab. 1 wieder, wobei für die Temperaturverhältnisse am Albtrauf die Klimastation St. Johann, für die Hochfläche Münsingen und Trochtelfingen repräsentativ sind. Danach ist das Klima der Traufzone spürbar weniger kontinental als auf der Hochalb (die Januartemperaturen liegen im Traufbereich bei –2,2° C, auf der Hochfläche bei –2,9 bis –3,0° C). Es ist also auf der Hochfläche der Alb, wie der Volksmund sagt, „um einen Kittel kälter". Hinsichtlich der Niederschläge ragt die Traufzone mit rd. 1000 mm deutlich über die niederschlagsärmere Hochfläche (826 mm) heraus.

Tabelle 1: Temperatur-Mittelwerte

Station (Meereshöhe)	Januar ° C	Juli ° C	Jahr ° C	über 10° C Dauer in Tagen
Trochtelfingen (700)	– 3,0	15,1	6,0	131
Münsingen (721)	– 2,9	15,4	6,4	139
Durchschnitt Hochalb (711)	– 2,95	15,25	6,2	135
St. Johann (Albtrauf) (765)	– 2,2	15,6	6,9	142

Niederschlags-Mittelwerte

Station (Meereshöhe)	Mai bis Juli mm	Jahr mm	Sommer zu Winter %
Steinhilben (802)	273	785	160
Trochtelfingen (700)	274	789	165
Pfronstetten (740)	276	797	163
Bernloch (745)	299	881	153
Münsingen (720)	294	888	147
Durchschnitt Hochalb (741)	283	828	158
Genkingen (741)	321	947	156
St. Johann (765)	351	1025	161
Durchschnitt Albtrauf (753)	336	986	159

Zur Donau hin wird das Klima wieder etwas wärmer (7,5° Jahresdurchschnitt-Temperatur, 17,0° Julitemperatur) und geringfügig trockener (rd. 780 mm Niederschlag).

Vegetationsgeschichte

Unsere heutige Vegetation und Flora ist das vorläufige Endglied einer langen, erdge-
schichtlichen Entwicklung. Aus Seeablagerungen, Abdrücken (z. B. Kalktuffen oder
Schiefern) und aus Untersuchungen fossilen Blütenstaubs in Torfen und Mooren haben
wir Kenntnis von der jüngeren Vegetationsgeschichte. Sie beginnt eigentlich im Tertiär, als nach einer tropisch-subtropischen Phase eine fortschreitende Abkühlung einsetzte, mit deren Verlauf im Pliozän etwa die sommergrüne Laubwaldflora vorhanden
war, nur ähnlich artenreich wie heute noch in Nordamerika.
Mit dem Einsetzen der eigentlichen Eiszeit wurde diese arktotertiäre Flora in südlichere
Breiten verdrängt und durch eine waldlose Glazial-Vegetation ersetzt. Von diesen
Rückzugsgebieten drangen viele Florenelemente während der Zwischeneiszeiten und in
der Nacheiszeit wieder in die aufgegebenen Gebiete vor; viele Arten aber waren diesen
Arealverschiebungen nicht gewachsen und sind unserem mitteleuropäischen Raum
verlorengegangen.
Diese *Wiederbesiedelung* in der Spät- und Nacheiszeit, also etwa vor 20 000 Jahren, er-
folgte in verschiedenen Phasen. In der Späteiszeit breiteten sich mit dem Rückgang des
Eises die ersten Pionierholzarten, vor allem Birken und Kiefern aus. Die Vegetation
entsprach damals in unserem Raum etwa der des heutigen westlichen und nördlichen
Lapplandes. Diese Birken-Kiefern-Wälder wurden in der jüngeren Tundrenzeit noch
einmal stark zurückgedrängt, um sich dann etwa ab 8000 v. Chr. erneut auszudehnen.
Infolge einer deutlich wärmeren Klimatönung kam es insbesondere in den Mittelgebir-
gen zu einer Massenausbreitung des Haselstrauches (Haselzeit), der dann unsere heutigen Waldbäume, Eiche, Ulme, Linde, Ahorn, Esche und auf den feuchten Standorten
auch die Erle folgten. In der mittleren Wärmezeit (also vor ca. 5000 Jahren) hatte die Eiche (mit Hainbuche, Linde, Ulme) ihr Optimum und drängte die Kiefernwälder auf die
extrem armen Sandböden zurück. Um diese Zeit wanderte bereits auch die Fichte in die
östlichen Mittelgebirge (z. B. Harz, Ostalpen, Karpaten) ein. Mit einer erneuten
Klimaverschlechterung, die etwa 800 v. Chr. eingesetzt haben dürfte, wurden die
Eichenmischwälder durch die sich jetzt immer stärker ausbreitende Rotbuche auf die
trockeneren und wärmeren Standorte begrenzt (Steppenheidewälder, Albvorland).
Bald herrschten – wie in unserem engeren Raum – mehr oder weniger reine Buchen-
oder (bei ausreichendem Niederschlag) Buchen-Tannen-Fichten-Mischwälder (z. B.
Schwarzwald oder Südwestalb) vor.
Mit dieser letzten vegetationsgeschichtlichen Phase befaßt sich u. a. die Pflanzensozio-
logie, die Lehre von den Pflanzengesellschaften. Sie vermittelt uns eine Vorstellung,
welche Pflanzengesellschaft unter natürlichen Bedingungen auf den verschiedensten
Standorten heute vorherrschen würde. Die Kenntnis dieser *natürlich-potentiellen Ve-*

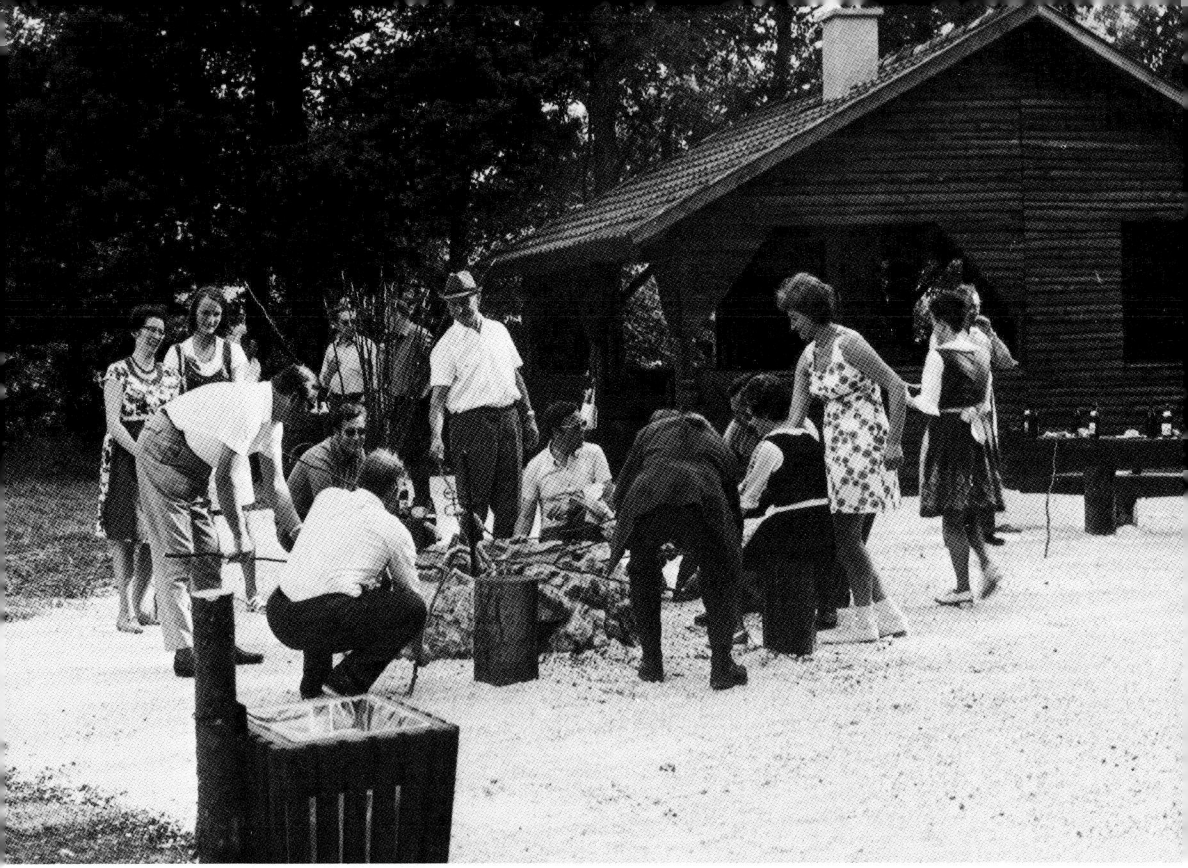

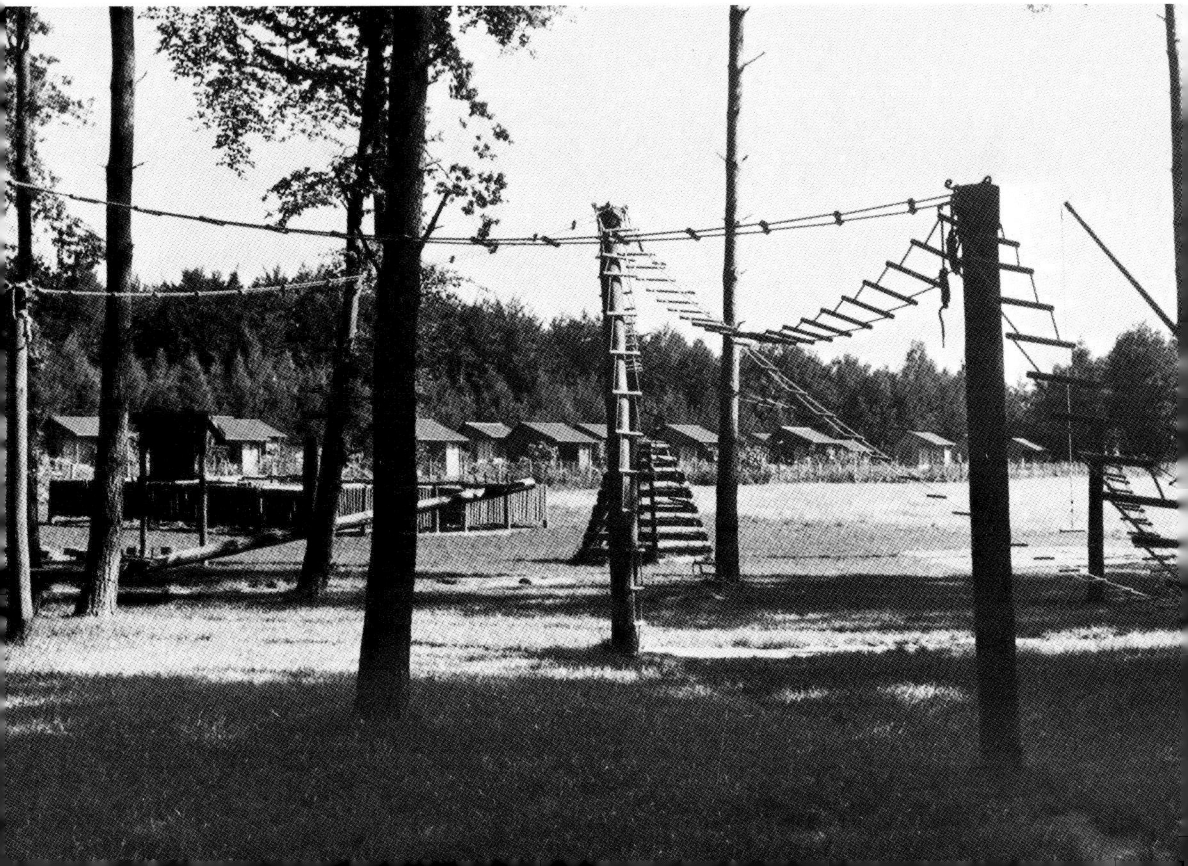

14. An einigen Stellen im Kreisgebiet kommt in verlichteten Baumbeständen der Frauenschuh vor.

15. Hummelorchis. Viele der botanischen Besonderheiten der Trocken- und Magerrasen
sind an eine gewisse Pflege der Flächen gebunden.

12. (umseitig oben) Erholungseinrichtungen, die in Konzeption und Ausführung in die
Landschaft passen.
13. (umseitig unten) Geplante und unter Mitwirkung des Naturschutzes entwickelte Kleingartenanlage mit Kinderspielplatz

16. Gepflegte Wacholderheide im Lautertal bei Buttenhausen (Stadt Münsingen)
17. Eichensteppenheidewald im Forstbezirk Reutlingen. An den südexponierten, schroffen
Steilhängen geht der Bergwald in den lichten Steppenheidewald über.

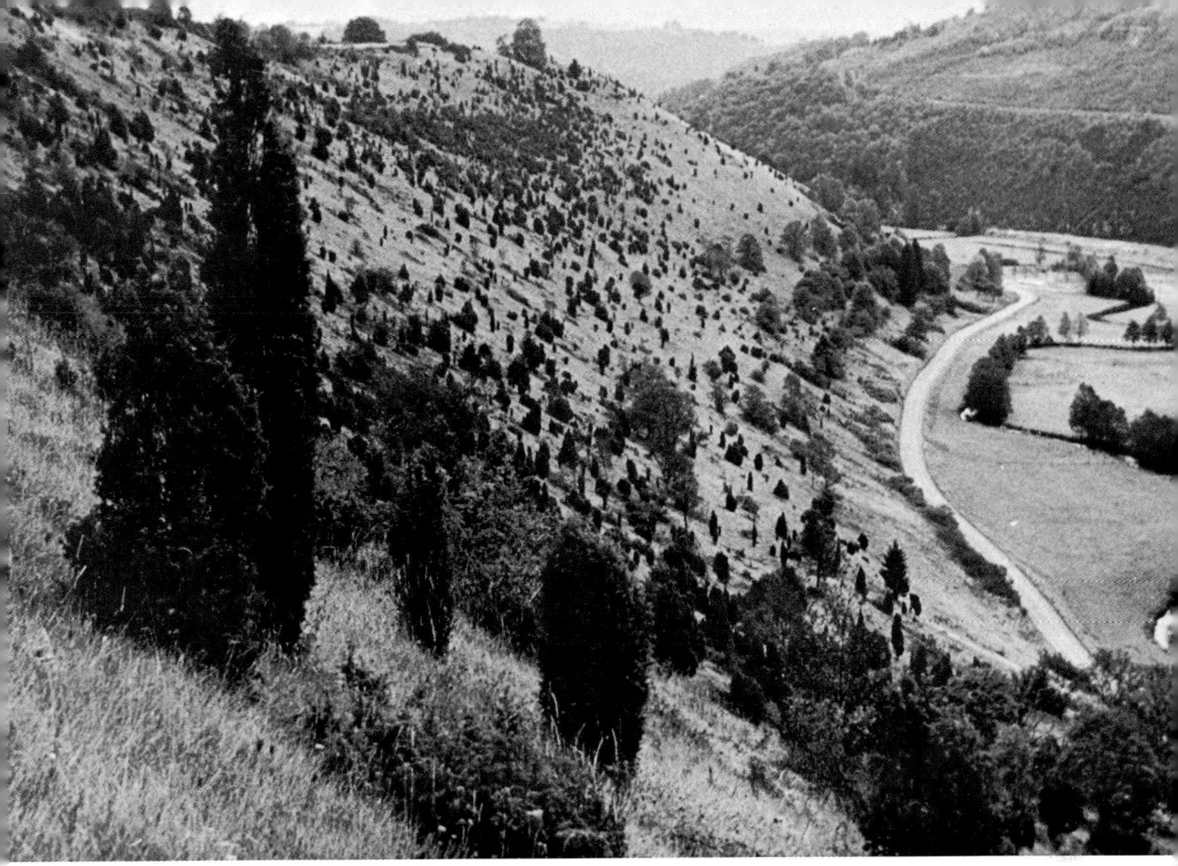

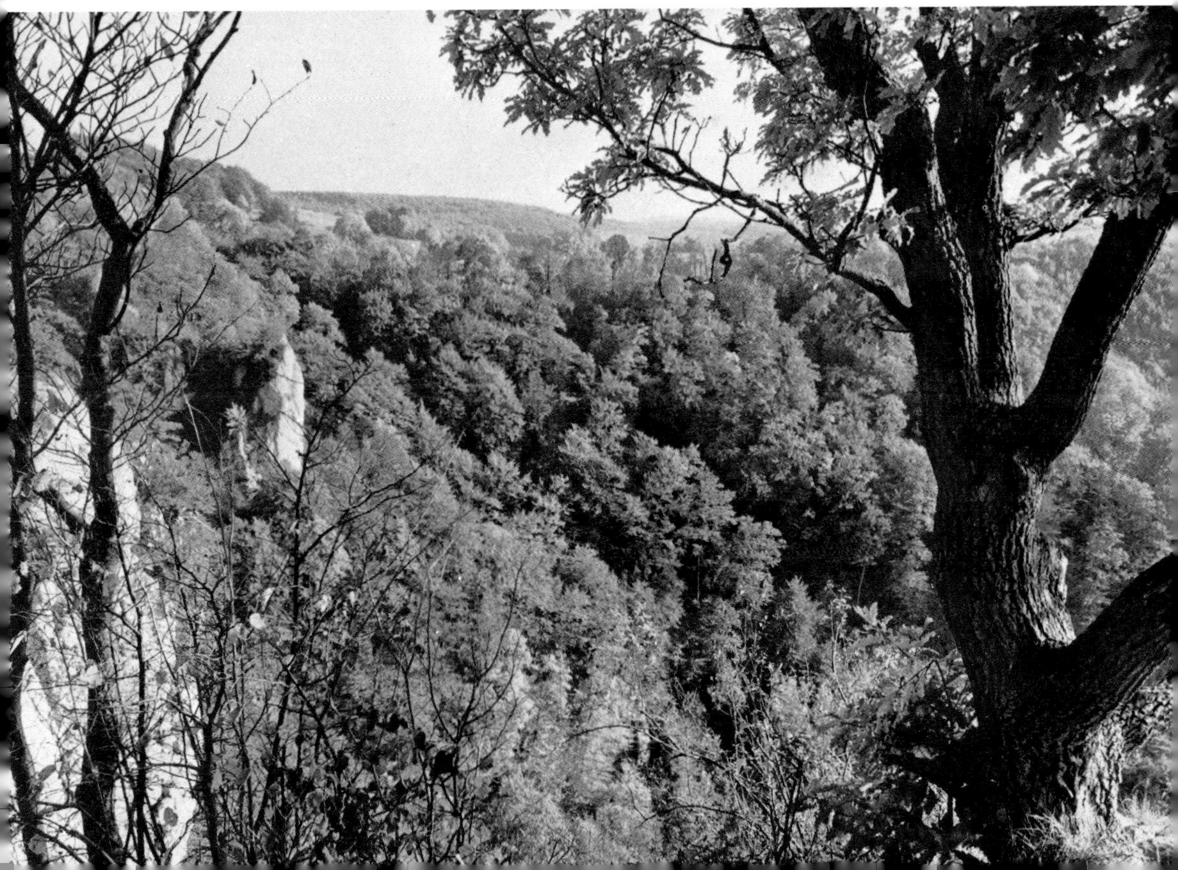

18. Blick auf Riederich

getation ist insofern von großem Interesse, weil wir daraus ableiten können, wie weit
wir uns in einzelnen Fällen von der Natur entfernt haben und welchen Weg die Natur
einschlagen würde, falls man sie sich selbst überläßt.

Für die Betrachtung größerer Gebiete hat es sich als zweckmäßig erwiesen, ,,Regional-
gesellschaften'' zu bilden, die ein vorwiegend vom regionalen Klima bestimmtes Baum-
artenverhältnis sowie die dazugehörigen Sträucher, Kräuter, Gräser und Moose beschreiben.

Für den *Schönbuch und das Albvorland* ist die Regionalgesellschaft ein *submontaner
Buchen-Eichenwald.* Während pollenanalytische Untersuchungen für das Albvorland
fehlen, wissen wir aus den Pollenanalysen zweier Moore bei Hildrizhausen über die ursprüngliche Waldgesellschaft im Schönbuch ziemlich gut Bescheid. Dominiert hat die
Buche, aber auch die Eiche und ihre Begleiter (Linde, Hainbuche) waren am natürlichen
Waldbild wesentlich (vielleicht mit 25 bis 30 %) beteiligt. Vereinzelt könnte auch die
Tanne im westlichen Randbereich Vorposten gehabt haben. Sie fehlt aber im Albvorland, wie dort überhaupt die montanen Pflanzenarten bei weitem nicht so reichlich verbreitet sind.

Entsprechend dem rauhen Klima ist die Regionalgesellschaft der mittleren Alb ein *kon-
tinental-montaner Buchenwald.* Diese Regionalgesellschaft ist besonders am Trauf in
viele artenreiche Standortsgesellschaften (Buchenwald, Schluchtwald und Bergwaldbe-
stände sowie die Sonderformen des Kleebwaldes und die Steppenheide) aufgegliedert.
Am Aufbau dieser Standortsgesellschaften sind neben der Buche (*Fagus silvatica*) folgende Laubbaumarten beteiligt: Bergahorn, Spitzahorn (selten) und Feldahorn (*Acer
pseudoplatanus, platanoides, campestre*); Esche (*Fraxinus excelsior*); Stieleiche und
Traubeneiche (*Quercus robur* und *petraea*) am Trauf stellenweise auch Flaumeiche
(*Quercus pubescens*); Bergulme (*Ulmus glabra*); Sommer- und Winterlinde (*Tilia pla-
typhyllos* und *cordata*); Mehlbeerbaum und (selten) Elsbeerbaum (*Sorbus aria* und
torminalis); Wildkirsche (*Prunus avium*); Hainbuche (*Carpinus betulus*); Birke (*Be-
tula pendula*); Aspe (*Populus tremula*) u. a.

Die von Gradmann so eingehend beschriebene Standortsgesellschaft des *Steppenhei-
dewaldes* bedarf besonderer Erwähnung. Diese Naturwaldgesellschaft siedelt auf den
extrem steilen, flachgründigen und meist vom Gesteinschutt überdeckten Südost-,
Süd- und Südwesthängen unserer Albsteilhänge und wird als Eichensteppenheidewald
oder, auf weniger extremen Standorten, als Buchensteppenheidewald bezeichnet. Charakteristisch für den Steppenheidewald ist, daß neben den Leitpflanzen, wie Elsbeere,
Flaumeiche, die ihr Hauptverbreitungsgebiet in Ungarn, Jugoslawien, Griechenland,
Italien, Südfrankreich und Spanien hat, Weichselkirsche (*Prumus mahaleb*), die übrigen Baumarten (Traubeneiche, Buche, Ahorn) nur noch in Buschform auftreten. Der
Wald ist in Auflösung begriffen und bietet einer Fülle lichtliebender und häufig seltener

Pflanzen der Krautschicht Entwicklungsmöglichkeiten. Neben verschiedenen Knaben-
kräutern, wie der Händelwurz, dem Purpur- und Helmknabenkraut oder der zweiblätt-
rigen Waldhyazinthe sind es vor allem der rotblaue Steinsame, das Immenblatt, das
lange Hasenohr und das rote bzw. das schwertblättrige Waldvögelein, die im Steppenheidewald besonders gern vertreten sind. Aus dieser Waldgesellschaft stammen auch
viele Pflanzen, die sich bis in die Waldränder und darüber hinaus in die trocken-mage-
ren Wiesen ausgebreitet haben: das Bauernbüble (*Muscari botryoides*), die Akelei oder
der gelbe, der gefranste und der Kreuzenzian.

Heutige Vegetation und Landnutzung

Unter dem Einfluß des Menschen hat sich die ursprüngliche, bis auf wenige Moor- und
Steppenheidestandorte aus Wald bestehende Vegetation stark verändert. Der Wald
wurde zurückgedrängt auf die ertragsarmen, kuppigen oder steilen Lagen. Aber auch
die Feldflur hat sich im Laufe der Jahrhunderte gewandelt. War zunächst die Ackerflur
durch den mittelmeerischen „Zweifelderanbau" geprägt, so bürgerte sich etwa ab 800
sehr rasch die „Dreifelderwirtschaft" ein, wonach ein Drittel der Flur („Ösch") im
Herbst mit Winterweizen bzw. Roggen, das zweite Drittel im Frühjahr mit Sommer-
frucht (Hafer, Gerste) bestellt wurde, während die restliche Fläche brach liegen blieb.
Dies änderte sich, als im 19. Jahrhundert mit der Stallfütterung und den verbesserten
Düngemethoden die Brache durch den Hackfruchtanbau ersetzt wurde.
Grundsätzlich aber hat dieser Dreiklang die Feldflur bis in unsere Tage geprägt. Erst mit
den agrar- und betriebsstrukturellen Veränderungen in der Landwirtschaft, mit dem
Zwang zu immer größeren Einheiten, mit der Forderung zu weitergehender Spezialisierung und Rationalisierung ging diese Landordnung verloren. Gleichzeitig wurden
neue Pflanzenelemente in das gewohnte Landschaftsbild eingeführt. Ein schönes Beispiel hierfür ist der heute überall angebaute Hybridmais. Auf der anderen Seite sind
viele Pflanzen – weil wirtschaftlich nicht mehr interessant (z. B. die Esparsette
[*Onobrychis sativa*] und der Dinkel [*Triticum spelta*]) oder durch die breite Anwendung von Herbiziden – wenn nicht schon ausgestorben, so doch zur Seltenheit geworden. Ganz gemeine Ackerunkräuter wie Klatschmohn, Kornblume, Kornrade oder Rit-
tersporn zieren nicht mehr die reifenden Kornfelder der Alb; und es ist irgendwie typisch für unsere Zeit, daß selbst für die gewöhnlichen Ackerunkräuter ein „Feldflora-
Reservat" eingerichtet werden mußte. Auf dem Beutenlay bei Münsingen wird auf
kleiner Fläche ein Stück Dreifelderwirtschaft betrieben, das hier als Schaukästlein der
Natur etwas von der über Jahrhundert typischen Buntheit unserer Felder in der Erinnerung der Bevölkerung wachhalten soll.

Neben den schon genannten Vertretern der Ackerunkräuter werden dort auch weniger auffallende Arten wie der echte Steinsame, der Feldwachtelweizen, das rundblättrige Hasenohr, die Haftdolde, der Finkensame, der Ackermeister, die Ehrenpreisarten, das Blutströpfchen (= Adonisröschen) oder der sehr selten gewordene Venuskamm erhalten bzw. wiedereingebracht, wie das in Baden-Württemberg schon ausgestorbene scharlachrotblühende Flammenblutströpfchen (*Adonis flammea*).

Im Zuge agrarstruktureller Veränderungen gehen nicht nur die kleinteiligen Formen der Landnutzung, über deren ästhetische Bedeutung man sicher streiten kann, verloren, sondern es kommt in vielen Gebieten zu den größer gewordenen Flurstücken noch ein starker Wechsel vom Grünland zum Acker hinzu.

Dieser Umwandlung des Grünlandes in Ackerfluren steht gleichzeitig auf vielen hängigen und standörtlich ungünstigen Flächen eine Aufgabe der Nutzung gegenüber. Diese Grenzertragsstandorte, die früher schon als einmähdige Wiesen oder Schafweide verhältnismäßig extensiv bewirtschaftet wurden, sind aber floristisch besonders interessant; und so grotesk es klingt, dort ist die bodennahe Vegetation gefährdet durch jenen Prozeß, den wir natürliche „Sukzession" nennen, jene Entwicklungsreihe von der offenen Wiese oder Weide zum geschlossenen Wald, aus dem alle lichtbedürftigen Pflanzen „herausgedunkelt" werden.

So ist unsere heutige Flora außerhalb des Waldes auf dem Wege von zwei Seiten eingeengt, ärmer zu werden:

1. durch die Intensivierung der Landnutzung mit allen nachteiligen Begleiterscheinungen des Herbizid-Einsatzes und der Tendenz zur Monokultur und

2. durch jene Extensivierung, die – ökologisch positiv – dem natürlichen Entwicklungsprozeß entgegenkommt, für uns aber mit dem Verlust zwar künstlich geschaffener aber schöner und liebgewordener Erscheinungsformen der Landschaft begleitet ist.

Von diesem letztgenannten Aspekt her leiten Naturschutz und Landschaftspflege den Auftrag ab, wenigstens einen Teil jener floristisch reichen Grenzstandorte – und sei es mit Steuermitteln – zu pflegen, damit auch in Zukunft die Zeugen einer jahrhundertealten Landnutzung, weithin das Wahrzeichen der Schwäbischen Alb, die Wacholderheiden, Mager- und Trockenrasen, den Naturfreund und Wanderer erfreuen.

Von den Schönheiten und Seltenheiten unserer Flora

Der Kalkreichtum der Böden der Schwäbischen Alb, die gute Drainage der Karstböden, die damit verbundene Trockenheit und leichte Erwärmbarkeit des Oberbodens schaffen einen ganz besonderen Biotop, der für das Gedeihen mancher Pflanzen unabdingbar ist. Wo der Boden noch in seiner Entwicklung durch Schaftritt oder durch das Graben von

Dolomitsand gestört ist und bis zur Oberfläche Kalk in feinstverteilter Form enthält, dort blühen im Frühsommer die schönsten und seltensten unserer Orchideen: Die Bienenragwurz (*Ophrys apifera*), Spinnenragwurz (*O. sphegodes*), Fliegenragwurz (*O. muscifera*), das Sammetmännchen oder „Totenköpfchen" (*O. fuciflora = arachnites*) und schließlich die eindrucksvollste, der Frauenschuh (*Cypripedum calceolus*). Auch das Steinröschen (*Daphne cneorum*), ein Verwandter des Seidelbastes, braucht diesen, von menschlicher Nutzung geprägten Boden. Es kommt im Kreisgebiet nur noch in der Trochtelfinger Heide vor.

Auf ungestörten und ungedüngten Hochwiesen, die nur einmal im Jahr gemäht werden, finden wir den Frühlingsenzian (*Gentiana verna*), die Küchenschelle (*Anemone pulsatilla*), die gelben Polster des Fingerkrautes (*Potentilla verna* und *P. opaca*) und um Pfingsten die feinen Rispen der Graslilie (*Anthericus ramosus* und *A. liliago*). Daneben steht – schon in den Bereich der Steppenheide übergehend – die Felsennelke (*Dianthus gratianopolitanus = caesius*), die Scheidenkronwicke (*Coronilla vaginalis*) mit ihren gelben Schmetterlingsblüten; im Hochsommer leuchten die roten Punkte der Kärtäusernelke (*Dianthus carthusianorum*), die Blütenkörbchen der Bergaster (*Aster amellus*) und die gelben Sonnen des Ochsenauges (*Buphthalmum salicifolium*) aus dem weitverbreiteten Blaugras (*Sesleria varia*).

Hier, im Steppenheidewald, ist auch das Reich der Knabenkräuter (Orchisarten), der Gymnadenien, der Platantheren, des Schmalblättrigen und des Roten Waldvögeleins (*Cephalanthera longifolia* und *C. rubra*), der Flaumeiche (*Quercus pubescens*) und des Mehlbeerbaumes (*Sorbus aria*). In den Felsspalten findet der Steinbrech (*Saxifraga Aizoon*) noch ein Auskommen.

Verleihen schon die verschiedenen Größen und Formen der Wacholder (Rosetten-, Pyramiden-, Kugel-, Strauß- und Säulenwacholder) der Heide einen besonderen Reiz, so sind es neben Silberdistel (*Carlina acaulis*), dem Gelben Enzian und den Orchideen, die Kugelblume (*Globularia vulgaris*), der Geißklee (*Cytisus nigricans*) und das Himmelfahrtsblümchen (*Antenaria dioica*), die den extremen Standortsverhältnissen und der Beweidung ihr Dasein verdanken.

In den Schluchten und Nordhängen finden wir die Hirschzunge (*Phyllitis scolopendrium*), das Springkraut (*Impatiens noli tangere*), den blauen und den gelben Eisenhut (*Aconitum vulperia* und *A. lycoctonium*), die Trollblume (*Trollius europäus*), Märzenbecher (*Leucoium vernum*) und Schneeglöckchen (*Galanthus nivalis*). Am lichten Hang des Buchenwaldes tritt bei Pfullingen das Alpenmaßlieb (*Aster bellidiastrum*) in seinem östlichsten Vorkommen auf.

Ständiger Begleiter des Kalkbuchenwaldes ist der Türkenbund (*Lilium martagon*); der Große gelbe Fingerhut (*Digitalis grandiflora*) und der Kleine gelbe Fingerhut (*D. lutea*) sind seltener geworden. Auch der Seidelbast (*Daphne mezereum*) ist hier zu nennen, der auch auf Böden aus kalkreichen Tonen des Braunen und Schwarzen Jura und des Keupers vorkommt, und hier finden wir auch im zeitigen Frühjahr die Blütenfallen des Aronstabes (*Arum maculatum*), dessen keulenförmigen Fruchtstände rot aus dem Gebüsch des Herbstwaldes leuchten.

Im Schönbuch findet sich in Fichtenbeständen der kalkfliehende rote Fingerhut und verzaubert mit seinen Blütenglocken im Hoch- und Spätsommer vor allem Kahlschlagsflächen, auf denen er gerne bestandsbildend auftritt. So haben auch Albvorland und Schönbuch ihre floristischen Reize, die nur zu leicht vom Albwanderer übersehen werden, da die Alblandschaft mit ihren Waldkuppen, Wacholderweiden, einmähdigen Wiesen und Steilhängen doch mehr Vielfalt und Abwechslung bietet als der geschlossene Wald des Schönbuchs oder die intensiv genutzten waldfreien Flächen.

Die Orchideen

Die Schönheit, aber auch die Seltenheit der Orchideen rechtfertigt eine eigene Betrachtung dieser Pflanzenfamilie. Über das Vorkommen der in unserem Raum vertretenen Arten wissen wir dank der vorzüglichen Arbeiten von Künkele und Vogt recht gut Bescheid. Nachstehend sind die wichtigsten Arten mit ihren deutschen und lateinischen Namen zusammengestellt.

Die Übersicht gibt ferner eine grobe Vorstellung über die Häufigkeit des Vorkommens der einzelnen Arten bzw. ihrer Gefährdung durch die Anzahl der verschollenen Standorte. Daneben sind auch solche Orchideen aufgezählt, die verschollen, d. h. von 1780 bis 1950 beschrieben, seit 1950 aber nicht mehr bestätigt worden sind, was nicht grundsätzlich besagt, daß ihr Vorkommen erloschen ist. Mit den Kreuzen soll die Verbreitung innerhalb des Landkreises angedeutet werden:

Tabelle 2: Zur Verbreitung der Orchideen im Landkreis Reutlingen nach Künkele und Vogt

Lateinischer Name	Deutscher Name	seit 1950 bestätigt	verschollen
Cypripedium calceolus L.	Frauenschuh	+++	OO
Ophrys insectifera L. em Grufb.	Fliegenragwurz	+++	O
Ophrys fuciflora (Cr.) Sw	Hummelragwurz	+++	OO
Ophrys sphegodes Mill	Wespenragwurz	++	O
Ophrys apifera Huds.	Bienenragwurz	+++	OO
Anacamptis pyramidalis (L) Rich.	Kammknabenkraut	+++	OO
Orchis morio L.	Wiesenknabenkraut	+++	OO

Lateinischer Name	Deutscher Name	seit 1950 ver-bestätigt	schollen
Orchis coriophora L.	Wanzenknabenkraut		OO
Orchis ustulata L.	Kleinblütiges Knabenkraut	+++	OO
Orchis militaris L.	Helmknabenkraut	+++	OO
Orchis purpurea Huds.	Braunes Knabenkraut	+++	OO
Orchis mascula L.	Männliches Knabenkraut	+++	OO
Orchis pallens L.	Bleiches Knabenkraut	+++	OO
Dactylorhiza incarnata (L) Soó	Fleischfarbiges Knabenkraut	++	OO
Dactylorhiza Fuchsii (Druce) Soó	Fuchs' Kuckucksblume	+++	
Dactylorhiza majalis (Rchb.) Hunt & Summerh.	Breitblättrige Kuckucksblume	++	OO
Traunsteinera globosa (L.) Rchb.	Kugelknabenkraut	+	OO
Aceras anthropophorum (L.) Aitf.	Männleinsblume		O
Himantoglossum hircinum (L.)	Riemenzunge	+	
Herminium monorchis (L.)	Einknolle	++	OO
Coeloglossum viride (L.)	Grüne Platanthere	++	OO
Gymnadenia conopea (L.)	Gewöhnliche Händelwurz	+++	
Gymnadenia odoratissima (Nath.) Rich.	Kleine Händelwurz	+++	OO
Platanthera bifollia (L.) Rich.	Zweiblättrige Platanthere	+++	O
Platanthera chlorantha (Cust.)	Große Platanthere	+++	O
Epipactis helleborine (L.) Cr.	Breitblättrige Sumpfwurz	+++	
Epipactis muelleri Godf.	Grüne Sumpfwurz	+++	
Epipactis purpurata Sm.	Rotbraune Sumpfwurz	+++	
Epipactis atrorubens (Hoffm.)	Braunrote Sumpfwurz	+++	O
Epipactis palustris (L.) Crantz	Echte Sumpfwurz	+++	OO
Cephalanthera rubra (L.) Rich.	Rotes Waldvögelein	+++	
Cephalanthera damasonium (Mill.) Dr.	Weißes Waldvögelein	+++	
Cephalanthera longifolia (L.)	Schmalblättriges Waldvögelein	+++	OO
Epipogium aphyllum (F.W. Schmidt) Sw	Widerbart	+	OO
Spiranthes spiralis (L.) Cher.	Herbst-Schraubenblume	+	OO
Listera ovata (L.) R. Br.	Eiförmiges Zweiblatt	+++	
Listera cordata (L.) R. Br.	Herz-Zweiblatt	+++	
Neottia nidus – avis (L.) Rich.	Nestwurz	+++	
Goodyera repens (L.) R. Br.	Netzblatt	+++	
Coralliorhiza trifida Chât.	Korallenwurz	+++	

+   Seit 1950 wenigstens 1 Fundstelle bestätigt
++   an mindestens 2 Stellen vorkommend
+++   an mehr als 2 Standorten beobachtet

O   an einer ehemaligen Fundstelle verschollen
OO   an 2 und mehr ehemaligen Fundstellen verschollen

Die Vogelwelt

Von den im Gebiet des Landkreises Reutlingen nachgewiesenen 232 Vogelarten gelten 124 Arten als Brutvögel. Einige Arten, wie die Uferschwalbe, die Sumpfohreule, der Schwarzstirnwürger, die Haubenlerche, der Uhu und der Weißstorch, die früher noch im Kreisgebiet brüteten, fehlen heute als Brutvögel. So horstete der Uhu noch nach der Jahrhundertwende an den Felsen bei Urach und Unterhausen. Ebenso war der Weißstorch in Reutlingen (auf dem Gartentor) bis 1909, in Dettingen/Erms und in Metzingen (auf dem Pfarrhaus) bis 1912, in Riederich bis 1917 und in Neuhausen/Erms sogar bis 1927 Brutvogel. Von allen im Landkreis Reutlingen vorkommenden Vogelarten können etwa 44 ganzjährig und häufig beobachtet werden, die übrigen sind Zugvögel oder selten gewordene Arten.

Häufige Brutvogelarten

Die Kohlmeise ist überall, wo sie als Höhlenbrüter Nistmöglichkeiten vorfindet, anzutreffen. Ebenso ist der Buchfink, die Goldammer und der Kleiber als Brutvogel überall im Kreisgebiet vorhanden. Das „halslose" neugierige Rotkehlchen kommt vor allem in Gärten und Heckenlandschaften häufig vor. Die Rabenkrähe meidet die großen Waldgebiete und brütet am Waldrand, in Parks, in Feldgehölzen und in Einzelbäumen. Die Elster breitet sich in letzter Zeit vor allem in der Nähe der Städte, im Neckartal, aus. Aber auch die Wacholderdrossel, im Volksmund „Krammetsvogel" genannt, die 1948 als Brutvogel im Reutlinger Raum erstmals nachgewiesen werden konnte, brütet kolonienweise zahlreich im Albvorland in Obstbäumen und Parks, während sie auf der Alb in lichten Kiefernwäldern und Weidebuchenbeständen nistet. Ihr Bestand ist weiter im Anwachsen. Ebenso kann die Türkentaube, die erstmalig Ende der fünfziger Jahre von Osten her zu uns kam, heute im Stadtgebiet von Reutlingen schon zu den häufigen Brutvögeln gerechnet werden. Die Amsel erreicht ihre höchste Brutdichte in den Siedlungsgebieten, wo in der Winterszeit an Gemeinschaftsschlafplätzen über 150 Vögel gezählt werden können.
Der Star ist als Höhlenbrüter sehr anpassungsfähig und brütet fast überall, wo Laubbäume vorhanden sind. Der große Buntspecht ist in unseren Wäldern erfreulicherweise nicht selten. Die Singdrossel, kenntlich an ihrem melodischen und kurzen, mehrmals wiederholten Motivgesang ist überall, vor allem in Gärten häufig, wo sie hauptsächlich in Fichten brütet.

Regelmäßig vorkommende, nicht bestandsbedrohte Brutvögel

Die Feldlerche darf als Charaktervogel der Äcker ebensowenig fehlen wie die Rauchschwalbe als Brutvogel in den Viehställen. Blaumeise, Tannenmeise und die Misteldrossel kommen mit Schwerpunkt in den Nadelwaldungen der Albhochfläche und des Albvorlandes vor. Der Eichelhäher, durch seinen kreischenden Warnruf der „Polizist des Waldes", brütet ebenfalls mit Vorliebe im Nadelwald.
Im freien Feld finden wir den Baumpieper als Bodenbrüter, der brachliegende und mit Einzelbäumen bestandene Grünlandflächen besonders bevorzugt.
Als Charaktervogel der Hangbuchenwälder der Alb kommt der goldgelbe amselgroße Pirol vor, der selten zu sehen, aber durch sein melodisches „didlio" jedem Wanderer des Frühjahrswaldes auffällt. Ebenso ist der schwirrende Balzgesang des Waldlaubsängers im Frühjahr nicht zu überhören. In den lichten, sonnigen Steppenheidewäldern der Alb kommt auch der sonst seltene Berglaubsänger vor.
Als Besonderheit des Albvorlandes gilt der auffällig schwarzweiß gezeichnete Halsbandfliegenschnäpper. Er ist ein schönes Beispiel dafür, wie seltene Arten durch Schaffung künstlicher Nistgelegenheiten wieder angesiedelt werden können. Im Markwasen bei Reutlingen ist dieser Höhlenbrüter durch künstliche Nistgelegenheiten so begünstigt worden, daß 1974 wieder 111 Jungvögel ausgeflogen sind.
In Friedhöfen und Parks, aber auch auf den Wacholderheiden der Alb sind Stieglitz, (= Distelfink), Hänfling und Fitis gerne zu Hause.
Der Turmfalke, der in verlassenen Krähennestern, Türmen, Felsen und Gebäuden brütet, kann wie der Mäusebussard als einer unserer häufigsten Greifvögel ganzjährig beobachtet werden. Der seltenere Rotmilan, auch „Königsmilan" oder Gabelweih genannt, ist mit 150 cm Flügelspannweite unser größter Greifvogel und ein Charaktervogel unserer ausgedehnten Laubwälder. Neuerdings kann er auch überwinternd im Süden des Kreisgebietes (bei Zwiefalten) beobachtet werden. Der Schwarzmilan ist mehr an Gewässer gebunden und kommt deshalb nur im Neckartal als Brutvogel vor.
Der Wespenbussard, ein auf Wespenbruten spezialisierter Greifvogel, ist bei uns gelegentlich von Mai bis August zu beobachten.
Von den Eulen sind Waldkauz und Waldohreule im ganzen Kreisgebiet regelmäßig anzutreffen, wobei die Waldohreule gerne dichte Nadelwäldchen, verlassene Krähen- und Elsternnester zum Brüten benutzt.
Das grünfüßige Teichhuhn, Stockenten und seltener der Zwergtaucher brüten am Nekkar, an den Baggerseen und den größeren Gewässern der Albhochfläche. Von den Spechten sind Grün- und Grauspecht im Albvorland häufig zu hören, während der krähengroße Schwarzspecht nur in ausgedehnten Wäldern vorkommt.

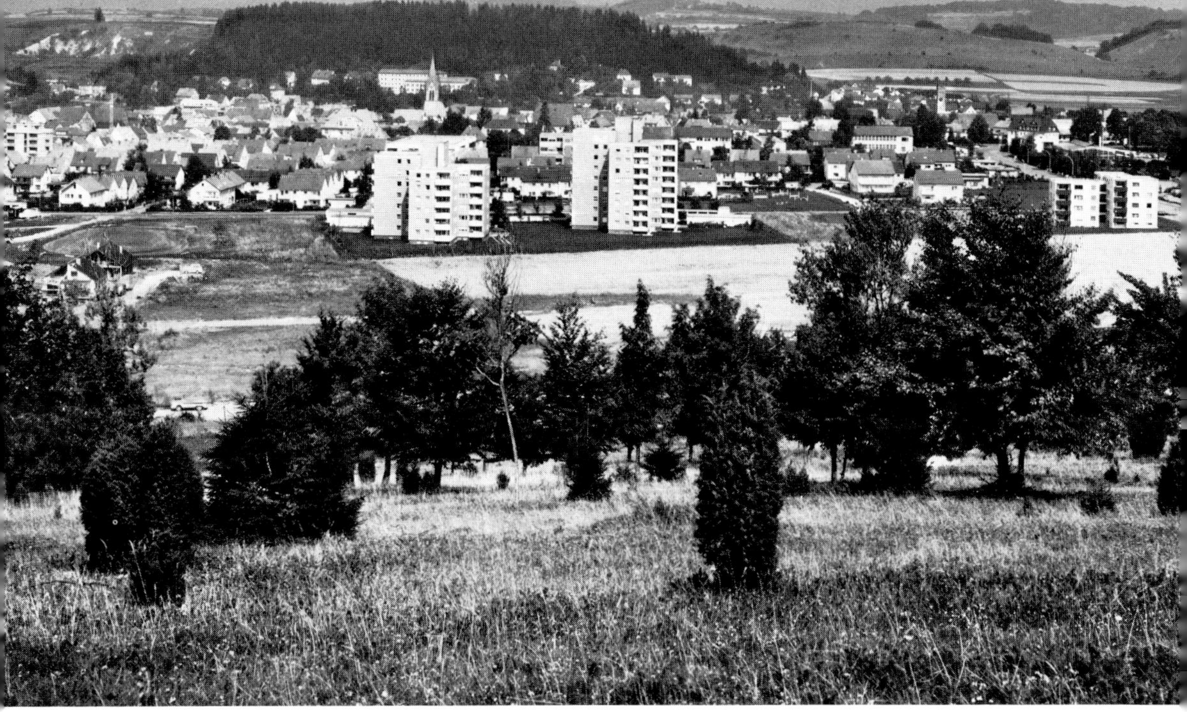

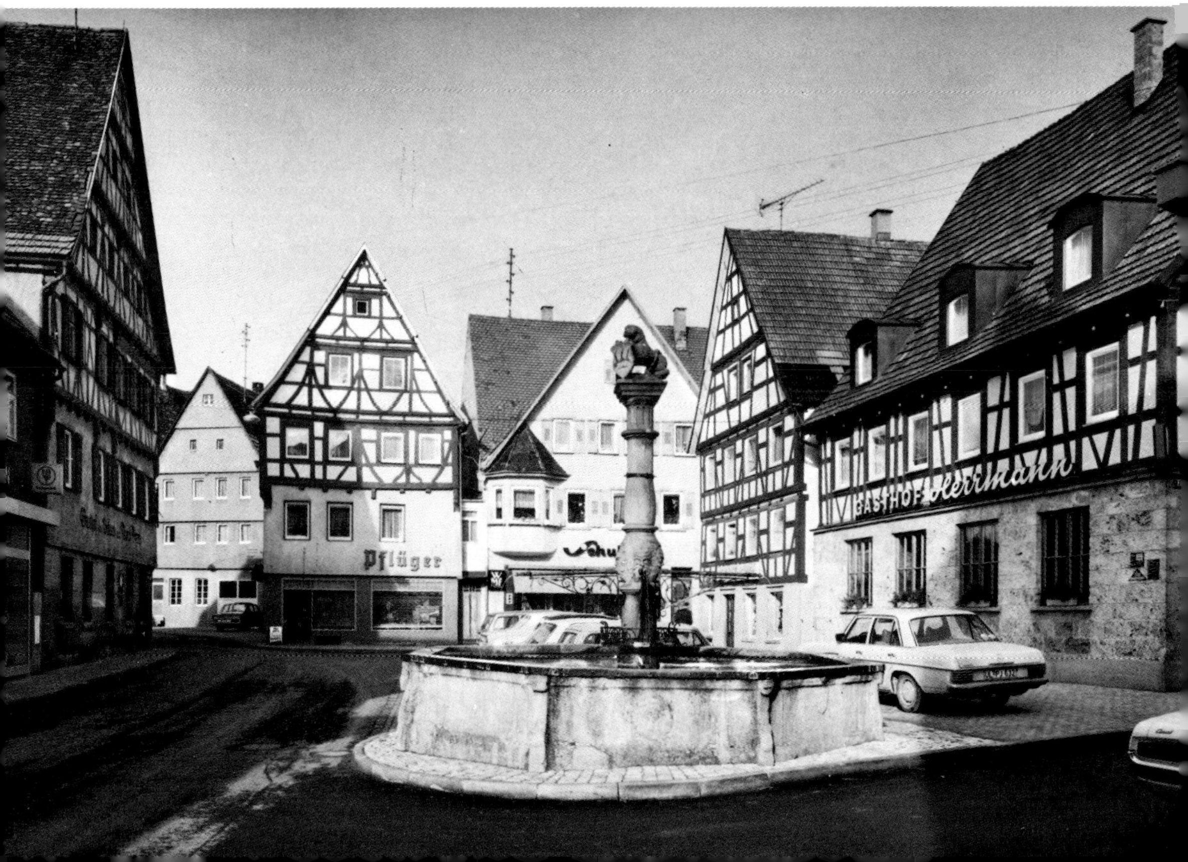
Pflüger
GASTHOF

21. Auingen
(Stadt Münsingen)
22. Dorfstraße
in Dottingen
(Stadt Münsingen)

19./20. (umseitig) Blick
auf Münsingen, unten
Marktplatz mit dem histo-
rischen Marktbrunnen

23. Ev. Kirche
in Böttingen
(Stadt Münsingen)
24. Der Ortskern von
Rietheim (Stadt Münsin-
gen) mit der 1768 erbau-
ten Kirche

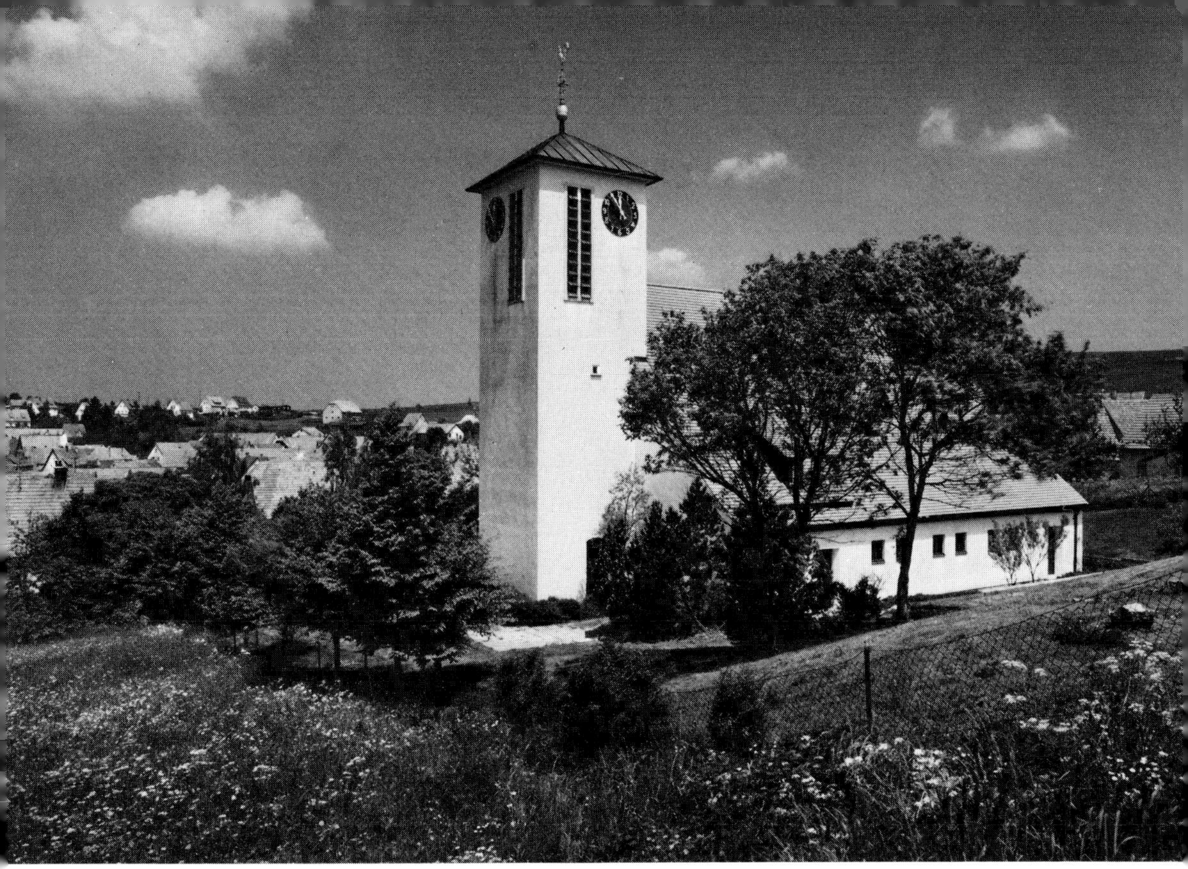

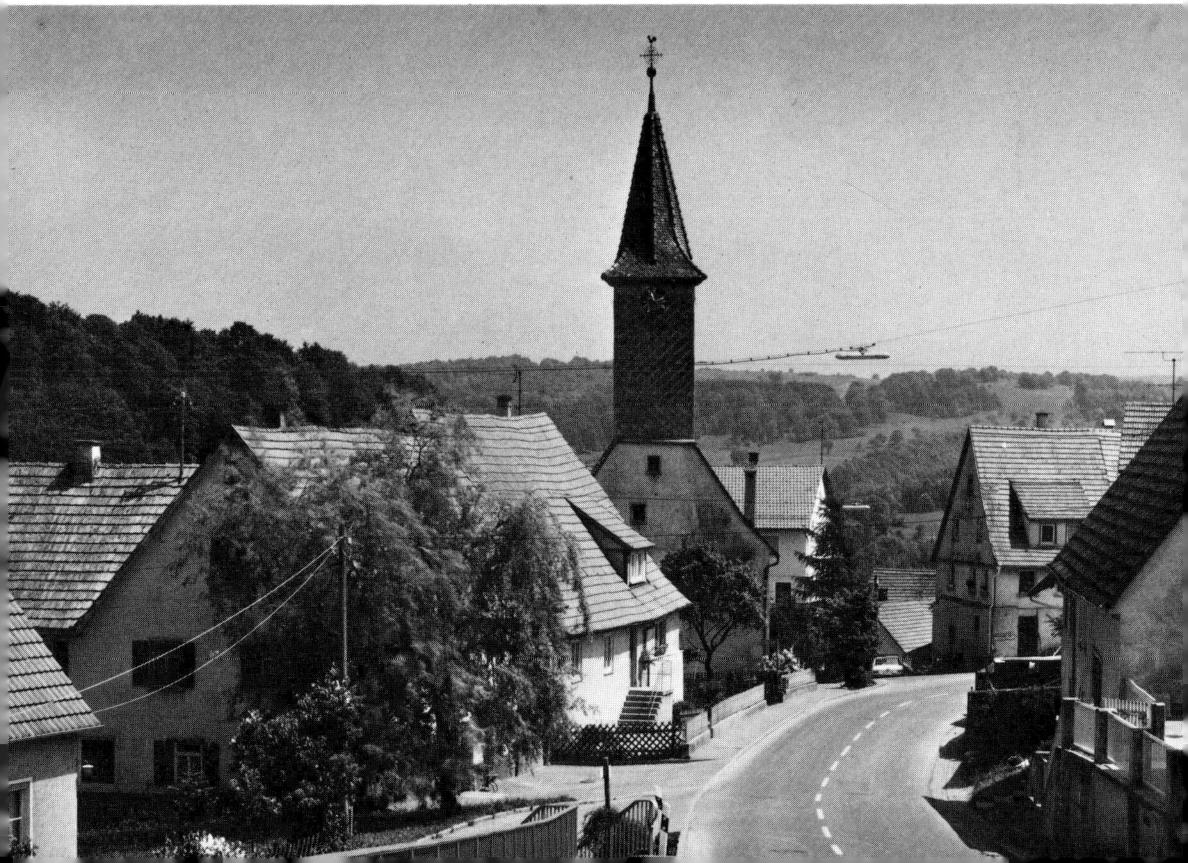

25. Das idyllisch
gelegene Trailfingen
(Stadt Münsingen)

26. Bremelau
(Stadt Münsingen)
mit der 1747 erbauten
Kirche St. Othmar.

27. Apfelstetten
(Stadt Münsingen)

28. Bichishausen
(Stadt Münsingen)
im Lautertal

29. Blick auf Buttenhau-
sen (Stadt Münsingen)
30. Hundersingen (Stadt
Münsingen) mit der ins
12. Jh. zurückgehenden
Burg Hohenhundersingen

31. Magolsheim
(Stadt Münsingen)
32. Gundelfingen
(Stadt Münsingen)
mit der Burg
Hohengundelfingen

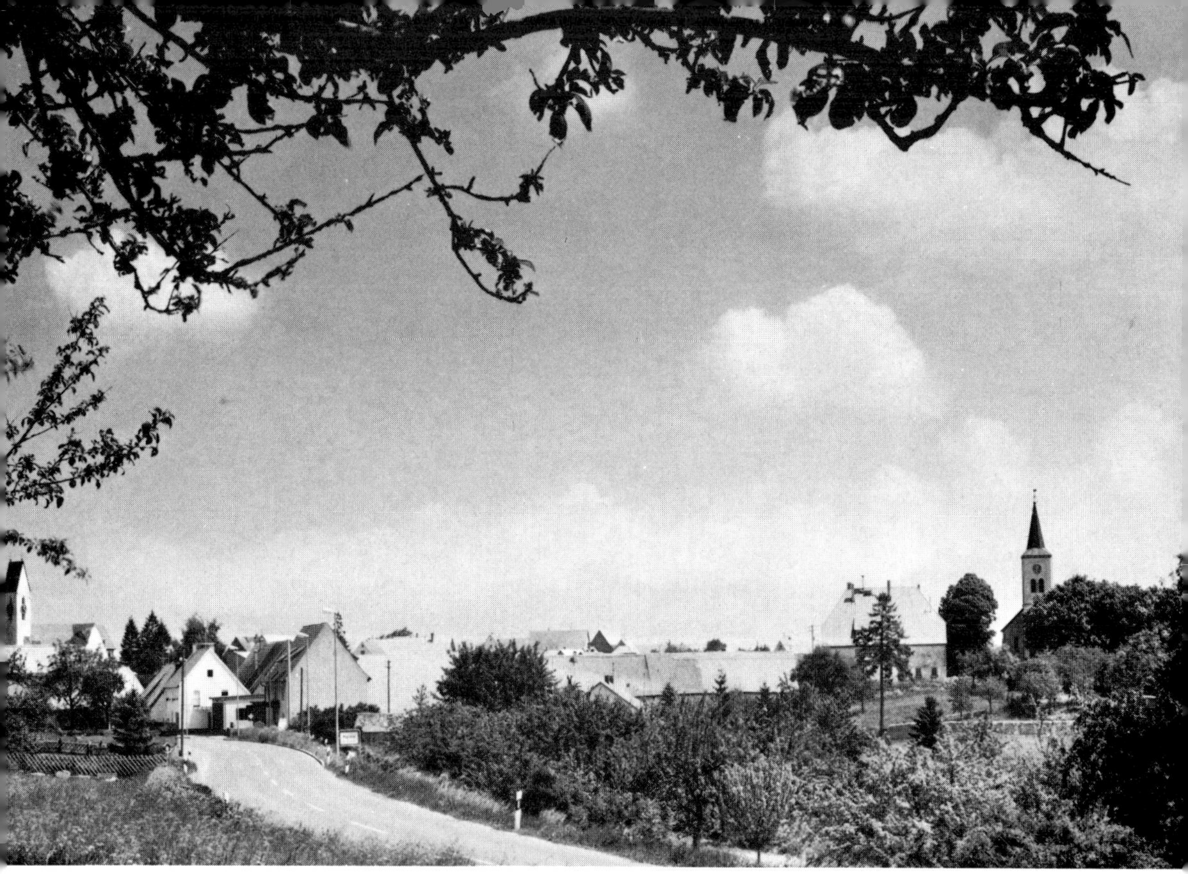

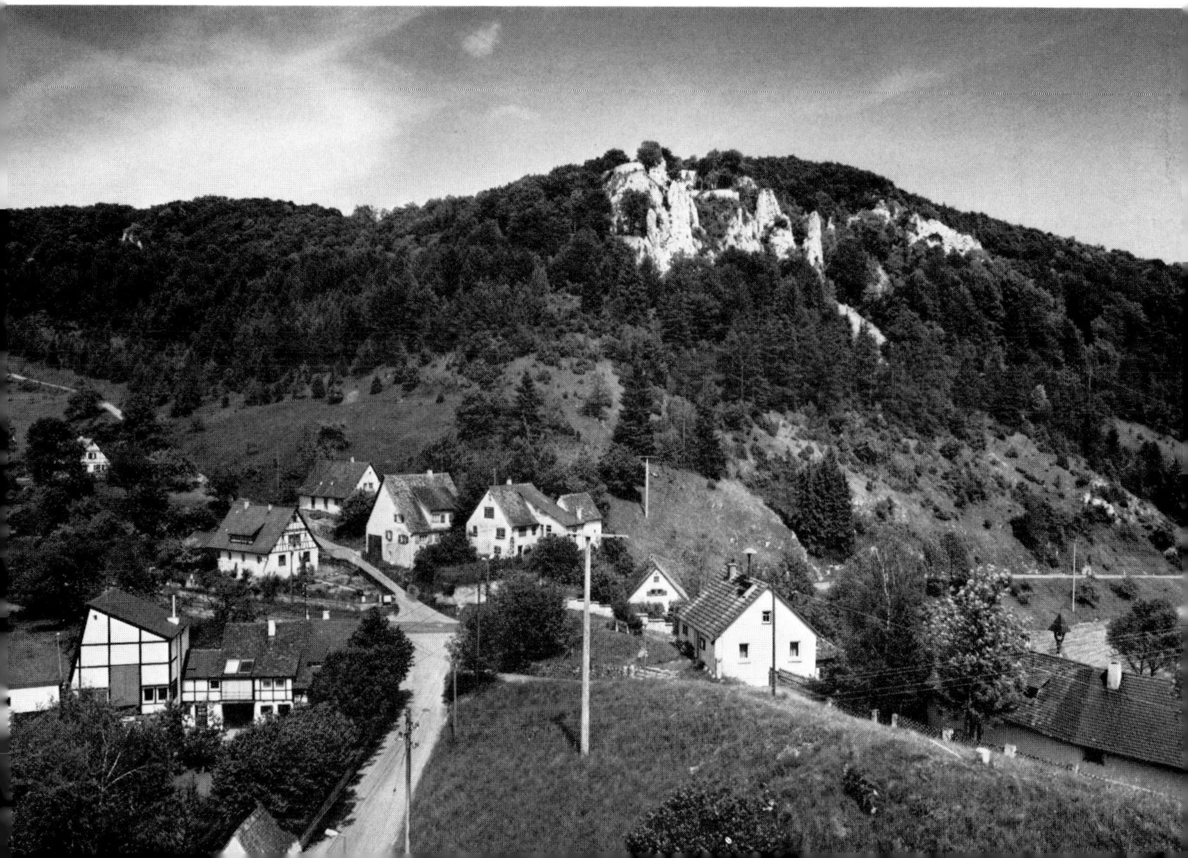

33./34. Mehrstetten: Oben das Kirchenzentrum mit Kirche und Pfarrhaus. Unten die Turn-
und Festhalle.

Im Bestand abnehmende Brutvögel

Die Gartengrasmücke, die Klappergrasmücke und die Mönchsgrasmücke, die vor allem in Gärten und im Siedlungsbereich auftritt, haben in den letzten Jahren örtlich stark in ihrem Bestand abgenommen. Die Dorngrasmücke, eine Hauptbewohnerin dorniger Heckenlandschaften ist in den letzten Jahren sogar bestandbedrohend zurückgegangen. Ebenso ist der Gartenrotschwanz als Bewohner von Nistkästen und Halbhöhlen in Gärten und Parks des Albvorlandes aber auch als Felsenbrüter am Albsteilhang seltener geworden.

Die Mehlschwalbe brütet an Außenwänden unter dem Dachvorsprung von Häusern in selbstgebauten Nestern. Leider ging der Bestand in letzter Zeit durch Mangel an Baumaterial (fehlende Pfützen, Betonierung von Wegen und Plätzen) ständig zurück. Durch Kunstnester der Ortsgruppen des Bundes für Vogelschutz konnte der Bestand an Mehlschwalben z. T. wieder ausgedehnt werden. Große Verluste brachte auch der verfrühte Kälteeinbruch im Herbst 1974.

Ferner haben alle Würgerarten, vor allem der Rotkopfwürger und der größere Raubwürger stark abgenommen. Nur der kleinste von ihnen, der Neuntöter oder Rotrückenwürger ist im offenen Gelände mit Schwarzdorn- und Heckenrosen noch häufiger anzutreffen.

Als charakteristischer Brutvogel an klaren Bächen und Flüssen der Alb kommen die Gebirgsbachstelze und die Wasseramsel mit ihrem braunen Rücken und der leuchtend weißen Brust vor. Beide, vor allem aber die Wasseramsel, die bis zu einer halben Minute tauchen oder sich nahrungssuchend unter Wasser fortbewegen kann, sind durch die fortschreitende Verschmutzung unserer Bäche und Flüsse bedroht.

Seltene und bedrohte Brutvögel

Der Kiebitz brütet nur noch mit wenigen Paaren auf dem Truppenübungsplatz Münsingen und bei Reutlingen. Als Durchzügler ist er mit seinem charakteristischen Flatterflug vor allem im Neckartal zu beobachten.

Von den Greifvögeln sind Habicht, Sperber, Baumfalke und der Wanderfalke nur noch selten im Kreisgebiet anzutreffen. Vor allem der Wanderfalke, der als gewandter Jäger seine Beute nur im Fluge schlägt, ist stark bedroht. Die wenigen Horste in Baden-Württemberg werden oft Tag und Nacht von freiwilligen Helfern gegen Nestplünderer bewacht.

Der Eisvogel brütete vor 1963 regelmäßig am Neckar und bei Zwiefalten. Leider hat sich der Bestand seit dem strengen Winter 1962/63 nur zögernd erholt. Hinzu kommt noch die zunehmende Verschmutzung des Neckars und fehlende sandige Uferabbrüche, die er zum Anlegen seiner Bruthöhle benötigt. Da er seit 1972 bei uns häufiger auf dem Durchzug beobachtet wurde, besteht die Hoffnung, daß der kleine „smaragd-farbene- Diamant", einer unserer schönsten Vögel, vielleicht wieder bei uns brüten wird.

Von den Eulen sind die Schleiereule und der Steinkauz stark zurückgegangen. Der Steinkauz brütet vor allem in alten, hohlen Obstbäumen des Albvorlandes, die leider zunehmend gerodet werden. Durch Ausbringung künstlicher Nisthöhlen und durch Aufklärung versucht der Bund für Vogelschutz diesen unseren kleinsten heimischen Kauz als Brutvogel zu erhalten.

Die Heidelerche ist ein typischer Bewohner unserer Schafweiden. Sie ist im Frühjahr leicht an ihrem melodischen Balzgesang und dem dabei ausgeführten Sturzflug zu er-kennen. Durch die starke Inanspruchnahme der Schaf- und Wacholderheiden durch Erholungssuchende, teilweise aber auch durch eine einsetzende Verwilderung dieser Flächen ist die Bodenbrüterin gefährdet. Ebenso ist der weißbürzelige Steinschmätzer, charakteristisch für die Steinriegel, Steinbrüche und Felspartien der Albhochfläche, weiter im Abnehmen.

Selten nur noch hört man während der Frühjahrszeit im Neckartal bei Reutlingen den schluchzenden, melodischen Gesang der Nachtigall. Es sind nur noch einige wenige Paare, die gelegentlich bei Mittelstadt am Neckar brüten. Auch der Graureiher, unser letzter heimischer Stelzvogel ist im Kreisgebiet selten geworden. Während früher bei Mägerkingen, Oferdingen und im Lautertal Brutkolonien bestanden haben, gibt es heute nur noch eine Kolonie im Süden des Kreisgebietes bei Zwiefalten. Es ist indes zu hoffen, daß die verstärkten Schutzmaßnahmen der Landesforstverwaltung ausreichen, um diesen kolonieweise in hohen Waldbäumen horstenden Großvogel zu erhalten.

Neuerdings beobachtete Brutvögel

Erfreulicherweise gibt es auch einige Vogelarten, die erst in letzter Zeit wieder als Brut-vögel bei uns beobachtet wurden; so ist unser größter Rabenvogel, der Kolkrabe – kenntlich am keilförmigen Schwanz – seit 1967 wieder Felsenbrüter in der Nähe von Urach. Er ist ein gewandter Segler, der den Aufwind an den Felskanten auszunützen versteht. Auch Höckerschwan und Haubentaucher brüten seit 1965 bzw. 1970 wieder am Altenburger Baggersee.

Die Rohrammer – auch Rohrspatz genannt – kommt zunehmend an den Baggerseen im Neckartal und an der Echaz in kleineren Schilfgebieten vor. Die Bekassine konnte als Brutvogel auf dem Truppenübungsplatz bei Münsingen nachgewiesen werden.

Regelmäßige Durchzügler

Der Durchzug von Wasservögeln ist, verglichen mit anderen Landschaften, zahlenmäßig gering. Trotzdem können im Winterhalbjahr auf dem Glemser Stausee, auf den Baggerseen im Neckartal und auf dem Neckar selbst Entenarten wie Stock-, Pfeif-, Schnatter-, Spieß-, Löffel-, Krick-, Knäck-, Tafel- und Reiherente beobachtet werden. Auch Zwergtaucher, Haubentaucher und Bläßhühner sind zu sehen.

Ziemlich regelmäßig trifft auch die Lachmöwe ein, während Sturmmöwe, Flußseeschwalbe und Trauerseeschwalbe seltene Gäste sind. Interessanterweise kommt auch der Fischadler auf dem Durchzug vor, wobei er sich in den letzten Jahren längere Zeit an Echaz und Neckar aufgehalten hat. Im Frühjahr und Herbst verweilt für kurze Zeit auch die Saatkrähe, eine unter Naturschutz stehende Rabenart, im Kreisgebiet.

Seltene Durchzügler

Es würde zu weit führen, auf sämtliche seltenen Durchzügler einzugehen. Es werden aber immer wieder interessante Beobachtungen gemacht: So sind – wohl durch die Schlechtwetterlage bedingt – am 5. 11. 1974 bei Genkingen 105 Kraniche beobachtet worden, die von ihrer üblichen Zugstraße abgewichen waren und für einige Stunden auf freiem Feld rasteten. In manchen Jahren kam es zu regelrechten Invasionen von Seidenschwänzen, sibirischen Tannenhähern und bei gutem Fichtenzapfenangebot auch von Fichtenkreuzschnäbeln.

Verschiedene Strandläufer kommen auch bis Mai und ab Juli auf dem Durchzug an schlammigen Seen, wie z. B. dem Klärsee in Engstingen, vor. Dort sind Grünschenkel, Bekassine, Kampfläufer, Wildwasserläufer und Bruchwasserläufer beobachtet worden.

Maßnahmen zur Erhaltung einer artenreichen Vogelwelt

Durch Pflege der Hecken und Wacholderweiden auf der Alb, durch Neuanlage von Vogelschutzgehölzen, Erhaltung und entsprechende Gestaltung von Wasserflächen (Wiesaztal), durch Aufhängen von künstlichen Nistkästen sowie durch die Erhaltung des Streuobstbaus und durch den biologischen Ausbau unserer Bäche und Flüsse kann eine artenreiche Vogelwelt erhalten werden. Die letzten vorhandenen Schilfgebiete und Flachmoorstandorte sollten auf keinen Fall trockengelegt werden. Wichtig ist auch, daß die Felsen am Albsteilhang vor Beunruhigung durch Spaziergänger und Kletterer geschützt werden, vor allem während der Brutzeit.

Unsere Vogelarten sind Anzeiger einer natürlichen und gesunden Umwelt. Sterben sie an Gift oder sonstigen Umwelteinflüssen, ist dies für uns Menschen ein Alarmzeichen.

Naturschutz heute

Wer die Geschichte des Naturschutzes von den Anfängen der Bewegung zur Landesver-schönerung (1770 bis 1830) über die Bestrebung des Heimatschutzes (1830 bis 1919) und die Bemühungen, Naturschutz und Landschaftspflege als staatliche Aufgabe durchzusetzen, bis heute verfolgt, der stellt fest, daß sich mit der allgemeinen Entwick-lung, die eine immer stärkere Beanspruchung des ökologischen Potentials durch den Menschen nach sich zog, der ursprünglich konservierend-museal angelegte Natur-schutz gewandelt hat zu einem Hüter der Natur schlechthin. Es geht dabei heute nicht mehr nur um Fragen des Landschaftsbildes, also ästhetische Werte, sondern auch und vor allem um die Leistungsfähigkeit des Naturhaushaltes, um den Schutz des Kleinkli-mas vor nachteiligen Auswirkungen, um die Erhaltung des Bodens, die Sicherung der Wasservorräte oder um die Verteidigung ökologisch wichtiger Vegetationszusammen-hänge, die in Gefahr sind, durch technische Maßnahmen zerschnitten oder zerstört zu werden. Daß dabei auch den Fragen der Erhaltung der Artenvielfalt eine besondere Be-deutung zufällt, ergibt sich schon aus der Erkenntnis, daß in den letzten 300 Jahren mehr als 200 Säugetier- und Vogelarten ausgerottet wurden und mehrere hundert wei-tere Tierarten unmittelbar vom Aussterben bedroht sind.

Naturschutzpolitik heute kann sich deshalb nicht erschöpfen in der Ausweisung von neuen Schutzgebieten oder in Stellungnahmen zu Kleinbauten (Wochenendhäusern, Geschirrhütten und Gartenhäusern) im Außenbereich, die im Zweifelsfall bereits un-genehmigt erstellt wurden.

Aktiver Naturschutz muß als das *„ökologische Gewissen"* auf allen Ebenen der Pla-nung anerkannt, rechtzeitig und angemessen beteiligt werden. Und aktive Natur-schutzpolitik muß auch heißen, daß die damit befaßten Stellen selbst konsistente Na-turschutzpläne erarbeiten und vorlegen, aus denen ersichtlich wird, wo Zielkonflikte mit anderen Nutzungen, z. B. Verkehr, Siedlung, Gewerbe und Industrie, Erholung, oder Landwirschaft entstehen können.

Die Beurteilung von Baugesuchen und sonstigen Eingriffen in die Landschaft ist die eine Seite, die undankbare und mühselige Tagesarbeit; daneben aber muß moderne Na-turschutzarbeit Strategien entwickeln, realisierbare Alternativen zu dem, was Wirt-schaft, Verkehr und Wohlstand an immer neuen Opfern der Natur abverlangen. Häu-fig werden es Kompromisse sein müssen, oft aber gibt es auch Lösungen, die sich vor-dergründig aus ökonomischer Sicht nicht anbieten, die aber langfristig – und das ist ökologisch gesehen die einzig zulässige Betrachtungsweise – vertretbar sind.

Naturschutzarbeit heute ist wie nie zuvor Politik, die Kunst des Möglichen.

Planungsaufgaben und Planungsvorstellungen

Aus dem Blickfeld des Naturschutzes zerfällt das Kreisgebiet in zwei Teile:
1. das hochbelastete – manche sagen überlastete – Albvorland,
2. die trotz aller Bemühungen noch weithin ländlich strukturierte Albhochfläche bis zur Donau.

Die Standortgunst hat, siedlungsgesichtlich nachvollziehbar, am Neckar und dessen Nebenflüssen Echaz und Erms Siedlungsschwerpunkte entstehen lassen, die – bis in dieses Jahrhundert flächenmäßig noch bescheiden – heute dabei sind, die gesamte Talaue mit einem Siedlungs- und Verkehrsband auszufüllen und dies, ohne daß je untersucht worden wäre, welche klein- und bioklimatisch nachteiligen Folgen (Kaltluftstau, Luftbewegung, Inversion etc.) hierdurch entstehen können. Abgesehen davon, daß aus anderen Großräumen bekannt ist, zu welchen soziologisch-ökologisch-umwelttechnologischen Problemen solche Ballungen führen, muß von der heutigen Planung mehr verlangt werden als das bloße Auffüllen bisher unbebauter Flächen, weil heute – anders als früher – technische Hilfen (Verkehr, Ver- und Entsorgung) zur Verfügung stehen, die auch primär standortungünstigere Gebiete als Alternativen in Betracht kommen lassen. Allerdings, es geht vielleicht ein wenig langsamer und es ist eventuell im Augenblick nicht die billigste Lösung, aber wir sind ja dabei zu lernen, daß Wachstum nicht alles ist und daß auf die Ökologie ausgestellte Wechsel sehr teuer werden können!

Aus der Sicht des Naturschutzes muß, da man in den Talauen von Echaz und Erms über feigenblattähnlich wirkende Grünzäsuren nicht mehr hinauskommen wird, deshalb versucht werden, zwischen den Siedlungsbändern funktionsfähige Grünzonen zu erhalten. Diese Grünbänder, die östlich von Metzingen von der fruchtbaren Liasebene über die Vulkanberge (Florian und Jusi) bis auf die Albhochfläche, zwischen Echaz und Erms vom Neckar über die Feldflur von Mittelstadt und Riederich einschließlich der auf dieser Markung liegenden Waldungen über die Ostschulter der Achalm auf die Alb bei Glems und westlich des Echaztales vom Schönbuchrand über das Breitenbachtal und den Stadtwald Reutlingen auf die Pfullinger Berge reichen sollen, sind die letzten noch zusammenhängend verfügbaren Grünräume, die auch durch noch so schöne Albwälder ökologisch nicht zu ersetzen sind.

Die Sicherung dieser Freiräume bedeutet aber nicht nur Verzicht auf Bebauung, sie bedeutet auch Freihaltung von Verkehrsstrassen und Verhinderung ungeordneter „Freizeitbebauung". So verständlich die steigende Nachfrage nach Wochenendgrundstücken, Garten-, Geschirr- und Wochenendhäusern an sich ist, so sicher ist auch, daß die in einem Verdichtungsraum noch verbliebenen Grünräume nicht mit Zäunen und Kleinbauten in ungeregelter Weise überzogen werden dürfen, im Interesse der Masse der in dieser Hinsicht Nichtprivilegierten. Die Arbeit des Naturschutzes hat sich daher im

Landkreis Reutlingen in den vergangenen Jahren damit befaßt, durch die Ausweisung von mehreren hundert Hektar Gartenhausgebieten einerseits dem Bedürfnis nach gärtnerischer bzw. hobbylandwirtschaftlicher Betätigung gerecht zu werden und dennoch den größeren Teil des Freiraumes vor der Zersiedelung zu bewahren.

Für den Bedarf an Wochenendhäusern (einschl. Wohnwagenstandorten), der im Albvorland ohnehin nicht mehr befriedigt werden kann, bieten sich Teile der Albhochfläche an, die hier eine gewisse Entlastungsfunktion übernehmen können.

Folgerichtig wurde versucht, die für die Grün- und Naherholungsversorgung besonders wichtigen Gebiete des Albvorlandes und des Steilabfalls rechtlich abzusichern (Landschaftsschutzgebiet Albberge zwischen Echaz und Erms). Ein zweiter Abschnitt (Landschaftsschutzgebiet Albberge zwischen Echaz und Wiesaz) ist in Vorbereitung. Ganz anders liegen die Probleme auf der Albhochfläche. Dort sind in aller Regel noch große, intakte land- und forstwirschaftlich genutzte Flächen vorhanden, aber auch hier erfolgen bereits die ersten Einbrüche in die „ungestörte Landschaft", die teils aus der Freizeitindustrie, teils aus Land- und Forstwirtschaft kommen. Um nur einige Beispiele zu nennen: Skilifte, Wohnwagenplätze, Wochenendhausgebiete, Feriensiedlungen, landwirtschaftliche Aussiedlungen oder Schuppen und Neuaufforstungen.

Grundsätzlich glauben wir, daß alle diese Bedürfnisse erfüllbar sind, aber es wird nicht so sein können, daß *in jeder Gemeinde alles* möglich sein wird. Hier wird es ganz wesentlich auf die überörtliche, aber verbindliche Landschafts- und Freizeitplanung ankommen. Ein Beispiel, welche nachteiligen Auswirkungen ungeordnete Freizeitaktivitäten für Landschaft und Land*wirtschaft* haben können, ist das Lautertal, das in seinen wichtigsten Teilen vielleicht in letzter Minute durch die Ausweisung zum Landschaftsschutzgebiet vor der Zerstörung bewahrt wurde.

Ein häufig nur am Rande beachteter Aspekt ist im ländlichen Raum auch das Ortsbild. Gerade in den Teilen, die von der Schönheit der Landschaft, zu der fraglos auch die Bebauung zählt, leben wollen (Fremdenverkehr!) sind Baustile, Bauformen und Verdichtungen, wie sie im städtischen Raum sinnvoll oder angebracht sein können, in aller Regel als schwerer und praktisch nicht wieder gutzumachender Eingriff in die Landschaft anzusehen. Nachdem in diesen Gebieten extremer Baulandmangel nicht vorliegt, gibt es keinen vernünftigen Grund, noch mehr Menschen mit den Nachteilen der Hochhäuser zu beglücken und Kulturlandschaften, die als schön empfunden werden, durch eine massierte Bebauung zu beeinträchtigen.

Maßnahmen der Landschaftspflege

Neben der Aufgabe, zur Ordnung in der Landschaft beizutragen, muß sich der Naturschutz zunehmend mit der Frage befassen, in welcher Richtung die Gestaltung der

Landschaft dort gehen soll, wo die traditionelle Pflege und Bewirtschaftung aufhört, wo Disteln, Schwarzdorn oder Kiefer und Fichte Flächen verändern. Gemeint sind die für die Alb charakteristischen Trocken- und Halbtrockenrasen, die Schaf- und Wacholderheiden, die früher gemäht oder intensiv mit Schafen beweidet, heute in Gefahr sind, über verschiedene Übergangsstadien zu Wald, dem Klimax-(= End)-Zustand auf fast allen Standorten unserer Breitengrade zu werden. Insofern wäre die künstliche (Aufforstung) oder ungehinderte (Anflug von Kiefer, Fichte oder Esche/Ahorn/Buche) Wiederbewaldung, das natürlichste und ökologisch (häufig auch ökonomisch) das Vernünftigste.

Dennoch läßt sich rechtfertigen, daß auf bestimmten Standorten – und sei es nur der reichen und selten gewordenen Blütenpflanzen wegen – diese natürliche Veränderung unterbrochen, d. h. durch Pflegeeingriffe gelenkt wird. Untersuchungen zur Attraktivität von Erholungslandschaften haben ergeben, daß gerade die Vielgestaltigkeit des Freilandes einen wesentlichen Beitrag zum Erlebniswert von Erholungslandschaften leistet.

Unter diesem Gesichtspunkt sind von den staatlichen Forstämtern in Amtshilfe in den vergangenen Jahren große und besonders schöne bzw. wertvolle Flächen gepflegt worden.

Dabei lagen die Schwerpunkte dieser praktischen Pflegearbeit in den Räumen Münsingen/Großes Lautertal, Gomadingen–Ödenwaldstetten–Aichelau, Mägerkingen, Hayingen und Reutlingen/Unterhausen.

Natur- und Landschaftsschutzgebiete

Insgesamt entfallen auf das Kreisgebiet 23 979 ha, die zum Landschaftsschutzgebiet erklärt wurden, das sind rund 23 Prozent der Kreisfläche. Dies ist, gegenüber dem Land Baden-Württemberg (14 Prozent) verhältnismäßig viel, gemessen an den Erholungsansprüchen aus dem Verdichtungsraum, wenig. Eine Aufzählung der 104 Landschaftsschutzgebiete, von denen allerdings 64 kleiner sind als 10 ha enthält Tabelle 3 (siehe Seite 74).

Die vier *Naturschutzgebiete* im Landkreis Reutlingen umfassen eine Fläche von 220 ha (= 0,2 Prozent der Kreisfläche; zum Vergleich Land Baden-Württemberg 0,1 %). Im einzelnen handelt es sich um:

Naturschutzgebiet Nägelesfelsen auf Gemarkung Urach
Fläche 12,40 ha, Verordnung 1937.

Das Naturschutzgebiet umfaßt Felswände, die durch Bergsturz und Abgleiten von Weißjuramassen entstanden sind, sowie die Bergkieshalde am Fuß der Felsen. Auf dem südwestexponierten Hang wächst ein artenreicher Trockenrasen sowie ein Eichentrockenwald mit Flaumeiche. An weniger extrem trockenen Stellen stockt ein Buchen-Steppenheidewald mit häufigem Vorkommen des Mehlbeerbaumes. Die vom Bergsturz entblößten, weit ins Tal hinaus sichtbaren Felswände bieten in Spalten und auf Vorsprüngen der Felsenbirne, Felsenmispel und dem Traubensteinbrech, einer arktisch alpinen Felsenpflanze, ein Auskommen. Besonders erwähnenswert ist das Vorkommen der Eibe. Die Bergkieshalde unter den Felsen wird nur von einzelnen Eschen, Eichen, Bergahornen, Forchen und Linden besiedelt. Die Buche fehlt, weil sie gegen das Abscheren durch nachrutschende Schuttmassen besonders empfindlich ist.

Naturschutzgebiet Greuthau auf Gemarkung Lichtenstein-Honau
Fläche: 192 ha, Verordnung 1938.

Im Naturschutzgebiet Greuthau soll die typische Weidelandschaft der Albhochfläche erhalten werden. Wesentlich in dieser Weidelandschaft sind Wiesenflächen mit Einzelbäumen, den gewaltigen 200- bis 300jährigen Weidebuchen, mit Baumgruppen, Gehölzen, Sträuchern, Heckenstreifen und den für die Albweiden so typischen Säulenwacholdern. Auf etwa 40 ha wurden im letzten Jahrhundert Fichte eingebracht. Aus diesen Beständen und aus den Waldungen außerhalb des Schutzgebietes samen sich heute Fichten und Forchen auf den Heideflächen von selbst an. Deshalb und wegen des sich immer mehr ausbreitenden Schlehengebüsches müssen sie im Abstand von einigen Jahren gepflegt werden. Auch die Wacholder werden bei dieser Pflege zurückgehauen, wo sie zu dicht stehen.
Der Schutz des Gebietes ist nicht in erster Linie wegen der Pflanzen und Tierwelt, sondern zur Erhaltung des eigenartigen Landschaftsbildes für die Erholungsuchenden angeordnet worden. Eine Bewirtschaftung der Weiden in der bisherigen Weise und eine vorsichtige forstliche (femelartige) Bewirtschaftung der Waldflächen ist zugelassen.

Naturschutzgebiet Ursulahochberg auf Gemarkung Pfullingen
Fläche: ca. 9 ha, Verordnung 1941.

Das Naturschutzgebiet umfaßt die vollständig von Wald umgebene Hochwiese (788 m Meereshöhe) des Ursulahochberges, der als Teil eines Albausläufers zwischen zwei Nebentälern der Echaz aufragt. Nach der Naturschutzverordnung darf die Hochwiese nicht beweidet, nicht gedüngt und nur einmal jährlich, jedoch erst nach dem 25. Juli, gemäht werden. Auch das Verlassen der Wege, Lärmen, Spielen, Lagern, Zelten ist verboten. Zweck des Schutzgebietes ist es, die für Magerwiesen typischen Pflanzen der Reutlinger Alb zu erhalten.

Naturschutzgebiet Ohnastetter Bühl auf Gemarkung Würtingen-Ohnastetten Fläche: ca. 6 ha, Verordnung von 1973, Naturdenkmal seit 1961.

Zweck der Verordnung ist es, den Standort für die rund 20 Orchideenarten und anderen seltenen Pflanzen zu erhalten. Es handelt sich um eine Heidefläche an einem flachen Südhang, in dem Dolomitsand gegraben wurde. Mit der Schutzverordnung konnte verhindert werden, daß das Gebiet mit Autos befahren wird, daß gelagert und Feuer gemacht wird.

Naturdenkmale

Neben den Landschaftsschutzgebieten und den Naturschutzgebieten bestehen im Kreis Reutlingen über 400 Naturdenkmale. Im einzelnen sind geschützt:
176 Einzelbäume, 6 Alleen, 81 Baumgruppen, 7 Hecken und 3 Ufergehölze, 4 Weidewälder, 16 Höhlen, 5 Erdfälle, 60 Felsen, 18 Quellen, 1 Brunnen, 3 Hülen, 12 Standorte seltener Pflanzen, 9 Vulkanembryonen und 2 geologische Aufschlüsse.
Die Naturdenkmale nehmen zwar meist nur kleine Flächen ein, tragen aber durch die Vielgestaltigkeit ihrer Erscheinungsformen und durch ihren Seltenheitsgrad sehr viel zum Erlebniswert unserer Landschaft bei.
Besonders erwähnenswert ist das Naturdenkmal „Bergwiese auf dem Gielsberg" auf Gemarkung Pfullingen mit einer Fläche von mehr als zehn Hektar. Hier wird das Vorkommen von Orchis- und Ophrysarten, Küchenschelle, Traubenhyazinthe (= Baurebüble), gelber Enzian und Frühlingsenzian geschützt. Die Verordnung verbietet auf der Bergwiese insbesondere das Beweiden, Düngen, Reiten, Zelten und Feuermachen. Die Wiese darf vor dem 15. Juli nicht gemäht werden.
Bei den vielfältigen Eingriffen, die unsere Landschaft durch den Bau von Verkehrswegen, Ver- und Entsorgungsleitungen, Materialentnahmen aller Art und nicht zuletzt durch die im agrarischen Bereich notwendigen Rationalisierungsmaßnahmen verändern, kommt der Erhaltung einzelner landschaftlicher Besonderheiten, vor allem auch der alten Baumsubstanz, größte Bedeutung zu. Im Rahmen des Straßenbaus oder der Rodungsbestrebungen im Streuobstbau ist eine einstmals abwechslungsreiche Landschaft rasch verarmt und kahl geworden. Es dauert aber wenigstens 30 bis 50 Jahre, bis Neupflanzungen – sofern sie als Ersatz durchgesetzt werden können – an die Stelle jener kleinteiligen Elemente getreten sind, von denen eine Landschaft oft in ganz besonderer Weise lebt: von Baum – Busch – und Strauch in der freien Flur.

Tabelle 3:   Übersicht über die Landschaftsschutzgebiete im Landkreis Reutlingen

a) Landschaftsschutzgebiete über 100 ha

Großes Lautertal	9875 ha	Hayingen, Hohenstein, Gomadingen, Münsingen, Würtingen
Reutlinger/Uracher Alb	9476 ha	Dettingen/Erms, Eningen, Grabenstetten, Hülben, Lichtenstein, Metzingen, Pfullingen, Urach, Würtingen
Schönbuch	1492 ha	Pliezhausen, Reutlingen, Walddorfhäslach
Riedlinger Alb	1438 ha	Zwiefalten
Trochtelfinger Heide und Seckachtal	809 ha	Trochtelfingen
Laucherttal mit Nebentälern	280 ha	Sonnenbühl, Trochtelfingen
Neckartal zwischen Tübingen und Plochingen	207 ha	Pliezhausen, Reutlingen
Fischburgtal	136 ha	Urach
Glastal	120 ha	Hayingen, Zwiefalten

b) Landschaftsschutzgebiete unter 100 ha

Grafenberg

Grafenberg	3 ha

Hayingen

Öde „Runder Burren"	3 ha
Sommerschafweide im Riedle	6 ha
Öde in der Wanne	3 ha
Sommerschafweide auf Hohengreutter	4 ha
Öde, Äcker, Sommerschafweide auf Reischbühl	9 ha
Sommerschafweide am Krähenberg	8 ha
Sommerschafweide in Buchhausen	8 ha
Sommerschafweide auf Stallbuch	4 ha
Sommerschafweide auf Hilpertswiese	15 ha
Sommerschafweide auf Hochhalde	13 ha
Sommerschafweide auf Maiersberg	4 ha
Sommerschafweide Hinter der Halde	5 ha
Öde am Gleißenberg	7 ha
Sommerschafweide auf Sandberg, Silberberg und vor dem Brömes	55 ha
Sommerschafweide auf Ungemach und im Digenfeld	40 ha

Hohenstein

Ringelesberg	21 ha
Blasenberg und Saalhau	4 ha
Sommerschafweide in Buchhausen	4 ha
Sommerschafweide am Galgenberg	3 ha
Warmberg	16 ha
Sommerschafweide auf Rauhberg	5 ha
Sommerschafweide auf Linsenberg und Bienenwäldle	5 ha
Sommerschafweide auf Schwendeberg	14 ha
Sommerschafweide am Geißberg	25 ha
Sommerschafweide im Bau, Ofenbuckel und Butzenbach	1 ha
Sommerschafweide auf Steinberg	17 ha
Sommerschafweide hinter Steinberg	8 ha
Sommerschafweide auf Burgstall und Milchberg	16 ha
Sommerschafweide in Kapellenäcker	5 ha
Sommerschafweide im Weidental	26 ha
Sommerschafweide im Pfingstholz	5 ha

Mehrstetten

Sommerschafweide auf Irnestal und Guckenbühl	13 ha

Sommerschafweide auf Ameisenbühl,
Rubenhalde und Schneidersteichle   20 ha
Sommerschafweide auf Heckhalde   19 ha
Sommerschafweide auf Marksteigle   7 ha
Sommerschafweide im Banntal   15 ha
Sommerschafweide im Oberen und
Unteren Böttental und Vorderen Berg   20 ha
Rote Hüle   1 ha

Münsingen

Heckenlandschaft ob der Halde   10 ha
Heckenlandschaft im Kohl   4 ha
Sommerschafweide auf Hagbühl   9 ha
Sommerschafweide auf Breitelau   15 ha
Sommerschafweide am Pfarrenburren   8 ha
Öde im Winkel   9 ha
Sommerschafweide in Lindenhalde und
Wiesensteigtrieb   3 ha
Sommerschafweide auf Ellwangen
(Urenbühl)   4 ha
Sommerschafweide am Eichholz   12 ha

Pfronstetten

Hinter Gleinsgelesberg   6 ha
Klessenbergtrieb   8 ha
Fuchslochhalde, Ruckenhalde,
Steighalde   52 ha
Vöhrensteig   11 ha
Maientäle   1 ha
Ehestetter Buckel (Schaiwiesen)   2 ha
Sommerschafweide hinter Feilhau   5 ha
Sommerschafweide in Zwiesel und Au   2 ha
Sommerschafweide auf Hungermauern   13 ha
Öde am Schloßburren   1 ha
Sommerschafweide im Buch   4 ha
Sommerschafweide am Dobelburren   9 ha
Birkenweide ob der Warth   2 ha
Sommerschafweide Kleiner Kapf und Tal,
Sommerschafweide im Steinach   32 ha
Sommerschafweide am Fetzenried   8 ha

Pfullingen

Georgenberg   8 ha

Reutlingen

Achalm (auch Eningen)   66 ha
Kohlengrube   3 ha

Römerstein

Sommerschafweide auf dem Lau   6 ha
Sommerschafweide im Bantal   3 ha
Orchideenwiese Burgbrunnen   3 ha
Sommerschafweide auf Ohl   3 ha
Sommerschafweide hinter dem hockenden
Stein, Auchtweide   16 ha
Sommerschafweide am Hochbucher Weg   5 ha
Sommerschafweide auf der Halden   6 ha

Trochtelfingen

Sommerschafweide an Buchhalden   9 ha
Öde am Mägerkinger Häule   3 ha
Sommerschafweide in den Spitzäckern   3 ha

Urach

Sommerschafweide im Buch   4 ha
Öde im Hartberg   11 ha
Öde und Sommerschafweide unter dem
Ernstfeld   9 ha
Waldkopf östlich der Ruine
Hohenwittlingen   3 ha
Brunnhalde südlich Hof
Hohenwittlingen   1 ha
Wolfsschlucht   1 ha

Zwiefalten

Sommerschafweide in den Weißen Äckern   8 ha
Sommerschafweide auf Hagnau   10 ha
Sommerschafweide in der Eselsweide   1 ha
Sommerschafweide im Banholz   11 ha
Sommerschafweide im Mittelberg   6 ha
Sommerschafweide am Fleckenhaus   1 ha
Sommerschafweide im Gratel   3 ha
Sommerschafweide in Fußenäcker   5 ha
Tobeltal   36 ha
Sommerschafweide im Löhle   2 ha

Hinweise auf weiterführende Literatur

Gradmann, R.: Das Pflanzenleben der Schwäbischen Alb, 1950, herausgeg. v. Schwäb. Albverein

Hauff, R.: Die buchenzeitlichen Pollenprofile aus Nord- und Südwürttemberg, 1960 Verein für Forstl. Standortskunde und Forstpflanzenzüchtung H. 9, S. 26–30

Künkele, S. und Vogt, A.: Zur Verbreitung und Gefährdung der Orchideen in Baden-Württ., Beiheft 1. Veröffentlichungen der Landesstelle für Naturschutz und Landschaftspflege Baden-Württ., 1973, S. 8–72

Rupf, H.: Die Flaumeichenwälder der Gemeinde Dettingen/Erms; Veröffentlichung der württ. Landesstelle für Naturschutz und Landschaftspflege 1952, Heft 21, S. 55–67

Schlenker, G. und Müller, S.: Erläuterungen zur Karte der regionalen Gliederung von Baden-Württ. I. Teil. Mitt. des Vereins für forstl. Standortskunde und Forstpflanzenzüchtung 1973, Nr. 23, 71 S.

Münsingen – Alb – Beutenlay, herausgeg. von der Stadt Münsingen, 1971, 166 S.

Geschichte und Kultur

Ur- und Frühgeschichte

von Adolf Rieth

Aus den Tausenden von stummen Funden, die aus Höhlen, Siedlungen im freien Land und aus Gräbern vorliegen, soll hier kein lehrhaftes Gebäude errichtet werden, das den Leser ermüdet und das sich in einiger Zeit wieder ändern kann. Vielmehr wollen wir typische Fundkomplexe zum Reden bringen und sie als Urkunden für die Existenz des vorgeschichtlichen Menschen betrachten, Belege eines jahrtausendealten Kampfes ums Dasein.

Um die zeitliche Abfolge so anschaulich wie möglich zu machen, wollen wir von den bisher vorliegenden Ergebnissen der Ausgrabungen am Rappenplatz am Osthang der Achalm ausgehen, um hier an der Abfolge eines stellenweise bis zu drei Metern mächtigen Schichtpaketes Vorgeschichte im Zusammenhang und fürs Auge lebendig werden zu lassen. Die Achalm bietet dafür ein einmaliges Beispiel.

Die Szenerie des Rappenplatzes

Der Schauplatz der „Achalmgrabung" ist die um den Osthang des Berges herumführende Terrasse des „Rappenplatzes", eine Geländestufe, die von der Oberkante des untersten Weißjura (alpha), grauen Kalkmergeln, von dünnen Kalkbänkchen durchzogen, gebildet wird. Diese nach Osten gerichtete Stufe hat bei 25 Meter größter Breite eine Länge von über 200 Metern. Im Sommer wie im Winter erhält der Platz viel Sonnenwärme. Gegen die vom Westwind gepeitschten Schlagregen ist er durch einen zum Gipfel hinaufziehenden Berghang geschützt. Dafür ist der Platz aber dem kalten Ostwind voll ausgesetzt. Vom Berggipfel darüber droht Steinschlag, der aber hier durch einen Bergsporn abgelenkt wird. Der für jede Höhensiedlung besonders wichtige Wasserbedarf war hier leichter zu decken als auf der Gipfelfläche, die wohl nur in Zeiten der Not aufgesucht wurde. Vielleicht flossen in vorgeschichtlicher Zeit in den unterhalb liegenden Hangbuchten noch Quellen. Überdies war es im Bereich der Siedlungsfläche möglich, in den dichten Lehm- und Mergelschichten des Untergrundes Zisternen zu graben, die den nötigen Wasserbedarf garantierten.

Die grasigen Hänge boten dem Vieh, Rindern, Schafen und Ziegen, fette Weide. Der schwer zugängliche und sicher auch an dem einzigen Aufstieg befestigte Gipfel bot dem unterhalb am Berg siedelnden Menschen Jahrtausende hindurch letzte Sicherheit. Daß die Flucht auf den Gipfel nicht immer gelang, belegen die vielen Menschenknochen, die hier gegen Ende des ersten Jahrtausends v. Chr. in die Erde kamen: Schädelbruchstücke und Langknochen von Erwachsenen und Kindern, Knochen, die kaum aus gestörten Gräbern stammen können.

Urlandschaft, Urmensch, Jägerkulturen von der Alt- bis zur Mittelsteinzeit

Die Achalm dürfte auf der Höhe der letzten Eiszeit völlig kahl gewesen sein. Das gilt auch für die Höhen und Hänge des Steilabfalls auf der anderen Seite des Tals, in dessen Flanken die Wildwasser der Urechaz und ihrer Seitenbäche ihr sich stetig änderndes Bett eingruben. Im Frühjahr wurden die durch Schnee und Spaltenfrost erstarrten Hänge unter der auftauenden Einwirkung der Sonne lebendig, bis sie in Bewegung kamen: Blockströme und Fließerden, wie sie aus arktischen Regionen bekannt sind, Vorgänge, die sich bis zu breiten Bergrutschen steigern konnten, veränderten das Gesicht der Landschaft. In den Steppengräsern der Albhochfläche spielte der Wind und wie heute noch in der Arktis boten sich die Moose und Flechten eiszeitlichen Großtieren als Äsung an: da stand das rotbraun zottige Mammut, da grasten Bison- und Rentierherden sowie Rudel flüchtiger Wildpferde, gejagt von Höhlenlöwen, Panthern, Luchsen und Wölfen. Allen an Kraft überlegen war der mächtige Höhlenbär, der den heutigen Braunbären an Größe weit übertraf. Mensch und Bär machten einander die Höhlen streitig, Bärenhorste, in deren undurchdringlicher Nacht die Bärin ihre Jungen warf, während sich gleichzeitig alte Tiere in einem Winkel verkrochen, um sich zum Sterben niederzulegen. In keiner Albhöhle, sofern sie zur Altsteinzeit offen war, fehlen ihre Knochen, die manchmal auch Überreste menschlicher Jagdbeute sein können. Klassischer Fundort dieser alles fressenden Riesentiere ist die im Jahr 1949 entdeckte Bärenhöhle bei Erpfingen. Da lagen die Knochen an manchen Stellen so dicht gepackt, als ob sich die Bären trockene Plätze zum Sterben ausgesucht hätten. In einer Nische lagen sechs Schädel nebeneinander, an anderen Stellen ganze Skelette. Nirgendwo war aber eine Spur vom Menschen und seinem harten Kampf ums Dasein zu finden, der sich außerhalb der Höhle damals, vor rund 30 000 Jahren schon abspielte. Der Neandertaler war um diese Zeit schon ausgestorben. Die Jäger jener Zeit sahen anders aus: größer, schlanker, im Gesicht dem heutigen Menschen ähnlich, mit hoher Stirn, ausgeprägter Nasen- und Kinnspitze und nicht entfernt so primitiv wirkend wie der kleinwüchsige Neandertaler. Die Stein- und Knochengeräte der jüngeren Altsteinzeit zeichneten sich durch Formenreichtum und Spezialisierung aus: Kratzer aller Art, Stichel, Bohrer, Klingen. Auch Pfriemen und Nähnadeln mit Öhr gehören zum fortgeschrittenen handwerklichen Schaffen dieser Jäger und Sammler, die überdies imstande waren, aus Elfenbein geschnitzte Kleinplastiken ihrer Jagdtiere herzustellen wie in der Vogelherdhöhle im Lonetal.

Die großen, längst bekannten Wohnhöhlen im Lonetal, im Achtal (zwischen Schelklingen und Blaubeuren) und im Laucherttal (um Veringenstadt) liegen außerhalb unseres Gebiets. In unserm Raum gibt es auf der Albhochfläche und im Albvorland einige kleine, spätpaläolithische Lagerplätze: z. B. im Wald bei Upfingen versteckt die malerisch zerfallene „Klopfjörgleshöhle" (unheimlicher Ort eines die Bauern neckenden Kobolds), mit kleinen Feuersteingeräten und Knochenresten von Wildpferd und Rentier, Werkzeugtypen, die sich auch bei Erpfingen am Guppenlochfelsen und in der Karlshöhle gefunden haben.

Aber auch außerhalb der Höhlen stellen sich im Freiland mehr und mehr altsteinzeitliche Funde ein: so die schon seit den dreißiger Jahren bekannten Werkzeugschlagplätze um Hengen und Wittlingen, Plätze, die vom mittleren Paläolithikum bis in die Jungsteinzeit hinein aufgesucht wurden. Neuerdings wurde sogar unter einem römischen Gutshof bei Mittelstadt eine Wohngrube der ausgehenden Altsteinzeit mit Werkzeugen aufgespürt. Die dort lagernde kleine Jägerhorde hauste wohl unter dem mit Fellen abgedeckten Zeltdach einer Erdwohnung, ein Siedlungstypus, wie er vor allem im osteuropäischen Paläolithikum von Südrußland bis hinein nach Ostsibirien bekannt geworden ist, eine Wohnform, die sich bis in die Mittelsteinzeit hinein gehalten hat.

Die mildere Mittelsteinzeit (ca. 8000–3000 v. Chr.)

Kosmische und andere Ursachen hatten damals um 10 000 v. Chr. ein allmählich milder werdendes Klima bewirkt, das Baum und Wald die Rückkehr erlaubte, ein Ansteigen der Jahrestemperatur mit einer neuen Umwelt im Gefolge, aus der sich die eiszeitlichen Tiere langsam zurückzogen. – Die Wirtschaftsform des Menschen freilich hat sich wenig geändert, nur daß dieser nun auf Hirsch, Wildschwein, Ur und Braunbär Jagd machte. Der dem Wild folgende Jäger konnte noch nicht seßhaft werden. Er rastete im Freiland, aber auch noch in Höhlen wie in der Grotte am Fuße des Rappenfelsen bei

Aglishardt. Daneben kennen wir Funde von mittelsteinzeitlichen Steingeräten (Mikrolithen), meist als Pfeilspitzen und Harpunenzähne dienend aus der Gegend von Holzelfingen, Stahleck und Würtingen in der Nähe des Steilabfalls, auf der Hochfläche von Donnstetten und Laichingen. Ob diese Fundorte wirkliche Lagerplätze oder nur gelegentlich aufgesuchte Werkzeugschlagplätze waren, muß vorläufig offen bleiben. Die Ausgrabungen in der Grotte des Rappenfelsen haben eine Serie von Steinwerkzeugen zutage gefördert, die z. T. schon jungsteinzeitliches Gepräge haben. Doch fand sich in dieser Höhle keine Spur von mittelsteinzeitlicher Töpferei.

Pflanzer und Viehzüchter, Ursprung bäuerlicher Seßhaftigkeit in der Jungsteinzeit

Vermutlich querten schon zur Mittelsteinzeit einzelne Jäger die Hänge der Achalm. Sicherheit über eine Besiedlung gegen Ende des 3. Jahrtausends v. Chr. erbrachte die Ausgrabung 1974: Feuersteingeräte, Scherben einer Füßchenschale und eines rundbodigen Gefäßes. Reste spätneolithischer Kulturen, die wir auch von anderen Albbergen kennen (Limburg bei Weilheim/Teck und Lochenhochfläche bei Balingen). Vielleicht werden wir am Rappenplatz eines Tages auch Spuren von Hausgrundrissen dieser frühen Zeit finden. Über die Konstruktion dieser neolithischen Hausbauten könnten wir wenig aussagen, wären uns nicht im Federseemoor die Böden ganzer Uferdörfer im Moor erhalten geblieben. Hausbauten dieser Art bezeichnen schon einen gewissen Grad von Seßhaftigkeit, wie sie zur Wirtschaftsform der Pflanzer von Weizen, Gerste und Hirse und von Viehzüchtern (vor allem von Rindern und Schafen, später auch von Pferden) gehört. In Mitteleuropa wird die neue Wirtschaftsform mit dem Auftreten der sog. „Bandkeramiker", Wanderbauern, die aus dem Donauraum kommen, erreicht. Bandkeramik, Stichkeramik, Bezeichnungen, die von der Ornamentierung der Gefäße hergeleitet sind, deren Herstellung in erster Linie Sache der Frauen war. Der Mann entwickelte dafür erstaunliche Fähigkeiten auf dem Gebiet des Steinschliffs und Steinbohrens. Gebohrt wurde nur quarzarmes Gesteinsmaterial, mit dem schnurgetriebenen Bohrer, unter Zugabe von Wasser und Quarzsand. Die Herstellung eines Steinbeils war einfacher: zuerst wurde die große Form herausgepickt und dann zugeschliffen. Diese Beile waren das wichtigste Gerät des steinzeitlichen Zimmermanns, der noch ohne Säge auskommen mußte.
In unserem Gebiet sind Siedlungsplätze im offenen Gelände noch selten. Um so wichtiger ist es, daß, abgesehen von den ersten Funden am Rappenplatz, auch im Kalktuff bei Pfullingen jungsteinzeitliche Reste angetroffen wurden: In Flur Hohmorgen wurden im Kalktuff zwischen Echaz und Eierbach, mehrere Kulturschichten beobachtet, von denen die unterste Lage Keramik, u. a. einen großen Henkelkrug der sog. „Schussen-

rieder Kultur'' lieferte. Die Funde machten einen verschwemmten Eindruck. Die noch nicht bekannte Siedlung stand sicher oberhalb am Hang, der zur Wanne hinaufführt. Ähnliche Verhältnisse traf der Verfasser südöstlich von Neuffen im Grendenbachtal an. Diese seltenen Freilandfunde werden durch einige Spuren in Höhlen (Plattenhöhle bei Hundersingen, Bernbergerhöhle beim Hohenneuffen) ergänzt, auch wenn es sich dabei nur um die Hinterlassenschaften flüchtiger Jäger und Hirten handeln dürfte.

Das erste Metall

Das Kupfer – im nahen Osten schon seit dem 6. Jahrtausend v. Chr. bekannt – kannte man vermutlich schon um 2000 v. Chr. in unserem Gebiet. Das rötliche, weiche Metall schmiedete man zunächst kalt, konnte es aber bald auch in offene Formen gießen und zu Nadeln, Ringen und kleinen Dolchen verarbeiten.
Auf die Wirtschaftsform hatte der neue Werkstoff keinen Einfluß. Erst als man gegen Ende des 2. Jahrtausends imstande war, Sicheln aus Bronze herzustellen, bedeutete dies für das Einbringen der Ernte eine gewisse Erleichterung. Zunächst bedeutete der Besitz an Kupfer allerdings neuen Reichtum, von dem sich der Besitzer in der Frühbronzezeit auch im Grab nicht trennen wollte. Ein Siedlungsplatz der frühen Metallzeit könnte auch auf der Achalm bestanden haben. Wir kennen solche Plätze mit Sicherheit vom Kirchberg bei Reusten und von der Wurmlinger Kapelle. In unserem Bezirk sind nur deutliche Spuren frühbronzezeitlicher Hockergräber bekannt: unter den kleinen Fels-dächern des Lochersteins am Traifelberg fand der Verfasser einzelne typische Metallob-jekte und ein alter Bericht erwähnt ,,in einer Kiesgrube bei Reutlingen ein Gerippe in sitzender Stellung'', dem man einen Halsring mit Ösen, einen Spiralfingerring und ei-nen breiten Dolch mit Vollgriff mitgegeben hatte. Es handelte sich offenbar um ein Männergrab, dessen seltene Beigaben leider verschollen sind. In der Hockerstellung des Toten ist noch die Tradition der Jungsteinzeit lebendig, das Einzelgrab, das dann lang-sam durch das Hügelgrab mit mehreren Bestattungen abgelöst wird, ein neuer Grab-brauch, der quer durch Süddeutschland bis tief nach Frankreich hineinreicht.

Die Hügelgräberbronzezeit im Raume der mittleren Alb

Die Albhochfläche macht in der Jungsteinzeit einen recht dünn besiedelten Eindruck. Nun aber, um die Mitte des 2. Jahrtausends v. Chr., muß dieser Landstrich, nach den zahlreichen Grabhügelfunden, dichter besiedelt gewesen sein. In unserem Gebiet drän-gen sich die Hügelgräber besonders im Gebiet der Weiler Haid und des Oberen Lautertales zusammen: meist flache Steinhügel, aus mehreren Kammern bestehend, an die sich im Laufe eines gewissen Zeitraums neue Bestattungen angliedern konnten. Die großen Sippengrabhügel um Hundersingen-Lauter enthielten bis zu 40 Bestattungen, darunter auch Brandgräber, wobei den Kindern ein bestimmter Sektor im Hügel eingeräumt wurde. Die Ausrichtung der Skelette ist nicht einheitlich (wie später in alamannischer Zeit): neben W-O-Lage kommt häufig auch N-S-Lage vor. Ein seltsamer Fall von Totenfesselung wird von Upflamör berichtet, wo eine Frau an den Beinen mit einer Bronzekette gefesselt war. Nun treten neben Urnen und kerbschnittverzierten Krügen die sicher Totenspeise enthielten, besonders in den reicheren Gräbern kostbare Bronzebeigaben auf: Beile, Dolche, Lanzenspitzen und als neue Waffen auch Schwerter in den Männergräbern. Die weiblichen Toten sind mit Schmuck aller Art ausgestattet: Gewandnadeln, Arm- und Wadenreife, Zierscheiben, Anhänger, dazu Perlen aus Bernstein und selten auch aus Glas. Einer Frau in dem Sippengrab Hundersingen-Weidenhang hatte man über 1000 geschliffene Bernsteinperlen mitgegeben, Bernstein – Gold des Nordens, der von Jütland und Samland eingeführt wurde.

Besonderes Ansehen mögen die Bronzegießer genossen haben. Ihre Kunst vervollkommnete sich im Lauf der Jahrzehnte und Jahrhunderte mehr und mehr: dem Guß in der offenen Form (offener Herdguß) folgte in zweiteiliger Form der verdeckte Herdguß, wobei man die Formen schließlich auch aus weichem Sandstein herzustellen verstand. Gegen Ende des 2. Jahrtausends v. Chr. beherrschte man schließlich den Kernguß (z. B. für Lanzentüllen) und bald auch, das bis heute ausgeübte Wachsausschmelzverfahren. – Siedlungsspuren sind seltener: immerhin fanden wir am Rappenplatz in 2,5 Meter Tiefe eine Schicht, die keramische Reste der Bronzezeit führt. Auch vom „Runden Berg" bei Urach werden Funde dieser Periode gemacht.

Kultur der „Urnenfelder" Völkerwanderung um die Jahrtausendwende

Wie um die Wende vom 3. zum 2. Jahrtausend, so kamen auch um 1000 v. Chr. große Bevölkerungsteile in Bewegung. Wanderzüge von den weiten Ebenen des mittleren Donauraums ausgehend, die nicht nur Süddeutschland und das östliche Frankreich sondern auch nach Südosten sich richtend, den südlichen Balkan und dort vor allem Griechenland erreichten, um im östlichen Mittelmeerraum auszuklingen, Völkerverschiebungen, in denen sich langsam Urgeschichte zu Geschichte verdichtet, zumal hier im Mittelmeerraum ägyptische Inschriften von diesen Ereignissen berichten. Eine unruhige Zeit war angebrochen, in der die allgemeine Unsicherheit wieder einmal einen Höhepunkt erreichte. Die Folge davon war, daß man wie im Spätneolithikum gern schwer einnehmbare Bergeshöhen aufsuchte, wie den „Lochenstein" bei Balingen, den

Roßberg, den „Runden Berg", den Jusi und den Hohenneuffen und auch wieder die Achalm, wo nicht nur der Gipfel sondern auch der Rappenplatz besetzt war. Während die einst auf dem Gipfel liegenden Kulturschichten durch den mittelalterlichen Burgbau gründlich gestört wurden, ist die Schichtfolge am Rappenplatz unversehrt erhalten geblieben. Hier ist die mit Holzkohle durchsetzte „Urnenfelderschicht" am Hang 70 Zentimeter stark und durchsetzt mit Scherben und Tierknochen. Dazwischen finden sich zierliche Bronzenadeln und einmal sogar eine seltene blaue Glasperle, die noch wie die älteren bronzezeitlichen Perlen hergestellt ist, indem man einen Glasfaden um einen Bronzekern wickelte, der sich nachher wieder herausziehen ließ. Vielleicht haben sich dort oben sogar Hausgrundrisse aus der Zeit um 800 v. Chr. erhalten.
Weitere Siedlungsfunde der „Urnenfelderstufe" kennen wir von Pfullingen-Hohmorgen sowie von der Hochfläche bei Gächingen, Würtingen und Kleinengstingen. Von der Holzbauweise der Zeit geben uns die Hausbauten der sog. „Wasserburg Buchau" eine gute Vorstellung.
Wo die Siedlungen noch nicht bekannt sind, vermitteln uns die viel besser bekannten Gräber eine Vorstellung von ihrem ungefähren Standort wie in den „Auwiesen" bei Reutlingen, wo ein „Urnenfeld" dieser Zeit schon vor dem Ersten Weltkrieg angeschnitten und leider nicht systematisch untersucht wurde. In zwei Männergräbern mit großen Urnen, in denen man den Leichenbrand verwahrt hatte, lagen Schwerter, das eine vom Feuer unversehrt, das andere in Stücke zerfallen und angeschmort, also mit dem Toten dem Feuer übergeben. In solchen Einzelheiten deuten sich auch die Unterschiede der immer stärker sich durchsetzenden „Totenverbrennung" an, die wie eine Welle neuer Jenseitsschau durch den ganzen süddeutschen Raum lief.
In Pfullingen wurden Urnengräber an zwei Stellen gefunden, im Stadtzentrum und auf der Kalktuffterrasse von Pfullingen-Hohmorgen, dort mit seltenen Zierscheiben, die zum Pferdegeschirr gehörten. Im Tal herrschte das Urnenflachgrab vor, auf der Albhochfläche, bei Eglingen-Fladhof, Geisingen und Ödenwaldstetten wölbte sich über dem Leichenbrand ein Grabhügel.
Die Kultur der Urnenfelderstämme bedeutet in vieler Hinsicht einen neuen Anfang, einen Aufschwung und Umschwung: einen technisch vollendeten keramischen Stil, eine verbesserte Bronzetechnik, ja sogar neue Hausformen und schließlich die Verwendung eines neuen, allerdings schwerer als Bronze zu verarbeitenden Metalls, des schwarzen Eisens.

Die Welt der Kelten – (7.–1. Jahrhundert v. Chr.)

Wenn etwas an dem vorläufigen Grabungsbefund am Rappenplatz besonders eindrucksvoll ist, dann ist es die Abfolge der Schichten, in denen die verrinnende Zeit
zweier Jahrtausende wie auf dem Zifferblatt einer Uhr ablesbar ist: hier folgen über der
Schicht der „Urnenfelderkultur" neue Lehmlagen, Reste von Hausböden und schließlich eine mit Holzkohle durchsetzte Strate mit einer für das 6. und 5. Jahrhundert v.
Chr. typischen Keramik, Schalen und vor allem ein nur von dort oben bekannter Trichter, dazu Bronzefibeln der Späthallstatt) und Früh-Latènezeit und Nadeln, viele Spinn-
wirtel und Handmühlen aus Stubensandstein. In dieser Schicht sind wir 1974 zum ersten Mal auf einen Hausgrundriß gestoßen, mit Pfostengruben und einer Feuerstelle,
ein Pfostenbau, der bisher seine Entsprechung nur in einer anderen Höhensiedlung, auf
dem Lochenstein bei Balingen hat. – Weitere Siedlungen dieser Zeit, wenn auch häufig
nur durch einige Scherben belegt, kennen wir vom Sonnenfelsen bei Dettingen, vom
Burrenhof, vom Burgstein bei Holzelfingen, vom Jusi, vom Pfaffenberg bei Melchingen
und vom Kornbühl bei Salmendingen. Wie in der „Urnenfelderzeit" so treffen wir auch
jetzt wieder auf Siedlungsspuren in Höhlen z. B. im Rappenfels bei Aglishardt, Locher-
stein über Honau und in der Mondmilchhöhle bei Gutenberg. Der Siedlungscharakter
solcher Streufunde wird unterstrichen, wenn sie wie beim Rutschenhof in der Nähe einer Quelle (hier beim sog. Eulenbrunnen) angetroffen werden. An vielen dieser Stellen
müßte gegraben werden wie es z.B. an der „Schönen Hülb" auf der Haid bei Trochtelfingen mit Erfolg versucht wurde.
Auch jetzt überwiegt die Aussage der Grabinhalte die spärlichen Auskünfte der Siedlungsfunde. Aus der Früheisenzeit, die auch unter der Bezeichnung „Hallstattzeit" bekannt ist, sind in den großen Grabhügeln Bodendenkmale auf uns gekommen, deren
Aufschüttung Jahrtausende überdauert hat. Sie fanden und finden sich bei uns nicht
nur im Albvorland bei Rommelsbach und Ohmenhausen sondern viel besser erhalten
im Gebiet zwischen St. Johann und Würtingen (s. S. 93) im Raume der Weiler Haid und
im Bereich des oberen Lautertal, hinter dem Sternberg. (Auch die bis dahin kaum besiedelte Ostalb wird nun nicht mehr gemieden.) Die Bevölkerungsdichte, die Kraft einmal
für die Bronzezeit mit drei Einwohnern pro Quadratkilometer errechnet hat, lag nun
wesentlich höher. In der Tat stellte die Hallstattzeit auch in unserem Gebiet einen Höhepunkt vorgeschichtlicher Besiedlung dar, getragen von Menschen einer bäuerlichen
Lebensform, die sich vor allem in der farbenfrohen, reichverzierten Grabkeramik ausdrückt, eine Zeit, die ihre Waffen nun schon überwiegend aus Eisen schmiedet. Neben
Lanze und Schwert kommt in der späten Hallstattzeit (6. Jahrhundert v. Chr.) besonders der Dolch zu Ehren, der das Schwert als Nahkampfwaffe sogar in den Hintergrund
drängt. Bronze wird nun vor allem zu Schmuck und Gefäßen verarbeitet: die Kessel-

schmiede dieser Jahrhunderte leisteten Meisterliches ebenso wie die Stellmacher, die Prunkwagen mit Speichenrädern herstellten, die sich neben denen der Etrusker durchaus sehen lassen können. Die Schmuckmöglichkeiten der Frau sind vielfältiger geworden: Fibeln verschiedener Größe und Form, aus Bronze oder Eisen, manschettenartige Tonarmbänder, breite Gürtelbleche aus dünnem Bronzeblech in Verbindung mit entsprechenden Ledergürteln. Dazu kommen bei den Reichen Glas- und Bernsteinperlen. Auch die Männer stecken ihr Gewand mit Fibeln auf und tragen fortan den für die Kelten so charakteristischen Halsreif, den „Torques" aus Goldblech und Bronze.

Zum ersten Mal wird nun ein links und rechts des Rheins wohnendes Volk von antiken Geschichtsschreibern u. a. von Herodot zwischen 500 und 450 v Chr. erwähnt: die „Celtoi", Kelten, die späteren Gallier. Den Namen hatte Herodot wohl von Kaufleuten, die den Handel zwischen der Griechenkolonie Massilia (dem heutigen Marseille) und dem süddeutschen Raum vermittelten: schwarzfiguriges Trinkgeschirr und in Amphoren abgefüllten Wein gegen was? Wahrscheinlich gegen Sklaven!

Auch um diese Zeit (im 4. Jahrhundert v. Chr.) muß auf dem Rappenplatz noch eine Siedlung bestanden haben. Freilich lassen sich in den bis jetzt untersuchten Schnitten die Schichten nicht mehr genau trennen, weil sie hier von einem mittelalterlichen Wirtschaftsbau gestört wurden. Doch belegen die keramischen Reste, Bruchstücke von Flaschen und Schalen mit Stempelverzierung, gute Scheibenarbeit, eindeutig die Anwesenheit von Menschen der Mittel-Latènezeit. Gegen Ende dieser Periode muß es in unserer Bergsiedlung zur Katastrophe gekommen sein, was aus den zahlreichen Menschenknochen hervorgeht, Opfer eines Überfalls, der so plötzlich kam, daß die Bergbauern offenbar keine Zeit mehr zur Flucht auf den Berggipfel fanden. Aus dieser Zeit stammt wohl auch das aus Stein herausgearbeitete, phallische Idol, das ohne Entsprechung ist. Neu sind Webegewichte aus Ton, die den Hinweis geben, daß hier oben die Frau wie anderwärts am Webstuhl gearbeitet hat.

Die zur Rappenplatzsiedlung gehörenden Gräber kennen wir vorläufig noch nicht. Vielleicht lagen sie auf dem Plateau des vorgelagerten Scheibengipfels, von wo einmal „Schwedengräber" gemeldet werden, die hier im frühen 19. Jahrhundert angeschnitten worden seien. – Um so interessanter ist der Grabfund von Gächingen-Degental, der ein zusammengerolltes, also absichtlich unbrauchbar gemachtes eisernes Langschwert, eine verbogene Lanzenspitze, ein Schermesser und eine Art Rasiermesser geliefert hat. Das Gächinger Schwert ist eine typisch keltische Form, ein Hiebschwert mit langem Griff und glockenförmiger Parierstange, wie sie uns im 2. Jahrhundert v. Chr. überall in West-, Mittel- und Teilen von Südeuropa, ja sogar einmal in einem skythischen Grab von Neapolis auf der Krim entgegentritt. – Ein Doppelgrab dieser Zeit wurde bei Auingen aufgedeckt: unter einer kreisrunden Steinsetzung von ca. drei Meter Durchmesser, also in einem Hügelgrab, lagen zwei S-N gelagerte Skelette, vermutlich ein Mann und eine Frau. Dem Mann hatte man wieder ein Langschwert des oben erwähnten Typs, ein großes einschneidiges Messer und wieder ein Schermesser, dazu eine Lanzenspitze, alle unverbogen mitgegeben. Unter einem Langschild, wie er auf antiken Reliefs wiedergegeben ist, von dem aber nur der Schildbuckel vorhanden war, lag eine eiserne Tüllenaxt, an der rechten Brustseite eine eiserne Mittel-Latènefibel. Zu Füßen des Toten hatte man drei Tongefäße aufgestellt. Mit dem anderen Skelett zusammen wurden nur Tongefäße, darunter eine auf der Scheibe geformte Fußvase gefunden.

Vom dritten Jahrhundert v. Chr. an verwenden die Kelten auch gemünztes Geld, das sie auf ihren Vorstößen nach Griechenland und Kleinasien als Söldner kennengelernt hatten, Münzprägungen Philipps von Mazedonien (359–336 v. Chr.), Münzen, die in keltischen Werkstätten nachgeprägt wurden, wobei sich das griechische Vorbild bis zur geometrischen Abstraktion auflösen kann, so daß am Ende nur noch Linien und Punkte übrigbleiben. In den „Regenbogenschüsselchen", kleinen Goldmünzen, aus dem letzten Jahrhundert v. Chr., die als Ganzstater 7,5 g, als Viertelstater kaum 2 g wiegen, ist die Entwicklung vom Abbild zum Sinnbild vollendet.

Die Haus- und Siedlungsformen der Latènezeit dürften weitgehend denen der vorausgehenden Hallstattzeit entsprochen haben. Genauere Aufschlüsse in dieser Hinsicht erhoffen wir uns wieder von der Grabung am Rappenplatz. Möglicherweise war diese Siedlung am Terrassenrand sogar mit einem Wall versehen. Auf alle Fälle bestand sie noch, als in Sichtweite drüben über dem Ermstal im Raume der sog. „Grabenstetter Halbinsel", einem Stück Albhochfläche, das mit dem übrigen Plateau nur durch eine schmale Brücke südlich von Grabenstetten verbunden ist, im letzten Jahrhundert v. Chr. eine riesige Befestigungsanlage entstand. Wir kennen dieses durchdachte System von Wällen und Gräben, die eine Fläche von rund 25 Quadratkilometern umschließen, erst ganz oberflächlich. Wer diese heute noch gewaltig sich erhebenden Wälle wandernd erlebt, ist zunächst besonders beeindruckt von dem 700 Meter langen Wall südlich von Grabenstetten, hinter dem quer durch das Dorf bis zur Ruine Hofen verlaufend, ein zweiter Wall von über einem Kilometer Länge erst jüngst entdeckt wurde. Der Kern der ganzen Anlage, die sog. „Elsachstadt", die übrigens punktweise schon im 6. Jahrhundert v. Chr. besiedelt war, wird durch einen halbkreisförmig angelegten Wall mit Doppelgraben von 1300 Meter Länge abgeschirmt. Grabungen kleineren Umfangs ergaben, daß in den Wällen an der Stirnseite eine Trockenmauer, ähnlich wie in der keltischen Burg bei Finsterlohr, steckt, eine Mauer, deren Gerüst rechteckig behauene Holzpfosten und Queranker bilden, eine Holzerdemauer also, wie sie entsprechend als „murus gallicus" von Cäsar beschrieben, die keltischen Oppida d. h. Städte in Frankreich umgab. Die Holzerdemauern des Heidengrabens sind in bestimmten Abständen durch Toranlagen mit einwärts springenden Torflügeln (sog. Zangentoren) unterbrochen. Die bisher innerhalb des „Heidengrabens" angetroffenen spärlichen Funde,

Scherben, Münzen, Bruchstücke von Eisenwaffen, und einzelne Fibeln sprechen für eine Bauzeit, im letzten Jahrhundert v. Chr. Tausende von schanzenden Männern und wohl auch Frauen, vermutlich dem Stamme der Helvetier angehörend, haben hier Hand angelegt, um dieses Riesenausmaß von Erd-, Steinbruch- und Zimmerarbeiten durchzuführen. Gegen welchen Feind wollte man sich damit abschirmen? Gegen die Bedrohung durch die von Norden her immer näher rückenden Germanen, die auf ihrem Weg nach Gallien auch Südwestdeutschland durchzogen? Möglicherweise haben die Mauern des Heidengraben überhaupt nie ihren eigentlichen Zweck erfüllt, zumal in ihnen bis jetzt noch nie Brand- und Zerstörungsschichten in größerem Umfang beobachtet worden sind. – Antwort auf diese Fragen werden wir nur erhalten, wenn es dort oben einmal zu größeren Ausgrabungen kommt, deren Voraussetzung durch umfangreiche Vermessungsarbeiten gegeben ist.

Ohne die nach dem Zweiten Weltkrieg vorgenommenen Flächengrabungen würden wir auch im Falle der sog. „Vierecksschanzen" noch völlig im Dunkeln tappen. Sie erhärteten die Theorie, daß diese von Wall und Graben umgebenen Plätze mit tiefen Schächten Kultstätten und keine Befestigungen waren. Einen solchen Schacht dürfen wir wohl auch im Inneren der erst 1974 von K. Schauber entdeckten „Schanze" südlich von Belsen erwarten. Möglicherweise waren die innerhalb dieser „Schanzen" zelebrierten Kulte noch in provinzialrömischer Zeit lebendig.

Die Römer sind da

Die Eroberung Galliens durch die Römer, der Freiheitskampf der Gallier unter Vercingetorix und vielleicht sogar der Name des Siegers Gaius Iulius Caesar muß wohl tief ins Bewußtsein weiter Kreise der rechtsrheinischen Keltenbevölkerung eingedrungen sein, lange bevor römische Legionen von der Schweiz her kommend um 30 n. Chr. den Hochrhein überschritten. Die Adoptivsöhne des Augustus, Drusus und Tiberius, eroberten schon im Jahre 15 v. Chr. das von den keltischen Vindelikern besiedelte Gebiet zwischen Alpen und Donau und errichteten zwischen Bregenz (Brigantium) und Gauting in frühtiberischer Zeit eine Reihe von Kastellen. Ihnen folgte eine neue feste Linie längs der Donau in claudischer Zeit: von Hüfingen über Ennetach, Emerkingen, Rißtissen führte die durch Kastelle gesicherte Straße nach Unterkirchberg. Damit waren die Römer schon bis in die unmittelbare Nachbarschaft unseres Gebiets vorgedrungen. Aber nicht von Süden erfolgte der neue römische Vorstoß, sondern vom oberen Neckargebiet, von Rottweil (Arae Flaviae) aus, unter Vespasian (69–79 n Chr.), ein Feldzug, der die Verbindung zwischen Rätien und dem gallischen Oberrheingebiet verkürzen sollte. Auf stärkeren Widerstand sind die Angreifer kaum gestoßen. Was blieb den im Albvor-

land und auf der Alb sitzenden keltischen Bauern anderes übrig, als sich mit den neuen
Herren zu vertragen, wenn sie nicht Haus und Hof verlieren wollten. Mit dem Bau einer neuen, quer über die Alb führenden Kastellstraße, (auch Alblimes genannt), von
Ebingen, über Burladingen und Gomadingen nach Donnstetten war unser Gebiet fest in
römischer Hand. Nun entwickelten sich zum ersten Mal Siedlungen mit städtischem
Charakter wie Sumelocenna-Rottenburg, Sitz einer römischen Bezirksverwaltung,
kleine Städte, die sich zu Beginn des 3. Jahrhunderts n. Chr. sogar mit einer Mauer um-
gaben. Aber sonst blieb das alte bäuerliche Siedlungsbild erhalten: neben den neuen
Steinbauten der Gutshöfe, die häufig von Veteranen bewirtschaftet wurden, standen
überall noch die alten Pfostenbauten mit ihren tief herabgezogenen Strohdächern, unter denen das einfache Leben der Hirten und Bauern weiterlief wie in der Vergangenheit. Bei diesen Menschen gab es noch lange keine geheizten Bäder wie in der Stadt oder
wie in dem neuerdings bei Mittelstadt ausgegrabenen Gutshof, von dem man einen
weiten Blick ins Neckartal hatte. Diese zweigeschossige „villa rustica" deren Haupt-
front mit den üblichen Ecktürmen nach Süden gerichtet war, zeigte die immer wieder-
kehrende offene Säulenloggia. Der Bau hatte ein flaches Walmdach und sicher nur wenige kleine Fenster. Seine Räume bekamen wahrscheinlich Licht von einem Innenhof
her. Der Badetrakt im Hauptbau war mit einem Umkleideraum, einem Warmluftraum
und einem Warmwasserbad ausgestattet. Weitere Gutshöfe dieser Art lagen bei
Wannweil unter der heutigen Kirche, bei Betzingen in den „Mühläckern", bei Ohmenhausen im „Silbergrüble" und bei Pfullingen „Auf Wil" (Wil, ein Flurname, der von
„villa" herzuleiten ist). Alle die zuletzt genannten Gutshöfe waren vom „Rappenplatz"
aus sichtbar, von dem selber bislang nur ein paar römische Scherben bekannt sind. Vielleicht aber werden wir dort oben eines Tages eine bisher unbekannte germanische Hinterlassenschaft identifizieren können. Anders lassen sich jene hartgebrannten keramischen Überreste kaum deuten, die weder keltischen noch römischen Charakter tragen,
in den jüngsten Schichten aber immer wieder angetroffen werden.
Waren es in früheren Epochen vor allem die Gräber, die uns Antwort auf unsere Fragen
gaben, so sind es in römischer Zeit die Siedlungen. Die Brandgräber, die sicher zu jeder
Siedlung gehörten, über denen sich aber kein Hügel wölbte, werden nur durch Zufall
angeschnitten. Größere Grabbauten in Form hochragender, reliefgeschmückter Pfeiler
sind an der Grenze unseres Gebiets nur bei Kirchentellinsfurt angetroffen worden.
Diese Steindenkmäler, und dazu gehören auch Steinbilder älterer keltischer Gottheiten,
haben, besonders wenn sie mit Inschriften versehen sind, eine bedeutsame Aussage-
kraft. Den Gottheiten der römischen Staatsreligion entsprachen keltische Götter wie
der Wettergott Jupiter, der keltische Tarranis, mit dem Emblem des Sonnenrads, der
Gott des Handels und Wandels Merkur, mit Bock und Flügelstab, Minerva mit Schild
und Eule, und die häufig in Gutshöfen, in Mittelstadt sogar zweimal angetroffene Epo-

35. *Die Achalm bei Reutlingen, von Süden. In halber Höhe ist die Terrasse des Rappen-platzes sichtbar, mit Siedlungsspuren aus drei Jahrtausenden.*

36. *Trichter, Schale, Becher, Schüsselchen (Kinderspielzeug), und Webegewichte aus der Schicht des 5. Jh. v. Chr. am Rappenplatz*

37. Bronzezeitlicher Schmuck aus Hügelgräbern der Reutlinger Alb

38. Gefäße als Totenbeigaben aus bronzezeitlichen Hügelgräbern der Reutlinger Alb

39. Zierschalen aus keltischen Hügelgräbern

40. Der Heidengraben nördlich von Grabenstetten, oben links der Hohenneuffen (1. Jh. v. Chr.)

41. *Alamannische Fünfknopffibel von Pfullingen-Entensee (6. Jh. n. Chr.)*

42. *Epona, die gallo-römische Göttin der Ställe und Pferde, Relief aus dem Gutshof von Mittelstadt-Lachenhau (Stadt Reutlingen)*

na, die Göttin der Pferde und Ställe. Besonders eindrucksvoll erscheinen uns die bis zu acht Meter hohen Jupitergigantensäulen: der mächtigsten Wettergottheit geweiht, das Wachstum sichernd und die Ernte vor Schaden bewahrend, symbolisiert durch den berittenen, blitzschleudernden Gott, der über einen schlangenfüßigen Giganten hinwegspringt. – Trümmer von Altären und Statuen, Jupiter und Merkur zu Ehren errichtet, fanden sich bei uns z. B. bei Metzingen, gestiftet von der Tempelgenossenschaft an der Erms, den ,,confanesses Armisses". Der Flußname Erms ist somit vorrömisch-keltischen Ursprungs wie Echaz-Aquantia, Wiesaz-Visantia und Donau-Danuvius. In der Namengebung von Berg- und Flußnamen erschöpft sich die sprachliche Überlieferung: Von gallorömischem Sagengut wissen wir nichts. – Dafür heben sich nun zum erstenmal Einzelpersonen aus der Anonymität vorgeschichtlichen Dunkels heraus, wenn wir am Rande größerer Siedlungen Grabsteine mit den Namen der Toten antreffen, die als Angehörige des Stammes der Helvetier angesprochen werden, ein Stamm, dem auch die Bewohner unseres Gebiets angehört haben dürften. Diese Helvetier waren sicher in der Mehrzahl Bauern, die hinter dem Pflug hergingen, um nach alter Väter Sitte Korn zu säen und zu ernten. Gleichzeitig aber blühten im Lande neue Gewerbezweige auf: Maurer, Steinmetzen, Ziegelbrenner, und gegen Ende des zweiten Jahrhunderts n. Chr. mehr und mehr Glaser (vitriarii), Tätigkeiten, die bald auch von Einheimischen ausgeübt wurden. – Neben der alten Tauschwirtschaft bedeutete nun Warenverkehr auch Geldverkehr. Einheitliche Gold- und Silberwährung hielt das Wirtschaftssystem des Imperiums zusammen. Zum ,,Zehnten", den es sicher schon vor den Römern gab, traten nun weitere Steuern: Grundsteuern, Naturalsteuern, Gewerbesteuern, die von den Behörden der Gaugemeinden (civitates) rigoros eingezogen wurden. Dafür war man jetzt römischer Bürger und genoß alle Vorteile des neuen ,,Status", Rechtsschutz und persönliche Sicherheit, die vor allem durch den großen Grenzwall, den Limes, gewährleistet war, bis die Abwehrkräfte des Reiches mit Anbruch des 3. Jahrhunderts n. Chr. nachließen. Gefahr drohte vor allem von dem germanischen Stamm der Alamannen, dessen schnelle Reitervorstöße zunächst wie im Jahre 211 n. Chr. durch Caracalla zurückgewiesen werden konnten. Dies hatte zur Folge, daß der Limes weiter ausgebaut und die Städte im Land mit Mauer und Graben umgeben wurden. Als sich aber um 230 n. Chr. an der persischen Front wieder die Parther rührten, mußten Truppen, von Rhein und Donau dorthin abgezogen werden. Diese Schwäche nutzend durchbrachen alamannische berittene Einheiten den Grenzwall und stießen beutemachend bis ins mittlere Neckarland vor, und bis 260 n. Chr. gingen größere Teile des römischen Territoriums rechts des Rheins endgültig verloren. Nur am Hochrhein, am Bodensee, an der Iller und an der Donau hielten die Legionen ein weiteres Jahrhundert stand. Das Schicksal der keltischen Bevölkerung im 4. Jahrhundert ist dunkel. Sicher haben nur die Reichen unter der Bevölkerung, die etwas zu verlieren hatten, die Flucht in die

Gebiete südlich des Rheins angetreten. Die einfachen Bauern sind im Lande geblieben. In ihren Hütten war nicht viel zu holen, während die stattlichen Gutshöfe geplündert wurden und in Flammen aufgingen. Ihre Besitzer gruben noch vor ihrer überstürzten Flucht ihr Geld ein, ohne es (zur späteren Freude der Archäologen) wieder abholen zu können. Eine großzügig aufgebaute neue Zivilisation ging zugrunde: Inschriften werden nicht mehr vollendet, Münzreihen brechen ab. Ein wirtschaftlicher Niedergang macht sich auf allen Gebieten bemerkbar. Das Land fällt in vorgeschichtliche Zustände zurück.

Die alamannischen Sieger mußten von Grund auf neu beginnen. Doch konnten auch sie sich nicht der lange nachwirkenden Zivilisationskraft der Römer entziehen, zumal sich links des Rheins, in Gallien, römisches Wesen noch lange erhielt.

Die neuen Herren im Lande: die Alamannen

Das 3. und erst recht das 4. Jahrhundert n. Chr. waren unruhige Zeiten für unser Gebiet. Die Alamannen, von denen Aurelius Victor (2. Hälfte 4. Jh.) schreibt: ,,Ein volkreicher Stamm, der bewundernswert zu Pferd kämpft'' werden das Tagesgespräch gewesen sein, und viele mögen die Hoffnung geäußert haben, daß die ,,germanische Flut'' eines Tages doch nachlassen würde, besonders als es Julian im Jahre 359 n. Chr. gelang, die Alamannen noch einmal aufzuhalten und sogar eine Gegenoffensive bis ins rechtsrheinische Gebiet vorzutragen. Trotzdem bleibt unser Land Durchzugsland neuer germanischer Völkerschaften: im Jahre 406 ziehen Vandalen, Alanen und Sueben durch Süddeutschland nach Gallien und ihnen folgen die Burgunder. Ein halbes Jahrhundert später (454) besetzen die Alamannen endgültig das Elsaß und die Nordschweiz und lassen sich auch nicht durch die Hunnen verdrängen, die zur selben Zeit Südwestdeutschland verheeren.

Die Zeit der ungestümen Eroberung und Ausdehnung ist für die meisten germanischen Stämme gegen Ende des 5. Jahrhunderts n. Chr. vorbei. Die neuen Herren Südwestdeutschlands, Alamannen, Franken, Baiern kommen zur Ruhe. Eine neue Phase des Wiederaufbaus setzt ein. Neue Siedlungen entstehen und in ihrer Nähe die alamannischen Gräberfelder, an denen auch unser engeres Gebiet so reich ist. – Aus dem 3. und 4. Jahrhundert n. Chr. würden wir nur über ein frühes alamannisches Grab von Reutlingen-Auwiesen und über Einzelfunde wie die germanische Kerbschnittschnalle oberhalb des Rappenplatzes verfügen (dieser Fund hat uns mit zur Grabung dort oben ermuntert), hätten uns nicht die umfangreichen Ausgrabungen auf dem ,,Runden Berg'', eines Bergsporns gegenüber der Burg Hohenurach, oberhalb von Güterstein, gelehrt, daß hier schon im 4. Jahrhundert n. Chr. ein befestigter alamannischer Herrensitz bestanden hatte, der in dieser Zeit vor allem durch reiche Funde scheibengearbeiteter Keramik aus einer spätrömischen Werkstätte in der Eifel, und weiter durch späte Sigillaten, Gläser, Bronzefibeln und Münzen ausdrücklich bezeugt wird. Die hohe Qualität dieser Importware steht in merkwürdigem Gegensatz zu den einfachen Pfostenbauten, deren Spuren man hier oben trotz des schwierigen felsigen Untergrundes entdeckte. Das Ende dieser ersten alamannischen Burg kam um 500 n. Chr., zu einer Zeit also, als der Konflikt zwischen Franken und Alamannen seinen Höhepunkt erreicht hatte. – Im 6. Jahrhundert muß die „Hohe Burg" – so hieß der Berg im Mittelalter – wiedererstanden sein. Nun wurden am Westhang mindestens zwei Bastionen, niedere Türme von 8,5 x 10 Meter im Grundriß, mit einer Mauerstärke von einem Meter errichtet, die bislang frühesten, allerdings ungemörtelten Steinbauten im freien Germanien. Die zu dieser Periode gehörende Keramik, darunter gestempelte Ware, ist einheimischer Herkunft. Im 8. Jahrhundert – so lange hat sich die Burg gehalten – kommen Importstücke aus dem Norden dazu, z. B. Reste von Gläsern, wie sie aus den Wikingergräbern von Birka (Schweden) bekannt sind. Der Fund einer Münze Ludwigs des Deutschen (899–911) leitet schon zum frühen Mittelalter über. In der zweiten Periode dieses alamannischen Herrensitzes schreitet die alamannische Besiedlung des Ermstals voran. Jeder Ort im Tal, Metzingen, Neuhausen, Dettingen und Urach hat nun einen oder mehrere Friedhöfe, während von den entsprechenden Ursiedlungen mit ihren geräumigen Holzbauten nichts übrig geblieben ist. Im Gegensatz zur römischen Zeit erfahren wir wieder das meiste über den Reichtum dieser germanischen Bauernkultur aus den Gräbern, die man in der zweiten Hälfte des 19. Jahrhunderts irrtümlicherweise als „Reihengräber" bezeichnet hat. Erst die Aufdeckung ganzer Gräberfelder hat gezeigt, daß hier keine strengen Reihen sondern eher familienbedingte Gruppierungen zu erkennen sind. Reiche Gräberfelder wie der leider viel zu früh ausgegrabene Friedhof von Pfullingen-Entensee waren wohl auch damals schon eine Ausnahme und unterstreichen die Bedeutung dieses Gaumittelpunktes. Aber auch auf der Albhochfläche hat nun jedes zweite Dorf sein alamannisches Gräberfeld und hier kann es wie bei Haldenegg in der Nähe von Hundersingen-Lauter vorkommen, daß man für die Toten einen Steinhügel aufschüttet. Auch einzelne Höhlen wie die Karlshöhle bei Erpfingen dienten als Begräbnisstätten bis in die alamannische Zeit hinein, wie eine Hügelaufschüttung in der Nähe des Eingangs beweist, unter der zahlreiche Skelette mit z. T. schönen Beigaben lagen. – Die Toten ruhen in Totenbäumen und Kammern aus eichenen Bohlen. (Auch aus Steinplatten gefügte Kammern wie in Betzingen-Steinäcker sind keine Seltenheit.) In den mit Grundwasser gesättigten Tonen des unteren Schwarz- und Braunjura können sich in Ausnahmefällen Holzkammern erhalten wie in Sondelfingen. Trotz Störung war hier die Konstruktion noch gut erkennbar: der Boden, aus drei kräftigen Eichenbohlen, ruhte auf zwei Querhölzern. Kopf- und Seitenbretter sowie der flachgiebelförmige Deckel waren nur teilweise erhalten. Das Skelett hatte sich völlig aufgelöst. Einziges Fundstück war eine Eisenlanzenspitze wie sie im 7. Jahrhundert vorkommt. Die Toten sind in der Regel in Ost-Westrichtung gebettet, der aufgehenden Sonne entgegenblickend. Nach der altgermanischen Vorstellung, daß die Abgeschiedenen ein Recht auf Besitz im Jenseits haben sind sie reich mit Beigaben ausgestattet: die Männer mit ihren Waffen, Langschwert, Kurzschwert, Lanze und Streitaxt, dazu Kämme, Tongefäße und Glasbecher, die Frauen mit reichem Schmuck, vielen Perlen aus Glas, Bernstein und Amethyst, kostbare Fibeln, Ohrringe aus Silber und Bronze und an langem Band getragenen Zierscheiben. Nicht zu vergessen, die vielen meist vergangenen Holzgegenstände: Leuchter, gedrechselte Teller, ja sogar Musikinstrumente (Leiern). Die Beigaben der Gräber zeigen uns diese Bauernkultur von ihrer Sonntagsseite, auch wenn wir die Trachten dieser Zeit im einzelnen nicht kennen und uns wieder auf die Angaben einzelner Schriftsteller verlassen müssen (Agathias). Danach trugen die Männer Hosen wie alle Reitervölker, einen Leibrock mit Gürtel und um die Schultern einen Mantel. Spärlicher sind die Angaben zur Tracht der Frauen, die, nach der „Lex Alamannorum" mit langen Wollröcken angetan waren.

Fragen menschlicher Art haben mich, zumal beim Ausgraben solcher Gräber, oft bewegt. Vor einem freigelegten Skelett fing der Film dieses Lebens an abzulaufen, dessen Ende vielleicht durch Gewalt, viel öfter aber noch durch Krankheit gekommen war. Es war in den wenigsten Fällen ein heroischer Tod, häufiger ein Dahinsterben, das man damals viel weniger lindern konnte als heute. Wer weiß, wie viele damals schon an Magen-, Leber- oder Nierenkrankheiten, am Blinddarm, an Blutvergiftung, an Wundstarrkrampf starben. An den Skeletten ablesbar sind nur Knochenbrüche und Hiebverletzungen und in ganz seltenen Fällen auch Trepanationen, Schädeloperationen, die man jetzt in merowingischer Zeit nicht anders vorgenommen hat als zweieinhalb Jahrtausende früher im Neolithikum. Ob man durch diesen äußerst gewagten, nicht immer tödlich verlaufenen Eingriff außer Kopfverletzungen und Geschwüren auch Epilepsie und Geisteskrankheiten zu heilen versuchte, im Glauben, den Menschen von seinem Dämon zu befreien, muß offen bleiben.

Mit abergläubischen Vorstellungen dieser Art, wie sie bis vor kurzem noch bei Naturvölkern verbreitet waren, müssen wir auch hierzulande rechnen, wie mit Zauber, Beschwörung und der magischen Kraft der Runen („runa" bedeutet „Geheimnis"). Die Kenntnis der Runenschrift war aber wohl nur wenigen Eingeweihten vertraut. Von den geistigen Werten der alamannischen Welt, ihrer Volksdichtung, ihren Liedern, ist alles verloren gegangen.

Für den schrittweisen Übertritt zum Christentum gibt es in den Gräbern des späten 7. Jahrhunderts einzelne Hinweise; in einem reich ausgestatteten Grab von Pliezhausen ein langobardisches Goldblattkreuz und in einem Grab von Pfullingen, Flur Entensee, einen silbernen Sieblöffel, der der Kommunionsvorbereitung und der Spendung des Abendmahls gedient hat. – Sicher haben die Alamannen ihre alten germanischen Glaubensvorstellungen nicht von heute auf morgen aufgegeben. Als jedoch die politische Angliederung an das fränkische Reich der Karolinger kam, bedeutete dies auch den endgültigen Sieg des Christentums. Die Kirche verbot den heidnischen Brauch der Grabbeigabe. Von nun an liegen die Toten arm und „vor Gott gleich" in ihren steinernen Kammern. Das frühe Mittelalter zieht herauf.

Bodendenkmale im Kreisgebiet, die im Gelände sichtbar sind:

Höhlen

Klopfjörgleshöhle (1,6 km SW von Upfingen), im Wald versteckt, am Rand des „Hirschentals", mit eindrucksvollem Felstor, mit Funden der Alt- und Mittelsteinzeit (im Reutlinger Heimatmuseum).
Karlshöhle-Bärenhöhle (Mkg. Erpfingen), eindrucksvolle Tropfsteinhöhle, mit Bärenknochen und Skelett. Im vordersten Teil der Karlshöhle lagen Funde der keltischen und alamannischen Zeit. (Originale verschollen, einige Steinwerkzeuge im Reutlinger Heimatmuseum)
Grotte im Rappenfels bei Aglishardt-Böhringen (2,6 km SSW von Böhringen), Felsnische am Fuß eines mächtigen Felsens, mit Werkzeugen der Mittelsteinzeit (Württembergisches Landesmuseum Stuttgart). Am Rand des Truppenübungsplatzes gelegen, ist an Manövertagen Vorsicht geboten!

Grabhügel

Würtingen-Holzwiesen (2,9 km NW vom Ort), am Weg zum Albgut Lindenhof, Gruppe von mindestens 12 Grabhügeln der Hallstattzeit. Einige Hügel, besonders südlich des Sträßchens, gut sichtbar, andere so flach, daß sie nur noch im Schräglicht herauskommen. (Funde aus den nur teilweise untersuchten Hügeln im Württembergischen Landesmuseum Stuttgart)
Grabenstetten (3,5 km NW vom Ort, beim „Burrenhof" der davon seinen Namen hat), Gruppe von über 20 Grabhügeln der „Hallstattzeit", die sehr flach geworden sind. (Funde im Württembergischen Landesmuseum Stuttgart)
Großengstingen (3 km SW vom Ort, in Fl. Hummelsberg, Hagelsfeld und Schoßberg), eine Reihe von Grabhügelgruppen der Bronze- und Hallstattzeit. Steiners Aufnahme von 1899 verzeichnet noch über 100 Hügel. Heute sind noch einige flache Hügel O der

von Großengstingen nach Trochtelfingen führenden Straße sowie westlich davon am Waldrand sichtbar. (Funde im Heimatmuseum Reutlingen und im Württembergischen Landesmuseum Stuttgart)

Siedlungen

Zu jeder Grabhügelgruppe gehört die entsprechende Siedlung auf der Albhochfläche und im Albvorland. Dazu kommen noch eine Reihe besonders ins Auge fallender Höhensiedlungen, die der Verfasser auf dem Roßberg und vor allem am „Rappenplatz" am Osthang der Achalm nachweisen konnte. Die zur Siedlung am Rappenplatz gehörenden Gräber lagen wohl auf der Fläche des vorgelagerten Scheibengipfels, der außer den im 19. Jahrhundert hier ausgegrabenen „Schwedengräbern" heute noch einen großen Grabhügel (beim Wasserreservoir) aufweist. (Funde vom Roßberg im Württembergischen Landesmuseum Stuttgart) und vom Rappenplatz im Heimatmuseum Reutlingen) Eine Höhensiedlung mit Burgcharakter trug der Runde Berg bei Urach. Er war nicht nur im 2. Jahrtausend und zu Beginn des 1. Jahrtausends v. Chr. in der „Urnenfelderstufe" sondern vor allem auch in alamannischer Zeit, vom 3. bis 8. Jahrhundert n. Chr. besiedelt. Ein Abschnittswall liegt am Anfang des Bergsporns. Am Nordhang fallen zwei Bastionen ins Auge, deren Trockenmauern nicht gemörtelt sind. (Funde zur Zeit noch im Ur- und Frühgeschichtlichen Institut der Universität Heidelberg, später im Württembergischen Landesmuseum bzw. in dessen Filialmuseum im Uracher Schloß)

Wallanlagen

Eine der großartigsten vorgeschichtlichen Wehranlagen ist der „Heidengraben" um Grabenstetten. Nach Süden, zur Hochfläche hin, sichern die Grabenstetter „Halbinsel" zwei Wälle mit Gräben, einer klar im Gelände ausgeprägt von 700 Meter Länge, mit Zangentor und tiefem Graben, der zweite quer durch den Ort verlaufend und erst kürzlich entdeckt, vom Westende des Dorfes bis zur Ruine Hofen reichend, von über einem Kilometer Länge. Der Kern der Anlage, westlich des Sträßchens von Grabenstetten nach Neuffen, die sog. „Elsachstadt", ist durch einen 1300 Meter langen Wall mit doppeltem Graben gesichert. Das Vorfeld dieses „Reduits" wird durch zwei weitere Wälle beim Burrenhof und bei Erkenbrechtsweiler abgesichert. Die abwechslungsreiche Begehung dieser Wallanlagen erfordert einen ganzen Tag. (Funde im Württembergischen Landesmuseum Stuttgart)
Upflamör (1,2 km SW), im Wald, die sog. große „Heuneburg", mit Vorburg, Hauptburg und Flankenburg. Eine flüchtige Untersuchung der über zwei Meter hohen Stein-

wälle stieß auf Holzeinbauten. Innerhalb der Burg wurden Siedlungsreste der späten Hallstattzeit nachgewiesen. Doch ist die Datierung der Burg, bei deren Bau das Mittelalter nicht auszuschließen ist, noch umstritten.

Alt-Hayingen (Wallanlage 2,1 km N Hayingen), eine natürliche Felsbastion über dem Lautertal, die durch einen nur 120 Meter breiten Rücken mit der übrigen Albhochfläche verbunden ist, der durch ein System von drei Wällen und zwei Gräben gesperrt ist. Im Inneren der Ringburg wurde nach dem 2. Weltkrieg ein Grabhügel der Späthallstattzeit ausgegraben. Doch ist die Datierung der Anlage selbst noch völlig offen.

Trailfingen (1,3 km WNW vom Dorf) eine gegen SW vorspringende Berghalbinsel, die gegen die Hochfläche zu durch zwei Wälle mit Gräben gesichert ist.

Willmandingen (2,1 km WNW vom Ort), Heidenburg auf dem Riedernberg, mit ca. 100 Meter langem Wall und Graben. Die Datierung der Anlage ist noch offen.

Sammlungen im Landkreis Reutlingen, mit vor- und frühgeschichtlichen Funden

Heimatmuseum Reutlingen (im Königsbronner Hof). In drei Räumen des ersten Obergeschosses werden Grab- und Siedlungsfunde gezeigt: reiche Funde der Hügelgräberbronzezeit und der Urnenfelderstufe (Töpferei und Bronzen), reiche Bestände an keltischer Keramik der Hallstattzeit, alamannische Holzgrabkammer und die wichtigsten Funde der Achalmgrabung (Keramik, Bronzen, Glas).

Heimatmuseum Münsingen (im Schloß): vier Vitrinen mit alt-, mittel- und jungsteinzeitlichen Silices (Feuersteingeräten) aus dem Kreis, besonders von Wittlingen. Eisen- (römisch) und Bronzerelikte von Donnstetten, Zainingen und Wittlingen.

Heimatmuseum Pfullingen (in der gotischen Klosterkiche geplant). Reiche Bronzefunde aus Gräbern der Urnenfelderstufe sowie zahlreiche Funde aus alamannischen Gräbern des damaligen Gaumittelpunkts (Töpferei, Waffen, Schmuck, vor allem Glasperlenketten) werden im Pfullinger Rathaus gezeigt bis zur endgültigen Aufstellung im Museum.

Literatur

K. Bittel, Die Kelten in Württemberg, 1934
O. Paret, Württemberg in vor- und frühgeschichtlicher Zeit, 1961
O. Paret, F. Hertlein, P. Goessler, Die Römer in Württemberg, 1928–1932, Bd. 1–3
Kimmig-Hell, Vorzeit an Rhein und Donau, 1958
A. Rieth, Vorgeschichte der Schwäbischen Alb, 1938
G. Riek, Kulturbilder aus der Altsteinzeit Württembergs, 1935
W. Veeck, Die Alamannen in Württemberg, 1931
Über die Ausgrabungen am Rappenplatz berichtet der Verf. in den Reutlinger Geschichtsblättern 1971, 1972, 1973 und 1974.

Geschichte

von Paul Schwarz

Besiedlung, Recht und Wirtschaft der Alamannen

Bis vor wenigen Jahrzehnten hielt es die Wissenschaft – fußend auf den Anschauungen des 19. Jh. – für erwiesen, daß Siedlungsform, Verwaltung und Wirtschaft der Alamannen demokratische Grundzüge hatten. Aus der eigentümlichen Gemengelage der zu jedem Hof gehörenden Äcker und Wiesen, die über die ganze Markung verstreut lagen, hat man geschlossen, diese Verteilung sei wegen der verschiedenen Bodenqualität so vorgenommen worden, um eine möglichst gerechte Verteilung in Gewanne mit guten und schlechten Böden zu erreichen. Des weiteren verführten die in frühesten Urkunden überlieferten „Huntaren" (siehe unten S. 97 ff.), kleinere Verwaltungsbezirke, zu der irrigen Folgerung auf die alamannische „Hundertschaft", wie Sippendörfer und Sippenführer. Dannenbauer verweist diese Schlüsse in das Reich der „gelehrten Fabel". Nach seiner Meinung hat es „Grundherrschaft, große Herren mit reichem Landbesitz und zahlreichen abhängigen Bauern, die zu dienen und zu zinsen haben, von allem Anfang im Alamannenland gegeben. Der Adel hat stets ein Herrenleben mit Krieg und Jagd als Hauptbeschäftigung geführt, darin machen die Alamannen keinen Unterschied von den anderen Germanen. Nach der frühesten urkundlichen Überlieferung sind die Dörfer voll von Bauern, die Herren gehören, diesen zinsen und von ihnen verschenkt, verkauft, vertauscht werden. Nichts verkehrter als die romantische Vorstellung des 19. Jahrhunderts von der allgemeinen Freiheit und Gleichheit der Germanen, von den freien Bauern, die in Sippendörfern und Marktgenossenschaften leben und samt und sonders mit eigener Hand den Acker bestellen. Große adelige Herren auf der einen Seite, unfreie Bauern auf der andern, das ist die Wirklichkeit, die die Urkunden auf jedem Blatt zeigen."

Alamannischer Adelssitz auf dem Runden Berg bei Urach

Die These Dannenbauers stützen Grabungsfunde, die in den letzten Jahren auf dem Runden Berg, einem Bergsporn zwischen Güterstein und dem Uracher Wasserfall von 140 m Länge und 40 m Breite gemacht worden sind. Sie ergaben, daß im 4. Jahrhundert auf dem Runden Berg ein vornehmes alamannisches Adelsgeschlecht saß (siehe auch S. 90 f.). Die Grabungsfunde widerlegen die bisherige Meinung, daß der alamannische Adel mitten unter seinen Untertanen auf einem besonders bevorrechtigten Hof im Dorf lebte. Von den in der Gegend zwischen Dettingen und Urach bekannten alamannischen Friedhöfen aus der Zeit 500 n. Chr. können wir auf ebensoviele Ansiedlungen schließen, die mit Sicherheit zu dem Herrschaftsverband des adeligen Herrn auf dem Runden Berg gehört haben. Ob das alamannische Herrengeschlecht im 9. Jahrhundert „die Hohe Burg", diesen Namen hat sie in den letzten Jahrhunderten noch gehabt, verlassen und Hohenurach erbaut hat, ist nicht nachzuweisen. Wahrscheinlicher ist, daß die aus dem Frankenland gekommenen Grafen von Urach die nach ihrem Geschlecht benannte Höhenburg Hohenurach errichtet haben.

Münsingen, Hauptort der Munigiseshuntare

Während der Herrschaft der Merowingerkönige haben sich die Franken im Alamannenland bis in die erste Hälfte des 8. Jahrhunderts hinein auf die Ausübung einer lockeren Oberhoheit beschränkt. Das änderte sich unter den Karolingern. Der zentralisierenden Politik ihres Großstaates mußten die Herzogsgewalten und der führende Adel der einzelnen germanischen Stämme weichen. Da nach dem Tod des alamannischen Herzogs Lantfrid dessen Bruder Theutbald sich der Aufhebung des alamannischen Herzogstums durch Karl Martell nicht fügen wollte, rückte dessen Sohn Karlmann in Alamannien ein, und es kam zu einer Auseinandersetzung bei Cannstatt. Wie viele der Angehörigen der führenden Geschlechter 746 bei dem „Blutbad" von Cannstatt von dem fränkischen Heer niedergemacht worden sind, läßt sich nicht mehr klären. Jedenfalls war es nicht die gesamte führende Schicht, denn in der folgenden Zeit treten noch häufig mit dem fränkischen Adel versippte alamannische Männer und Frauen der Adelsschicht auf. Die Franken führten die bei ihnen übliche Grafschaftsverfassung ein und teilten die Gaue in Unterbezirke sog. „Huntaren", die sich besonders häufig gerade im Gebiet unseres jetzigen Landkreises und in seiner Umgebung vorfinden. Im Steinlachtal die Hattenhuntari, auf der Münsinger Alb die Munigiseshuntari, südlich anschließend an sie, zwischen Großer Lauter, Schmiech und Donau die Schwerzenhuntari, jenseits der Donau die Ruadoldeshuntari und südlich von Munderkingen die Muntrichshuntari.

Die Forschungsarbeiten von Hans Jänichen (Württemberg-Hohenzollern in Zahlen, 1951) über die Beziehungen zwischen Münsingen, Gundelfingen und Hundersingen im Lautertal bringen Licht in die Besiedlung der Alamannen in unserem Raum und ihre Auseinandersetzung mit den Franken.

In der älteren landesgeschichtlichen Forschung taucht wiederholt die Vermutung nach möglichen Zusammenhängen zwischen Orten mit dem Namen Hundersingen und den Huntari auf. Jänichen weist nach, daß einmal die Hundersingen nur dort vorkommen, wo es Huntari gab und daß zweitens der mittelalterliche Hochadel, der an manchen Orten die Nachfolgen der früheren Huntarenführer angetreten hat, auch oft Verbindung zu den Hundersingen-Orten hat.

Sprachlich ist klar zu erkennen, welchen Bedeutungswandel das Wort Huntare durchgemacht hat: Die Huntare des 8. Jahrhunderts ist ein Herrschaftsbezirk, der Huntaris des 7. Jahrhunderts dagegen ist ein Chef, ein Anführer, dessen Benennung etwa nach 700 auf den von ihm beherrschten Bezirk übertragen wird.

Die Alamannen hatten sich spätestens im 4. Jahrhundert in größeren Einheiten, sog. Gauen oder Banten, niedergelassen. Ein solcher Gau aus der Landnahmezeit war der Schwerzgau, dessen Nordgrenze in etwa entlang dem Alblimes (mit dem Kastell Gomadingen a. L.) verlief; seine Südgrenze zog jenseits der Donau den heutigen Ortschaften Stadion, Bettighofen und Rißtissen entlang. Einen guten Beweis für die ursprüngliche Einheit dieses Raumes liefert eine ganze Reihe gleichförmiger Ortsnamen, in denen allen ein gemeinsamer Geschlechtsnamen steckt: Münsingen (vor 770 Munigesingen) ganz im Norden, aus Munigis; Mundeldingen (1267 Munigoltingen) ganz im Süden, aus Munigolt; Münzdorf (1337 Monisdorf) in der Mitte, aus Muni; Munderkingen (1275 Munderichingen) im Süden, aus Munterich; Mundingen (845 Muntinga) in der Mitte, aus Munto; Monsberg (1258 Mundisberg) Burgruine bei Erbstetten, aus Munto; Allmendingen (961 Almanuntinga) aus Alamunt; Munt, Beiname des Ortsadels von Hayingen im 13. Jahrhundert, aus Munto. Diese Häufigkeit der Namen auf Muntad und Muni weist auf eine herrschende Sippe in diesem Raum mit dem ursprünglichen Vollnamen Alamuntingas hin. Angehörige des Geschlechts erhielten dann entsprechende Personennamen wie Munterich oder anklingende. Und die Gründer oder zeitweiligen Besitzer der Orte Munigisingen, Munigoltingen, Munterichingen kamen aus dem namengebenden Geschlecht. Diese Gründungszeit wird sich mit letzter Sicherheit wohl nie mehr erhellen lassen, auf alle Fälle kann aus der Gleichförmigkeit dieser eben genannten Ortsnamen auf einen einst zusammengehörigen Gesamtraum geschlossen werden.

Diesen alamannischen Schwerzgau teilten die Franken, wohl um 630 unter König Dagobert in drei Bezirke mit je einer Hunta-Besatzung auf: Minigises-, Swercen- und Muntrichshuntare. Die ursprüngliche Hunta war vermutlich eine fränkische Militäreinheit, die nach spätrömischem Vorbild Siedlungs- und Rodearbeiten betrieb. Der Zug aus der offenen Landschaft in die geschütztere Lage in die Nähe der Fluchtburgen (z. B. von Münsingen nach Hundersingen im Lautertal) läßt aber auch auf militärische Aufgaben schließen.

Nach der bisherigen allgemeinen Annahme gelten die ,,-ingen''-Orte als erste Gründungen der Alamannen in der Landnahmezeit. Da Münsingen auch zu dieser ,,-in-
gen''-Gruppe gehört, hat man bisher gefolgert, daß auch die Munigiseshuntare in die
Landnahmezeit gehöre und wohl von einem Minigis gegründet worden sei. Nun hat J.
mit seinen Überlegungen aber klar bewiesen, daß Namen wie Munigiseshuntare erst
nach 700 aufkommen konnten und nicht aus der Landnahmezeit stammen. Eigentüm-
lich ist nur, daß in den beiden äußeren Huntaren, der Munigises- und Muntrichshuntare jeweils ein Hundersingen vorkommt, nur wenige Kilometer südlich von den alten
Huntarenhauptorten Münsingen und Munderkingen gelegen.

Hundersingen und Gundelfingen im Lautertal

Dieses Hundersingen im Lautertal zeigt deutlich die bereits ermittelte Richtung der
Huntare aus dem altbesiedelten Raum hinaus ins Neuland. Hundersingen und Gundelfingen sind die einzigen -ingen-Orte in dem engen Lautertal, von Dapfen bis zur Mündung. Die -hausen-Orte des Tales (Buttenhausen, Bichishausen, Indelhausen, Anhausen und einige abgegangene) zeigen von ihren Namen her deutlich, daß das Lautertal
erst in der ersten Ausbauperiode besiedelt worden ist. (Zu den -hausen-Orten siehe
auch S. 107)
Seine Gemarkung ist von beachtlichem Umfang, den wir bei den alten -ingen-Dörfern
gewohnt sind, im Gegensatz zu der von Gundelfingen. Deshalb kann Gundelfingen
kein Dorf im alten Sinne sein, sondern war wohl ursprünglich ein Burgweiler. Im frühen Mittelalter legte der Adel gern ,,Fluchtburgen'' mit provisorischen Beherber-
gungsmöglichkeiten auf mäßig hohen Umlaufbergen an (z. B. Stöckenburg und Com-
burg bei Schwäbisch Hall). So schmiegen sich die wenigen Häuser Gundelfingens eng
an die einzige ideale Erhebung der mittleren Alb an: Burg Niedergundelfingen. Da
Gundelfingen schon 1136 erwähnt wird, Burg Hohengundelfingen aber erst um diese
Zeit gebaut wurde, kann der Weiler seinen Namen nicht von der Burg bekommen haben, sondern von einer im Laufe der Jahrhunderte vergessenen Fluchtburg Niedergundelfingen, und Hundersingen muß die Dauerwohnstätte der Fluchtburginhaber gewesen sein.
Zudem stieß man in einem alamannischen Gräberfeld oberhalb von Hundersingen, auf
der Hochfläche über dem Lautertal, auf ein Männergrab mit denselben Waffenbeigaben
wie bei dem reichen Männergrab bei der Martinskirche in Pfullingen, datiert um 700.
Die Erklärung des Hochadelsgrabes in dieser abgeschiedenen Lage kann nur im Zusammenhang mit der Bedeutung des Namens Hundersingen gelingen. Hier dürfte einer der Huntarianführer begraben worden sein, der auf dem Haupthof in Hundersin-

gen seinen Wohnsitz hatte. Dieses Grab, der Ort Hundersingen und die Fluchtburg Gundelfingen gehören zusammen! Hier war das Zentrum der Munigiseshuntare um 700, denn für das ältere Münsinger Zentrum können im 8. Jahrhundert keine Zeugnisse der Zentralität mehr nachgewiesen werden. Da in der ganzen Umgebung von Münsingen außer den Herren von Gundelfingen kein einziges Hochadelsgeschlecht von einiger Bedeutung nachzuweisen ist, dürften diese dem alten Huntarenadel entstammen oder doch mindestens deren Erbe angetreten haben. Denn mit dem Niedergang der Frankenherrschaft haben sich diese Huntarenführer selbständig gemacht und sind, neben anderen Herrengeschlechtern, mit in die Rolle des karolingischen Hochadels hineingewachsen.

Die Christianisierung

Die Annahme des Christentums ist nicht von den kleinen Leuten, sondern von den alamannischen Großen ausgegangen. Sie haben nach dem Vorbild der fränkischen Herren auf ihrem Besitz sogenannte Eigenkirchen errichtet. Diese einfachen Holzgebäude, meist umgeben vom Friedhof, stehen unmittelbar neben dem Herrenhof. Der Priester, meist ein leibeigener Höriger, ist von seinem Herrn völlig abhängig. Ein schönes und wichtiges Beispiel einer solchen Eigenkirche haben wir in Pfullingen. Dort ist 1914 die Grabstätte eines alamannischen Herren mit reichen Beigaben in unmittelbarer Nähe der Martinskirche gefunden worden. Aus diesen Beigaben kann die Bestattung auf etwa um 700 datiert werden. Pfullingen erhielt als Hauptort im damaligen alamannischen Pfullichgau so früh eine Martinskirche. Der Name des Kirchenpatrons (geb. 316, gest. 397, Bischof von Tours, Asket und Wundertäter, Gründer der ältesten Klöster des Abendlandes; als er seinen Mantel mit einem Bettler teilte, diente er noch als Offizier in der römischen Garde) des Nationalheiligen der Franken, weist darauf hin, daß der Erbauer dieser Pfullinger Martinskirche in nahen Beziehungen zu den Franken gestanden haben muß.
Einen guten Eindruck von der Christianisierung, die nach 700 das ganze Alamannenland erfaßt hat, verschafft die Lex Alamannorum, das alamannische Stammesgesetz, das der Kirche und ihren Dienern Rechtsschutz verleiht. Die Ermordung oder Mißhandlung eines Bischofs wird ebenso hart bestraft, wie ein solcher an dem Herzog begangener Frevel. Kirchlicher Besitz darf nicht verkauft werden. Auch dürfen Schenkungen an die Kirche von niemand, auch vom Herzog nicht, verhindert werden. Diese Schenkungen sind durch unterschriebene Zeugenurkunden, die auf dem Altar niedergelegt werden, zu beurkunden. Damit beginnt im Alamannenland das Urkundenwesen (die hauptsächliche Nachrichtenquelle des Historikers für jene Zeit) mit Schenkungs-

urkunden für die Kirche. Feldarbeit am Sonntag wird hart bestraft: die Knechte erhalten Prügel und die Freien können im Wiederholungsfall ihren Besitz verlieren. Bei Grenzstreitigkeiten wird allerdings der Zweikampf noch als Gottesgericht zugelassen! Das beweist, daß das Christentum zwar in der Gesamtheit angenommen war, aber doch nur schrittweise in alle Lebensbereiche vorgedrungen ist.

Weil die Heiligenverehrung auch einer gewissen Mode unterworfen war, kann man aus den Namen der Heiligen oder Patrone gewisse Rückschlüsse auf das Alter ihrer Kirchen ziehen. Den o. g. Martinskirchen gesellten sich vorzüglich Dionysius- und Remigius-, dann auch Michaels- und Peterskirchen zu.

Die Bistümer und Klöster waren die Missionszentren und Pflegestätten christlicher und römisch-germanischer Kultur.

Organisatorisch gehörte das alamannische Kerngebiet und damit auch der jetzige Landkreis Reutlingen zu dem um 590 gegründeten Bistum Konstanz, wobei die Klöster Fulda in Hessen, Lorsch an der Bergstraße, Weißenburg im Elsaß stark in unseren Bereich herein wirkten.

Die Bevölkerung Alamanniens in der fränkischen Zeit

Der geduldigen Arbeit einiger Generationen von Ortsnamenforschern gelang es, die Siedlungsnamen seit der Landnahme durch die Alamannen in ein gewisses zeitliches System zu bringen: sie beginnen mit den -ingen- und -heim-Orten; etwa vom 7. Jahrhundert an treten die -statt, -weil, -dorf und -hausen, meist als Ausbauorte der älteren Siedlungen auf; an sie schließen sich um die Wende zum 8. Jahrhundert die -stetten, -hofen, -bach, und -felden an. Dabei fällt die Entstehung einer großen Anzahl weiterer Siedlungen während der Frankenherrschaft auf, das auf einen starken Bevölkerungszuwachs in dieser Zeit hindeutet.

Der Hauptgrund dieser sprunghaften Bevölkerungsvermehrung dürfte vor allem in der Seßhaftmachung der Alamannen zu suchen sein. Unter der festen Herrschaft der Franken gab es so gut wie keine Möglichkeit mehr für ihre früher üblichen Beute- und Kriegszüge in fremde Stammesgebiete und führte damit zwangsweise zur Änderung ihrer Wirtschaftsform: Während die Alamannen früher vor allem Viehzucht mit Weidewirtschaft und den Feldbau nur am Rande betrieben hatten, gingen sie jetzt zu intensiverem Ackerbau nach dem Vorbild der Franken über. Dies beweisen unter anderem auch die häufig größeren Markungen und besseren Ackerböden der jüngeren Anbauorte mit den Namen -hausen, -stetten, -bach usw. als die der älteren -ingen-Orte, die sich den Siedlungsort nach ihren Bedürfnissen ja zuerst wählen konnten.

Die Franken hatten die auf Herrenhöfen basierende Grundherrschaft im Alamannenland. So gehörten zu jedem Herrenhof guter Ackerboden (Braiken) und Wiesen (Brühle), alles in nächster Nähe des Hofes beieinanderliegend und nicht in der üblichen Gemengelage auf die drei Ortszelgen verstreut. Meist hatten diese Herrenhöfe noch einen Bohl als Jungviehweide oder Ausbauland. Die Verwalter dieser Herrenhöfe, die Maier, hatten neben der Hofverwaltung auch die Abgaben der grundhörigen und meist leibeigenen Bauern für ihre adeligen Herren einzuziehen.

Auch die Verwaltung des Landes überließen die Franken natürlich nicht weiterhin allein dem anpassungswilligen alamannischen Adel, sondern übertrugen die wichtigen Stellen fränkischen Herren. So spielten z. B. die hochadeligen fränkischen Unruochinger in unserem Raum eine wichtige Rolle. Diese fränkischen Grafen brachten aber neben ihrem Gefolge auch unfreie Bauern aus dem Westen nach Schwaben mit. H. Dannenbauer hat im Südwesten etwa 30 Orts- und Flurnamen gezählt, die auf Walchen, also Romanen hinweisen. Als eindeutiges Beispiel aus unserer Gegend sei hier nur Rommelsbach, im 11. Jh. Romanisbach genannt. Das Dorf ist mit Sicherheit weder eine keltische noch eine alamannische Ansiedlung, es müssen Romanen sein, die ihre fränkischen Herren mitgebracht haben. Dafür gibt es im Landkreis auch einen sicheren urkundlichen Beweis: In den Jahren 772/73 schenkt ein fränkischer Herr namens Ruotahi u. a. dem Kloster St. Gallen eine Kirche in Willmandingen mit 20 Gütern und 42 Leibeigenen, deren Frauennamen Wolfagde, Leupagde usw. ebenso wie die Männernamen Tankrad, Arichis usw. in der Gegend von Paris und Reims heimisch sind.

Nach H. Dannenbauer haben die Franken wichtige Plätze und Straßenzüge mit ihren Militärkolonien geschützt. In ihren Quellen werden diese mit besserem Recht angesiedelten ,,Wehrbauern'' (würden wir heute sagen) liberi, freie Leute, ihr Anführer centenarius und die Truppe und ihr Bezirk Centena genannt: ,,Die Paßstraße vom Neckartal zur Alb hinauf südlich Reutlingen (das Echaztal) deckte die Centene von Pfullingen. Man hat die Wahl, ob man in dem vornehmen Herrn, dessen Grab aus dem Anfang des 8. Jahrhunderts bei der dortigen Martinskirche aufgedeckt worden ist, den alamannischen Edelherrn sehen will, dessen Herrschaft der fränkische Hausmeier konfisziert hat, oder schon einen fränkischen Centenar, der dorthin gesetzt worden ist. Die freien Leute sind noch in der staufischen Zeit bezeugt, und unter König Rudolf erfährt man von der Genossenschaft der zinspflichtigen Leute dort, die dem Reich unterstehen. Ihre Güter unterliegen den Bindungen, die in der Karolingerzeit für die Güter der Franci homines und noch im späten Mittelalter für die Freigüter in den Freigrafschaften gelten: sie dürfen nicht an Ungenossen veräußert werden. Noch um 1500 wird das Schrannengericht an offener freier Königsstraße gehalten. Im benachbarten Hausen (Ober-, Unterhausen) und in Engstingen, wo die Straße die Hochfläche der Alb erreicht, sind ebenfalls wiederholt freie Leute bezeugt; das heutige Klein-Engstingen führte früher den Namen Frei-Engstingen; die Pfarrkirche daneben in Groß-Engstin-

gen hat als Patron St. Martin. Vermutlich hat der Bereich der Centene früher auch das
Dorf Reutlingen, die spätere Reichsstadt, eingeschlossen und sich nordwärts bis zum
Neckar erstreckt; hier finden sich in der Nachbarschaft mehrere Martinskirchen und
das schon obengenannte Romanisbach.''
In diesem Zusammenhang sei auch auf die Zwangsaussiedlung der Sachsen durch die
Franken hingewiesen. Andererseits haben die neuen Herren auch Schwaben in die
Ferne verpflanzt, das beweisen die Schwabenorte in Ostfranken.
Während wir bisher nur auf die auf unseren Raum bezogenen Teilergebnisse aus den
Forschungen H. Dannenbauers über die Frankenherrschaft eingegangen sind, sei ab-
schließend das anschaulich geschilderte Fazit seiner ergebnisreichen Studien über die
,,Bevölkerung und Besiedelung Alamanniens in der fränkischen Zeit'' (ZWLG 1954)
mitgeteilt: ,,Wie hoch der fremde Bestandteil, der auf diese Weise ins Land gekommen
ist, sich belaufen haben mag, wie viele Schwaben auf der anderen Seite damals die Heimat haben mit dem Rücken anschauen müssen und sich in der Fremde einleben, darüber läßt sich natürlich keine Rechnung aufmachen. Dazu sind unsere Nachrichten viel
zu bruchstückhaft und zufällig. Selbstverständlich wäre es weit übertrieben, wenn man
sich als Besiedler all der vielen Sontheim, Westheim, Holzheim, Talheim usw. nun
auch lauter Landfremde vorstellen wollte, es genügte, daß der Herr, der den Ort anlegen ließ, ein Franke war; seine abhängigen Leute, die er hier ansetzte, konnte er von
überall her holen, auch von seinen Gütern in der Nachbarschaft, und das war wohl die
Regel. Aber für ganz unbeträchtlich wird man weder die Zahl der fremden Zuwanderer
noch die der in die Fremde verpflanzten Einheimischen halten dürfen. Nicht nur große
Herrengeschlechter sind in der fränkischen Zeit von weit her ins Land gekommen und
haben lange Zeit in seiner Geschichte eine Rolle gespielt, wie etwa die Grafen von
Achalm-Urach, die heute noch als Fürstenberger blühen – sie haben im Stammbaum
eine karolingische Prinzessin, eine Enkelin Karls des Großen, und der erste bekannte
Ahnherr war in Flandern zu Hause, in der Nähe von Lille stand das Hauskloster –, auch
der Ursprung gar mancher bäuerlichen und bürgerlichen Familie ist weit außerhalb
Schwabens zu suchen, wenn es auch bei ihnen, die sich keiner karolingischen Prinzessin
als Ahnfrau rühmen können, niemals nachweisbar ist. Was bedeutet das? Es bedeutet,
daß in der fränkischen Zeit nicht nur die Bevölkerung sich vermehrt, die Zahl der Siedlungen zugenommen hat, daß bisher unangebautes Land dem Anbau erschlossen worden ist, daß eine entwickeltere Wirtschaftsform sich verbreitet hat, die Form, die dann
das ganze Mittelalter und zum Teil darüber hinaus vorherrscht, daß die fränkische
Verwaltung ihren Einzug gehalten hat, die die Grundlage der politischen Ordnungen
des Mittelalters geworden ist, sondern daß auch die Zusammensetzung der Bevölkerung starke Veränderungen erfahren hat durch die Eingriffe des fränkischen Staates,
Veränderungen, wie sie in solchem Ausmaß wahrscheinlich fast ein Jahrtausend lang

nicht mehr erfolgt sind. Erst die Auswanderungen und die Bevölkerungsverschiebungen der jüngsten Jahrhunderte dürften in ihren Wirkungen damit vergleichbar sein. Das heißt: damals in der fränkischen Zeit, insbesondere in den beiden karolingischen Jahrhunderten, ist eigentlich erst der schwäbische Stamm entstanden, wie er dann im hohen und späteren Mittelalter vor uns steht.''

Die Grafen von Achalm-Urach

Als im 9. Jahrhundert die Nachfolger Kaiser Karls des Großen das fränkische Gesamtreich nicht mehr zusammenhalten konnten, entstanden im deutschen Teilreich, vor allem wahrscheinlich unter der Not der Ungarneinfälle, die Stammesherzogtümer aufs neue. In Schwaben ist im hohen Mittelalter allerdings keine Familie so wie die späteren Grafen und Herzöge von Württemberg für längere Zeit am Regiment geblieben, weil die deutschen Kaiser und Könige die Herzogsgewalt immer ihren Söhnen, Schwiegersöhnen und sonstigen nahen Verwandten übertragen haben. Dieses Herzogtum Schwaben war aber ebensowenig wie die andern deutschen Stammesherzogtümer schon ein moderner Flächenstaat oder ein einheitliches Herrschaftsgebiet. Seit der Frankenzeit hatten sich einige Adelsgeschlechter große Landbesitzungen erworben und waren durch gegenseitige Heiraten im Laufe der Zeit zu einer, deutlich vom sonstigen Adel abgesetzten, hochadeligen Reichsaristokratie geworden. Typische Vertreter dieser hochadeligen Familien in unserem Raum sind die Grafen von Achalm-Urach.

Die Achalmgrafen

Als Stifter des Klosters Zwiefalten erhielten die Achalmgrafen und ihre Burg in der Klosterchronik eine besonders ausführliche Darstellung, ein seltener Glücksfall, denn aus jener frühen Zeit wissen wir über die anderen wichtigen Adelsgeschlechter in unserem Raum, wie etwa die Grafen von Württemberg, kaum etwas.
Nach den Berichten der beiden Mönche Ortlieb und Berthold, die ihre Chroniken um 1140 abgefaßt haben, hat um 1030, also ein rundes Jahrhundert vor der Niederschrift der Chroniken, ein angesehener Graf Egino mit dem Bau der Burg Achalm begonnen. Der Berggipfel der Achalm muß zur Anlage einer Burg besonders gut geeignet gewesen sein, denn Graf Egino hat ihn ,,gegen Hingabe eines wertvollen Landgutes namens Schlatt (bei Hechingen, Hohenzollern) sowie einer nicht unbeträchtlichen Geldsumme'' erworben, obwohl er sonstige große Besitzungen in der Umgegend hatte.
Wir erfahren auch von dem früheren Wohnsitz des Geschlechts: Er war in Dettingen, im nahen Ermstal. Diese Nachricht ist für uns deshalb besonders wichtig, weil wir damit den sicheren Nachweis haben, daß das reiche Adelsgeschlecht bis dahin mitten im

43. Das attraktive historische Ortsbild von Trochtelfingen

44. Schloß der Grafen von Werdenberg-Heiligenberg in Trochtelfingen

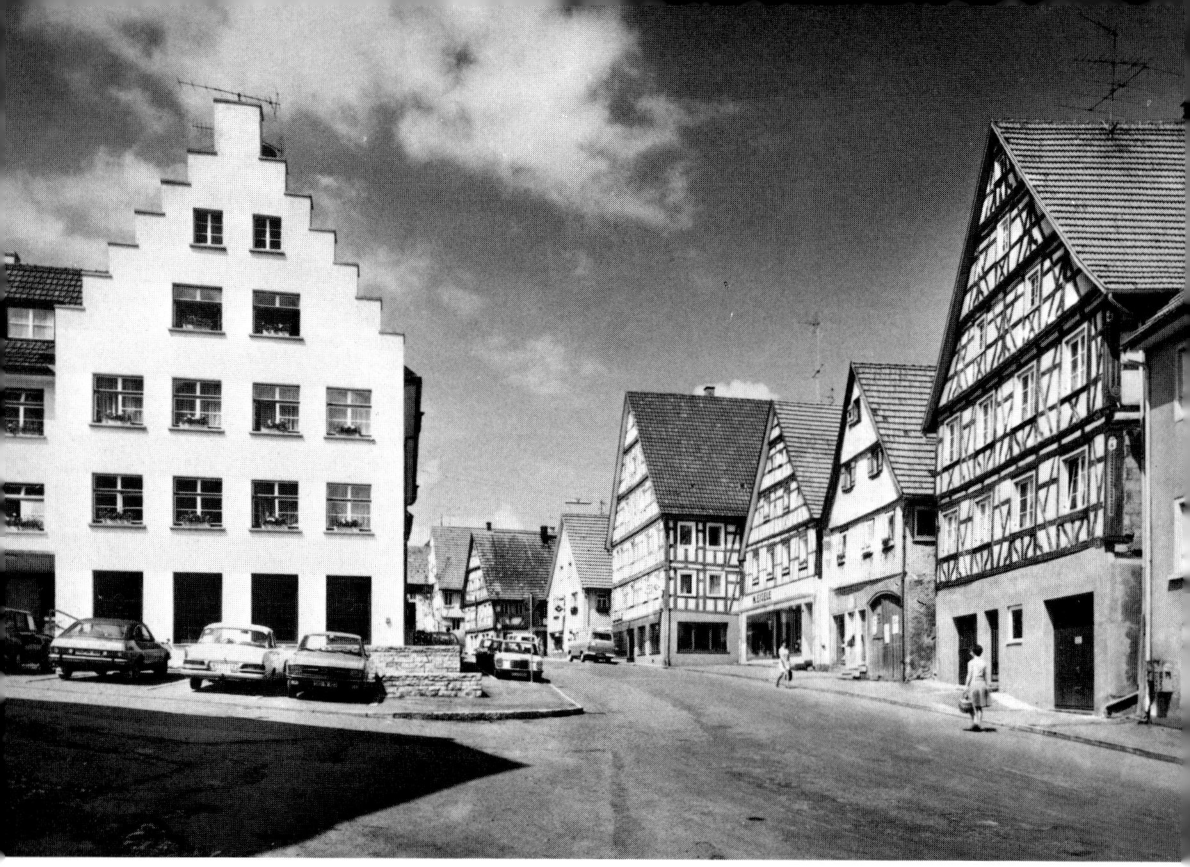

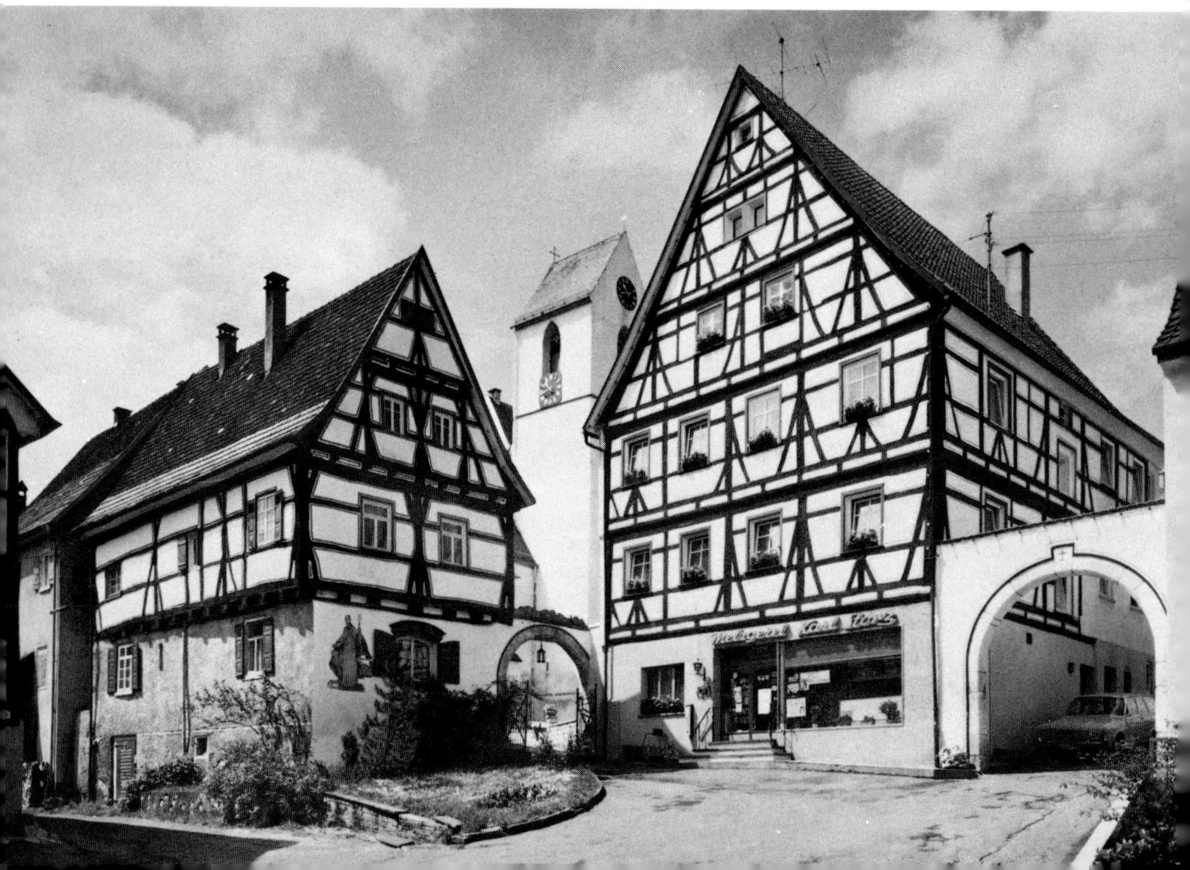

45./46. Historische
Fachwerkbauten
in Trochtelfingen
47. Martinskirche
in Trochtelfingen
48. Steinhilben
(Stadt Trochtelfin-
gen)

49. (umseitig oben)
Blick auf Mäger-
kingen (Stadt
Trochtelfingen)
50. (umseitig un-
ten) Hausen an
der Lauchert (Stadt
Trochtelfingen)

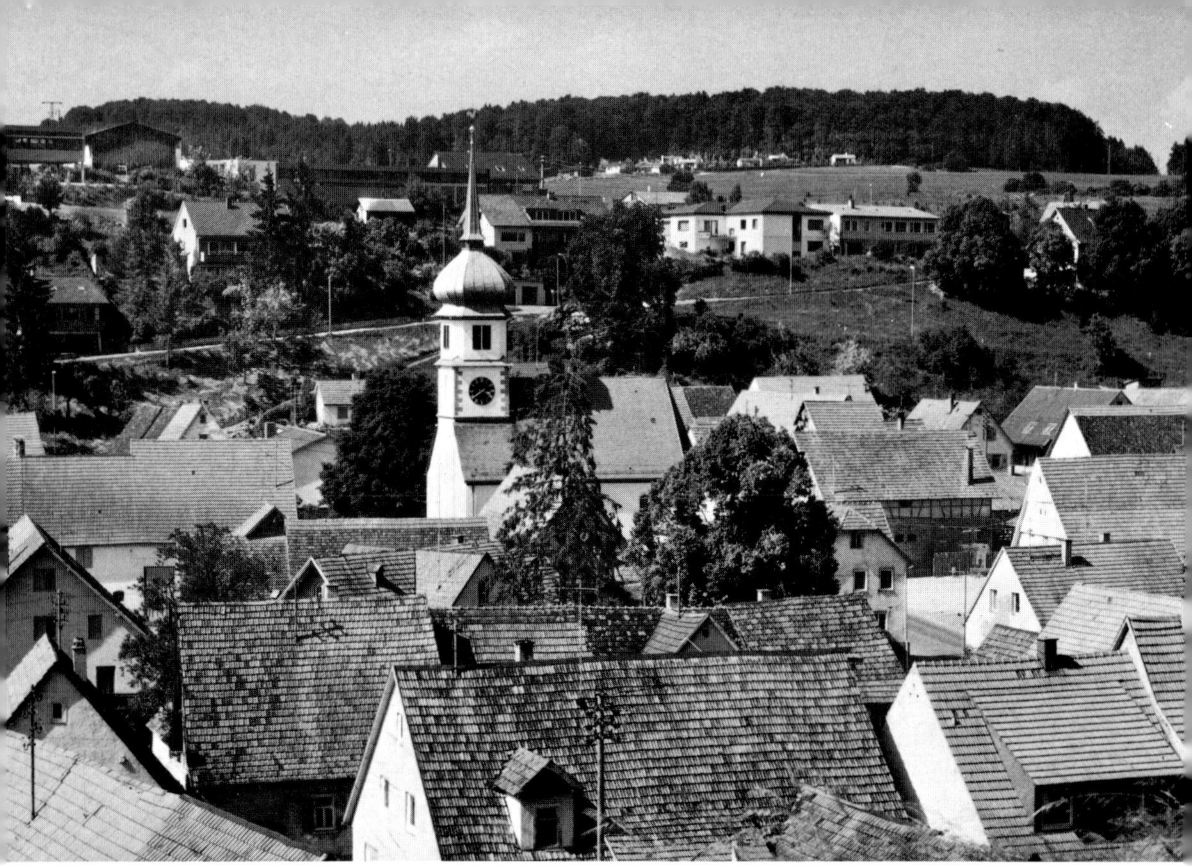

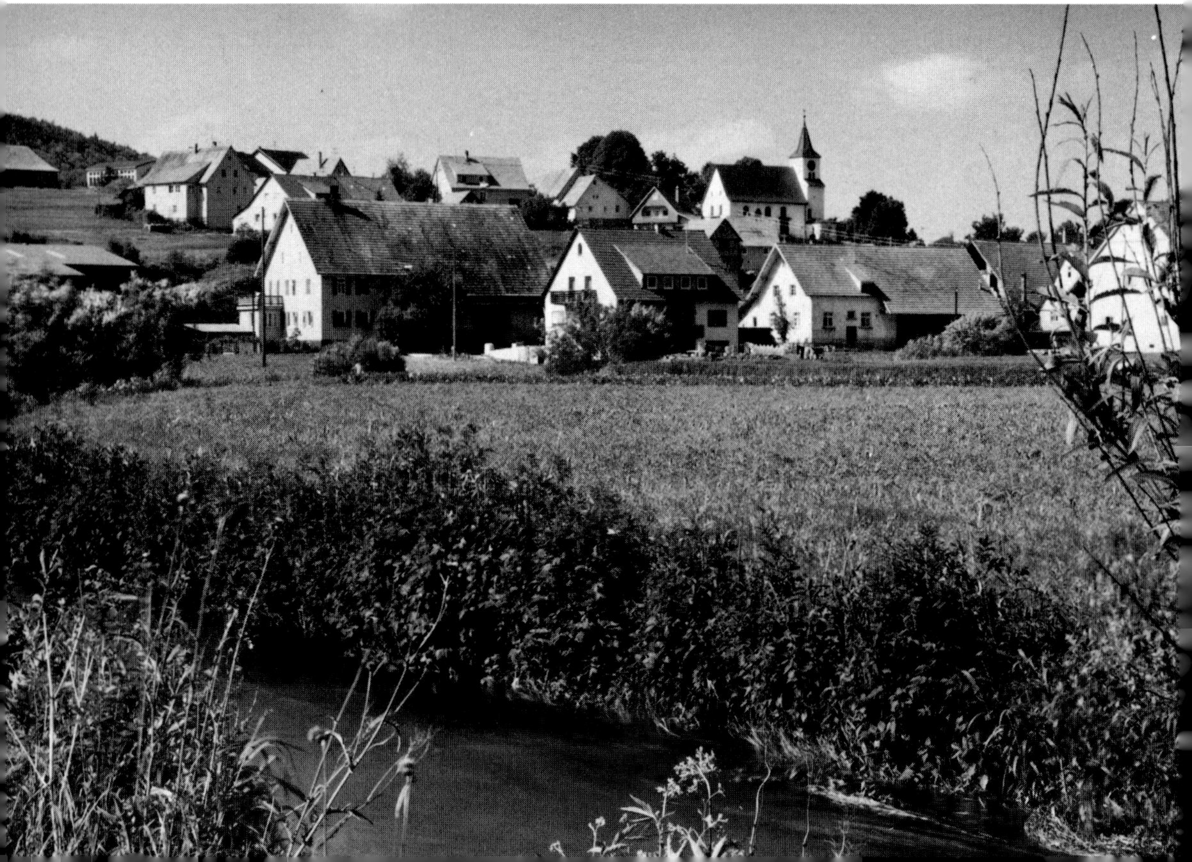

Dorf unter seinen abhängigen Bauern gewohnt hat. Dieser Zug auf die feste Höhenburg tut deutlich kund, daß der hochadelige Herr sich von seinen bäuerlichen Untertanen entschieden absetzt, die zur Errichtung des Herrschaftssitzes auch sicherlich mit großen Arbeitsleistungen herangezogen worden sind. Zugleich zeugt der Burgenbau aber auch von der wachsenden Macht und der fortschreitenden Unabhängigkeit des Hochadels gegenüber dem König, der bis dahin allein das Recht des Burgenbaus besessen hat.

Über die mutmaßlichen Vorfahren der Familie berichten wir bei dem Uracher Zweig. Der Grundbesitz des achalmischen Zweiges in unserer Gegend, der hauptsächlich zur Grundausstattung des Klosters Zwiefalten verwendet wurde, bestand aus vielen Dörfern und einigen hundert Bauernhöfen, verstreut zwischen Urach und Tübingen, über die Alb bis zur Donau (s. Ortsbeschreibungen S. 258 ff.). Dazu kamen über 1000 Höfe in der Gegend von Würzburg. Graf Rudolf, der eigentliche Erbauer der Burg (nach dem frühen Tod seines Bruders Egino) kam durch die Heirat mit Adelheid, einer reichen Grafentochter aus Burgund, zu weiterem umfangreichem Besitz in der Schweiz bei Winterthur mit der Höhenburg Wülflingen und im Elsaß mit Burg und Herrschaft Horburg, im Oberelsaß bei Colmar.

Von seiner zahlreichen Nachkommenschaft heiratete die eine Tochter Graf Werner von Grüningen, den Reichsbannerträger und engen Freund König Heinrichs IV., die zweite den Grafen von Lechsgmünd in Bayern, und die dritte wurde Äbtissin des Klosters Eschau im Elsaß.

Drei Söhne starben jung und die überlebenden vier wurden alle in den zwischen Papst und Kaiser tobenden „Investiturstreit" verstrickt. In diesem verheerenden Bürgerkrieg, in dem sich die Kirche schließlich mit Waffengewalt von der staatlichen Bevormundung lösen wollte, mußte vor allem der hohe Adel Stellung beziehen, und die Familie der Grafen von Achalm ist nicht die einzige, in der leibliche Brüder sich im Lager des Papstes oder des Kaisers feindlich gegenüberstanden. Graf Egino, der reichen Besitz im Elsaß geerbt hatte und Werner, Bischof von Straßburg, standen auf der Seite des Kaisers, deshalb beschuldigen die Kloster-Chronisten sie des Opportunismus. Dagegen werden die beiden ältesten Brüder Kuno und Liutold als tapfere Kämpfer auf der Seite des Papstes gerühmt. Graf Liutold hat auch dem in diesen Kämpfen vertriebenen Bischof Adalbero von Würzburg auf der Achalm Zuflucht gewährt.

Nach der Meinung der Chronisten, der sich auch H. M. Maurer (Die Achalm und der mittelalterliche Burgenbau) anschließt, haben sich die beiden Grafen nicht „aus Opportunismus oder ritterlichem Abenteurertum der Kirche angeschlossen, sondern weil sie von den Reformideen, dem neuen Frömmigkeitsideal wirklich ergriffen waren." Als Beweis führt er Güterschenkungen an die drei Klöster hirsauischer Prägung Hirsau, Reichenbach, Allerheiligen und die Mitwirkung bei der Gründung von St. Georgen an. Gleichzeitig schließt die Chronik opportunistische Überlegungen bei den Klostergrün-

dungen nicht aus. „Weil nun weitere Kämpfe (mit König Heinrich IV.) drohten . . .
verwandelten die beiden vorerwähnten Brüder Kuno und Liutold und einige andere, deren Herzen Gott berührt hatte, den Zwang der Not in einen freien Entschluß: sie weih-
ten ihr Eigentum Gott und gründeten Klöster." Nach dem Rat des Reformabtes Wilhelm von Hirsau ist der ursprünglich für die Klostergründung vorgesehene Platz Altenburg am Neckar wieder aufgegeben worden und die beiden Grafen schritten 1089
zur Gründung eines Benediktinerklosters in dem 904 erstmals genannten Zwiefalten
auf der Alb, dessen Bauern den aus Hirsau kommenden ersten Mönchen weichen mußten. Zur Begründung der Bauernvertreibung fragt der Chronist Ortlieb: „Denn welche
Gemeinschaft besteht zwischen Licht und Finsternis, welche Übereinstimmung zwischen Weltlichem und Geistlichem?" Diese Bauernverjagung, die den beiden Chronisten nicht einmal ein Nebensätzchen des Bedauerns entlocken konnte, zeigt deutlich,
wie abhängig die Grundholden in jener Zeit von ihren Herren gewesen sind.
Mit dem Tode der beiden Stifter des Zwiefalter Klosters starb die Familie der Achalmgrafen im Mannesstamm aus, da keiner der sieben Söhne Rudolfs legitime Erben hinterließ. Die Achalm kam dann auf dem Erbweg an Graf Werner in Hessen. Die Burg
war dann kurze Zeit im Besitz der Welfen. Die um 1135 als Achalmbesitzer genannten
Grafen von Gammertingen haben wohl als Verwandte des kinderlosen Grafen Werner
gegen die Übertragung an die Welfen protestiert und die Achalm dann als Lehen von
den Welfen erhalten. Für die benachbarten Grafen von Gammertingen, die auch über
großen Besitz bis hinein nach Churrätien verfügten, war die Achalmgrafschaft natürlich eine günstige Arrondierung ihrer anrainenden Herrschaft. Ihr Erbe war um
1170/1180 Berthold von Neuffen, dessen Nachfahre Heinrich von Neuffen dann in dem
Konflikt zwischen Kaiser Friedrich II. und seinem Sohn König Heinrich VII. aktiv Partei ergriffen hat.

Die Grafen von Urach

Für das Ermstal beginnen die Urkunden erst mit der Gründung des Klosters Zwiefalten,
vor allem für Neuhausen, reichlicher zu fließen. Dort hat Graf Kuno mit dem Hofbühl
dem Kloster ein vorzügliches Rebgelände im Umfang von 70 Morgen geschenkt, das die
Mönche selbst mit ihren Laienbrüdern ausgebaut und danach reiche Ernten einge-
heimst haben.
Ob das Gebiet der späteren Grafschaft Urach und das der vorhergehenden Herrschaft
im Swiggerstal, zu welchem die Umgebung Urachs und die Ortschaften von Dettingen
an der Ems und ein Stück den Neckar abwärts bis nach Harthausen auf den Fildern gehörte, identisch sind, läßt sich nicht mit Sicherheit sagen.

Die -ingen-Orte von Dettingen bis Neckartailfingen weisen diese Namensgruppe als Alamannengründungen aus. Neuhausen, mit – besseren Böden – liegt zwischen Dettingen und Metzingen. H. Jänichen hat im Umkreis von der Hohenburg (Runder Berg) und Hohenurach acht -hausen-Orte festgestellt, alle im 7./8. Jahrhundert, wohl als Wirtschaftseinheiten von den Burgherren gegründet. Sie verschwanden mit dem Niedergang der beiden Adelssitze. So künden heute nur noch die Flurnamen von Burghausen, das um 1100 aus vier Höfen bestanden hat, von dem 1371 noch besiedelten und in der Gegend des heutigen Thermalbads gelegenen Merzhausen, Mietenhausen, Bickelhausen, Egenhausen und Ichenhausen (bei Aglishardt) an die einst zur Versorgung der beiden Burgen gegründeten Ansiedlungen. Diese Dörfergruppe hat einst den Kern einer Herrschaft gebildet, die dann an die Grafen von Urach gefallen ist.

Die früher landläufige Erklärung des Namens Urach : Ur – Auerochse in Verbindung mit ach = Bach, wird auch von den Zoologen abgelehnt, weil das obere Ermstal für diese Tiergattung keine günstigen Lebensbedingungen geboten hat. Auch die Namen der älteren Herrschaftssitze, nach denen die Grafen von Urach sich genannt haben könnten, bringen kein Ergebnis: Der älteste bekannte Adelssitz, das haben die Grabungsergebnisse der letzten Jahre deutlich erwiesen, ist die Hohe Burg (Runder Berg); dann kommt wohl die erstmals 770 urkundlich genannte Seeburg; Dettingen ist als erster Wohnsitz der Achalmgrafen durch ihr dortiges Familienbegräbnis ausgewiesen; das ursprünglich auf dem Metzinger Herrenhof sitzende Geschlecht hat sich wahrscheinlich auf dem Staufen, dem heutigen Florian, eine Burg erbaut, und das am Ende des 18. Jahrhunderts abgegangene Uracher Wasserschloß ist wohl von den zugezogenen Grafen angelegt worden, bevor sie sich Hohenurach erbaut haben; Hohenwittlingen gehörte ursprünglich den Achalmgrafen und ist erst später an die verwandten Uracher gekommen. Die Uracher Grafen müssen also ihren Namen aus ihrer früheren Heimat und zwar aus der Würzburger Gegend mitgebracht haben. Der Vorname Egino, den die Erstgeborenen der Familie in einigen Generationen führen, weist dorthin. Dort gibt es mehrere Aurich und Aura, u. a. eine Burg Aura an der Saale, die nach ihrer Umwandlung in ein Kloster von Hirsauer Mönchen bezogen wurde unter dem damaligen Abt Gebhard, einem Bruder des Grafen Egino II. von Urach. Solche Namensübertragungen waren übrigens im Mittelalter nicht selten. Wie wir noch sehen werden, haben die Uracher Grafen ihren Namen später noch auf zwei weitere Burgen übertragen. Und im benachbarten Echaztal haben die Grafen von Lichtenstein ihren Namen von ihren älteren, über dem Vehlatal gelegenen beiden Burgen mitgebracht.

Wer die Grafen aus der Gegend um Würzburg und Bamberg vertrieben hat, ist nicht bekannt. Sie haben nach ihrer Ankunft im Schwabenland sich erst in Dettingen niedergelassen und dann unter Egino I. und dessen Bruder Rudolf die Achalm erbaut. Nach einer in der Familie vorgenommenen Erbteilung hat Egino II. mit der Erbauung von

Hohenurach begonnen. Das Gründungsdatum für die zu Füßen der Burg gelegene Stadt ist nur indirekt zu erschließen. Ursprünglich haben Neuhausen, Glems, Hülben, Güterstein und Hohenurach zu der reich dotierten, den hll. Pankratius und Hippolyt geweihten Pfarrkirche von Dettingen gehört. Die Amanduspfarrkirche in Urach wurde in dem Jahrzehnt 1130/40 gegründet, vermutlich von dem Bruder Eginos III. Gebhard, zu jener Zeit Bischof von Straßburg, dessen Münster ebenfalls dem hl. Amandus geweiht ist. Kaufleute werden in Urach schon 1188 erwähnt. Eine ausgebildete Stadtverfassung muß schon vor 1254 bestanden haben, weil in diesem Jahr bereits ein Schultheiß erwähnt wird.

Den hohen Rang der Familie des Uracher Grafenhauses zeigt schon ein kurzer Blick auf die stattliche Reihe seiner hohen und höchsten geistlichen Würdenträger: Von Eginos II. Bruder Gebhard (1091–1105) war schon als Abt von Hirsau die Rede, er ist außerdem noch Abt von Lorsch und Bischof von Speyer geworden. Ein weiterer Bruder, Kuno, war Kardinal. In der Generation von Eginos III. Bruder Gebhard (1131–1141), dem Straßburger Bischof, ist noch Alberat (gest. 1136/37) als Äbtissin von Lindau zu nennen. Die vierte Generation stellte keine geistlichen Würdenträger, dagegen war der Bruder Eginos IV. (1181–1230) als Bannerträger bei Kaiser Friedrich Barbarossa. Der bedeutendste Kirchenfürst der Familie, der Bruder Eginos V., Kardinal Konrad (1196–1227), stieg im Zisterzienserorden als Abt der Klöster Clairvaux und Cîteaux zum Ordensgeneral auf und gründete u. a. für seinen Orden Kloster Güterstein bei Urach. Dieser Generation gehören noch Berthold als Abt von Tennenbach, Salem und Lützel an und Rudolf (1226–1259), der als einfacher Mönch im Zisterzienserkloster Bebenhausen gelebt hat. Für das Schicksal des Hauses Urach wurde entscheidend die Heirat von Egino IV. dem Bärtigen (1181–1230) mit Agnes, der Erbin des reichen Herzogshauses der Zähringer. Nach dem Tode ihres Bruders Herzog Berthold V. von Zähringen im Jahr 1218 erbten ihre Kinder den großen Zähringer Besitz nördlich des Rheinknies im Breisgau, in der Ortenau, im Schwarzwald und in der Baar. Die Verteidigung dieses Besitzes brachte Egino V. (1205–1236 verh. mit Adelheid von Neuffen) in ein gespanntes Verhältnis zu dem Hohenstaufenkaiser Friedrich II.

Die Achalm wird Reichsburg. Im Jahr 1235 wurden die beiden Burgen Achalm und Neuffen unter dem Befehl ihres Besitzers, Heinrich von Neuffen und des Reichshofmarschalls Anselm von Justingen, von Anhängern Kaiser Friedrichs II. belagert, anfänglich ohne Erfolg. Graf Friedrich von Zollern schreibt an Friedrich II., daß er selbst bei einem Ausfall der Achalmverteidiger beinahe in Gefangenschaft geraten, seine Söldner und Ministerialen (Diener) teils verwundet und teils gefangen sowie Waffen und Pferde in Verlust geraten seien. Konrad von Hohenlohe, Marschall von Pappenheim und ein Herr von Plochingen beschuldigen in einem anderen Bericht über die Belagerung des Neuffen den Herrn von Hohenurach und Freiburg, Graf Egino V. (verh.

mit Adelheid von Neuffen), er unterstütze die Belagerten heimlich, deshalb sei der Neuffen ohne weitere Truppenverstärkung nicht einzunehmen.

Wie war es zur Auflehnung dieser beiden dem Kaiser einst ergebenen Herren gekommen, die im Jahr 1211 als treue Stauferanhänger nach Italien gesandt worden waren, um den gewählten jungen König Friedrich II. sicher nach Deutschland zu geleiten. Anselm von Justingen, seit 1212 Reichshofmarschall und Heinrich von Neuffen, eine Zeitlang Erzieher des jungen Königs Heinrich (VII.) und Regent in Schwaben, wurde schließlich einer der einflußreichsten Ratgeber des Kaisers. Sie bestärkten schließlich König Heinrich VII. in seinen Widerstandsplänen gegen seinen kaiserlichen Vater Friedrich II. Ausschlaggebend in diesem Konflikt war weniger das „Kronprinzen-Generationenproblem" als die Gegensätze zwischen den Interessen des deutschen Königtums und den universalen Interessen des römisch-deutschen Kaiserreiches. Heinrich und seine Anhänger verstanden von ihrem rein deutschen Standpunkt aus die Politik des Kaisers nicht, der in seinem erbitterten Kampf mit dem Papst und den italienischen Städten das aufstrebende Bürgertum nicht so fördern konnte, wie man es in Deutschland gern gesehen hätte, sondern auf die Unterstützung des deutschen Hochadels dringend angewiesen war. Während Heinrich sich anfänglich nur widerwillig in die Politik seines Vaters fügte, kam es 1234 zum offenen Abfall.

Als der Kaiser von Italien her in Deutschland einrückte, verließen König Heinrich die meisten seiner Anhänger, nur Heinrich von Neuffen blieb mit seinen Söhnen standhaft und verteidigte seine beiden Burgen mit Erfolg gegen die kaiserliche Partei. König Heinrich hatte sich zur Verteidigung auf dem Trifels eingerichtet.

Ermutigt durch die erfolgreiche Verteidigung der Achalm und des Neuffen, stellten sich die zahlenmäßig unterlegenen Verteidiger der kaiserlichen Partei, die von dem kaisertreuen Bischof Salomo von Konstanz angeführt wurde, am 21. Juni 1235 im Ermstal zur offenen Feldschlacht. Der Kampf endete mit einer totalen Niederlage Heinrichs von Neuffen. Wer nicht wie seine eigenen Söhne in Gefangenschaft geriet, floh. Unter dem Eindruck dieser Niederlage unterwarf sich König Heinrich mit seinen Anhängern dem harten Strafgericht des Kaisers, der seinen eigenen, ungeliebten Sohn zu lebenslanger Haft verdammte.

Graf Egino V. söhnte sich durch entsprechende Zahlungen mit dem Kaiser wieder aus und zog sich auf sein Zähringer Erbe in Freiburg zurück und starb dort 1236. Die Herrschaft Urach wurde an die Bischöfe von Konstanz und Speyer verpfändet und kam danach an die Grafen von Württemberg. Die Grafen von Urach verließen das Ermstal, nahmen aber ihren Namen wieder mit. Sie bauten später zwei Burgen mit diesem Namen bei Hammereisenbach und im Schwarzwald. Eine Linie nannte sich nach der von Graf Heinrich 1248 gegründeten kleinen Stadt Fürstenberg, die nach dem vernichtenden Brand 1841 verlassen worden ist. Die 1716 in den Reichsfürstenstand erhobene

Familie baute im beginnenden 18. Jahrhundert Donaueschingen zu ihrer Residenz aus und ist die einzige noch blühende hochadelige Familie aus unserem Raum, deren Wurzeln bis in die Stauferzeit reichen.

Die Burgen des Heinrich von Neuffen sind wahrscheinlich auch nach seiner Niederlage im Ermstal nicht bezwungen worden. Aber der Kaiser zog die Reichslehen der Aufständischen, auch die Achalm, die wohl staufisches Lehen gewesen war, ein. So wurde die Achalm Reichsburg und blieb es für einige Jahrhunderte, als nach dem Untergang der Hohenstaufen ihre Herrschaft in Schwaben zerfallen war. Die Burg erhielt Vögte, meist Reichsministerialen aus der weiteren Umgebung als Kommandanten. Sie wurde aber auch mehrfach den königlichen Landvögten für Niederschwaben übertragen. Von ihrem guten Zustand und ihrer Bedeutung zeugt der mehrfache Aufenthalt von König Rudolf und schließlich feierte die schöne Imagina, Frau des Königs Adolf von Nassau, das Weihnachtsfest 1293 auf der Achalm.

Die Gründung der Stadt Reutlingen durch Kaiser Friedrich II.

Wenn wir nach einer sicheren urkundlichen Überlieferung zur Reutlinger Stadtgründung fragen, müssen wir uns mit Karl Weller trösten, der in seiner Abhandlung über die staufischen Städtegründungen in Schwaben schreibt: „Wie aus einem Morgennebel des Frühherbstes eine Ortschaft plötzlich auftaucht und in der klaren Sonne erscheint, so tritt auf einmal auch eine Stadt ans Licht der Geschichte."

Heute gilt es als ziemlich sicher erwiesen, daß das urkundlich erstmals 1090 erwähnte Dorf Reutlingen aus einigen von den alamannischen Einwanderern im 6./7. Jahrhundert gegründeten Höfen und weilerartigen Siedlungen entstand. Der Ort, dessen Kern einige hundert Meter nordwestlich des heutigen Hauptbahnhofs im Gebiet des alten Friedhofs Unter den Linden gelegen war, hat wohl schon von den Kaisern Friedrich Barbarossa das Marktrecht und von Otto IV. weitere Freiheiten erhalten. Die eigentliche Stadtgründung, vor allem die kostspielige Ummauerung einer von der dörflichen Ursiedlung aus festungstechnischen Gründen abgerückten Neuanlage auf einer Schotterterrasse, die im Westen durch die vorbeifließende Echaz einen natürlichen Schutz bekam, muß von Kaiser Friedrich ausgegangen sein, als die Achalm Reichsburg geworden war. Burg und Stadt sollten als eine der vielen im Herzogtum Schwaben errichteten Stauferfestungen ein Gegengewicht gegen den hohen Adel bilden, der in jener Zeit daran ging, sich eigene Territorien zu schaffen.

Das bestätigt die Belagerung der staufertreuen Stadt Reutlingen im Jahr 1247 durch die Anhänger des 1246 gewählten Gegenkönigs Heinrich Raspe, Landgraf von Thüringen. Nach der chronikalischen Überlieferung haben die Reutlinger Bürger mit dem Bau ihrer Marienkirche – dem Wahrzeichen der Stadt – ein Dankgelöbnis eingelöst, als sie diese Belagerung glücklich abgeschlagen hatten.

Die urkundliche Überlieferung aus der Zeit der Stadtgründung ist zwar spärlich, aber selbst die wenigen Nachrichten lassen klar erkennen, daß es nicht in der Absicht des Gründers lag, Reutlingen auf eigene Füße zu stellen. Die wichtigsten Rechte, die eine Stadt lebensfähig machen, waren mit der Burg Achalm verknüpft. Der kaiserliche Achalmvogt übte, wie Karl Weller wohl richtig vermutet, das Amt des Hochrichters in der Stadt aus. Er setzte den Schultheiß der Stadt ein, der die niedere Gerichtsbarkeit ausübte und die zur Reichsburg Achalm gehörenden Einkünfte in der Stadt einzog, nämlich das halbe Ungeld (Getränkesteuer), Mühlgeld und die Einkünfte vom Schultheißenamt (in der Hauptsache wohl Strafgelder und den Zoll). Wann die gewöhnliche Stadtsteuer zum erstenmal an den Kaiser abgeführt wurde, kann nicht genau ausgemacht werden; in späterer Zeit betrug sie 400 Pfund Heller. Das Fehlen Reutlingens in dem bekannten Reichssteuerverzeichnis von 1241/42 spricht nicht für ein späteres Gründungsdatum der Stadt. Es sind auch andere Fälle bekannt, in denen die Reichssteuer von den Königsstädten zum Mauerbau verwendet und für eine Zeitlang nicht an den Kaiser abgeführt werden mußte. Zeitlich würde diese Regelung für Reutlingen genau passen, denn die Errichtung des gewaltigen Mauerrings samt den Tortürmen erforderte sicherlich einige Jahre.

So war die junge Stadt also völlig mit dem Reich und der Burg Achalm verknüpft. Sie hatte, abgesehen von der Niedergerichtsbarkeit, die der vom Achalmvogt gesetzte Schultheiß ausübte, keinerlei Hoheitsrechte. Das wirkte sich natürlich auch in finanzieller Hinsicht sehr zum Nachteil der Stadt aus, da ihr außer dem halben Ungeld und einem Teil der Strafgelder keine eigene Steuerquelle verblieb, es sei denn, sie erhöhte die Reichssteuer der einzelnen Bürger um einen für die Belange der Stadt nötigen Betrag.

Mit dem Sturz der Staufer fiel für Reutlingen der starke kaiserliche Schutz weg. Zwar bestand das Kaiserreich weiter, aber nur noch als loser Oberbau, unter dem sich die hartnäckigsten Kämpfe um die Errichtung eigener Herrschaften abspielten. So begann auch das württembergische Grafenhaus sich nach dem Niedergang der Staufer ein Territorium aufzubauen.

Die frühen Erwerbungen der Grafen von Württemberg
im Raum zwischen Neckar und Donau

Die Forschung ist sich jetzt über die Herkunft der Württemberger aus dem Luxemburgischen ziemlich sicher. Ihr Burgname Wirtinbercis kommt dort als Virodunum, als Dunum eines Herren (Verdun, Autun) vor. Eine calwische Erbtochter Luitgard, die den luxemburgischen Franken Counradus de Wirtiniberg um 1090 heiratete, brachte ihm als Mitgift das Stift Beutelsbach im Remstal ein. Ihre anfänglich kleine Herrschaft um Rems und Neckar konnten die Württemberger natürlich nur auf die Kosten der Staufer mehren. So ist es nicht verwunderlich, daß die schwäbischen Großen alle auf die Schaffung eines eigenen Territoriums bedacht – unter der Führung der Grafen Ulrich von Württemberg und seinem Vetter Hartmann von Grüningen vor der Schlacht bei Frankfurt am 5. August 1246 von dem zweiten Sohn Kaiser Friedrich II. Konrad IV., zum Gegenkönig Heinrich Raspe überliefen und damit die Niederlage des Stauferkönigs herbeiführten.

Als Heinrich Raspe danach einen Einfall nach Schwaben machte hielten vor allem die Reichsstädte Ulm, Esslingen und Reutlingen, natürlich in ihrem eigenen Interesse, treu zu den Staufern.

Er mußte die im Januar 1247 begonnene Belagerung Ulms ohne Erfolg abbrechen, kehrte erkrankt nach Thüringen zurück und starb auf der Wartburg. Esslingen wurde schwer bedrängt. Und bei der Belagerung Reutlingens in der Pfingstzeit 1247 dürfte Graf Ulrich von Württemberg eine führende Rolle gespielt haben. Hätte diese Belagerung zum Ziel geführt, so wäre Reutlingen niemals Reichsstadt geworden, sondern schon damals und nicht erst 1802 dem württembergischen Territorium einverleibt worden.

Der Mißerfolg bei der Belagerung der festen Stauferplätze machte Graf Ulrich in seiner Frontstellung gegen die Staufer nicht wankend. Als Abgeordneter der von den Staufern abgefallenen schwäbischen Großen suchte er zusammen mit Berthold von Blankenstein bereits drei Monate nach dem Tode Kaiser Friedrichs II. Papst Innozenz IV. im März 1251 in Lyon auf und unterrichtete ihn über die Gesinnung seiner Landsleute. Daraufhin schrieb der Papst Ende März an die Edlen Schwabens u. a. „die Kirche werde nie zugeben, daß die Schlangenbrut der Staufen je zur römischen Königs- und Kaiserwürde, oder auch nur zum schwäbischen Herzogamte gelange". Alle Chronisten berichten einhellig, daß der Württemberger als Anführer der Stauferfronde mit unermeßlich hohen Summen belohnt worden sei. Diese Gelder dürften ihm auch die ersten Ankäufe in unserer Gegend ermöglicht haben.

König Konrad IV. (1250–1254) starb bereits 1254 bei seinem Zug nach dem Süden in Unteritalien. In diesem Jahr gelang es bei einer Zusammenkunft der schwäbischen Großen in Urach, von Herzog Ludwig dem Strengen von Bayern die Anerkennung seines Neffen und Mündels Konradin, des damals erst zweijährigen Sohnes Konrads IV., als Herzog von Schwaben zu erreichen und einen Landfrieden zu vereinbaren. Aus einer im Jahr 1262 ausgestellten Urkunde für Graf Ulrich von Württemberg geht hervor, daß der geldbedürftige letzte Hohenstaufe sich von dem Württemberger nochmals 400 Mark Silber zu den schon früher aufgenommenen 500 Mark geliehen und dafür seinen

52. Burg Hohenurach, Sitz der im 12. Jh. genannten Grafen von Urach, wurde 1534 zur Festung ausgebaut.
53. Burg Hohenwittlingen über dem Seeburger Tal

51. (umseitig) Burgruine Hohenerpfingen (Gemeinde Sonnenbühl) 1350 und 1358 urkundlich erwähnt, war Sitz der Herren von Salmendingen.

54. *Burg Derneck (Stadt Hayingen)*

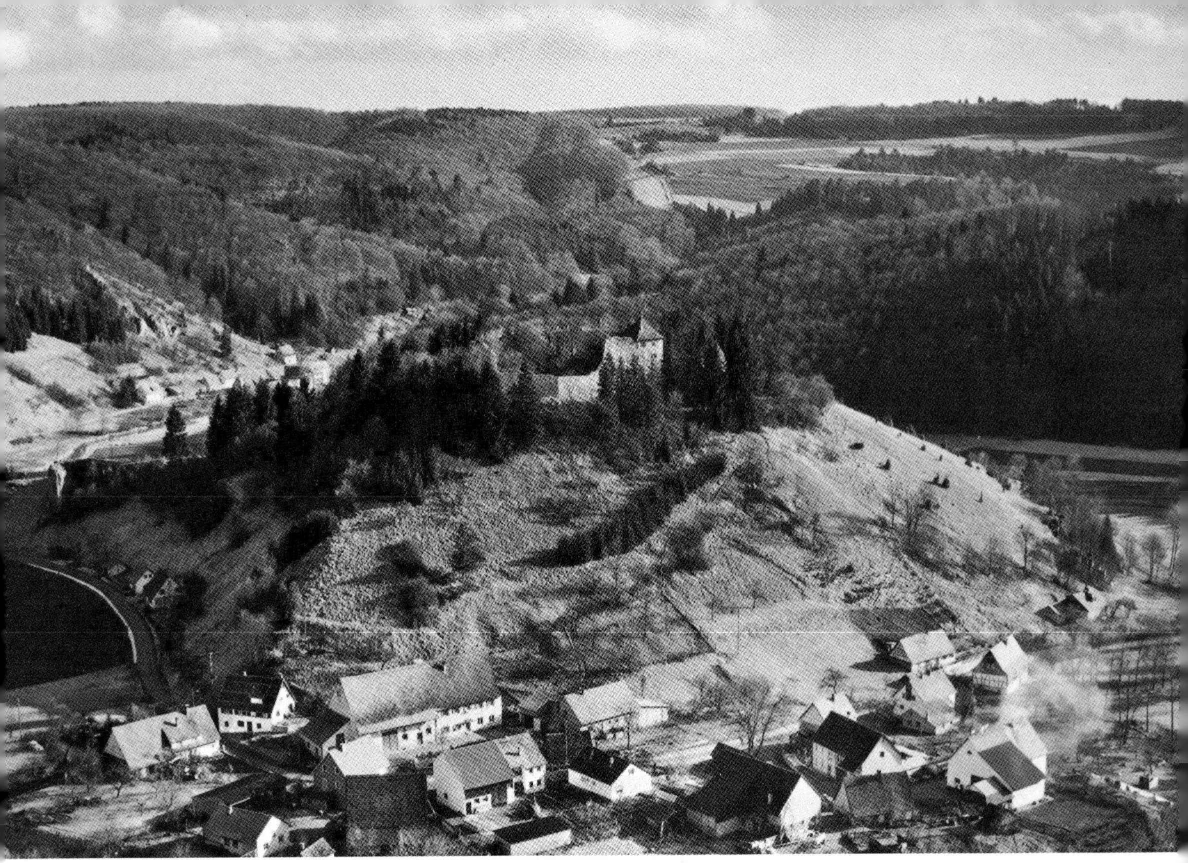

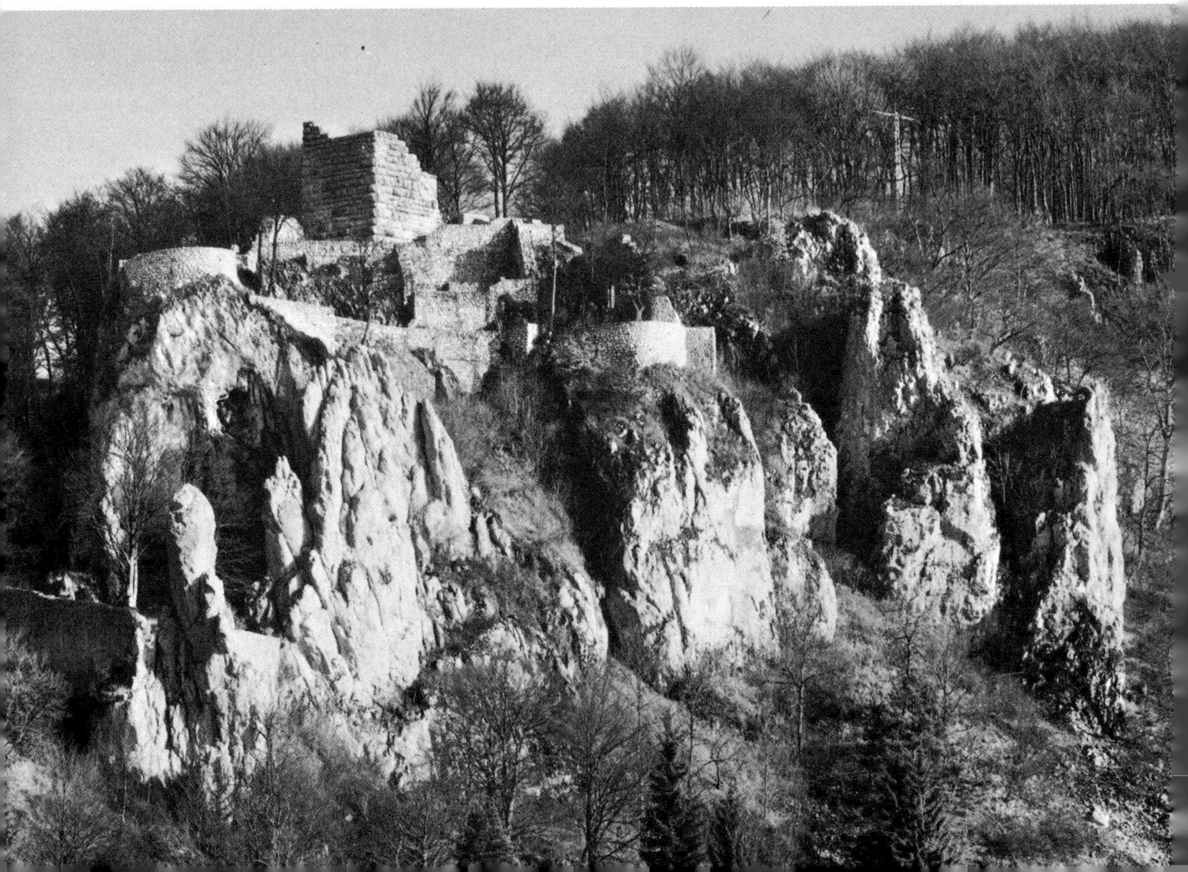

57. *Die Schülzburg bei Anhausen (Stadt Hayingen)*

55. *Burgruine Niedergundelfingen, auf einen Umlaufberg der Lauter gebaut*
56. *Burgruine Hohengundelfingen mit einem Bergfried aus staufischen Buckelquadern*

58. *(umseitig oben) Burg Bichishausen. Die erste Anlage stammt aus der Zeit um 1200.*
59. *(umseitig unten) Dürnitz des spätgotischen Stadtschlosses von Urach*

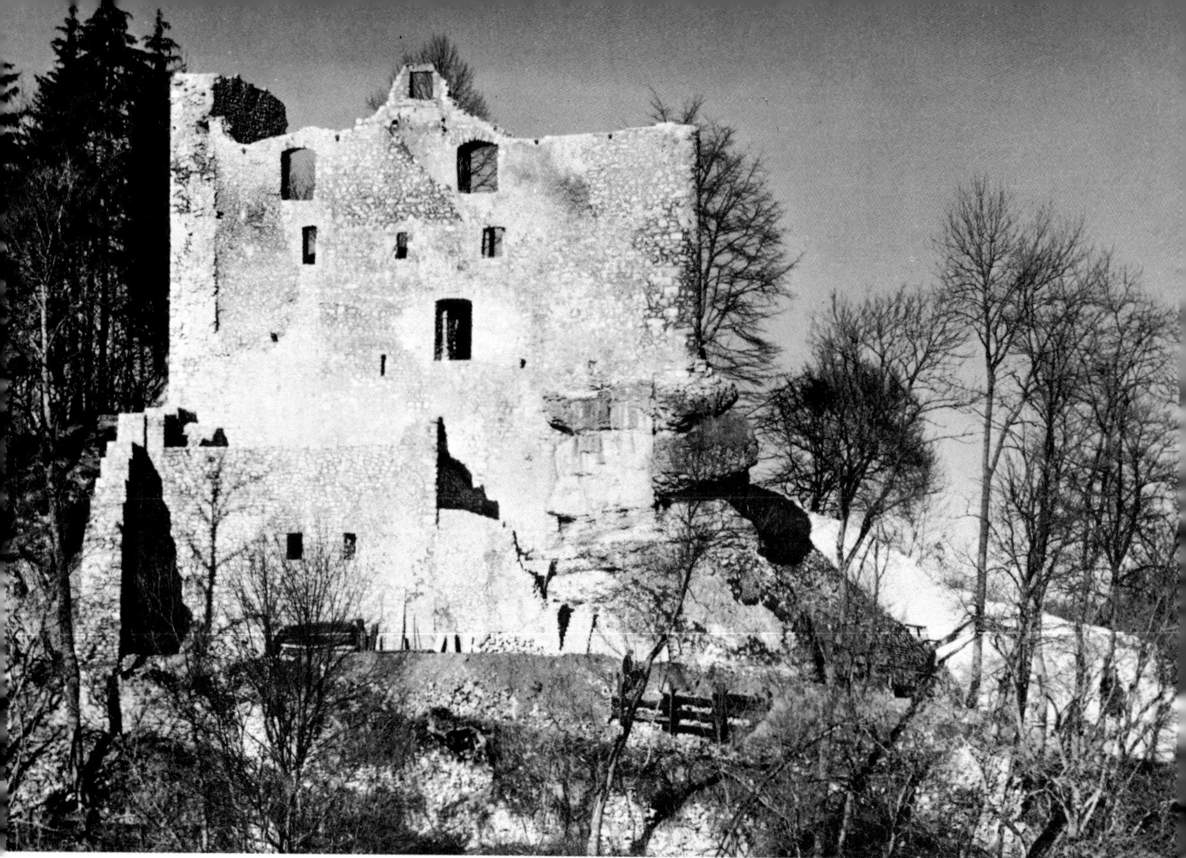

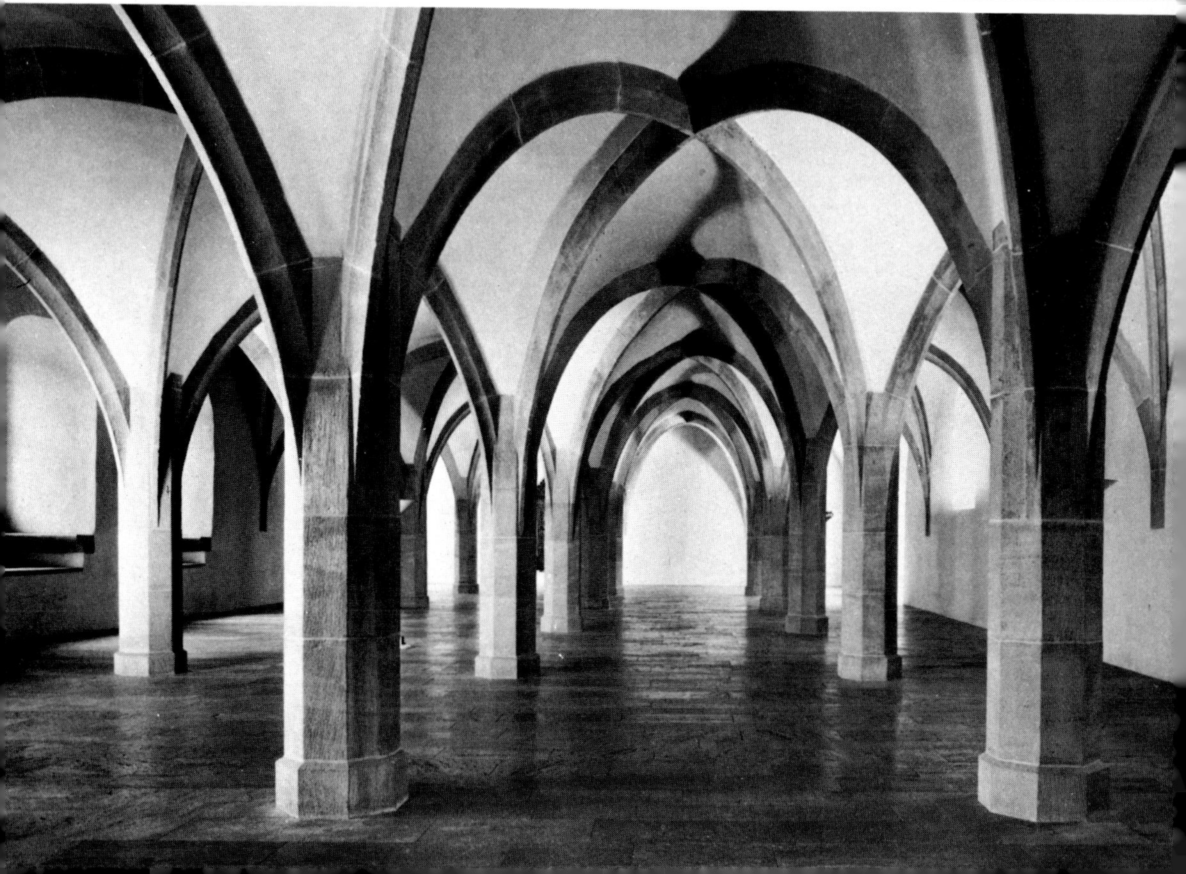

60. *Tübinger Tor in Reutlingen (Mitte 13. Jh.)*

61. Die Stadtmauer von Hayingen mit Eckturm und Wehrgang wurde schon 1303 erwähnt.

Besitz auf der Achalm und in Reutlingen (super bona in Achalm et Rutelingen) verpfändete. Es war ein nicht seltenes Mittel territorialer Politik, in finanzielle Schwierigkeiten geratenen Grund- und Stadtherren so lange neue Summen vorzuschießen, bis diese schließlich so verschuldet waren, daß sie ihre Herrschaften an den Darlehengeber abtreten mußten.

Auf diese Weise haben sich die Württemberger auf der Achalm „wie die Katze auf dem Vogelkäfig", – bemerkt der Reutlinger Rat einmal drastisch –, über der Stadt festgesetzt. Die württembergische Besatzung auf der Achalm war für Reutlingen jahrhundertelang so bedrohlich, daß die Stadt das der Achalm zu gelegene östliche Stadttor, das heutige Gartentor, verschlossen hielt und erst im Jahr 1700 für den Durchgangsverkehr wieder öffnete.

Ebenso nützte Graf Ulrich die schwere Verschuldung aus, in die das Uracher Grafenhaus durch die Teilnahme am Aufstand König Heinrichs (VII.) gegen Kaiser Friedrich II. geraten war. Die päpstlichen Zahlungen hatten ihn so solvent gemacht, daß er zwischen 1254 und 1265 die ganze Grafschaft Urach aufkaufen konnte. Der Gesamtpreis ist nicht bekannt, er dürfte sehr hoch gewesen sein, da allein für die Burg Urach 3100 Mark Silber bezahlt wurden. Stählin vermutet wegen der vielen in der Zwiefalter Klosterchronik als Besitz der Achalmgrafen genannten Halbteile, daß diese aus einer Erbteilung herrühren, die die stammverwandten Grafen von Achalm und Urach nicht lange vor der Niederschrift der Chronik untereinander vorgenommen haben. Von dieser Sachlage ausgehend stellt er für die Grafschaft Urach den nachstehenden Besitz zusammen, der dann vom Jahr 1265 ab zu der Grafschaft Württemberg gehörte: Achalm, Eningen (1/2 Kirchensatz), Dettingen, Metzingen (1/2 mit 1/2 Kirchensatz), Neuhausen, Kohlberg, in Pfullingen Güter, Immenhausen, Undingen (1/2), in Dusslingen Gut, in Remmingsheim eine Hube, in Weilheim Güter, Derendingen (1/2 und 1/2 Kirchensatz), die Kirche auf dem Bläsiberg, in Sickenhausen Güter, Rommelsbach, Altenburg mit der Kapelle, in Oferdingen Güter und 1/2 Kirche, in Neckartailfingen Güter und Anteil am Kirchensatz, Wittlingen (1/2), Bichishausen, in Tigerfeld den Kirchensatz mit Zehnten und Hörigen, in Wilsingen Güter, Zwiefalten und Baach.

Im Laufe des 14. und 15. Jh. erwarb Württemberg in der Reutlinger Gegend durch Kauf – nicht durch kriegerische Eroberungen – folgende Gebiete: 1342 die Stadt und Herrschaft Tübingen von den Grafen Götz und Wilhelm von Tübingen, 1355 die Burg Greiffenstein, Holzelfingen, Güter und Rechte zu Ober- und Unterhausen von Schwigger von Greiffenstein, 1396 Pfullingen, Hausen, Engstingen, Pliezhausen, Riederich und Eningen, 1444 Sickenhausen, Altenburg, Rommelsbach und Degerschlacht von Hans Teuffel von Reutlingen, 1446 Dusslingen, Nehren und Teile von Talheim von Jakob Herter, 1415 Kauf von Mössingen, Belsen, Öschingen und Weilheim; die Burg Lichtenstein wurde 1389 von Württemberg als Lehen angesprochen; aus der Zerstörung der

Burg durch Reutlingen im Jahr 1310 im Reichskrieg König Heinrichs VII. gegen Graf
Eberhard von Württemberg ist mit Sicherheit zu schließen, daß schon zu dieser Zeit
württembergische Ministeriale oder Lehensleute auf der Burg gesessen haben.
Ein Bericht des in Urach residierenden Grafen Ludwig I. von Württemberg vom 23. Februar 1446 an den Stuttgarter Hof über den Kauf der Ortschaften Dusslingen, Nehren
und Talheim wirft ein bezeichnendes Licht auf die Spannungen und den Konkurrenz-
neid, der zwischen Reutlingen und Württemberg bei der Ausdehnung und Abrundung
ihrer Herrschaften bestanden hat: ,,Herter hat gesagt, er muß verkaufen. Wöll's Graf
Ludwig nicht, so muß er's anderswohin geben. Eher ich nun in sorgen stehe, daß mir die
de Reutlingen, die auch darnach geredt haben, dahin kommen, mit denen ich oder die
minen vielleicht bekümmert müssen sin, so bin ich kaufs mit ihm überkommen.''
Bei ihrem Ausgreifen auf die Alb bekamen es die Württemberger mit einem ungleich
mächtigeren Gegner, nämlich mit den Habsburgern zu tun. Ihr großer Plan, das Herzogtum Schwaben wiederherzustellen, scheiterte zwar schon bald nach 1300. Da das
Gebiet zwischen nördlichem Albrand und der Donau unmittelbar an das zu Vorder-
österreich gehörende Oberschwaben stieß, gelangen den Württembergern nur gele-
gentliche Einbrüche in diese Habsburger ,,Interessensphäre''.
Münsingen kam mit seinen umliegenden Orten (die 804 erstmals erwähnte und mehrere Ortschaften umfassende Martinspfarrei, war 1228 Mittelpunkt des Dekanats)
schon 1263 zusammen mit der Grafschaft Urach zu Württemberg. Seine Erhebung zur
Stadt, vielleicht schon zu Ende des 13. oder spätestens zu Anfang des 14. Jahrhunderts
und damit seine Befestigung mit Mauern, Türmen und Gräben, hatte es mit Sicherheit
in erster Linie seiner Grenzlage und weniger den den Ort berührenden Durchgangs-
straßen zu verdanken.
Die Doppelwahl von Friedrich dem Schönen und Ludwig dem Bayern gab den Württembergern die erste Gelegenheit zu einem Vorstoß ins Lautertal. Sie erwerben in diesem Jahr von den beiden Brüdern Diepold und Rudolf von Hundersingen das Öffnungs-
recht ihrer Stammburg gegen jedermann, auch gegen den König. (Dieses Öffnungs-
recht bedeutet, daß die Burg bei kriegerischen Auseinandersetzungen den Württembergern zur Verfügung stand und von ihren Leuten besetzt und verteidigt werden
konnte.) Diesem ersten Schritt zur Erwerbung der Herrschaft Hundersingen folgte acht
Jahre später, 1328, der Kauf der Güter der Hundersingen um die hohe Summe von 653
Pfund Heller. Daß die stets solventen und damit kaufbereiten Württemberger gegen
schwächere Herren, selbst wenn diese einst aus denselben Beweggründen als Staufer-
feinde enge Verbündete ihrer Vorfahren gewesen waren, Gewalt nicht gescheut hatten,
beweist ihre Erwerbung von Burg und Herrschaft Blankenstein. Die seit 1182 urkundlich bekannte hochadelige Familie hat sich, Mitte des 12. Jh. südlich von Dapfen über
einem kleinen Seitental der Lauter auf schmalem Felsvorsprung ihre Burg erbaut, deren

unterer aus mächtigen Buckelquadern aufgemauerter Bergfried samt Spuren einer Vorburg noch vorhanden ist. Die wohlhabende Familie hatte mit Besitz in der Gegend von Stuttgart 1255 das Kloster Steinheim an der Murr gegründet. Im Echaztal war sie Kirchherrin in Pfullingen, Eningen und Wannweil. 1320 nahm Graf Eberhard von Württemberg dem Swigger von Blankenstein als Ersatz für zugefügten Schaden (dafür hat er auch in Stuttgart in Gefangenschaft gelegen) die Burg mit dem herrschaftlichen Zubehör Dapfen mit Wasserstetten, Ödenwaldstetten, Oberstetten mit Weidental und Leibeigenen im benachbarten Eglingen ab. Der Besitz war allerdings ziemlich verschuldet und mußte mit beträchtlichen Summen von den Pfandinhabern ausgelöst werden. 1333 mußte dann Albrecht von Blankenstein den Widenhof und Kirchensatz zu Wannweil um 240 Pfund Heller an das Reutlinger Spital verkaufen. Dieser Vorgang ist symptomatisch für viele Adelsfamilien, denen es nicht gelang, nach dem Niedergang der Staufer ihren Streubesitz in eine geschlossene Herrschaft zu verwandeln. Anders dagegen die Württemberger, die Blankenstein als Grenzfestung ihres Territoriums in eigener Hand behielten, bis die damals wohl schon dem Verfall preisgegebene Burg nach ihrer Verpfändung vor 1442 verlassen wurde.

Die Schlacht bei Reutlingen im Jahr 1377

Während der Regierungszeit Kaiser Karls IV. (1346–1378) entflammte der immer schwelende Gegensatz zwischen Fürsten und Städten zu offenen kriegerischen Auseinandersetzungen. Streit gab es vor allem wegen der Landflucht: die Leibeigenen oder Grundholde, meist wohl die besten und unternehmungslustigsten Leute der Landesfürsten wanderten in die Städte ab, wo sie bessere Erwerbsmöglichkeiten fanden und frei waren vom landesherrlichen Druck, der in der Form von Fron- und Steuerpflicht besonders drückend auf ihnen lastete. Dazu kamen Zwistigkeiten zwischen Städten und Fürsten über die Orts- und Gerichtsherrschaft einzelner Ortschaften. Auch der von den Städten besonders gepflegte Handel brachte Reibereien in der Frage des Zoll- und Geleitrechts. Diese Streitereien zwischen Städten und Fürsten wären aber noch kein Anlaß gewesen, statt der kleinen Dauerfehden, die z. B. zwischen Reutlingen und Württemberg dauernd bestanden haben, sich in mächtigen Fürsten- und Städtebünden zu vereinigen und große Kriege zu entfesseln. Die Wurzel des Übels steckte in der Städtepolitik Karls IV., die von seinem Sohn Wenzel fortgesetzt wurde. Als der Kaiser große Summen zum Erwerb der Mark Brandenburg benötigte, suchte er das in den Städten vorhandene notwendige Kapital dafür zu nutzen. Auf das Frühjahr 1373 sollten Ulm 18 000, Reutlingen 17 500, Esslingen 10 000 und Rottweil 5000 Gulden usw. entrichten, mit deren Eintreibung er den Grafen Eberhard den Greiner als bekannten Widersacher der süddeutschen Reichsstädte beauftragte. Unter diesem Druck verbanden sich dreizehn oberschwäbische Reichsstädte und Reutlingen, weil ihnen bei diesen riesigen Geldforderungen des Kaisers die Gefahr der gänzlichen Verpfändungen an Württemberg drohte. Die Städte wollten, „dem heiligen reiche zu ehre und zu lobe", reichsunmittelbar bleiben, und schlossen sich doch aus Mißtrauen gegen den Kaiser zusammen, als wieder Riesensummen für die Handsalben der Kurfürsten anläßlich der Königswahl für den kaiserlichen Sohn Wenzel aufgebracht werden mußten.

So begann im Spätsommer 1376 das beiderseitige Kriegsrüsten. Voll Erbitterung belagerte der Kaiser zusammen mit Graf Eberhard das im Städtebund führende Ulm, das aber tapfer stand hielt. Nun war vor allem Reutlingen in Gefahr; Graf Ulrich, der Sohn des Greiners lag mit einem kleinen Ritterheer auf der Achalm, um eine Unterstützung Reutlingens durch Ulm zu verhindern. Graf Ulrich „plaget Reutlingen so best er mocht". Am 14. Mai 1377 erfochten dann die Reutlinger vor den Mauern ihrer Stadt den Sieg, der durch Uhlands Gedicht „wie haben da die Gerber so meisterlich gegerbt, wie haben da die Färber so blutigrot gefärbt" im Gedächtnis der Nachwelt haften geblieben ist. Auf der Seite dés damals schon mächtigen Württemberg fielen allein die drei Grafen Friedrich von Zollern, Ulrich der Scherer von Tübingen, Hans von Schwarzenberg, 60 Ritter und einige Knechte. Mit Ausnahme eines Herren von Sachsenheim haben die Reutlinger keine Gefangenen gemacht. Ihre Begründung dafür ist in ihrem Schlachtbericht an die verbündeten Städte überliefert: „Wann wißendt, das alles diß kriegs, deß von Württemberg helfer und diener keinen unßern armen mann, wie werloß er was, nie wollen gefangen nemmen und erstachen die zue alt und zue jung. Darumb war unßer volckh erzürnet und mecht deß niemandts gewaltig sein; sie erstachen und erschluegen, wen sie ankamen." Unter dem Eindruck dieser Schlacht nahm König Wenzel zwar Württemberg die Landvogtei über Schwaben wieder ab, aber der Ausgang des Krieges wurde in der Schlacht bei Döffingen entschieden. Dort wurde das Aufgebot der Städte auf seinem Verheerungszug durch Württemberg von den Fürsten unter der Anführung Graf Eberhard des Greiners am 14. August 1388 gestellt und vollständig geschlagen. Diese Niederlage zwang die Städte zwar nicht völlig in die Knie, sie konnten ihre Unabhängigkeit gegen die Landesherren aufrechterhalten. Die Fürsten bekamen aber andererseits freie Hand zur ungehinderten Ausdehnung ihrer Territorien.

Die Entwicklung der territorialen Verhältnisse bis 1803

Das württembergische Oberamt Urach

Wir müssen aus Raummangel darauf verzichten, die Erwerbung der einzelnen Ortsherrschaften durch Württemberg einzeln zu verzeichnen. Die nachfolgende Aufstel-

Nürtingen

Walddorf-häslach
Häslach
Walddorf
Dörnach
Doibel
Rübgarten
Pliezhausen
Mittel-stadt
Grafenberg
Riederich
Altenburg
Oferdingen
Reicheneck
Rommels-bach
Metzingen
Dettingen a.d.Erms
Hülben
Grabenstetten
Sickenhausen
Wannweil
Degerschlacht
Sondelfingen
Neuhausen
Römerstein
Donnstetten
Tübingen
Reutlingen
Glems
Urach
Hengen
Böhringen
Zainingen
Laichingen
Betzingen
Eningen u. Achalm
Wittlingen
Ohmenhausen
Bleichstetten
Upfingen
Sirchingen
Seeburg
Pfullingen
Würtingen
Rietheim
Gutsbezirk Münsingen
Bronnweiler
Lorisingen
Trailfingen
Gönningen
Unterhausen
Holzel-fingen
Ohna-stetten
Gachingen
Dottingen
Lichtenstein
Kohl-stetten
Steingebronn
Auingen
Böttingen
Magolsheim
Genkingen
Honau
Offenhausen
Münsingen
Sonnenbühl
Klein-engstingen
Gomadingen
Apfel-stetten
Undingen
Großengstingen
Marbach
Mehrstetten
Willmandingen
Engstingen
Dapfen
Wasserstetten
Büttenhausen
Erpfingen
Bernloch
Hundersingen
Bremelau
Haid
Meidelstetten
Odenwald-stetten
Eglingen
Hohenstein
Bichis-hausen
Gundelfingen
Trochtelfingen
Oberstetten
Ehestetten
Münzdorf
Anhausen
Hausen
Steinhilben
Aichelau
Indel-häusern
Magerkingen
Wilsingen
Aichstetten
Hayingen
Ober-wilzingen
Pfronstetten
Sonderbuch
Burladingen
Tigerfeld
Huld-stetten
Gauingen
Gammertingen
Geisingen
Hochberg
Zwiefalten
Upflamör
Morsingen
Munderkingen
Mössingen
Riedlingen

lung basiert auf einem Bericht des Obervogtamtes Urach aus dem Jahr 1580, das einen Umfang von insgesamt 660 Quadratkilometern hatte, d. h. das Zweieinviertelfache des bis 1938 bestehenden Oberamts Urach.

Sondelfingen (geteilt mit Gremlich), Eningen, Pfullingen, Unterhausen, Oberhausen, Honau, Holzelfingen, Kleinengstingen, Genkingen, Undingen, Willmandingen, Erpfingen, Mägerkingen, Hausen a. L., Meidelstetten, Bernloch, Gomadingen, Kohlstetten, Steingebronn, Dottingen (geteilt mit Speth), Gächingen, Lonsingen, Upfingen, Sirchingen, Bleichstetten, Würtingen, Ohnastetten, Münsingen, mit einem Hof und vier Lehen zu Hausen ob Schelklingen, Hundersingen, Apfelstetten, Dapfen und Wasserstetten mit Marbach, Böttingen, Auingen, Mundingen, mit Forsthaus und zwei Höfen zu Talheim, einem Hof zu Unterwilzingen, Hof und Vogtei über das Mesmergütlein zu Emeringen, Erbgut zu Lautern, Mehrstetten, mit zwei Höfen in Sondernach, Hengen, Wittlingen, Seeburg mit Uhenhof, Rietheim, Gruorn, Trailfingen, Feldstetten, Laichingen, Sontheim, Zainingen, Donnstetten, Böhringen, Strohweiler, Aglishardt.

Das Lagerbuch von 1454 führt noch zusätzlichen Besitz auf in Pfälen, Neuhausen, Zizelhausen, Westerheim, Nattenbuch, Neufra, Maiingen, Burladingen, Kettenacker, Trochtelfingen, Steinhilben, Achalm, Ödenwaldstetten. Davon wurde Nattenbuch 1458 an die Gemeinde Feldstetten verkauft. Der Besitz in Neufra und Kettenacker wurde 1474 samt Vorder- und Hinterlichtenstein größtenteils gegen Willmandingen und einen Hof zu Erpfingen in Tausch gegeben.

Dieses große Amt wurde Ende des 15. Jahrhunderts in kleinere Unterbezirke aufgeteilt, die ebenfalls als ,,Amt'', ,,Oberamt'' und zuletzt als ,,Unteramt'' bezeichnet wurden. Als Endlösung wurde am 23. Oktober 1654 Münsingen mit Auingen, Böttingen, Mundingen, Mehrstetten, Apfelstetten, Hundersingen, Dapfen und Wasserstetten samt den württembergischen Untertanen in den geteilten Flecken Ennabeuren und Magolsheim von Urach abgetrennt und das Amt Münsingen gebildet. Pfullingen, das wie Münsingen schon seit dem 16. Jahrhundert eine eigene Kellerei hatte, wurde am 8. April 1699, zunächst auf eine Probezeit von zehn Jahren, mit seinen alten Amtsflecken Unter-, Oberhausen, Honau, Holzelfingen, Kleinengstingen, Großengstingen ist erst 1751 dazugekommen, von Urach abgetrennt und zum selbständigen Amt erhoben; allerdings erst nach vielen Eingaben an die Regierung und gegen Bezahlung von 7000 Gulden! Die Erwerbung des Unteramtes Willmandingen mit seinen benachbarten Orten Undingen, Erpfingen, Hausen a. L. und Mägerkingen im Jahr 1763 gegen die Bezahlung von weiteren 5000 Gulden ist den Pfullingern jedoch nur für einige wenige Jahre geglückt.

Das Territorium der Reichsstadt Reutlingen

1310 erwarb die Stadt von Pfalzgraf Rudolf von Tübingen ein Beholzungsrecht im Schönbuch. Die respektable Kaufsumme von 740 Pfund Hellern läßt darauf schließen, daß diese Beholzungsberechtigung als erste Vorstufe eines Kaufs gedacht war. Als die Württemberger 1342 die Tübinger Pfalzgrafschaft erwarben, wurden die Reutlinger immer mehr von ihrem Schönbuchrecht abgedrängt und verloren es schließlich, allerdings erst in einem Vertrag vom 5. November 1830: Württemberg verzichtete darin als Gegenleistung auf die jährliche Lieferung von 18 000 l Zehntwein, die sich das Kloster Königsbronn, seit 1588 württembergisch, beim Verkauf des Reutlinger Kirchensatzes vorbehalten hatte. Die Unterhaltungspflicht der Neckarbrücke zwischen Oferdingen und Pliezhausen, die Reutlingen schon vor Jahrhunderten zur Holzabfuhr aus dem Schönbuch gebaut hatte, ist der Stadt Reutlingen allerdings bis zum Jahr 1936 als lästige Verpflichtung geblieben.

Das unmittelbar vor den Toren der Stadt gelegene Betzingen, dessen Feldflur fast vollständig Reutlinger Pflegschaften und der Bürgerschaft gehörte, konnte sich dem Einfluß der Reichsstadt nicht entziehen und kam deshalb beinahe automatisch unter die Hoheit der Stadt. Mit den Erwerbungen von Gomaringen, Hinterweiler, Stockach und Ziegelhausen, Bronnweiler mit Hugenberg und Alte Burg, Betzingen und Wannweil im Laufe des 14. und 15. Jahrhunderts von dem verarmten Ortsadel und den Herren von Blankenstein, von Wittlingen, von Wildnau und von Stöffeln gelang Reutlingen die Schaffung eines kleinen Territoriums, dessen bäuerliche Bevölkerung ihren Bedarf an Kaufmannsgütern und Gerätschaften in der Stadt decken mußte. Als die Stadt nach dem Dreißigjährigen Krieg selbst in finanzielle Bedrängnis geriet, mußte sie Gomaringen mit Hinterweiler an Württemberg verkaufen. Daß Grund- und Landesherrschaft zwei völlig verschiedene Dinge sind, geht mit aller Deutlichkeit daraus hervor, daß die Stadt, ihre Pflegschaften und ihre Bürger aus rund hundert, in der nahen und ferneren Umgebung Reutlingens, meist im Württembergischen gelegenen Dörfern, Grundabgaben und auch Kapitalzinsen bezogen.

Württemberger und Reutlinger Meß

Diese Naturalabgabepflicht württembergischer Untertanen an Reutlingen, dann auch sein auswärtiger Wein- und Getreidehandel, führten zu vielfältigen Handelsbeziehungen. Zwar wurde die Nahmarktfunktion auf dem Textil-, Leder- und Eisensektor durch württembergische Zollschikanen und Reutlinger Marktbesuchsverbote für seine Untertanen immer wieder gestört, aber eine völlige Trennung der Reichsstadt von ihrem württembergischen Umland gelang der Stuttgarter Regierung nicht. Das zeigt deutlich ein Vergleich der Uracher und Reutlinger Getreidemaße, die die einzelnen Ortschaften in der Gegend Mitte des 16. Jahrhunderts verwendeten. *Uracher Meß* war im Gebrauch in den Orten Dettingen, Hülben, Gächingen, Upfingen, Gomadingen, Würtingen, Sirchingen, Bleichstetten, Lonsingen, Münsingen, Auingen, Böttingen, Dapfen und Wasserstetten, Hengen, Wittlingen, Rietheim, Dottingen, Trailfingen, Gruorn, Zainingen, Donnstetten, Böhringen, Mehrstetten, Apfelstetten, Mundingen und Hundersingen; außerhalb des Amtes in Grabenstetten. Dagegen war im Bereich der Uracher Kellerei *Reutlinger Meß* im Gebrauch in den Orten Bempflingen, Holzelfingen, Kohlstetten, Unterhausen, Ohnastetten, Neuhausen, Bernloch, Sondelfingen, Eningen, Oberhausen, Pfullingen, Willmandingen, Undingen, Erpfingen, Hausen a. L., Steinhilben, Mittelstadt, Riederich, Pliezhausen, Honau und Kleinengstingen. Deutlich sichtbar wird der Streubesitz der einzelnen kleinen Herrschaften, wenn man sich vor Augen führt, daß der Uracher Keller vor der Einführung des württembergischen Landmeßes Mitte des 16. Jahrhunderts für Laichingen mit Feldstetten und Sontheim das Blaubeurer Meß zu nehmen hatte; einzelne Gülten waren außerdem mit dem Hundersinger Haufmeß, dem Veringer Streichmeß und mit dem Trochtelfinger und Ehinger Viertel zu messen.

Die Asyle in Reutlingen und Pfullingen

Vielfältigen Zwist mit Württemberg hat Reutlingen auch seine 1495 verbriefte Asylgerechtigkeit eingetragen. Sie garantierte allen unvorsätzlichen Totschlägern, die sich nach Reutlingen retten konnten, den Schutz des Kaisers. Von dieser Möglichkeit machten 1515 bis 1785 etwa 2500 Totschläger Gebrauch. Die Personen, die sich in das größte Asyl Südwestdeutschlands flüchteten, entstammten allen Schichten der Bevölkerung: Unter ihnen waren Adelige, Offiziere, Pfarrer, Beamte und Studenten ebenso vertreten wie einfache Soldaten, Handwerks- und Bauernknechte. Württemberg wollte die in seinem Territorium begangenen Missetaten natürlich vor seinen ordentlichen Gerichten aburteilen lassen, stieß dabei aber auf den beharrlichen Widerstand Reutlingens, das bei weitherziger Auslegung des kaiserlichen Asylprivileges keinen dieser Übeltäter an Württemberg auslieferte.

Als die Gemeinde Pfullingen im Jahr 1596 um die schriftliche Bestätigung ihres angeblich uralten aber bei einer Feuersbrunst verloren gegangenen Asylprivileges nachsuchte, erhielten die Pfullinger zwar keine offizielle Bestätigung der württembergischen Regierung, sie verbot aber andererseits das Pfullinger Asyl auch nicht, wohl weil es eine Konkurrenz zum reichsstädtischen Reutlinger Asyl war. Von den aktenkundig gewordenen 39 Pfullinger Asylanten sind allein 26 aus Reutlingen oder aus dem zum Reutlin-

ger Territorium gehörenden Dörfern nach Pfullingen geflüchtet. Der Pfullinger Ober-
amtmann Rumelin empfiehlt 1788, weil die Reichsstadt noch nie Totschläger ausgeliefert habe, solle der Herzog das Pfullinger Asyl beibehalten, als Druckmittel gegen die
Reichsstadt. In diesem Sinne schreiben auch Bürgermeister und Gericht zu Pfullingen
und weil die 1788 angeordnete Auflösung vorhersehbar war, versuchten sie wenigstens
die gleichzeitige Auflösung des Reutlinger Asyls zu erreichen: ,,Es dürfte also auch am
besten getan sein, wann bei gegenwärtigen Zeiten, da die Justiz in Criminalfällen ohne
hin so schonlich mit dem Leben der Menschen verfährt, beiderseitige Asyla aufgehoben
würden.''
Nach dem Übergang Reutlingens an Württemberg schloß der Herzog mit einer Verordnung vom 28. Mai 1804 auch das Reutlinger Asyl, allerdings vorerst nur für württembergische Untertanen, ankommende Ausländer waren aber der Regierung zu melden. Demnach lief dieser mittelalterliche Rechtsbrauch in Reutlingen erst Anfang des
19. Jahrhunderts langsam aus, denn die Reutlinger erste Oberamtsbeschreibung von
1824 berichtet: ,, . . . und noch auf den heutigen Tag leben Asylanten in Reutlingen.''

Das Gebiet des Klosters Zwiefalten

Von den Stiftern reich ausgestattet und von vielen Wohltätern beschenkt, besaß das
Kloster Güter auf der ganzen Alb, im Neckargebiet bis hin nach Stuttgart, in der Baar,
Oberschwaben und in der Schweiz. Genannt seien hier nur die 26 Dörfer aus der Umge-
bung, in denen das Kloster auch die Obrigkeit hatte. In diesem eigentlichen Klostergebiet lagen die Dörfer Aichelau, Aichstetten, Baach mit Attenhöfen oder Attenhausen,
Emeringen, Gauingen mit Hochberg, Geisingen, Gossenzugen, Huldstetten, Oberstetten, Pfronstetten, Sonderbuch, Tigerfeld, Wilsingen, Zwiefalten, dazu die Höfe oder
Weiler Maßhalderbuch, Wimsen und Schloß Ehrenfels, im früheren Oberamt Münsingen; Bechingen, Daugendorf, Dürrenwaldstetten mit Ohnhülben, Ittenhausen mit
Ensmad, Mörsingen, Upflamör und Zell, im früheren Oberamt Riedlingen; Kirchen
mit Mühlen und Schlechtenfeld, Lauterach mit Neuburg und Reichenstein, im frühe-
ren Oberamt Ehingen. In diesen Ortschaften wohnten 1802 rund 4500 Menschen.
Namhafte Besitzungen waren ferner die Propstei Mochental und das Frauenkloster Ma-
riaberg, das als Zubehör des Klosters galt und der Gerichtsbarkeit des Abts unterstand.
Die schon vor 1371 erworbene Propstei Güterstein bei Urach mußte 1439 auf dessen
Verlangen an Württemberg abgetreten werden. Wichtig waren auch die in den Städten
Reutlingen, Riedlingen und Munderkingen gelegenen Klosterhöfe, in denen die dem
Kloster in der Umgebung anfallenden Gülten eingezogen und soweit es Naturalien wa-
ren, an die Stadtbevölkerung gut verkauft werden konnten.

Die Grafen von Württemberg waren seit 1365 im Besitz der Vogtei des Klosters und versuchten im 15. Jahrhundert vergeblich, diese in eine landesherrliche Oberhoheit umzuwandeln. In der Reformationszeit wollten die württembergischen Herzöge Ulrich und Christoph nach dem damals geltenden Grundsatz „cuius regio eius religio" (der Landesherr bestimmt die Religion) die Reformation einführen, scheiterten aber an dem standhaften Abt Sebastian Müller, der vom habsburgischen Kaiserhaus nachdrücklich unterstützt wurde.

Das Kloster konnte schließlich 1749 dem geldbedürftigen Herzog Karl Eugen die drükkende Vogtei abkaufen und wurde damit reichsunmittelbar. Im Zuge dieses Loskaufes trat Zwiefalten 1750 die Dörfer Ödenwaldstetten und Neuhausen (Erms) an Württemberg ab, ebenso die 1717 von dem Bistum Chur gekaufte Herrschaft Großengstingen.

Adeliger Streubesitz

Nennenswerter adeliger Besitz hat sich bis zu den großen Veränderungen der Jahre 1803/06 nur auf der Alb erhalten: Die fürstlich fürstenbergische Herrschaft Hayingen gehörte bis zu deren Aussterben 1546 den Reichsfreiherren von Gundelfingen, deren Erben, die Grafen von Helfenstein, ihrerseits 1627 von Fürstenberg beerbt wurden. Der niedere Adel besaß die nachstehenden Rittergüter, die mit Ausnahme von Hohengundelfingen zum Kanton an der Donau des Schwäbischen Ritterkreises gehörten. Im Besitz der Herren von Speth waren Anhausen-Schülzburg (seit 1452) Dottingen (bis 1630), Eglingen (seit dem 15. Jahrhundert), Ehestetten (seit 1364) Indelhausen-Maisenburg (seit 1764) Steingebronn (bis 1562). Buttenhausen kam von den Justingen über die Gundelfingen und die Stain 1569 an die Gemmingen und 1782 an die Freiherren von Liebenstein. Hohengundelfingen war zeitweilig österreichisches Lehen, erst der Gundelfingen, dann der Helfenstein; seit 1627 im Besitz verschiedener Herrschaften, zuletzt der von Landsee, bis es 1774 an die gefürsteten Reichsgrafen Palm überging. Amt und Stadt Trochtelfingen, 1534 von den Grafen von Fürstenberg geerbt, kam 1806 unter die Souveränität von Hohenzollern-Sigmaringen.

Die bäuerliche Lastenablösung

Wie schon eingangs erwähnt, war der Bauer in unserem Raum bis um das Jahr 1850 nicht Herr seines Bodens, sondern hatte den Hof von einem Adeligen, Kloster, Stadtgemeinde usw. als Erblehen oder auch nur als Fall-Lehen, dann nur auf seine Lebenszeit, im Besitz. Ein Drittel oder auch nur ein Viertel der Jahresernte hatte er seinem

Grundherren als Abgabe zu entrichten. Bei seinem Tode bezog der Grundherr einen Teil seiner Hinterlassenschaft als Sterbfall oder Hauptrecht und beim Übergang des Gutes von einer Hand in die andere mußten sogenannte Laudemien (Einwilligungsgelder) entrichtet werden. Besonders drückend waren die für den Gerichts- und auch den Grundherren zu leistenden gemessenen und ungemessenen Fronen, wobei die in der Landwirtschaft zu leistenden besonders lästig waren, weil der Bauer in der Ernte zuerst für die Herrschaft und dann erst auf seinen Feldern arbeiten durfte. Bei der bekannten Jagdleidenschaft des Adels machten die geforderten Jagddienste wegen ihrer häufigen maßlosen Übertreibung viel böses Blut.

Viele Bauern hatten neben ihrem Gerichts- und Grundherren noch zusätzlich einen Leibherren, dem zwar nur geringe Jahresabgaben zu entrichten waren, von den Frauen meist eine Leibhenne, aber beim Tod fiel dem Leibherren, wie in der Regel auch dem Grundherren, das beste Haupt (Tier) aus seinem Stall zu. Auf allem Grund und Boden lag fast ausnahmslos die Zehntpflicht, der Große Zehnt vom Getreide, der Kleine Zehnt von dem, was sonst im Acker- und Gartenfeld gebaut wurde, dann der Heu- und Weinzehnt, der Blutzehnt von den jungen Tieren und noch viele andere Arten bis hin zum Bienenzehnten. Der Große Zehnt war ursprünglich auch für die Kirche bestimmt, weil er aber durch die Säkularisation und andere Umstände häufig in weltliche Hände gekommen war, wurde er auch öfters „Laienzehnt" genannt. Der kleine Zehnt stand meist dem Ortspfarrer zu und gab deshalb vielfältigen Anlaß zum Streit mit den ablieferungspflichtigen Bauern. Zu den genannten Abgaben kam dann noch die vom Landesherren geforderte Steuer, so daß dem Bauern mit Sicherheit kein großer Gewinn von seiner harten Arbeit geblieben ist. Besonders widerwärtig aber wurde neben der Fronpflicht die Leibeigenschaft empfunden, die man als menschenunwürdig ansah.

Sicherlich unter dem Einfluß der Französischen Revolution, deren Ruf nach den allgemeinen Menschenrechten auch nach diesseits des Rheins drang, hat der Ausschuß des württembergischen Landtags 1798 die Hoffnung ausgesprochen, daß der Herzog die Leibeigenschaft, die das Gesetz der Natur von der Gleichheit verletze und die Rechte der Menschheit beleidige, aufheben werde und zugleich die Frage aufgeworfen, ob nicht der gemeine Nutzen Befreiung der mit Gülten und Zinsen beschwerten Bauerngüter von ihren Lasten verlange. Der damalige Herzog und spätere König Friedrich hat diese Forderungen schroff abgewiesen.

Erst im März 1808 verfügte er mit einem von den Kanzeln zu verlesenden Entschluß, die in seinen „Staaten" befindlichen Fall-Lehen ab 1810 in völliges Eigentum verwandeln zu lassen. Für die Aufhebung des Heimfalls an sich wurden 2 Prozent vom rohen Wert des Gutes berechnet, die Abgaben beim Todesfall und bei sonstigem Besitzwechsel durch ein ihrem Wert entsprechendes Kapital abgelöst, ebenso wurde mit der Aufhebung der Leibeigenschaft verfahren, wenn der Lehensherr zugleich Leibherr war.

Diese Ablösung brachte dem Staat für seine eigenen Fall-Lehen in den Jahren 1808 bis 1817 die Summe von 790 000 Gulden ein.

König Wilhelm I., der am 31. Oktober 1816 die Regierung antrat, betrachtete die Entlastung des Bauernstandes als eine seiner vornehmsten Aufgaben. So hob er vom 1. Januar 1818 ab die persönliche Leibeigenschaft mit all ihren Wirkungen im ganzen Königreich auf. In den folgenden Jahren wurden kleinere Grundabgaben für ablösbar erklärt, im allgemeinen mit dem 20fachen Betrag ihres Wertes. Ablösbar waren vorerst die grundherrlichen Fronen, ungemessene Fronen wurden verboten. Dann wurde dem Heuzehnten, Laudemien und Teilgebühren zu Leibe gerückt, die mit dem 20fachen Betrag bis zu zehn Gulden und darüber mit dem 25fachen Betrag ablösbar waren.

Gegen diese Verordnungen sträubte sich der wohlhabende Adel (der Fürst von Thurn und Taxis besaß allein 2000 Fall-Lehen) unter Berufung auf seine durch den Artikel XIV der Bundesakte geschützten Rechte. Weil die Regierung einen ungünstigen Beschluß des Deutschen Bundestages befürchtete, Metternich selbst war in jenen Jahren als Besitzer der früheren Abtei Ochsenhausen württembergischer Standesherr, legte sie die Frage der Lastenablösung erst 1846 dem Bundestag vor und erhielt nach weiteren zehn Jahren, im Jahr 1856, einen Bundesbeschluß, über den noch zu berichten sein wird. So war nur in dem Teil des Königreichs die volle Lastenablösung möglich, in der der König die volle Souveränität hatte. Daß die Bedrückungen der bäuerlichen Grundholden, besonders von den standesherrlichen Herrschaften oft haarsträubend waren, mag die Schilderung eines württembergischen Landtagsabgeordneten beweisen, die aber durchaus nicht als Einzelfall angesehen werden sollte: ,,Ich kenne eine Gemeinde, in welcher die Grundherrschaft alle denkbaren Rechte einer solchen besessen hat: den großen und den kleinen Zehnten, den Blutzehnten, Teilgebühren, Sterbfall, Laudemien, Fronen; sie hat besessen das Recht des Geläutes und des Kirchengebots; sie hat die halbe Kirche mit Epitaphien ihrer Familie ausgestattet, und der geschlossene Sitz der Herrschaft hat den vierten Teil der Kirche eingenommen. Nach Andeutungen in Bruchstücken alter Urkunden hat die Grundherrschaft die Verpflichtung gehabt, Kirche und Schule zu unterhalten, Kirche und Schule zu bauen, Pfarrer und Schulmeister zu besolden, den Gottesacker zu vergrößern und für die Armen zu sorgen . . . Aber von diesen Rechten der Gemeinde ist keine Spur mehr vorhanden. Die rentamtlichen Rechnungen sind bis auf die jetzige Zeit beseitigt und vernichtet, und selbst die Gemeinderechnungen der früheren Zeit sind nicht mehr zu finden. Alles ging verloren, nur die Pflichten blieben.bestehen(!)''

Als die Pariser Februarrevolution auch auf Deutschland übergriff und sich die leidenschaftliche Erregung der Bauernschaft gegen die Standesherren wegen ihrer Unnachgiebigkeit in der Lastenablösung richtete, mußten diese dem vom König am 14. April 1848 unterzeichneten Gesetz zustimmen, das sie Jahrzehnte vorher zu besseren Bedin-

gungen hätten haben können: Das Gesetz erklärte den Lehen- und Grundherrlichkeits-
verband gegenüber Privaten für aufgehoben. Besitzveränderungsgebühren, Teilgebühren und Blutzehnten wurden mit dem zwölffachen, Gülten, Zinsen und alle übrigen Arten von Grundabgaben und Leistungen mit dem sechzehnfachen des durchschnittlichen Jahresertrags aufgehoben. Das Ablösungskapital samt vierprozentigen
Zinsen konnte in Zeitrenten binnen einer höchstens 25jährigen Tilgungsfrist abgetragen werden. Für das Zahlungsgeschäft hatte eine staatliche Ablösungskasse zu bürgen.
Sie gab den Berechtigten vierprozentige Schuldscheine, die im Laufe der Zeit ausgelöst
werden sollten. Die Nachhutsgefechte um die Anhebung der Gebühren, die bis 1865
fortgegangen sind, brauchen uns hier nicht mehr besonders zu beschäftigen, weil die
Korrekturen zu Lasten des Staates gegangen sind, der die Ablösungssummen der Berechtigten auf den 22fachen Betrag des Jahreswertes auf seine Kosten erhöht hat. Nach
der Schlacht von Königgrätz mußte auch der Adel seine Hoffnungen auf weitere Hilfe
vom Deutschen Bundestag endgültig begraben. Mit dieser vom Staat unter riesigen fi-
nanziellen Opfern durchgeführten sozialen Reform in durchaus gesetzlichen Formen
ist der Bauer in unserem Raum vor rund 125 Jahren erst freier Eigentümer seines Bodens geworden, auf der seine Vorfahren schon ein volles Jahrtausend in Unfreiheit und
oft unter schwerer Abgabenbedrückung ihr Leben fristen mußten.

Die Trinkwasserversorgung der Alb

Wegen ihres durchlässigen Kalkgesteins wird die Alb größtenteils unterirdisch rasch
zur Donau hin entwässert, was im Laufe der Jahrtausende zwar zu reizvollen und an-
mutigen Trockentälern geführt hat, den Bewohnern aber vor der Einrichtung der Albwasserversorgung entsetzliche Plagen verursachte.
Die alte Münsinger Oberamtsbeschreibung vom Jahr 1825 berichtet dazu: ,,Ein
Hauptmangel der Alpbezirke ist der Mangel an Quellwasser, der zwar in den Tälern
gemeiniglich durch fließendes Wasser ersetzt wird, desto drückender aber auf dem Gebirge wird, wo die meisten Orte kein anderes Wasser haben, als was sie von den Dächern in Cisternen und Hülen sammeln, und wenn auch diese vertrocknen, wie es in
den dürren Sommern häufig geschieht, ihr Wasser oft Monate lang Stunden weit in
Fässern herbey holen müssen. Dies ist auch der Fall in dem Oberamtsbezirk Münsingen
und war es insbesondere in den Jahren 1811, 1818, 1822, wo der Eimer Wasser z. B. in
Mehrstetten mit 48 Kreuzern bezahlt wurde. Von den Gebirgsorten haben nur folgende
zwölf Quellwasser: Münsingen, Hayingen, Auingen, Böttingen, Magolsheim, Dottingen, Steingebronn, Apfelstetten, Münzdorf, Sonderbuch, Erbstetten und Emeringen.'' (In der Gegend um Münsingen und Gächingen ist aus Mergel und tonreichen

Plattenkalken des Weißjura eine sog. Zeta-Schüssel entstanden, die die Wasserarmut mildert. Bei den anderen Orten bilden tufferfüllte, maarartige vulkanische Trichter, die zum Uracher Vulkangebiet gehören, örtliche Wasserspeicher.)

Der Chronist fährt fort: ,,Die Cisternen erhalten ihren Zufluß in der Regel von den Dächern, und sind diese, wie gewöhnlich, Strohdächer, so erhält das Wasser eine gelbliche Farbe und einen widerlichen Geschmack. Um es vor Fäulniß und Insekten zu bewahren, wird gemeiniglich Salz hineingeworfen; durch das Hineinwerfen etlicher Scheiter Birkenholz wird ihm der widerliche Geschmack und Geruch genommen . . .

Die Hülen, Hülben, Rösen, welche zum Tränken des Viehs dienen, sind eine Art von kleinen Seen, worin die Flüssigkeit zusammenläuft. Sie haben gemeiniglich ein sehr unreines, stinkendes und eckelhaftes Wasser, und sehen wie große Mistlachen aus, weil aller Unrath darein fließt, dessenungeachtet trinkt das Vieh das Wasser gern und bleibt gesund dabey (!)''

Bei dieser Sachlage war es für die wasserlosen Alborte eine wahre Erlösung, als unter der Leitung des hochverdienten Baudirektors von Ehmann, der am Blautopf in Blaubeuren ein ansprechendes Denkmal erhalten hat, mit der Albwasserversorgung im damaligen Oberamt Münsingen begonnen wurde. Die Grundidee war, in den mehr oder minder wasserreichen Albtälern für jeweils eine zusammenhängende Gruppe von Gemeinden eine Quelle zu fassen und auf das wasserarme Plateau hinaufzupumpen.

Bei der ältesten Gruppe der Albwasserversorgung VIII, erbaut im Jahr 1870/71, die ihr Wasser aus dem Schmiechtal bezieht, ist der Münsinger Bezirk mit Justingen und Hütten einbezogen. 1875 traten Laichingen und Feldstetten der Gruppe II bei, die ihr Wasser aus dem Filstal pumpt. Ausschließlich dem früheren Oberamtsbezirk Münsingen gehört die 1877 gegründete Obere Schmiechgruppe IX mit den Gemeinden Ennabeuren, Magolsheim, Mehrstetten und Sontheim, an; 1910 schloß sich Böttingen an. Die erste Münsinger Lautergruppe VI aus den Jahren 1878/79 umfaßt die Gemeinden Bremelau mit Heuhof, Dürrenstetten, Münzdorf, Ehestetten mit Maxfelderhof und Aichelau. Zur Zwiefalterachgruppe VII aus denselben Jahren mit 13 Orten gehören vom Münsinger Bezirk Geisingen, Huldstetten, Tigerfeld, Aichstetten, Pfronstetten, Wilsingen und das 1909 beigetretene Gauingen. Damit war der bedürftigste Teil der Münsinger Alb mit brauchbarem Trink- und Nutzwasser versehen. Nach einer gewissen, wohl durch Geldmangel bedingten Pause, taten sich 1891 die fünf Ortschaften Eglingen, Ödenwaldstetten, Oberstetten, Bernloch und Meidelstetten zur Gruppe X zusammen, die sich das Quellwasser von einer mitten im Ort Wasserstetten gelegenen Pumpstation mit der Wasserkraft der Lauter auf die Höhe pumpen läßt. Dort konnte es in den heißen und wasserknappen Sommermonaten noch in den 1930er Jahren passieren, daß zur Zeit der Viehtränke das Wasser auch aus der noch verhältnismäßig klaren Lauter gepumpt wurde.

Die 1896/97 erbaute Stammgruppe XIII umfaßt Münsingen, Apfelstetten und Auingen mit dem damals vom XIII. Armeekorps belegten Truppenübungsplatz; 1909 ist dieser Gruppe noch Dottingen beigetreten. Sie ist übrigens die einzige Gruppe, die ihr Wasser aus dem Entwässerungssystem des Rheins bezieht, nämlich aus einer oberhalb Seeburg gelegenen Quelle im Ermstal. Als jüngste Gruppe traten die Gemeinden Buttenhausen, Bichishausen mit Steighof, Dapfen mit Wasserstetten und Hundersingen 1909 zu einem Gemeindeverband zusammen, der das begehrte Naß aus dem Lautertal bei Dapfen auch mit der Wasserkraft der Lauter zu einem über dem Ort gelegenen Hochbehälter pumpen läßt, aus dem es dann zu den tiefer gelegenen Ortschaften abfließt.

Die Industrialisierung des Reutlinger Raumes

Der kundige Landeshistoriker Fritz Ernst hat ein Kapitel über das 19. Jahrhundert mit den Worten eingeleitet: ,,Um die Wende zum neuen Jahrhundert und an seinem Anfang drangen zwei Revolutionen aus dem Westen ein. Die eine, die politische Umwälzung in Frankreich, kam mit einem Stoß, die andere kam langsam, zuerst kaum bemerkt, jedenfalls in ihren Folgen nicht erkannt: Es war die Einführung der Maschine.'' Nach einer im Jahr 1832 gefertigten Übersicht über die im Königreich Württemberg befindlichen Fabriken und Manufakturen, dargestellt auf dem Blatt XI, 6 des Historischen Atlas von Baden-Württemberg, war die Industrialisierung in unserem Raum noch weit weniger fortgeschritten, als man gemeinhin annimmt: In Gossenzugen befand sich eine Papiermühle an der Zwiefalter Ach, in Münsingen eine Leinenweberei. Die Wasserkraft der Erms nützten in Urach Papiermacher und -färber, Baumwoll- und Leinenweber, außerdem gab es eine Bleiche, in Dettingen ist ein Betrieb für Fahrzeugbau nachgewiesen und in Metzingen gab es fabrikmäßige Niederlassungen der Pulvermacher, Wolleweber und -spinner. Im Echaztal gab es Papiermacher in Pfullingen und Reutlingen schon seit dem 16. Jahrhundert, in der ehemaligen Reichsstadt Reutlingen ist außerdem noch eine Pulvermacherei sowie eine Wollspinnerei nachgewiesen.

Zur Begründung des Begriffes Reutlinger Raum zitieren wir den Geographen Hermann Grees, der in einer Abhandlung über diesen ,,Reutlinger Raum'' sagt: ,,Städte sind Organisationszentren der Kulturlandschaft, von ihnen gehen entscheidende Impulse für die Gestaltung eines Raumes durch die dort wohnenden und wirtschaftenden Menschen aus. In einer Stadt muß sich, zumal wenn es sich um ein solch aktives Zentrum wie im Falle Reutlingens handelt, das Wesen eines Raumes potenziert darstellen. Von daher gibt es die Berechtigung, von einem Reutlinger Raum zu sprechen . . .'' (RGB NF 4, 1967) H. Grees führt weiter aus, daß Reutlingen aus der bunten Reihe der Pfortenstädte am Nordwestraum der Schwäbischen Alb deutlich hervorragt. Es ist mit

96 000 Einwohnern die größte unter ihnen und hat sich zur wichtigsten Industriestadt
des heutigen Regierungsbezirks Südwürttemberg-Hohenzollern mit über 50 000 Arbeitsplätzen entwickelt, davon etwa die Hälfte im produzierenden Gewerbe, ebenso zu
einem von weither aufgesuchten Einkaufszentrum. Mit seinen Verwaltungs- und Ver-
sorgungsfunktionen und in zunehmendem Maße auch mit seinen kulturellen Funktionen greift es weit über sein unmittelbares Umland hinaus, man denke nur an die zahlreichen weiterführenden Schulen, das Staatliche Technikum und das deutsche For-
schungsinstitut für Textilindustrie, an die Westdeutsche Gerberschule, die Pädagogische Hochschule, das Schwäbische Symphonieorchester und das Theater in der Tonne.
Angesichts dieser Sachlage erhebt sich die Frage nach den Ursachen für eine solch erstaunliche Entwicklung, die sich abseits von den großen Linien des Fernverkehrs vollzogen hat. Es hat schon der oben genannten verschiedenen Umstände bedurft, damit
die zwar gewerbereiche und marktgünstig gelegene Reichsstadt entstehen und sich
trotz der Einschnürung durch das württembergische Territorium wirtschaftlich entfalten konnte. Auch die Reutlinger Industrie, die hauptausschlaggebend für die Entwicklung der modernen Stadt wurde, ist nicht selbstverständlich aus dem reichsstädtischen
Handwerk herausgewachsen.

Mit dem Anschluß Reutlingens an Württemberg nahm die wirtschaftliche Entwicklung
der Stadt einen ungeheuren Aufschwung. Man hat den Eindruck, als ob die durch Jahrhunderte in den einzelnen Handwerkerfamilien zurückgestaute Energie mit dem Fallen
der württembergischen Zollschranken, mit dem Anschluß an die Staatsstraßen und das
von der Mitte des 19. Jahrhunderts ab gebaute Eisenbahnnetz nun erst jetzt ihr richtiges
Betätigungsfeld gefunden hätte. Dazu erfahren wir aus der im Jahre 1824 verfaßten
Oberamtsbeschreibung: „Es gibt wenig Orte im Königreich Württemberg, wo eine solche Gewerbetätigkeit herrscht, wie in Reutlingen; zwar findet man wenig oder gar
keine Fabriken, aber ganz Reutlingen ist eine Fabrik." Wenn die Statistiken stimmen,
waren in Reutlingen die Gerber am zahlreichsten in ganz Württemberg vertreten. Im
Jahre 1824 waren es insgesamt 71 Meister mit 30 Gesellen; demnach handelte es sich
noch durchweg um Kleinbetriebe. Nach dem Fallen der württembergischen Zollschranken und durch den mit Bayern 1828 geschlossenen Zollvertrag nahm das Ger-
bergewerbe einen gewissen Aufschwung. Dominierend sind die Gerber aber trotzdem
in Reutlingen nicht geworden; verschiedene Firmen verdienten später ihr Geld mehr
beim Handel als durch Fabrikation. Auch den Reutlinger Händlern, die sich bald zu
Großhändlern entwickelten, gaben die gefallenen Zollschranken ein weites Betätigungsfeld frei. Wir kennen um 1860 ein rundes Dutzend solcher Firmen, die sich das
nötige Kapital zu Fabrikationsgründungen im Handel erwarben. – Gut floriert hat in
der ersten Hälfte des 19. Jahrhunderts auch das Gewerbe der Buchdrucker. Da haben 12
Meister mit insgesamt 54 Gesellen gearbeitet. Einen zusätzlichen Aufschwung gab dem

Reutlinger Buch- und Verlagswesen vor allem das württembergische Kalenderprivilegium. In jener Zeit wurden jährlich über 200 000 Kalender hergestellt. In diesem Zusammenhang darf auch nicht verschwiegen werden, daß die Reutlinger damals als die unverschämtesten und emsigsten Nachdrucker im ganzen Reich verschrieen waren. Dabei befanden sie sich aber in recht guter Gesellschaft, denn auch der Ahnherr des berühmten Verlagshauses Cotta war damals vom nahen Tübingen aus mit Reutlinger Druckern in solche Praktiken verwickelt. Diesem lukrativen Nachdruck machte die württembergische Gesetzgebung aber bald ein Ende. In der Neuzeit knüpften leistungsfähige Druckereien und Großbuchbindereien wieder an das verpflichtende Erbe der frühen Reutlinger ,,Wiegendrucker'' an, unter denen noch heute Männer wie Johannes Otmar, Günter und Johannes Zainer ihrer Qualitätsarbeit wegen gerühmt werden. – Auch das Papiermachen ist eine alte Reutlinger Spezialität, die in der Stadt nachweislich schon um 1450 betrieben worden war und von dem christlichen Sozialisten Gustav Werner (1809 bis 1897) wieder aufgenommen wurde. Als er im Jahre 1840 als evangelischer Vikar mit einem kleinen Häuflein armer Waisenkinder in Reutlingen einzog, hatte er wohl selbst nicht daran gedacht, daß sich aus der mechanischen Werkstatt, die er seiner gekauften und unrentabel arbeitenden Papiermühle angegliedert hatte, einst eine bedeutende Papiermaschinenfabrik entwickeln würde. In der Wernerschen Anstalt haben sich übrigens die beiden berühmten Automobilbauer Gottlieb Daimler als Ingenieur und Wilhelm Maybach als Waisenknabe kennengelernt. Heute umfaßt die Gustav-Werner-Stiftung zum Bruderhaus neben der Maschinenfabrik in Reutlingen und der Papierfabrik in Dettingen ein rundes Dutzend Zweiganstalten, in denen Waisen und auf Lebenshilfe angewiesene kranke Menschen betreut werden. – Eine andere Reutlinger Spezialität ist die Fertigung endloser Metallsiebe, die man zur Herstellung des Papiers benötigt. Der Papierfabrikant Scheuffele in Heilbronn soll etliche tausend Gulden bei Versuchen zur Herstellung solcher Siebe ausgegeben haben; über die Fertigung für den eigenen Bedarf ist er aber nicht hinausgegangen. Gelöst hat das Problem Christian Wandel, der 1821 als siebtes Kind eines kleinen Siebmachers in Kohlberg bei Metzingen geboren wurde. Nach seiner Rückkehr von der Wanderschaft gründete er mit Hilfe des Seifensieders Johann Georg Schradin 1842 die erste Metalltuchfabrik im Lande. Heute haben sich in dieser Spezialproduktion vier Firmen auf dem Weltmarkt einen guten Anteil gesichert. Eine Firma arbeitet auch für elektrische und chemische Betriebe, die so feine Siebe verlangen, daß auf einen Quadratzentimeter 40 000 Maschen kommen. Hier geht es also wie in dem Märchen über des Kaisers Kleider zu: das bloße menschliche Auge kann dieses feine Gespinst überhaupt nicht mehr erkennen. Ein Familienunternehmen, das auch auf der Erfindungsgabe ihres Gründers basiert, ist die Strickmaschinenfabrik Stoll. Hermann Stoll hatte seit 1874 in Riedlingen an der Donau Strickmaschinen gebaut. 1878 trennte er sich von seinem Teilhaber und siedelte nach Reutlingen um, weil er dort handwerklich besser geschulte Arbeitskräfte vorfand. Der entscheidende Durchbruch war ihm 1891 mit der Erfindung der Links-Links-Strickmaschine gelungen. Dank seiner Erfindung konnte man nun auch linke Maschen und damit alle Strickmuster stricken. Nach den Angaben einer Firmenschrift sind in Reutlingen schon 1950 allein 3000 solcher Strickmaschinen gelaufen. Ihre Zahl hat sich in den letzten zwei Jahrzehnten noch erheblich vermehrt. Auch liegt in den Ortschaften rings um Reutlingen, besonders auf der Reutlinger Alb, ein dichter Kranz von kleineren Strickereien, die in der Hauptsache die alten Reutlinger Artikel, nämlich Babyausstattungen fertigen. – Ein weiterer Reutlinger Spezialbetrieb ist die Firma Emil Adolff, die Spindeln oder Spulen für die Spinnereien zum Aufwickeln des Garns herstellt. Die Firma wurde 1874 von Emil Adolff gegründet, der 1879 nach Reutlingen übergesiedelt war, um seinen Hauptabnehmern näher zu sein. Um eine Vorstellung von der Anzahl der benötigten Spindeln zu geben, sei nur die Zahl von 100 000 Spindeln genannt, die allein einst bei der Firma Gminder gelaufen sind. (Das Gminder-Leinen konnte der Konkurrenz der Kunstfaser nicht standhalten.) So produziert heute die nicht weniger bekannte Stuttgarter Firma Bosch mit den früheren Arbeitskräften und in den Anlagen der Firma Gminder Teile ihres elektrischen Programms.

Über die Anfänge der Reutlinger Textilindustrie, die sich noch um 1900 mit weitem Abstand an der Spitze aller Unternehmen befunden hat, liegen aus der ersten Hälfte des 19. Jahrhunderts nur spärliche Nachrichten vor. Fest steht, daß sich die Fabriken nicht aus dem zünftigen Gewerbe fortentwickelt haben. Das notwendige Gründungskapital ist meist im Handel verdient worden. Bei der Kapitalbereitstellung haben auch die reichen Eninger Händler eine wichtige Funktion erfüllt. Aber auch die Eninger Hausierer, die die Erzeugnisse der Reutlinger Stricker und Wirker, die sogenannten „Reutlinger Artikel" auf den Märkten und auf den „Eninger Kongressen" vertrieben, ermöglichten eine große Produktionssteigerung. Vergleichbar dem Vorgehen Gustav Werners, der die Papiermaschinen für seine Dettinger Papierfabrik in seiner eigenen mechanischen Werkstätte in Reutlingen bauen ließ, entwickelte sich die Maschinen- und Metallwarenindustrie indem man die zur Fabrikation notwendigen Maschinen und Gebrauchsteile in der Stadt selbst herstellte.

Eine wichtige Rolle bei der Entwicklung der Reutlinger Großindustrie hat neben dem notwendigen Gründungskapital und der technischen Begabung der Erfinder auch ein Stamm solider und tüchtiger Facharbeiter gespielt, der bis zur Jahrhundertwende hauptsächlich aus den umliegenden Dörfern gekommen ist. Das gilt auch für die Industrieansiedlungen im oberen Echaztal und im benachbarten Ermstal, in Pfullingen, Metzingen und Urach, die zum Teil von Reutlingen aus gegründet worden sind oder ihre Arbeit als Zulieferbetriebe aufgenommen haben. Die Entwicklung der Siedlungen und die Sozialstruktur der Bauerndörfer des Reutlinger Raumes ist entscheidend durch die Sitte der Realerbteilung beeinflußt worden. Die immer weitergehende Verkleinerung der landwirtschaftlichen Betriebe (Realteilung), die zuletzt ihre Besitzer nicht mehr ernähren konnten, ließen schließlich die Arbeiterbauerngemeinden entstehen, deren Bewohner in den Krisenzeiten der 1930er Jahre durch den landwirtschaftlichen Nebenerwerb ein gesichertes Existenzminimum hatten. Aus den Ortsbeschreibungen S. 258 ff. ist ersichtlich, daß in der Zeit der wirtschaftlichen Hochkonjunktur nach dem Zweiten Weltkrieg auch diese bäuerliche Nebenerwerbsform weitgehend aufgegeben wurde und die Gemeinden sich zu reinen Arbeiterwohngemeinden fortentwickeln. So brachte die Industrie dem Reutlinger Raum nicht nur gute Erwerbsmöglichkeiten, sondern wirkt auch direkt in die Sozialstruktur der einst bäuerlichen Gemeinden hinein.

Vom Handwerk zur Fabrik

Zur Wirtschaftsentwicklung Urachs, Metzingens und des Ermstales im 18. und 19. Jahrhundert

von Klaus Schreiner

Ein Uracher Bürger, der sich nach dem Dreißigjährigen Krieg über die wirtschaftliche Notlage seiner Heimatstadt Gedanken machte, äußerte den Wunsch, ,,dass die vielen Berge, Steine und Felsen, welche über unseren Häuptern schweben, besser hintan könnten gerucket werden''. Dieser Stoßseufzer ist nicht nur ein Beleg für die Besorgnisse und Ängste einer geplagten Generation; er gibt überdies ein genaues Bild von den allgemeinen Erwerbsbedingungen der Uracher Stadtbevölkerung in der frühen Neuzeit.

Eine kleinflächige, von den Rändern der Schwäbischen Alb begrenzte Markung gab so gut wie keine Möglichkeit, in größerem Umfang Ackerbau und Viehzucht zu treiben. Urachs Bürger – ,,beinahe eitel Handwerksleut'', wie im 16. und 17. Jahrhundert immer wieder versichert wurde – waren deshalb gehalten, durch Handel und Gewerbe ihren Lebensunterhalt zu verdienen. ,,Die Stadt Urach'', schrieben noch zu Anfang des 19. Jahrhunderts die Uracher Leinenweber an die württembergische Regierung, ,,hat, in einem engen Thale von hohen Gebirgen eingeschlossen, fast gänzlichen Mangel an Ackerbau. Der geringe Umfang ihrer Feldgüter nährt kaum ein Fünftel ihrer Bewohner. Was ihr aber die Natur versagt hat, das suchte sie von den ältesten Zeiten her durch Gewerbsamkeit zu ersetzen.'' Friedrich Nicolai, ein Berliner Literat und Buchhändler, der 1781 den deutschen Südwesten bereiste, rühmte das wasserreiche Urach als ein Gemeinwesen, in dem ,,ein ins Große gehender vorzügliche Kunstfleiß'', die ,,Lust zur angestrengten Arbeit'' lebendig sei; denn die unfruchtbaren Gefilde der Alb hätten die Uracher Bürger immer wieder dazu angehalten, ,,über neue Nahrungswege'' nachzudenken.

Metzingen, neben Urach das zweite Handels- und Gewerbezentrum des Ermstales, galt im ausgehenden 18. Jahrhundert gleichfalls als ,,Beispiel eines gewerbsamen Ortes''. ,,So ausgedehnt und ergiebig'', meinte Karl Christian Gratianus in seiner 1831 erschienenen ,,Ehre der Stadt Metzingen'', der ,,Metzinger Landbau'' auch sein mag, ,,so groß ist neben dem Landbau der Gewerbefleiß.''

In Metzingen lebten im Jahre 1895 24,4 Prozent der Bevölkerung von der Landwirtschaft; in Urach waren es nur ganze 5,1 Prozent. Handel, Gewerbe und Industrie prägten die Wirtschaftsentwicklung der beiden Ermstalstädte. In Urach dominierte die
Leinwand; Metzingen war, ehe sich in der zweiten Hälfte des 19. Jahrhunderts mehr
und mehr die Maschinen- und Metallindustrie durchsetzte, ein bedeutender Produk-
tions- und Handelsplatz für Tücher, Wollwaren und Leder. Daneben zählte auch
Stamm- und Scheiterholz, das von der waldreichen Alb in großen Mengen auf der Erms
herabgeflößt wurde, zu den vielgefragten und vielverkauften Handelsgütern des Metzinger Marktes.

Konjunkturen und Krisen der Uracher Leinenweberei im 18. Jahrhundert

Urach, die vielbesungene Stadt im „himmlischen Blütental'' der Erms, kann auf eine
weit in die Vergangenheit zurückreichende gewerbliche Tradition zurückblicken. Insbesondere war es die Leinwandmanufaktur, die seit dem ausgehenden 16. Jahrhundert
das städtische Wirtschaftsleben maßgeblich bestimmte.
Württembergs Herzog Friedrich I. (1593–1608), „in Württemberg der erste Vertreter
eines neuen europäischen Fürstentyps'' (W. Grube), der nach den zeitüblichen Regeln
des Merkantilismus die Wirtschafts- und Steuerkraft seines Landes zu verbessern suchte, hatte Urach zu einem Zentrum der württembergischen Leinwandproduktion gemacht. Der Herzog wollte auf diese Weise verhindern, daß der „ausbündig gute''
Flachs der Schwäbischen Alb außerhalb des Landes verarbeitet wurde und als impor-
tierte Leinwand in Württemberg wieder zum Verkauf kam. Der „allgemeinen Wohl-
fahrt'' glaubte er am besten dadurch zu dienen, daß er in Urach eine überregionale We-
berzunft einrichtete. Desgleichen machte er Anstrengungen, in den Zentren des oberschwäbischen Leinwandgewerbes, in Leutkirch, Memmingen und Kempten, fachkundige Webermeister anzuheuern. Längs der äußeren Stadtmauer von Urach ließ er die
sog. „Weberbleiche'' bauen, einen geschlossenen Komplex von 20 Wohneinheiten, die
je zwei Weberfamilien als Unterkunft und Werkstätte dienten. Eine herzogliche Faktorei wurde eingerichtet, die für den gewinnbringenden Absatz der Uracher Leinwand
sorgen sollte – eine Aufgabe, die sie jedoch wegen innerer Konstruktionsmängel und
äußerer Schwierigkeiten beim besten Willen nicht erfüllen konnte. Aus der herzoglichen Verkaufs- und Absatzorganisation, der Faktorei, entstand 1661 die „privilegierte
Leinwandhandlungscompagnie''. Teilhaber der Gesellschaft waren Württembergs
Herzog Eberhard III. sowie die beiden Uracher Kaufleute Hans Wolf Müller und Georg
Kieffer, denen die gesamte technische und kaufmännische Leitung des Unternehmens
oblag. Der Herzog trat 1676 vom Gesellschaftsvertrag zurück und ermöglichte die Pri-

vatisierung des Unternehmens. Zu Anfang des 18. Jahrhunderts bestand die Compagnie aus den Uracher Kaufleuten Kieffer, Rau, Stuber und Rheinwaldt.

Den Gesellschaftern, den sogenannten „Compagnieverwandten", stand auf Grund eines herzoglichen Privilegs das alleinige Aufkaufsrecht für die gesamte ungebleichte Leinwand in Stadt und Amt Urach zu. Eigenes Bleichen und freier Verkauf war den Webern streng untersagt. Nur die Kompagnie war befugt, die durch Bleichen und Mangen veredelte Leinwand rechtmäßig in den Handel zu bringen. Das privilegierte Händlerkonsortium konnte zwischen 1710 und 1730, insbesondere aber während des Siebenjährigen Krieges, als Preußen und Österreich vom Leinwandexport abgeschnitten waren, vielversprechende Gewinne erzielen. Rohleinwand ging fast ausnahmslos in die Schweiz und nach Italien. Gebleichte Leinwand wurde vorzugsweise nach Frankreich und in die Rheinlande exportiert. Über Genua gelangten Uracher Webstücke nach Südamerika. In Hamburg und Bremen wurde die „weiße, zarte Leinwaht" aus Urach nach Nordamerika verfrachtet.

Der Aufschwung in den fünfziger und sechziger Jahren war jedoch nicht von Dauer. Die Getreideteuerung von 1770/71 verminderte die Kaufkraft der einheimischen Bevölkerung. Hohe Einfuhrzölle blockierten seit 1791 die Exporte nach Frankreich. Als Napoleon 1796 Italien bekriegte, fiel auch der italienische Markt aus. Das Leinwandgeschäft in Württemberg machten zugereiste Hausierer, die billige Leinwand aus Schlesien, Sachsen und Westfalen feilboten. Im Jahre 1792 verzichtete die Leinwandhandlungskompagnie auf die Erneuerung ihres Verkaufsmonopols. Eine stark angewachsene Weberschaft, die weit mehr produzierte, als sich tatsächlich absetzen ließ, hatte aus dem Aufkaufsrecht eine wirtschaftlich ruinöse Zwangsjacke gemacht. Risikofreudige Webermeister nutzten die damals erlangte Handlungsfreiheit, mit ausländischen Abnehmern, insbesondere mit Schweizer Handelshäusern, Geschäftsbeziehungen anzuknüpfen. Die Leinwandhandlung Pommer & Co, die wichtigste Nachfolgefirma der 1792 aufgelösten Kompagnie, machte Anstrengungen, für die Uracher Leinwand im In- und Ausland Käufer zu finden.

Christian Friedrich Sattler hatte noch 1752 in seiner „Historischen Beschreibung des Herzogthums Württemberg" geschrieben: In der Stadt Urach, „an der Alb in einem Thal an der Ermß" gelegen, „blühet ein schöner Leinwandhandel", der vielen „Vortheil der Nahrung" verschafft. Das galt für die Wende vom 18. zum 19. Jahrhundert allerdings nicht mehr.

Vorindustrielle Armut („Pauperismus")

Die allgemeine „Störung der Handels- und Gewerbethätigkeit" zu Anfang des 19. Jahrhunderts stürzte breite Bevölkerungsschichten Württembergs in Not und Dürftigkeit. Zahlreiche Bürger – auch aus Metzingen, Urach und den Ermstalorten – suchten sich durch Auswanderung den Zwängen unverschuldeter Armut zu entziehen. In Rußland, vor allem aber in Nordamerika hofften sie auskömmliche Nahrung und eine neue Bleibe zu finden.

Viele hochgespannte Erwartungen sind jedoch nicht in Erfüllung gegangen. Ein Metzinger Bürger, der 1817 seine Vaterstadt verlassen hatte, gab von seinen Erfahrungen in der neuen Welt folgenden Bericht: ,,Nach der Ankunft in Amerika schickte man uns in eine Wüstenei, die wir fruchtbar machen sollten. Wir haben kein Mehl, um Brot zu backen und befinden uns mehrere Tagreisen von der nächsten Stadt entfernt, können also nichts kaufen. Manche von uns haben sich in der Not auf Pflanzungen als Sklaven vermietet und sie träumten doch, hier Edelleute zu werden!" Was aber der große Kontinent versagte, schien die verlassene Heimat in reicher Fülle zu gewähren. ,,Das Schwabenland", fuhr der Berichterstatter fort, ,,ist ein Lustgarten. Ein schöner Land findet man nicht in der Welt. Euer guter König wird euch schon wieder gute Zeiten verschaffen."

Die gutgemeinten Idealisierungen widersprachen allerdings den tatsächlichen Gegebenheiten. Die Kriegs- und Wirtschaftspolitik Napoleons, restriktive Import- und Zollmaßnahmen der europäischen Wirtschaftsnationen hatten das Gewerbe in Stadt und Amt Urach, insbesondere die Tuch- und Leinenweberei, in eine bedrohliche Krise geführt. In ihren ,,Bemerkungen über die Handelsbilance 1801/02" stellte denn auch die württembergische Regierung ohne Umschweif fest: ,,Der Hauptkanal für unsere Leinwand, die Schweiz und Italien war verstopft, ein ziemlicher Mißwachs des rohen Stoffs war eingetreten, der Zustand unserer Leinenweber sank bis zur Arbeitslosigkeit herab." Die damalige Situation des Metzinger Textilgewerbes charakterisiert eine Notiz aus dem Hungerjahr 1816/17: ,,55 Wollenarbeiter, durch die hohe Steigerung der Landwolle schon lange gelähmt, stunden außer Arbeit."

Über die sozialen Verhältnisse in Urach gaben 1817 die dortigen Oberamtleute folgenden Lagebericht: ,,Die große Mehrzahl der Bürger ist arm; das Städtchen zählt nicht über 500 Bürger [d. h. steuerpflichtige, mit dem Bürgerrecht ausgestattete Familienvorsteher], fast keine reichen, wenig bemittelte, viele unbemittelte, sehr viel arme, bettelarme Bürger. Von 100 Webermeistern kämpft mehr als die Hälfte mit bitterer Armuth, ein weiteres Vierthel ist kaum die Hälfte des Jahres beschäftigt." Die führenden Uracher Leinwandhändler zogen 1819 folgende Bilanz: ,,Seit einigen Jahren ruht der Uracher Leinwandhandel und mit ihm das Hauptgewerbe fast gänzlich." Eine ,,ehemals gewerbsame Stadt", so fuhren sie fort, müsse ,,in die druckenste Armuth gerathen", wenn dem Leinwandhandel, der wichtigsten Nahrungsquelle der Uracher Stadtbevölkerung, nicht ,,durch augenblickliche Ergreifung würksamer, den Zeitumständen angemessenen Maßregeln aufgeholfen wird."

Als Ursache der Krise nannten die Uracher Leinwandhändler exorbitante steuerliche Belastungen seitens der württembergischen Regierung, die französischen Importgesetze, überhöhte Eingangszölle Bayerns sowie das „gänzliche Einfuhrverbot in die österreichischen Staaten", was „unausbleiblich zur Folge" habe, „daß Württemberg mit dem Auslande nicht mehr concurrieren kann und daher Fabricanten und Weeber ihre Geschäfte einstellen müssen, wenn sie nicht wirklich Bettler werden sollen". Was aber dem württembergischen Textilgewerbe ihrer Auffassung nach am meisten zu schaffen machte, war die „Aufhebung des Continentalsystems" (d. h. die Abschaffung der 1806 gegen England beschlossenen Kontinentalsperre). In England hatte man bereits 1769 einen mechanischen Spinnstuhl erfunden, 1786 einen mechanischen Webstuhl. Seit Anfang des 19. Jahrhunderts wurde im nordirischen Belfast für die Flachsspinnerei Dampfkraft eingesetzt. Den englischen Linnen und Baumwollerzeugnissen waren die Uracher Produkte weder in qualitativer noch in preislicher Hinsicht gewachsen. In einem Bericht der Uracher Amtleute aus dem Jahre 1827 wird denn auch mit Nachdruck darauf hingewiesen, daß die Uracher Leinwandweberei stark zurückgegangen sei, weil die Weber „mit auswärtigen Webereien nicht zu konkurrieren vermögen". Moritz Mohl, der 1828 Erwägungen über die „Württembergische Gewerbsindustrie" veröffentlichte, lenkte den Blick auf die zahlreichen „brotlos gewordenen Webern" aus dem Blaubeurer, Heidenheimer, Münsinger und Uracher Oberamt, die „sich in ihren feuchten Kellern" für einen Hungerlohn von täglich 12 bis 15 Kreuzern geradezu „wassersüchtig arbeiten". Aus einem solchen Taglohn ergab sich ein Jahreseinkommen von 60 bis 80 Gulden. Das Existenzminimum für einen Fünf-Personen-Haushalt lag damals bei 160 bis 200 Gulden.

Gegner und Pioniere des Industrialisierungsgedankens

Wo Übervölkerung, Massenarmut und Ernährungskrisen die Lebensbedingungen eines Landes bestimmten, hätte die bloße Konservierung überkommener Erwerbs- und Wirtschaftsformen wenig gefruchtet. Weiterdenkende Männer vertraten deshalb die Auffassung, daß der weit „gesunkene Nahrungs-Zustand" Württembergs nur durch eine „Hebung des vaterländischen Fabrikwesens" verbessert werden könne. „Bilden wir eine Manufaktur-Bevölkerung", forderte Moritz Mohl in den zwanziger Jahren des 19. Jahrhunderts, „und lassen wir diese unser Vieh, unser Korn verzehren, unsere Wolle verarbeiten, unsere Fabrikate mitkonsummieren, so wird uns geholfen seyn. Württemberg muß mehr als bisher und vielseitiger als bisher ein fabricierender Staat werden."

Gegner des Industrie- und Fabrikwesens beharrten unverdrossen auf der These, Würt-

62. Blick auf Gomadingen mit Sternberg
63. Ehemalige Klosterkirche in Offenhausen (Gemeinde Gomadingen)

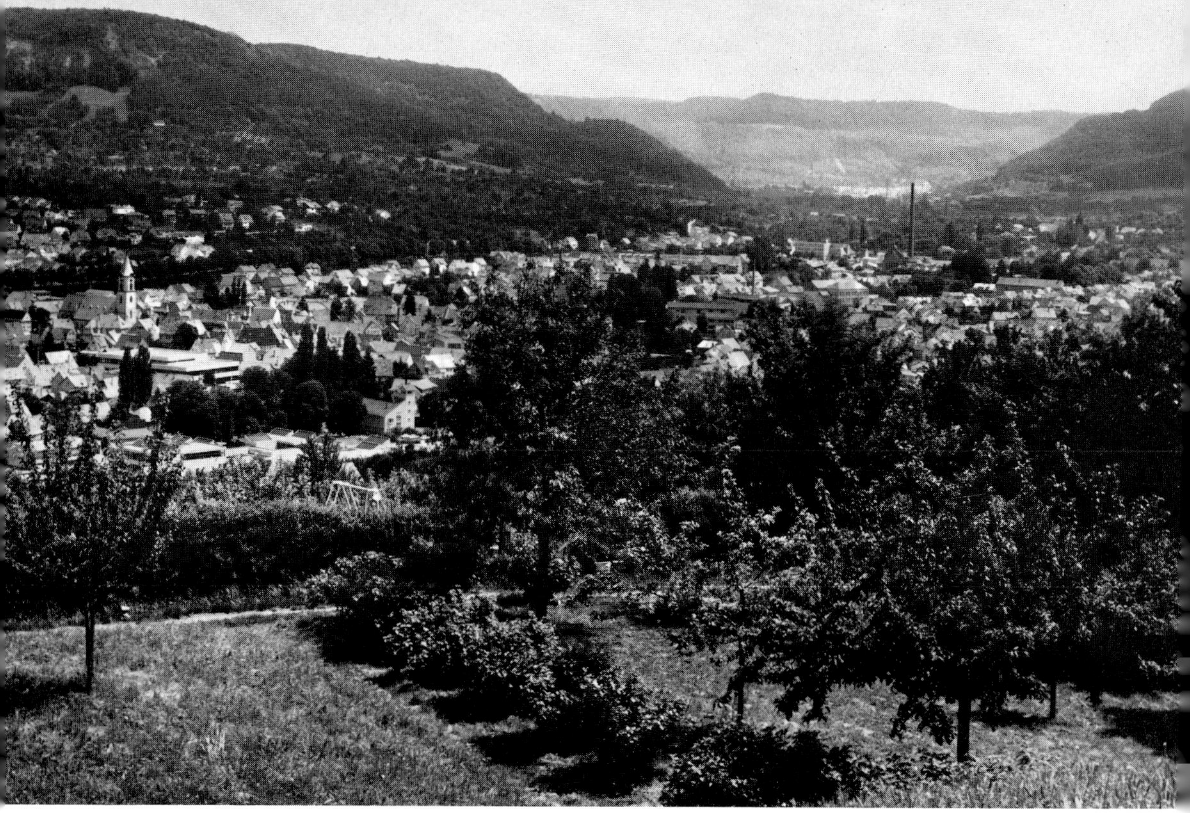

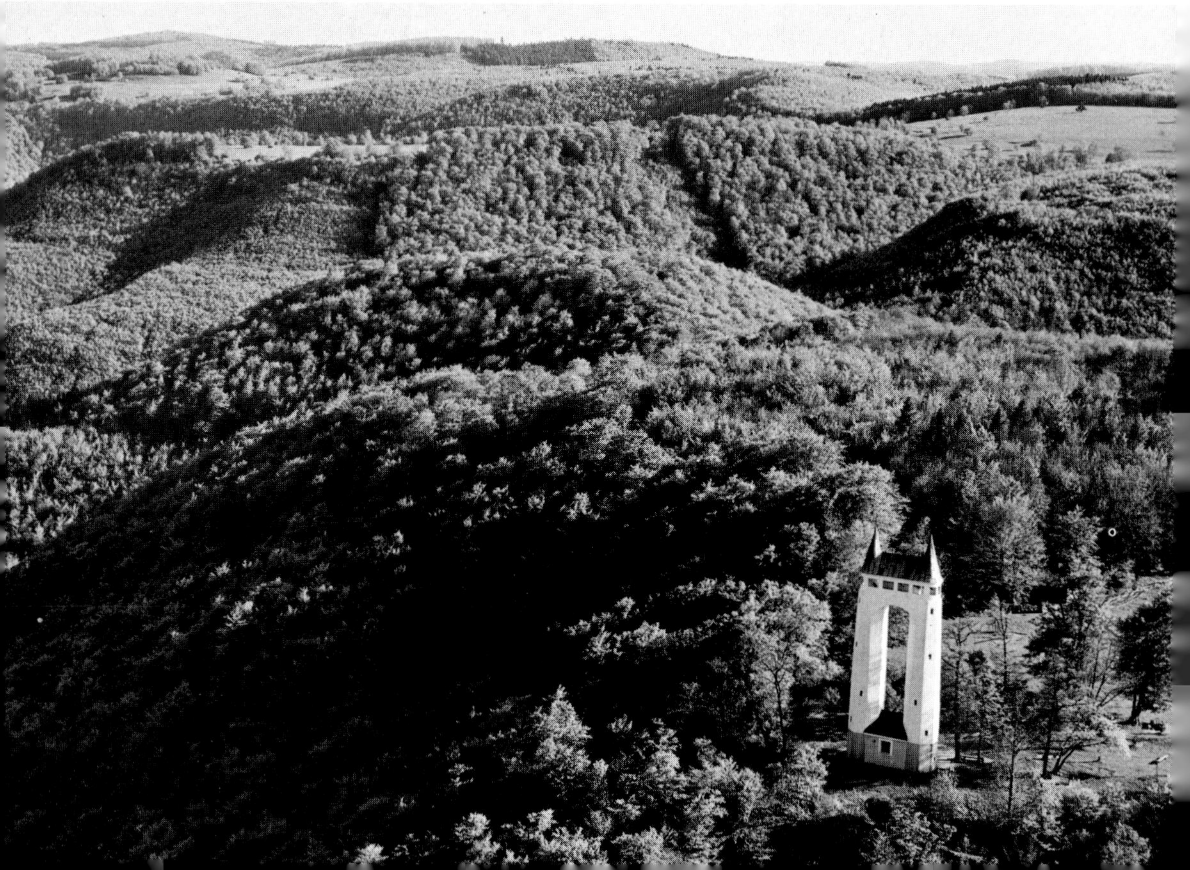

64./65. Stadt Pfullingen.
Unten der Aussichtsturm auf
dem Schönberg, einer der
Hauptanziehungspunkte für
Albwanderer.

66. Die Rathausgruppe in Pfullingen
67. Die ins 13. Jh. zurück-
gehende ehemalige Klosterkirche
St. Clara in Pfullingen

68. Blick über Wannweil auf den Albtrauf

69. Die ev. Johanneskirche in Wannweil geht in einzelnen Bauteilen auf
das Jahr 1100 zurück.

temberg sei seiner Natur und Geschichte nach ein „ackerbautreibender Staat" und müsse demnach auch als solcher erhalten bleiben. Sie schwärmten von den glücklichen Hütten des Landmannes, von fröhlichen Werkstätten fleißiger Handwerker, von dem Segen der im eigenen Haus betriebenen „Familienmanufaktur", die in sittlicher und staatspolitischer Hinsicht der Fabrikarbeit vorzuziehen sei. Sie beschworen das Zerrbild einer moralisch korrupten Fabrikbevölkerung, die, wie das Beispiel Englands beweise, durch die Macht der Umstände verbraucht wird. Die „Einführung des Industrialismus", argumentierten sie, führe zu einem wirtschaftlichen Konkurrenzdenken, welches zwangsläufig den Gemeingeist des Staates zerstöre; eine „Fabrikbevölkerung von Proletariern" sei überdies anfällig für revolutionäre Parolen und Ideologien.

Die Verfechter des industriellen Fortschritts waren sich des Widerspruches zwischen den Notwendigkeiten elementarer Existenzsicherung und den unvermeidlichen Folgen monotoner, entseelender Fabrikarbeit durchaus bewußt. In ihren gesellschafts- und wirtschaftspolitischen Erwägungen suchten sie jedoch der Tatsache Rechnung zu tragen, daß eine Überwindung der Not nicht von handwerklichen und landwirtschaftlichen Kleinbetrieben zu erwarten war, sondern nur durch ein „System der Fabrication im Großen" erreicht werden konnte. „Die härteste Fabrikarbeit", meinte der Reutlinger Friedrich List, „ist immer noch einer Existenz vorzuziehen, wo die Menschen bei ärmlichster Kost, die sich nur denken läßt, an Leib und Seele verkrüppeln."

Die Gründung der mechanischen Flachsspinnerei in Urach im Jahre 1838

Als die verantwortlichen Kräfte in Staat und Gesellschaft mit dieser Einsicht Ernst machten, wurde das gesamte Wirtschafts- und Sozialleben Württembergs von Grund auf umgestaltet. In Urach vollzog sich der Übergang von der Werkstätte des zunftgebundenen Handwerkers zur großbetrieblichen Fabrik in den dreißiger Jahren des 19. Jahrhunderts. Theoretiker und Praktiker von damals bezeichneten mit dem Ausdruck „Fabrik" eine kapital-intensive, auf Massenabsatz ausgerichtete und durch planmäßige Arbeitsteilung bestimmte wirtschaftliche Organisationsform, deren Güterproduktion vornehmlich durch Maschinen und außermenschliche Energiequellen (Dampf, Wasserkraft, Kohle) bewerkstelligt wird.

Im Herbst 1837 forderte die württembergische „Gesellschaft für Beförderung der Gewerbe" eindringlich den Bau einer mechanischen Flachsspinnerei, um der stetig fortschreitenden Expansion der englischen und preußischen Leinenindustrie wirksam entgegenzutreten. In Urach, so meinten die rührigen Gewerbevereinler, sei die Wasserkraft der Erms schon so stark, daß dort mit berechtigter Aussicht auf Erfolg ein solches Fabrikwesen gebaut werden könne. Als sich König und Regierung von Württemberg

bereit erklärten, ,,eine solide Privatunternehmung in der mechanischen Leinenspinnerei mit Staatsmitteln zu unterstützen'', bekundete auch die Züricher Maschinenfabrik
Escher, Wyss & Co. lebhafte Interessen, in Urach ,,sich mit der Gründung einer Mu-
steranstalt für Leinenspinnerei in Württemberg zu befassen''. Württembergs König
ging davon aus, daß dieser ,,Zweig der Gewerbetechnik für die vaterländische Industrie
hohes Interesse'' besitze; der Züricher Firma lag daran, für ihre Erzeugnisse im süddeutschen Raum einen gewinnbringenden Absatzmarkt aufzubauen.

Die Kontakte zwischen Stuttgart und Zürich verdichteten sich im Februar 1838 zu einem förmlichen Vertrag, durch den sich die ,,Herren Escher, Wyss & Co.'' verpflichte-
ten, in Urach einen mustergültigen Betrieb ,,nach neuestem englischen System'' mit
20 Feinspinnmaschinen von je 100 bis 120 Spindeln einzurichten. Die württembergische Regierung gewährte einen Staatskredit in Höhe von 150 000 Gulden bei einer Ver-
zinsung von 2½ Prozent und mit einer Laufzeit von 15 Jahren, der ,,in Form einer
rechtskräftigen Schuldverschreibung mit einer dem 1½fachen Anlehens-Betrag
gleichkommenden Summe sicherer Effekten'' abgedeckt werden mußte.

Der Vertragsabschluß bildete gleichsam die Geburtsstunde der Uracher ,,Maschinen-
flachsspinnerei''. Die Anfänge des ,,Musteretablissements'' berechtigten zu hohen Erwartungen. Im August 1841 konnte Albert Escher dem württembergischen Finanzministerium mitteilen, daß sich das Uracher Werk ,,in einer sehr glücklichen Entwicklung
befindet''. Die Uracher Erzeugnisse würden an Qualität den englischen in nichts nach-
stehen; die Arbeiter – es waren damals insgesamt 225, davon ein Drittel Männer und
zwei Drittel Frauen – würden ,,an Zahl und Heranbildung solche Fortschritte'' machen,
,,daß wir hoffen, das Etablissement im Laufe dieses Jahres in einem durchaus normalen
und blühenden Fortgang zu sehen''.

Der projekterierte Ausbau geriet jedoch bald ins Stocken. Bereits 1853 gab die Stuttgarter ,,Centralstelle für Gewerbe und Handel'' zu erkennen, daß die Uracher Unternehmer ,,durchaus keine Lust zu einer weiteren Ausdehnung des Geschäftes in nächster
Zukunft'' zeigen würden. Eine weitere Vergrößerung des Betriebes sei nur dann zu erhoffen, wenn sich die württembergische Regierung entschließe, die ,,Concurrenz der
Engländer durch bessere Schutzzölle'' niederzuhalten und durch geeignete Maßnahmen für eine Qualitätsverbesserung des württembergischen Flachses Sorge zu tragen.
Es hatte sich nämlich herausgestellt, daß der württembergische Flachs zum maschinellen Verspinnen nicht taugte. Escher, Wyss & Co. mußten deshalb ihren Flachs aus Belgien einführen, was mit hohen Transportkosten verbunden war und ihre Konkurrenz-
fähigkeit zwangsläufig verschlechterte. Die nachteiligen Standortbedingungen trugen
denn auch ihren Teil dazu bei, daß das Unternehmen nicht durch weitere Investitionen
vergrößert wurde. Bis zu Anfang unseres Jahrhunderts blieb die Zahl der Beschäftigten
nahezu konstant. In den Jahrzehnten danach wechselte das Unternehmen mehrfach

seinen Besitzer. In den sechziger Jahren wurden die Fabrikationsräume der ehemaligen Flachsspinnerei von der Firma Lechler aufgekauft und zu einem chemischen Betrieb umgebaut.

Kontinuität und Wandel des Metzinger Gewerbe- und Fabrikwesens

Anläßlich einer industriellen Leistungsschau, welche der ,,Gewerbe- und Handelsverein Metzingen'' im Jahre 1925 veranstaltete, konnte zu Recht gesagt werden: Die ,,hiesige Industrie'' hat ,,eine lange, stets fortschreitende Entwicklung hinter sich und ist seit langem bodenständig''. Das entspricht fraglos den historischen Tatsachen. Den Nährboden für die industrielle Entwicklung Metzingens bildeten ortsansässige gewerbliche und handwerkliche Kleinbetriebe, die sich von alters her mit Tuchfabrikation und Rotgerberei befaßten.

Eine Gewerbestatistik aus dem Jahre 1790 nennt für Metzingen, das angesichts seiner enormen Wirtschafts- und Bevölkerungsentwicklung 1831 zur Stadt erhoben wurde, nicht weniger als 220 Handwerksmeister. Von diesen war die überwiegende Mehrzahl als Leinenweber, Strumpfweber, Zeug- und Tuchmacher tätig. Das Ledergewerbe repräsentierten vier Sattler, zwölf Schuhmacher, fünf Weißgerber und vier Rotgerber. Im Textilgewerbe zeigten sich denn auch die ersten Ansätze einer fabrikmäßigen Produktion bereits im ausgehenden 18. Jahrhundert. Von dem Zeugmachermeister Hildenbrand, dessen Werkstatt am Ermskanal die Keimzelle der 1838 gegründeten und heute noch blühenden Tuchfabrik ,,Gaenslen und Völter'' bildete, berichtet ein Chronist aus dem Jahre 1790: ,,In seinem Haus gehen oft 14 Stühle und er läßt noch außer dem Haus vieles arbeiten; er bezieht die Messen in der Schweiz, vornehmlich St. Gallen und Zurzach und liefert wohl auf eine Messe für 6000 fl (Gulden) Waare.'' Auf einen handwerklichen Kleinbetrieb geht auch die von Johannes Braun 1824 gegründete Tuchfabrik zurück, die heute noch als ,,Johannes Braun KG'' weiterbesteht.

Im Bereich der Lederfabrikation und Lederverarbeitung vollzog sich der Übergang vom Handwerksbetrieb zur Fabrik in der zweiten Hälfte des 19. Jahrhunderts. Die heutige Leder- und Handschuhfabrik ,,A. Gänsslen jun.'' geht auf die Gründung des Adam Peter Gänsslen zurück, eines Nachfahren der aus Nördlingen zu Anfang des 18. Jahrhunderts eingewanderten Weißgerberfamilie Gänsslen. Adam Peter Gänsslen ging nach 1850 zur fabrikmäßigen Lederherstellung über. Seine beiden Söhne Karl und Gustav Gänsslen erweiterten in den neunziger Jahren den Betrieb durch eine Handschuhfabrikation. Der Rotgerbermeister Robert Bräuchle, ein Urenkel des um 1770 von Backnang nach Metzingen übersiedelten Jakob Gottfried Bräuchle, gründete im Jahre 1873 am Mühlkanal eine Rotgerberei, die in der Folgezeit sukzessiv ausgebaut wurde.

Auf einen kleinen Handwerksbetrieb geht gleichfalls die 1860 durch Fr. Henning gegründete Maschinenfabrik zurück (heute: Fr. Henning, Maschinenfabrik und Gesenkschmiede, Metzingen). Den Grund für die heutige „Eisenwarenfabrik Metzingen A. Brekle" legte Albert Brekle, der 1879 zur fabrikmäßigen Fertigung von Fenster-, Tür- und Ladenbeschlägen überging. 1895 entstand die Maschinenfabrik „Hermann Dörflinger KG.", ursprünglich eine Fabrikgründung des Hermann Lamparter. Fritz Müller und Fritz Bauer errichteten 1899 eine Blechemballagenfabrik, die Blechdosen nebst bedruckten Blechpackungen fertigte und immer noch fertigt.

Zwischen 1831 und 1867 gingen acht Fabrikbetriebe aus dem Metzinger Handwerk hervor. Zwischen 1872 und 1899 waren es nicht weniger als 16 industrielle Unternehmungen, die in Metzingen, sei es durch bewußte Neugründung, sei es durch Umstellung handwerklicher Kleinbetriebe auf fabrikmäßige Warenerzeugung, errichtet wurden. Nach einer Berufsstatistik vom Jahre 1895 beschäftigte die Textilindustrie 510 Arbeiter und Arbeiterinnen, die Lederindustrie 200, die Eisenwaren- und Maschinenindustrie 113, die übrigen Industriezweige (Brauereien, Holz-, Kork- und Korbwaren) insgesamt 237.

Die ersten Jahrzehnte nach der Jahrhundertwende brachten der Metzinger Industrie einen steten, vielversprechenden Aufschwung. 1925 wurde anläßlich der Metzinger Industrieausstellung zur Kenntnis gebracht, daß die Stadt gegenwärtig „41 Fabrikbetriebe zählt, die über 3000 Arbeiter und 500 Heimarbeiter täglich zu vielgestaltiger Fabrikation die Hände rühren lassen".

Die industrielle Entwicklung Urachs und des Ermstales in der zweiten Hälfte des 19. Jahrhunderts

Die 1838 gegründete Uracher Flachsspinnerei lag am Ermskanal im Nordwesten der Stadt. Der Kanal lenkte das Wasser auf ein eisernes Wasserrad mit einem Durchmesser von elf Metern. Selbst bei einem niedrigen Wasserstand der Erms konnte noch eine Energie von 64 PS erzeugt werden. Um die Wasserkraft der Erms auch vor Eintritt in das Stadtgebiet zu nutzen, wurde 1854 oberhalb der Stadt von der Reutlinger Firma „G. u. A. Leuze" eine mechanische Baumwollspinnerei und Weberei eingerichtet. 1868 gründeten J. P. Deutsch & Cie. eine mechanische Baumwollweberei, die heute von der Firma Gebr. Groß GmbH weitergeführt wird. Von weitreichender Bedeutung für breite Bevölkerungsschichten von Stadt und Amt Urach war die 1889 gegründete mechanische Kleiderfabrik Kempel u. Leibfried, die Berufskleidung, Blusen und Schürzen herstellte. Die Fabrik ermöglichte die Beschäftigung von zahlreichen Heimarbeitern und Heimarbeiterinnen in den Alborten. 1907 errichtete sie in Hülben ein Zweigwerk.

In der zweiten Hälfte des 19. Jahrhunderts ist auch die Holzwarenindustrie in Urach heimisch geworden. Zwischen 1856 und 1907 entstanden nicht weniger als sieben holzverarbeitende Betriebe, in denen ca. 300 Personen tätig waren. Produziert wurden vor allem Spielwaren, Rodelschlitten, Haushaltsartikel, Küchengeräte (z. B. Servierbretter, Messerkästen, Nudelbretter und Wellhölzer), auch Kleinmöbel. Die Maschinenindustrie hat in Urach erst relativ spät Fuß gefaßt. Gustav Magenwirth gründete 1893 die Uracher Pumpenfabrik um ,,Hydraulische Preßpumpen zum Betrieb von Hydraulischen Obst-, Wein- und Ölpressen" herzustellen.

Symptomatisch für den Industrialisierungsprozeß des Ermstales ist überdies die Tatsache, daß in der zweiten Hälfte des 19. Jahrhunderts auch in den Talorten Fabrikbetriebe entstanden – teils als Filialbetriebe von Metzinger, Reutlinger und Uracher Firmen, teils als eigenständige Gründungen. 1852 errichtete die Metzinger Tuchfabrik Johannes Braun in Neuhausen a. d. Erms eine Wollspinnerei. In Bempflingen, wo sich die Wasserkraft der Erms gleichfalls als Energiequelle anbot, entstand 1856 eine mechanische Baumwollspinnerei und Weberei der Firma ,,Elmer u. Zweifel". Das nämliche Unternehmen errichtete 20 Jahre später in Mittelstadt nahe am linken Neckarufer einen Zweigbetrieb (Baumwollweberei).

In den Jahren 1860/61 baute das ,,Bruderhaus in Reutlingen", eine Stiftung des evangelischen Theologen und Menschenfreundes Gustav Werner (1808–1887), der die sozialen Probleme des neu aufkommenden Fabrikwesens im Geiste christlicher Bruderliebe zu lösen suchte, eine Papierfabrik in Dettingen. Die weitere Gewerbeentwicklung Dettingens ist dann vornehmlich durch drei Zweigwerke geprägt worden, welche die Firma G. M. Eisenlohr aus Reutlingen auf Dettinger Gemarkung errichtete. 1864 baute sie eine Baumwollweberei, 1888 eine Baumwollspinnerei und 1907 eine zweite Weberei. Die drei Betriebe beschäftigten um 1900 ca. 1000 Arbeiter und Arbeiterinnen.

Der industrielle Wandel und seine Folgen

Die Industrialisierung des Ermstales und seiner zentralen Orte Metzingen und Urach machte aus seßhaften, mehr oder weniger selbständigen Handwerkern und Nebenerwerbslandwirten mobile Fabrikarbeiter, die zu Fuß, per Bahn oder Fuhrwerk zwischen ihrer Wohnstätte und ihrem Arbeitsplatz pendelten. Das ,,System der Fabrication im Großen" bot einer verarmten Bevölkerung Nahrung und Erwerb; es begründete für zahlreiche Frauen und Männer, die in den Betrieben des Ermstales täglich bis zu 13 Stunden ,,an eine nicht einen Augenblick rastende, nicht einen Augenblick Erholung oder Unaufmerksamkeit gestattende Maschine gekettet" waren (Robert Mohl), eine Welt auszehrender Mühsal. Verantwortungsbewußte Wegbereiter des technischen

Fortschrittes waren jedoch von dem Willen beseelt, durch die Einführung neuer Betriebs- und Produktionsformen, bestehende Notstände zu überwinden. Sie wollten aus der „irdischen Heimath" des Menschen eine „bessere Welt" machen (so der Pfarrerssohn, Volkserzieher und große Initiator der württembergischen Veredelungsindustrie Ferdinand Steinbeis, 1807–1893).

Kurz nach 1900 konnte mit Recht gesagt werden, daß das Ermstal den „Errungenschaften der Technik zu einem guten Teil die weitgreifende Umwälzung und Besserung seiner Erwerbs- und Wohlstandsverhältnisse" verdanke.

Dem wurde (ein bißchen euphorisch allerdings) hinzugefügt: „Wo früher mühsam der gewöhnliche Webstuhl den Flachs der nahen Alb zu einfachen Tüchern verwoben hat, da laufen, von Dampf oder Wasser getrieben, sinnreich gebaute Spinn- und Webmaschinen und besorgen in wenigen Tagen, was einst die saure Arbeit von Wochen gewesen war. Die nimmermüde Erms treibt Dutzende von Mühlen und Turbinen, unten bei Dettingen in der Papierfabrik sogar ein Riesenrad von 13 m Durchmesser."

Literatur

Moritz Mohl: Über die württembergische Gewerbsindustrie. Stuttgart/Tübingen 1828

Beschreibung des Oberamts Urach. Hg. v. K. Statistischen Landesamt. Zweite Bearbeitung. Stuttgart 1909

Grete Karr: Die Uracher Leinenweberei und die Leinwandhandlungskompagnie. Stuttgart 1930

Heimatbuch des Bezirks Urach. Hg. v. Hans Schwenkel. Urach 1933

Karl Kirchenmaier: Heimatbuch der Stadt Metzingen. Metzingen 1959

Willi A. Boelcke: Wege und Probleme des industriellen Wachstums im Königreich Württemberg. In: Zeitschrift für württembergische Landesgeschichte Bd. 32 (1973) S. 436–520

Klaus Schreiner: Von der Handweberei zur Fabrik. Zur Wirtschafts- und Sozialentwicklung der Stadt Urach in der frühen Neuzeit. In: Beiträge zur Landeskunde 1 (1974) S. 4–9

Friedrich-Franz Wauschkuhn: Die Anfänge der württembergischen Textilindustrie im Rahmen der staatlichen Gewerbepolitik 1806–1848. Hamburg 1974

Die Kulturdenkmale des Kreises Reutlingen

Ein kunstgeschichtlicher Überblick

von Peter Anstett

Der Kreis Reutlingen erscheint im Hinblick auf die Kunst dieses Landes als ein synthetisches Gebilde. Die hohe Kunst des Barocks in Zwiefalten ist im Umkreis der Stadt Reutlingen nicht denkbar, obwohl die Gründung des Klosters im Mittelalter, im Jahre 1089, von der Achalm bei Reutlingen ausgegangen ist. – Die Reformation hat den ursprünglich einheitlichen schöpferischen Strom künstlerischen Tuns in diesem Gebiet getrennt. Aber auch die landschaftlichen Bedingungen spielen eine Rolle, der steile, oft felsige Abfall der Hochfläche zum Reutlinger-Uracher Vorland. Dort sind alle künstlerischen Äußerungen in direkter Weise von der Kunstlandschaft Neckarschwaben geprägt. Auf der Hochalb des Münsinger Gebiets dagegen, wo landwirtschaftliche Erträge gegen steinigen Boden und herbes Klima errungen werden mußten, ist das Bauen stets einfach geblieben. In den evangelischen Gemeinden, die dem Wort und weniger dem Augensinn zuneigen, prägt die Kargheit – es ist nicht die Armut – das Leben wie das Bauen und die künstlerische Äußerung.

Jenseits der Konfessionsgrenze, die von Trochtelfingen über Großengstingen, Oberstetten, Eglingen, Bichishausen nach Bremelau verläuft – Erpfingen, Kleinengstingen, Meidelstetten, Bernloch, Ödenwaldstetten, Dapfen, Hundersingen und Mehrstetten wurden im 16. Jahrhundert protestantisch – wird die Klosterkunst des „Oberlands" spürbar. Diese ist, wie Zwiefalten innerhalb der heutigen Grenzen des Landkreises und außerhalb Heiligkreuztal, Buchau, Obermarchtal, Heggbach, Ochsenhausen, Schussenried, Weingarten und Wiblingen beweisen, weltlich gesehen eine vorderösterreichische Repräsentationskunst, geistlich Schauplatz einer Selbstdarstellung „der" Kirche und künstlerisch die Darstellung einer triumphalen Festlichkeit, die vom Geist her, von oben nach unten die Welt in mitreißende Schwingung versetzt. Doch diese Kunst ist im Landkreis, sieht man auf die Art des Ganzen, eine Randerscheinung. Klosterkunst bleibt auf Zwiefalten und Umgebung beschränkt. Die Zahl der Klöster im Kreis war im übrigen gering. Zwiefalten hatte jedoch seine Besitzungen und Höfe in Reutlingen, Pfullingen und Metzingen.

Die Zentren

Pfullingen war der Hauptort des im 10. Jahrhundert erwähnten Pfullichgaus, der das Echaztal und dessen Randgebiete umfaßte. Archäologische Befunde, nicht schriftliche Urkunden, die nur bis ins 10. Jahrhundert zurückführen, lassen schließen, daß der Ort zu den ältesten des Kreises zählt. Schon im 7. Jahrhundert scheint an der Stelle der Martinskirche ein erster Kirchenbau gestanden zu haben. – Von so weit zurückreichender Geschichte ist am Ort nicht viel spürbar: Die heutige Kirche stammt aus dem Spätmittelalter, und das Schloß wurde 1563 erbaut. Pfullingen geriet in den Schatten von Reutlingen.

Münsingen war der Hauptort der Munigiseshuntare, die sich von Seeburg bis Gundelfingen erstreckte. 804 wird eine Basilika St. Martin urkundlich erwähnt. Später hat die Stadt als Grenzort der Grafschaft Württemberg wieder eine gewisse Bedeutung erlangt, aber die sichtbaren Zeugnisse dieser Vergangenheit sind gering: Die Stadtbefestigung ist bis auf geringste Reste geschleift, die Kirche ist ein Neubau des Spätmittelalters, das Schloß ein durch Größe hervorragender, aber doch bescheidener Steinbau mit kleinen Fenstern.

Urach, das im 11. Jahrhundert an der Stelle einer alamannischen Siedlung gegründet worden ist, ist eine hoch- und spätmittelalterliche „Residenzstadt", zuerst der Grafen von Urach-Achalm, dann von 1442 bis 1482 der Württemberger Grafen Ludwig und Eberhard im Bart, bis im Münsinger Vertrag die Landesteile wieder vereinigt und Stuttgart als gemeinsame Hauptstadt bestimmt wurde. – In Urach sind beachtliche Zeugnisse des mit einer Residenz zusammenhängenden Kunstbetriebs erhalten geblieben.

Reutlingen, einst Reichsstadt, Gründung Kaiser Friedrichs II. in der 1. Hälfte des 13. Jahrhunderts, ist heute eine geschäftige Stadt, in deren Stadtkern trotz einer Brandzerstörung von 1726 die Dimension der Geschichte fühlbar ist. Hier stehen noch Bauten aus der Zeit der Stadtgründung und zwar nicht als vereinzelte Reliquien, sondern in städtebaulichen Zusammenhängen, die Kontinuität vergegenwärtigen.

Im Kloster Zwiefalten haben Kunst und Geist mehrfach überragende Bedeutung erlangt. Dort sind zwei der ältesten Zeugnisse christlicher Kunst im Landkreis erhalten geblieben: Das 36 cm hohe, mit 57 Edelsteinen verzierte Tafelreliquiar der 2. Hälfte des 11. Jahrhunderts mit vielleicht aus dem byzantinischen Kunstkreis stammenden Goldblechen und das 52 cm hohe goldene, mit 24 Kristallen besetzte Vortragekreuz aus der Zeit um 1100/20 mit einem später zugefügten silbernen Corpus Christi, beide mit Holzsplittern vom Kreuzesstamm Christi. Im Kloster wurden in dieser Zeit bedeutende Handschriften hergestellt, die sich nicht mehr am Ort befinden. Zwiefalten ist für uns heute ein Beispiel großer Kunst der Barockzeit.

Hervorragende Werke der Baukunst

Die alte, romanische Kirche der Benediktinerabtei in Zwiefalten ist 1739/40 abgebrochen worden. Dieser Bau der Zeit um 1100 dürfte in seiner architekturgeschichtlichen Bedeutung etwa den Rang der Klosterkirche in Alpirsbach eingenommen haben, aber es ist oberirdisch nichts mehr erhalten. – Romanische Bauten sind insgesamt selten. Es sind nur noch Bauteile, keine vollständigen Bauten erhalten. Hier sind folgende Orte anzuführen: Altenburg (Westteil der Kirche, 11. Jahrhundert), Wannweil (Westfassade der Kirche und Turmkapelle, um 1100), Bronnweiler (Schiff der Kirche, 12. Jahrhundert), Apfelstetten und Gruorn (Saalkirchen des 12. Jahrhunderts), ferner die Chorturmkirchen in Hausen an der Lauchert, Grabenstetten, Undingen, Unterhausen, Willmandingen und Würtingen und Turmpartien in Reutlingen-Betzingen, Genkingen und Großengstingen.

Aus der Zeit der Gotik, vom 13. bis zum Anfang des 16. Jahrhunderts sind vollständige Bauten erhalten. Hier sind vor allem die Marienkirche, dann die Nikolaikirche und die Königsbronner Hofkapelle in Reutlingen, die Martinskirchen in Metzingen und Münsingen, ferner Oberstetten, Offenhausen, Pliezhausen, Upfingen und die Stiftskirche in Urach zu nennen sowie die spätgotischen Chöre in Bronnweiler, Pfullingen, Gönningen, Holzelfingen, Urach (Spitalkirche) und Wannweil.

Von überregionaler architekturgeschichtlicher Bedeutung sind dabei zwei Bauten: die Marienkirche in Reutlingen und die Amanduskirche in Urach. Beide Kirchen sind dreischiffige Basiliken, Reutlingen der 2. Hälfte des 13., Urach der 2. Hälfte des 15. Jahrhunderts. – Mit dem senkrecht mit Maßwerk und Stabwerk verblendeten Ostgiebel über dem Chor gehört die Marienkirche in eine von der großen Bischofskirche in Straßburg abhängigen Gruppe gotischer Kirchen (St. Martin in Colmar, St. Georg in Schlettstadt, Rufach, Oppenheim, Konstanz, Salem, Schwäbisch Gmünd, Regensburg, Köln, Fassadenriß F für den Dom, und Magdeburg). Mit dem Langhaus, das etwa um 1280 bis 1310 erbaut worden ist, steht die Reutlinger Marienkirche in einer Gruppe von elsässischen und süddeutschen Bauten, die gegenüber der Bischofskirche in Straßburg, die ja der Umschlagplatz der Gotik französischer Herkunft ist, einen eigenen Stil gefunden haben.

Allen diesen Bauten ist die leere, flächig wirkende Wandzone zwischen den Arkaden und dem Obergaden im Mittelschiff des Langhauses anstelle der Triforiumsgalerie gemeinsam (Freiburg i. Br., Lahr, Colmar, St. Georg in Schlettstadt, St. Peter und Paul in Neuweiler, Maursmünster, Weißenburg, Niederhaslach i. E., Wimpfen im Tal u. a.). Im Langhaus-Aufriß der Marienkirche in Reutlingen ist die Anlage von Wimpfen fortgeführt. Das Gesims, die einzige Horizontalteilung, sitzt in Reutlingen allerdings nicht am Ansatz des Obergadens, sondern direkt oberhalb der Arkadenscheitel, dort also, wo das Triforium der französischen Kathedralen in der Regel ansetzt. Reutlingen ist eines der wichtigsten Beispiele für die mehr zur Bejahung der geschlossenen Wand neigende deutsche Gotik, die noch in der Amanduskirche in Urach von Peter von Koblenz fast zwei Jahrhunderte später wirksam erscheint. – In der Art, wie der Reutlinger Westturm aus dem Schiff herausentwickelt wird, ist abermals Straßburg vorbildlich und zwar nun weniger das Münster als die etwa 1260 vollendete Stiftskirche St. Thomas. Der Reutlinger Westbau ist seinerseits wieder vorbildlich für die Turmanlagen in Esslingen a. N. (Frauenkirche), Ulm, Bern, Rottweil, Biberach a. d. Riß, Tübingen, Rottenburg, Rosenfeld und Dornstetten. In diesem Sinn hat Reutlingen in der Geschichte des Kirchenbaus der Gotik eine nicht unwesentliche Rolle.

Die Bedeutung der Marienkirche erscheint verstellt durch eine gewisse Sprödigkeit, mit der die Zeit der Jahrhundertwende starke, wenn auch folgerichtig und befundtreu rekonstruierte Erneuerungen vorgenommen hat. Um so unmittelbarer wirkt die Originalität der Klosterkirche in Zwiefalten. Nur der Fußboden, das Gestühl und die Orgel auf der Westempore sind nicht ursprünglich erhalten. Die den Raum bestimmende barocke Farbgebung ist ohne wesentliche Übermalungen, also unverfälscht und ungebrochen auf uns gekommen.

Die Kirche des Benediktinerklosters in Zwiefalten ist das reife Werk eines aus München kommenden Baumeisters: Johann Michael Fischer (1692–1766), der in Böhmen seine Ausbildung empfangen hat und vor Zwiefalten weitere bedeutende Klosterkirchen in Bayern zu bauen hatte (Osterhofen, Diessen, Berg am Laim) und nach Zwiefalten die Räume in Ottobeuren, Rott am Inn und Altomünster verwirklichen konnte. – Mit ihm waren bedeutende Meister bei der Ausstattung des Raumes, der höchsten Aufwand empfing, tätig: Johann Michael Feuchtmayer aus Wessobrunn-Augsburg als Stukkateur, der Bildhauer Joseph Christian aus dem nahen Riedlingen und die Freskanten Franz Joseph Spiegler aus Wangen, Meinrad von Ow und Franz Sigrist.

Zwiefalten ist stark traditionsgebunden und höchst fortschrittlich zugleich. Im Raum selbst kehrt eine gewisse, von der Geschichte der Barockbaukunst her gesehen, Wieder-Beruhigung ein. Alle Bewegung wird in die beschwingte Ausstattung des Raumes, der Decken und der Wände verlegt, der somit zum Thronsaal Gottes gesteigert erscheint.

Die Marienkirche in Reutlingen und die Benediktinerkirche in Zwiefalten sind Höhepunkte der Baukunst Oberdeutschlands, je nach Einstellung und Sicht nicht für jeden sogleich zugänglich und verständlich, aber je für sich eindrucksvoll in der Dichte ihrer grundverschiedenen, ein halbes Jahrtausend auseinanderliegenden Kunst.

Reutlingen und Zwiefalten hatten selbstverständlich im nächsten Umgebungsbereich je ihre Nachfolge und ihre Wirkung. Sie wirken aber weit über den Kreis hinaus, sie sind Bestandteile der Architekturgeschichte Europas.

Die Burgen und Wehrbauten

Neben den Leistungen der Gotik in Reutlingen und Urach und neben der Leistung der Barockkunst in Zwiefalten bilden die Höhenburgen der Schwäbischen Alb, auch in dem künstlichen Ausschnitt innerhalb der heutigen Grenzen des Kreises Reutlingen, ein eigenes beachtliches Thema. Hier haben sich die Spuren und Reste historischer Stätten in einer Landschaft erhalten, die noch nicht zum Produktionsgelände umfunktioniert, Naturparkcharakter aufweist. Sie sind markante Denkmale einer unmittelbar zum Besucher sprechenden Landesgeschichte. Vieles ist allerdings überwachsen, überbaut oder verschüttet. Hier seien nur die Burgen angeführt, die wenigstens als Ruinen noch in Teilen oberirdisch sichtbar sind. Aus der Romanik und Gotik blieben Mauerreste der Burg auf der Achalm erhalten. Aus der Hochzeit des Höhenburgenbaus, der Stauferzeit, stammen zumindest Teile der Burgen über dem großen Lautertal. Ein Überblick ergibt sich aus folgender Aufzählung:

Achalm Früheste Nennung um 1090.
Hohenurach Früheste Nennung im 12. Jahrhundert, Palas des 14. Jahrhunderts, Ausbau zur Festung 1534. Umfangreiche Reste.
Hohenwittlingen über dem Seeburger Tal. Früheste Nennung um 1100. Mit 20 m langer Schildmauer.
Baldeck bei Wittlingen, 1256 genannt.
Blankenstein bei Dapfen, über dem Lautertal. 1182 erstmals erwähnt. Staufischer Turmstumpf erhalten.
Buttenhausen über dem Lautertal. Von der spätmittelalterlichen Burg sind Teile der Ringmauer als Umfassungsmauer des Friedhofs erhalten.
Hohenhundersingen über dem Lautertal. Eine erste Burg wurde wahrscheinlich im 11. Jahrhundert errichtet. Der erhaltene Bergfried auf sturmfreiem Fels nach den Buckelquadern aus der Stauferzeit.
Bichishausen über dem Lautertal. Nach den Urkunden Ursprung im 13. Jahrhundert, nach Ausweis eines neuerdings aufgedeckten Buckelquader-Bergfrieds 12. Jahrhundert. Hohe Schildmauer des 13. Jahrhunderts.
Niedergundelfingen im Lautertal auf einem Umlaufberg gelegen, wahrscheinlich frühmittelalterlichen Ursprungs. Heutige Reste im wesentlichen Mitte 13. Jahrhundert. Die Burg wird von einer ca. 10 m hohen, rechteckigen Mauer umgeben.
Hohengundelfingen über dem Lautertal, nach Art der Buckelquader staufischer Bergfried, um 1200.
Derneck über dem Lautertal, bei Münzdorf, eine wohl Mitte des 14. Jahrhunderts erbaute Schildmauerburg mit hohler Schildmauer und angebautem Halbrundturm.

Schülzburg bei Anhausen, 14. Jahrhundert. Dreigeschossiger Wohnbau des 16. Jahrhunderts, wohlerhalten bis zum Brand von 1884.

Maisenburg bei Indelhausen, mit mächtigem Steinhaus und starker, staufischer Schildmauer in Buckelquadermauerwerk.

Altehrenfels Burgruine des 13. Jahrhunderts über dem Glastal, mit rundem Bergfried.

Hohenerpfingen Von dem Wohnturm ist der sechsseitige Turmstumpf erhalten. Bruchsteinmauerwerk.

Lichtenstein über dem Echaztal: Die alte Burg, 1190 erstmals genannt, als Burgstelle erkennbar. Das heutige Schloß anstelle einer 1389 genannten Burg 1840/41 erbaut.

Greifenstein auf dem Burgstein bei Unterhausen, eine Burg des 13./14. Jahrhunderts.

Hohenstein bei Oberstetten. Die Burg auf felsiger Kuppe vor 1100 erbaut. Beachtlicher Bergfried ca. 8 x 7 m und Umfassungsmauern erhalten.

Umfangreiche Wehrbauten haben sich auch in den Städten erhalten: die Stadttore und Stadtmauern von Reutlingen, Urach, Hayingen, die Klostermauern von Zwiefalten und die eindrucksvollen Wehrmauern der Kirchhöfe in Unterhausen und Zainingen wären hier zu nennen. Noch mancher Kirchhof zeigt eine Ummauerung, die auf alte Wehranlagen zurückgeht. Doch oft ist die ursprüngliche Anlage nur noch zu ahnen.

Hervorragende Werke der Plastik

Auf Schloß Lichtenstein über Honau wird ein Holzkruzifix bewahrt, der zu den ältesten großen Bildwerken des Landes gehört. Er stammt aus ottonischer Zeit. Der in Lindenholz geschnitzte 90 cm hohe Corpus Christi hängt am originalen Kreuz. Die Folgen des Wurmfraßes, die das Werk besonders an den Händen, aber auch am Kopf fragmentierten, unterstreichen die archaische Wirkung dieses fast ein Jahrtausend alten Werks. – Christus ist nicht als Leichnam am Kreuz dargestellt, wie bei späteren Kreuzigungsdarstellungen, sondern im Moment des Todeskampfes. Er steht auf der Konsole, aber die Kraft verläßt ihn, die Arme strecken sich unter der Last des kraftlosen Körpers. Dieses hervorragende Werk aus der Frühzeit der deutschen Kunst verdient besondere Beachtung.

Die Spätgotik hat in Reutlingen mit dem Heiligen Grab und dem großartigen Taufstein von 1499 in der Marienkirche hervorragende Meisterwerke der bildnerischen und dekorativen Steinmetzkunst hinterlassen. In diese Zeit gehört auch die um 1500 entstandene Sandsteinkanzel in der Amanduskirche in Urach. Von besonderer geschichtlicher und kunstgeschichtlicher Bedeutung sind die Rittergrabsteine der Renaissancezeit im dortigen Chor.

Ein weiterer Höhepunkt bildnerischer Schöpfungen sind die Werke des Riedlinger Bildhauers Joseph Christian (1707–1777), der zusammen mit dem Bildhauer Johann Georg Weckenmann aus Haigerloch und dem Stukkateur Johann Michael Feuchtmayer in Zwiefalten eine Werkstatt gebildet hat. Die überlebensgroßen Figuren an den Altären im Chorhaupt und in den beiden Querarmen und die bildnerische Ausstattung der Kanzel und ihres Gegenstücks, der Ezechielkonsole zeigen das zum ekstatisch-visionären Gesteigerte dieser realistischen Kunst der Mitte des 18. Jahrhunderts. Wie Ezechiel als Beobachter der Wiederverkörperung der Toten durch die göttlichen Engel vor dem Kanzelkorb am letzten Pfeiler an der Südseite des Schiffs dargestellt ist, ist die Vergegenwärtigung einer wilden inneren Erregung, die von übernatürlichen Mächten hervorgerufen wird, während der Hereinbruch der göttlichen Mächte mit explosiver Dynamik die gewohnte Abfolge der Architektur aufbricht, um das Übernatürliche im Natürlichen gerinnen zu lassen.

Alle Figuren, nicht nur Ezechiel, erscheinen in natürlicher Umgebung, die im Rocaillegespritze des Stucks verfließt und in tropfsteinartigen Formen gerinnt in einer porzellanhaften Überwirklichkeit, die für das 18. Jahrhundert bezeichnend ist.

Das Höchste an künstlerischer Qualität erzielte Joseph Christian mit seinen zwanzig vergoldeten Lindenholzreliefs, die die Dorsale des 1744 bis 1748 zusammen mit Feuchtmayer und Spiegler geschaffenen Chorgestühls schmücken. Dort nehmen die Reliefdarstellungen der beiden Stifter des Zwiefalter Klosters: die Grafen Kuno und Liutold von Achalm einen Ehrenplatz im Chor der Mönche ein.

Wand- und Deckenmalereien

Im Landkreis Reutlingen haben sich eine Fülle von Wandmalereien der mittelalterlichen und nachmittelalterlichen Zeit in den Kirchen erhalten. Fast alle waren in einer Zeit überputzt oder überstrichen worden, in der man zu den frühen, archaisch wirkenden Bilderfriesen, zu der Erzählform dieser Malereien das Verhältnis verloren hatte. Sie wurden bei Instandsetzungen aufgedeckt und konserviert. Bei jeder Restaurierung eines Kirchenraumes kann mit neuen Entdeckungen gerechnet werden, schon deshalb, weil die heutigen Untersuchungsmethoden subtiler geworden sind und im Einklang damit das Interesse an der Bildwelt des Mittelalters gewachsen ist.

Eine Bearbeitung der Malereien im Hinblick auf eine Zuweisung an die verschiedenen, in dieser Landschaft tätigen Meister steht noch aus. Selbst wenn die Meister, wie allgemein in der Zeit des Mittelalters fast immer namenlos bleiben mußten, so wäre es doch ein Gewinn, wenn man sie anhand ihrer Werke in ihrer künstlerischen Wirksamkeit erfassen würde. Eine solche Untersuchung kann sich selbstverständlich nicht an den heutigen Kreisgrenzen orientieren, da, soviel ist schon heute deutlich, ein enger künstlerischer Zusammenhang zu den Wandmalereien im neckarschwäbischen Raum und im Nordschwarzwald besteht.

Ein Überblick über die im Kreis Reutlingen erhaltenen Beispiele beachtenswerter Wandmalerei ergibt sich aus der chronologischen Zusammenstellung:

Bronnweiler Pfarrkirche, Mitte des 12. Jahrhunderts und drei spätere, gotische Schichten.

Willmandingen Galluskirche, um 1220/30.

Seeburg Pfarrkirche, Apsismalerei der Mitte des 13. Jahrhunderts; an den Wänden Malereien des 14. Jahrhunderts.

Pfullingen Clarakirche, Architekturmalerei um 1280.

Reutlingen-Sondelfingen alte Pfarrkirche, in einer Probe freigelegte bedeutende Wandmalerei, um 1300.

Trochtelfingen Hermannskapelle, um 1300. Martinskirche, Chorgewölbemalerei nach 1322. Hünensteinkapelle, Anfang 14. Jahrhundert. Erhardkapelle auf dem Friedhof, Malerei von Meister Heinrich Gretzinger, um 1430.

Reutlingen Marienkirche, Wandmalerei im Westbau und in der Sakristei, 1. Hälfte des 14. Jahrhunderts.

Apfelstetten Barbarakirche, an der Südwand des Schiffs, 1. Hälfte des 14. Jahrhunderts.

Münsingen Heimatmuseum, abgenommene Wandmalereien aus Münzdorf, 2. Viertel des 14. Jahrhunderts. Abgenommene Wandmalerei aus Gruorn, 2. Viertel des 14. Jahrhunderts.

Ödenwaldstetten Kirche, um 1350.

Ehestetten Pfarrkirche, Ende des 14. Jahrhunderts.

Riederich Kirche, Ende des 14. Jahrhunderts.

Unterhausen Kirche, Wandmalerei im Chor, um 1430.

Grabenstetten Peter-und-Pauls-Kirche, Passionszyklen an der Nordwand des Schiffs, Jüngstes Gericht und Himmelfahrt Mariens an der Südwand, 1. Hälfte des 15. Jahrhunderts. Architekturmalerei um 1580.

Upfingen Kirche, um 1450.

Urach Schloß, Ahnenprobe im Palmensaal, 1474.

Trochtelfingen Martinskirche, Weltgericht an der Nordwand des Langhauses, um 1480.

Zainingen Kirche, Christophorus, 1496.

Wannweil Kirche, Malereien im Chor, um 1600.

Pliezhausen Kirche, um 1600.

Gruorn ehem. Dorf-, heutige Feldkirche, Wandmalereien im Chor, 17. Jahrhundert.

Grafeneck Schloß, Reste einer Wandmalerei von 1622.

Zwiefalten Kloster-Coemiterium, um 1780.

Im Bereich des Klosters Zwiefalten haben sich interessante, ja zum Teil sehr bedeutende Deckenmalereien erhalten. Die bemalte Holzdecke in der Stephanuskapelle in Baach ist Volkskunst im besten Sinn. Die szenisch bemalten Decken in Gossenzugen, von Joseph Spiegler 1749, Wilsingen 1753, Mörsingen 1765, Upflamör von Bernhard Neher 1767 und Tigerfeld 1770 stehen mit der großen Kunst in Zwiefalten in deutlicher Verbindung.

Zwiefalten ist der Höhepunkt. Die Deckenmalereien im Langhaus in der Kuppel und im Chor der Mönche wurden von Joseph Spiegler 1747 bis 1751 geschaffen. Die Malereien in der Vorhalle stammen von Franz Sigrist 1760, jene in den das Langhaus begleitenden Kapellen- und Emporendecken sind von Meinrad von Ow. – Es ist eine Aufweitung des Raums mit räumlichen Mitteln der Darstellung und mit einer von Gestalten erfüllten Perspektive des Lichts und der Farben. Der Mensch wird dieses sich in kreisenden, hochschraubenden Bewegungen dartuenden Ausblicks nur von unten teilhaftig in einer quasi irdischen, realistischen Versinnlichung des Überirdischen. Dadurch aber, daß die festen Formen von Körpern und Architekturen vom Bildrand her in perspektivischer Untersicht erscheint, dadurch, daß der Fluchtpunkt der Darstellungen in der Ferne einer hellen Lichterscheinung liegt, bleibt die Stimmung des Wunders und des Visionären. – Aus den Einbrüchen hoher Mächte entsteht die Bewegung, die auch die Statik der Architektur ergreift, die die Formen zum Schwingen, den Stuck an den Wänden zum Schäumen bringt. In der Malerei der Kuppel und Decken gipfelt die Raumdekoration des großartigen Gesamtkunstwerks Zwiefalten.

Weiterführendes Schrifttum

Dehio, Georg: Handbuch der Deutschen Kunstdenkmäler. Baden-Württemberg. Bearbeitet von Friedrich Piel. München 1964

Fiechter, Ernst und Julius Baum: Die Kunst- und Altertumsdenkmale in Württemberg. Inventar Donaukreis, Oberamt Münsingen. Esslingen 1926

Müller, Max (Hrsg.): Handbuch der historischen Stätten Deutschlands. Bd. 6 Baden-Württemberg. Stuttgart 1965

Paulus, Eduard: Die Kunst- und Altertums-Denkmale im Königreich Württemberg. Inventar Schwarzwaldkreis. Stuttgart 1897

Pfefferkorn, Wilfried: Schwäbische Alb, Burgen unseres Landes. Skripta-Reihe. Stuttgart 1972

Topographie der historischen und kunsthistorischen Sehenswürdigkeiten

von Peter Anstett

Vorbemerkung Unvollständigkeiten, die Kenner bemerken werden, beruhen auf bewußtem Verzicht auf Nennung. Der Verfasser, der die Kulturdenkmale des Kreises lange Zeit als Denkmalpfleger zu betreuen hatte, legt Wert auf die Feststellung, daß aus Platzgründen nicht alle Kulturdenkmale von besonderer Bedeutung aufgeführt werden konnten. Die nachfolgende Topographie beschränkt sich außerdem in der Regel auf ortsfestes Kunst- und Kulturgut. Bewegliche Kunstgegenstände von Bedeutung können häufig wegen Diebstahlgefahr nicht aufgeführt werden. In vielen Fällen befinden sich diese deshalb auch nicht mehr am ursprünglichen Ort. Der Wissenschaftler und der Kunstfreund wird dies wie der Verfasser bedauern. Er wird sich beim vorhandenen älteren Schrifttum weiter orientieren.

ACHALM Stadt Reutlingen   Der frei vor dem Albtrauf aufragende Bergkegel, der Hausberg der Stadt Reutlingen, war offensichtlich schon in der frühen Hallstattzeit um 1000 vor Chr. besiedelt. Die Burg auf dem Gipfel, von der noch beachtliche Reste oberirdisch sichtbar sind, taucht in den Urkunden erstmals 1090 auf. Sie war Sitz eines alten Hochadelsgeschlechts, dessen Angehörige Liutold und Kuno 1089 das Benediktinerkloster Zwiefalten gründeten. Die Burg wurde unter Graf Egino um 1030, also in salischer Zeit, begonnen und unter dessen Bruder Rudolf vollendet. Nach dem Aussterben des Geschlechts 1098 fielen Berg und Burg an die Welfen, kamen danach durch Heirat in den Besitz der Zähringer, dann der Gammertingen, der Neuffen, der Hohenberg, der Württemberg. Sie wurde 1366 an Herzog Albrecht von Österreich verpfändet, um schließlich seit 1376 bei Württemberg zu bleiben und 1442 an den Uracher Landesteil zu kommen. – Die Achalm war noch im 14. Jh. eine der bedeutendsten Reichsburgen. Schleifung 1646, 1650 und 1658. Auf den Grundmauern des alten Bergfrieds erbaute König Wilhelm von Württemberg 1838 einen Aussichtsturm, der 1932 erhöht wurde. – Von der alten romanischen Burg sind das äußere Tor, der Torzwinger und das Haupttor gut zu erkennen. Die übrige Anlage dagegen ist nur noch an schwachen Spuren ablesbar. Die hervorragende Aussicht läßt Rückerinnerungen an die einzigartige strategische Situation zu.

AICHELAU Gde. Pfronstetten   Die *Pfarrkiche St. Laurentius* liegt im ummauerten Friedhof am Nordende des Dorfes. Einfaches Schiff mit barocker Ausstattung. Die stuckierte Emporenbrüstung mit einem hervorragenden Mittelstück, Hermen und Putten vorzüglicher Qualität der Mitte des 18. Jh. Die Deckenmalerei von G. Bauer, Upflamör 1913.

AICHSTETTEN Gde. Pfronstetten   In der 1971 am Ortsrand erbauten *Kirche* befinden sich ein vorzüglicher Stuckmarmoraltar der großen Zwiefalter Kunst des 18. Jh., versetzt aus der alten,

70. Goldenes Vortragekreuz aus dem Münsterschatz in Zwiefalten, um 1100/20 entstanden

71. Kreuztafel aus dem Zwiefalter
Münsterschatz, ein hervorragendes
Werk Zwiefalter Goldschmiedekunst,
2. Hälfte 11. Jh.

72. Heiliges Grab in der Reutlinger
Marienkirche (Anfang 16. Jh.)

73. Spätromanische Wand-
malereien in der Galluskirche
in Willmandingen (Gemeinde
Sonnenbühl)

74. Wandmalereien des
14. Jh. aus der Kirche in
Gruorn, heute Heimat-
museum Münsingen

75. Wandmalereien des
14. Jh. in der Reutlinger
Marienkirche

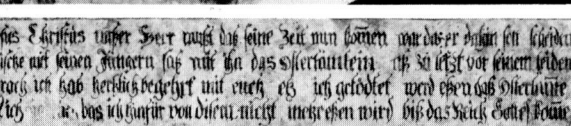

76. (oben links) Spätgotische Malereien an der Südwand der Peter-und-Pauls-Kirche in Grabenstetten

77./78. (oben rechts und unten links) Wandmalereien im Chor der Johanneskirche in Wannweil (um 1600)

79. (unten rechts) Wandmalereien des 14. Jh. in der Barbarakirche in Apfelstetten (Stadt Münsingen)

noch stehenden Dorfkapelle, mit einer Marienfigur des ausgehenden 15. Jh., ferner die ebenfalls spätgotische Figur eines gemarterten Sebastian.

ALTENBURG Stadt Reutlingen   Die bereits im 11. Jh. genannte *Nikolauskapelle* am Nordhang des Orts hoch über dem Wiesenhang zum Neckar enthält noch sichtbare romanische Bauteile. 1654 wurde die Kapelle barockisiert. Ostseitige Verlängerung des Bauwerks nach Kriegsschäden 1950/51. Aus dieser Zeit auch die innere Ausstattung. Glasmalerei von V. Saile, Stuttgart 1951. – Südöstlich der Kirche die 1607 erbaute *Zehntscheuer* des Klosters Zwiefalten. – Östlich der Kirche die Ringmauer einer abgegangenen *Burganlage* der Grafen von Achalm, wahrscheinlich hervorgegangen aus einem fränkischen Castrum.

ANHAUSEN Stadt Hayingen   Wegen ihres für die Alb typischen Charakters wertvoll die stark vernachlässigte *Ursulakapelle* mit dreiseitigem Ostabschluß und sechsseitigem Glockentürmchen auf dem Westgiebel. Barocker Säulenaltar. Das Äußere ursprünglich mit einer farblich prächtigen Fassung. – Hinter der Kapelle die *Zehntscheuer* des Klosters Salem mit Wappen von 1789. – Die *Schülzburg* des 14. Jh. auf steil abfallendem Felsen über der Lauter mit einem Wohnbau des 16. Jh., der als „neues Schloß" bergwärts vor die alte Schildmauer gesetzt worden ist. Seit dem Brand 1884 im Verfall. Die Christus-Johannes-Gruppe des 14. Jh. aus der Schülzburg heute im Kaiser-Friedrich-Museum Berlin. – Talwärts das *Speth'sche Amtshaus*, ein Walmdachhaus von 1763.

APFELSTETTEN Stadt Münsingen   Die *Barbarakirche*, ein bescheidener Bau des ausgehenden 17. Jh., zeigt seit der Instandsetzung 1969/71 in der Südmauer zwei rundbogige Fenster einer vorausgehenden romanischen Kirche, die im heutigen Bau aufgegangen ist, sowie bedeutende Wandmalereien des 14. Jh. Dargestellt ist von links oben nach rechts unten : Christus am Ölberg (fragmentiert), Gefangennahme Jesu, Christus vor Pilatus, Geißelung Christi (fragmentiert), Dornenkrönung, Kreuztragung, Kreuzaufrichtung, die Kreuzigung Christi, die Grablegung, die Höllenfahrt und die Auferstehung. Die künstlerische Qualität der Malereien überraschend. Kanzel mit bäuerlicher Bemalung 17. Jh. Bemalte Emporenbrüstung 1690, stark, aber sinngemäß erneuert. Chorgestühl aus der Zeit um 1690. Die Kassettendecke eine Rekonstruktion von 1969 nach aufgefundenen Resten anstelle der vorausgehenden Gipsdecke. Orgel 1790.

AUINGEN Stadt Münsingen   Die um 1600 erbaute *Kirche* mit dreiseitigem Ostabschluß und Turm an der Nordseite. Ein kleines romanisches Fenster in der Nordwand beweist die Wiederverwendung von Teilen eines vorausgehenden Baus. Saalartiger Innenraum mit getäfelter Decke, Orgel mit einem Rokokogehäuse, um 1810. Taufstein von 1630. – *Rathaus* 1777.

BAACH Gde. Zwiefalten   Die 1688 erbaute *Kapelle St. Stephanus* in freier Lage über dem Dorf. Kleiner Rechteckbau mit Rechteckchor. Über dem Westgiebel Glockentürmchen mit Zwiebeldach. Bemalte Holzdecke mit 49 Bild- und 14 Spruchfeldern. Die Darstellungen zeigen die Trinität, den Stammbaum Christi und seine Leidensgeschichte, Engel und Szenen des Marienlebens sowie Heiligenbilder und die Martyrien von Barbara, Ernestus, Agatha und Laurentius. – Hochaltar 1696 geweiht. Altarbild neu. – *Dorfbrunnen* mit rundem, außen achteckigem Becken. Auf kräftiger Brunnensäule etwa lebensgroßes, doppelseitiges Steinbildwerk: nach Norden Maria als Jungfrau, nach Süden Maria als Mutter Gottes, um 1700.

BETZINGEN Stadt Reutlingen   Stadtteil noch mit Dorfcharakter. – Die *Mauritiuskirche* ist eine im wesentlichen spätgotische, 1499 bis 1505 erbaute Kirche mit einem romanischen Turm des 11. oder 12. Jh. 1905/06 wurde der alte Chor abgebrochen, um die Kirche nach Entwürfen von Theophil Frey mit einem Querhaus und einem neugotischen Chor zu erweitern. Südportal („Brautportal") mit Johanniterwappen (weißes Kreuz auf schwarzem Schild). Westwärts zwei flache Segmentbogennischen mit der Jahreszahl 1499. Die Reliefs in den Nischen, der barmherzige Samariter und der Heilige Georg von Richard Raach 1958. – Das spätgotische Schiff flachgedeckt, die Decke 1905 erneuert. Kirchenraum im Gepräge von 1905 und 1958. Achteckiger gotischer Taufstein. Ehestandsbild, Öl auf Holz, von „Johann Christoph Herrmann, Mahler von Reutlingen, 1682". Grabstein der Tachenhausen, 1310/17. – Altes *Rathaus* bei der Brücke über die Echaz 1838. – *Schulhaus* hart südlich der Kirche 1867. – Noch einige der charakteristischen Bauernhäuser mit weißgeschlemmtem Fachwerk und überdachter Außenstiege erhalten.

BICHISHAUSEN Stadt Münsingen   Die *Galluskirche* wurde 1735/36 durch Ferdinand Fürst von Fürstenberg neu erbaut. Flachgedeckter Rechteckbau, eingezogener $^5/_8$-Chor und kräftiger gedrungener Turm mit Oktogonaufsatz und Zwiebelkuppel an der Südseite des Chores. Gliedernde Stuckierung der Gipsdecke, im Chor 1969 ergänzt. Künstlerisch bedeutend das Grabmal des Heinrich Trost von Buttler und seiner Frau in der Südwand des Schiffs 1541 bzw. 1545, mit der Darstellung des Ehepaars in Anbetung des Gekreuzigten. – Die 1973 bis 1975 instandgesetzte *Burg* Bichishausen auf halber Höhe eines steil zum Lautertal abfallenden Bergrückens mit gewaltiger Schildmauer des 13. Jh. und einem dagegen gesetzten dreigeschossigen Palas. Balkenlöcher in der Schildmauer lassen auf einen vorkragenden Wehrgang in Holzkonstruktion schließen. An der Südseite von einem jüngeren Anbau ein nachträglich gewölbter Kellerraum und die Dachschrägen erhalten. – Überraschend der während der Instandsetzung freigelegte quadratische Bergfried aus großen staufischen Buckelquadern mit deutlichen Brandspuren. Die erste Anlage der Burg entstammt also, entgegen bisheriger Vermutungen, der Zeit um 1200, nicht um 1300. Schildmauer und Bergfried standen, wie am Verlauf der Schildmauer erkennbar, gleichzeitig. Besitzer der Burg waren die Gundelfinger, die Truchsessen von Magolsheim, der nobilisierte Ritter Heinrich Trost von Buttler, die Helfensteiner und die Fürstenberger. Das einzigartige Ausflugsziel nun im Eigentum des Landkreises Reutlingen. – Malerische *Fachwerkbauten* in dem an der Lauter liegenden Ort zu Füßen des Burgberges.

BLANKENSTEIN Gde. Gomadingen   Von der *Burgruine* ist ein mächtiger Turmstumpf mit gewaltigen, bis zu 2 m langen, 0,8 m hohen staufischen Buckelquadern erhalten. Halsgraben bergseitig und weitere Mauerspuren.

BÖHRINGEN Gde. Römerstein   Das romanische Schiff der *Kirche* wurde 1885 durch einen Neubau von Christian Friedrich Leins ersetzt, während der Chor aus dem Anfang des 16. Jh. erhalten blieb. Die ganze Kirche ist gewölbt.

BÖTTINGEN Stadt Münsingen   Die *Peterskirche* mit spätgotischem, an einem Strebepfeiler 1511 datierten Chor, dessen Spitzbogenfenster ohne Maßwerk sind. Das Schiff des 17. Jh. mit flacher Decke. Kanzel um 1600.

BREMELAU Stadt Münsingen   Die *Kirche St. Othmar* im ummauerten Friedhof im wesentlichen 1747 auf älteren Mauerzügen erbaut. Auch der Unterbau des Turmes vom Vorgängerbau übernommen. Achteckiger Turmaufbau mit Zwiebelhaube. Innenraum stuckiert. Deckenbilder 1911. Hochaltar 2. Hälfte des 17. Jh. Altarbild von 1850. Kanzel mit gedrehten Ecksäulchen 1680/90.

BRONNWEILER Stadt Reutlingen   Das romanische Schiff der *Pfarrkiche* wurde um die Mitte des 12. Jh. errichtet. Grabungen von 1968 konnten zwei frühere Bauten nachweisen: einen des 8. Jh. aus Holz, einen karolingischen des 9. Jh. aus Stein. Der laut Inschrift 1415 begonnene sehr breit angelegte spätgotische Chor ist baugeschichtlich insofern bemerkenswert, als er eine Verwandtschaft mit Bauten der schwäbisch-böhmischen Parlerschule zeigt: In der Hauptachse des Chores sitzt ein Pfeiler, nicht, wie üblich, ein Fenster. – In der gewölbten Sakristei kleiner gemauerter Altar mit Reliquiensepulcrum an der Vorderseite. Bemerkenswertes Chorgestühl der 2. Hälfte des 15. Jh. Seit der gründlichen Erneuerung der ganzen Kirche 1969 hat das Schiff einen offenen Dachstuhl. Im Schiff beachtliche romanische und gotische Wandmalereien. – Das *Pfarrhaus* westlich der Kirche ein hoher, verputzter Fachwerkbau, wohl des späten 16. Jh.

BUTTENHAUSEN Stadt Münsingen   Die *Michaelskirche* ist ein Saalraum der Zeit um 1800. Der Westturm von einem gotischen Vorgängerbau übernommen. – Seit 1787 Niederlassung von Juden in Buttenhausen. An die *Synagoge,* einen kleinen Saalbau mit Walmdach aus der Zeit um 1800, der 1938 vernichtet wurde, erinnert ein Gedenkstein. Schöner *jüdischer Friedhof* mit Gedenkstein. – Das Schloß der Familien von Gemmingen und Liebenstein (seit 1782), Münch (seit 1812) und Weidenbach (seit 1822) ist ein einfacher zweigeschossiger Langbau mit Mansarddach. Von der *Burg* oberhalb der Kirche nur noch einige Teile der Ringmauer als Friedhofseinfriedung erhalten.

DAPFEN Gde. Gomadingen   *Kirche,* Pfarrhaus und Schule in beherrschender Lage auf einer Anhöhe. Viergeschossiger mittelalterlicher Westturm mit gewölbter Eingangshalle, inschriftlich 1515. Der dreiseitig geschlossene Chor 1727 auf mittelalterlicher Grundlage errichtet. Das Schiff wurde 1852 bis 1857 erbaut und im Innern vor zehn Jahren umgestaltet.

DEGERSCHLACHT Stadt Reutlingen   Die *Peterskirche* ist das Ergebnis von Umbauten einer im Kern gotischen Kapelle des 14. Jh., die 1681, im 18. und 19. Jh. und 1955 überliefert sind. Großer viereckiger Dachreiter von 1681.

DERNECK Stadt Hayingen   Die *Burg,* heute mit Wanderheim des Schwäbischen Albvereins im sogenannten Jägerhaus, liegt auf der rechten Talseite der Lauter auf einem Sporn. Hohle Schildmauer mit angebautem, halbrundem Turm. Standbild des Brückenheiligen *Nepomuk,* eine lebensgroße Holzfigur des 18. Jh. mit grauer Steinfassung der Entstehungszeit.

DETTINGEN   Die *Pfarrkirche* ist 1090 zum ersten Mal genannt. Aus dieser Zeit ist oberirdisch nichts erhalten geblieben. 1494 wurde der spätgotische Chor errichtet, auch der Turmkörper ist noch mittelalterlich. 1864 wurde das Langhaus und der hohe Spitzhelm des Turmes im Stile eines gotisch zitierenden Historismus von Leins und Sautter errichtet. Bedeutende Leistung der Neugotik. – Südlich vom Chor der Kirche das sogenannte *Schlößle,* jetzt Schulhaus, ehemals Stift, 1. Hälfte des 16. Jh. – Der ehemalige *Zwiefalter Hof,* Lange Gasse 22, ein stattliches Fachwerk-

haus, ist das bedeutendste profane Kulturdenkmal am Ort und wurde 1593 auf älterem Steingeschoß erbaut. – Weitere bemerkenswerte Fachwerkhäuser, in vernachlässigtem Zustand.

DÜRRENSTETTEN Stadt Münsingen   *Johanneskapelle* um 1700 mit kleinem sechsseitigem
Firsttürmchen auf dem Westgiebel.

EGLINGEN Gde. Hohenstein   In der *Kirche St. Wolfgang* ist die um 1510 entstandene Figur
einer Muttergottes von kunstgeschichtlicher Bedeutung.

EHESTETTEN Stadt Hayingen   Die *Kirche St. Nikolaus* ist ein barocker Saalraum mit einem im
Kern gotischen Rechteckchor. Achtseitiger Turm als Dachreiter. Die Kirchenausstattung zum
Teil von erheblicher Bedeutung: ein großes Gnadenstuhlrelief, Ende 16. Jh., ein Auferstehungs-
relief, Anfang 16. Jh. Die Standfiguren der Heiligen: Katharina, des Bischof Nikolaus und Sebastian sind um 1500 entstandene vorzügliche spätgotische Holzbildwerke. – Das *Schloß* entstand
um 1600, ein großer satteldachgedeckter Baukörper mit zylindrischen Ecktürmen am Ostgiebel
und gewölbtem Erdgeschoß. Stark vernachlässigt. Beachtliche Mauern säumen den Bereich des
Schlosses.

EHRENFELS Stadt Hayingen   Von der alten *Burg* des 13. Jh. sind nur noch einige Reste, so eines runden Bergfrieds auf einem Felsvorsprung über dem Glastal, erhalten. Das einsam liegende
Schloß wurde 1735 bis 1740 von Abt Benedikt von Zwiefalten als Sommersitz errichtet und ist
seit 1803 im Besitz der Grafenfamilie von Normann, ein Geschenk des Kurfürsten Friedrich von
Württemberg an seinen Staatsminister. Langgestreckter Bau, beachtliche Wirtschaftsgebäude. –
Zwiefalter *Klostermühle* in Wimsen am Ausfluß der Ach aus der Friedrichshöhle, im Kern ein
mittelalterlicher Bau mit Veränderungen des 17. Jh.

ENGSTINGEN *siehe unter Großengstingen, Kleinengstingen, Kohlstetten*

ENINGEN unter Achalm   In der heutigen *Andreaskirche* von 1929/30 befinden sich Reste der
vorausgehenden spätgotischen Kirche. – Das *Rathaus* entstand im Kern um 1537, ein großer frei-
stehender walmdachgedeckter Bau mit Erweiterungen und Umbauten von 1715, 1823, 1912,
1953/58. – Einige weitere stattliche Bauten, besonders der Louis-XVI-Zeit, bestimmen das Ortsbild. Schöne Fachwerkhäuser in der *Hauptstraße*. – Das sich herrschaftlich darstellende Gebäude
Albstraße 35 war vermutlich ein Hof des Klosters Zwiefalten.

ERPFINGEN Gde. Sonnenbühl   Die *Kirche* ein Neubau von 1964. – Das hübsche *Rathaus*,
Fachwerk von 1836 auf älterem Steinstock, und das *Schulhaus*, ebenfalls ein Fachwerkbau, im
Ortsbild bemerkenswert. – Die *Burgruine Hohenerpfingen* als „Schnatren" 1350 und 1358 urkundlich erwähnt. Sitz der Herren von Salmendingen. Gut befestigte Anlage westlich vom Dorf
mit sechseckigem Bergfried. Bruchsteinmauerwerk.

GÄCHINGEN Gde. Würtingen   *Georgskirche* mit kräftigem vierseitigem Westturm, mit vor-
springendem achteckigem Helm gedeckt. An einem Anbau der Nordseite romanisches Mauer-
werk mit kleinen Rundbogenfensterchen.

GAUINGEN Gde. Zwiefalten   Die *Wendelinskapelle* wurde seit ihrer Errichtung 1688 vielfach
umgebaut. Die Figur des Titelheiligen stammt aus dem 17. Jh.

GEISINGEN Gde. Pfronstetten   *Kapelle* im Habitus des 18. Jh., laut Inschrift an der Eingangsseite 1714, mit älteren Mauerteilen. Interessante Ausstattung des Altarbereichs.

GENKINGEN Gde. Sonnenbühl   Die *Pfarrkirche* spricht sich im Ortsbild mit einem charakteristischen mittelalterlichen Turm aus: schwerer viereckiger Turmkörper mit achteckigem Helmdach, die Glockenstube aus Fachwerk. Das übrige ein Neubau des Stuttgarter Architekten Hans Seytter 1938.

GLEMS Stadt Metzingen   Die *Kirche* von 1762 enthält Reste einer mittelalterlichen, 1486 genannten Kapelle. Saalraum mit gefelderter Holzdecke.

GÖNNINGEN Stadt Reutlingen   Die *Peter-und-Pauls-Kirche* im oberen Dorf mit einem 1842 bis 1844 durch Werkmeister Johann Georg Rupp aus Reutlingen erneuerten Hallenlanghaus. Gleichzeitig wurde der Turm erhöht. Der Chor, obwohl dreiseitig geschlossen und obwohl gewölbt, außen ohne Strebefelder, noch aus dem 15. Jh. – Im unteren Teil der *Hauptstraße*, im Unterdorf, die ältesten Häuser des Orts, aus der Zeit um 1600: eine imposante Reihe von vernachlässigten Fachwerkhäusern, darunter das *Beginenhaus* und der ortsadelige *Fronhof*. – Großes *Rathaus* um 1910, im Jugendstil. – Die *Burg* des adelfreien Geschlechts der Stöffeln auf dem Stöffelberg, in Urkunden seit 1080 erwähnt, ist nur noch in Geländespuren zu erkennen, die die Gräben und Umfassungsmauern der Vorburg und Hauptburg hinterlassen haben.

GOMADINGEN   Die hochliegende, das Ortsbild beherrschende *Martinskirche* wurde 1760 anstelle einer mittelalterlichen Kirche in einem ummauerten Friedhof erbaut. Saal mit dreiseitigem Ostabschluß. Dachreiter mit spitzem Zeltdach über der Westfassade. An den Emporenbrüstungen Gemälde mit Darstellungen aus dem Leben Christi, der zwölf Apostel, der vier Evangelisten und der Propheten von August Romay von Urach, 2. Hälfte des 18. Jh. Taufstein von 1760. – Das *Pfarrhaus* des 18. Jh. bildet mit der Kirche und hohen Bäumen ein sehr reizvolles Bild. – Im Ort einige beachtliche *Fachwerkhäuser* und eine *Mühle* mit Bauformen der Zeit um 1600.
Siehe auch Blankenstein, Dapfen, Grafeneck, Marbach, Offenhausen, Steingebronn, Willmandingen.

GOSSENZUGEN Gde. Zwiefalten   Von dem Zentralbau der *Magnuskapelle* in Gossenzugen oberhalb Zwiefalten wird überliefert, daß sie eine Stiftung der an der Zwiefalter Klosterkirche tätigen Künstler sei: Johann Michael Fischer, der Baumeister, Johann Michael Feuchtmayer, der Stukkateur und Franz Joseph Spiegler, der Schöpfer der Gewölbemalereien in Zwiefalten sollen die Kapelle 1749 errichtet haben. Dieser Überlieferung entspricht die vorzügliche Qualität der kleinen, hoch über dem Tal thronenden Kapelle. Der Innenraum wird durch acht Pilaster gegliedert, die das Stuckgebälk tragen. Auf diesem ein flaches Kuppelgewölbe. Die Gewölbemalerei (Zentrum fehlt) ist von Spiegler. Dargestellt sind Kranke und Hilfesuchende. Reicher Grottenaltar mit Bäumen, mit dem heiligen Magnus als Standfigur im Kampf mit dem Drachen aus der Zeit der westlichen Beichtstühle in der Klosterkirche in Zwiefalten. Farblich befundtreue Wiederherstellung. Schmiedeeiserner Glockenträger auf dem Dachfirst.

GRABENSTETTEN   Die *Peter-und-Pauls-Kirche* ist eine romanische Chorturmkirche mit spätgotischem Schiff. Wandmalereien: An der Nordwand ein Passionszyklus, 1. Hälfte des 15. Jh. Die Malereien an der Südwand mit der Darstellung der Himmelfahrt Mariens und des Jüngsten Gerichts künstlerisch bedeutender. Bruchstücke einer Architekturmalerei von etwa 1580.

Romanischer Taufstein mit fast zylindrischem Becken auf doppelt gewulstetem Sockel. – Der *Heidengraben*, südlich von Grabenstetten, großartige keltische Wallmauer mit zwei Durchlässen. – *Burgruine Hofen*, östlich von Grabenstetten, eine hervorragende Landschaftsstelle auf schroffem Felsvorsprung. Von 1275 bis 1442 Sitz der Herren von Schwenzlin. Mauerreste aus Bruchstein, weitgehend als Erinnerungsstätte erneuert.

GRAFENBERG   Die *Kirche* scheint gegen Ende des 15. Jh. umgebaut worden zu sein. Dabei wurden Teile des 13. Jh. wieder verwendet. Der Turm wohl ebenfalls älter als 15. Jh. Erneuerung 1956/57. Glasmalerei von Adolf Saile, Stuttgart. – *Pfarrhaus* mit Steinsockel und Profilgewände, spätgotisch um 1580. Giebel mit Sichtfachwerk. – *Rathaus* bemerkenswert. – Interessanter *Ziehbrunnen* beim Gasthaus „Zur Krone".

GRAFENECK Gde. Gomadingen   Das einsam gelegene *Schloß* wurde 1556 bis 1560 auf hoher künstlicher Terrasse über steilem Hügel von Herzog Christoph erbaut und 1762 bis 1772 von Herzog Karl durch mächtige Flügelbauten im Norden und Süden zum großen Lustschloß erweitert. Die Fachwerkflügelbauten im 18. Jh. wieder verschwunden. Das Schloßgebäude ursprünglich im Viereck mit Innenhof und Holzgalerien. Erhalten ist ein dreiflügeliger Steinbau mit Mansarddach der Bauepoche Karls, in der die Renaissancegiebel und die talseitige, den Innenhof abschließende Wand, abgetragen wurden. Die ursprüngliche Innenausstattung ist 1834 und 1838 versteigert worden. Die Schloßkirche wurde 1837 abgetragen, das Opernhaus 1808 nach Monrepos bei Ludwigsburg versetzt, die Husarenkaserne 1842 beseitigt. Zwölf Invalidenhäuschen, Gartenhäuser, die genannten Flügelbauten sind verschwunden. Heute ist ein Heim im Schloßbau der Renaissancezeit untergebracht.

GREIFENSTEIN Gde. Lichtenstein   Obere und untere *Burg* als Ruine erhalten. Ursprünglich Stammsitz der edelfreien Herren von Greifenstein.

GROSSENGSTINGEN Gde. Engstingen   Die *Kirche St. Martin* ist ein wahrscheinlich nach Plänen von Franz Beer 1717 bis 1719 errichteter Barockbau: Großes rechteckiges Schiff mit eingezogenem dreiseitig geschlossenem Chor. Der Turm an der Ostwand des Chores. Holzdecke im Innern nicht ursprünglich. Deckenmalereien von Joseph und August Braun 1960. Großer architektonischer Hochaltar der Barockzeit. Altarbild mit dem Titelheiligen zu Pferd, Öl auf Leinwand, von Joh. Reiser 1804. Die Nebenaltäre von 1723 und die Kanzel des 17. Jh. sind 1960 erworben worden. Spätgotische Bruchstücke von Grabsteinen in der nördlichen Sakristei. – Die *Wendelinskapelle* um 1750 erbaut. Flach tonnengewölbter Raum mit muldenförmiger Apsis.

GRUORN Gutsbezirk Münsingen   Das Dorf mußte 1938 wegen der Einbeziehung in einen Truppenübungsplatz von seinen Einwohnern verlassen werden und kann heute nur an wenigen Festtagen im Jahr besichtigt werden. Die Kirche dient zu Feldgottesdiensten. Die ursprünglich romanische Kirche wurde bei der Erneuerung des Schiffs 1622 teilweise wiederverwendet. Das freigelegte Fenster und die Art der Mauertechnik lassen auf eine Errichtung der ersten Steinkirche im 11. oder 12. Jh. schließen. Schöner gewölbter Strebepfeilerchor von 1522. Der westseitig über dem Giebel sitzende Turm wurde bei der Restaurierung der Kirche durch die ehemaligen Einwohner des Orts wegen Einsturzgefahr abtragen. Aus der Kirche stammen Wandmalereien des 14. Jh., die abgenommen und in das Heimatmuseum der Stadt Münsingen gebracht wurden. Bei der Instandsetzung konnten weitere Wandmalerien evangelischer Zeit an den Wänden des Chores freigelegt und die alten ornamentierten Gewölbemalereien wieder hergestellt werden.

GUNDELFINGEN Stadt Münsingen   Einer der Hauptorte des Lautertals und einstiger Mittelpunkt eines Herrschaftsgebiets. *Burgruine Niedergundelfingen* auf einem Umlaufberg der Lauter hinter hohen Tannen verborgen, mächtiges Mauerrechteck. Eckquader ohne Bossen. Spitzbogiges schmuckloses Tor. Privatwohnung eingebaut, Besichtigung deshalb eingeschränkt. Vor der Südseite barockzeitliche Kapelle, um 1700, Altar mit Michael (dem Titelheiligen), Josef und Anna, 1. Hälfte 18. Jh. Interessantes Votivbild. – *Burgruine Hohengundelfingen*, gleichfalls heute in Privatbesitz, aber zu besichtigen, mit Bergfried aus großen stauferzeitlichen Buckelquadern, auf schroffen Felsklippen. Anschließende Burg durch Wiedererrichtung der Mauer auf den Fundamenten sichtbar gemacht. Zerfall der Burg seit dem 15. Jh.

HAUSEN AN DER LAUCHERT Stadt Trochtelfingen   In der heutigen, über Tal und Dorf gelegenen *Galluskirche* ist nach Ausweis der romanischen Ostfenster eine romanische Chorturmkirche enthalten. Turm ohne Westwand über rechteckigem Chor, Glockenstube aus Holz. Am Anfang des 18. Jh. einfache Barockisierung. Zu diesem Zeitpunkt wahrscheinlich auch die Erweiterung nach Norden. Die westseitige Erweiterung des Schiffs nach Plänen von Gross 1790/91. Das Innere 1962 erneuert. – Das *Pfarrhaus* am Fuße des Kirchbergs ein respektabler Baukörper mit Krüppelwalmdach, 1817 erbaut.

HAYINGEN (Stadt)   Stadtgründung des 13. Jh. durch die Herren von Gundelfingen neben einem früheren Dorf. Geplanter Stadtgrundriß mit gleichartigen Hausplätzen. Die 1303 erwähnte *Ummauerung* samt Wehrgang und zylindrischem Eckturm an der Südwestecke in eindrucksvoller Weise noch erhalten. Von den beiden Stadttoren ist nichts mehr vorhanden. – Die *Pfarrkirche St. Veit* ist eine barocke Saalkirche mit Bandelwerkstuck an den Flachdecken. Die Malereien wurden erst 1882 ausgeführt. Gute Altäre. Schöne geschnitzte Gestühlswangen der Zeit zwischen 1720 und 1734. Westturm, soweit quadratisch, noch mittelalterlich, Oktogon und Zwiebeldachhaube 18. Jh. Bemerkenswerte Grabsteinplatten. – *Liebfrauenkapelle* auf dem Friedhof an der Südostecke der Stadt im Kern gotisch, 1769 verändert und vergrößert. Der westliche gotische Teil noch mit dem alten Portal. Säulenhochaltar Ende 17. Jh. Gestühlswangen mit gotischer Flachschnitzerei. – *Rathaus* des 17. Jh. mit massivem Unterstock und Fachwerkbau, am Ostgiebel zwei achteckige Erker. Weitere bemerkenswerte *Fachwerkhäuser*. – *Fruchtkasten*, ein hoher vierstökkiger Steinbau des 17. Jh.
Siehe auch Anhausen, Derneck, Ehestetten, Ehrenfels, Indelhausen, Münzdorf.

HENGEN Stadt Urach   *Chorturmkirche* in alter Ummauerung. Nach einer Überlieferung soll die Kirche in spätgotischer Zeit um 1500 erbaut worden sein. Chorturm wahrscheinlich doch schon 2. Hälfte des 13. Jh. mit späterer Wölbung des Chores. Glockengeschoß mit Zeltdach wohl 17. Jh. Der Innenraum sonst nüchtern. Nach Brand von 1434 Neuausbau des Schiffs 1675. Erneuerung 1895.

HEUHOF Stadt Münsingen   Stattlicher, ehemals ummauerter *Gutshof* des Klosters Marchtal. Hauptgebäude ein Fachwerkbau des 17. Jh. Kapelle zum Wohnhaus umgebaut.

HOHENSTEIN *siehe unter Eglingen, Maßhalderbuch, Meidelstetten, Oberstetten, Ödenwaldstetten*

HOLZELFINGEN Gde. Lichtenstein   Die *Blasiuskirche* über der Holzelfinger Steige, zugleich Grablege derer von Greifenstein, hat einen kleinen, aber schönen spätgotischen Chor von 1494 mit einem quadratischen Turm an der Südseite. Oberstes Turmgeschoß von 1765. Das Schiff insgesamt 1909 erneuert durch Martin Elsässer, Stuttgart, mit einheitlicher Gesamtausstattung in einem heimisch gefärbten Jugendstil. Holztonne im Innern. Gemälde von Käthe Härlin-Schaller: Symbolisierende Darstellung der Taufe und des Abendmahls seitlich des Chorbogens und Christus am Ölberg über der Sakristeitür. Von ihr auch die Apostelbilder an der Emporenbrüstung. – *Pfarrhaus* von 1834 durch Umbau entstellt.

HONAU Gde. Lichtenstein   In altummauertem Friedhof im hochliegenden Dorfteil und am Ende des Tals steht die *Galluskirche*, ein gotischer Bau des 14. Jh., der im Dreißigjährigen Krieg stark angeschlagen wurde. Um 1700 Ausmalung im Sinne des Barocks. Der neugotische Turm an der Westseite von Franz Schlierholz 1857 aus Haustein. Im Innern Deckengraffito von Rudolf Yelin, Stuttgart, 1947. Taufstein von 1618. – *Pfarrhaus* östlich gegenüber der Kirche 1757.

HÜLBEN   Die mehrfach umgebaute alte *Kirche* wurde 1965 durch einen Neubau von Manfred Wizgall, Reutlingen, ersetzt. Von der alten Ausstattung verblieb nur ein Kruzifix von 1524. – Das *Rathaus* läßt seinen klassizistischen Kern noch erkennen.

HULDSTETTEN Gde. Pfronstetten   Die *Pfarrkirche St. Nikolaus und St. Agatha* im ummauerten Friedhof ist 1843 erbaut worden. Von der vorausgehenden Kirche von 1683 ist der Turm an der Nordwand stehengeblieben. Fachwerkgeschoß und Spitzhelm 1843. Barockfiguren der Titelheiligen wahrscheinlich aus der Zwiefalter Klosterkirche. Hervorragende Muttergottes und bäurischer Sebastian, um 1480. – *Rathaus* 1848 erbaut.

HUNDERSINGEN Stadt Münsingen   Die *Kirche* ist ein schlichter Saalbau, 1611 errichtet. – Die *Burg Hohenhundersingen* auf steiler Felsklippe, Sitz einer hochadeligen Familie. Der Turm des 12. Jh. über quadratischem Grundriß mit staufischen Buckelquadern hochgeführt. Hervorragende Aufmauerung mit gewaltigen Quadern. Die Vorburg jünger.

INDELHAUSEN Stadt Hayingen   Das *Rathaus* ist ein beachtenswerter Fachwerkbau aus dem Anfang des 16. Jh. – Die *Pfarrkirche* wurde 1902 erbaut. – Die *Maisenburg*, ein großes Mauerviereck mit starker Schildmauer auf der Westseite und gewaltigen Buckelquadern.

KLEINENGSTINGEN Gde. Engstingen   Die *Kirche* lt. Inschrift 1770 erbaut. Flachbogige Fenster mit biedermeierlicher Gliederung durch dichtes Sprossenwerk. Das Äußere im übrigen nach Befundresten aus der Bauzeit erneuert. Das Innere mehrfach überarbeitet. – Das vierseitige *Brunnenhäuschen* mit glasierten Dachziegeln am Dorfplatz für eine der 1580 erschlossenen Mineralquellen.

KOHLSTETTEN Gde. Engstingen   Die *Kirche* im ummauerten Friedhof ist ein schlichter Rechteckbau ohne Chor mit Dachreiter über dem Westgiebel.

LICHTENSTEIN *siehe unter Holzelfingen, Honau, Schloß und Burg Lichtenstein, Unterhausen*

81. *Marienkirche in Reutlingen. Das dreischiffige Langhaus ist der bedeutendste Kirchen-innenraum des 13. Jh. im oberen Neckargebiet.*

80. *(umseitig) Marienkirche in Reutlingen*

82. *Taufstein (1499) in der Reutlinger Marienkirche*

83. Königsbronner Hof in Reutlingen, heute Heimatmuseum
84. Reutlinger Stadtbefestigung des 13. Jh. mit Wehrgang

85. *Der Uracher Marktplatz, in der Mitte das spätgotische Rathaus (15. Jh.)*

86. *Amanduskirche in Urach, 1470–1499 von Peter von Koblenz erbaut*

87. Das spätgotische Stadtschloß in Urach (1443)
88. Der Goldene Saal im Uracher Stadtschloß

89. Pfarrkirche in Dettingen mit spätgotischem Chor

90. *Inneres der Martinskirche in Metzingen*

91. *Chor der Martinskirche in Münsingen, 1495/96 durch Peter von Koblenz erbaut*

92. Mittelalter-
licher Turm
der Pfarrkirche
von Genkingen
(Gemeinde
Sonnenbühl)

93. Spätgotische
Kirche in Wald-
dorf (Gemeinde
Walddorfhäs-
lach)

94. Mauritiuskirche in Betzingen (Stadt Reutlingen) mit romanischem Turm

95. Martinskirche in Pfullingen

96. Westfassade
der Kloster-
kirche von
Zwiefalten
97. Inneres
der Klosterkir-
che von Zwie-
falten mit
Stuckarbeiten
von J. M.
Feuchtmayer
und Gewölbe-
malereien von
J. Spiegler

98. (umseitig)
Putten in der
barocken Pfarr-
kirche St. Lau-
rentius in
Aichelau (Ge-
meinde Pfron-
stetten)

SCHLOSS UND BURG LICHTENSTEIN Gde. Lichtenstein   Das *Schloß* – neben dem Hohen-
zoller eines der meistbesuchten Kulturdenkmale unseres Landes – steht hoch über dem Echaztal
auf abenteuerlich knappem Fels. Die alte, 300 m talaufwärts liegende *Burg* derer von Lichtenstein
wurde 1190 zum ersten Mal genannt. Zerstörungen 1311 und zwischen 1377 und 1388. Die
Burgstelle ist trotz zunehmendem Überwuchs erkennbar. – Am Standort des heutigen Schlosses
lag das erstmals 1389 als Besitz des Hauses Württemberg genannte Schloß, dem seit 1567, seit
Herzog Christoph nur noch die Bedeutung eines Forstamts zukam. 1837 kam das mehrfach redu-
zierte Forstschlößchen in Besitz des Herzogs Wilhelm von Urach, Graf von Württemberg und Vetter des Regenten Wilhelm I. von Württemberg. Wilhelm von Urach ließ das neue Schloß 1840/41
durch Carl Heideloff aus Nürnberg auf der Grundlage des alten Jagdschlößchens errichten. Ein
schwäbischer Roman von 1826, der weitverbreitete ,,Lichtenstein" von Wilhelm Hauff initiierte
die in der Idee, in Form und Haltung durch und durch romantische Schloßburg. – Als romantische Rekonstruktion mittelalterlicher Burgvorstellungen zeigen sich die Zugbrücke, der Vorhof
und die Vorburg. Zinnenbekrönter charakteristischer Rundturm an der Nahtstelle zwischen dem
zweigeschossigen Vorder- und dem höheren Hinterbau. Im Innern eine Waffenhalle mit mittelalterlichen Rüstungen und alten Waffen verschiedener Zeiten, die Schloßkapelle, die Hirschstu-
be, das Königszimmer, das als Ahnensaal ausgestattet ist, das Erkerzimmer, der Rittersaal und
das Wappenzimmer, mit alter und bauzeitlicher Ausstattung. Der Gerobau rechts der Pforte 1899
bis 1900 als herzogliches Wohnhaus errichtet. Der Fremdenbau links aus der Bauzeit des Felsen-
schlosses, 1869 erhöht. Das Forsthaus (heute Wirtschaft) 1838 erbaut, 1900/01 erweitert. Die
ganze Anlage ist mehr die Darstellung einer Burg mit Nebengebäuden als eine wehrhafte
Schloßanlage, da sie zu einer Zeit erstellt wurde, als Belagerungen nicht mehr zu gewärtigen
waren.

LONSINGEN Gde. Würtingen   Der etwa 300 Jahre alte *Roßbrunnen* im oberen Teil des Orts
mit hölzernem Schöpfgalgen und Schöpfkübel von besonderem Interesse. Das Wasser sammelt
sich in einem kreisrunden, aus Feldsteinen gemauerten Brunnenschacht von ca. 12 m Durchmesser und 6 m Tiefe.

MÄGERKINGEN Stadt Trochtelfingen   Die *Blasiuskirche* in ummauertem Friedhof über rechteckigem Grundriß mit dreiseitigem Ostschluß und einem seit 1905 in den Baukörper einbezoge-
nen kräftigen Westturm. Das Schiff 1777, die gedrückte aber markante Zwiebelkuppel des Turms
1905. Glasfenster von Gisela Dreher und Wolfgang Derix 1956. Beckenförmiger gotischer Taufstein. Lebensgroßes Wandkruzifix, Mitte 17. Jh.

MAGOLSHEIM Stadt Münsingen   Die *evangelische Kirche* anstelle der 1275 erstmals erwähnten Dionysiuskirche wurde 1870 von Baumeister Bosler auf ummauertem Friedhof neu erbaut.
Grabsteine des 14. (Wappen Bichishausen), 16. (Rudolf von Baldeck) und 17. Jh. (Freiburg). –
Die *kath. Dionysiuskirche* 1870 von Millas. Muttergottes um 1470. – *Feldkapelle* an der Straße
nach Ingstetten, ein kleiner reizvoller Bau mit spätgotischen Fenstern. Auf einem Fenstersturz
die Jahreszahl 1515. Auf dem Westgiebel gemauerte Arkade für Glocke. Barockaltärchen, Ve-
sperbild, Christus im Kerker und Kruzifix des 18. Jh.

MARBACH Gde. Gomadingen   Der *Gestütshof* wurde wahrscheinlich unter Herzog Christoph
gegründet. Das Hauptgebäude ist ein schloßartiges Steinhaus in Winkelform, 16.–18. Jh., modern umgestaltet. Hinter dem Hauptgebäude ein Gestütsbau mit Mansarddach von 1765. Alle

anderen Bauten aus dem 19. und 20. Jh. Gußeiserner Brunnen mit dem Reliefbildnis König Wilhelm I. und mit einer Pferdegruppe auf der Brunnensäule.

MASSHALDERBUCH Gde. Hohenstein   Schloßartige Hofanlage mit Ringmauern und großen satteldachgedeckten *landwirtschaftlichen Gebäuden,* die vor dem Dreißigjährigen Krieg, 1616 vom Zwiefalter Kloster errichtet worden sind. Freistehende *Kapelle* vor dem Eingang zum Wirtschaftshof, 17. Jh. Das Zwiefalter Hofgut ist heute Vollzugsanstalt.

MEHRSTETTEN   *Chorturmkirche* des 15. Jh., Schiff 1577, erweitert 1828. Kanzel des ·17. Jh. Orgel mit Rokokogehäuse.

MEIDELSTETTEN Gde. Hohenstein   Die *Kirche* ist 1775 bis 1777 erbaut worden. Evangelische Saalkirche. Kanzel des 18. Jh.

METZINGEN (Stadt)   Der im 11. Jh. genannte Ort erhielt 1152 durch Kaiser Friedrich I. Stadt- und Marktrecht. Eine Entwicklung zur Stadt blieb aus. Im Dreißigjährigen Krieg zerstörten zwei Großbrände den Flecken größtenteils. 1831 erneute Erhebung zur Stadt. – Die *Martinskirche,* wohl eine der Urpfarreien des Gebiets, ist nicht die erste Kirche an dieser Stelle. Die heutige, um 1500 erbaute dreischiffige Hallenkirche mit Achteckstützen wurde 1872/73 durch Christian Leins, Stuttgart, mit gebrannten Tonrippen im Sinne der Spätgotik gewölbt. Der hohe feierliche Chor mit dreiseitigem Ostabschluß. Der spätgotische Turm wurde 1613 durch Heinrich Schickhardt erhöht. Über dem Westportal sind die Namen und Wappen der für die Erhöhung maßgeblichen Bürger aneinandergereiht. Achteckiger Taufstein von 1603. – Grabsteine des 16. – 19. Jh. außen an der Kirche. An der Nordseite ein noch eindrucksvoller Rest der alten wehrhaft hohen Friedhofsmauer. – Das große dreigeschossige *Rathaus,* 1562 erbaut und 1628 von Heinrich Schickhardt erneuert. 1668, nach dem Stadtbrand, verändert wieder aufgebaut. Der Neurenaissancedekor außen von 1913. Ein imposanter Baukörper. – *Marktbrunnen* von 1758. – Das *Schulhaus* ein Fachwerkbau von 1768 mit beschrifteten Eckpfosten. – Einzelne beachtliche Häuser in einem sonst desperaten Stadtgefüge. – Das bedeutendste und neben der alten Martinskirche eindrucksvollste sind die *sieben Keltern* auf dem Kelterplatz, die bereits 1283 urkundlich erwähnt sind. Die äußere Heiligenkelter wohl aus 15. Jh., die im 17. Jh. erbauten bzw. erneuerten Keltern unterscheiden sich nur in den Details. Beachtliche, leider gefährdete Denkmäler der Stadtgeschichte, des Weinbaus, der Zimmermannskunst, in der Siebenzahl von einprägsamer Einmaligkeit. – Auf der Kuppe des Weinbergs stand die *Burg* der seit 1262 urkundenden Familie Stöffeln, die 1317 durch die Württemberger zerstört worden ist. Ringgraben noch deutlich erkennbar. *Siehe auch unter Glems, Neuhausen a. d. E.*

MITTELSTADT Stadt Reutlingen   Die heutige *Kirche* anstelle eines romanischen Schiffs mit gotischem Chor 1912 durch Martin Elsässer, Stuttgart, erbaut. Einheitliche Leistung des Jugendstils. Das *Pfarrhaus* westlich der Kirche, ein Baukörper des 16. Jh. Mehrere beachtliche Fachwerkhäuser geben dem Ort noch ein gewisses Gepräge.

MÖRSINGEN Gde. Zwiefalten   *Galluskirche* 1605 bis 1608 (Weihe) erbaut. Die Kirche liegt im ummauerten Friedhof, an den sich das *Pfarrhaus* von 1808 anschließt. Rechteckiges Schiff mit eingezogenem, niedrigem, dreiseitig geschlossenem Chor. Über Westgiebel turmartige Dachreiter. Deckenmalerei von 1765 mit der Darstellung der Himmelfahrt Mariens und eines die Monstranz tragenden Engels über dem Dorf. Hochaltar aus Buchau, Pietà aus Marienberg, 1. Hälfte 15. Jh. Gefallenenehrenmal in der Schiffswand außen von Maria Stapp 1966.

MÜNSINGEN (Stadt)   Wohl gleichzeitig mit der nur noch in geringen Resten erhaltenen Ummauerung des fast regelmäßig viereckigen Stadtkerns wurde das *Schloß* erbaut, ein großes schweres Steinhaus mit kleinen Fenstern. – *Martinskirche:* Dreigeschossiges flachgedecktes Langhaus mit basilikalem Querschnitt und oktogonalen Pfeilern, wohl noch 13. Jh. Der reich gewölbte Chor lt. Inschrift und Meisterzeichen 1495/96 durch Peter von Koblenz erbaut. Die qualitativ hochstehende Architektur im Innern durch eine falsche Instandsetzung in ihrer Wirkung beeinträchtigt. Im Chorhaupt schöne barocke Orgel von 1758. Holzkanzel mit Knorpelornament, 2. Hälfte des 17. Jh. Beachtliche gemalte Epitaphien. Idyllisch umbauter Kirchplatz. – *Rathaus* des 17. Jh. mit offenen Lauben im Unterstock. Am Marktplatz beachtliche Fachwerkhäuser. – *Marktbrunnen*, um 1600 mit achteckigem Steinbecken, Steinsäule und Löwen, der das württembergische Wappen hält. – Im Schloß das *Heimatmuseum*, eine sehr beachtliche Sammlung, in der auch die abgenommenen bedeutenden Wandmalereien des 14. Jh. aus Münzdorf und Gruorn verwahrt werden.
Siehe auch unter Apfelstetten, Auingen, Bichishausen, Böttingen, Bremelau, Buttenhausen, Dürrenstetten, Gruorn, Gundelfingen, Heuhof, Hundersingen, Magolsheim, Rietheim, Trailfingen.

MÜNZDORF Stadt Hayingen   Die alte *Dorfkapelle*, ein kleiner Bau des 13. Jh. ohne Chor, ist profaniert. Aus dieser Kapelle stammen die heute im Heimatmuseum der Stadt Münsingen bewahrten bedeutenden Wandmalereien der 1. Hälfte des 14. Jh. Die neue Kirche wurde 1904 erbaut.

NEUHAUSEN a. d. E. Stadt Metzingen   Im Neubau der *Kirche* spätgotischer Kruzifixus der Zeit um 1500, wahrscheinlich in Ulm entstanden: Christus von beachtlicher Monumentalität mit scharf geschnittenem, leidvollem Gesicht. Der ehem. *Zwiefalter Hof*, ein Pfleghof des Klosters, 1601, mit Veränderungen nach Brand von 1901.

OBERSTETTEN Gde. Hohenstein   Die *Kirche* im ummauerten Friedhof erscheint heute noch in einem vorwiegend mittelalterlichen Habitus und wurde wahrscheinlich 1534 im spätgotischen Stil erbaut. Die Wände des rechteckigen Schiffs mit rundbogigen Blendarkaden auf Wandpilastern gegliedert, ein Motiv, das am Chor außen wiederholt wird. Die spitzbogigen Fenster des Schiffs mit Tonmaßwerk. Im Turmerdgeschoß ein Kreuzgratgewölbe. Gestühl mit geschnitzten Wangen des 13. Jh. Instandsetzung des Innern 1974/75, dabei Westempore erneuert.

ÖDENWALDSTETTEN Gde. Hohenstein   Die *Nikolauskirche* zum Teil noch gotisch, 13./14. Jh. Im 17. Jh. Veränderung der Fenster und Erweiterung des Chores. Bretterdecke mit Felderteilung im Schiff. Wandmalereien mit der Darstellung des Abendmahls, der Kreuzigung Christi und einer Schutzmantelmadonna, um 1350. – *Pfarrhaus* neben der Kirche um 1782.

OFERDINGEN Stadt Reutlingen   *Kirche* mit einem Chor des 13. Jh. unter einem mit dem Schiff gemeinsamen Dach von 1896. Gewaltig wirkender Turm. – *Pfarrhaus* nordwestlich der Kirche in ehem. Burghof im schlichten Gesamtgepräge des ausgehenden 18. Jh. – *Rathaus* von 1783 und *Schulhaus* von 1816, seitdem leider stark verändert.

OFFENHAUSEN Gde. Gomadingen   Das heutige Gut geht auf ein *Dominikanerkloster* zurück, das kurz nach 1258 am Lautertopf gegründet wurde. Das Klösterchen erfreute sich großer Wohlhabenheit. Als wesentliches Denkmal aus mittelalterlicher Zeit blieb das als Scheune genutzte Gebäude der Kirche übrig, ein schmal-hoher, einschiffiger Bau mit dreiseitigem Ostabschluß. An den Längswänden schmale gotische Fenster mit zwei Bahnen und sehr frühem, nasenlosen Maßwerk. Das Chorachsenfenster bereits dreibahnig. Der Dachreiter aus Fachwerk erst 1815. Die Ringmauer, ein Verwaltungsgebäude und einige Ökonomiegebäude noch aus der Klosterzeit. – Das reich verzierte Sakramentshaus im Stil des Reutlinger Taufsteins um 1500 wurde im 19. Jh. nach Schloß Lichtenstein gebracht. Reliefierter Grabstein der Familie Speth, 14. Jh.

OHMENHAUSEN Stadt Reutlingen   Die *Nikolauskirche* des 14. und 15. Jh. wurde 1883 abgebrochen. Der heutige Bau nach Plänen von Christian Friedrich Leins 1883 bis 1885 in romanisierenden Formen. Erneuerung 1959. Glasmalereien des Ostfensters nach Entwürfen von Wilhelm Yelin.

OHNASTETTEN Gde. Würtingen   Die schon 1654 im ,,Abgang'' befindliche *Kirche* ist durch vielfache Veränderungen ohne Charakter. – Das um 1750 erbaute *Pfarrhaus* noch als barocker Baukörper erkennbar.

PFRONSTETTEN   Die *Nikolauskirche* mit einem noch mittelalterlichen Westturm. Die Jahreszahl 1712 über dem Eingang des Südportals ist auf Schiff und Chor zu beziehen. Hochaltar mit gewundenen Säulen um 1720. Rundbogige Fenster der Barockzeit. Das rheinische Rautendach des Turmes von 1892 wurde 1974 wegen starker Schäden im Bereich der Glockenstube durch ein Satteldach ersetzt. – An der Hauptstraße *Mariensäule* der Mitte des 18. Jh.: Die Büste einer Maria im Sternennimbus, Zwiefalter Kunstkreis.
Siehe auch Aichelau, Aichstetten, Geisingen, Huldstetten, Tigerfeld.

PFULLINGEN (Stadt)   Die Stadt läßt sich urkundlich bis ins 10. Jh. zurückverfolgen. Die *Martinskirche* wird 1161 zum ersten Mal erwähnt. Beide haben jedoch einen älteren Ursprung. Anstelle der heutigen Kirche standen, wie eine Grabung von 1962 ergab, drei Vorgängerbauten. Der älteste dürfte, nach einer Grabbeigabe zu datieren, in das 7. Jh. zurückgehen. – Der älteste Teil der heutigen Kirche ist der Unterbau des Westturmes, der im 14. Jh. mit einem Nord- und Südportal an der Westseite einer romanischen Pfeilerbasilika erbaut worden ist. Netzgewölbter spätgotischer Chor von Hans Augsteindreyer aus Wiesensteig, dem Erbauer der Stiftskirche Tübingen, 1463 vollendet. Das Langhaus 1579, im Stil einer verspäteten Gotik, ursprünglich mit zwei Reihen eichener Stützen, die die Emporen und die flache Holzdecke trugen. Die heutige schräg aufwärts geführte Holzdecke bei der Erneuerung 1889 eingezogen. Die Seitenemporen 1962 entfernt. Das stadtbildprägende oktogonale oberste Turmgeschoß wurde 1771 bis 1773 anstelle einer Fachwerkkonstruktion von 1579 aufgesetzt. Im Innern interessante Holzepitaphien für zwei Bürgermeister und einen Patronatsherrn, frühbarock 17. Jh., Knorpelwerkrahmen. Gemalte spätgotische Predella, wohl des Hochaltares von 1463, mit der Darstellung Christi und den zwölf Aposteln. Kruzifix des 18. Jh. – Vom ehem., 1252 gegründeten Clarissenkloster ist das Schiff der *Clarakirche* erhalten. Diese wurde 1579 mit der Errichtung von Zwischenböden auf Holzstützen und einer neuen Ostwand in Fachwerk zur Kornschütte profaniert. An den Wänden eine hochinteressante gotische Architekturmalerei der 2. Hälfte des 13. Jh., rot und weiß angelegte Architekturformen auf grauem Grund. Die Kirche war flachgedeckt mit einer stark gekehlten Holzdecke.

Restaurierung nach Ausbau der Zwischenböden geplant. Auf der Nordseite ein bemerkenswertes steinernes *Sprechgitter* in den Formen einer von der Reutlinger Marienkirche beeinflußten Gotik. Rest der ehem. Klausur. Umliegende Gebäude, so der Hauptfruchtkasten im Westen, zum Teil noch aus der 1532 beendeten Klosterzeit. – Das *Schloß* als herzoglich württembergisches Jagdschloß 1563 von Aberlin Tretsch erbaut. Rechteckanlage mit den für diese Zeit typische Ecktürmchen. Wassergraben noch ablesbar. Das Innere des Schlosses infolge wechselnder Nutzungen stark verbaut. – Die *Schloßbrücke* über die Echaz, eine Rundbogenbrücke mit Quaderbrüstung, wahrscheinlich 1563 erbaut. – An der Planie die Fachwerkhausgruppe der zwei *Rathäuser*. Das Rathaus I wurde 1563 errichtet, das Rathaus II wurde als Kauf- und Kornhaus lt. Inschrift 1686 erbaut. – Das *Pfarrhaus* am Laiblinsplatz, ein behäbiger zweigeschossiger Baukörper der Barockzeit mit heute verputztem Fachwerk über dem Steinstock und Halbwalmdach, als Klosterhof von Zwiefalten erbaut. Das Gebäude steht auf einer Brücke. – Das zweite *Pfarrhaus* Ecke Gries- und Josephstraße mit leicht vorkragendem Obergeschoß des 18. Jh. auf Steinstock des 16. Jh. – Die *Villa Laiblin* inmitten eines Landschaftsgartens in dem an der italienischen Spätrenaissance orientierten Stil der 2. Hälfte des 19. Jh. – Die *Pfullinger Hallen* von Theodor Fischer 1904/05 erbaut, mit Wandmalereien von Hans Brühlmann nach Entwürfen von Adolf Hölzel u. a. 1906/07. – Auch der *Erlenhof* an der Gönninger Landstraße ist von Theodor Fischer erbaut. – Auf dem Georgenberg nordwestlich von Pfullingen *Ringwall* der Hallstattzeit. Im Mittelalter eine durch Ringmauer geschützte Wallfahrtsstätte. 1556 die Wallfahrtskirche abgebrochen.

PLIEZHAUSEN   Spätgotische *Kirche* hoch über dem Ort. Westturm laut Inschrift 1523. Römisches Relief eines Merkur und ein Fratzenkopf an der Westseite des Schiffs eingelassen. 1778 wurde die Kirche erweitert. Das Innere mit flacher Decke. Beachtliche Wandmalereien der Renaissancezeit. – Das *Pfarrhaus* ist ein beachtlicher Bau des 17. Jh. An der Hauptstraße noch die letzten baulichen Zeugen der Geschichte des Orts.
Siehe auch Rübgarten.

REICHENECK Stadt Reutlingen   *Kapelle* von 1910 nach Plänen von Martin Elsässer, Stuttgart. – Ehemalige *Zehntscheuer*, ein Fachwerkbau, Anf. 16. Jh. mit gotisch proportioniertem Satteldach. – Bemerkenswerte Bauernhäuser des 19. Jh.

REUTLINGEN (Stadt)   1090 als Rutelingin urkundend, erhielt durch den Stauferkaiser Friedrich I. Markt- und Stadtrecht und durch Friedrich II. seine noch in ansehnlichen Resten erhaltene Stadtmauer. 1247 schlug die Reichsstadt die Belagerung durch die Anhänger Heinrich Raspes ab und gelobte zum Dank den Bau der *Marienkirche*. 1247 mit rechteckig geschlossenem Chor und Osttürmen mit ostseitig anschließenden halbrunden Nebenapsiden begonnen. Um 1270 am dreischiffigen, basilikalen Langhaus gotische Einflüsse aus Straßburg, durch die Hütten in Wimpfen und Esslingen vermittelt. Alle drei Schiffe sind kreuzrippengewölbt. Der bedeutendste Innenraum des 13. Jh. im oberen Neckargebiet erscheint uns heute in einer archäologischen Rekonstruktion der Zeit von 1893 bis 1901 durch Heinrich Dolmetsch. Die mittelalterliche Kirche war beim großen Stadtbrand von 1726 schwer beschädigt worden. Der Innenraum wurde im 18. Jh. vereinfacht wiederhergestellt. Die vielgliedrigen Bündelpfeiler sind beispielsweise in der Form von Oktogonpfeilern ummantelt worden. Dolmetsch stellte den Raum aufgrund von Befunden wieder her und ergänzte ihn im Sinne des Gotikverständnisses des ausgehenden 19. Jh. mit Empore, Kanzel und Skulpturen. – Der Chor ab einer Höhe von ca. vier Meter 14. Jh., mit einem Stabwerkgiebel Straßburger Herkunft auf der Ostseite. Der Westbau mit drei Portalen und einem mächtigen, 70 m hohen quadratischen Turm über der Mitte, nicht vor 1320, in Verarbeitung erneuter Straßburger Einflüsse (Münster und St. Thomas in Straßburg) mit interessantem Maßwerk in den Westportaltympana. Mindestens das Langhaus bei der Weihe 1343 fertig. Die achtseitige Steinpyramide nach Zerstörung durch Blitzschlag 1494 durch Peter von Breisach und Matthäus Böblinger erneuert. Vorbild für die Kirchtürme in Rottenburg, Tübingen, Dornstetten und Rosenfeld. – Wandmalereien des 14. Jh. im Westbau und in der südlichen Sakristei (1850 entdeckt). – Reich skulpierter achteckiger Taufstein in der Südturmhalle, 1499 datiert, mit der Darstellung der sieben Sakramente als liturgische Handlungen (Taufe, Firmung, Priesterweihe, Ehe, Beichte, Kommunion, Krankenölung). An den Ecken die Apostel unter Baldachinen. Maßwerk wird zu Ast- und Rankenwerk. – Heiliges Grab an der Chorostwand, Anfang 16. Jh., Sarkophag von schwerem Baldachin auf vier schlanken Pfeilern überwölbt. Johannes und die drei Frauen am Grabe stehen hinter dem Sarkophag; Christus selbst ist verloren. Die übrige Ausstattung 1893 ff. – *Nikolaikirche*. 1358 begonnen. Gotische Saalkirche mit dreiseitig geschlossenem Chor. Seit 1538 dient die Kapelle für Totenfeiern, seit 1800 als Speicher. Im 19. Jh. kath. Kirche, 1945 ausgebrannt, 1950 wiederhergestellt. – *Pfarrkirche St. Wolfgang*. 1909/10 von Josef Cades, 1948 nach Kriegsschäden von 1945 wiederhergestellt. Glasmalereien von Wilhelm Geyer. – *Spital* (jetzt Volkshochschule) an der Ostseite des Marktplatzes 1333 genannt. Wahrscheinlich mit der Anlage des Platzes in der 1. Hälfte des 13. Jh. errichtet. 1555 und später erweitert und verändert, im Ganzen aber noch im mittelalterlichen Habitus. Die ehem. Kirche im südlichen Teil unter gemeinsamem Dach. – Von dem 1259 gegründeten *Barfüßerkloster* nur die Klausur erhalten (Friedrich-List-Gymnasium), ein großer Fachwerkbau, dessen Refektorium nach 1535 zum Versammlungsraum des großen Rats der Reichsstadt umgestaltet wurde. Der äußere Klosterhof wurde reichsstädtischer Schwörhof. Die Klosterkirche 1539 abgebrochen. Nach Inschriften 1540 bis 1542 Umbauten. Nutzungsbedingte Erneuerung des Innern 1970 bis 1973. – Die Klosterhöfe sind große stadtbeherrschende Fachwerkbauten, die den Stadtbrand von 1726 überstanden haben: der *Königsbronner Hof* an der Oberamteistraße, jetzt Heimatmuseum, 1537/38 unter Weiterverwendung älterer Reste umgebaut. Für sich stehende spätgotische Kapelle des 15. Jh. – *Marchtaler Hof* an der Oberamteistraße mit Kapelle der Zeit um 1500, seit 1893 Freimaurerloge. – *Salmansweiler oder Nürtinger Hof* mit einem nach dem Brand von 1726 errichteten barocken Hauptgebäude. – Der *Bebenhäuser* und der *Zwiefalter Hof* sind abgegangen. – Das *Spendhaus* lt. Inschrift 1518 neu erbaut, bis 1858 Fruchtkasten, jetzt Stadtbibliothek, Steingeschoß mit drei Fachwerkgeschossen. – Das spätbarocke *Pfarrhaus* Alberstr. 1 wurde 1770 erbaut. Das *Lyceum* (jetzt Landwirtschaftsschule) am Weibermarkt mit barock profiliertem massivem Erdgeschoß, ein großartiger Sichtfachwerkbau der Zeit um 1727. Weitere beachtliche Bürgerbauten des 18. Jh. – Der Wiederaufbau nach dem großen Stadtbrand von 1726 hielt sich im wesentlichen an den alten Stadtgrundriß. Das in der Regel mit bescheidenen, nur in einzelnen Fällen mit großen Bauten wiedererstehende Bild der Stadt in einigen Straßenzügen des Stadtkerns noch von beachtlicher örtlich unterschätzter Ensemblewirkung, die unbedingt erhaltungswürdig ist. – Von der *Stadtbefestigung* des 13. Jh. außer einigen Mauerzügen mit Wehrgang an der Jos-Weiß-Straße das *Tübinger Tor*, Mitte 13. Jh. in gotischen Formen mit Fachwerkturmstube und das *Gartentor*, wahrscheinlich 2. Hälfte 14. Jh. von weithin stadtbildprägender Wirkung. Seit 1820 wurden Stadtmauern und Stadtgraben beseitigt, so daß der reichsstädtische Stadtkern mit den Vorstädten zusammenwachsen konnte. Der Mauer- und Grabenverlauf ist im Straßenbild deutlich erkennbar geblieben. – Zahlreiche bemerkenswerte historische *Brunnen* in der Innenstadt: Der *Marktbrunnen* mit Standbild Kaiser Maximilian II., Renaissance, inschriftl. LB (Leonhard Baumhauer)

1570 (Kopie). Der *Lindenbrunnen*, spätgotisch, 1544 von Hans Huber, mit dem Standbild Kaiser Friedrich II. (Kopie), u. a. – Lapidarium der Stadt. – *Gmindersiedlung* zwischen Reutlingen und Betzingen, eine Arbeitersiedlung nach Plänen von Theodor Fischer von 1904 bis 1914 erbaut, eine beachtliche städtebauliche und soziale Leistung, seit 1974 unter Denkmalschutz.
Siehe auch Achalm, Altenburg, Betzingen, Bronnweiler, Degerschlacht, Gönningen, Mittelstadt, Oferdingen, Ohmenhausen, Reicheneck, Rommelsbach, Sickenhausen, Sondelfingen.

RIEDERICH   Die alte kleine *Kirche* mit einem flachgedeckten Schiff des 13. Jh. und einem Chor des 15. Jh. wurde mit Ausnahme des westlich vorgesetzten Turmes 1957/58 durch einen höheren und nach Süden erweiterten Neubau ersetzt. Ein Teilstück der alten Nordwand mit gotischen Wandmalereien aus dem Ende des 14. Jh. wurde in den Neubau übernommen. Zwei Bilderstreifen: oben Passionsszene, unten Michael, Sebastian, Vitus, Martin. In einer Arkadenöffnung die Darstellung einer weiblichen Heiligen, wohl Katharinas. Stilverwandtschaft mit den etwa gleichzeitigen Wandmalereien in der Vituskirche in Stuttgart-Mühlhausen. Glasmalerei im Ostfenster von V. Saile 1958. – *Pfarrhaus* am Südrand des Friedhofs von 1860. – Spätklassizistisches *Rathaus*, 1860, mit Glockentürmchen als Dachreiter.

RIETHEIM Stadt Münsingen   Die *Kirche* mit dreiseitigem Ostalbschluß und Viereckturm als Dachreiter über der Eingangsseite. Fenster mit Segmentbogensturz. Bauzeit 1768.

RÖMERSTEIN *siehe auch unter Böhringen, Zainingen*

ROMMELSBACH Stadt Reutlingen   Die *Kirche* von Friedrich Bernhard Adam Groß 1827 bis 1830 errichtet, ist nur noch in ihrem Äußeren ein gutes Denkmal des Klassizismus. Die 1951 durchgeführte Erneuerung des saalartigen Innenraums veränderte das Raumbild. – Das viergeschossige hohe *Rathaus*, ein Sichtfachwerkbau von 1840, mit Dachreiter-Glockenturm. – *Pfarrhaus*, Fachwerk um 1830. – *Pfarrscheuer*, 1950 als Gemeindehaus ausgebaut, Fachwerkbau. Noch einige beachtliche Fachwerkhäuser im Ort.

RÜBGARTEN Gde. Pliezhausen   *Schloß* von 1710 mit *Kirche* von 1811 zusammengebaut. Im Innern der Kirche bedeutender spätgotischer Flügelaltar von Hans Syrner 1505.

SANKT JOHANN Gde. Würtingen   Seit 1674 *Gestüt*. – Das ehemalige *Forsthaus* 1564 von Herzog Christoph erbaut, 1764 und 1896 verändert. – *Gasthaus*, 1710 von Herzog Eberhard Ludwig als Verwalterwohnung mit Stallung im Erdgeschoß erbaut. Krüppelwalmdach. Gestütsgebäude, spätes 19. Jh.

SEEBURG Stadt Urach   Der Ort, ein Mühlendorf, und die *Kirche* liegen an der Vereinigung dreier Täler zwischen Felsen an der wichtigen Fernstraße von Urach über die Schwäbische Alb. Das Schiff der Kirche 18. Jh., die halbrunde Apsis dagegen romanisch. Im Apsisgewölbe 1961 Wandmalerei freigelegt: Darstellung Christi in der Mandorla mit Evangelistensymbolen, etwa Mitte 13. Jh. An den Wänden Reste von Wandmalereien mit der Darstellung des Lebens von Johannes dem Täufer, 14. Jh. – Beachtliche Beispiele romantischer Architektur: *Hofgut Uhenhof* von 1837. – Das *Burgschlößchen Uhenfels* auf alten Trümmern 1873 bis 1883 von dem Bildhauer und Maler Ernst von Hain erbaut. – *Jagdvilla* vor dem Ort in knapper Bergschneise 1885 datiert.

SICKENHAUSEN Stadt Reutlingen   Die wegen ihrer Lage an der Hauptstraße vom Abbruch bedrohte *Kirche* im wesentlichen 1676 errichtet. Über dem Westgiebel viereckiger Dachreiter. – Das *Rathaus* laut Inschrift 1840, ein spätklassizistischer Fachwerkbau mit Dachreiterglockenturm auf einem Walmdach. Noch einige beachtliche *Fachwerkbauten* im Ort.

SIRCHINGEN Stadt Urach   Die *Kirche* wurde 1883 im „Albstil" erbaut.

SONDELFINGEN Stadt Reutlingen   Die alte *Pfarrkirche* auf dem Friedhof stammt aus der Zeit um 1500/1502. Rechteckbau ohne Chor mit viereckigem Dachreiter. Ausstattung im rustikalen Charakter des 17. und 18. Jh. Sehenswert, weil eine Anpassung an neuzeitliche Bedürfnisse nicht vollzogen wurde. An der Chorwand seitlich der Orgel eine Freilegungsprobe, die auf Wandmalerei der großen gotischen Zeit um 1300 schließen läßt. – Das *Pfarrhaus* mit Resten eines vorausgehenden Baus von 1470 1783/84 neu erbaut. – Die neue evangelische Pfarrkirche 1958, die katholische Kirche 1968 erbaut. – Noch einige alte *Fachwerkbauten* im Ort.

SONDERBUCH Gde. Zwiefalten   Die *Leonhardskapelle* des 17. Jh. hat eine beachtenswerte Ausstattung. – Die hohe *Loretokapelle* 1671 vom Zwiefalter Abt Christoph Raßler erbaut, seit 1807 landwirtschaftlich genutzt. Die für Loretokapellen charakteristische Quadermalerei im Innern noch in Spuren erhalten.

SONNENBÜHL *siehe unter Erpfingen, Genkingen, Undingen, Willmandingen*

STEINGEBRONN Gde. Gomadingen   Das kleine bescheidene *Kirchlein* in reizvoller Lage am Rande des Orts in höchstmöglicher Lage. Die wesentlichen Teile stammen aus dem 17. Jh. – Origineller Turm über der Westfassade. – *Pfarrhaus* mit abgewalmten Giebeln 1769. Beide Bauten stehen auf dem Grund einer ehem. Spethschen Burg.

STEINHILBEN Stadt Trochtelfingen   *Pfarrkirche* 1698 erbaut. Im Innern flache, geputzte Dekken über Rechtecksaal. Flach dreiseitig geschlossener Chor. Beachtliche Reste einer älteren Ausstattung. – Am Südausgang des Dorfs die *Johanneskapelle*, um 1725 mit einem Altar von 1680, gewundene Säulen. – Die *Vierzehn-Nothelfer-Kapelle* lt. Inschrift über dem Türsturz 1744 erbaut. *Burgreste* inmitten des Orts: Teile einer Ringmauer.

TIGERFELD Gde. Pfronstetten   Die *Stefanskirche* ist ein im Kern gotischer Bau. Der Chor, schmaler als das Schiff mit Dreiachtelschluß. Westturm mit flacher welscher Haube 1698. Die Schallarkaden mit antikisierender Umrahmung. Der Westeingang am Turm hat Spitzbogenform. Stuckverzierung im Innern. Die Deckenmalerei von 1770 neuzeitlich übermalt. Beachtenswerte Ausstattung. – *Pfarrhaus* in ummauertem Hof mit massiver Scheuer ursprünglich Sitz eines Zwiefalter Konventualen. Über der Türe Wappen des Abtes Augustin Stegmüller (1725–1744). In den oberen Räumen Stuckdecken dieser Zeit. Erhaltener Riß (Landesdenkmalamt Baden-Württemberg Planarchiv Stuttgart) läßt auf die Brüder Schneider aus Baach als Baumeister schließen. – Das ehem. Zwiefalter *Armenhaus* an der Straße nach Huldstetten, ein auffallender Mansarddachbau, wurde um 1770 erbaut. Durch Modernisierung und Anbauten entstellt.

99. Pfarrkirche St. Veit
in Hayingen, eine
barocke Saalkirche

100. Peter-und-
Paulus-Kirche in
Gönningen
(Stadt Reutlingen)

101. *Kapelle St. Stephanus in Baach (Gemeinde Zwiefalten) erbaut 1688*
102. *Gestütshof Marbach (Gemeinde Gomadingen)*
103. *Schloß Grafeneck (Gemeinde Gomadingen)*

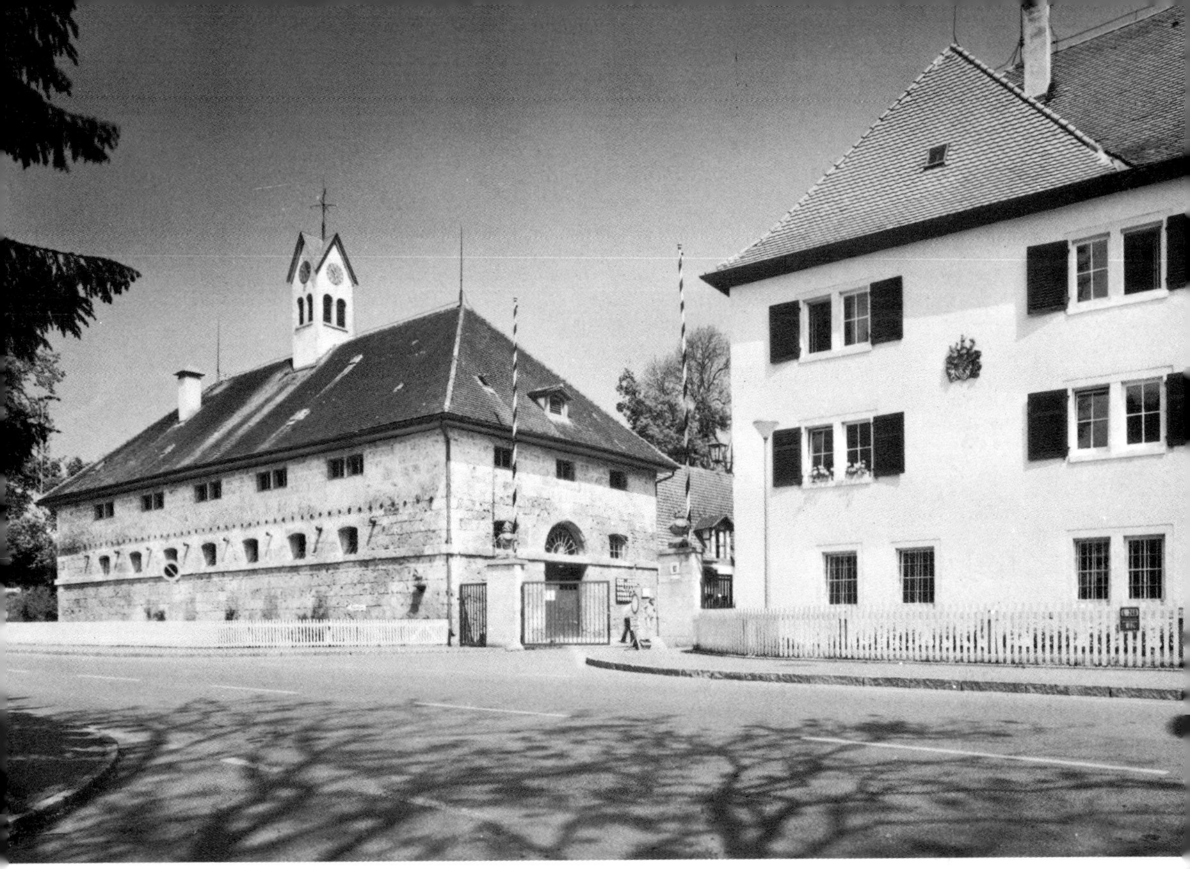

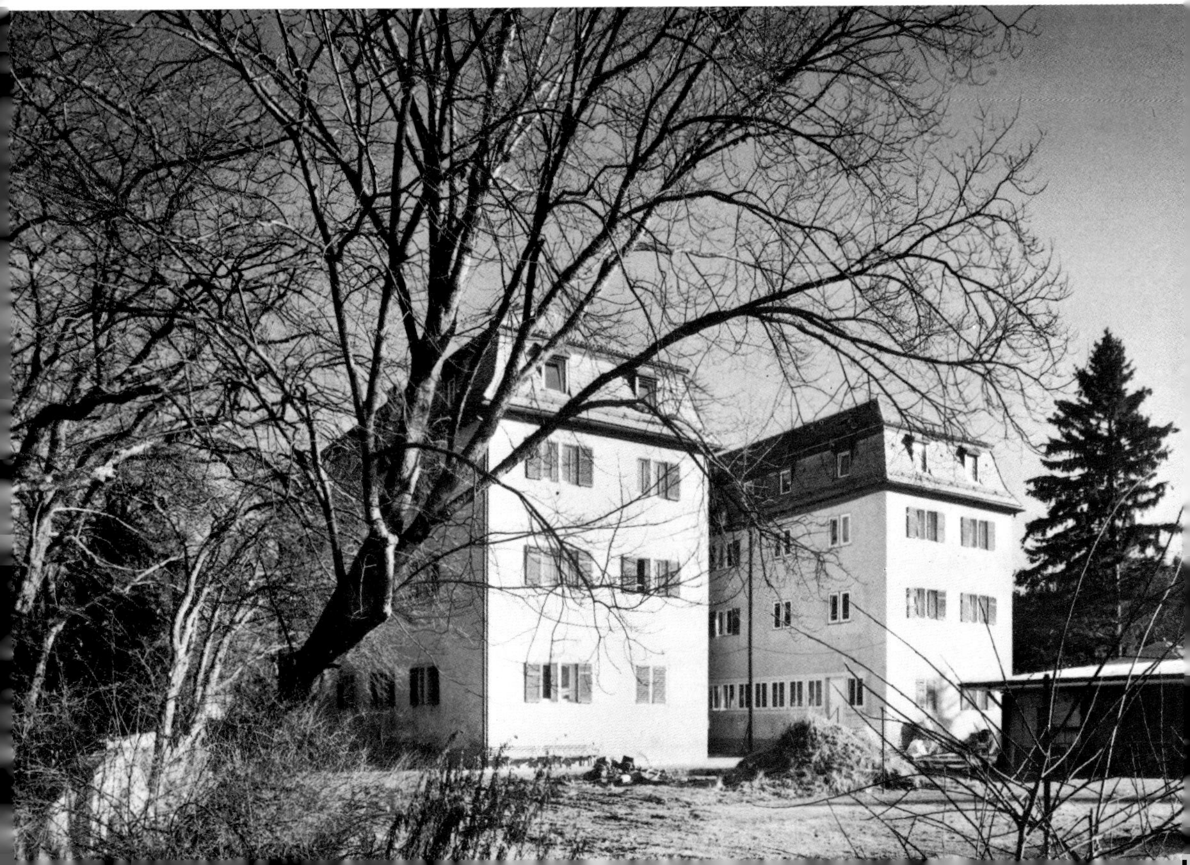

104. Jüdischer Friedhof in Buttenhausen (Stadt Münsingen)

TRAILFINGEN Stadt Münsingen Die *Andreaskirche* im geschlossenen Ring einer alten Wehrmauer mit schönem spätgotischem fünfachtelgeschlossenen Polygonchor wohl aus dem 15. Jh. Außen Strebepfeiler, innen Kreuzrippengewölbe. Turm um 1480. Das Schiff von Martin Elsässer 1908 erbaut. Bei der 1972/73 durchgeführten Instandsetzung des Inneren wurde der Raum im Charakter des Jugendstils belassen. Spätbarocke Orgel. Renaissancetaufstein lt. Inschrift 1539. – Im Ort einige schöne *Fachwerkhäuser* an der Hauptstraße.

TROCHTELFINGEN (Stadt) Attraktives historisches *Ortsbild*. – *Martinskirche* mit einem gotischen Turm des 13. Jh. an der Nordseite, einem rechteckig geschlossenen, gewölbten Chor des 14. Jh. und einem flachgedeckten Schiff des 15. Jh. Turmaufsatz ebenfalls 15 Jh. Verputzter Bruchsteinbau, die Öffnungen mit Sandsteingewänden. Sitzende Muttergottes, eine bedeutende Figur der Ulmer Schule um 1430. Deckenmalerei im Chorgewölbe um 1322: Medaillons mit der Darstellung Christi als Weltenrichter, umgeben von den Evangelistensymbolen, Lamm mit der Heilsfahne. Wandmalerei an der nördlichen Langhauswand mit der Darstellung des Weltgerichts, um 1480. An der südlichen Langhauswand außen Gethsemane-Darstellung in einer Flachbogennische, Ende 15. Jh. *Hl. Martin* über dem gotischen Chorbogen, 1823. Bedeutende Grabmäler und Epitaphien. – *Erhardskapelle*, 14. Jh. im 19. Jh. nach Westen erweitert. Wandmalerei 1904 aufgedeckt. Im Spitzbogenfeld der Ostwand Kreuzigung, um 1430. Bilderzyklus der Zeit um 1430, von Heinrich Gretzinger aus Trochtelfingen auf dem Tonnengewölbe mit der Darstellung der Verkündigung, Heimsuchung, Geburt Christi, Beschneidung, Anbetung der Könige, Darbringung im Tempel, der zwölfjährige Jesus im Tempel, Taufe Christi, Einzug in Jerusalem, Abendmahl, Ölberg, Gefangennahme, Christus vor Kaiphas, Geißelung, Dornenkrönung, Kreuztragung. – *Hünensteinkapelle* von 1422, erweitert 1836. – *Haidkapelle* von 1470, geweiht 1474. Jahreszahl 1475 auf einem Wappenstein an der Ostseite des Chores. Beide Kapellen mit Rechteckchor. – *Burgkapelle* 2 km nördlich der Stadt, 1660 von Gräfin Franziska Elisabeth zu Fürstenberg gestiftet, ein Rundbau. – *Christi-Ruh-Kapelle* um 1700 am Beginn eines Kreuzwegs, der zur Burgkapelle hinaufführt. – *Schloß* der Grafen von Werdenberg-Heiligenberg, Ende 15. Jh. am oberen Stadtgraben, westlich der Martinskirche. Dreigeschossiger Rechteckbau mit außen achteckigem Wendeltreppenturm an der Ostseite. Steiles Satteldach mit Staffelgiebeln. Im Innern gotische Balkendecke und Bandelwerk-Stuckdecke des 18. Jh. Fenster mit profilierten Steinkreuzen. – *Altes Rathaus* von 1747, am Markt, jetzt Privatbesitz – *Stadtbefestigung* Anfang 16. Jh., mit rundem Wehrturm, der sog. ,,Hohe Turm''. – Beachtliche *Fachwerkhäuser*. *Siehe auch Hausen a. d. L., Mägerkingen, Steinhilben, Wilsingen.*

UNDINGEN Gde. Sonnenbühl Die ehemalige *Chorturmkirche* des 12. bis 13. Jh. 1863 und 1892 völlig renoviert. 1959/60 abermalige Erneuerung des Innern. Die 1932 aufgedeckten spätgotischen Wandmalereien im Chor mußten wegen ihres fragmentarischen Zustands wieder zugedeckt werden.

UNTERHAUSEN Gde. Lichtenstein Die *Johanneskirche* am südöstlichen Rand des alten Dorfkerns in einem wehrhaft ummauerten Kirchhof (ehemaliger Friedhof) mit hainartigen Stimmungswerten. Kräftiger, nicht sehr hoher Chorturm mit Ostfenster im Erdgeschoß, Maßwerk des 14. Jh. Schiff von 1585 mit verputztem Zierfachwerkgiebel. Inneres 1661 und 1953 erneuert. Empore auf schlanken Achteckstützen mit gotischer Profilierung 1585. – Im ursprünglich gewölbten Chor vollständige Ausmalung der Zeit um 1430. In der oberen und mittleren Reihe ist die Legende des Kirchenpatrons, in der unteren Reihe die Passion Christi dargestellt. Unterhalb

der Passion Reste eines gemalten Wandbehangs. Beachtliche Qualität, verwandt mit den Wandmalereien der Erhardskapelle in Trochtelfingen. Gotischer Taufstein, 14. Jh. Chorgestühl lt. ein-
geritzter Inschrift 1548 bzw. 1549. Schönes frühbarockes Epitaph für Pfarrer Johann Jacob Rösch,
gestorben 1667. – Dreigeschossiges *Pfarrhaus* nordwestlich der Kirche, aus Fachwerk mit leichten Vorkragungen lt. Inschrift 1721. – *Gemeindezentrum* im Südwesten an die Wehrmauer 1972
angebaut. – *Rathaus* 1838.

UPFINGEN Gde. Würtingen   Die große *Kirche* durchgehend gotisch, Reutlinger Schule, laut
Inschrift 1448. Flachgedecktes Schiff mit Maßwerkfenstern, Chor dreiseitig geschlossen, mit
Kreuzrippengewölben, die auf Konsolen fußen. Konsolen mit Fratzen skulpiert. Turm an der
Südseite durchgehend viereckig mit Satteldach und Eckfialen. Im Innern beachtliche Sedilien-
nische und Wandtabernakel im Chor. Kleines Glasgemälde von 1607. Beachtliche Wandmalereien der Zeit um 1450, 1960 aufgedeckt. Schöner Taufstein der Renaissancezeit mit Brustbild-
nissen der Propheten.

UPFLAMÖR Gde. Zwiefalten   *Blasiuskapelle*, 18. Jh. mit einem noch mittelalterlichen Turm.
Rechteckbau mit dreiseitigem Ostschluß. Flachdecke im Innern. – *Friedhofskapelle*, als Wallfahrtsstätte 1756 neu erbaut, aber bereits um 1100 erwähnt. Außerhalb des Dorfes auf sanftem
Wiesenhügel. Der daneben liegende Friedhof durch Ummauerung gesondert. Rechteckbau mit
eingezogenem kurzem Halbrundchor. Über dem Chorbogen Zwiefalter Wappen. Westempore
mit geschwungener Brüstung. Flachdecke mit leichter Stuckverzierung und Freskenmedaillons
von Bernhard Neher 1767.

URACH (Stadt)   Im 11. Jh. anstelle einer alamannischen Siedlung gegründet, war „Uraha" Sitz
eines Hochadelsgeschlechts, dessen anderer Zweig sich nach der Burg Achalm nannte. Beide
Zweige hatten einen Löwen im Wappen. Zwischen 1261 und 1265 kam die Grafschaft Urach an
Württemberg. Von 1442 bis 1482 war Urach Residenz der Grafen Ludwig und Eberhard im Bart
bis der Münsinger Vertrag Stuttgart zur gemeinsamen Hauptstadt bestimmte. Die spätmittelalterliche Residenzstadt ist bis heute fühlbar geblieben. Der Marktplatz einerseits und das Schloß,
die Amanduskirche und das Stift andererseits bilden bis heute zwei nahe zusammenliegende,
durch die Kirchgasse verbundene Zentren. Der Altstadtbering des 12./13. Jh. ist nicht mehr erhalten. – Die erhaltene *Stadtbefestigungsteile* stammen aus späterer Zeit: der *Büchsenhausturm*
des 15. Jh. am Ulrichsplatz, die ehemalige Nordostecke der Stadtbefestigung, der *Dicke Turm* von
1604 mit segmentbogenartigen Geschützöffnungen, der *Halbrunde Turm* auf der Rückseite der
Weberbleiche. – Die *Amanduskirche* ist die von Graf Eberhard im Bart durch Baumeister Peter
von Koblenz von 1470 bis 1499 erbaute Hof- und Stiftskirche. Spätgotische Basilika mit achteckigen Pfeilern zwischen den drei Schiffen. Alle Räume mit Netz- und Sterngewölben. Bei der Ex-
plosion der Pulvermühle 1707 Schäden an den Gewölben, den Fenstern (des Obergadens) und der
Orgel. Das Innere durch eine von Heinrich Dolmetsch bei der Erneuerung 1896 bis 1901 einge-
brachte Raumfassung nicht zum Vorteil gesteigert, weil durch eine spröde Wandbemalung die
Horizontalen zu stark betont werden. Von Dolmetsch auch die oktogonale Erhöhung des Westturmes, in Sandstein und der ortsbildbestimmende Spitzhelm. – Einer der schönsten basilikalen
Räume der Spätgotik in Oberdeutschland, in dem die Flächen der Wände und die vertikalen Glie-
derungselemente von raumbildprägender Bedeutung sind. – Hervorragende bildhauerische Ausstattung: die *Sandsteinkanzel*, um 1500, mit Astwerkornamentik und den Reliefs der Kirchen-
lehrer Augustinus als Bischof, Gregor als Papst, Hieronymus als Kardinal, Ambrosius als Erzbi-

schof sowie der Kanzler der Universität Paris Gerson als Vertreter der Scholastik. An den Ecken Statuetten anderer Gelehrter. Der hölzerne frühbarocke Schalldeckel kam 1632 zur Kanzel hinzu. In der Taufkapelle ein spätgotischer *Taufstein*, 1518 von dem Bildhauer Christoph von Urach. – *Beichtstuhl Graf Eberhards*, früher im Chor, jetzt im südlichen Seitenschiff, mit reicher spätgotischer Schnitzerei. An der Rückwand innen die Inschrift ,,Eberhardus Comes de Wirtemberg et de Monte Pelligardo 1472" und der Wahlspruch des Grafen ,,Attempto". – *Chorgestühl* um 1480, Dorsal und Bekrönung verloren. – Sog. *Lehrstuhl* im Chor, Sandstein, Renaissance, um 1540 von Christoph von Urach (?) mit Hochreliefs (Evangelistensymbole) und Statuetten an den Ecken. *Glasmalerei* im südlichen Fenster neben der Taufkapelle von dem bedeutenden Straßburger Glasmaler Peter Hemmel von Andlau, lt. Inschrift 1475. Ein kleines Glasbild mit der Darstellung Christi als Lehrer, Anfang 14. Jh. stammt aus der Klosterkirche Offenhausen. – Zahlreiche *Grabmäler*, zwei davon von 1363 und von 1427/1445 aus der an dieser Stelle vorausgehenden romanischen Kirche. Von besonderer geschichtlicher und kunstgeschichtlicher Bedeutung die Rittergrabsteine im Chor. – *Totenschilde* des 15. und 16. Jh. in den Kapellen des südlichen Seitenschiffs. *Holzepitaphien* des 16. und 17. Jh. Das Epitaph des Stadtschreibers Bernhardt Brendlin, gestorben 1568, und seiner Ehefrau Barbara Fietz, gestorben 1582, mit bemerkenswerter gemalter Stadtansicht Urachs. – An der Nordseite der Amanduskirche das *,,Evangelische Seminar"*, eine klausurartige Dreiflügelanlage, die den viereckigen Hof umschließt. Ursprünglich das von Graf Eberhard im Bart erbaute Chorherrenstift für die ,,Brüder vom gemeinsamen Leben". Nach der Säkularisation 1537 wechselnde Verwendung: 1558 Bibeldruckerei, 1599 Leinwand-Mange, 1810 Fohlenstall, seit 1818 theologisches Seminar, jetzt Internatsschule. – Das spätgotische *Stadtschloß*, 1443 als Residenz von Graf Ludwig von Württemberg erbaut. Eberhard erneuerte 1474 den rechteckigen Torturm, wölbte den vierschiffigen *Dürnitz* (Speiseraum des Hofgesindes) und baute den ,,Goldenen Saal" ein. Langgestreckter schmuckloser Bau mit zwei Steingeschossen, einem vorkragenden Fachwerkgeschoß und einem hohen Sattel- bzw. Krüppelwalmdach. Erweiterungsbau an der Südseite. Das ganze Erdgeschoß wird von der 1474 eingewölbten spätgotischen Oktogonpfeilerhalle dem Dürnitz eingenommen. Im Obergeschoß der die ganze Breite des Gebäudes einnehmende *Palmensaal*, ursprünglich laut einer alten Beschreibung mit spätgotischen Holzstützen und einer Segmentbogen-Holzdecke. An die Wand gemalt: die Palmen Graf Eberhards im Bart mit seinem Wahlspruch ,,Attempto" (ich wag's) und die Wappen seiner Vorfahren als ,,Ahnenprobe". Im nördlichen Teil der stuckverkleidete von Herzog Karl Eugen eingebaute *Weiße Saal*. Im zweiten Obergeschoß der *Goldene Saal*, der 1474 zur Vermählung Graf Eberhards mit Barbara Gonzaga, Tochter des Markgrafen von Mantua eingebaut worden ist. Der ursprünglich spätgotische Vierstützensaal wurde um 1609 mit einer italienisch orientierten Raumdekoration versehen, die die Wandmalerei Graf Eberhards, seine Devise ,,Attempto", seine stilisierten Palmen von 1474 berücksichtigt. Portalhafte Türarchitekturen von 1609. Im Saal ein prächtig farbiger Ofen aus gebranntem Ton, frühes 17. Jahrhundert, von Martin Ruess. Die Initialen E. H. Z. W. (Eberhard III., Herzog zu Wirtenberg) auf dem unteren, gußeisernen Teil und von Herzog Johann Friedrich und seiner Gemahlin oben. – Gewaltiger *Eber auf Rädern*, laut Inschrift Nachbildung eines von Herzog Ulrich 1507 auf dem Roßfeld zwischen Urach und Dettingen erlegten Schwarzwildes. Der Eber, der ursprünglich mit Naturfellen behängt war, soll mit der Schloßtür so verbunden gewesen sein, daß er auf jeden Besucher schreckerregend zustürmte, wenn das Tor geöffnet wurde. Die Inschrift ,,stat animo" (ich hab's im Sinn) ist der Wahlspruch des Fürsten. – Im Schloß ist heute das Albmuseum, eine Außenstelle des Württembergischen Landesmuseums Stuttgart untergebracht. – Der *Brunnen* im Hof ist ein umgearbeite-

tes Säulenkapitell aus Italien, 1969 hierher gebracht. – Das *Kameralamt*, ein schmaler, zweigeschossiger Bau, jetzt Dekanatshaus. – Das *Spital*, 1480 von Eberhard im Bart gestiftet, jetzt Schule. Von der *Spitalkirche* ist nur der 1515 vollendete Chor erhalten, das Werk eines Mitarbeiters
des Baumeisters Peter von Koblenz. Imponierende Fachwerkbauten. – Das *Rathaus* am Marktplatz, ein großer Fachwerkbau der Mitte des 15. Jh. mit einem dritten Geschoß von 1562. – Das
Haus am (nicht mehr vorhandenen) *Gorisbrunnen*, Stuttgarter Straße 15, ein schmaler dreigeschossiger Fachwerkbau von 1476 mit weiterer Bauinschrift von 1479, der im ersten Obergeschoß
an der Erkerseite einen Saal besaß, in dem bis zur Vereinigung der Stuttgarter und der Uracher
Landesteile 1482 die Uracher Stände getagt haben. – Beim Bad und am Marktplatz weitere giebel-
ständige Fachwerkbauten. Am *Marktplatz* die Geschlossenheit des vorwiegend noch spätgotisch
wirkenden Platzes eindrucksvoll, obwohl die Häuser durch Ladeneinbauten und sonstige Veränderungen beeinträchtigt sind. Das ehem. Postgebäude von 1830 (jetzt Volksbank) wirkt auch in
der Neugestaltung des Äußeren als Fremdkörper. – Spätgotischer *Marktbrunnen* aus Sandstein,
um 1500, wahrscheinlich von Peter von Koblenz entworfen, 1905 durch Kopie ersetzt (Original
im Württ. Landesmuseum Stuttgart). 8,40 m hohe Brunnensäule mit Reliefs und Statuetten besetzt. Im offenen Tabernakel oben die 1,50 m hohe Standfigur des hl. Christophorus. – Mittelalterlicher Straßenverlauf in der *Kirchstraße* unmittelbar erlebbar. Fast alle Häuser mit dem Giebel
zur Straße. Das *Pommersche Haus* Kirchstraße 7a mit Rokokofassade von 1746. – In der Wil-
helmstraße das „*Gasthaus zum Faß*" mit schmiedeeisernem Wirtshausschild, ein besonders im-
ponierendes Fachwerkhaus. – Die *Weberbleiche* vor dem Ostrand der Neustadt, eine Zeile trauf-
ständiger Häuser, die sich an die neue Stadtmauer lehnten. Zur Geschichte gibt eine Inschrifttafel
Auskunft: „Friedrich, Herzog zu Wirtenberg, / hat aufgericht dies loblich Werk, / der Weber-
zunft an dieser Straßen / neunundzwanzig Häuser bauen lassen. / Herr Jesaias Huldenreich, / der
fürstlich Anwalt half desgleich, / an Peters Tag der ersten Stein / im Grund ein Glas mit rotem
Wein. / Anno Salutis 1599." Diese interessante Stadtansiedlung ist leider durch unsachgemäße
Modernisierung stark verändert. – Die *Burg Hohenurach* auf einem Kegel westlich von Urach
war der Sitz der im 12. Jh. genannten Grafen von Urach. Spätestens 1264 wurde die Burg an
Württemberg verkauft. Unter Herzog Ulrich, ab 1534, Ausbau zur Festung. In der 2. Hälfte des
16. Jh. Staatsgefängnis. Nach Eintritt durch den alten Torbau der Zwinger, der Brunnenhof, die
Schildmauer, der Burghof, der ehem. Palas der 14. Jh. sowie die Rundtürme der Umfassungsmauern gut zu erkennen und von eindringlich dichter Wirkung. Die Burg wurde 1767 unter Herzog Karl Eugen zur Wiederverwendung beim Bau des Jagd- und Lustschlosses Grafeneck (s. d.)
abgebrochen. – Der *Runde Berg*, 2 km westlich der Stadt, schon in der Spätbronzezeit besiedelt.
Von besonderer Bedeutung in frühalamannischer Zeit: Durch Lage und Gestalt als Fliehburg geeignet. Die Kuppe wird seit einigen Jahren archäologisch untersucht. – *Güterstein*, ursprünglich
ein kleines Zisterzienserkloster (1226 gegründet), dann Zwiefaltener Benediktinerpropstei
(1350), 1439 Kartäuserpriorat, seit 1534 Gestüt. Der *Gestütshof* anstelle eines 1465 erstmals genannten Wirtschaftshofes 1819/20 unter König Wilhelm neu angelegt. Die ehem. *Schmiede*, ein
nach der Niederbrennung im Dreißigjährigen Krieg errichteter Fachwerkbau. Gußeiserner
Brunnen mit klassizistischer Stele als Brunnenstock um 1840. – Am Gütersteiner Wasserfall das
Pumpenhäuschen, ein Neubau von 1907 anstelle des 1715 neben der Klosterruine errichteten
Wasserhauses zur Wasserversorgung von Sankt Johann. In den heutigen Bau die Gründungsin-
schrift übernommen: „C.D.E.D.E.L.H.Z.W.A.C.M.DCC.XV." (= Cum Deo et Die – mit Gott
und dem Tag – Eberhard Ludwig Herzog zu Württemberg anno corrente 1715). – Das 1226 gegründete, Bebenhausen unterstellte *Kartäuserkloster* auf der oberen Terrasse beim Gütersteiner

Wasserfall ist nur noch durch Abbildungen überliefert. Die dortige Andreaskapelle ließ Graf Eberhard im Bart durch seinen Baumeister Peter von Koblenz als Grablege seines Hauses herrichten. Nach der Aufhebung des Klosters 1534 verfielen die Gebäude. Herzog Christoph ließ sie 1552 abbrechen, nachdem die in der Andreaskapelle Bestatteten in den Chor der Stiftskirche in Tübingen überführt worden waren. Von den Grabmälern wurde nur das der Gräfin Mechtild im Tübinger Stiftskirchenchor wieder aufgestellt, ein Werk Hans Multschers, um 1450.
Siehe auch Hengen, Seeburg, Sirchingen, Wittlingen.

WALDDORF, Gde. Walddorfhäslach   Am östlichen Rand des Dorfes liegt, von einer Mauer umgeben, die spätgotische *Kirche* mit dem signifikanten schweren, vierseitigen Turmkörper, der in einem achtseitigen, weit überkragenden Zeltdach endigt. Flachgedecktes Schiff mit szenisch bemalten Emporenbrüstungen. – *Schloß* der Herren von Gayern, ein bürgerlicher Fachwerkbau von 1579, Hoftor im Renaissancestil, 1607 datiert. Weitere Fachwerkhäuser, die das Ortsbild prägen.

WALDDORFHÄSLACH *siehe unter Walddorf*

WANNWEIL   Die *Johanneskirche* mit einer durch drei hohe Blendbogen auf Halbsäulen gegliederten Westfassade und einem Turmunterbau im salischen Stil um 1100. Interessanter Kapitellschmuck, der auf lombardische Bauleute schließen läßt. Auch in der Turmkapelle kapitellartige Reliefs mit kurvig ineinander verschlungenem Flechtband, einer Vogeldarstellung (Heiliggeisttaube?) und einem Kopf mit Schnurrbart, geteiltem Kinnbart und geöffneten Lippen (Johannes der Täufer?). Alle diese Darstellungen sind um 1100 zu datieren. Schlangen- oder Drachenstein (Original im Württembergischen Landesmuseum Stuttgart) aus dem vorausgehenden karolingischen Kirchenbau in die heutige Kirche übernommen, wahrscheinlich ein Türsturz mit symbolhafter Reliefdarstellung. Beim Neubau des Schiffs durch Leins und Dolmetsch 1890/91 wurde die salische Westfassade und der Turmunterbau einerseits, andererseits der spätgotische Chor von 1480 beibehalten. Das Wandtabernakel von 1488 im Chor mit Meisterzeichen von Hans Augsteindreyer aus Wiesensteig, dem Erbauer der Tübinger Stiftskirche. Hübsche Wandmalereien protestantischer Zeit sind neuerdings an den Wänden den Chores freigelegt und konserviert worden. Spätgotischer Taufstein, vielleicht von Augsteindreyer.

WILLMANDINGEN Gde. Sonnenbühl   Die *Galluskirche* in dem 1200 Jahre alten Ort in Anlehnung an frühgotische Formen 1903 von Heinrich Dolmetsch erbaut. Der Turm der vorausgehenden Kirche nun als Nordflankenturm am Chor, ursprünglich nach Ausweis der Westarkade ein romanischer Chorturm für eine weiter nordwärts stehende Kirche. Obergeschoß des Turmes ursprünglich Fachwerk, 1953 verändert. Der alte Chor, jetzt Sakristei, war ursprünglich flachgedeckt. Im 14. Jh. Wölbung durch Kreuzrippengewölbe und Vergrößerung der Ost- und Südfenster. 1969 wurden spätromanische Wandmalereien der Zeit um 1220/30 und ein Sakramentshäuschen gotischer Zeit freigelegt. Auf der Nordwand ist die Kindheitsgeschichte Christi, auf der Ostwand die Passion und auf der Südwand das Jüngste Gericht dargestellt. Im Gewände des kleinen romanischen Nordfensters ist eine Standfigur mit Buch gemalt. Ein kelchförmiger Taufstein des 13. Jh. befindet sich in der Kirche. Kruzifix des 16. Jh. – Zweigeschossiges *Pfarrhaus* mit Krüppelwalmdach 1777 erbaut. – *Rathaus* von 1835. – Einige beachtliche *Fachwerkbauten* im Ort.

WILSINGEN Stadt Trochtelfingen   Die *Georgskirche* mit Turm über der westlichen Eingangsseite. Während der Chor mit Dreiachtelschluß noch gotisch ist, wurde das Langhaus Anfang des

17. Jh. umgebaut. Deckenmalereien laut Inschrift von Josef Ignaz Wegscheider aus Riedlingen 1753. Diese Signatur stammt jedoch von Anton Bauer 1913. Hochaltar von 1690 mit reichem Säulenaufbau.

WITTLINGEN Stadt Urach *Kirche* mit kleinem sterngewölbtem gotischen Chor. – Die Reste der *Burg* Hohenwittlingen auf steilem Fels über dem Seeburger Tal.

WÜRTINGEN Der älteste Teil der *Andreaskirche* ist der im Kern romanische Chorturm. Romanisch sind die rundbogigen Blendnischen in der Süd- und Nordwand. 1753 bis 1755 Neubau des sehr breit angelegten Schiffs und Umbau des ehemaligen Chorturms in schlichten spätbarokken Formen unter der Leitung des württembergischen Landbaumeisters Johann Adam Gross d. Ä. aus Winnenden. Der rundbogige Chorbogen erhielt bei der Instandsetzung 1950 wieder seine vermutete ursprüngliche Höhe. Im Schiff gefelderte Holzdecke. Kruzifix mit spätgotischem Corpus, Anfang 16. Jh., Kanzel barock, wohl 1755. Taufstein Frührenaissance, 1534. Emporenbrüstung mit Gemälde: Die Standfiguren von zwölf Aposteln und sechzehn Propheten. Über den Aposteln fortlaufend der Text des Glaubensbekenntnisses, über den Propheten charakteristische Bibelzitate, unter den Bildern die Namen der Stifter. Volkstümliche Malerei von F. Chr. Herrmann, 1692. – Das von Heinrich Schickhardt 1612 erneuerte *Pfarrhaus* nicht mehr vorhanden. Der heutige Bau von 1792. – Das *Rathaus*, ein Fachwerkbau von 1774 als ungewöhnlich großes Bauernhaus errichtet, das bis 1911 auch als Schulhaus diente.
Siehe auch Gächingen, Lonsingen, Ohnastetten, St. Johann, Upfingen.

ZAININGEN Gde. Römerstein Die *Kirche* inmitten eindrucksvoller wehrhaft hoher Ummauerung, 1476 erbaut. Der polygonal geschlossene Chor mit Netzgewölben auf Konsolen. Der hohe Turm mit neuerdings freigelegtem Fachwerkglockengeschoß charakteristisch für das Ortbild. Im Langhaus großes Wandgemälde eines hl. Christophorus von 1496. Anbauten im Charakter des Jugendstils. – Gepflegtes historisches *Ortsbild*, noch mit einer Hüle mitten im Dorf.

ZWIEFALTEN Ursprünglich Pfarrdorf. Es wuchs mit der 1089 von den Grafen Kuno und Liutold von Achalm (s. d.) gegründeten, zuerst von Hirsauer Mönchen besetzten Benediktinerabtei. Schon um 1109, der Zeit der Weihe der ersten großen Kirche, stand das Kloster in später nicht mehr erreichter Blüte. Seinerzeit gehörten 70 Mönche und 130 Laienbrüder dem Konvent an. 1138 wurde der Klosterbezirk durch hohe Mauern gesichert. Es entstanden wertvolle Klosterchroniken und Handschriften. Die romanische, 1109 geweihte Klosterkirche war, alten Abbildungen von 1628, 1659 und 1738 zufolge, eine dreischiffige Basilika mit einer Länge von sieben Jochen, mit Querschiff und hohem, viereckigem Vierungsturm. Im Westen führten vier Arkaden in eine Vorhalle. Der Chor war plan geschlossen. Die alte romanische Kirche wurde 1623 mit Renaissancestuck von dem Augsburger Künstler Matthias Kager ausgestattet. 1739/40 wurde die Kirche abgebrochen.
Aus der alten Klosterkirche stammen: der überlebensgroße *Kruzifixus* in der Vorhalle der heutigen Kirche, der im Triumphbogen der alten Kirche hing, Ende des 15. Jh., in der Art des jüngeren Syrlin; ferner die *Schutzmantelmadonna* auf dem Kreuzaltar vor dem Chorgitter, Anfang 15. Jh., 1756 durch Joseph Christian umgearbeitet: die Schutzbefohlenen wurden entfernt.
Die heutigen *Konventsbauten* (Psychiatrische Landeskrankenanstalt) sind an die romanische Kirche angebaut worden. Sie wurden mit dem Westflügel von dem Graubündener Baumeister Tommaso Comacio 1668 begonnen und bis 1690 vollendet. – Der prächtige *Kapitelsaal*, heute ev.

Kirche, wurde 1668 von Michael Thumb erbaut. Stuckierung von Johann Schmutzer aus Wessobrunn und seinem Mitarbeiter Melchior Paulus aus Ellwangen, 1715. –

Die *heutige Klosterkirche* wurde 1739 bis 1765 erbaut. Sie ist also die späteste und zugleich großartigste klosterzeitliche Baumaßnahme. Entwurf von Johann Michael Fischer aus München. Die aus Kalkstein errichtete Westfassade sanft bewegt, konvex und konkav schwingend. Auf gigantischem Sockel, der von den drei Portalen unterbrochen wird, eine zur Mitte hin vorschwingende Kolossalordnung von vier Säulen und vier Pilastern. Aufgebrochener antikisierender Giebel über dem Mittelteil. Volutengiebel, bekrönt von einem großen schmiedeeisernen Kreuz, in Anlehnung an die früheren Giebel der Konventsbauten. Sandsteinfiguren aus der Werkstatt Joseph Christians, zum Teil durch Kopien ersetzt (Originale in der Vorhalle), bezogen auf die große Muttergottes in der Giebelnische. Zwei pilastergegliederte Türme flankieren symmetrisch den Chor. Stark ausbauchende vierseitige Helme. Tabernakelartige offene Glockenstuben.

In der Grundrißkonzeption des Langhauses klingt das Vorarlberger Schema des 17. Jh. nach: der beruhigte Grundriß und die eingezogenen Wandpfeiler mit zwischengespannten Emporen, die nun aber balkonartig vorbuchten. Dekoration mit reichem, vorwiegend „abstraktem", schaumartig verspritztem Rocaille-Stuck von Johann Michael Feuchtmayer und Gewölbemalereien von Joseph Spiegler aus Wangen in Chor, Kuppel und Schiff, Meinrad von Ow an Kapellen-, Emporen- und Westemporendecken und Franz Sigrist in der Vorhalle.

Der großartige Innenraum von starker, bunter und durch Gold und Weiß festlicher Wirkung.

Den Gewölbemalereien entsprechen im unteren Bereich die rot bis violettbunt marmorierten Doppelsäulen vor den Wandpfeilern.

Im Deckengemälde über dem Langhaus ist die Verehrung Mariens dargestellt, die, von Engeln umgeben, bei der Dreifaltigkeit thront. In der Vierungskuppel erscheint Maria als Königin aller Heiligen, von der Trinität und Engeln umgeben. Im Chor ist der Märtyrertod des hl. Placidus wiedergegeben.

Die Ausstattung insgesamt von hervorragender Bedeutung: 16 Altäre mit prächtigen Säulenaufbauten und zum Teil mit überlebensgroßen Standfiguren in porzellanhafter Weißfassung. Als Bildhauer waren Joseph Christian aus Riedlingen und Johann Georg Weckenmann aus Haigerloch tätig. Die Kanzel am südwestlichen und ihr Gegenstück: die Ezechielkonsole am nordwestlichen Vierungspfeiler wahrscheinlich von dem Maler Joseph Spiegler entworfen. Das perspektivische Chorgitter von Joseph Büssel. Das 71sitzige Chorgestühl von Joseph Christian, aus Nußbaum mit zwanzig vergoldeten Lindenholzreliefs am Dorsal, das Hauptwerk dieses bedeutenden Bildhauers der Barockzeit. Letzte Werke der originalen Ausstattung sind die Beichtstühle unter der Westempore, die aus der Darstellung von vermoosten Tropfsteinen aufgebaut sind.

Die Steinfiguren in der Vorhalle sind die Originalfiguren Joseph Christians von der Westfassade. Das 1765 bis 1787 erbaute *Coemiterium* an der Nordseite des Chores mit einer auf den Tod bezogenen Wandmalerei heute Werktagskirche.

Im *Münsterschatz* hervorragende Werke der Zwiefalter Goldschmiedekunst der Zeit der 1. Hälfte des 12. Jh.: eine Kreuztafel, ein mit Edelsteinen besetztes Vortragekreuz und das Stefanusreliquiar.

Die alte *Pfarrkirche* des Orts westlich der Klosterkirche nur noch in den Umfassungsmauern erhalten, jetzt Wohngebäude. – *Liebfrauenkapelle* auf dem Friedhof, ein gotischer Bau des 16. Jh. mit spätbarockem Dachreiter. Zwiebelkuppel. – Das *Rathaus* ist ein Wirtschaftsbau des Klosters aus dem 17. Jh.

Siehe auch Baach, Gauingen, Gossenzugen, Mörsingen, Sonderbuch, Upflamör.

Die Museen im Kreis

von Volker Himmelein, Karl Keim und Walter Mergenthaler

Die Schloßmuseen (Volker Himmelein)

Drei Schlösser im Kreisgebiet sind museal eingerichtet und allgemein zugänglich: das Stadtschloß der Grafen von Württemberg in Urach aus dem 15. Jahrhundert, das ebenfalls württembergische Schloß in Münsingen und das neugotische Bergschloß Lichtenstein, das der herzoglichen Familie von Urach gehört.

Stadtschloß Urach

Graf Ludwig von Württemberg ließ das massige, ungegliederte Steinhaus mit Fachwerkaufsatz ab 1443 als Residenz für den ihm bei der Landesteilung 1442 zugefallenen Uracher Landesteil errichten. Graf Eberhard im Bart, der hier 1445 geboren wurde, baute es weiter aus, Herzog Christoph fügte im 16. Jahrhundert den südlichen Anbau mit den beiden erkerartig vorspringenden Türmen an, im 17. und 18. Jahrhundert wurde das Innere verschiedentlich erneuert und umgestaltet. Damals hatte das Schloß freilich längst aufgehört, Residenz zu sein. Nach der Wiedervereinigung der beiden Landesteile 1482 war der Hof wieder nach Stuttgart verlegt worden, und aus der Residenz wurde ein einfaches Landschloß, das nur noch gelegentlich, vor allem zu Jagdaufenthalten benützt wurde und schließlich den evangelischen Geistlichen der Stadt als Wohnung diente.
Das Innere verdankt sein heutiges Aussehen im wesentlichen der in den Jahren 1960 bis 1968 durchgeführten Wiederherstellung, die das baufällige Haus sanierte, die historischen Räume restaurierte und sich bemühte, die alten Raumverhältnisse wieder sichtbar zu machen, freilich unter Opferung so reizvoller Details, wie der alten Außentreppe, die vom Schloßhof zu den oberen Stockwerken hinaufführte.
Im Untergeschoß befindet sich der Dürnitz, vielleicht der eindruckvollste Raum des Schlosses und das seltene Beispiel eines profanen Innenraums aus dem späten Mittelalter: eine vierschiffige Halle von gedrungenen Proportionen, mit weit herabgezogenen

105. Weingärtner-Zunftstube im
Heimatmuseum Reutlingen

106. Rebenmännle, eine Urbansfigur
der Weingärtner aus dem 16. Jh.
(Heimatmuseum Reutlingen)

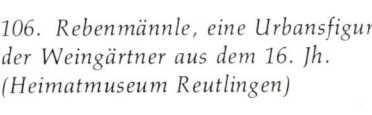

107. *Kapelle in Geisingen (Gemeinde Pfronstetten)*

Gewölberippen, die in 15 achteckigen Pfeilern zusammenlaufen. Hier war der Aufenthaltsraum für das Gesinde, das in den tiefen Fensternischen, zu denen man über einen hölzernen Umgang gelangte, seine Mahlzeiten einnahm.

Fast das ganze erste Stockwerk nimmt der Repräsentationsraum des Schlosses ein, der erst bei der Renovierung als solcher wiederentdeckte „Palmensaal". Seine Wände schmückt achtmal Emblem und Devise des Grafen Eberhard im Bart, der Palmbaum mit dem „Attempto" (= ich wags), dabei acht Wappen, die zusammen eine monumentale Ahnenprobe des Grafen ergeben und seine vornehme, fürstengleiche Abkunft sichtbar machen sollen: ein ganz ungewöhnliches heraldisch-genealogisches Denkmal, das in dieser Form wohl auf italienische Vorbilder zurückgeht.

Ein gemaltes württembergisches Wappen von 1535 in einer Fensternische und Reste von Inschriften, die sich auf die hier einst aufgehängten „unzalbar vielen schönen Hirzengehürn" bezogen, deuten auf spätere Umgestaltungen und auf die Verwendung als Jagdschloß. Nebenan ließ Herzog Karl Eugen im 18. Jahrhundert den „Weißen Saal" einbauen, dessen Stuckzier ebenfalls Jagdmotive zeigt, und in dem die beiden prächtigen Kronleuchter, geschmückt mit naturalistischen Blumen und Früchten aus bemaltem Blech, in ihrer volkstümlichen Buntheit einen reizvollen Gegensatz bilden zum vornehmen Weiß der Wände.

Den Ruhm des Schlosses aber macht der „Goldene Saal" im zweiten Obergeschoß aus. Eingebaut im Jahre 1474 aus Anlaß der Hochzeit Eberhards mit Barbara von Mantua, verdankt er sein heutiges Aussehen einer weitgehenden Umgestaltung unter Herzog Johann Friedrich zu Beginn des 17. Jahrhunderts. Er ist heute mit seinen bemalten Wänden, den reichgeschmückten Türgestellen, Säulen und Deckenbalken der einzige erhaltene Innenraum eines württembergischen Landschlosses aus jener Zeit.

Das Schloß wird vom Württembergischen Landesmuseum betreut. Mit Rücksicht auf ihre Dekoration sind die Räume jedoch nur sehr zurückhaltend museal genutzt worden. Im Treppenhaus werden Geschichte und Leistung des Schwäbischen Albvereins anhand von Karten, Bildern und Modellen dargestellt, der Eckturm enthält im ersten Obergeschoß eine Dokumentation zur Geschichte der Stadt Urach, der Burg Hohenurach und der Kartause Güterstein, der Palmensaal Bildmaterial zur Geschichte des Grafen und ersten Herzogs Eberhard im Bart. Im Vorraum zum Goldnen Saal schließlich wird die Waffensammlung des Württembergischen Landesmuseums gezeigt: Rüstungen, Hieb- und Stichwaffen, Geschütze und eine Auswahl aus der Gewehrkammer der Herzöge von Württemberg, die einen Überblick über die Geschichte des Jagdgewehrs vom 16. bis zum 19. Jahrhundert vermittelt.

Schloß Münsingen

Sehr viel bescheidener präsentiert sich daneben das Schloß in Münsingen, ein im 17.
Jahrhundert verändertes Steinhaus des 14. oder 15. Jahrhunderts in der südöstlichen
Ecke der Stadtbefestigung. Sein Name hat in der Landesgeschichte einen gewissen
Klang, wegen des hier 1482 abgeschlossenen Münsinger Vertrags, in dem die Unteil-
barkeit der Grafschaft Württemberg für die Zukunft festgelegt wurde. In seinen großen, jeweils das ganze Stockwerk einnehmenden Räumen, die durch hölzerne Ständer
wirkungsvoll gegliedert werden, ist das Heimatmuseum untergebracht, das neben reichen vor- und frühgeschichtlichen Beständen und einer großen volkskundlichen
Sammlung als Besonderheit abgenommene Wandmalereien des 14. Jahrhunderts aus
der Kapelle in Münzdorf und aus der Pfarrkirche in Gruorn besitzt.

Schloß Lichtenstein

Wenige Schlösser sind so berühmt im Lande wie das Schloß Lichtenstein: wie es auf
seinem Felsen über dem Talgrund aufragt, keck und schlank, ist es mit Recht eines der
bekanntesten Bilder aus Württemberg geworden. Man denkt bei Nennung des Namens
immer zugleich an den gleichnamigen Roman von Wilhelm Hauff, der hier oben spielt,
aber Hauff hatte nicht das heutige Schloß vor Augen, als er sein berühmtes Buch
schrieb, sondern seine Dichtung erst gab die Anregung zum Bau des Schlosses anstelle
der mittelalterlichen Burg.
Es sollte das Traumschloß seines Erbauers werden, des Grafen Wilhelm von Württemberg und späteren ersten Herzogs von Urach, der damit Hohenschwangau und den Zollern übertreffen wollte. Er ließ es in den Jahren 1840/42 durch den Reutlinger Bauin-
spektor Joh. Georg Rupp (1797–1883) nach den Plänen von Victor Heideloff erbauen
und im romantischen Geschmack der Zeit einrichten.
Da gibt es eine Vorburg mit ernstgemeinten Befestigungsanlagen und den Wohnbauten für die fürstliche Familie, die Gäste und das Gesinde. Hauptschmuck der Gebäude
sind die zahlreichen Büsten von Vorfahren des Herzogs Ludwig von Württemberg aus
der zweiten Hälfte des 16. Jahrhunderts, die einst das Stuttgarter Lusthaus zierten und
die der kunstverständige Herzog beim Abbruch des Lusthauses vor der Zerstörung ret-
tete.
Über die Brücke gelangt man in das eigentliche, auf einem isoliert stehenden Felsen aufragende Schloß mit dem Bergfried und den erkergeschmückten, staffelgiebelbekrönten
Wohnbauten, die über den Grundmauern der mittelalterlichen Burg errichtet wurden.
Man wird in eine Waffenhalle geführt, in die Schloßkapelle und die Trinkstube, steigt
über eine Wendeltreppe in das obere Stockwerk und findet dort das Königszimmer und

den Rittersaal, das Erker- und das Wappenzimmer. Alle Räume sind mit Wandmalereien des 19. Jahrhunderts geschmückt und bergen eine Fülle von Gegenständen, die romantischer Sammeleifer hier zusammentrug: MittelalterlicheTafelbilder, unter denen besonders der Marientod des nach diesem Bilde so genannten „Meisters von Schloß Lichtenstein" hervorzuheben ist sowie Tafeln des Meisters von Meßkirch, Bartholomäus Zeitbloms und Martin Schaffners Holzbildwerke, Waffen, Gläser, Geschirr und Zinn, „altdeutsche" Glasfenster und Möbel verbinden sich mit der Architektur zu einem romantischen Gesamtkunstwerk, zu einem Bild aus dem Mittelalter – wie es das 19. Jahrhundert sah.

Das Heimatmuseum Reutlingen (Karl Keim)

Vom großen Stadtbrand Reutlingens im Jahre 1726 blieb der eindrucksvolle Pfleghof des Klosters Königsbronn verschont. Mit seinem bunten Wechsel an Hallen und Kapellen, Stuben und Nischen und mit seinem großen Garten inmitten der enggebauten Altstadt ist er besonders gut geeignet für die Unterbringung wertvoller Erinnerungsstücke aus der reichsstädtischen Kultur- und Wirtschaftsgeschichte. Die Sammlungen des Reutlinger Geschichtsvereins e. V. (Verein für Kunst und Altertum) gaben den Grundstock für die Ausstattung des Hauses.

Viele vor- und frühgeschichtliche Fundstücke, Keramik, Werkzeuge, Schmuck und Waffen stammen aus der Stein- und Bronzezeit, der römischen Besatzungszeit und der alamannischen Besiedlung.

Werkzeuge und Erzeugnisse des ehemaligen Handwerks, darunter einige vollständige Werkstätten, sind ergänzt mit Zunftaltertümern, Haushalts- und Trachtenstücken sowie mit Gegenständen volkskundlicher Art. Die Weingärtner-Zunftstube ist wohl der einzige Museumsraum unserer engeren und weiteren Heimat, der heute noch zu Versammlungen der wenigen Weingärtner benützt wird.

Wertvolle stadtgeschichtliche, besonders auch kirchengeschichtliche Erinnerungsstükke, geben den Besuchern eine Dokumentation der nicht unrühmlichen Vergangenheit der ehemaligen Reichsstadt, der Alt-Reutlinger Familien und bedeutender Söhne und Bürger der Stadt, etwa des Nationalökonomen Friedrich List, des Dichters und politischen Schriftstellers Hermann Kurz und des Menschenfreundes Gustav Werner.

Das Schweidnitzer-Zimmer und eine Erinnerungsstätte für den Donauschwaben Adam Müller-Guttenbrunn sind in Gemeinschaft mit Heimatvertriebenen errichtet worden.

Eine spätgotische Kapelle im Klosterhofgarten, seit der Reformation nur noch als Holzstall benützt, wurde im Innern wiederhergestellt und mit einem Flügelaltar, mit Standbildern von Aposteln, Originalen von der Marienkirche sowie mit mächtigen Grabplatten einer abgebrochenen Reutlinger Kapelle ausgestattet.

Unser Bild zeigt einen Ausschnitt der Zunftstube mit dem ,,Rebenmännle", einer Urbansfigur aus dem 16. Jahrhundert, die von den Weingärtnern bei festlichen Gelegen-
heiten durch die Straßen getragen wurde und auch in der Gegenwart zur Erinnerung an
die früheren Ratswahltage in der Öffentlichkeit gezeigt wird.

Das Reutlinger Naturkundemuseum (Walter Mergenthaler)

Das städtische Naturkundemuseum in Reutlingen geht auf die Sammlungen des 1883
gegründeten Naturwissenschaftlichen Vereins Reutlingen zurück, dessen Mitglieder,
Lehrer, Ärzte, Apotheker, Forstleute, Fabrikanten u. a., sich zur Aufgabe gemacht hatten, Flora, Fauna und Geologie des Oberamts zu erforschen und mit entsprechenden
Sammlungen zu belegen. Diese waren zunächst in der Oberrealschule untergebracht,
wurden aber 1892 auf Anregung des ehemaligen Oberbürgermeisters von Benz in das
Spendhaus, dem 1518 erbauten ehemaligen Kornhaus der Stadt, verlegt. Durch Geld-
spenden, Schenkungen und Ankauf von Privatsammlungen wurden die Sammlungen
des Vereins erweitert und abgerundet.
Als nach dem Zweiten Weltkrieg der Naturwissenschaftliche Verein sich auflöste,
übernahm die Stadt die Sammlungen und ließ sie großzügig als moderne Schausammlung neu aufstellen. Das Museum umfaßt heute eine zoologische und eine geologische
Abteilung. Der Zustand des einst angelegten Herbars ließ nach dem Kriege die Verwendung in einer Schausammlung nicht mehr zu.
Die zoologische Abteilung zeigt in erster Linie die Tiere der Heimat in lebendig gestalteten Dioramen, so die Tiere des Waldes, des Feldes, des Teiches, die Tiere am Bach, in
Sumpf und Moor, im Gebirge usw. Ergänzt wird diese heimatkundliche Sammlung
durch drei Dioramen mit fremdländischen Tieren, die die Tierwelt der afrikanischen
Savanne, des Amazonas-Urwalds und des indischen Dschungels zeigen. Ein zweiter
Raum enthält Bilder, Präparate und Modelle zum Bau des menschlichen Körpers, ferner eine reichhaltige Schädel- und Skelettsammlung, Sammlungen wirbelloser Tiere
und einige Darstellungen zur allgemeinen Zoologie.
Die geologische Abteilung umfaßt eine mineralogisch-gesteinskundliche, eine erdgeschichtliche und eine versteinerungskundliche Sammlung. Die erdgeschichtliche
Sammlung enthält vor allem ausgesucht schönes Material aus Trias und Jura, die versteinerungskundliche besonders schöne Juraversteinerungen; beide aber geben im übrigen einen wohl abgerundeten Überblick über die Geologie Deutschlands.

Musikleben

von Karl Michael Komma

Wer im Musiklexikon Reutlingen und seinen Umkreis sucht, findet zunächst den ,,Pfaff Hug de Rutlingen'', Hugo von Reutlingen aus der Sippe der Spechtshart. Er wurde vor fast sieben Jahrhunderten (1285) hier geboren und wirkte als Leutpriester, vermutlich auch als Lateinschullehrer in der Stadt unter der Achalm. 1331 ist er als Besitzer des Widemhofes und Patronatsherr der Kirche in Unterhausen genannt. Im Streit zwischen Reich und Rom hielt er sich kaisertreu und wurde deshalb gebannt. Hugos ,,Flores musicae omnis cantu Gregoriani'' aus der Zeit um 1342, eine auf Guido von Arrezzos Leistungen sich gründende Musiklehre, gehört zu den musikpädagogischen Standardwerken des 14. Jahrhunderts und blieb lange in Schule und Kirche maßgeblich. In seinem ,,Chronikon'' (Handschrift in der Öffentlichen Russischen Bibliothek Leningrad) überlieferte Hugo die Geißlerlieder des europäischen Pestjahres 1348/49. Der Versuch, eine Musikgeschichte von Stadt und Landschaft mit Persönlichkeiten fortzusetzen, gelingt nicht. Der Tenor dieses Gemeinwesens war nun einmal kein musikalischer catus firmus. Wohl sind in den Kirchen vor 1530 lateinische, nach der Reformation deutsche Gesänge und figurale Musik oft genug in würdiger Ausführung erklungen, aber zu Leistungen, die die Zeiten überdauerten, kam es nicht.

Hermann Mall, der Reutlingen ,,im Spiegel der deutschen Musikgeschichte'' (Reutlinger Geschichtsblätter 1972, Neue Folge Nr. 10, S. 45ff.) liebevoll betrachtete, führt nach Hugo zwei weitere Musiker mit klingenden Namen an: *Samuel Friedrich Capricornus* (Bockshorn) und *Johann Kusser*. Ein Ratsprotokoll vom 7. 8. 1646 gibt Kunde von den beiden ,,tauglichen subjecta'', ,,welche ihren Dienst offeriert und sich in die Lateinische und Teutsche Schul auch zu der Musik gebrauchen zu lassen anerboten''. Beide blieben aber nur drei Jahre in der Stadt, so daß von einer nachhaltigen Wirkung keine Rede sein kann. Ihr späteres Wirken in Stuttgart (Capricornus als Hofkapellmeister, Kusser als Musikdirektor an der Stiftskirche) hat mit dem Reutlinger Präludium keinen Zusammenhang.

Mall sammelte gründlich alle denkbaren Spuren, die die Familien Bach und Haydn mit Reutlingen und seiner Umgebung verbinden. Für die Musikgeschichte bleiben diese Randnotizen ohne Bedeutung. Kontinuität gab es hier nur in der evangelischen

Kirchenmusik und später in dem für die bürgerliche Musikpflege des 19. Jahrhunderts so wichtigen Männerchorgesang. 1827 wurde der Reutlinger Liederkranz gegründet, zehn Jahre danach fand das erste Liederfest statt. Um die Jahrhundertmitte reichte vom nahen Tübingen Friedrich Silchers fördernder Einfluß herüber. Die Liederfeste wurden die Höhepunkte eines sonst ärmlichen Musiklebens.

Hermann Mall widmet mit Recht dem aus Ravensburg stammenden Komponisten *Hugo Herrmann* ein besonderes Gedenkblatt. Der lebte und wirkte von 1925 bis 1957 die längste Zeit in den Mauern der Stadt, ein anderer Hugo von Reutlingen. Als Volksschullehrer, Organist an der katholischen St.-Wolfgangs-Kirche, Leiter der Chorgemeinschaft Liedertafel-Concordia, Gründer und Leiter eines Madrigalchors aus Reutlinger Solisten und als fruchtbarer Komponist bestimmte er einen weiten Bereich des Musiklebens in Stadt und Landschaft. In Konzerten und Aufführungen sakraler Musik bewies er seine erweckende Kraft und schuf Traditionen: es sei nur an seine Aktivität als Bundeschormeister des „Schwäbischen Sängerbundes", als Veranstalter der Pfullinger Kammermusikfeste, als Mitveranstalter der Donaueschinger und Trossinger Musiktage erinnert. In Trossingen wurde Herrmann 1935 Direktor der Städtischen Musikschule. Sein umfangreiches Werkverzeichnis reicht von der geistlichen Musik, weltlicher Chorkomposition bis zur Oper, von der Spielmusik für Volksinstrumente bis zur Sinfonie. Die reiche Ernte ist heute nahezu vergessen und harrt der erneuerten Pflege.

Die Laienchöre fanden nach 1900 wichtige Ergänzung in Instrumentalgruppen. Dem 1902 gegründeten Musikverein folgte 1904 der Orchesterverein, der heute noch als „Reutlinger Kammerorchester" tätig ist. Nach dem Ersten Weltkrieg setzte eine neue Welle musikalischer Laienaktivität ein, die nicht aus dem bürgerlichen Lager, sondern von seinem Widerpart, der Jugendbewegung kam. *Hans Grischkat* (geb. 1903 in Hamburg) schreibt in der Festschrift zum 50jährigen Bestehen des Reutlinger Singkreises: „Am 6. Februar 1924 kamen in der Königsbronner Kapelle beim Alten Oberamt in Reutlingen junge Menschen aus den verschiedenen Bünden der Jugendbewegung zum ersten Mal zum Singen zusammen. Es war ein kleines Häuflein, das mit Begeisterung aus den Alten Madrigalen von Fritz Jöde sang. Aber niemand konnte damals annehmen, daß diese erste Begeisterung ausreichen würde, einen Kreis zu bilden, der fünf Jahrzehnte lang bestehen und in dieser Zeit das Musikleben Reutlingens entscheidend beeinflussen und formen sollte." Tatsächlich ist Grischkats Wirken, das fast dreißig Jahre mit Hugo Herrmanns Männerchorpflege parallel lief, ausschlaggebend für die Musikkultur in ganz Württemberg geworden. 1926 trafen sich alle württembergischen Singkreise in Reutlingen, die Bachsche Johannes-Passion erklang zum ersten Mal ungekürzt und mit alten Instrumenten in Württemberg; 1929 kam die Matthäus-Passion erstmalig in der Reutlinger Marienkirche zu Gehör. 1931, nach der Banat- und Siebenbürgenfahrt des Reutlinger Singkreises, bildete sich beim Uracher Treffen der „Schwäbische Singkreis" als Auslesechor. Größere Aufgaben lockten: die Schütz- und Bachpflege setzte intensiv ein. Das Singkreisorchester wirkte schon 1931 beim ersten Pfullinger Kammermusikfest mit (Werke von Bach und Hugo Herrmann). 1935 feierte man das erste Reutlinger Bachfest. Ein Jahr später sangen die Reutlinger bei den Stuttgarter Musiktagen. 1936 gelangte in Reutlingen auch Bachs h-Moll-Messe zum ersten Mal zur Aufführung. – Nur in wenigen Strichen ist hier eine Entwicklung gezeichnet, die aus der kleinen Zelle einer Singgemeinde hervorging. Grischkat hält bis zum heutigen Tag an der Linie seiner Singkreistradition fest. Jährliche Aufführungen des Weihnachtsoratoriums, der Passionen, aber auch von Werken der Klassik (Mozart), Romantik (Brahms, Bruckner) und des 20. Jahrhunderts (David, Marx, Pepping, Orff, Bresgen, Komma) sind vom Festkalender der Stadt nicht wegzudenken. Bei den festlichen Chortagen 1974 konnte eine begeisterte Zuhörerschaft fast eine Woche lang den lebendigen Geist der Singkreise verspüren.

Grischkat gab aber nicht nur Impulse auf dem Gebiet des Laiensingens, der Monteverdi-, Schütz- und Bachpflege. 1945 gründete er unter der Ägide von Oberbürgermeister Kalbfell ein Kammerorchester, das zunächst bei Kantaten mitwirkte. Schon ein Jahr später wurde daraus ein Symphonieorchester, das sich 1947 mit dem Tübinger Kammerorchester vereinigte. In Reutlingen und in den Pfullinger Hallen wurden Zykluskonzerte eingerichtet. Das Orchester spielte unter Gastdirigenten von Rang: Hermann Scherchen, Ferdinand Leitner, Carl Leonhard und Herbert Albert. Es geriet 1948 in eine schwere Existenzkrise und fand im folgenden Jahr als „Schwäbisches Symphonie-Orchester" endlich eine sichere Grundlage. Als Grischkat 1950 an die Stuttgarter Musikhochschule berufen wurde, trat *Dr. Rudolf Kloiber* den Posten des Chefdirigenten an. Ihm folgte *Hans-Jürgen Walther* und 1968 *Dimitri Agrafiotis*, der heute noch das Orchester leitet. Die Symphoniker spielen regelmäßig in etwa 40 südwestdeutschen Städten. Sie gaben Gastspiele in Südfrankreich und Griechenland und konzertieren immer wieder im benachbarten Vorarlberg. Außer in den Zykluskonzerten in Reutlingen und Heilbronn ist das Orchester bei Kirchenmusiken und Choraufführungen in den Städten des Landkreises und der weiteren Umgebung in Süd- und Nordwürttemberg im Einsatz. Bandaufnahmen beim Südwestfunk ergänzen das vielfältige Aufgabengebiet.

Aus der Stuttgarter Schule Grischkats (Chor- und Orchesterleiterausbildung an der Musikhochschule) gingen so gut wie alle jungen Kräfte hervor, die heute in der Schul- und Kirchenmusik, dem Laienmusizieren in Chor und Orchester in Stadt und Landschaft tatkräftig vorangehen. Man kann von einer echten Blütezeit sprechen. 1949 übertrug die Volkshochschule dem damaligen Musikstudenten *Erich Reustlen* die Aufgabe, ein Jugendorchester ins Leben zu rufen. Man probierte im Dachstock des Volksbildungshauses, ging zu Klausur-Arbeitswochen an den Walchensee oder auf die Kap-

fenburg und konzertierte bald mit Erfolg in Reutlingen und Pfullingen. Mit einem
Bach-Zyklus reisten die jungen Musikanten nach Südfrankreich. Auch Bachs Passionen fanden durch das Ensemble begeisterte Interpretationen. 1954 wurde ein Nachwuchsorchester eröffnet. Reustlen konzentrierte sich 1961 ganz auf sein bereits bestehendes Süddeutsches Jugendorchester, das heute als „Junge Süddeutsche Philharmonie" weithin bekannt ist und beste junge Spieler aus dem ganzen Südwesten vereinigt.
Peter Marx trat das Erbe im Jugendorchester an, das sich nun immer mehr auch der
zeitgenössischen Musik widmete. Seit einem Jahrzehnt leitet *Jörg Huber* die Vereinigung, die weit über Reutlingen hinaus geschätzt ist und in vielen Städten und Dörfern
des Kreises (Pfullingen, Unterhausen, Münsingen, Dettingen, Urach, Metzingen,
Großengstingen, Mariaberg usf.) ihre Aufgabe mit Verve erfüllt. *Jörg Stanger*, Schul-
musiker wie Huber auch, hat als jetziger Leiter des Nachwuchsorchesters 1974 eine
wissenschaftliche Arbeit über das Jugendorchester geschrieben, die nicht nur im historischen Teil, sondern vor allem in der Untersuchung des musikalischen Verhaltens der
einstigen und jetzigen Mitglieder wertvolle Ergebnisse gebracht hat. Von den begabte-
sten Mitgliedern und konzertierenden Jugendgästen sind einige zu hervorragenden
Aufgaben herangereift: der Geiger *Michael Gaiser*, Primarius des Schumann-Quar-
tetts, Professor am Konservatorium Düsseldorf; *Wolfgang Gayler*, Kapellmeister der
Nürnberger Oper; der Cellist *Peter Hahn*, Mitglied des preisgekrönten Stuttgarter
Trios; *Werner Stiefel* aus Metzingen, Kapellmeister in Flensburg; der Pianist *Herbert
Seidel*, Dozent an der Musikhochschule Saarbrücken; der Flötist *Klaus Pfeifle*, Leiter
der Musikschule Aalen und des Reutlinger Kammerchors usf.
Aber damit sind nur die Spitzen genannt. Die prozentuale Zusammensetzung der 225
Mitglieder des Jugendorchesters ist interessant; 47 Prozent stammen aus Stadt und
Kreis Reutlingen, 11 Prozent aus Tübingen, 6 Prozent aus Stuttgart. Mit den Kindern
der Gründungsgeneration, die nun z. T. schon wieder im Nachwuchsorchester spielen,
ist hier eine erstaunliche orchestrale Laiengemeinschaft herangewachsen, die für das
musikalische Niveau der Landschaft hohe Bedeutung hat. Das wäre nicht möglich ohne
die Aktivität einiger hervorragender privater Musikerzieher am Ort. Aus ihren Händen
gehen Jahr für Jahr tüchtige Musiker hervor, die den Weg zur Hochschule finden.
Erwachsene Laien erarbeiten unter der Leitung des Schulmusikers *Richard Martin
Wurster* im Reutlinger Kammerorchester nicht mehr nur barocke und klassische Literatur im Schwierigkeitsgrad der Liebhaber, sondern auch neue konzertante Spielmusik.
Auch diese Vereinigung hat sich zur Aufgabe gesetzt, im ganzen Kreisgebiet zu konzertieren und bei wohltätigen und festlichen Anlässen mitzuwirken. Der schon genannte
Reutlinger Kammerchor ging aus einer Kantorei hervor. Mit der Lösung vom rein li-
turgischen Dienst, der Erweiterung der Literatur aufs Madrigal, auf Oratorien, Messen
und zeitgenössische Musik wuchsen Ansprüche und Leistungen.

Vor fast einem Jahrzehnt (1966) bildete sich in Reutlingen die ,,Gesellschaft der Musikfreunde", deren Hauptziel die Förderung der Laienmusikvereinigungen blieb. Der
Kammerchor, das Jugendorchester und die Junge Süddeutsche Philharmonie stehen
unmittelbar in der Betreuung einer Mäzenatengruppe, der ebenso wie dem Kuratorium
des Symphonieorchesters *Dr. Rudolf Holle* präsidiert. Die Gründung machte Schule.
Auch Münsingen hat nun eine ,,Gesellschaft der Musikfreunde".
Viel wäre zu berichten über die kirchenmusikalische Aktivität in Stadt und Kreis. Der
evangelischen Marienkirche *(KMD Günter Heller)* mit ihrer traditionsreichen ,,Stunde
der Kirchenmusik" und festlichen Aufführungen von Rang im Kirchenjahr steht die
katholische St.-Wolfgangs-Kirche *(Professor Felix Groß)* mit der regen Pflege historischer und zeitgenössischer musica sacra gegenüber. In Urach, Metzingen, Münsingen
und anderen Orten hat die Kirchenmusik nicht minder lebendige Zentren. Während
hier die Liturgie und die Musik in den Gemeinden im Vordergrund steht, ist Zwiefaltens Münster längst ein Raum oratorischer Festkonzerte geworden, die in das weithin
wirkende und anziehende Reiseprogramm des ,,klingenden Barock" gehören.
Der Anteil der Musikstudenten aus Stadt und Kreis Reutlingen an der Staatlichen
Hochschule für Musik in Stuttgart ist in den letzten Jahrzehnten merklich gewachsen.
Die Auswirkung der beiden Musikschulen Reutlingen und Metzingen auf den Musi-
kernachwuchs läßt sich freilich noch nicht absehen. Beide sind jedoch in zunehmendem
Maß an der Laienausbildung beteiligt und zunächst auf Breitenwirkung bedacht. Die
Reutlinger Musikschule (Leitung *Hans Jörg Hummel)* hat nach fünf Jahren 1074 In-
strumentalschüler, 119 in der Früherziehung, 167 in der Grundausbildung. In Metzingen (Leitung *Hans-Dieter Holzschuh*) sind jetzt 616 Instrumentalschüler, 136 in der
Früherziehung, 64 in der Grundausbildung.
Es ist nicht möglich, in diesem Rahmen auf das vielgestufte Musikleben an den Gymnasien einzugehen. Als Vorburg einer ausgezeichneten Schulmusikpflege sei stellvertretend das Listgymnasium in Reutlingen genannt, wo seit Jahrzehnten mit Chor und Orchester vielbeachtete Aufführungen stattfinden. – Die Pädagogische Hochschule (mit
den Musikologen und Pädagogen *Prof. Dr. Hirtler, Prof. Dr. Stiefel* und *Prof. Dr.
Meyer)* kämpft um die musikalische Vertiefung des Lehrernachwuchses und beginnt sich
zusehends in der Musiklandschaft zu integrieren. An ihr hängt eine wesentliche Verantwortung für die Musikpädagogik auf breiter Front. Mit Franz Hirtler, dem Komponisten, steht der Verfasser dieses Berichts, Musikwissenschaftler und Komponist, Professor an der Musikhochschule in Stuttgart im Bunde einer traditionsbewußten Moderne. *Karl Michael Komma* (geb. 1913 in Asch/Böhmen) war sechs Jahre lang Vorsitzender des Kuratoriums des Schwäbischen Symphonieorchesters, ist Mitgründer der
Gesellschaft der Musikfreunde und hat als Komponist geistlicher und konzertanter
Musik seit 1954 mit allen hier genannten Vereinigungen und Persönlichkeiten zusam-

mengewirkt. Von den jungen Komponisten seien *Berthold Lenz, Hans Jörg Hummel* und *Veit Erdmann* nicht vergessen. *Adolf Koch* (gleich Lenz Mitglied des Orchesters) dient als Komponist vor allem der unterhaltenden Muse. – Die Musica-nova-Konzerte im Rathaus-Foyer, die der Verfasser vor nunmehr fünf Jahren einrichtete, sorgen für die Vermittlung der Musik des 20. Jahrhunderts, die in Reutlingen noch keine dauernde Heimstatt hatte.

Die vielgeschichtete und erstaunliche Musikkultur nach 1945 sollte in Zukunft aus einem entwicklungsgeschichtlich bedingten Pluralismus zu stärkerer Koordination geleitet werden. Auf Operngastspiele könnte man (nicht nur aus Gründen des Bühnenmangels) gerne verzichten. Hier muß noch stärker als bisher das Bewußtsein des Angemessenen entwickelt werden. Die Zeit, in der das Reutlinger Naturtheater, das inzwischen längst zu einem wichtigen Vermittler des guten Volksstücks geworden ist, Wagners „Parsifal" aufführen zu müssen glaubte, ist wohl endgültig vorbei. In Reutlingen fehlt eine Kammermusikreihe, wie sie im Uracher Schloß beglückend Wirklichkeit wurde. Sie könnte ein echter Gradmesser für den Tiefgang der Musikkultur sein.

„Mit Kunst und Verstand" hat einst Hugo von Reutlingen den Gesang vermittelt. Mit Kunst und Verstand ist die Musik nach Jahrhunderten der Stagnation, ja der Bedeutungslosigkeit, in Reutlingen und Umgebung allenthalben zu Hause, anerkannt und gepflegt.

Volkskundliche Skizzen

von Angelika Bischoff-Luithlen, Karl Keim und Alfred Vöhringer

Sitten, Sagen, Anekdoten (Angelika Bischoff-Luithlen)

Der jetzige Kreis Reutlingen reicht vom Lautertal bis zum Neckar und vom Ostrand des Übungsplatzes bis in die Nähe von Tübingen. Will man ihn auf Sitten und Gebräuche hin betrachten, so muß man sich darüber klar sein, daß er eine ganze Menge ehemaliger Herrschaftsgebiete umfaßt: auf einer Karte aus dem 18. Jahrhundert kann man sie nachvollziehen, reichsstädtische, altwürttembergische, klösterliche und ritterschaftliche Territorien wechseln einander ab. Da Sitten und Lebensformen im Volk sehr stark von der Obrigkeit abhängen, die sie einst prägte, so folgt daraus, daß man von ,,Sitten im Kreis Reutlingen'' eigentlich nicht sprechen kann; man muß an die Verschiedenheiten denken der Herrschaften und der Konfessionen, die sie bedingen. Während die Reichsstadt Reutlingen und Württemberg die Reformation angenommen haben, sind die klösterlichen und teilweise auch die ritterschaftlichen Gebiete katholisch geblieben. Ausnahmesituationen sind auch Dörfer mit Judenansiedlungen wie Buttenhausen oder Händlerdörfer wie Eningen und Gönningen. Wenn z. B. die ersteren zur Weihnachtszeit ,,käfigartige Häuschen, aus Erbsen und durchgesteckten dünnen Hölzchen'' an der Stubendecke hängen hatten, so handelt es sich da um eine Sitte, die vereinzelt dasteht und die sie auf ihren weiten Hausierfahrten gesehen haben müssen. Bräuche sind nicht immer nur bodenständig; es gibt einige Beispiele – siehe die Reutlinger Pasteten –, wonach Gewohnheiten fremder Länder sehr schnell in Schwaben Eingang fanden.

Im allgemeinen jedoch setzte die Grundherrschaft die Dorfordnungen fest, die einen ziemlich festen Rahmen für das Gehaben der Ortsbewohner abgaben; sie betrafen Hochzeit, Tod und Erbfall, Bauern- und Erwerbsleben, Feuersnot, Gericht, Tanz, Spiel, Kunkelstube und vieles andere mehr.

Das alte Württemberg war hier tonangebend; es konnte sich mit seinem Landrecht, mit Landordnungen, Verordnungen und Reskripten kaum genug tun und die Einwohner dieser Gemeinden hatten nicht viel Bewegungsfreiheit, was ihr eigenes Tun und Lassen anbetraf. Manche einstige Verordnung ist in altwürttembergischen Orten als Sitte noch lebendig; die Gemeindebackhäuser etwa, oft fotografiert, besungen und geschichtenumwoben, entstammen einer feuerpolizeilichen Verordnung vom Jahr 1808, die Sitzordnung in den Kirchen Herzog Christophs Großer Kirchenordnung und das Trauertragen bei Todesfällen Verwandter der Trauerordnung Eberhard Ludwigs vom Jahr 1720. Gaben an den Lehrer, Fasnachtsverbot, Erntebeginn und viele andere Lebensformen waren festgelegt. Eine königliche Verordnung von 1806 spricht es auch aus: „. . . daß alle mit dem württembergischen Gesetz nicht übereinstimmenden Bräuche und Gewohnheiten von nun ab ihre Gültigkeit verlieren sollen". Ein paar ursprüngliche, als „Unarten" bezeichnete Bräuche von vorher, wie Maienstecken, Brezelmalen, Schießen an Hochzeiten und Taufen wurden ab dato noch strenger bekämpft. Ritterschaftliche Dörfer wurden wesentlich weniger bürokratisch verwaltet; manchen Grundherrn waren ihre Gemeinden nur interessant, soweit sie Geld abwarfen; an das Wohl der Einwohner dachten sie wenig, diese sind auch arm geblieben und haben sich kaum entwickeln können. Aber auch hier gibt es Ausnahmen; in Buttenhausen z. B. fand sich ein Vogtbuch der Freiherrn von Liebenstein, das sehr genau ist und sich an württembergische Ordnungen anlehnt. Auch hier wird befunden über unnötige Hoffart in der Kleidung, Sauberhalten von Straßen, Botengehen, Feldschützen, Nachtwächter, Salpeterer, das Liefern von Spatzenköpfen (bei der Sperlingsbekämpfung) und das Verbot des Haltens von Enten in der Lauter.

Indessen haben auch klösterliche Obrigkeiten, hier hauptsächlich Zwiefalten, für ihre Dörfer gesorgt und Gebote erlassen. Natürlich ist der Brauchtumscharakter in katholischen Gemeinden anders als in evangelischen, hier geht es nicht nur um die profanen Lebensformen, sondern sehr stark auch um die kirchlichen Sitten, um die Heiligen und ihre Attribute, um Prozessionen, Kerzen, Weihwasser, Kräuterbüschel, C+M+B an den Türen und das Schmücken der Feldkreuze, die ja in Württemberg 1555 durch Herzog Christoph verboten worden waren.

Daß auch die Reichsstadt Reutlingen ihre Lebensformen schon früh konstituierte, liegt in ihrer Natur als kleines, befestigtes Gemeinwesen, das einerseits vom Erbfeind Württemberg umgeben war, andererseits durch Handel, Gewerbe und seinen Weinbau die „Nase im Wind" hatte. Reutlingens Bräuche haben städtischen Charakter, es wird von Umzügen gesprochen, von Maienfesten, Rebenmännlestagen, Schützen-, Zunft- und Handwerkerfesten, dem unten erwähnten „Mutscheln" und österlichen Eierspielen auf dem Marktplatz. An manchen Tagen strömte das Landvolk in die Stadt; „noch 1873 war der Reutlinger Marktplatz am Sonntagnachmittag dicht besetzt von den Betzinger Burschen in langen Weißkitteln, die in Gruppen herumstanden, plaudernd und rauchend."

Ganz eigenartig, vermutlich sehr alt und abseits des sonstigen Brauchwesens im Kreis ist das inzwischen ausgestorbene Steinchenopfern beim Metzinger Weinberg. An seiner Ostseite haben einst Scharen von Kindern an Ostern Steinchen, Knöpfe oder Bohnen in einen Fels mit einem Loch geworfen mit dem Ruf: ,,Opfern, opfern, ganze Welt, gib mir auch ein Simri Geld!'' Auch der Beckenbärbelesfels bei Dettingen war einst eine solche ,,Opferstätte''; der Brauch verschwand, als der Felsen 1869 weggesprengt wurde.

Was nun das Gebiet der Sagen anbetrifft – hierin war der Phantasie des kleinen Mannes keine Verordnung und keine Grenze gesetzt. Freilich sind sie dem heutigen Denken noch mehr entrückt als Sitten und Gebräuche; kein Mensch auf dem Land wird heute noch von Sagen reden, sie sind ganz und gar Literatur geworden und nur noch in gedruckten Sammlungen zu finden. Was sie beinhalten und woraus sie geworden sind, sind Sehnsüchte, Ängste, Gedanken und Traumvorstellungen der Landleute vor vielen hundert Jahren. Man kann sie in Typen zusammenfassen: so hat das Suchen nach Gold und das Auffinden eines Schatzes ganze Generationen beschäftigt, wohl die Hälfte aller Sagen handelt davon. Bei der Achalm gibt es ein Goldloch, auf der Reichenau bei Auingen einen Goldkessel, auf dem Riedernberg bei Willmandingen vergrabene Schätze und ein silbernes Glöcklein usw.; Höhlen, Erdfälle, Felsen, Ruinen und alte Burgen sollen oft Fundorte für vergrabene Schätze sein. Oft knüpft die Sage eine Bedingung an die Hebung; ein schwarzer Pudel oder sonst ein Ungeheuer mit feuerspeiendem Maul muß bezwungen oder ein schönes Mädchen erlöst sein. Die Grabenstetter Bauern sollen besonders viel nach Gold gegraben haben; meist hätten sie nur Katzengold gefunden oder hie und da ein Regenbogenschüssele, ein keltisches Münzlein aus der Nähe des Heidengrabens. Das bringt uns nun wieder zur Wirklichkeit zurück; nicht nur in keltischer, sondern in den uns näheren Kriegszeiten des dreißigjährigen Ringens oder der Franzosenkriege ist viel Geld aus Angst vor dem Feind vergraben worden. Starb der Besitzer ohne vorherige Preisgabe seines Geheimnisses, dann suchten Kinder und Erben jahrelang nach der Stelle; sie stellten auch ,,berufsmäßige'' Schatzsucher und Rutengänger dafür an, ,,Flaschenschauer'', Zauberer und ähnliche Betrüger, die sich zwar zahlen ließen, aber auch nichts fanden. Auch so können Sagen entstehen.

Unterirdische Paläste mit Lagern von Perlen und Edelsteinen sind eine andere Variation des Wunsches nach Reichtum; auch hier muß eine Erlösung geschehen wie im Urschelberg oberhalb von Pfullingen, einem der bekanntesten Sagenberge im Kreis. Auf der Hochalb gibt es eine Erzählung, wonach ein armer Holzmacher in einen solchen Berg geführt wird mit der Aufforderung, sich zu nehmen, was ihm gefalle. Er läßt alle Pretiosen liegen und nimmt nur eine Axt mit, weil die seine schadhaft ist – was ihm dann aber doch Glück bringt.

Was dem Älbler aus den trockenen Lagen immer wunderbar erscheint, ist Wasser. Brunnen, Quellen, Hülen bevölkert er gern mit Geistern, auch die Trockentäler. ,,Da sei früher ein Strom geflossen'' kann man heute noch hören. Die Sage von der ,,Häsel'' im Übungsplatz ist hier typisch; der Autofahrer, der heute das Tal zwischen Magolsheim und Breithülen überquert, läßt sich nicht träumen, daß hier ein gewaltiger Fluß einst ein Burgfräulein verschlungen haben soll, das jetzt bei Nacht noch weint und jammert. Wassersagen gibt es allerdings auch am Fuß der Alb; auch in Reutlingen hauste im Ringelbach das „Ummächerle", zwei Meerfräulein wuschen Wäsche in der Eninger Wette (Schwemme), ein Wassergeist trieb sein Unwesen in der Lauter bei Zwiefalten und bei Pfullingen gibt es den Dragoner- oder Drachensprung über die Echaz. Drachensagen gibt es mehrere im Kreis, sie sollen einer fernen Erinnerung an die letzten Saurier entspringen.

Ein weiterer Sagentyp betrifft böse Burgherrn oder grausame Vögte; erstere sind in Burgengegenden wie dem Lautertal besonders häufig, sie schinden die Untertanen mit unmenschlichen Fronen und streiten von Burg zu Burg miteinander. Wegen ihrer Untaten können sie keine Ruhe im Grabe finden und müssen „geistweis" gehen.

Dies ist auch dem „Schimmelreiter" auferlegt, der mehrmals und an verschiedenen Stellen auftritt und meistens seinen eigenen Kopf unter dem Arm trägt. Als Geister erscheinen auch Marksteinversetzer oder betrügerische Untergänger; früher ging es ja um jede Fußbreit Landes. Den Glauben an das Geistweis-gehen infolge einer ungebüßten Schuld hat teilweise auch der Pietismus, der ja im Gebiet weit verbreitet war, bestärkt. Es geht die Rede, der alte Schwabenvater Bengel habe die Menschen, die im Himmel nicht angenommen worden seien und daher noch eine Zeitlang als Geist auf der Erde verweilen mußten, an ihrer Beerdigung schon umhergehen oder „hinterdreinlaufen" sehen, für die anderen Leute natürlich unsichtbar. Selbstmörder z. B. müssen solange geistern, bis der bestimmte Tag ihres natürlichen Todes gekommen wäre.

Daß der Herzog Karl Eugen um Grafeneck herum und auf der von ihm dorthin gebauten Sirchinger Steige mit seiner Hofgesellschaft gelegentlich umgeht, knüpft schon an die neuere Geschichte an, ebenso die Sage, er habe einmal einer schönen Glemserin ein Stück Land geschenkt, weil sie so gut gesungen habe; dies könnte fast wahr sein. Die Geschichten um den sauren Reutlinger Wein sind noch immer nicht ganz verstummt; grundlegend ist die Sage, daß der Herrgott, als er noch auf Erden gewandelt sei, in Metzingen einmal so gut bewirtet worden sei, daß er den Einwohnern des Städtchens ihren Wein beschert habe, worüber sie sehr glücklich gewesen seien. Als er weiter gegangen und nach Reutlingen gekommen sei, habe er ein ganz „geringes Losament" beim Waibel am Stadttor bekommen und sei auch sonst nicht gut gehalten worden, so daß er die Stadt verließ. Als die Reutlinger erfuhren, was den Metzingern gewährt worden war, holten sie schnell den Herrgott wieder zurück und baten ihn auch um Weinbau; er gewährte ihn. Die Metzinger fanden das ungerecht und beschwerten sich beim Herrgott, wo er es bei ihnen doch so schön gehabt habe! Was den Wein beträfe, meinte dieser, sollten sie nur zufrieden sein. Der Reutlinger „sei auch danach"!

Daß die Reutlinger Ehefrauen ihre Männer, falls sie abends getrunken haben, des Nachts einmal umdrehen müssen, damit der Wein ihnen nicht die Magenwand zerfrißt, ist ebenso bekannt wie die Sache mit dem Elefanten, dem es beim Traubeneintreten in Reutlingen die Füße so zerfressen hat, daß er einging. Beim Traubenessen müssen sich die Reutlinger Kinder eines Nußknackers oder einer Beißzange bedienen. Dem Prinzen Eugen wurde, als er Reutlingen einmal besuchte, ein Becher vom Besten, damals „Pfalzgraf" genannt, kredenzt. Nach dem ersten Schluck verzog er den Mund und sagte: „Lieber noch einmal Belgrad erobern als weitertrinken!"

Daß es auch in der Gegenwart noch Originale, lustige Aussprüche und Anekdoten gibt, dafür soll hier nur ein Beispiel stehen. Im Lautertal steht der „Bere" dafür, daß sie nicht aussterben: Tiberius Fundel in Indelhausen, Müller und einstiger Landtagsabgeordneter, Politiker und bald achtzigjähriger „König vom Lautertal" hat jahrzehntelang für Humor und urwüchsige Sprüche im Landtag und in ganz Württemberg gesorgt. Mit Ministern und Präsidenten ebenso auf Du wie mit seinen Müllerknechten, kommentierte er die Wahl Kurt Georg Kiesingers zum Bundeskanzler folgendermaßen: „Kurt – für Di ka ma bloß no beta!" Und wenn man ihn fragte, wie er eigentlich zur Politik gekommen sei, antwortete er: „Wie dr Pilatus zom Glauba – ma hot me nei'g'lupft!"

Neckereien von Dorf zu Dorf (Angelika Bischoff-Luithlen)

Lustige Übernamen und Witzeleien von Ort zu Ort gehören nun schon fast ganz der Vergangenheit an. Sie entstammen einer Zeit, in der noch drei Viertel unseres Volkes die Landwirtschaft betrieben, heute sind es etwa 20 Prozent. Außerdem bringt der Fernseher Abend für Abend Begebenheiten aus der ganzen Welt in die bäuerlichen Gemeinden; da ist es nicht mehr so wichtig, was die Leute vom Nachbardorf tun, ob sie hohe Hüte tragen, Hasen rupfen statt abziehen, den Mond fangen oder die Sonne löschen wollen. Das sind Problemchen einer vergangenen, noch kleinen und noch verhältnismäßig heilen Welt; heil deshalb, weil man sie nicht übersah, weil der eigene Ort bis zu seiner Markungsgrenze das ganze Bewußtsein umfaßte. Die andern, die vom nächsten Dorf, waren schon sehr weit weg und taten ganz andere Dinge, mindestens vermeintlicherweise; man kommentierte sie, man lachte darüber und man tat es mit dem köstlichen Gefühl, selber doch wesentlich besser und gescheiter zu sein.

Am bedenklichsten war das Kopfschütteln bei solchen Gemeinden, die die angestammten Gewohnheiten verlassen hatten und deren Leute etwa in die Welt hinauszogen und hausierten, wie die Eninger und die Gönninger. Die ersteren nannte man „Büscheles"-, „Spitz"- oder „Fadenkrämer", je nach der Ware, die sie verhandelten; ihr Zügle

nach Reutlingen war das „Büscheleszügle". Die Gönninger, die ursprünglich mit ge-
dörrtem Obst, später mit jungen Bäumen, Samen und Blumenzwiebeln reisten, waren
die „Zwiebelesbuaba", „Somasäck" und „Somaschella"; letzteren Namen trägt auch
ihr Bähnle nach Reutlingen. Außerdem heißen sie „Naotle", was Moser mit dem mittelhochdeutschen Wort genoot = eifrig erklärt; Witzbolde aber sagen, sie seien immer
in Not, bis sie wieder wüßten, wo sie hinfahren sollten.
Daß man Zwiebeln auch als Speisezwiebeln zum „schmälzen" anbauen und Schnitz
und Hutzeln selber essen kann, beweist das „Schnitzgäu" um Pfullingen. Die Leute in
diesem Städtle haben einmal des Nachts in der Eile Zwiebeln statt Äpfel gemostet, was
natürlich in Schwaben ein bedenkliches Delikt ist und ihnen den Namen „Zwiebel-
moster" eingetragen hat. Die Honauer sind die „Zwiebelbäuch", die Ohmenhauser
und Öschinger die „Hutzeln"; um Reutlingen herum ist ein kleines Nest solcher Obst-
und Gemüsenamen, was auf eine gewisse Fruchtbarkeit in diesen Sorten hinweist. Auf
der Alb gibt es solche Namen nicht außer in Apfelstetten, dessen amtlicher Name ja
schon auf einen ungewohnten Obstreichtum hinweist; die Apfelstetter sind die
„Schnitzhäfa", auch „Hafaschlecker". Auf kräftigere Nahrung weist der Übername
der Glemser hin, sie sind die „Schmalzgrüber" und ihre Nachbarn, die Rommelsba-
cher, die „Schmalzkachla". Es heißt, sie seien auf diesen Namen stolz gewesen und
hätten sich sonntags Trollblumen oder Hahnenfuß ins Knopfloch gesteckt, Pflanzen,
die man ja in der Mundart ebenfalls „Schmalzkachla" heißt.
Auf der Albhochfläche, wo die Winter so lang, kalt und schneereich sind oder waren,
früher mehr als heute, spielte das Bahnen der Landstraßen eine große Rolle. Schneefräsen und sonstige maschinelle Möglichkeiten gab es noch nicht, und so hatte jede Gemeinde ihren hölzernen Bahnschlitten, vor den nach Bedarf zehn bis zwölf Paar Pferde
gespannt wurden, die unter viel hüh und hott bis zur Markungsgrenze bahnen mußten.
Natürlich gab es viel Streiterei, viel Hin und Her wegen Nebensträßchen oder Zwik-
keln; einer wollte dem andern zuvorkommen und es war jeweils sehr spannend, ob die
vom Nachbardorf schon fertig oder noch gar nicht auf dem Weg waren. Die Bernlocher
sind die „Spitzbahner", die Lonsinger die „Dreckbahner", die Gomaringer die
„Schnaistampfer" oder „Schnaiträppler", die Dottinger die „Blockschloifer". Die
Kohlstetter sind die „Schnaidörrer", weil ihnen einmal alle Brunnen eingefroren waren und sie den Schnee in großen Backschüsseln am Ofen tauen lassen mußten, um
Wasser zu haben.
Im Sommer zeichnet sich die Alblandschaft durch viel Steine und Felsen aus; je mehr
Steine, je unfruchtbarer sind die Äcker. Wird also eine Gemeinde „Stoiriegelesfut-
scher" genannt wie das einstige Gruorn im Truppenübungsplatz, so heißt das, daß sie
hart arbeiten müssen und ihnen die Tauben nicht in den Mund fliegen. Felsige Täler
sind auch kein Honigschlecken für den Bauern; die Anhauser im Lautertal sind die

Landleute von Urach und Münsingen.   *l. Verein von Münsingen.*   *Schäfer.*

Landleute von Reutlingen.   *von Reutlingen.*

108./109. *Landleute von Urach und Münsingen (oben) und Landleute von Reutlingen (unten). Ausschnitt aus dem „Festzug der Württemberger zur Feier der 25jährigen Regentschaft Seiner Majestät des Königs Wilhelm", 1841, von Julius Nisle.*

110. *(umseitig) Das Nebelhöhlenfest. Volkstümliche Darstellung um 1880.*

Ein Feiertag in Schwaben

,,Stoihirn'' und die Gossenzuger die ,,Felsaschlupfer''. Steile Abstiege ins Tal heißen manchmal ,,Höll'', so heißen die Holzelfinger die ,,Höllwärter'' und Dottingen liegt überhaupt ,,auf der Höll''. Die Gundershofener, unten im Schmiechtal, sind die ,,Taltramper''. Wo es viele Hecken gibt, ist der Boden meist auch nicht der beste; die dortigen Bauern müssen sich ,,Heckaschmecker'' schimpfen lassen wie die Erbstetter, ,,Heckasoicher'' wie die Sirchinger, ,,Heckalauser'' wie die Buttenhausener oder ,,Heckaflauher'' wie die Bremelauer. Die Donnstetter als ,,G'häckschneider'', Hersteller von Kurzfutter, gehören wohl auch zu dieser Gruppe. Ihre abgeschiedene Lage hat ihnen auch sonst noch manchen Spott eingetragen: ,,nach Donnstetta kommt älles, bloß z'letzschta'' sagt man heute noch.

Auch die Geschichte, je nach Grundherrschaft in den einzelnen Orten sehr verschieden verlaufen, reizt zur Hänselei. Dörfer, die einst zum Kloster Zwiefalten gehörten, müssen ,,Gotteshäusler'' sein wie die Tigerfelder; die Zwiefalter selbst sind die ,,Klosterälling'' (Rälling = Kater) oder die ,,Hundsvergraber''. Bleichstetten als einstiger Besitz des Schweizer Klosters Allerheiligen heißt ,,Kleinallerheiligen'' oder ,,kleine Schweiz''. Buttenhausen, dessen früherer Grundherr, der Freiherr von Liebenstein 1787 Schutzjuden aufgenommen hatte, wurde ,,Judäa'' genannt. Vielleicht spielen gelegentlich auch konfessionelle Gegensätze herein, wenn die Bremelauer die gelben, die Mehrstetter, auch die Tiefenhüler, die schwarzen ,,Hummeler'' sein sollen.

Städter waren immer schon eine gewisse Zielscheibe des Spottes für den Bauern; ein solcher will natürlich etwas besseres sein und ist dem richtigen Bauerntum schon etwas entfremdet, und wenn man genau hinsieht, ist gar nicht so viel dahinter. Die Hayinger werden einfach ,,Fetzen'' genannt.

,,Hayinger Fetza, dreifach Bletza, Hutaufbender, Kälblesschender'' beinhaltet viel vom Städterspott; ,,Hutaufbender'' spielt auf eine Mode aus dem 18. Jahrhundert an, wo man den Dreispitz seitwärts aufbinden und somit mehr ,,vorstellen'' konnte als der gemeine Mann. Der Hut wird überhaupt gern aufs Korn genommen; so trugen die Oberstetter besondere Modelle, wenn sie zur Mühle fuhren und müssen sich daher den Spitznamen ,,Müllerhüt'' gefallen lassen. Aber noch einmal die Städter: sie sind ,,Kälblesschender'', ,,Hudelmäher'' wie die Pfullinger oder ,,Hasenropfer'' wie die Münsinger, wo sie nicht einmal wissen, daß man den Hasen die Haut abzieht und sie nicht ,,ropft'' wie eine Gans.

Daß die Reutlinger, ob wegen des Zungenschnitts einer Hebamme oder aus welchen Gründen auch immer, kein ,,r'' sagen können, ist weltweit bekannt. ,,Hischhönle'' müssen sie oft hören oder ,,Bootwüschtla'' oder den Spruch ,,He Vette, s' will ande Wette weda, d' Wettefahne hot sich deht''. Ein Uracher Metzger soll einmal statt der stehlenden Katze die Blutwurst getroffen haben, die sie im Maul forttrug; seither sind die Uracher die ,,Blonsaschießer''.

In Metzingen sollen sie einmal versucht haben, einen Mohren mit schwäbischer Gründlichkeit, Seife und Bürste weiß zu kriegen – nun sinds die „Mohrenwäscher". Ob das so war, weiß man nicht, aber der Name gehört zu der Gruppe von Necknamen, die sich nach Anekdoten bilden. Sie sind eigentlich die nettesten.

In Bernloch war beim „Büttel" einmal Maul- und Klauenseuche ausgebrochen und es kam die Botschaft vom Oberamt, daß er nun nicht einfach mehr schellenderweise in Gassen und Höfe hineinlaufen dürfe wegen der Ansteckung. Guter Rat war teuer auf dem Rathaus, man hatte niemanden anders für dieses Geschäft. Da kam der Schultheiß auf eine Idee, nämlich die Schelle des Amtsdieners sorgfältig mit Lysol zu waschen. Diese Geschichte ist noch gar nicht so lange her, und so kamen die Bernlocher zu ihrem Zweitnamen „Schellawäscher".

Als Herzog Karl Eugen einmal durch Dettingen/Erms kam und dem Schultheißen einen Besuch abstatten wollte, waren Geißen, wer weiß wie, ins Rathaus eingedrungen und steckten die Köpfe zum Fenster heraus – daher der Name „Goißköpf". Hans Reyhing erzählt die Geschichte von den Wilsinger „Schlangenfangern". Sie hatten einmal bei Nacht und Nebel ein Ungeheuer auf ihrem Kirchendach entdeckt und waren mit Heugabeln, Dreschflegeln und Spießen ausgerückt, um es zu fangen. Es entpuppte sich dann als Schmetterling. Eine ähnliche Courage haben die Aichelauer entwickelt, die in ihrem Wald einen Bären vermuteten, ebenfalls mit allen verfügbaren Mordinstrumenten ausrückten – und einen prall gefüllten Lumpensack erlegten, den ein Sammler verloren hatte. Wer denkt hier nicht an die Sieben Schwaben? Und wenn die Trailfinger „Kübelesscheißer" heißen, weil sie beim Bau ihres Rathauses ein gewisses Örtchen vergessen haben, so erinnert dieser Schwank fast haargenau an die unsterblichen Schiltacher, Gansloser oder Lalen, die mit ihren einfältigen, biedermeierlichen Dummheiten einst ganze Generationen zum Lachen gebracht haben!

Redensarten (Angelika Bischoff-Luithlen)

Wege oiner Hutzel hoizt ma koin Ofa

Salz ond Zwiebel stärkt da Riebel

A kalts Bier ond a warme Stub
Muß ma en ere guta Wirtschaft hau!

Mit dem isch et gut Kirscha essa,
Der keit oim d' Stoiner ens G'sicht!

Wenn du et wäresch ond dr Löffel –
Na müßt ma d' Supp trenka!

Da isch trollet wie bollet, saget d' Reutlenger
(Wenn se moinet, g'hopset sei wie g's'pronga)

Lieber a Glatze als gar koine Hoor

Der wird au aischt obeds lebig wie d' Moiekäfer

De Alte wisset et älles – ond de Jonge sait ma et älles

Onser lieber Heiland hot viel leida müssa –
Aber Soldat en Münsenga isch er nie gwea!

Dr Ehestand isch a Prozessio', wo ma s' Kreuz voraustrait

I be et so domm, i hau bloß s' Häs so domm a

Dui hot en Wert wie a Reutlenger Mutschel –
Dui isch aufm Ladatisch verschemmlet!

Kender, ganget hoim, uier Vater will d' Kender zähla

Was ma jong lacht, muß ma em Alter heula

Wenn dr Schäfer älle Äcker kennt ond dr Pfarr älle Stuba –
no sottet se gau!

Wie heißt auf schwäbisch: Birnenjosef, ich begleite dich mit meiner Violine nach Hause?
Hutzlasepp, laß de hoigeiga

Wer Vater ond Mueter et folget, der mueß ge Riethe (Rietheim)
Ond wer gar et folget, uf Saiburg (Seeburg)

Vor Stoigebronn ond Riethe soll mi dr Herrgott b'hüta!

Halt emol – wenn de mit Lompa z'schaffa hosch und selber koiner bisch, no schaffest
herb, sait dr Gipser Benz von Auenga

Wemmer et tut wie d' Leut, no gohts oim au et wie de Leut

Der ka au Bira sieda ond da Stiel et naßmacha

S'ist nirgends besser lüga als weither

Wenn du so lang wäresch wie domm, na müßt ma mit dr Artillerie s' Fressa naufschießa

Mi ond mei Katz mag neamer, mir seie au drnoch

Worom bachet die Becka die Wecka so kloi? Se moinet, se brengets en Ofa et nei

Wenn a Maurer auf d' Welt kommt, no froget r z'aischta nochm Feierobed ond no nochm Backstoikäs

Wenn a Maurer laufa ka, ohne daß em dr Schurz wacklt, na hot r ausg'lernet

Teuer ei'kaufa ond schlecht heirata ka'sch äll Tag

Ma sieht et en d' Leut nei – bloß dra na

Dr Mensch isch koi Eilposcht, sonst wär er gelb a'g'stricha

Ma ka älles, bloß koine warme Eiszapfa macha

Der machts wie d' Auenger Heahla, die send auf Böttenga zom Scherra ganga

Es g'hairt koiner Sau koi Muskatnuß – se ka se et verreiba

Was goht die Pfarrers Gaus a, wenn se de et beißt

Wenn der sei Dommheit versteura müßt, no käm r vom Rothaus nemme ra

De kloine Leut hot Gott erschaffa, de grauße Narra send von selber g'wachsa

Vor dem Einschießen des Brotes im Backhaus:
Walt Gott im Ofa – daß 's onta bach wie oba!

Am Pfingstmontag auf der Nebelhöhle (Karl Keim)

Mit dem Erwachen des Bürgertums Anfang des vorigen Jahrhunderts entstanden an manchen Orten Volksfeste. In unserer Heimat haben sich zwei erhalten: Das von König Wilhelm I. begründete herbstliche Cannstatter Volksfest und das Pfingstmontagsfest auf der Nebelhöhle.
Die Existenz des „Nebelloches" war seit Jahrhunderten bekannt; ein Besuch des Kurfürsten Friedrich, des späteren Königs von Württemberg, im Jahre 1803 lenkte die Öffentlichkeit um so mehr auf die geologische Sehenswürdigkeit, als die fürstliche Familie auch in der Folgezeit auf dem über der Höhle befindlichen Waldplatz Frühlingsfeste beging, die Zaungäste anlockten. Mit Hauffs „Lichtenstein" wurde der Boden für die Volkstümlichkeit des Festes bereitet; überdies wurde das Hambacher Bergfest von 1832 Vorbild für politische Kundgebungen der „Patrioten" auf der Nebelhöhle. In den Jahren 1848/49 wallfahrteten Demokraten mit schwarzrotgoldenen Kokarden geschmückt zur Nebelhöhle. Seither wiederholt sich das Nebelhöhlefest alljährlich, doch ohne politische Färbung.

Mit der Eröffnung der Echaztalbahn im Jahre 1892 setzte eine unerhörte Steigerung ein. Wanderergruppen aus nah und fern, bis von Heilbronn, Ulm, Ravensburg, Rottweil, Calw, kamen angereist; Stuttgarter trafen mit Sonderzügen ein. Ein ununterbrochener Strom von oft über 20 000 Menschen erreichte um 8 Uhr seine erste Dichte. Reutlingen stellte das Hauptkontingent; die Stadt war dann wie ausgestorben. Die Volkswanderung zum Lichtenstein über den Schönberg, Wackerstein, Wohn zum Lichtenstein mit Rast- und Lagerpausen auf der Wanne hatte begonnen.

Kutscher und Fuhrleute, viele Holzbauern und Albschotterfahrer brachten die Fahrgäste mit laubgeschmückten Pferdefuhrwerken vom Bahnhof Reutlingen zu den Albaufstiegen. Da pilgerten geschlossene Trachtengruppen und Vereine, dort marschierten buntbemützte Studenten aus dem nahen Tübingen und andere junge Leute musizierend, manche angetan wie Hochgebirgstouristen. Dazwischen sah man Chaisen, vielsitzige Breaks, Viktoria- und Landauerwagen kutschieren. Radler auf geschmückten Velozipeds und Tandems verschafften sich mit Signalhörnern freie Bahn.

Am Wegrand waren in kurzen Abständen Tische aufgestellt und Buden aufgebaut mit Getränken, Eßwaren, Süßigkeiten. Luftballons, Lärminstrumenten und Scherzartikeln. Bettler saßen am Straßengraben, Einmannkapellen konzertierten mit Mundharmonika, Handorgel, Pauke, Messingbecken und Schellenbaum.

An jedem Halt entfaltete sich buntes Leben und Treiben, in den Nebelhöhleplatz ergossen sich die Menschenströme. Die Neuankommenden wurden begrüßt. Bierzelte, Glücksbuden, Karusselle, Schiffschaukeln und Lukasse waren aufgestellt. Stadt-, Dorf- und Militärkapellen spielten zum Tanz auf und begleiteten Gruppen, die in die Unterwelt der Höhle drangen.

Um die Mittagszeit war das Treiben auf dem Höhepunkt angelangt; schon begann der Abmarsch in schwächeren, dann stärkeren Gruppen zum Lichtenstein und nach Honau, wo Eisenbahnzüge mit leeren Güterwagen zur Heimfahrt gestürmt wurden.

,,Auf dem Festplatz verstummt allmählich das Getöse, und die Nacht hüllt Berge und Wälder in ihre Schleier. Wer einmal dieses schöne Fest, das ein Volksfest im besten Sinne des Wortes genannt werden darf, mitgemacht hat, wird es in seinem Leben nicht vergessen.'' (Oberamtsbeschreibung von 1893)

Unterbrechungen erfuhr das Brauchtum in beiden Weltkriegen und in anderen Notjahren, um dann aber wieder aufzuleben und schließlich seine jetzige Form mit einem Heer von Autowanderern anzunehmen.

In den Sommermonaten 1901 bis 1903 wurden unter großem Zulauf die angeblich mit der Nebelhöhle und dem Lichtenstein verknüpften Schicksale des Herzogs Ulrich in einer Honauer Festhalle aufgeführt. Darsteller der dramatischen Bearbeitung des Romans ,,Lichtenstein'' von Wilhelm Hauff waren Bewohner der Umgebung.

Der Uracher Schäferlauf (Alfred Vöhringer)

Von den volkstümlichen Bräuchen und Sitten früherer Jahrhunderte sind in unserer schnellebigen Zeit wenige erhalten geblieben. Zu ihnen gehört der Uracher Schäferlauf. Er hat in seiner 250jährigen Geschichte nichts von seiner Popularität eingebüßt. Im Gegenteil: Alle zwei Jahre strömen Tausende von Besuchern aus nah und fern in die Stadt, um das Fest mitzuerleben, dessen Ablauf nach wie vor in der Tradition des einstigen Schäferzunfttages steht.

Während der Schäferlauf zunächst an Peter und Paul (29. Juni) abgehalten und dann auf Jakobi (25. Juli) verlegt wurde, findet er wohl aus wirtschaftlichen Gründen seit geraumer Zeit an einem Sonntag Ende Juli statt.

Eingeleitet werden die Festlichkeiten am Samstag mit dem Preishüten auf dem Wittlinger Sportplatz, für das am Abend in der alten Schäferherberge „Zum Faß" die Preise verteilt werden. Währenddessen unterhalten auf dem Marktplatz die Jugendkapellen des Ermstales die vielen Gäste, die im Freien mit Bier, Wein und Most bewirtet werden. 1973 marschierte an diesem Abend vor dem Schäferlauf erstmals wieder die Bürgerwehr in ihren historischen Uniformen auf. Am Sonntagmorgen wird schon um 5 Uhr zur Tagwache gespielt, um 6 Uhr holen Böllerschüsse die letzten Schläfer aus den Federn, und eine Stunde später werden die Metzgermädchen vom Vor- und den Kreisreitern abgeholt.

Einmalig ist der farbenprächtige Festzug, der sich in einen kleinen und großen aufteilt. Der kleine Zug holt um 9 Uhr den Bürgermeister auf dem Rathaus ab, dann erfolgt die Übergabe der in Obhut der Stadt befindlichen Zunftlade und Schäferfahne an den Vorsitzenden des Landesschafzuchtverbandes und danach macht es dem Bürgermeister sichtlich Spaß, ein Metzgermädchen zum Tanze führen zu dürfen.

Nach einem ökumenischen Gottesdienst in der Amanduskirche schlängelt sich der große, mehrere Kilometer lange Festzug durch die kleinen Gassen der malerischen Altstadt zum Marktplatz und bewegt sich von hier zum Festplatz in der Zittelstadt. Festwagen fast jeder Gemeinde der Uracher Alb nehmen daran teil, Trachtenvereine und Tanzgruppen, nicht nur von der Alb, sondern auch vom Ober- und Unterland und vom Schwarzwald, geben sich hier ein Stelldichein.

Höhepunkt der Veranstaltung auf dem Festplatz sind die Wettläufe der Schäferinnen und Schäfer sowie der Wasserträgerinnen, die von Volkstänzen umrahmt werden.

In feierlicher Zeremonie werden die Sieger zum Schäferkönig und zur -königin dann gekrönt und zu Ehren des Schäferkönigspaares wird zum Abschluß noch der Uracher Schäferreigen getanzt. Am Nachmittag werden die Gäste auf dem Marktplatz mit Volksmusik unterhalten und die Festhalle ist immer brechend voll, wenn das Festspiel „D' Schäferlies" von Hans Reyhing aufgeführt wird.

Die Uracher hatten schon 1681 und dann wieder 1691 auf die Errichtung einer sogenannten Nebenlade gedrängt, die dann auch, allerdings über 30 Jahre später vom damaligen Herzog Eberhard Ludwig am 5. Juli 1723 genehmigt wurde.

In einem an einen nicht nähers bekannten „lieben Getreuen" gerichteten Schreiben des
Herzogs heißt es unter anderem: „Dir ist bekannt, wasgestalten bis daher eine allgemeine Zusammenkunft der Schäfer in dem Land auf Bartholomäi zu Markgröningen
jährlich gehalten worden, nachdem die Erfahrung bezeuget, daß solcher Generalzu-
sammenkunft vielen Beschwerlichkeiten unterworfen, da manchmalen diejenigen
Schäfer, welche allzuweit entlegen, mit Hin- und Widerraiß oft gantze Wochen zu-
bringen, deswegen große Unkosten aufwenden. Auch die Herden zu nicht geringem
Schaden und Gefahr der Aigenthumsherren eine solche geraume Zeit unerfahrenen
Leuten anvertrauen müssen, auch die wenigsten Schäfer erschienen noch ihr schuldiges
Leggeld abgestattet.

Alß seyend Wir bewogen worden gnädigst zu verordnen, daß über die ordinari und
Haupt Laden zu besagtem Gröningen noch drey Neben Laden, wie vor alters her auch
eine jährlich Zusammenkunft der Schäfer und zwar zu Urach auf Petri und Paul aus denen Städt und Ämtern Münsingen, Steußlingen, Ebingen, Tuttlingen, Bahlingen, Tübingen, Bebenhausen, Kirchheim, Pfullingen und Neuffen."

Der erste Uracher Schäferlauf fand dann am 29. Juni 1724 statt. Der Vogt hatte an den
Herzog darüber wie folgt berichtet: „Um sechs Uhr früh sind Vogt, Bürgermeister,
Gericht und Rat auf dem Rathaus erschienen. Der Schäfereiverwalter Steb von Tübingen und der Zahlmeister ob der Staig Johann Peter Schaar hatten die über 200 erschienenen Schäfer Aufstellung nehmen lassen. Alsdann hielt der Vogt eine Rede, wobei er
betonte, daß seit Erschaffung der Welt das Schafhirtenamt die vornehmste und ge-
meinste Hantierung gewesen sei, daß in alten und neuen Zeiten Könige und Kaiser sich
selbst der Sorge, der Wart und der Hut der Schafe unterzogen hätten.

Der Stadtschreiber verlas einen herzoglichen Erlaß an die Schäferzunft. Darauf ergriff
der Vogt wieder das Wort. Der Stadtmagistrat habe der neuen Viertellade einen neuen
Fahnen verehrt. Er erinnerte daran daß allermaessen gleich wie ein Soldat zu seiner
Fahne schwört, solang er einen warmen Blutstropfen hat, daß er solchen nicht verlassen, sondern beschützen wolle, also auch die Schäfer verbunden seyed vor die Wohl-
fahrt Unserer Durchlauchtigsten Herrschaft und des hochfürstlichen Hauses Württemberg, auch die Euch anvertraute Herde alle Gefahren auszustehen, Wind und Wetter, Hitz und Frost, Glück und Unglück geduldig zu ertragen und diesen Euch zu Ehren
gestifteten Fahnen nimmermehr zu verlassen. Ferner da auch diesem Fahnen Ihrer
Hochfürstlichen Durchlaucht Wahlspruch Cum Deo et Die (Mit Gott und mit der Zeit)
eingeprägt, so sollen und können diese Worte Euch und die Eurigen lehren und täglich
erinnern, daß Ihr alles im Eurem Amt und Beruf mit Gott anfangen sollen, dann so Ihr

das tut, so wird Gott Euch mit der Zeit reichlich Segen und alles das geben, was Euch und den Eurigen zeitlich und ewig nützlich und ersprießlich sein kann.

Und da auf den andern Seite dieses neuen Fahnen der sämbtlichen hiesiger Lade inkorporierte Stätt und Ämbter und zugehöriger Orte Wappen eingesticket und mit einem Palmenkranz vereinigt, so habt Ihr und Eure Nachkommen hiermit allezeit Euch auch zu erinnern, daß Ihr und die Eurigen gleichsambt als ein Leib in beständiger Eintracht und aufrichtiger Lieb besammen leben und vöstiglich nach hochf. Ordnung zusammen halten und einander getreulich lieben sollen, damit Ihr und Eure Nachkommen in beständigem Flor erhalten und gleichwie die Palmen immer höher und mehr wachsen und grünen mögen."

Nach diesen erbaulichen Ermahnungen wies der Vogt auf die gnädigst erlangten Freiheiten der Schäfer hin, „daß ihr an dem heutigen Tag ein freies Gericht in Schäferei Sachen und was daran anhängig öffentlich haben dörfet". So werden die Obermeister und Beisitzer des Schäfergerichts hiermit erinnert, daß sie ihr Richteramt getreulich versehen und dem Armen wie dem Reichen gebührend das Recht verschaffen sollen.

In dem 1852 erschienenen Buch „Deutsche Sagen, Sitten und Gebräuche" können wir über den Uracher Schäferlauf lesen: „Zu Jakobi ist in Urach großer Schäfermarkt und Tags darauf am zweiten Jakobifeiertag oder vielmehr am St. Annentag Schäferlauf und Schäfersprung. Nur die eigentlichen Schäfer und ihre Familienmitglieder können Theil daran nehmen. Sie haben eine besondere Kasse, in welche jeder ein gewisses „Leggeld" zahlt und davon werden die Preise für die Sieger und Siegerinnen angeschafft, nämlich in der Regel zwei Hämmel für die Männer und einen für verheirathete, den anderen für den ledigen Läufer, sodann zwei Bettdecken für die Frauen und Jungfrauen."

Ausführlich befaßt sich der Bericht dann mit den Regeln der Spiele, die sich bis heute kaum verändert haben: „An dem bestimmten Tage versammeln sich die Preisbewerber auf der zum Wettlauf bestimmten Wiese (bis 1913 beim Turngarten, seitdem in der Zittelstadt). Zuerst laufen die Männer, dann die Weiber. Eine lange Latte, die auf den Rasen hingelegt wird, zeigt den Anfang der Laufbahn. Hier stehen in ungeduldiger Erwartung die Springer, setzen einen Fuß auf die Latte und harren des Zeichens, welches einer der beiden verkleideten Reiter die an den Enden der Latte zu Pferd sind, mit dem Hut gibt. Sowie er den Hut in die Höhe wirft, stürmt die ganze Reihe los.

Dabei gibt es allerlei ergötzliche Auftritte, wenn einer sieht, daß er nicht mithalten kann, läßt er sich einfach fallen, um so keinen Spott über sich ergehen lassen zu müssen.

Dasselbe wiederholt sich bei den Weibern, die sich bei dieser Gelegenheit ganz besonders hitzig zeigen. Da packt nicht selten unterwegs ein Weib ein anderes, um es aufzuhalten oder auf die Seite zu stoßen."

Der Schäferlauf ist auch Festtag für die Metzger, die als Kreisreiter früher lediglich mit

111. Blick auf Gossen-
zugen (Gemeinde
Zwiefalten) mit der
1749 erbauten Magnus-
kapelle
112. Sonderbuch
(Gemeinde Zwiefalten)

113. (umseitig) Luftauf-
nahme des ehem. Bene-
diktinerklosters
Zwiefalten

114. (Rückseite oben)
Höhenfreischwimmbad
in Zwiefalten
115. (Rückseite unten)
Gauingen
(Gemeinde Zwiefalten)

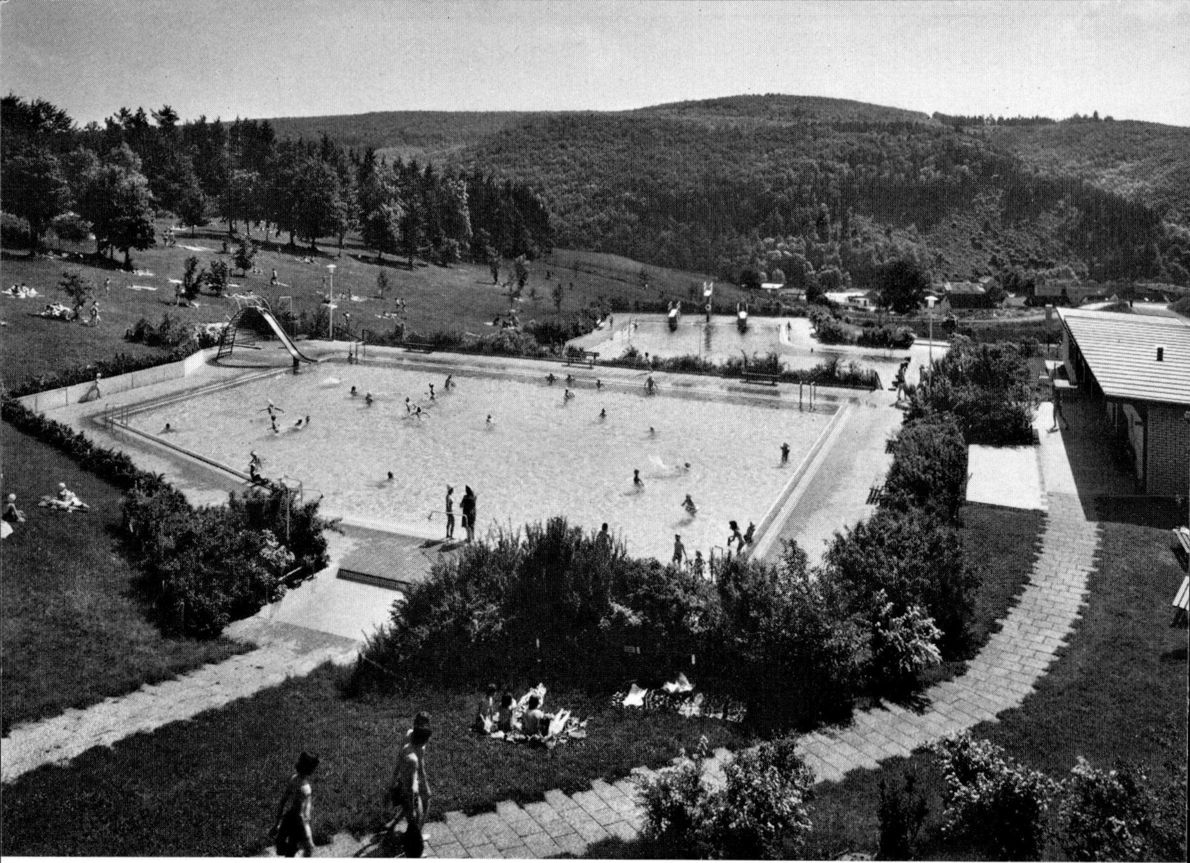

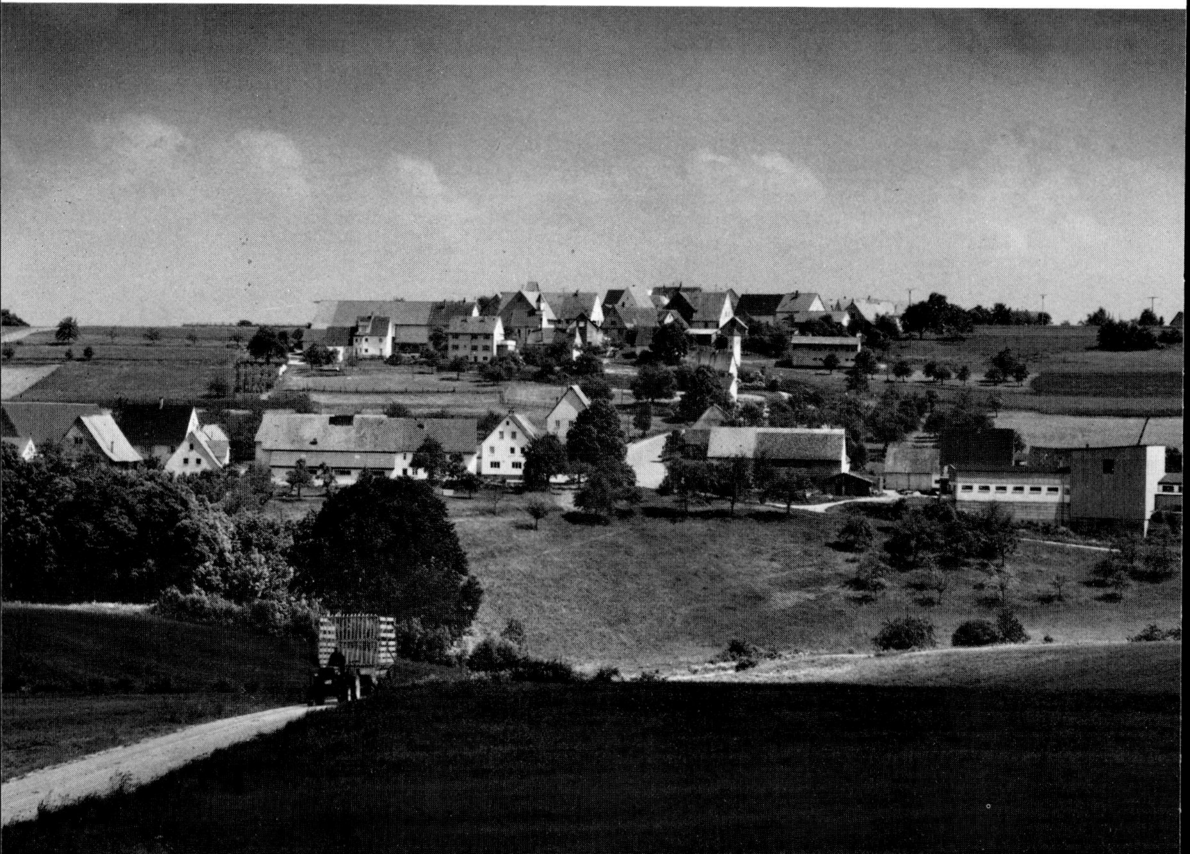

Ordnungsaufgaben betraut wurden. Seit dem vergangenen Jahrhundert ist es ihr verbrieftes Recht, daß der Bürgermeister nach der Übergabe der Fahne an die Schäfer mit einem Metzgermädchen auf dem Marktplatz tanzt.

Zum Schluß noch zwei amüsante Begebenheiten: 1953 machte sich der Siegerhammel vor der Siegerehrung auf und davon. Er konnte erst am andern Tag auf dem Feld bei Wittlingen eingefangen werden und zwei Jahre später verabreichte ein Metzgermädchen seinem Tänzer eine schallende Ohrfeige, weil er sie nicht hochstemmen konnte, wie es im Bechertanz vorgeschrieben ist.

Feste und Festgebäcke im alten Reutlingen (Angelika Bischoff-Luithlen)

Bei einem Gang durch die Straßen der heutigen Stadt Reutlingen fallen dem Besucher die zahlreichen gepflegten Bäcker- und Konditorläden auf, die in ihren Auslagen ein reichhaltiges, sorgfältiges und je nach Jahreszeit verschiedenartiges Angebot eigenständiger und handgeformter Backwaren zeigen. In unserer Zeit, in der die Austauschbarkeit der Kulturgüter schon so allgemein geworden ist, daß dasselbe Hochhaus in Amerika, Marokko, Rheinland-Pfalz oder irgendeinem schwäbischen Hinterweiler stehen kann, macht so etwas Angestammtes Freude und es reizt, mindestens den Typ von Menschen, bei dem diese Freude noch ein Standquartier hat, einer so schönen Tradition, die es anderswo nicht, sondern eben nur in Reutlingen gibt, ein wenig nachzugehen.

Schon 1365 hatten die Bäcker Strelitz und Belser ihre Erzeugnisse „unter den Brotlauben" feil; 1435 ist Hans Zahn erwähnt, den man den „Mutschler" nennt. 1489 waren sieben Bäcker im Städtchen tätig, 1600 waren es 35. 1717 hatte die Beckenzunft 90 Mitglieder, 1824 allein 84 Meister. 1882 waren 149 Leute im Gewerbe tätig; im einstigen Oberamt gab es 1893 130 Bäckereibetriebe.

Man unterschied „Ruckenbecken" (wohl entstellt und von „Roggen" herrührend) und Weißbecken. Bei ersteren wurde an besonderen Wochentagen Kundenbrot gebacken, und die Frauen und Mägde brachten dazu den Brotteig in geflochtenen Strohkörben, den „Schaubkrätten". Von den Weißbecken leiteten sich später die Konditoren ab, deren es 1896 sechs blühende Betriebe gab. Extra Lebkuchenbäcker sind im 17. Jahrhundert erwähnt; damals wurde diese Art Leckerei stärker gepflegt als heute, mindestens im Schwäbischen. Dem Grafengeschlecht der Helfensteiner sagt man nach, es habe, mindestens teilweise, sein Vermögen „in Lebkuchen verschleckt".

Heute liebt man, auch in Reutlingen, mehr die weißmehligen Gebäckarten, darunter am bekanntesten, ja fast weltberühmt ist die Reutlinger *Mutschel*. Sie gibt es beileibe nicht das ganze Jahr über, sondern sie ist, wie die meisten Gebäckarten dieser Stadt, mit

einem ganz bestimmten Tag und Fest verbunden: am Donnerstag nach dem Erschei-
nungsfest ist Mutscheltag. Alle Reutlinger Bäcker backen zu diesem Tag Mutscheln; es
sind sternförmige Kuchen aus mürbem Hefeteig, deren Mitte ein geflochtenes Zöpf-
chen ziert und deren acht Zacken noch extra kleine Embleme tragen, Ringe, Brezeln,
Weckchen und Ministerne. Man sieht, so etwas kann keine Maschine; das muß von
Hand und mit Liebe verfertigt werden. Das Gebäck wird nicht etwa nur verkauft, sondern in Gastwirtschaften und Bäckerstuben „herausgewürfelt" – ein Spiel, das man
wirklich, auch heute noch, einen alten Brauch nennen kann. Karl Bames, der Reutlinger Chronist, schreibt in einem lustigen Gedicht:

> „Ganz magisch wirkt der Sterne Nähe,
> Denn alle Mägen werden weit.
> Die Würfel, die ich fallen sehe,
> Erhöhen die Geselligkeit!"

Man sieht, es ist eine lustige Sache, natürlich wird Wein dazu getrunken und nicht wenig. Früher betraf es mehr die Männer, die dann ihren Frauen als „Drachenfutter" eine
herausgewürfelte Mutschel für den Frühstückskaffee mitzubringen hatten; heute gehen die besseren Hälften auch gleich selber mit. Die Spieler bezahlen einen gewissen
Einsatz, womit der Wert der Mutschel abgegolten ist, und würfeln dann. Für dieses
Würfeln gibt es, sage und schreibe, 20 verschiedene Varianten, die alle wieder besondere Namen haben, wie „Bauernfenster", „der Wächter bläst vom Turme", „nackets
Luisle", „langer Entenschiß", „einsame Filzlaus" usw.

Woher dieser echt volkstümliche und ursprüngliche Brauch eigentlich kommt, ist nicht
ganz klar. Es wird in der Literatur von einstigen Schützenpreisen gesprochen, auch von
einer Art Allerseelenspeise, die dann allerdings im Datum etwas verspätet wäre; es
könnte sich auch um eine ehemalige Lehensgabe handeln. „Mutsche" bedeutet im Mittelhochdeutschen „mürbes Gebäck" und ist schon im 13. Jahrhundert erwähnt ebenso
wie der „Mutschler", der Hersteller dieser Süßigkeit, dem mancher Schwabe seinen
Familiennamen verdankt.

Komplizierter zu erklären ist der Name einer weiteren Reutlinger Spezialität, die es allerdings heute nicht mehr gibt und die auch älteren Reutlingern unbekannt ist. *Vokat-
zen, Vochetzen* oder *Vochezen*, „Vöchetzle" in der Verkleinerungsform als Dreingabe
für Kinder, waren runde Kuchen, etwa 40 cm im Durchmesser, aus Hefeteig und mit
Zwiebeln und Speck durchsetzt. „Auch die niedrigste Hütte erfüllte ihr lieblicher
Duft", heißt es in einer alten Beschreibung. Der sonderbare Name findet sich im Mit-
tellateinischen als foctaia oder focatia = Aschenkuchen sowie im Mittelhochdeutschen
vochenze, vochenz = eine Art von Kuchen oder Weißbrot. Wir sehen, auch dieser
Name ist alt und traditionsreich; auch hier gibt es „Vochenzer" oder „Vochezer" als
Familienname und, als Besonderheit, in der Nähe von Reutlingen den Namen eines

Waldes, der 1852 gerodet wurde, das ,,Vochenzenholz''. Hier drängt sich der Gedanke an eine Lehensgabe noch deutlicher auf; es gibt, auch in anderen Gegenden, Flurstücke, die sich nach der Form der Gabe benennen, die für sie abgeliefert werden mußte.

Am Mittwoch nach dem Reutlinger Markt, der auf den Dienstag nach Reminiscere fällt, wurde einst der *Schiedwecken* verzehrt. Es handelte sich dabei um den Ausstandsschmaus von der Lichtstube oder dem Karz, der nun die Wintertätigkeit beendete und das Frühjahr offiziell ankündigte; man kann auch von Abschiedswecken sprechen, zu dem einst mit Wein oder Most eine einfache Mahlzeit zelebriert wurde. Später wurden die Wecken durch etwas sehr viel Besseres ersetzt, nämlich durch Pasteten aus Blätterteig, die mit Kalbfleischstückchen gefüllt waren. Eine Reutlingerin, die in St. Gallen in der Schweiz gedient hatte, soll dieses Rezept mit in die Heimat gebracht haben. Es wäre dies nicht das einzige Beispiel, daß im schwäbischen Land ein Tip ,,von draußen'' auf fruchtbaren Boden gefallen wäre; jedenfalls trat diese Kalbfleischpastete in Reutlingen einen Siegeszug an und wurde künftig auch bei Hochzeiten und Taufen kredenzt. Der einfache Schiedwecken hatte, wie dies auch in unserer Zeit öfter zu gehen pflegt, das Nachsehen.

Am Karfreitag wurden einst im ganzen Reutlinger Bezirk *Fastenbrezeln* gebacken und den Mädchen verehrt, wie auch in Großformat und mit Kalkfarbe an die Scheunentore gemalt; in der Münsinger Gegend verschiebt sich der Termin auf den Palmsamstag. Dies scheint eine ländliche Sitte zu sein; den Reutlinger Städtern jedenfalls ist sie nicht mehr bekannt, wogegen in den Dörfern heute noch Palm- oder Fastenbrezeln gekauft werden können. Die Brezel, in der Form uralt, war als Fastenspeise schon in den mittelalterlichen Klöstern bekannt, erscheint als Verzierung gelegentlich bei romanischen Kirchenbauten und hat sich später, wer weiß, wieso, zur Liebesgabe zwischen Burschen und Mädchen entwickelt. Die Laugenbrezel, auch dem ,,Uracher Horn'' im Wappen der württembergischen Grafen ähnlich, hat noch immer ihren Platz in den schwäbischen Bäckereien, trotz mancher Klage der überlasteten Meister, die gern nur noch Laugenwecken machen würden. – Ein weiteres Reutlinger Nationalgericht ist der *Zwiebelplatz*. Auch über ihn bringt Bames einen heiteren Vers, das Lied eines Buchdruckergesellen:

,,Geh ich sonntags abends aus, such ich mir ein Bäckerhaus, Sprech zur Wirtin: lieber Schatz, bringen Sie mir Zwiebelplatz!'' ,,Platz'', auf der Alb auch gedehnt als ,,Plaatz'' gesprochen, ist im ganzen Gebiet die Bezeichnung für runde, mit Obst, Quark oder eben Zwiebeln und Speck belegte runde Kuchen, die besonders an der Kirbe in unvorstellbaren Mengen gegessen werden. Die Version, der Ausdruck ,,Platz'' komme daher, daß schon einmal einer geplatzt sei, ist mindestens gut erfunden.

Der *Kümmicher*, ein ,,rösches'' ausgezogenes Stück aus Weißbrotteig, das mit Kümmel und Schmalz belegt als Nebenprodukt der großen Weißbrotlaibe herausgebacken und möglichst warm verzehrt wird, hat ebenfalls den Reutlinger Dichter Bames zu einem Lied inspiriert. Er beschreibt, wie beim Buchdruckerfest Kümmicher mit Knackwürsten und Bier als Spezialvesper verzehrt wird. *Kümmichplätzle* gibt es in ähnlicher Beschaffenheit auf den Dörfern; auch heute noch bringt die Bäuerin, wenn sie mit ihrem Backgut vom Backhaus heimkehrt, etliche Bleche davon mit, falls sie sie nicht unterwegs schon verschenkt hat als kleine Gabe für Kinder und vorübergehende Freunde. In Reutlingen selbst nennt man das gleiche Gebäck auch ,,Kümmichtaud". Woher das Anhängsel ,,taud", das vereinzelt auch wie ,,tood" gesprochen wird, kommt, konnte bisher nicht geklärt werden.

Der *Müllerkuchen*, heutigen Reutlingern nicht mehr bekannt, aber in alten Beschreibungen gegenwärtig, war fast ein Wagenrad von einem Kuchen aus Mehl, Milch und Butter. Er half den Reutlingern, die schwere Zeit zu überstehen, wenn die Bäcker über die Weihnachtstage bis Neujahr ihre Öfen kalt sein ließen – auch diese Nimmermüden mußten ja einmal ausruhen! Aber wenn die Reutlinger Hausfrau so ein paar Müllerkuchen in ihrer Speisekammer hatte, konnte so leicht keine Hungersnot ausbrechen. In Eningen bekam der Lehrer so einen Kuchen ,,fürs Federnschneiden"!

Bei den weitgereisten Eningern gab es auch die *Buckelnuß*, eine ganz unschwäbische Art von Pfefferkuchen, deren Rezept wohl auch von einer Reise stammt. Im Echaztal kennt man die *Bubenschenkel* als Geschenk für Enkel und Patenkinder und die *Zuckersträuße* für die Schulkinder am Maienfest. Weihnachten brachte vor allem die *Springerle* aus Teig oder nur aus Zucker, deren herrliche Holzmodel heute noch in Museen oder im Privatbesitz angestammter Reutlinger Konditoren liegen.

Damit haben wir nur einen Teil dessen umfaßt, was an bodenständigen Traditionen der Gebäckformen in Reutlingen zu finden ist oder war. Man soll dabei nicht sagen, es handle sich nur ums Essen. In dem Augenblick, in dem der Bürger seine täglichen Bedürfnisse nicht nur einfach befriedigt, sondern darüber hinaus verzweigt, verfeinert und neue Formen findet, hat er schon einige Stufen auf der Leiter der Kultur erklommen.

Buch- und Bauchhändler aus Reutlingen und Eningen (Angelika Bischoff-Luithlen)

Man kann gelegentlich in der ,,Heimatliteratur" lesen, die schwäbischen Bauern hätten es, zumindest früher, über die Traubibel, das Gesangbuch und den Trächtigkeitskalender zu keinem weiteren Bücherbesitz gebracht. Die Inventurbücher auf den dörflichen Rathäusern, in denen dieser Besitz aufgezeichnet ist, wissen es etwas anders. Da finden sich doch ganz respektable Reihen von Büchern, besonders bei interessierten Handwerkern oder Vertretern der bäuerlichen Ehrbarkeit. Natürlich stehen Bibeln und Gesangbücher in den verschiedensten Ausgaben an erster Stelle; dann auch Gebetbücher, der

,,Krankentrost'' Othonis, das beliebte ,,Starkenbuch'' und das ,,Habermändle'', wie sich das Habermannsche Gebetbuch mundartlich nannte. Aus der Barockzeit stammen Titel wie ,,Himmlischer Jubelschall'' für ein Gesangbuch, ,,Geistliche Seelenwayd'', ,,Frommer Christen Wasserquell'', ,,Paradiesgärtlein'' und andere. Aber auch profane Literatur ist verzeichnet. Kochbücher, Briefsteller, aufklärerische Schriften vom Land-bau, der Bienenzucht, Pferdepflege, Obstgewinnung, dann historische und vaterländi-sche Werke, Landkarten und gelegentlich ein Werk von Hebel, Schubart, Schiller, Hauff.

Daß nicht alle Bücher aufgezeichnet wurden, wissen wir aus Verordnungen der Obrig-keit. Kalender, Volksbücher, abergläubische Schriften und Flugblätter ließ man ver-schwinden, wenn der Schultheiß nach einem Todesfall zum Aufzeichnen und Versie-geln der Hinterlassenschaft ins Haus kam. Man kannte die Verbote, die drakonischen Strafen, die auf dem Besitz solcher Bücher standen und man sah sich vor. Daß sie vor-handen waren, zeigen die rasch aufeinanderfolgenden Verbote, die teilweise ziemlich genaue Titelangaben beinhalteten.

Man fragt sich, woher die Leute die Bücher bekamen. Buchhandlungen gab es in den Dörfern nicht, die Leute waren auf die Märkte angewiesen, wenn sie nicht in der Stadt kaufen wollten, oder auf Hausierer. Diese standen damals gar nicht so schlecht im Ruf wie heute, im Gegenteil. Man freute sich, wenn sie kamen, war oft schon lange mit ih-nen bekannt, lauschte gern ihren Erzählungen aus der weiten Welt und kaufte schließ-lich, auch auf Kredit bis zur Ernte, wenn es sein mußte. Manche Bauernbraut ist mit ih-rer Hilfe ausgestattet worden; wir wissen aus alten Rechnungen, daß die Eninger Frauen in Textilien tonangebend waren und nicht nur die Klöppelspitzen, die die Reut-lingerinnen, sommers auf der Straße sitzend, verfertigten, am Lager hatten, sondern auch Stoffe, Bänder, Borten und Faden.

Sollte die Braut noch ein Gesangbuch haben, dann trat der dazugehörige Mann in Ak-tion. Er kam mit seinem ,,Bauchladen'', der mittels eines Ledergurts um die Taille fest-gemacht war, und breitete die Bücher aus, mit denen er reiste. Jahrhundertelang ver-trieben die Reutlinger Buchdrucker und Verleger ihre Bücher durch den Hausierhandel und meistens waren es die versierten Eninger Händler, die dieser Tätigkeit mit Eifer und Geschäftssinn oblagen. Noch zeigt man im Eninger Heimatmuseum die verschie-denen Typen von Bauchläden. Es gab welche, da konnte man die Bücher offen aufstel-len und hatte noch die Hände frei zum Gestikulieren und Schwenken von Bilderbogen; dann gab es geschlossene Kisten mit Türen, die auf den Rücken zu schnallen waren und wie ein Schrank aussahen. Billiger war eine Art von Weinbütte ohne Tür; sie mußte aber in jedem Haus aus- und wieder eingepackt werden. Daß es in jedem dieser Modelle geheime Fächer gab für die Ware, die nicht jeder gleich zu sehen brauchte, war ein offe-nes Geheimnis.

Eningen, Württembergs größtes Dorf in damaliger Zeit, hatte im 18. Jahrhundert schon über 4000 Einwohner; es war längst über seine kleine Markung, die diese Vielzahl nicht ernähren konnte, hinausgewachsen. So betrieben zwei Drittel der Einwohner den Hausierhandel, wanderten durch halb Deutschland mit ihren Waren und fuhren nicht schlecht dabei. Alle zwei Jahre fand in der Heimatgemeinde der sogenannte „Eninger Kongreß" statt, eine Art Handelsmesse, auf der sich die Hausierer aus allen Landstrichen trafen. Der Bücherhandel lag vor allen anderen Waren an der Spitze, vor allem durch die Nachbarschaft der Reutlinger Buchdruckerstadt.

So ein Eninger Bub, kaum schulentlassen, lieh sich das Geld zu einer Bücherkiste und wanderte nach Reutlingen, wo die Buchdrucker meist gern bereit waren, es mit ihm als Büchervertreiber zu versuchen. Zunächst bekam er zwei oder drei Werke in mehreren Exemplaren, später mehr, wenn die Sache einschlug. Im Mannesalter dann führte ein guter Hausierer 30 bis 40 Titel, Bilder, Landkarten, Flugblätter – aber auch „heiße Ware", abergläubische Literatur, Traum-, Zauber- und Sympathiebücher, Legenden, Wallfahrts- und Fegfeuerbüchlein, Heftchen von der Liebeskunst, vom Wundsegen, Planetenlesen, Wahrsagen und Besprechen und vor allem die Reutlinger Kalender, deren Absatz über 100 000 Stück jährlich betrug und deren Inhalt Herzog Karl Eugen von Württemberg in einem Erlaß vom 26. 1. 1775 besonders aufs Korn nimmt. Ein Hausierer müsse, so befiehlt er, bei einer Kontrolle „den ganzen Pack zeigen".

Die Kalender enthielten viel Aberglauben, ähnlich wie die in vier Teilen käufliche Ausgabe des Albertus Magnus, „bewährte und approbierte sympathetische und natürliche egyptische Geheimnisse für Mensch und Vieh", die ebenfalls in Württemberg verboten und in Reutlingen gedruckt wurde. Diese Art von Büchern und Heften hat viel zu dem Aberglauben beigetragen, der in den Dörfern der Reutlinger und Münsinger Alb teilweise heute noch verbreitet ist. Entgegen der landläufigen Meinung ist das sinnlose Zeug vom Besprechen, „Dafürtun" und Stallverhexen nicht im Volk geboren, sondern durch solche Schriften verbreitet worden, die sich den Anschein großer Weisheit gaben. Verfaßt wurden sie, schon im Mittelalter, durch entlassene, herumwandernde Kleriker, die irgendeinen halb lateinischen, halb deutschen, biblisch klingenden Text zusammenschrieben, die Naivität der Bauern mißbrauchten und sich gut bezahlen ließen. Vielleicht haben die Eninger und die andern Hausierer solche Texte später von Hand abgeschrieben und heimlich mit verkauft, denn es finden sich viele handgeschriebene Zettel und Büchlein in den Bauernhäusern.

Diese Dinge lagen im Geheimfach und wurden vermutlich nur unter vier Augen und flüsternd verkauft. Zur Schau standen Bibeln und Andachtsbücher, die niemandem mißfallen konnten, außerdem Volksbücher wie die schöne Magelone, die heilige Genoveva, Rosa von Tannenburg, der gehörnte Siegfried, die Heymannskinder, Till Eulenspiegel und andere. Aber auch diese wurden nicht immer gern gesehen; einesteils galt

Lesen, soweit es nicht die Bibel betraf, für Müßiggang, andernteils wollten die Herrscher früherer Tage keine belesenen Untertanen; ,,unbedarfte'' Landeskinder lassen
sich besser regieren, das wußten sie nur zu gut.
Hier hat die Aufklärung Gutes bewirkt und jene Welle landwirtschaftlicher Fachbücher
heraufbeschworen, die dann wieder durch die Hausierer in die Bauernhäuser gelangten. Außer den Eningern gingen auch die Reutlinger gelegentlich selbst auf Wanderschaft, während sich die Eninger in Reutlingen seßhaft machten und selbst Druckereien
betrieben; Hermann Kurz beschreibt in ,,Schillers Heimatjahren'' einen solchen.
Wie sehr das Buchdruckergewerbe in Reutlingen blühte, zeigt ein Bericht vom 23. Juni
1840, den wir einem alten Intelligenzblatt entnehmen und der die Überschrift trägt:
,,Schul-, Maien- und Buchdruckerfest in Reutlingen''. Dort ist zu lesen: ,,Das Fest
nahm seinen Anfang den 23. des Abends 6 Uhr mit Pellern-Schüsse als Zeichen zur
Versammlung der Buchdrucker, Liederkränze und Festordner nebst Stadtgarde; die
versammelte große Anzahl zog vom Markte mit Stadtgartmusik auf eine 20 Morgen
mit großen Bäumen bepflanzte zur Spitalpflege gehörige Wiese, wo das Liederfest vor
drei Jahren gehalten wurde, um die Proben für den kommenden Tag zu veranstalten;
der Festtag begann den 24. morgens 4 Uhr mit Tagwache von der Stadtgart, um 7 Uhr
mußte sich sämtliche Schuljugend, ungefähr 2000 Kinder in ihren Schulen und um
8 Uhr mit ihren Lehrern und Schulfahnen unter Gesang auf dem Marktplatze einfin-
den. Von da aus ging der Zug mit Begleitung der Stadtgarte in die Kirche und dann zu
dem neuerbauten großartigen Schulgebäude, wo sodann die Einsegnung durch Professor Gayler Diac. auf einer von Blumen und Laubwerk gezierten hocherbauten Kanzel
geschah. Nach der Einsegnung zerstreuten sich die Kinder und Pellerschüsse zeigten die
Zusammenkunft der Buchdrucker an, welche sich ganz nach der Ordnung auf dem
Markte aufstellten, um 10 Uhr wurde mit allen Glocken gelitten zum Zeichen daß sich
der Zug in die Kirche begeben solle, der Zug wurde auf folgende Weise geordnet: voran
gieng die Stadtgartmusik nebst einer halben Compagnie Soldaten, darauf folgte der
Stadtrath mit Bürgerausschuß, dann kam ein Herold, 3 Fenderiche mit Zepter, nach
diesen 5 Fahnenträger mit 5 Zunftfahnen, welche sämtlich nach ganz alter Tracht ge-
kleidet waren, sodann folgte ein Mitglied der Buchdrucker mit einer Standarte von
schwarzem Sammt tragend wo auf einer Seite das Buchdruckerwappen und auf der andern Seite die Namen Guttenberg und Zainer aufgemahlt waren (letzterer war der erste
Buchdrucker in Reutlingen), dann kamen zwei der jüngsten Buchdruckersgehülfen
welche eine beinahe 400 Jahre alte in schwarzem Sammt gebundene Bibel auf einem
roth sammtenem mit goldborten verzierten Kissen trugen, dann folgten die Buchdruk-
kers-Principale nebst Gehülfen, sodann die Liederkränze von Reutlingen, Tübingen,
Eningen, Bezingen usw mit ihren Fahnen, in der Kirche wurde sodann das Lied: ,,Eine
feste Burg ist unser Gott'' durch die Liederkränze mit Begleitung der Stadtgartenmu-

sick gesungen und sodann eine Kanzelrede durch Professor Gayler gehalten, wo sich sodann der Zug wieder auf den Marktplatz begab, und sich dann zum Mittagsmahle zerstreute, Nachmittags 1 Uhr zog die sämtliche Schuljugend, Stadtgarde, Buchdruk-ker, Liederkränze auf die betreffende Wiese, wo sich jung und alt, reich und arm Vergnügen machte, die Witterung begünstigte dieses Fest bis Abends 5 Uhr wo es alsdann durch einen heftigen Regen gestört wurde.''

Literatur

Bames, Carl: Chronika von Reutlingen. Reutlingen 1920
Beschreibung des Oberamtes Reutlingen. Stuttgart 1893
Bischoff-Luithlen, Angelika: Bräuche, Lebensformen und Rechtsverordnungen in Altwürttemberg. In Forschungen und Berichte zur Volkskunde in Baden-Württemberg. Stuttgart 1973
Moser, Hugo: Schwäbischer Volkshumor. Stuttgart 1950
Reyhing, Hans: Albheimat. Stuttgart 1925
Wagner, Margarete: Aus alten Backstuben und Offizinen. Esslingen 1961
Archivalien und Gesetzbücher verschiedener Gemeinden
Mündliche Mitteilungen

Persönlichkeiten

von Johannes Jakob Sommer

Matthäus Alber

Der Reformator der Stadt Reutlingen, der unter den hervorragenden Männern, die in Württemberg die Reformation eingeführt haben, eine besondere Rolle gespielt hat, war Matthäus Alber. Er ist in Reutlingen am 4. 12. 1495 geboren, als Sohn des Goldschmieds Jodokus Alber und der Anna geb. Schelling. Wie Martin Luther hat Matthäus Alber als „Kurrendeschüler" an den Lateinschulen in Hall, Rothenburg o. T. und Straßburg sich seinen Lebensunterhalt „ersungen". Nach kurzer Tätigkeit als Provisor an den Schulen in Reutlingen und Tübingen, setzte er seine Studien an den Universitäten Tübingen und Freiburg fort. In Tübingen gehörte er zu dem Schüler- und Freundeskreis von Melanchthon, dem einige später bekanntgewordene Humanisten und Reformatoren (z. B. Ökolampad und Blarer) angehörten. 1521 trat der dann in Konstanz zum Priester geweihte Magister Alber sein Amt als Kaplan in der Marienkirche Reutlingen an.

Von Anfang an brachte Alber in seinen Predigten die Botschaft der Bibel, das Evangelium, und gewann damit eine große Anhängerschaft. Ab Ostern 1524 las Alber die Messe in deutscher Sprache und teilte das Abendmahl in „beiderlei Gestalt" nach dem Neuen Testament – ohne Ohrenbeichte – aus. Schließlich trat er – ein Jahr vor Luther – 1524 in den Stand der Ehe mit der Reutlinger Bürgerstochter Clara Baur. Es war klar, daß Albers Vorgehen von katholischer Seite nicht unwidersprochen bleiben konnte. Von geistlicher und weltlicher Seite wurde mehrfach versucht, den Rat der Stadt zum Einschreiten gegen Alber bzw. zu einer Vertreibung des „ungehorsamen" Predigers zu bewegen. Der Rat stellte sich aber mannhaft und standhaft hinter seinen Prediger, gestützt auf die Stimmung der Bürgerschaft, wie sie ihren Ausdruck im „Markteid" gefunden hatte. Es kam schließlich zu der Vernehmung im Dezember 1524 in Esslingen vor dem „Reichsregiment", wobei sich Alber zu 52 gefährlichen Artikeln zu äußern hatte. Seine Stellungnahme war in unerschrockener Freimütigkeit geschickt und klar. Trotz der eindeutigen Antworten wurde Alber nicht verurteilt. Obwohl das Reichsregiment sich weitere Schritte vorbehielt, war der Ausgang des Verhörs ein Sieg für Alber. Diesen Erfolg hätte er kaum errungen, wenn er nicht in so hohem Maße Charaktereigenschaften wie Maßhalten, Besonnenheit, Milde, Geduld und Friedfertigkeit besessen hätte.

Es ist daher verständlich, daß Alber bei allen theologischen Versammlungen, wo es um den Ausgleich von Gegensätzen oder um die Schlichtung von Streitigkeiten ging, ein gern gesehener und eingeladener Teilnehmer war. So finden wir ihn 1536 in Wittenberg, wo es um Einigung in der Abendmahlsfrage (Wittenberger Konkordie) ging, und 1537 in Urach (Götzentag), wo die Entfernung der Bildwerke Gegenstand der Auseinandersetzung war. Auch hier nahm Alber gegen die radikalen Ansichten eine vermittelnde Stellung ein. Seiner Toleranz verdankt die Nachwelt die Erhaltung des Hochaltars in der Klosterkirche in Blaubeuren.

Als der Kaiser 1548 nach dem unglücklichen Ausgang des Schmalkaldischen Krieges das „Interim'' erließ, konnte die Stadt Reutlingen ihrem Prediger keinen Schutz mehr verleihen. Alber wich nach Württemberg aus und wurde bereits 1549 als Stiftsprediger nach Stuttgart und als Mitarbeiter in die Kirchenleitung (Kirchenrat) berufen. Bis 1562 blieb er in dieser verantwortungsvollen Stellung, um dann bis zu seinem Tod am 1. 12. 1570 als erster evangelischer Abt des Klosters Blaubeuren noch eine segensreiche Tätigkeit zu entfalten.

Joß (Josua) Weiß

In Joß Weiß hatte die kleine Reichsstadt Reutlingen, in den kritischen Jahren der Reformation, einen besonders geschickten Bürgermeister, der 14 Jahre lang die Belange Reutlingens auf vielen Reichs- und Bundestagen vertrat, wobei er Glaubensstärke für die evangelische Sache mit einer nüchternen Abschätzung der politischen Möglichkeiten verband. So hat er auf dem Augsburger Reichstag 1530 als Vertreter Reutlingens seine Unterschrift unter die „Confessio Augustana'', das Glaubensbekenntnis der evangelischen Fürsten und Reichsstädte, gesetzt, was neben Nürnberg nur noch Reutlingen gewagt hatte! Er ist um 1480 geboren, wahrscheinlich als Sohn des Schultheißen Hans Weiß (urkundlich 1485). Von Beruf war er Bäcker und hatte daneben einigen Akker- und Weinbergbesitz, so daß er wohl auch Weinhandel betrieb. Seine Frau Anna Sinsse, stammte aus einer Gerberfamilie. Von 1520 an war er im Rat tätig (Spendenpfleger) und wurde 1527 zum erstenmal in das Stadtregiment als Bürgermeister gewählt, ein Amt, das er in dreijährigem Turnus bis zu seinem Tode am 11. 8. 1542 in Eschenbach bei Ansbach inne hatte. Er befand sich auf der Reise zum Reichstag in Nürnberg.

Matthäus Beger

Zu den bemerkenswertesten Persönlichkeiten des 17. Jahrhunderts gehört Matthäus
Beger. Er ist am 18. 3. 1588 in Reutlingen geboren. Seine Eltern waren der Tuchermei-
ster Matthäus Beger und dessen Ehefrau Agnes, geb. Fitzion, eine Bürgermeistertoch-
ter. Nach der Schulzeit wurde Matthäus Beger in eine Tucherlehre nach Ulm geschickt.
Nach Beendigung seiner Lehrzeit kehrte er nach Reutlingen zurück und eröffnete ein
eigenes Geschäft. 1607 heiratete er Barbara Gayler, die Tochter eines Bürgermeisters.
Nach deren frühem Tod, 1627, ging er mit der Ratsherrentochter Maria Schorr eine
zweite Ehe ein.

Schon frühzeitig wandte sich Beger Aufgaben für die Allgemeinheit zu. So beteiligte er
sich sehr aktiv an den Verteidigungsmaßnahmen der Reichsstadt am Vorabend des
Dreißigjährigen Krieges. Wenn es auch gelang, die Stadt aus dem kriegerischen Geschehen herauszuhalten, so war die Folge doch eine Vielzahl von Truppendurchzügen
und Einquartierungen, bei denen jedes Kontingent seine Forderungen an Verpflegung
und Kontributionen stellte. Beger wurde vielfach als Unterhändler gebraucht und bewährte sich durch seine Geschicklichkeit. Bald waren jedoch die Reserven aufgebraucht
und die Stadt verschuldete immer mehr. Mißernten und Pestepidemien verschlimmer-
ten die Verarmung noch. In dieser Not wurde Beger zum Retter der Stadt. Er verstand
es, durch eine geschickte Ordnung des Rechnungswesens und durch eine übersichtliche
Buchführung, die Finanzlage überschaubar zu machen und durch Umschuldungen die
Regulierung der Schulden in den Griff zu bekommen. Von 1639 bis an sein Lebensende
stand Beger an der Spitze der Stadt als Obersteuerherr und Buchhalter sowie alle drei
Jahre als regierender Bürgermeister. Er starb am 30. 6. 1661.

In einer Stiftung vermachte er der Stadt mit seiner Bibliothek 30 Folianten, die von ihm
gefertigte Übersetzungen und Abschriften von grundlegenden naturwissenschaftlichen
und technischen Werken enthielten, die er sich selbst ausgeliehen hatte. Diese Bände
beinhalten den Kenntnisstand der Naturwissenschaften und Technik im 17. Jahrhundert. Beger erweist sich hier als Autodidakt von erstaunlichem Umfang. Auch als Bürgermeister hat er sich nicht nur um Finanzen, sondern mit besonderer Liebe auch um
das Schulwesen bemüht. Daß Reutlingen aus den Wirren des Dreißigjährigen Krieges
relativ wenig versehrt hervorging, war sein besonderes Verdienst.

Friedrich List

Zu den Bedeutenden des Kreises Reutlingen zählt ohne Zweifel Friedrich List, der am
6. 8. 1789 in Reutlingen geboren wurde. Seine Eltern waren der Weißgerber und Rats-

verwandte Johannes List und Maria Magdalena geb. Schäfer, eine Bäckerstochter. Nach der Schulzeit schlug er den Weg der mittleren Verwaltungslaufbahn ein. Er bewährte sich in verschiedenen Beamtenstellen und gewann durch Gutachten, Verbesserungsvorschläge und Organisationspläne bald an Ansehen. Bereits 1817 wurde er zum ordentlichen Professor der Staatswissenschaft ernannt.

1819 gründete List zusammen mit einigen Frankfurter Kaufleuten den ,,deutschen Handels- und Gewerbeverein'', dessen Ziel die Zolleinigung Deutschlands war. Im Auftrag dieser Vereinigung warb er an vielen deutschen Höfen für die Aufhebung der Zollgrenzen und für einen gemäßigten Schutzzoll, innerhalb des Deutschen Bundes. Hierdurch erregte er das Mißfallen der württembergischen Regierung und mußte 1820 seine Professur niederlegen. Von seiner Vaterstadt wurde er 1820 zum Landtagsabgeordneten gewählt. Da er entschieden für demokratische Verwaltungsreformen eintrat, wurde wegen seiner liberalen Gesinnung ein Verfahren gegen ihn eingeleitet, dessen Folge 1822 seine Verurteilung zu zehn Monaten Festungshaft war. 1824 wurde er zur Verbüßung seiner Strafe verhaftet; durch das Versprechen auszuwandern, erreichte er jedoch seine Entlassung. Zusammen mit seiner Familie wanderte er nach Amerika aus. Zunächst ließ er sich dort als Farmer nieder; später wurde er Kohlengrubenbesitzer und Herausgeber einer deutschen Zeitschrift, ,,der Adler'', in Reading (Pennsylvanien). Zur Erschließung der von ihm entdeckten Kohlefelder baute er eine Eisenbahnlinie. Als amerikanischer Konsul kehrte er 1830 nach Deutschland zurück und zog nach Leipzig, von wo er sich in vielen Schriften für die Errichtung eines deutschen Eisenbahnnetzes einsetzte. Dies führte zur Gründung der Linie Leipzig – Dresden, brachte ihm aber noch nicht die erhoffte sichere Stellung. Er wirkte an weiteren Eisenbahnprojekten mit ohne eine feste Anstellung. 1837 beteiligte er sich in Paris an einem Preisausschreiben der Akademie. Einen Preis erhielt er nicht. Seine Arbeit dafür, ,,Das natürliche System der nationalen Erwerbsproduktivität'', war verschollen und wurde erst 1927 gedruckt.

Sein 1840 in Augsburg entstandenes Hauptwerk ,,Das nationale System der politischen Ökonomie'' war ein gewisser Erfolg. List erweist sich darin als Vorkämpfer des Industriestaates. In dem von ihm redigierten Zollvereinsblatt (1843–1846) legte er seine Gedanken über den internationalen Handel, die Handelspolitik und den deutschen Zollverein nieder. Von den Schriften der letzten Lebensjahre müssen noch erwähnt werden: ,,Die politisch-ökonomische Nationaleinheit der Deutschen'' und ,,Über den Wert und die Bedingungen einer Allianz zwischen England und Deutschland''. Die ständig vergeblichen Bemühungen um eine gesicherte Existenz rieben seine Lebenskraft schließlich auf. Er fiel in tiefe Depressionen und nahm sich auf einer Erholungsreise in den Süden, in Kufstein, am 30. 11. 1846 das Leben. Friedrich List hinterließ ein umfangreiches schriftliches Erbe, das im Listarchiv in Reutlingen zusammengetragen und noch immer nicht völlig ausgeschöpft worden ist.

Ernst Louis Laiblin

Wegbereiter der Umstrukturierung vom handwerklichen zum industriellen Betrieb, im
Reutlinger Raum des 19. Jahrhunderts, war Ernst Louis Laiblin. Er wurde am 2. 7. 1779
in Königsbach/Baden geboren, als Sohn des aus Pfullingen stammenden Amtmanns
Friedrich Ludwig Laiblin und dessen Ehefrau Regine Barbara geb. Löhlin. Die Löhlin'
waren eine alte Ravensburger, zuletzt in Pfullingen ansässige Papiermacherfamilie. Da
der Großvater Philipp Franz Löhlin keinen Nachfolger für seine Papiermühle in Pfullingen hatte, wurde Louis Laiblin zum Papiermacherberuf bestimmt. Er lernte dieses
Handwerk an verschiedenen Stellen in der Schweiz, insbesondere in Bern.
1801 erwarb er von seinem Großvater die Papiermühle und entwickelte den Betrieb stetig weiter. Bald erkannte er, daß eine Umstellung auf maschinelle Fertigung zur Exi-
stenzfrage werden würde. Er nahm deshalb Albert Elben, seinen späteren Schwiegersohn, hinter dem die Finanzkraft des ,,Schwäbischen Merkur'' stand, als Teilhaber auf.
So hatte er die nötigen Mittel zur Aufstellung einer Maschine für die Herstellung von
Endlos-Papierbahnen, die der englische Ingenieur Wheatley in Birmingham entwickelt
hatte. Damit waren die Voraussetzungen für eine günstige Geschäftsentwicklung geschaffen.
Ernst Louis Laiblin war nicht nur ein tüchtiger Geschäftsmann, sondern arbeitete auch
für das Wohl der Gemeinde. Bereits mit 30 Jahren war er Gemeinderat und wirkte bei
vielen Entscheidungen der Gemeinde Pfullingen mit. Zudem war er ein begeisterter
Naturfreund und ein bekannter Bienenzüchter. Er starb am 30. 8. 1837 auf der Solitude
bei Stuttgart. Außer seiner Ehefrau Christine geb. Braun, die aus einer alten Reutlinger
Papierfamilie stammte, hinterließ er zwei Söhne und den Schwiegersohn Albert Elben,
die den Fabrikbetrieb weiterführten.

Christian Friedrich Schönbein

Am 18. 10. 1799 wurde der Chemiker Christian Friedrich Schönbein als Sohn des Fär-
bers und späteren Postbeamten gleichen Namens und dessen Ehefrau Barbara Schäfer
(von Neuhausen/E.) geboren. Auf Wunsch des Vaters, der selbst gern chemische Versuche anstellte, wurde er nach Böblingen in eine chemische Fabrik als Lehrling geschickt, um praktischer Chemiker zu werden. Nach siebenjähriger Lehrzeit bat der
junge Schönbein den Tübinger Professor für Chemie Dr. Carl Friedrich Kielmeyer, ihn
auf seine chemischen Kenntnisse zu prüfen. Dieser bescheinigte ihm in einem Zeugnis,
daß er sehr gute Kenntnisse in der Bereitung chemischer Präparate besitze. Es war die
einzige Prüfung, die Schönbein ablegte.

Auf kurze Tätigkeit in der chemischen Fabrik Dr. J. G. Dingler in Augsburg folgte eine achtjährige Studien- und Wanderzeit, die Schönbein nach Erlangen, Tübingen, Jena (zwei Jahre Lehrer an der Fröbelschen Erziehungsanstalt Keilhau), England und Paris führte. Die Mittel zu seinen Studienreisen verdiente er sich selbst durch pädagogische Tätigkeiten als Haus- oder Privatlehrer. In dieser Zeit konnte er zahlreiche menschliche Beziehungen anknüpfen. Davon sind die Bekanntschaften mit dem Philosophen Schelling, dem Chemiker Liebig in Erlangen, Professor Eschenmeyer in Tübingen, dem Physiker Faraday in England sowie vielen berühmten Professoren, bei denen er Vorlesungen hörte, besonders hervorhebenswert.

Im Begriff, wieder nach England zurückzugehen, um dort eine Lehrtätigkeit aufzunehmen, erreichte ihn die Aufforderung, nach Basel zu kommen, um die Vertretung des erkrankten Professors für Physik und Chemie Peter Merian zu übernehmen. Er folgte diesem Ruf und wurde so in Basel seßhaft. Durch sein geselliges Wesen gewann Schönbein bald die Wertschätzung und Zuneigung einflußreicher Basler Bürger, und er wurde als Nachfolger Merians zum Universitätsprofessor berufen. Hierdurch fand er in Basel eine zweite Heimat bis zu seinem Tode am 29. 8. 1868.

Wenn man heute zurückblickend nach den wissenschaftlichen Leistungen Schönbeins fragt, so sind die Entdeckung des Ozons und die Erfindung der Schießbaumwolle sowie des Collodiums (Lösung von Schießbaumwolle in Alkoholäther) vor allem zu nennen. Darüber hinaus hat sich Schönbein mit zahlreichen anderen Problemen der Chemie beschäftigt, wie z. B.: Elektrolyse (besonders des Wassers), Passivität des Eisens (Herabsetzung der chemischen Reaktionsfähigkeit), Elektrochemie und Oxydationsvorgänge. Als Forscher war Schönbein eine unabhängige und eigenwillige Natur. Er scheute sich nicht, abweichende Ansichten zu den allgemein vorherrschenden Meinungen zu äußern und wirkte dadurch auf die chemische Wissenschaft überaus anregend. Seine Laboratoriumseinrichtung und seine apparativen Mittel waren überaus bescheiden, wobei er sich oft der Begrenztheit seiner Versuchsergebnisse nicht bewußt war. So stellten sich manche seiner Erklärungen als überholt oder falsch heraus. Trotzdem bleibt es das Verdienst Schönbeins, in dieser Pionierzeit der modernen Chemie wichtige Erkenntnisse und Beiträge zu ihrer Erforschung geliefert zu haben.

Gustav Werner

Das Gedankengut der christlichen Nächstenliebe, in Verbindung mit der Verkündigung von Gottes Wort und einem Christentum der Tat, waren bestimmende Faktoren für das Leben Gustav Werners (,,Vater Werner''), dem Gründer des ,,Bruderhauses''. Diese soziale Einrichtung wurde zur Heimat für verwaiste, erziehungsschwierige und milieugeschädigte Kinder und Jugendliche sowie für Arbeitslose, Gebrechliche, Kränkliche und Altersschwache. Sie verfügte zudem über vorbildliche industrielle Werkstätten. Durch Predigten, Vorträge und Reden, in denen er im Bewußtsein einer Endzeit zur Einkehr und Buße aufforderte, schuf sich Gustav Werner eine Gemeinschaft, aus der ihm seine Hausgenossen – seine Mitarbeiter – erwuchsen. Ihr Idealismus – sie arbeiteten ohne Barlohn, gegen freie Station, Alters- und Krankenversorgung und stellten außerdem ihr verfügbares Vermögen dem Werk zinslos als Darlehen oder Vermächtnis zur Verfügung – ermöglichte den Aufbau der Anstalt in kurzer Zeit. Mit zehn Kindern begann Gustav Werner 1840 in Reutlingen diese Arbeit. Die Zahl der Betreuten stieg bis 1892 auf 773, nach einigen Schwankungen, infolge einer Krise 1867, bedingt durch Finanzierungsschwierigkeiten beim Aufbau der Fabriken.

Gustav Werner wurde am 12. 3. 1809 in Zwiefalten geboren, als Sohn des Finanzbeamten (zuletzt Finanzkammerdirektor) Johannes Werner und dessen Ehefrau Friederike Christiane geb. Fischer. Er durchlief den üblichen Ausbildungsweg zum Pfarramt: Gymnasium, Landexamen, Seminar und Tübinger Stift. 1832 legte er die erste theologische Dienstprüfung ab. In zwei weiteren Studienjahren in Straßburg kam er mit dem Kreis der Menschen in Berührung, die das Erbe des Pfarrers Oberlin verwalteten, der das verarmte Steintal gerettet hatte. Oberlin als Menschenfreund und Sozialist wurde ihm Vorbild. Bereits in seiner ersten Vikarsstelle in Waldorf war er in aktivem Einsatz für das leibliche und seelische Wohl seiner Gemeinde. Die volksmissionarische Tätigkeit, die ihn weit im Land herumführte, brachte ihn in Widerspruch zur Kirchenbehörde, was ihn zum Verzicht auf den Kirchendienst veranlaßte.

Er widmete sich daraufhin ganz der sozialen Tätigkeit in Reutlingen bis zu seinem Tode am 2. 8. 1887. Seine Ehefrau Albertine geb. Zwissler, die er 1841 geheiratet hatte, war ihm eine treue Mitarbeiterin, die ihren Pflichten als Hausmutter unermüdlich und energisch nachkam.

Hermann Kurz

Der Dichter und Schriftsteller Hermann Kurz ist am 30. 11. 1813 in Reutlingen, als Sohn des Kaufmanns Gottlieb David Kurz und der Christiane Barbara geb. Schramm, Tochter eines Tübinger Universitätsdruckers, geboren. Schon in der Jugend verlor er seine Eltern. Über das Landexamen führte sein Schulweg zur Stiftsschule Blaubeuren und zum Tübinger Stift, um dort Theologie zu studieren. Nach der ersten theologischen Dienstprüfung war er nur kurz als Vikar tätig. Aus Glaubensgründen verzichtete er auf die kirchliche Laufbahn und ließ sich als freier Schriftsteller in Stuttgart nieder. Neun Jahre war er als Mitarbeiter an verschiedenen Zeitschriften tätig, dann folgten drei Jahre in Karlsruhe, wo er Redakteur des „Deutschen Familienbuches" war.

1848 kehrte er nach Stuttgart zurück, um sich in die Wogen des politischen Kampfes zu stürzen und fünf Jahre Redakteur der demokratischen Zeitung ,,Beobachter'' zu sein. Wegen eines inkriminierenden Artikels mußte er drei Wochen als Gefangener auf dem Asperg verbringen. Eine selbstlose und tapfere Lebensgefährtin hatte er in Eva Maria von Brunnow gefunden, mit der er seit 1851 verheiratet war. 1855 bis 1863 folgten berufslose, schwere Jahre im Ringen um Anerkennung und wirtschaftliche Erfolge für den Unterhalt seiner wachsenden Familie. Trotz der Anerkennung des ,,Schwäbischen Dichterkreises'', zu dem Uhland, Mörike, Kerner und Schwab zählten, gelang es ihm nicht, sich durchzusetzen. Die großen Romanwerke ,,Schillers Heimatjahre'' und ,,Der Sonnenwirt'' brachten wirtschaftlich keinen Erfolg.

Den ,,Rettungsanker'' fand er 1863 in einer Beschäftigung als ,,Unterbibliothekar'', die ihm eine gewisse Existenzsicherung bot. Erst die Freundschaft mit Paul Heyse, der sich sehr für ihn einsetzte, und die gemeinsame Herausgabe des ,,Deutschen Novellenschatzes'' sowie des ,,Novellenschatzes des Auslandes'' brachten eine gewisse Wende, die seine letzten Lebensjahre sorgenfreier gestaltete. Am 10. 10. 1873 starb er. Seine der Tradition des Realismus verbundene Tochter, die Schriftstellerin Isolde Kurz hat sehr um die Anerkennung des dichterischen Werkes ihres Vaters gekämpft. Kurz' Werke stellen eine Verbindung zwischen kulturhistorischem und psychologischem Roman dar, wobei er jeweils als Vorarbeit umfangreiche Studien betrieben hat, die in den Darstellungen ihren Niederschlag finden.

Johann Ludwig Schneller

Johann Ludwig Schneller stammte aus einer armen Bauernfamilie. Er wurde am 15. 1. 1820 in Erpfingen als Sohn des Jakob Schneller und der Anna Catherina geb. Dreher geboren. Trotz der Armut erlebte er in dem frommen pietistischen Elternhaus eine unbeschwerte Jugend. In der Schule fiel der junge Schneller durch seine außerordentliche Begabung auf, so daß der Lehrer und der Pfarrer miteinander beschlossen, ihn, der gern Lehrer geworden wäre, durch kostenlose Privatstunden weiter zu fördern. Damals war es möglich, sich mit einer privaten Ausbildung zum Lehrerexamen zu melden. Schneller bestand die Prüfung mit Auszeichnung. Seine ersten Lehrstellen waren in Bergfelden b. Sulz, Eislingen b. Göppingen und Auendorf. Neben seinem Lehramt, das er außerordentlich gewissenhaft und fleißig verwaltete, beschäftigte er sich viel mit seiner Umwelt. In Eislingen arbeitete er eifrig in der Werkstatt eines Mechanikermeisters, bei dem er wohnte. Außerdem war er Mitarbeiter in den Werkstätten des Göppinger Rettungshauses (Erziehungsanstalt für verwahrloste Kinder). In Auendorf bemühte er sich,

116. *Historische Partie in Hayingen mit Rathaus (links) und Pfarrkirche St. Veit im Hintergrund*
117. *Naturtheater in Hayingen*

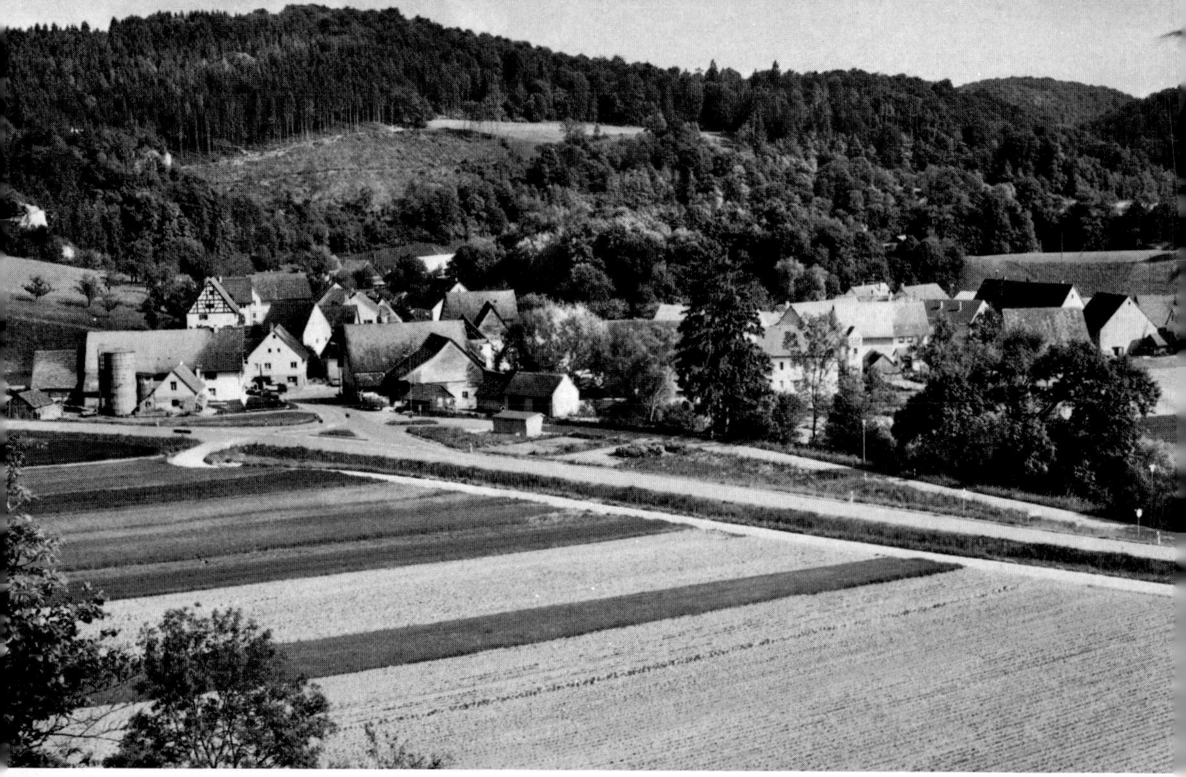

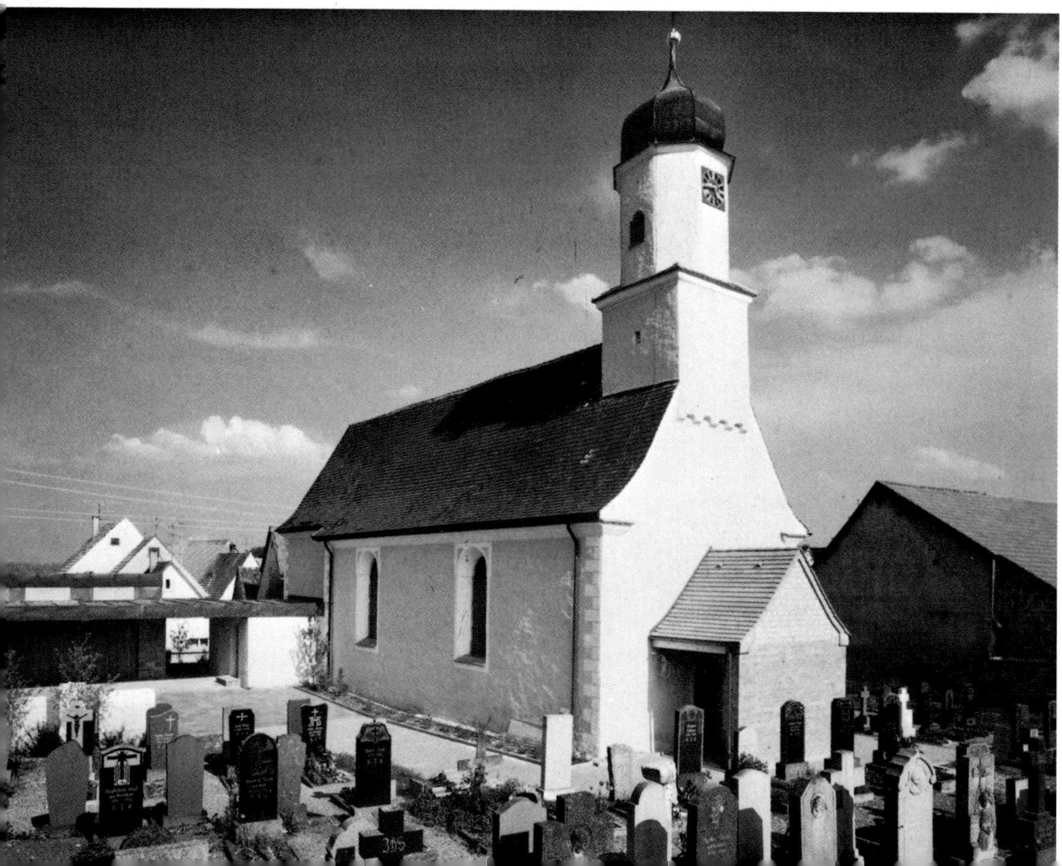

120. *Das Rathaus von Indelhausen (Stadt Hayingen) ist ein beachtenswerter Fachwerkbau aus dem Anfang des 16. Jh.*

118. *Blick auf Anhausen (Stadt Hayingen)*
119. *Die Pfarrkirche St. Nikolaus in Ehestetten (Stadt Hayingen)*

121./122. *Luftaufnahme von Hülben, unten die moderne Grund- und Hauptschule*

armen, alten und gebrechlichen Leuten statt des Bettels eine lohnende Beschäftigung im Mattenflechten und Korbbinden zu verschaffen und sie anzulernen.

1843 – er hatte inzwischen auch die zweite Dienstprüfung mit Auszeichnung bestanden – wurde er nach Vaihingen/Enz als Hausvater und Seelsorger auf das Schloß zu entlassenen Strafgefangenen berufen, die dort untergebracht waren. Auch hier bewährte sich Schneller bestens, obwohl er mit manchen Schwierigkeiten zu kämpfen hatte (Geldmangel). Nach vier Jahren holte ihn Pfarrer Spittler zur „Chrischona" nach Basel, einer Ausbildungsstätte für Handwerker, die Missionare werden wollten. Als Hausvater und Missionar trat er diese Stelle an (ohne bares Gehalt!) und fand ein recht kompliziertes Arbeitsfeld vor, aber es gelang ihm, dem Gedanken der Chrischona weiter Bahn zu brechen. Als er sich allerdings 1853 mit Magdalena Böhringer verlobte, war Spittler gegen die Heirat und entließ ihn. Er sah aber wohl sein Unrecht an Schneller bald ein und übertrug diesem die Leitung des Brüderhauses in Jerusalem, das er 1847 dort gegründet hatte. So kam Schneller zur Missionsarbeit, die eigentlich ein alter Wunsch von ihm gewesen war. Da das Brüderhaus sich in der von Spittler gedachten Form nicht als entwicklungsfähig erwies, suchte Schneller nach neuen Aufgaben. Die infolge der Auseinandersetzungen zwischen Ägypten und der Türkei in der 50er Jahren einsetzenden Christenverfolgungen brachten großes Flüchtlingselend mit sich, dem verwaiste Kinder besonders ausgeliefert waren. Diese Not bewog Schneller, ein Waisenhaus zu gründen. Nach Überwindung vieler Schwierigkeiten gelang es ihm, eine vom pietistischen Geist getragene, vorbildliche Einrichtung zu schaffen. Beim 25jährigen Jubiläum 1884 zählte die Anstalt 150 Zöglinge und über 400 Absolventen, die durch eine fundierte Berufsausbildung alle ihren Lebensunterhalt selbst verdienen konnten.

Bei seinem Tod am 18. 10. 1896 konnte er sein Lebenswerk, das syrische Waisenhaus, beruhigt in die Hände seiner, für diese Aufgabe vorbereiteten, Kinder legen. Trotz aller Kriege und Wirren der Zeit besteht sein Werk auch heute noch, wenn auch an anderen Orten.

Karl Immanuel Eberhard von Goebel

Der berühmte Botaniker ist zwar nicht in Reutlingen geboren, aber sein Vater war ein „reiner" Reutlinger. Da er sich selbst als „Reutlinger" gefühlt hat, ist es wohl nicht unberechtigt, ihn hier aufzuführen. Er wurde am 8. 3. 1855 in Billigheim geboren, wo sein Vater eine Maschinenfabrik besaß. Seine Mutter Luise Auguste Bruckmann stammte aus einer Heilbronner Industriellenfamilie. Nach dem frühen Tod des Vaters sollte er Pfarrer werden, und so kam er über das Knabeninstitut Korntal und das Seminar in Blaubeuren auf die Universität Tübingen. Unter dem Einfluß des bedeutenden

Botanikers Hofmeister wandte er sich bald dem Studium der Botanik zu. Er promovierte 1877 bei de Bary in Straßburg und habilitierte sich 1880 in Würzburg bei Sachs. Von Würzburg führte ihn seine wissenschaftliche Laufbahn über Leipzig (a. o. Prof.) auf Lehrstühle in Rostock (1882), Marburg (1887) und München 1891 bis 1931. Um die Schaffung von Botanischen Gärten machte sich Goebel besonders verdient, der Münchener Garten erlangte „Weltruf". Viele Studienreisen führten Goebel in alle Teile der Welt. Er gilt als der letzte universal arbeitende Botaniker, der vergleichend – entwicklungsgeschichtlich vorgehend, vor allem morphologisch, aber auch physiologisch die Klärung der biologischen Fragen suchte. Er starb hochgeehrt von der wissenschaftlichen Welt und vom bayrischen König 1909 in den Adelsstand erhoben, am 9. 10. 1932 in München.

Matthias Erzberger

Matthias Erzberger wurde am 20. 9. 1875 in Buttenhausen als Sohn des Schneidermeisters Josef Erzberger und seiner Ehefrau Katharina geb. Flad geboren. Schon als Volksschüler fiel Erzberger durch seine außerordentliche Begabung auf. Sein Lehrer riet ihm zum Lehrerberuf. Nach einem glänzenden Abschluß dieser Ausbildung war Erzberger zweieinhalb Jahre im Schuldienst tätig, bevor er sich ganz der Politik zuwandte.
Auf der Grundlage des strenggläubigen katholischen Elternhauses und in lebendiger Beziehung zu dem kleinbürgerlichen Milieu, aus dem er stammte, war der Eintritt in die einzige damals bestehende „Volkspartei", das Zentrum, der gegebene Weg. 1895 wurde Erzberger Redakteur des „Deutschen Volksblattes", der Zentrumszeitung in Stuttgart. Gleichzeitig entfaltete er im „Volksverein für das katholische Deutschland", einem Sammelbecken der Zentrumswähler, eine rege Vortrags- und Beratungtätigkeit, die ihm bald den Ruf des „Arbeitersekretärs" als Volks- und Armenanwalt einbrachte. So wurde Erzberger der Hauptmitarbeiter des württembergischen Zentrumsführers Gröber als Publizist, Agitator und Organisator. Durch diese Tätigkeit, bei der sein „enzyklopädisches Wissen", seine Präsenz und Schlagfertigkeit sowie seine fast unerschöpfliche Arbeits- und Leistungskraft sichtbar wurden, wurde er bald zu einer bekannten Persönlichkeit. Es folgten daher 1899 die Ernennung zum Mitglied des Gesamtvorstandes der (überkonfessionellen) christlichen Gewerkschaft (bis 1903) und 1903 seine Wahl in den Deutschen Reichstag als Kandidat des Wahlkreises Leutkirch – Waldsee – Wangen – Biberach.
Mit 28 Jahren war Erzberger der jüngste Abgeordnete. Nach der Wahl entschloß er sich zur Übersiedlung nach Berlin. (Seit 1900 war er mit der Kaufmannstochter Paula Eberhard aus Rottenburg/Neckar verheiratet.) Auch im Reichstag wurde sein Name bald

bekannt – vor allem durch seine Fähigkeit, aus dem Stegreif zu reden – und so bekam er bereits 1904 einen Sitz in der Haushaltskommission (Budgetkommission). Sein Ansehen wuchs durch seine aktive Mitarbeit auch bei schwierigen und unangenehmen Aufgaben; so galt er bald als Finanzexperte. 1909 und 1913 trat er für steuerliche Reformmaßnahmen ein, die jeweils ein durch Rüstungen bedingtes Defizit verhinderten.

Der Erste Weltkrieg entfachte weitere Initiativen bei Erzberger, zumal in der Innenpolitik zunächst Ruhe eintrat. Auf Betreiben des Auswärtigen- und des Reichsmarineamtes schuf er die Nachrichtenorganisation für das Ausland, um die feindliche Informationsblockade zu durchbrechen. Ferner versuchte er mit Billigung des Außenministers von Bülow in außenpolitischen Aktionen in Rom, Bukarest und Stockholm für die deutschen Interessen zu wirken – leider erfolglos. Die Verschlechterung der Kriegslage für Deutschland ließ Erzberger die wachsenden Chancen für das Parlament und die Demokratie erkennen. Er suchte daher in jeder Weise den Einfluß des Parlaments und damit die Demokratie in Deutschland zu verstärken.

Als „Waffenstillstandskommissar" übernahm er den hoffnungslosen Auftrag, den unglückseligen Ersten Weltkrieg zum Abschluß zu bringen und mußte seine Unterschrift unter den ihn persönlich schwer belastenden, harten Waffenstillstandsvertrag setzen. Die Folge war, daß Erzberger auch maßgeblich in der deutschen Kommission wurde, die den Friedensvertrag auszuhandeln und in Deutschland zur Annahme zu bringen hatte. Dazu kam, daß er – bei den zu erwartenden riesigen Reparationslasten – für Deutschland im ersten Kabinett der jungen Republik das Finanzministerium übernahm. Mit der ihm eigenen Energie und Durchsetzungskraft gelang es Erzberger, in nur neun Monaten 15 Gesetzesentwürfe, die das große Werk der Steuerreform beinhalteten, durch den Reichstag zu bringen. Hierdurch erreichte er, daß eine von den Ländern unabhängige, für alle deutschen Bürger gleiche Steuererhebung unter sozialen Gesichtspunkten ermöglicht wurde. Wenn auch einige Verbesserungen inzwischen erforderlich waren, so beruht unser heutiges Steuersystem noch immer auf der Grundlage der Steuerreform von Erzberger.

Unmittelbar nach der Annahme des Friedensvertrages begann von ultrarechter Seite eine Hetzkampagne gegen Erzberger, die ihn zwang, im März 1920 von seinem Ministerposten zurückzutreten, um sich zu verteidigen. Im Begriff, sich zu rehabilitieren und in die Politik zurückkehren zu können, wurde er während eines Erholungsaufenthaltes im Schwarzwald am 26. 8. 1921 ermordet. Erzberger, der zu seinen Lebzeiten eine viel umstrittene Persönlichkeit war, kann heute als „großer Mann des Parlamentarismus und der Finanzreform" bezeichnet werden.

Ludwig Finckh

Der erfolgreiche Dichter und Schriftsteller Ludwig Finckh wurde am 21. 3. 1876 in Reutlingen als Sohn des Apothekers Rudolf Finckh und seiner Ehefrau Agnes, geborene Grathwohl, Oberbürgermeisterstochter, geboren. Nach dem Besuch des Gymnasiums studierte er zunächst Jura und sattelte dann auf Medizin um. Nach dem Staatsexamen und der Promotion zum Dr. med. war er noch einige Zeit als Assistenzarzt in Melsungen/Thür. und Aachen tätig, bevor er sich in Gaienhofen als Arzt niederließ. Hier am Bodensee entfaltete er eine umfangreiche schriftstellerische Tätigkeit. Unter seinen Werken sind besonders bekannt geworden die Romane: Rosendoktor (1906), Rapunzel (1909), Reise nach Tripsdrill (1927 in 52. Auflage!) und das Sonnenhaus (Fortsetzung v. Rapunzel 1951). Sein ganzes dichterisches Schaffen war in besonderer Weise der Heimat und der Landschaft am Bodensee sowie der Familie im Sinne der Genealogie verhaftet. In seinen Schriften über den Bodensee und seine Umgebung (Der Bodensee, Reise an den Bodensee, Kleine Stadt am Bodensee und das unbekannte Hegau) hat er nicht nur die Schönheit der Landschaft „besungen", sondern sich leidenschaftlich für den Erhalt und den Schutz der Landschaft in vorausschauender Weise eingesetzt. Ebenso war er unermüdlich tätig für die Familienforschung, um sie aus dem Stadium der reinen Datensammlung herauszuführen, zu einer Darstellung der Ahnen in Beziehung zu ihrer Umwelt. In zahlreichen Schriften (Ahnenbüchlein, Ahnengarten, Haus- & Ahnenbuch, Das deutsche Ahnenbuch usw.) hat er dem Familienforscher viele Anregungen vermittelt. Auch dem Problem der Auslandsdeutschen hat sein Interesse gegolten, wobei er die genealogischen Beziehungen besonders herausstellte (Sudetendeutsche Streife). Er starb, vielfach geehrt, am 6. 6. 1964 in Gaienhofen. Sein Grab befindet sich auf seinem geliebten Heimatberg, der Achalm.

Emil Gminder

Einer der bedeutendsten Vertreter der aus der Schweiz eingewanderten Reutlinger „Färberfamilie" war Emil Gminder, geboren am 18. 7. 1873 in Reutlingen als Sohn des Karl Julius Gminder, Mitinhaber der Firma Ulrich Gminder, und der Maria geborene Schauwecker. Mit dem Ziel, der Nachfolger seines Vaters im Geschäft zu werden, erhielt Emil Gminder eine umfassende Ausbildung als kaufmännischer Lehrling bei Ulrich Gminder, als Maschinenbaustudent am Technikum in Winterthur, als Praktikant in England sowie als textiltechnischer Student am Technikum in Reutlingen. Statt einem weiteren Praktikum in Amerika mußte Emil Gminder wegen der Erkrankung des Vaters mit 22 Jahren in die Firma als Textilingenieur eintreten. Bereits 1903 wurde er in der Familien-GmbH einer der vier Geschäftsführer. Fast 50 Jahre war er so in leitender Stellung in der Firma Gminder tätig, wobei die Entwicklung der Firma zu internationaler Bedeutung von ihm entscheidend mit beeinflußt wurde. Auf allen technischen Gebieten des Betriebes, der Spinnerei, der Weberei, der Bleicherei, der Färberei und der Appretur sowie in der Energie- und Wasserwirtschaft sind vielfach durch eigene Verbesserungs- und Entwicklungsimpulse die technischen Einrichtungen auf überlegenen, modernsten Stand gebracht worden. Auch auf dem Gebiet der Textilforschung hat Emil Gminder Bedeutendes geleistet. Während der Rohstoffknappheit im Ersten Weltkrieg gelang es ihm, durch die Einführung des Kotonisierungsverfahrens insbesondere bei der Flachs- und Hanffaser (Zerlegung des Bastfaserbündels in seine baumwollähnlichen Bestandteile) unter Zumischung von nur 30 bis 50 Prozent Baumwolle zu einem leinenartigen Stoff, dem ,,Gminderlinnen'', mit hervorragenden Eigenschaften zu kommen. Ein Vorteil des Verfahrens war dabei, daß als Ausgangsmaterial das Abfallprodukt Flachs- und Hanfwerg verwendet werden konnte. Emil Gminders Tätigkeit erstreckte sich über die Technik und Forschung hinaus auch auf kulturelle (Volksbildung) und soziale Gebiete (Arbeitersiedlung Gmindersdorf). So war er in vielen Ausschüssen und Vorständen technischer, wirtschaftlicher, kultureller und sozialer Gremien mit tätig. Vielfach geehrt als bekannter Wirtschaftsführer starb Dr. Emil Gminder am 23. 7. 1963 in Reutlingen.

Franz Xaver Arnold

Der bekannte Tübinger katholische Theologe Franz Xaver Arnold stammte aus Aichelau, wo er am 10. 9. 1898 geboren wurde. Seine Eltern waren der Bauer Joseph Arnold und Theresia geb. Hölz. Nach dem Besuch des Gymnasiums studierte er in Tübingen katholische Theologie und promovierte zum Dr. theol. Seine ersten Tätigkeiten waren 1924/26 in Reutlingen sowie in Biberach als Vikar und Praezeptorkaplan, 1926/27 in Stuttgart als Vikar und Studienassessor, 1928/32 in Horb als Studienassessor und Repetent im Wilhelmstift in Tübingen. 1932/36 war er Studentenpfarrer in Tübingen. 1936 habilitierte er sich an der Universität Tübingen für das Fach Moraltheologie und wurde 1937 zum außerordentlichen Professor ernannt. 1946 wurde er auf den Lehrstuhl für Moraltheologie, Sozialethik, Liturgik und Religionspädagogik als ordentlicher Professor berufen. Als besonderer Förderer der Pastoraltheologie hat sich Arnold in zahlreichen Veröffentlichungen mit allen aktuellen Fragen und Problemen der Zeit in bezug auf die Seelsorge beschäftigt. Ein starkes Anliegen war ihm, die Seelsorge neu zu beleben und zu aktivieren. Bei den Zeitfragen beschäftigten ihn besonders die sozialen Probleme, das Schicksal der Heimatvertriebenen, das Mitbestimmungsrecht im

Lichte der christlichen Soziallehre, Sexualität und Menschenwürde, Bildungsfragen der Gegenwart sowie Glaubensverkündigung und Glaubensgemeinschaft. In seiner ganzen Wirksamkeit erwies sich Arnold als eine sachliche und tolerante Persönlichkeit, die sich einer allgemeinen Anerkennung erfreute. 1954/55 wurde er zum Rektor der Universität Tübingen gewählt. Er starb am 21. 1. 1969 an den Folgen eines Verkehrsunfalles.

Literatur

Ströle, H.: Matthäus Alber, Schwäbische Lebensbilder Bd. 5, Stuttgart 1950
Betz, Heinrich: Die Reformation in Reutlingen. In: Reutlingen, aus der Geschichte einer Stadt, Reutlingen 1974
Sommer, J. J.: Matthäus Beger, Schriftenreihe Lebensbilder in Schwaben und Franken, 1975
Gehrig, H.: Friedrich List, Leipzig 1956
Festschrift Papierfabrik Gebr. Laiblin, Pfullingen. 1801–1901. Stuttgart 1901
Prandtl, W.: Deutsche Chemiker in der ersten Hälfte des 19. Jahrhunderts, Weinheim 1956
Krauss, P.: Gustav Werner, Stuttgart 1959
Heyse, Paul: Lebensbeschreibung Hermann Kurz in den „Gesammelten Werken", Leipzig 1874/1903
Schneller, H.: Johann Ludwig Schneller, Gründer des Syrischen Waisenhauses. Metzingen 1971
Goebel, Karl von: Neue Deutsche Biographie
Eschenburg, Theo: Matthias Erzberger, München 1973
Internationales Biograph. Archiv (Munzinger Archiv) Lieferung 29, 1964
Huchting-Gminder, Lore: Emil Gminder. In: Reutlinger Geschichtsblätter Jg. 1972/10
Internationales Biograph. Archiv (Munzinger Archiv) Lieferung 9, 1963

Vom Rettungshaus zur Lebenshilfe

von Johann Jakob Sommer

Die Darstellung des Kreises Reutlingen wäre unvollständig, wenn nicht auf die großen Einrichtungen für die Förderung Behinderter eingegangen würde, die neben den kommunalen Einrichtungen bestehen. Es handelt sich hierbei um die ,,Gustav-Werner-Stiftung zum Bruderhaus'' in Reutlingen (gegründet 1840 von Gustav Werner [vgl. S. 214 f.]) und um die ,,Haus-am-Berg-Heime für Jugendliche und Ältere GmbH'' in Urach (gegründet 1952 von Paul Stäbler). Zu diesen beiden sozialen Einrichtungen sind dann noch die Mariaberger Heime hinzuzurechnen, die durch die Kreisreform heute in den Kreis Sigmaringen eingegliedert sind, obwohl sie seit ihrer Gründung im Jahre 1840 durch den Uracher Oberamtsarzt Karl Rösch mit dem Kreis Reutlingen durch viele Beziehungen eng verbunden waren.

Alle hier genannten Institutionen gehen in ihrer Tradition auf die Auswirkung der ,,Rettungshausbewegung'' des württembergischen Pietismus in den ersten Jahrzehnten des 19. Jahrhunderts zurück. Während es sich in der Gründerzeit darum handelte, sittlich und religiös verwahrloste, oft schwach begabte Kinder aus einer durch die Ungunst der Zeit verelendeten Umgebung (Armut und Hungersnöte) herauszunehmen und einer verständnisvollen Erziehung in einer christlichen Anstaltsfamilie zuzuführen, um sie zu lebenstüchtigen Menschen heranzubilden, haben sich die Erziehungsziele und -aufgaben infolge der tiefgreifenden Veränderungen des wirtschaftlichen und sozialen Lebens inzwischen weitgehend verändert. So ist heute die Aufgabe nicht mehr ,,zu bewahren'', sondern eine möglichst weitgehende ,,Rehabilitation'' der Heiminsassen anzustreben, d. h. eine dem Gesundheitszustand angepaßte ,,Lebenserfüllung'' zu erreichen.

Dazu ist die Zusammenarbeit einer Gruppe von fachlich vorgebildeten Erziehungskräften notwendig. Auf der Grundlage einer genauen medizinisch-psychologischen Diagnose von seiten des Facharztes, des Psychologen, des Heilpädagogen und des Berufserziehers gelingt es in vielen Fällen, auch schwerer Behinderten zu einem befriedigenden Leben in der freien Wirtschaft zu verhelfen, wobei das glücklicherweise zunehmende Verständnis in der Öffentlichkeit für den Behinderten ein wesentlicher Faktor ist. Um dieser Aufgabe gerecht zu werden, ist eine gewisse Spezialisierung der betroffenen Institutionen notwendig. Es gibt daher für die verschiedenen Behinderungsarten (Körper-, Sinnes-, Psychisch- und Geistigbehinderte) ein sich über das ganze Bundesgebiet erstreckendes Netz von Einrichtungen, die vielfach in Verbindung zu den christlichen Konfessionen stehen (Diakonisches Werk und Caritas) und auf diesem Gebiet eng und einmütig mit den Verbänden der Freien Wohlfahrtspflege zusammenarbeiten. Ihr Arbeitsprogramm umfaßt den Bereich der geistigen und psychischen Behinderungen für die verschiedenen Altersgruppen (Kinder, Jugendliche und Erwachsene) sowie die Praktizierung einer allgemeinen ,,Altenhilfe''. Dies sieht im Einzelfall folgendermaßen aus:

Gustav-Werner-Stiftung zum Bruderhaus (Stand 1974/75 insg. ca. 1465 Plätze)

Einrichtungen für Jugendhilfe: Sonder- und sozialpädagogische Heime und Schulen (245 Plätze):
Loßburg-Rodt (Kreis Freudenstadt): Kinderheim Rodt und Ludwig-Haap-Schule (sozialpädagogische Sonderschule mit Vorschulstufe); Bildungsziel: Grund- und Hauptschulabschluß.
Reutlingen: Oberlin-Kinderheim und Oberlinschule (sozialpädagogische Sonderschule; Lernbehindertenschule).
Joh.-Hinrich-Wichern-Heim mit Sonderberufsschule (nach anerkannten und besonderen Ausbildungsordnungen in den Bruderhauswerkstätten).
Friedrich-Naumann-Haus, für männliche Jugendliche während der Berufsausbildung (externe und interne berufliche und schulische Ausbildung, auch in Verbindung mit den Bruderhauswerkstätten).
Deggingen (bei Bad Ditzenbach): Jugendheim und Sonder-Berufsfachschule für männliche Jugendliche (Lernbehinderte); Grundstufe. Qualifikation für berufliche Ausbildung.

Einrichtungen für Behindertenhilfe (875 Plätze):
Reutlingen: Heinrich-Landerer-Krankenhaus, offene psychiatrische Klinik sowie Heim für geistig Behinderte und seelisch kranke Jugendliche.
Mutteranstalt, Vater-Werner-Haus und Bruderhaus Gaisbühl, Heimplätze für geistig behinderte Frauen und Männer sowie weibliche Jugendliche und psychisch kranke wie geistig behinderte Frauen und Männer.
Bruderhauswerkstätten, Ausbildung nach anerkannten und besonderen Ausbildungsordnungen für lernbehinderte Jugendliche; Dauerarbeitsplätze mit individueller Förderung jugendlicher und erwachsener Behinderter; Werkstattplätze für Heimbewohner und externe Behinderte aus Reutlingen und Umgebung.

123. *Im Brunnenhäuschen von Kleinengstingen (Gemeinde Engstingen) ist eine Mineral-quelle gefaßt.*
124. *(umseitig oben) Kirche und Friedhof in Kohlstetten (Gemeinde Engstingen)*
125. *(umseitig unten) Die Freibühlschule in Großengstingen (Gemeinde Engstingen) beherbergt eine Grund-, Haupt- und eine Realschule.*

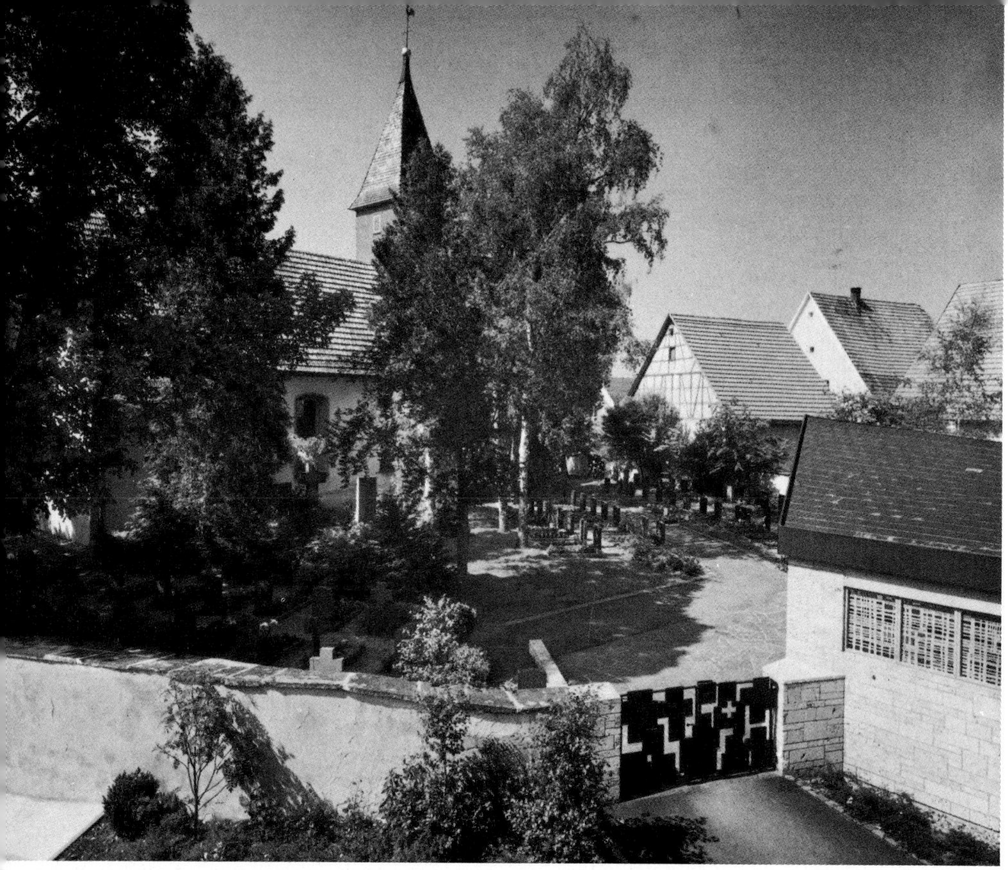

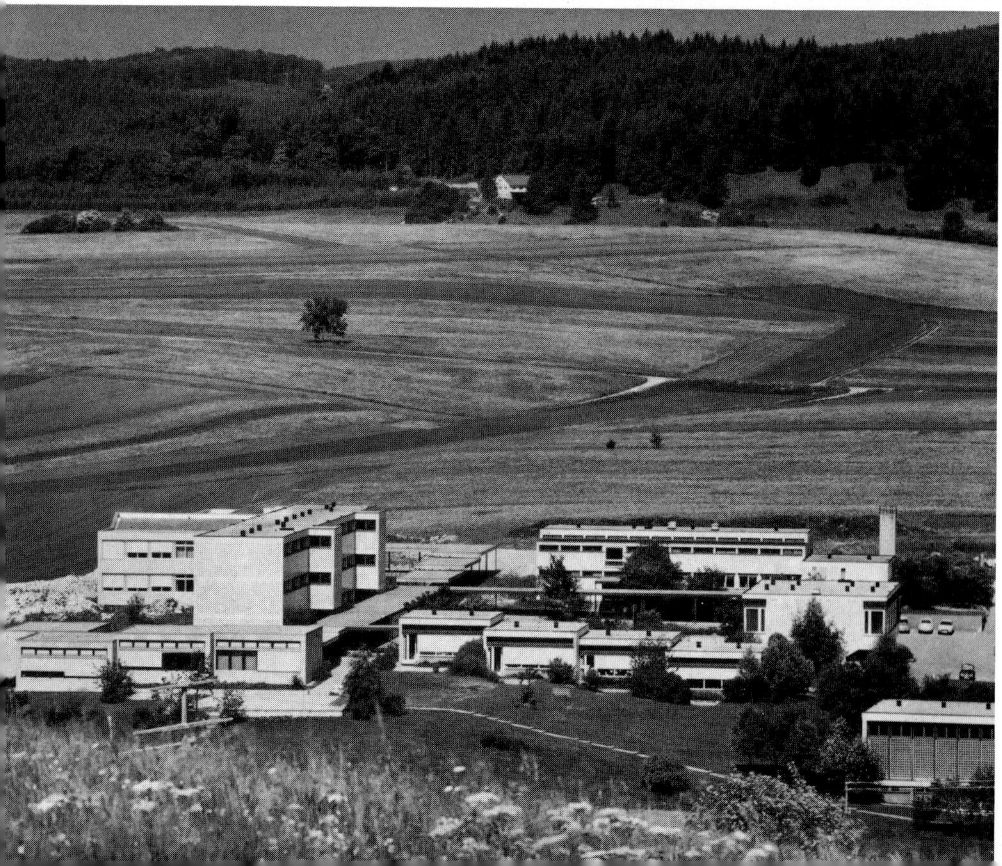

Außerhalb Reutlingens: Außenstellen: Bleiche/Urach, Dettingen/Erms, Fluorn/Win-
zeln, Seewald/Göttelfingen, Seewald/Schernbach. Für geistig behinderte Männer und
Frauen sowie männliche und weibliche Jugendliche. Dauerheimplätze mit geschützten
Arbeitsmöglichkeiten.
Ravensburg-Bavendorf (Riesenhof), Loßburg-Rodt (Friedrich-Gaiser-Hof); Heim-
plätze für geistig Behinderte und psychisch kranke Frauen und Männer mit geschützten
Arbeitsmöglichkeiten.

Einrichtungen für Altenhilfe (344 Plätze):
Reutlingen: Altenheim Gustav-Werner-Straße 6 (mit Pflegeabteilung); Mutter-Wer-
ner-Heim, Ringelbachstraße 229 (mit Altenpflegeheim)
Alpirsbach: Altenheim (für Ehepaare)
Friedrichshafen: Gustav-Werner-Stift (für Ehepaare)
Bleiche/Urach: (für Frauen) Altenabteilungen in Einrichtungen der Behindertenhilfe.
Dettingen/Erms: (für Frauen und Männer) Altenabteilungen in Einrichtungen der Be-
hindertenhilfe.

Haus-am-Berg-Heime für Jugendliche und Ältere (Stand 1974 ca. 850 Plätze)

Urach: ,,Haus am Berg''
Buttenhausen: Landheim
Stuttgart-Schönberg
Stuttgart: Maria-Martha-Stift
Dettingen/Erms: Königshöhe
Hammereisenbach: Fischerhof
Kirnhalden (b. Bleichheim/Baden)
Nagold: Heim Waldeck
Diese acht Heime sind für psychisch kranke Frauen und Männer, geistig und körperlich
Behinderte, gefährdete Mädchen und Frauen, Jugendliche in Wohnheimen (Bewah-
rung vor Großstadtgefahren) und ältere Männer und Frauen in Altenheimen.

Einen besonderen Schwerpunkt bildet die Betreuung der psychisch Kranken, denen
trotz aller Behinderungen eine weitgehendste Lebensverwirklichung ermöglicht werden soll durch ein mit vielen Anregungen gestaltetes Heimleben und durch Einrichtungen für allerlei geschützte Tätigkeiten und sinnvolle Beschäftigungen. Als weitere
wichtige Aufgabe erweist sich die Erziehungsarbeit an gefährdeten, oft milieugeschä-
digten Mädchen mit dem Ziel einer vollständigen Rehabilitation, wobei eine hauswirtschaftliche Berufsfachschule im Heim eine sehr wesentliche Hilfe zur Erreichung des

Erziehungszieles ist. Ein anderer Schwerpunkt ist die Betreuung und Arbeitserziehung (Berufsausbildung) von behinderten männlichen Jugendlichen. Dabei hat die Durchführung der pädagogischen Arbeit durch ein neues Werkstättengebäude eine wesentliche Erleichterung erfahren. Für die durchlaufenden Industriearbeiten in den Bereichen Metall, Kunststoff und Papier (geschützte Werkstätte) stehen jetzt vier Werkstätten zur Verfügung. In einer eigenen Lehrwerkstatt erfolgt die Ausbildung zum Metall- bzw. Metall-Fachwerker. Auch der Bereich Holzbearbeitung konnte verbessert werden, was sowohl der Fabrikation wie der Ausbildung der Holzmaschinenwerker zugute kommt. Die praktische Arbeit wird ergänzt durch den theoretischen Unterricht in der heimeigenen, gewerblichen Sonderberufsschule. Durch diese baulichen Maßnahmen wurde die Zahl der Arbeitsplätze verdoppelt, wobei 30 Plätze für Externe aus dem Einzugsgebiet Urach vorbehalten sind.

Mariaberger Heime

die hier nur am Rande gestreift werden können, betreuen ca. 450 geistig Behinderte mit dem heilpädagogischen Ziel der Ausbildung, Förderung und Pflege, wobei heimeigene Sonder- und Sonderberufsschule zur Erfüllung der Aufgabe zur Verfügung stehen sowie geschützte Werkstätten.

Entsprechend den hier aufgeführten differenzierten Aufgabenstellungen ist in den genannten sozialen Einrichtungen jeweils ein großer, fachlich qualifizierter Mitarbeiterkreis tätig. Beim Bruderhaus sind es 650, bei den Haus-am-Berg-Heimen 250 und in Mariaberg 350 Mitarbeiter, wobei es für den Arbeitserfolg neben der beruflichen Vorbildung auch auf die christliche Gesinnung ankommt, nämlich sich für den berechtigten Anspruch des Behinderten und Schwachen auf eine Lebenserfüllung mit ganzer Kraft einzusetzen. Dies haben nicht nur die Gründer derartiger Einrichtungen wie z. B. Gustav Werner und Paul Stäbler (der Gustav Werner immer als sein Vorbild betrachtet hat und selbst über 30 Jahre im Bruderhaus tätig war) getan, sondern auch der größere Teil ihrer Mitarbeiter: religiös geprägte Menschen, die sich verpflichtet fühlten, christliche Nächstenliebe zu praktizieren. Hier sind Namen aus dem Kreis Reutlingen zu nennen wie Karl Christ. Barthold mit seinen Söhnen Joh. Georg und Fritz von Pfullingen sowie Christ. Friedrich Kölle, dessen Bruder Karl K. und seine Kinder Joh. Friedrich, Theodor Rudolf und Emma Sophie von Gomaringen, die den Gedanken der Gründung derartiger sozialer Einrichtungen, nachdem sie genügend Erfahrung gesammelt hatten, aus der schwäbischen Heimat hinausgetragen haben bis in die Schweiz (1886), nach Mönchengladbach (1858) und nach Kückenmühle b. Stettin (1870).

Der Kreis Reutlingen
seine Städte und Gemeinden

Die staatliche Verwaltung in der Vergangenheit und der Gegenwart

von Karl Keim

In den Wirren und Folgen der Napoleonischen Kriege entstanden unter den Regierungen von Kurfürst/König Friedrich und König Wilhelm I. aus dem verlebten altständischen Wirtemberg ein moderner Staat. Zwar konnten die reichsstädtischen Reutlinger, die gewaltsam Mediatisierten und Säkularisierten und die starren „Altrechtler" weder für die diktatorische Unbefangenheit Friedrichs noch für die unvermeidliche Härte beider Regenten und ihrer Beauftragten Verständnis aufbringen, doch entsprang das rigorose Vorgehen staatspolitischen Notwendigkeiten.

Eine Flut von Gesetzen schuf eine Anzahl neuer provisorischer Institutionen, von denen zwei bestehen blieben: Die Oberämter und die Kreisregierungen.

Schon vor der förmlichen „Einverleibung" der Reichsstadt (1803) entstand das Oberamt Reutlingen de facto am 23. November 1802, als der reichsstädtische Magistrat seiner hoheitlichen Funktionen enthoben und unter Aufsicht eines württembergischen Oberamtmannes gestellt wurde. – Am 18. November 1817 folgten als Zwischenorgane für die innere Landesverwaltung in regimineller, staatspolitischer und staatswirtschaftlicher Beziehung vier Königliche Kreisregierungen (Schwarzwaldkreis, Neckarkreis, Donaukreis, Jagstkreis). Die Erhebung Reutlingens zur Königlichen Kreishauptstadt des Schwarzwaldkreises im Jahre 1818 hatte man „dem Willen des Königs Wilhelm I. persönlich zu danken".

Beide Institutionen beeinflußten die gesellschaftliche Struktur der Stadt, die bisher in ihrer berufsständisch ausgerichteten Selbstverwaltung nur alteingesessene regierende und verwaltende Bürger geduldet hatte; eine jahrhundertealte Isolation wurde beendet und „der Wohlstand Reutlingens gehoben". Die Wohnungsansprüche der neuen Beamten gaben Veranlassung, neue Straßenzüge außerhalb der Altstadt zu bauen, als ersten die Gartenstraße.

Die Regierung des Schwarzwaldkreises in Reutlingen (1817 bis 1924)

Die Einteilung des Landes in vier Kreise erfolgte in einer zu anmaßenden Form nach dem Vorbild der französischen Departementsverfassung von 1789. Zu ihrem wechselnden Geschäftskreis gehörten zuletzt: Angelegenheiten der Staatsangehörigkeit, Übernahme der aus fremden Staaten Ausgewiesenen, die Landespolizei mit ihren verschiedenen Zweigen, vor allem die Sicherheits-, Gewerbe- und Wasserpolizei, die Aufsicht über die Gemeinde-, Stiftungs- und Amtskörperschaftsverwaltung, über die Landarmenverbände, über die Verwaltung des örtlichen Kirchenvermögens, die Entscheidung in verwaltungsrechtlichen Streitigkeiten erster Instanz. Die Kreisregierung war besetzt mit einem Regierungspräsidenten, Regierungsräten und Assessoren, für die Wasserpolizei auch mit technischen Räten. Die Geschäfte wurden teils im Bürowege, teils im Wege kollegialer Beschlußfassung, in gewissen Fällen unter Mitwirkung von sachverständigen Laien behandelt.

Während ihres über hundert Jahre langen Bestehens wurde immer wieder die Frage ihrer Notwendigkeit und ihres Fortbestandes erörtert. Zwar leistete sie bei der Durchführung von Gesetzen manche gute Arbeit, doch wurde sie von der Kritik als überzüchtete Bürokratie und Vielregiererei bezeichnet: ,,Vier Regierungen werden immer mehr regieren als eine!'' Für die Gemeinden sei es gleichgültig, ob sie die gleichen Anweisungen von einer Stelle oder von vieren bekommen. Württemberg sei zu klein für lebensfähige Provinzen, in denen sich schöpferische Betätigungen entfalten könnten. In der Tat verengte sich der Geschäftskreis durch Übertragung von Aufgaben an zentrale Fachbehörden immer mehr. Trotz dieser Umstände galten die Präsidenten in der Öffentlichkeit als die ersten Persönlichkeiten in der Stadt und im Kreis. Der König pflegte ihnen den persönlichen Adel, die Stadt das Ehrenbürgerrecht zu verleihen.

Durch eine Denkschrift der Regierung im Jahre 1911 über die Vereinfachung der Staatsverwaltung wurde die Auflösung der Kreisregierungen eingeleitet und am 21. Mai 1924 vollzogen. Zwei Bauten in Reutlingen erinnern heute noch an die ,,Königliche Regierung des Schwarzwaldkreises'', die 17 Oberämter betreute: Das ehemalige Kreisregierungsgebäude (jetzt Landratsamt, Bismarckstr. 47) und das im Jahre 1889 als Landarmenanstalt erbaute, mehrmals erweiterte Landesaltersheim (Gewand Rappertshofen 1).

LANDKREIS REUTLINGEN   ab 1.1.1975

Zeichenerklärung:
Albstein   Stadt, Gemeinde
Burgstetten   Stadt- oder Gemeindeteil (Ortsteil)
─────   Kreisgrenze
─────   Verwaltungsraumgrenze
─·─·─·─   Stadt- oder Gemeindegrenze
─··─··─··   Grenze des Stadt- oder Gemeindeteils

15.8.74

OBERAMT 1802–1938 (im Endzustand)

▥	**REUTLINGEN**
▤	**MÜNSINGEN**
▨	**URACH**
▩	**TÜBINGEN**
▧	**RIEDLINGEN**
▦	**SIGMARINGEN**
⣿	**NÜRTINGEN**

0   5   10 km

Die Bestandteile des heutigen Landkreises Reutlingen

Das Oberamt Reutlingen (1802 bis 1938)

Zu den Einrichtungen, welche das altständische Wesen im Behördensystem beseitigten und die Innenpolitik und Verwaltung des Landes auf die Dauer bestimmten, gehörten die Oberämter als Institutionen, die bis heute grundlegend geblieben sind. Die Einteilung des Landes in 64 Oberämter blieb bis 1938 erhalten. Die rechtsprechenden Amtsgerichte waren von den verwaltenden Oberämtern getrennt worden, die Amtskörperschaften früher ,,Stadt und Amt'' (heute Kreisverband) wurden 1826 aufgehoben. An die Stelle der ,,Schreiber'' traten qualifizierte Verwaltungsbeamte. Auf Anregung von Königin Katharina (1788 bis 1819), die sich topographische und historische Beschreibungen der neuen Bezirke wünschte, entstanden die Oberamtsbeschreibungen, deren erste im Jahre 1824 mit der von Reutlingen begonnen und 1885 mit der letzten abgeschlossen wurde. Die Beschreibungen in zweiter Folge begannen im Jahre 1893 wieder mit dem Reutlinger Band. Die Oberamtsbeschreibungen trugen wesentlich dazu bei, daß Württemberg als bestbeschriebenes Land galt.
Das Oberamt Reutlingen wurde aus folgenden Bestandteilen zusammengesetzt:
1. Das Gebiet der ehemaligen Reichsstadt mit Reutlingen, Betzingen, Bronnweiler, Ohmenhausen, Stockach, Wannweil (1802)
2. Das ehemalige weltliche und das Klosteroberamt Pfullingen mit Groß-Engstingen, Holzelfingen, Honau, Kleinengstingen, Oberhausen, Unterhausen, Genkingen (1806)
3. Ehemalige Bestandteile des Oberamts Urach mit Willmandingen, Erpfingen, Hausen an der Lauchert, Mägerkingen, Undingen (1809)
4. Das ehemalige Stabsamt Gomaringen mit Gomaringen und Hinterweiler (1807)
5. Bestandteile des 1810 wieder aufgelösten Oberamts Zwiefalten: Kloster Mariaberg mit Bronnen (1810)
6. Vom Oberamt Urach zugewiesen Eningen (1842)

Das Oberamt Münsingen (1808 bis 1938)

Das Oberamt Münsingen wurde aus folgenden Bestandteilen zusammengesetzt:
1. Das Gebiet des alten Oberamts mit Münsingen, Apfelstetten, Auingen, Böttingen, Dapfen, Hundersingen, Mehrstetten, Marbach, Ennabeuren, Magolsheim, Ödenwaldstetten
2. Aus Bestandteilen des Oberamts Urach mit Laichingen, Feldstetten, Sontheim und Steingebronn, Bernloch, Dottingen, Gomadingen, Kohlstetten, Meidelstetten

3. Aus dem Stabsamt Justingen mit Justingen, Gundershofen, Hütten, Ingstetten
4. Aus der Abtei Zwiefalten: Aichelau, Baach, Emerkingen, Gauingen, Geisingen, Gossenzugen, Hochberg, Huldstetten, Oberstetten, Oberwilzingen, Pfronstetten, Sonderbuch, Tigerfeld, Wilsingen, Zwiefalten
5. Aus der Klosterhofmeierei Offenhausen
6. Aus standes- und grundherrlichen Besitzungen
   a) des Fürsten von Fürstenberg: Hayingen, Bichishausen, Münzdorf mit Derneck, Teilen von Weiler und Ennabeuren
   b) des Fürsten von Thurn und Taxis: Bremelau
   c) des Grafen von Normann-Ehrenfels: Ehrenfels, Maßhalderbuch, Wimsheim
   d) des Grafen von Reuttner: Unterwilzingen
   e) des Freiherrn von Speth-Schülzburg: Anhausen, Erbstetten, Indelhausen
   f) des Freiherrn von Speth-Untermarchtal: Ehestetten, Eglingen
   g) des Freiherrn von Reichlin-Meldegg: Niedergundelfingen, Weiler
   h) des Freiherrn von Gumppenberg-Pöttmös: Hohengundelfingen, Dürrenstetten
   i) der Freiin von Weidenbach-Münch: Buttenhausen.

Das Oberamt Urach (bis 1938)

Das Oberamt Urach setzte sich durchweg aus alt-württembergischen Bestandteilen zusammen. Von seinem Bestand wurde Eningen schon 1842 an das Oberamt Reutlingen zugewiesen, ferner gab es die oben (unter Münsingen, Ziffer 2) genannten Orte ab. Es verblieben ihm: Urach, Bempflingen, Bleichstetten, Böhringen, Dettingen a. E., Donnstetten, Gächingen, Glems, Grabenstetten, Gruorn, Hengen, Hülben, Lonsingen, Metzingen, Mittelstadt, Neuhausen a. E., Ohnastetten, Reicheneck, Riederich, Rietheim, Seeburg, Sirchingen, Sondelfingen, Trailfingen, Upfingen, Wittlingen, Würtingen, Zainingen.

Die alten Landkreise Reutlingen und Münsingen (1938 bis 1972)

Die Neugliederung des Landes von 1938 wies dem Landkreis Reutlingen alle Gemeinden des bisherigen Oberamtes außer Stockach zu, ferner 14 Gemeinden des aufgelösten Oberamts Urach sowie Gönningen und 5 weitere Gemeinden des Oberamts Tübingen. Von Urach: Bleichstetten, Dettingen, Glems, Grabenstetten, Hülben, Metzingen, Mittelstadt, Neuhausen, Ohnastetten, Reicheneck, Riederich, Sondelfingen, Urach, Würtingen.

Von Tübingen: Altenburg, Degerschlacht, Gönningen, Oferdingen, Rommelsbach, Sickenhausen.

Der Landkreis Münsingen erhielt aus dem Oberamt Urach die Gemeinden Böhringen, Donnstetten, Gächingen, Hengen, Lonsingen, Rietheim, Seeburg, Sirchingen, Trailfingen, Upfingen, Wittlingen und Zainingen. Er gab an den Kreis Ehingen ab: Emeringen und Erbstetten und erhielt von dort Sondernach. Außerdem kam die Gemeinde Westerheim vom aufgelösten Oberamt Geislingen zum Kreis Münsingen.

Die Vergrößerungen und Abrundungen der nunmehr Kreise genannten ehemaligen Oberämter im Jahre 1938 nach den politischen, gesellschaftlichen und wirtschaftlichen Entwicklungen in weit mehr als 100 Jahren entsprachen einem Bedürfnis, das bislang von schwächeren Zentralgewalten gegenüber den begreiflichen örtlichen Widerständen nicht hatte erfüllt werden können. Es bestand die Tendenz, Kreise mit mittleren Bevölkerungszahlen und mittleren Flächenausmaßen zu bilden.

Die Entstehung des heutigen Landkreises Reutlingen

Die neue Kreiseinteilung ergab sich als Auswirkung der Verwaltungsreform. Als Mittel zur Bewältigung der ständig steigenden Aufgaben der öffentlichen Verwaltung wurden unter anderem die Schaffung größerer Verwaltungseinheiten und die Zuständigkeitsverlagerung nach unten genannt. Zwei Gesetze zur Stärkung der Verwaltungskraft der Gemeinden von 1968 und 1970 boten zunächst die Grundlage für zahlreiche Zusammenschlüsse.

Sodann wurden im Jahre 1971 Gesetze zur Verwaltungsreform (Kreisreformgesetz und Regionalverbandsgesetz) und im Jahre 1972 ein Gesetz zur Funktionalreform beschlossen. Schließlich wurden mit dem Gemeindereformgesetz zum 1. Januar 1975 die gebietlichen Veränderungen im Rahmen der Verwaltungsreform abgeschlossen.

Bei der Kreisreform zum 1. Januar 1973 wurden viele im Jahre 1938 entstandene Landkreise aufgelöst und neu gebildet, so Reutlingen, Münsingen, Tübingen, Sigmaringen, Saulgau, Nürtingen. Die neuen Landkreise waren Rechtsnachfolger der aufgelösten Kreise, insoweit sie aus anderen Landkreisen Teile übernommen haben.

Der heutige Landkreis Reutlingen besteht aus Orten folgender Kreise:

Übernommen wurden vom bisherigen Landkreis:

Reutlingen: Dettingen, Eningen, Erpfingen, Genkingen, Glems, Grabenstetten, Großengstingen, Holzelfingen, Honau, Hülben, Kleinengstingen, Mägerkingen, Metzingen, Mittelstadt, Ohnastetten, Pfullingen, Reutlingen, Riederich, Rommelsbach, Undingen, Unterhausen, Urach, Wannweil, Willmandingen, Würtingen

Nürtingen

Walddorf-häslach
Häslach
Walddorf
Gniebel
Dornach
Rußgarten
Pliezhausen
Mittel-stadt
Grafenberg
Altenburg
Oferdingen
Reicheneck
Riederich
Sickenhausen
Rommels-bach
Metzingen
Tübingen
Wannweil
Degerschlacht
Sondelfingen
Neuhausen
Dettingen a.d.Erms
Hülben
Grabenstetten
Reutlingen
Betzingen
Glems
Urach
Römerstein
Donnstetten
Laichingen
Ohmenhausen
Eningen u. Achalm
Hengen
Böhringen
Zainingen
Bleichstetten
Wittlingen
Pfullingen
Würtingen
Upfingen
Sirchingen
Seeburg
Gutbezirk Münsingen
Bronnweiler
Lonsingen
Rietheim
Gönningen
Unterhausen
Holzel-fingen
Ohna-stetten
Gachingen
Dottingen
Traifingen
Lichtenstein
Kohl-stetten
Steingebronn
Münsingen
Auingen
Böttingen
Magolsheim
Genkingen
Honau
Offenhausen
Gomadingen
Sonnenbühl
Klein-engstingen
Mehrstetten
Undingen
Großengstingen
Dapfen
Marbach
Apfel-stetten
Willmandingen
Engstingen
Bernloch
Wasserstetten
Buttenhausen
Erpfingen
Meidelstetten
Odenwald-stetten
Eglingen
Hundersingen
Bremelau
Haid
Hohenstein
Bichis-hausen
Gundelfingen
Trochtelfingen
Steinhilben
Oberstetten
Ehestetten
Münzdorf
Anhausen
Hausen
Aichelau
Indel-hausen
Ober-wilzingen
Mägerkingen
Wilsingen
Aichstetten
Hayingen
Burladingen
Pfronstetten
Huld-stetten
Sonderbuch
Tigerfeld
Gauingen
Munderkingen
Gesingen
Hochberg
Zwiefalten
Gammertingen
Upflamör
Morsingen

Riedlingen

LANDKREIS REUTLINGEN ab 1.1.1975

Zeichenerklärung:
Albstein Stadt, Gemeinde
Burgstetten Stadt- oder Gemeindeteil (Ortsteil)
▬▬▬ Kreisgrenze
▬▬▬ Verwaltungsraumgrenze
─·─·─ Stadt- oder Gemeindegrenze
──── Grenze des Stadt- oder Gemeindeteils

15.8.74

0   5   10 km

AUS DEN SEITHERIGEN LANDKREISEN

☐ REUTLINGEN
▥ MÜNSINGEN
▨ TÜBINGEN
▧ SAULGAU
▦ SIGMARINGEN
▩ NÜRTINGEN

Münsingen: Aichelau, Aichstetten, Anhausen, Apfelstetten, Bernloch, Bichishau-
             sen, Böhringen, Bremelau, Buttenhausen, Donnstetten, Eglingen, Ehe-
             stetten, Gächingen, Gauingen, Geisingen, Gomadingen, Gundelfingen,
             Hayingen, Huldstetten, Hundersingen, Indelhausen, Kohlstetten, Lon-
             singen, Magolsheim, Mehrstetten, Meidelstetten, Münsingen, Münz-
             dorf, Oberstetten, Ödenwaldstetten, Pfronstetten, Rietheim, Seeburg,
             Sonderbuch, Tigerfeld, Trailfingen, Upfingen, Wilsingen, Zainingen,
             Zwiefalten, Gutsbezirk Münsingen
Tübingen: Pliezhausen mit Dörnach und Gniebel, Rübgarten, Walddorfhäslach
Hechingen: Hörschwag
Saulgau: Mörsingen und Upflamör
Sigmaringen: Steinhilben und Trochtelfingen
Nürtingen: Grafenberg

Vom damaligen Landkreis Reutlingen abgegeben an den Landkreis Sigmaringen –
Bronnen; an den Landkreis Tübingen – Gomaringen.
Bei einem großen Teil der genannten Gemeinden haben sich seit der Kreisreform – sei
es freiwillig oder aufgrund der gesetzlichen Gemeindereform zum 1. Januar 1975 – erhebliche Veränderungen ergeben.

Der Landkreis Reutlingen – gestern, heute und morgen

von Gerhard Müller

Der Begriff „Landkreis" wird zunächst als Bezeichnung für ein bestimmtes Gebiet von Städten und Gemeinden verstanden. Keineswegs allen Bürgern ist bewußt, daß der Landkreis darüber hinaus eine Gebietskörperschaft darstellt, die zahlreiche und finanziell umfangreiche Aufgaben durchzuführen hat. Allein das Haushaltsvolumen des Landkreises Reutlingen für das Jahr 1975 beträgt mehr als 154 Mio. DM. Der Bürger ist in vielfältiger Form von den Aufgaben des Landkreises unmittelbar berührt.
Im folgenden sei deshalb zunächst der Landkreis Reutlingen mit seinen Städten und Gemeinden vorgestellt, auf seine Stellung in der Region Neckar–Alb und seine wirtschaftliche und politische Struktur hingewiesen, um dann die kommunalen und sozialen Aufgaben deutlich zu machen, die der Landkreis als Gebietskörperschaft zum Wohl seiner Gemeinden und seiner Einwohner zu übernehmen und zu fördern hat.

Gebiet

Vom Jahre 1938 bis heute ist der Landkreis Reutlingen flächenmäßig um über das Vierfache gewachsen. Während das frühere Oberamt Reutlingen am 1. 4. 1936 noch 266 qkm (früheres Oberamt Münsingen 552 qkm, früheres Oberamt Urach 291 qkm) groß war, umfaßte das Gebiet des früheren Landkreises Reutlingen am 31. 12. 1972 471,86 qkm (Landkreis Münsingen 682,33 qkm). Nach der Kreisreform hat das Kreisgebiet einen Umfang von 1099,44 qkm und liegt damit flächenmäßig unter den 35 Landkreisen von Baden-Württemberg an 14. Stelle.
Der Landkreis Reutlingen umfaßt vom Schönbuch bis nahe an die Donau über Neckarland, Albvorland, Albtrauf und Albhochfläche auf 51 km Distanz (Walddorfhäslach bis Zwiefalten) ein Gebiet von außerordentlicher topographischer Vielfalt und weist Höhenunterschiede bis zu 590 m auf (Bolberg Gemeinde Sonnenbühl 880 m, Reutlingen-Mittelstadt 290 m). Die Höhenunterschiede innerhalb des Albtraufs, der den Landkreis diagonal durchzieht, betragen bis zu 300 m.

Einwohner

Die Einwohnerzahl des Landkreises hat sich in den letzten Jahren mehr als verdoppelt (1939: 103 539 – 31. 12. 1973: 236 687). Er liegt damit in der Einwohnerzahl unter den neuen Landkreisen Baden-Württembergs an zehnter Stelle, in der Einwohnerdichte an 14. Stelle.

Die Einwohnerdichte betrug im früheren Landkreis Reutlingen im Jahre 1939 234,3 Einwohner je qkm, im neuen Landkreis 215 E/qkm. Bemerkenswert ist, daß im Albvorland die Einwohnerdichte bis zu 688 E/qkm beträgt, während auf der Albhochfläche nur 74 E/qkm leben.

Der außerordentlich starke Zuwachs in den Nachkriegsjahren ist insbesondere auf die Zuwanderung von Heimatvertriebenen, Flüchtlingen aus der DDR und Kriegssachgeschädigten zurückzuführen (etwa 20 Prozent der Einwohner). Ihre Aufnahme schuf große Probleme, besonders im Hinblick auf den Wohnungsbau. Landkreis, Gemeinden und alle sonstigen Stellen haben sich nachhaltig bemüht, die Eingliederung dieser Menschen in allen Bereichen des Lebens möglichst reibungslos durchzuführen. Heute sind aus den Neubürgern Einheimische geworden. Sie haben viel zu der positiven Entwicklung unseres Raumes beigetragen. Die Zahl der Ausländer ist stetig gestiegen und beträgt heute fast 25 000 Personen. Die Gastarbeiter haben einen wesentlichen Anteil dazu beigesteuert, daß die Wirtschaft des Landkreises die hohen qualitativen und quantitativen Leistungen erbringen konnte. Die Probleme der Unterbringung und die schulische Versorgung der vielen Kinder der Gastarbeiter sind noch nicht zufriedenstellend gelöst. Das Verhältnis zwischen einheimischer Bevölkerung und Ausländern kann grundsätzlich als gut bezeichnet werden.

Die Gemeinden

Nach dem Ersten Gesetz zur Verwaltungsreform (Kreisreformgesetz) gehörten dem neuen Landkreis Reutlingen am 1. 1. 1973 74 Gemeinden sowie der Gutsbezirk Münsingen als gemeindefreies Gebiet an. In der Zeit bis zum Erlaß des Gesetzes zum Abschluß der Neuordnung der Gemeinden (Besonderes Gemeindereformgesetz) am 4. 7. 1974 hatten sich insgesamt 37 Gemeinden des Landkreises entschlossen, ihre Selbständigkeit aufzugeben, um sich in benachbarte Gemeinden einzugliedern oder sich mit benachbarten Gemeinden zu einer neuen Gemeinde zu vereinigen. Dabei kam die Gemeinde Hörschwag durch die Eingliederung in die Gemeinde Burladingen (1. 7. 1974) zum Zollernalbkreis. Aufgrund des am 1. 1. 1975 in Kraft getretenen Besonderen Gemeindereformgesetzes haben 25 weitere Gemeinden des Landkreises ihre Selbständigkeit verloren; der Landkreis Reutlingen hat demnach ohne das gemeindefreie Gebiet des Gutsbezirks Münsingen heute 26 Gemeinden.

Durch das Gemeindereformgesetz gibt es ab 1. 7. 1975 im Landkreis Reutlingen sechs Verwaltungsgemeinschaften. Dabei erfüllt in fünf Verwaltungsräumen der Hauptort für die anderen Gemeinden des Verwaltungsraumes die Aufgaben eines Gemeindeverwaltungsverbandes; nur im Verwaltungsraum Zwiefalten–Hayingen–Pfronstetten bilden die beteiligten Gemeinden einen Gemeindeverwaltungsverband.

Nach der Einwohnerzahl liegt die Große Kreisstadt Reutlingen mit über 95 000 Einwohnern klar an der Spitze, gefolgt von den Städten Metzingen mit knapp 20000 Einwohnern, Pfullingen mit über 16000 Einwohnern sowie Münsingen und Urach mit jeweils noch über 10 000 Einwohnern. In der Größenordnung von 5000 bis 10000 Einwohnern gibt es fünf und von 2000 bis 5000 Einwohnern zwölf Gemeinden; vier Gemeinden haben weniger als 2000 Einwohner.

Mit einer Ausdehnung von 11 600 ha liegt die Stadt Münsingen mit ihren 14 Stadtteilen flächenmäßig im Landkreis Reutlingen an erster Stelle.

Als Ausnahmeerscheinung unter den politischen Gebilden ist der Gutsbezirk Münsingen anzusehen, der mit Entscheidung des früheren Reichsstatthalters in Württemberg vom 10. 4. 1942 aus dem im Jahre 1895 errichteten Truppenübungsplatz und dem früheren Heeresremonteamt Breithülen mit Wirkung vom 1. 10. 1942 gebildet wurde und ein Gebiet von rund 6700 ha umfaßt. In den beiden Wohngebieten ,,Altes Lager" und ,,Breithülen" leben zusammen etwa 260 Personen. Das gemeindefreie Gebiet dient hauptsächlich militärischen Zwecken und wird von einem Bezirksvorsteher verwaltet. Es sind Bestrebungen im Gange, den gesamten Gutsbezirk der Stadt Münsingen einzugliedern.

Die Gemeinden des Landkreises sind sehr verschiedenartig und vielfältig. Ihr Erscheinungsbild reicht von den noch fast rein land- und forstwirtschaftlich orientierten Landgemeinden auf der Albhochfläche über die Arbeiterwohngemeinden bis hin zur Industrie- und Handelsstadt Reutlingen. Vorherrschend ist die Mischgemeinde mit mehreren Strukturarten, von denen aber keine wesentlich überwiegt. Einige Gemeinden auf der Albhochfläche und am Albrand haben gute Voraussetzungen für den Fremdenverkehr.

Die Gemeinden haben in den vergangenen Jahren große Anstrengungen unternommen, die für das wirtschaftliche, soziale und kulturelle Wohl ihrer Einwohner erforderlichen Einrichtungen zu schaffen. Alle Städte und größeren Gemeinden verfügen heute über die notwendigen Einrichtungen der Infrastruktur. In den kommenden Jahren dürfte das Schwergewicht der zu lösenden Aufgaben in der Verbesserung der Verkehrsverhältnisse, der vernünftigen Erschließung von Baugebieten, dem Bau von Sportstätten, der Schaffung von Einrichtungen zur Förderung des Fremdenverkehrs und der Durchführung der Flurbereinigung liegen. Aber auch auf dem Gebiet des Umweltschutzes sind die Gemeinden gehalten, tatkräftig mitzuarbeiten. Vor allem in ländlichen Gebieten der Albhochfläche ist die Abwasserbeseitigung noch nicht voll gelöst und muß in den nächsten Jahren vorrangig in Angriff genommen werden.

Schon bisher haben die Städte und Gemeinden des Landkreises durch freiwillige Zusammenarbeit in Zweckverbänden oder durch den Abschluß von öffentlich-rechtlichen Vereinbarungen ihre gemeinsamen Aufgaben z. B. auf dem Gebiet der Wasserversorgung, der Abwasserbeseitigung, des Schulwesens, der Erschließung des Feldwegenetzes usw. gemeinschaftlich gelöst. Auch einige Gemeinden angrenzender Landkreise sind Mitglieder von Zweckverbänden und öffentlich-rechtlichen Vereinbarungen, die ihren Sitz im Landkreis Reutlingen haben. Diese zwischengemeindliche Zusammenarbeit wird künftig nicht mehr in dem Umfang wie bisher praktiziert werden müssen, weil die Mitglieder zahlreicher Zweckverbände und öffentlich-rechtlicher Vereinbarungen heute mit den inzwischen neugebildeten Gemeinden identisch sind.

Zur Erledigung ihrer Geschäfte auf Sachgebieten, die mit der Datenverarbeitung erledigt werden können, haben sich die Gemeinden und Landkreise der Regionen Neckar–Alb und Schwarzwald–Baar–Heuberg im Zweckverband Regionales Rechenzentrum Alb-Schwarzwald mit dem Sitz in Reutlingen zusammengeschlossen. Die Datenverarbeitung selbst wird von der Rechenzentrum Alb-Schwarzwald GmbH durchgeführt.

Regionalverband, Oberzentrum und Nachbarschaftsverband

Als Träger der Regionalplanung wurde durch das Zweite Gesetz zur Verwaltungsreform (Regionalverbandsgesetz) vom 26. 7. 1971 für das Gebiet der Landkreise Reutlingen und Tübingen und für den Zollernalbkreis mit Wirkung vom 1. 1. 1973 der Regionalverband Neckar–Alb mit Sitz in Tübingen errichtet.

Nach dem Landesentwicklungsplan bilden die Städte Reutlingen und Tübingen ein Oberzentrum. Es soll so ausgebaut werden, daß die beiden Städte zusammen ein wirtschaftlich und kulturell leistungsfähiges Zentrum für das Neckar-Alb-Gebiet darstellen. Darüber hinaus schreibt das am 1. 1. 1976 in Kraft tretende Nachbarschaftsverbandsgesetz vor, die sich überschneidenden Interessen der Räume Reutlingen und Tübingen in einem gemeinschaftlichen Nachbarschaftsverband Reutlingen–Tübingen zu berücksichtigen. Mitglieder dieses Nachbarschaftsverbandes sind neben den Landkreisen Reutlingen und Tübingen die Große Kreisstadt Reutlingen, die Stadt Pfullingen, die Gemeinden Eningen u. A. und Wannweil und im Landkreis Tübingen die Große Kreisstadt Tübingen, die Gemeinden Dettenhausen, Kirchentellinsfurt und Kusterdingen.

Politisches Spiegelbild des Landkreises Reutlingen

Der Großteil der Gemeinden des Landkreises bildet zusammen mit dem Landkreis Tübingen für die Bundestagswahlen den Wahlkreis Reutlingen, während einige Gemeinden des östlichen Kreisgebietes sowie die Gemeinden des früheren Landkreises Münsingen zum Wahlkreis Balingen gehören. Für die Landtagswahlen bildete der frühere Landkreis Reutlingen einen eigenen Wahlkreis; der frühere Landkreis Münsingen gehörte zum Wahlkreis Ehingen/Münsingen.

Bei den Bundestagswahlen 1965, 1969 und 1972 errangen die Bewerber der CDU jeweils das Direktmandat, und zwar im Jahre 1965 Heinrich Geissler, in den Jahren 1969 und 1972 Anton Pfeifer. Über die Landesliste zog jeweils Professor Dr. Schäfer (SPD) in den Bundestag ein. Auch im Wahlkreis Balingen erhielt jeweils die CDU das Direktmandat.

Auch bei den Landtagswahlen 1968 und 1972 ging jeweils die CDU als stärkste Partei hervor. Sie erzielte hierbei im Jahr 1972 erstmals die absolute Mehrheit mit 53,2 Prozent der Stimmen gegenüber 37,1 Prozent im Jahr 1968; die SPD konnte ihren Stimmenanteil von 31,0 Prozent im Jahr 1968 auf 37,3 Prozent erhöhen, während die FDP von 18,7 auf 9,0 Prozent zurückfiel. Das Direktmandat erhielt in beiden Wahlen Erich Barthold (CDU); Dr. Gerhard Noller (SPD) erhielt sein Landtagsmandat jeweils über die Landesliste. Im Jahr 1968 wurden außerdem Dr. Eduard Leuze (FDP) und Martin Mußgnug (NPD) über die Landesliste in den Landtag gewählt. Im Wahlkreis Ehingen/Münsingen, dem der frühere Landkreis Münsingen angehört, erhielt jeweils Ventur Schöttle (CDU) das Direktmandat.

Bei der Kreistagswahl am 29. 10. 1971 erhielten im früheren Landkreis Reutlingen von 53 zu vergebenden Sitzen die FWV 18, die CDU 17, die SPD 16 und die FDP 2 Sitze. Im Kreistag des früheren Landkreises Münsingen erhielt von 27 Sitzen die CDU 13, die FWV 11 und die SPD 3 Sitze.

In der ersten Kreistagswahl des zum 1. 1. 1973 neu gebildeten Landkreises Reutlingen am 16. 4. 1973 ergab sich folgende Sitzverteilung: CDU 29, SPD 16, FWV 15 und FDP 5 Sitze. In der Gesamtzahl von 65 Kreisverordneten sind drei Mehrsitze durch Verhältnisausgleich enthalten.

Wirtschaftliche Struktur

Die wirtschaftliche Struktur des Kreises ist außerordentlich verschiedenartig und hat ein starkes Gefälle. Einerseits grenzt der Kreis an den mittleren Neckarraum mit dem industriellen Verdichtungskern des Großraums Stuttgart. Das Albvorland mit seiner starken Industrialisierung und hoher Bevölkerungsdichte und die Albhochfläche mit geringem Industriebesatz und dünner Besiedlung sind zwei wirtschaftlich so verschieden strukturierte Gebiete, daß es aller Anstrengungen bedarf, die gesunde wirtschaftliche Struktur des Albvorlandes zu erhalten und auf der Albhochfläche durch geeignete Maßnahmen die Strukturschwäche zu beheben.

Der Landkreis zeichnet sich – sowohl im industriellen als auch im Dienstleistungsbereich – durch eine breite Branchenvielfalt aus. Sie trägt zur gesunden wirtschaftlichen Struktur des Landkreises bei und verhindert Schwierigkeiten wie sie bei Monostrukturen auftreten.

Zu den industriellen Ballungsräumen im Landkreis besteht eine starke Arbeitnehmer-Pendlerbewegung. Ein Einpendlerüberschuß weist darauf hin, daß im Landkreis ein günstiges „Industrieklima" vorhanden ist.

Die Kreissparkasse, für die der Landkreis Gewährträger ist, hat in den vergangenen Jahren einen bemerkenswerten Aufschwung genommen (Bilanzsumme: 1950 38,2 Mio. DM; 1960 167,4 Mio. DM; 1970 510,1 Mio. DM; 1974 962,3 Mio. DM). Das Ansteigen der Spareinlagen verdeutlicht diesen positiven Trend (1950 35,6 Mio. DM; 1960 151,7 Mio. DM; 1970 471,4 Mio. DM; 1974 895,4 Mio. DM).

In Reutlingen haben alle namhaften Banken Niederlassungen mit vielen Zweigstellen eingerichtet.

Die Landwirtschaft ist im gesamtwirtschaftlichen Gefüge des Landkreises von erwähnenswerter Bedeutung. Seit Jahren befindet sie sich im Umbruch, hervorgerufen durch die allgemeine gesellschaftliche Entwicklung und durch die Auswirkungen der Europäischen Gemeinschaft auf die deutsche Landwirtschaft. Im Jahre 1972 gab es 6028 land- und forstwirtschaftliche Betriebe, davon 1615 Betriebe mit über zehn Hektar. Die Zahl der kleinen und mittelgroßen Höfe hat weiter abgenommen, während die Betriebe mit über 20 ha zugenommen haben.

Wohnungsbau

Bald nach Kriegsende zeigte es sich, daß der zur Verfügung stehende Wohnraum für die Versorgung der wachsenden Bevölkerung vollkommen unzureichend war. Vor allem zur Unterbringung der Zuwanderer und zur Versorgung der Wirtschaft mit Arbeitskräften haben sich Landkreis, Gemeinden, Kreditinstitute, Bausparkassen und Wohnungsbauunternehmen gemeinsam um die Schaffung von neuem Wohnraum intensiv bemüht. So erhöhte sich die Zahl der Wohnungen von 1950 (48 950) bis 1970 (75 980) ganz erheblich. Die Bautätigkeit konzentrierte sich vor allem auf die Städte, deren Umland und auf Gemeinden, die bereits Industrie- und Gewerbebetriebe aufwiesen oder

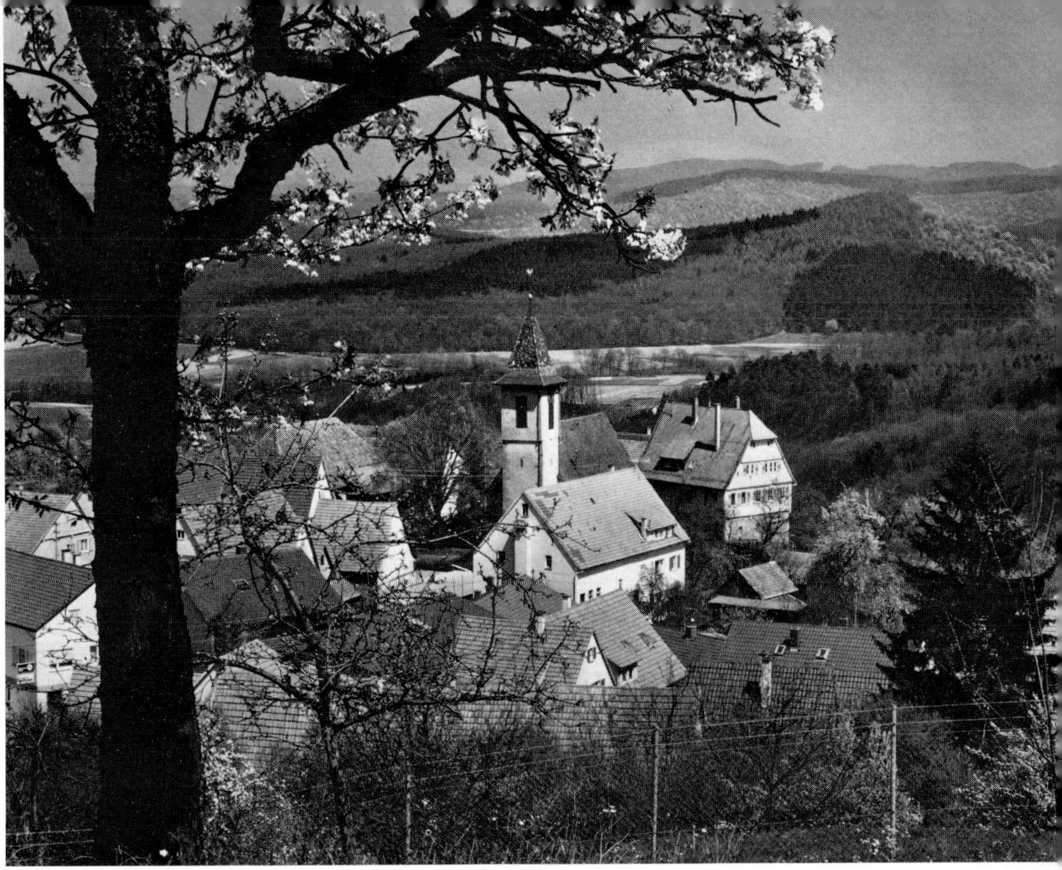

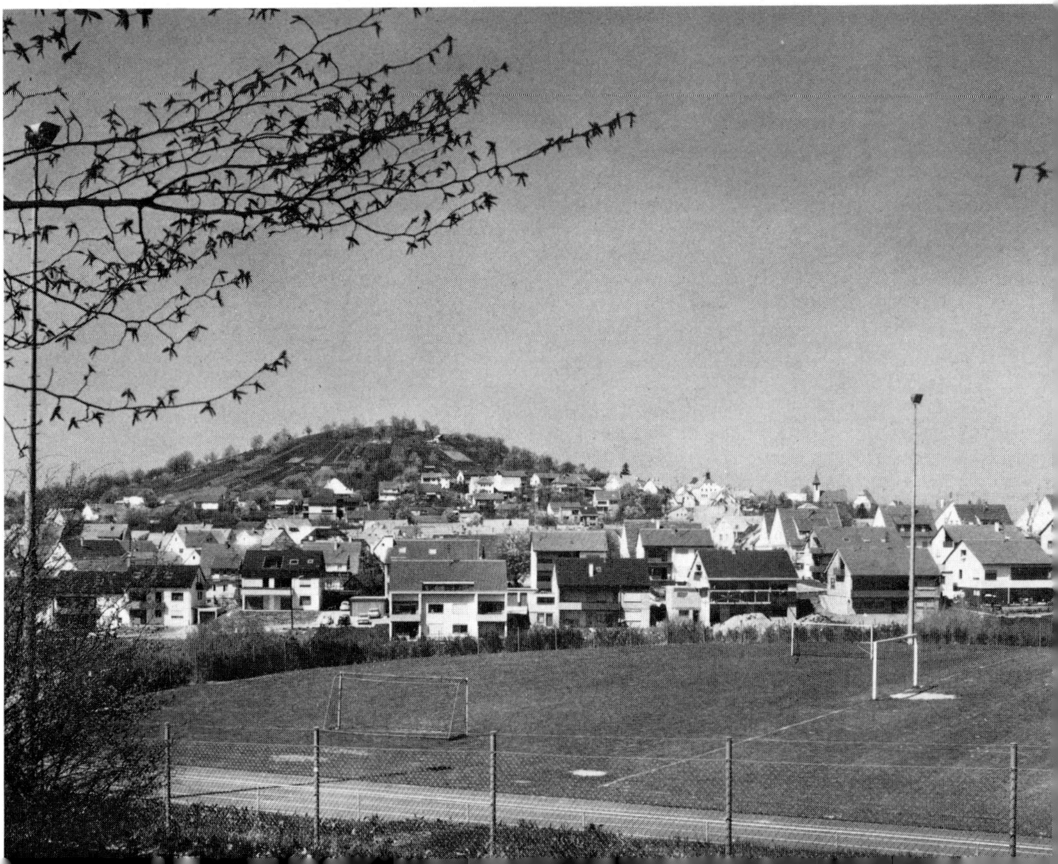

128./129. Das Land-
ratsamt in Reutlingen,
unten der Große
Sitzungssaal.

126. (umseitig oben)
Blick auf Grafenberg
mit der Michaels-
kirche
127. (umseitig unten)
Sportplatz und Neu-
baugebiet in Grafen-
berg

durch weitschauende Maßnahmen die Ansiedlung von Industrie- und Gewerbebetrieben förderten. Die Behebung der Wohnungsnot bedeutet aber noch nicht das Ende des Wohnungsbaues. Es gilt nun, die alten Ortskerne zu sanieren und zu modernisieren. Die Städte und Gemeinden werden im Rahmen der Möglichkeiten des Städtebauförderungsgesetzes versuchen müssen, den erhaltenswerten historischen Bestand unter Berücksichtigung von Geschichte und neuer Funktionsgebung zu modernisieren.

Der Landkreis und seine Aufgaben

Ein Landkreis hat zwei wesentliche Aufgabenbereiche, nämlich das Wohl seiner Einwohner zu fördern sowie die kreisangehörigen Gemeinden in der Erfüllung ihrer Aufgaben zu unterstützen und zu einem gerechten Ausgleich ihrer Lasten beizutragen. Dabei verwaltet er in seinem Gebiet unter eigener Verantwortung alle die Leistungsfähigkeit der kreisangehörigen Gemeinden übersteigenden öffentlichen Aufgaben. Er hat sich dabei auf die Aufgaben zu beschränken, die der einheitlichen Versorgung und Betreuung der Einwohner des Landkreises oder seiner Teilbereiche dienen. Im Rahmen dieser Aufgaben unterhält der Landkreis eine Fülle von eigenen Einrichtungen, die der ganzen Bevölkerung im Landkreis dienen.

Krankenhäuser

Ein Schwergewicht des Aufgabenkreises sind die drei Kreiskrankenhäuser, für deren Unterhalt 1975 mit einem Aufwand von 48 Mio. DM bei 1250 Mitarbeitern gerechnet wird.

Das heutige Kreiskrankenhaus Reutlingen entwickelte sich aus einem städtischen Krankenhaus, das 1835 mit ca. 20 Betten eröffnet wurde. 1890 beschloß die Amtsversammlung des Oberamts Reutlingen den Bau eines Bezirkskrankenhauses auf dem Steinenberggelände. Dieses Haus wurde 1892 mit 50 Betten eröffnet und blieb bis Februar 1971 in Betrieb. Danach wurde es im Zuge der Neubaumaßnahmen abgerissen. Erweiterungsbauten wurden in den Jahren 1906 bis 1908, 1935 bis 1937 und 1952 bis 1954 errichtet, so daß zuletzt 430 Betten zur Verfügung standen. Gleichzeitig mit den Erweiterungsbauten mußten auch die der Krankenversorgung dienenden Wirtschafts- und Funktionsräume der höheren Bettenzahl angepaßt werden.

Es zeigte sich jedoch bald, daß die vorhandenen Kapazitäten auf Sicht nicht ausreichten, und am 25. Mai 1964 fiel der entscheidende Beschluß für einen Krankenhausneubau von 720 Betten, der aber erst am 5. April 1967 begonnen und von Mai 1970 bis Juli 1972 bezogen wurde.

Auch in Urach bestand zunächst ein städtisches Krankenhaus: das „Krankenhaus des Hospitals Urach". 1907 entstand am unteren Ausgang der Stadt das „Bezirkskrankenhaus Urach" mit 50 Betten. Ein Erweiterungsbau auf 85 Betten wurde 1926 in Betrieb genommen. Der Landkreis Reutlingen übernahm im Jahr 1938 das Oberamt Urach und damit auch das dortige Bezirkskrankenhaus. Von 1957 bis 1961 wurde es auf 156 Betten erweitert und ein Schwesternhaus erbaut.

Wie sich die Entwicklung der Krankenhäuser in Reutlingen und Urach gestaltete, so vollzog sie sich auch in Münsingen: Ein „Spital", das der Stadt und der Amtskörperschaft gehörte, wurde 1885 von der Amtskörperschaft Münsingen ganz erworben und als Bezirkskrankenhaus mit 30 Betten geführt. 1928 beschloß der Bezirksrat den Neubau eines Bezirkskrankenhauses mit 65 Betten, das 1933 bezogen wurde. Der letzte Erweiterungsbau wurde im Dezember 1959 begonnen, aber erst im Mai 1963 bezogen. Damit war ein Bettenangebot von 125 Krankenbetten vorhanden. Nach dem Bezug des Erweiterungsbaus renovierte man den älteren Teil und gewann damit insgesamt 140 Betten. Die Renovierungsarbeiten waren im Jahr 1970 beendet. Dieses Kreiskrankenhaus übernahm der Landkreis Reutlingen als drittes Krankenhaus am 1. Januar 1973, als der Landkreis Münsingen im Zuge der Kreisreform zu bestehen aufhörte.

Heute ist das Kreiskrankenhaus Reutlingen ein nach den modernsten Gesichtspunkten – seien sie einrichtungstechnischer, seien sie organisatorischer Art – betriebenes Krankenhaus der Zentralversorgung, mit allen Fachrichtungen, die ein solches Haus normalerweise benötigt.

Von hier aus werden die beiden anderen Krankenhäuser des Landkreises mitverwaltet und – wo möglich – mitversorgt, so z. B. von der Anästhesie, der Pathologie, der Apotheke, der Zentralsterilisation, der Wäscherei und vom Instandhaltungsdienst her. Soziale Einrichtungen, wie neue Personalwohnheime und eine Kindertagesstätte, runden das Bild ab.

Die Wirtschaftlichkeit und die Leistungsfähigkeit dieses Krankenhauses verdeutlichen die folgenden Vergleichszahlen aus dem Jahr 1974:

Durchschnittliche Verweildauer: 12,78 Tage
Durchschnittliche Bettenbelegung: 88,33 Prozent
Pflegesatz (allgemeine Krankenhausleistung):   132,70 DM

An dieser Stelle soll nicht unerwähnt bleiben, daß der Haushalt des Landkreises durch das Krankenhausfinanzierungsgesetz von 1972 und die Bundespflegesatzverordnung ab 1. Januar 1973, wenn auch nicht vollständig, so doch aber wesentlich entlastet wurde.

Das Krankenhaus Urach stellt ein Krankenhaus der Grundversorgung dar. Es hat 156 Betten für eine innere und eine chirurgische Hauptabteilung sowie eine Frauen- und eine HNO-Belegabteilung.

Für das Personal dieses Krankenhauses stehen ebenfalls Wohnungen und eine Kindertagesstätte zur Verfügung. Auch die Leistungszahlen 1974 zeigen hier ein wirtschaftli-
ches Bild:

Durchschnittliche Verweildauer:	13,69 Tage
Durchschnittliche Bettenbelegung:	92,99 Prozent
Pflegesatz (allgemeine Krankenhausleistung):	123,50 DM

Das Kreiskrankenhaus Münsingen ist ebenfalls ein Krankenhaus der Grundversorgung
mit 148 Betten.

Zwei Hauptabteilungen arbeiten in diesem Haus: Chirurgie mit Geburtshilfe und In-
ternie. Dem Personal stehen Zimmer, Wohnungen und Appartements zur Verfügung.
Es folgen die Leistungszahlen für 1974:

Durchschnittliche Verweildauer:	18,95 Tage
Durchschnittliche Bettenbelegung:	80,26 Prozent
Pflegesatz (allgemeine Krankenhausleistung):	110,90 DM

Der außerordentlich hohe Belegungsgrad signalisiert den weiteren Bettenbedarf am
Kreiskrankenhaus Reutlingen. Auch bestimmte Bereiche der Diagnostik und Behandlung erfordern eine Vergrößerung (Nukleardiagnostik, Zentrallabor, Gynäkologie, Pathologie usw.). Die Gründe für den Erweiterungsbedarf liegen in der Steigerung der
Erkrankungsziffern und dem Fortschritt in der Medizin und in der Medizintechnik. Die
Finanzierung dieser Erweiterung kann erst dann erfolgen, wenn das Land Baden-Württemberg den Krankenhausbedarfsplan erstellt, der Bettenmehrbedarf darin festgelegt
und die Baumaßnahmen in ein Jahreskrankenhausbauprogramm aufgenommen sind.
Dies wiederum hängt davon ab, ob das Land in der Lage ist, die Kostenexplosion und
den Bettenbedarf auf der Finanzierungsseite einzuholen. Ein Landeskrankenhausgesetz
steht vor der Tür. Die Verantwortlichen im Krankenhauswesen hoffen, daß dieses Gesetz sowenig wie möglich in die Selbstverantwortung der Krankenhäuser eingreift.

In Urach muß auf dem bisherigen Gelände ein Krankenhaus mit 230 Betten neu gebaut
werden. Die Finanzierung dieses Neubaus durch das Land hängt davon ab, wann dieses
Vorhaben in ein Jahresbauprogramm aufgenommen wird. Die vorbereitende Planung
ist abgeschlossen. Der Landkreis hofft auf seine Finanzierung im nächsten Jahresbauprogramm. Mit dem Bau eines Personalheims wurde dieses Jahr begonnen.

Ein Mehrbedarf an Krankenhausbetten ist im Raume Münsingen derzeit nicht erkennbar. Durch die Schaffung einer Frauen-Belegabteilung im Jahre 1975 wurde die ärztliche Versorgung im dortigen Bereich verbessert.

Soziale Aufgaben

In den Abteilungen Sozialamt, Jugendamt und Ausgleichsamt des Landkreises werden zunächst die gesetzlichen Aufgaben nach dem Bundessozialhilfegesetz, dem Jugendwohlfahrtsgesetz und dem Lastenausgleichsgesetz erfüllt. Die Ausgaben für den Bereich der Sozialhilfe und der Jugendhilfe sowie für den Lastenausgleich werden im Jahr 1975 mehr als 36 Mio. DM betragen.

Weitere Sozialleistungen werden erbracht nach dem Bundesversorgungsgesetz als Kriegsopferfürsorge, dem Unterhaltssicherungsgesetz für Wehrpflichtige und Ersatzdienstleistende, dem Wohngeldgesetz und dem Bundesausbildungsförderungsgesetz. Neben diesen gesetzlichen Pflichtaufgaben ist der Landkreis seit Jahren bemüht, soziale Einrichtungen der verschiedensten Art für seine Einwohner zu unterhalten und zu fördern. So wurde bereits im Jahre 1965 ein Kreisaltenplan mit einer Bedarfsermittlung an Alten- und Altenpflegeheimplätzen für die Zukunft aufgestellt. Aufgrund dieser Planung wurden in den Jahren 1966 bis 1974 526 Alten- und Altenpflegeheimplätze mit über 4,1 Mio. DM Zuwendungen des Landkreises von freien und kommunalen Trägern geschaffen oder modernisiert.

An freie Träger von Behinderteneinrichtungen wurden im gleichen Zeitraum über eine Million DM Zuschüsse gewährt.

Für Alteneinrichtungen, wie Altenklubs und Träger von Altenerholungseinrichtungen werden laufende Zuwendungen gegeben. Für die Beratung von bestehenden Altenklubs und Altenbegegnungsstätten wurde eine Altenpflegestelle mit einer Altenpflegerin eingerichtet, die auch die Aufgabe hat, dahingehend zu wirken, daß fehlende Einrichtungen geschaffen werden.

Der Landkreis unterhält auch eine Kreisjugendpflege; für die Beratung und Betreuung der nichtorganisierten und organisierten Jugendlichen sind drei hauptamtliche Jugendpfleger eingesetzt. Weiter wird eine Fachberatungsstelle für Kindertagesstätten unterhalten. Zwei vollausgebaute Beratungsstellen für Jugend- und Erziehungsfragen stehen der Bevölkerung offen. Der Landkreis beteiligt sich finanziell an dem Bundesmodell ,,Tagesmütter'' und bei Jugendverbänden. Seit 1955 betreibt der Landkreis ein eigenes Kinderheim, das nach der Durchführung von Modernisierungsmaßnahmen nunmehr einem freien Wohlfahrtsverband als Betriebsträger übertragen wird.

Außerdem fördert der Landkreis finanziell u. a. Einrichtungen, wie Mütter- und Elternschulen und gibt Zuschüsse an Personen, die Schüler weiterführender Schulen einschließlich der Haupt- und Sonderschulen über die Mittagszeit betreuen.

Förderung der Stadtranderholung, der Krankenpflegestationen, der Dorfhelferinnen- und Hauspflegestationen stellen weitere Unterstützungsmaßnahmen im sozialen Bereich dar.

Mit den Verbänden und den Einrichtungen der freien Wohlfahrtspflege einschließlich den Kriegsopferverbänden wird ein enger Kontakt zum Wohle der Betreuten gepflegt.

Der Landkreis als Schulträger

Im Landkreis gibt es ein qualitativ lobenswertes Angebot an öffentlichen Schulen überhaupt. Daran haben selbstverständlich die Städte und Gemeinden als Träger der Grund-, Haupt- und Realschulen sowie der Gymnasien großen Anteil. Durch die Schulentwicklungsplanung der letzten Jahre und die großen, überall in unserem Landkreis sichtbaren gemeindlichen Investitionen auf diesem Gebiet ist ein flächendeckendes, modernen schulplanerischen Vorstellungen entsprechendes Netz allgemeinbildender und weiterbildender Schulen vorhanden. Als Schulstandorte sind bei den weiterführenden Schulen neben den Städten Reutlingen, Pfullingen, Metzingen, Urach und Münsingen die Gemeinden Engstingen, Pliezhausen und Zwiefalten zu nennen. Schließlich kann in diesem Zusammenhang auch die Pädagogische Hochschule in Reutlingen genannt werden, die vom Land unterhalten wird.

Aber auch der Landkreis als Gebietskörperschaft ist selbst in großem Umfang Schulträger. Das begann nach der Kreisreform zwar zunächst nur sehr „zaghaft", als der neugeborene Landkreis Reutlingen vom früheren Landkreis Münsingen sozusagen als Erbmasse einige Schulen bekam: eine Sonderschule für bildungsschwache Kinder und Jugendliche, zwei Sonderschulen für lernbehinderte Kinder und Jugendliche, eine Landwirtschaftsschule sowie einen Teil der beruflichen Schulen des Schulstandortes Münsingen. Mit Wirkung vom 1. Januar 1975 an hat nun der Landkreis in seinem Gebiet die Trägerschaft für alle beruflichen Schulen mit rund 8100 Schülern übernommen und wendet dafür z. B. im Jahre 1975 rund 14 Mio. DM auf. Bisher wurden die beruflichen Schulen von drei Städten und fünf Schulzweckverbänden getragen.

Die Standorte der beruflichen Schulen

Entsprechend den Vorstellungen des Schulentwicklungsplanes II sind die beruflichen Schulen an vier Schulstandorten angesiedelt: Reutlingen (rund 6500 Schüler), Metzingen (rund 600 Schüler), Urach (rund 500 Schüler) und Münsingen (rund 500 Schüler). Im Standort Reutlingen besteht ein äußerst vielfältiges und tiefgegliedertes Angebot im Teil- und Vollzeitbereich an insgesamt vier Schulen. Das Gewerbliche Schulwesen ist zusammengefaßt in der Ferdinand-von-Steinbeis-Schule und in der räumlich getrennten Meisterschule in Reutlingen-Betzingen. Die schulischen Aufgaben im kaufmännischen Bereich sind der Theodor-Heuss-Schule übertragen und schließlich ist die hauswirtschaftliche Berufs- und Berufsfachschule für die hauswirtschaftlichen Schultypen zuständig. Ein Technisches Gymnasium und ein Wirtschaftsgymnasium runden das Bild ab. Einige an den Reutlinger Schulen eingerichtete Fachklassen haben ein weit über die Grenzen des Landkreises hinausgehendes Einzugsgebiet und unterstreichen damit die Bedeutung dieses Schulstandortes.

Für das Ermstal hat der Schulentwicklungsplan II bei den beruflichen Schulen eine funktionelle Teilung gebracht: Während in Metzingen die Schulen des gewerblichen Bereichs zusammengefaßt sind, wurden in Urach die Schulen des kaufmännischen und hauswirtschaftlichen Bereichs konzentriert. In Münsingen sind Schulen des gewerblichen und hauswirtschaftlichen Bereichs vorhanden und die ehemalige Kreisstadt empfindet den Verbleib des beruflichen Schulwesens nicht zuletzt auch als einen Teil zur Erhaltung ihrer Zentralität.

Die Kosten der beruflichen Schulen

Gestützt auf die Erfahrungen der bisherigen Schulträger wurden für das erste Jahr der Schulträgerschaft (1975) die laufenden ungedeckten Aufwendungen des Landkreises mit rund 1,76 Millionen DM errechnet. Die Kosten für die vom Landkreis übernommenen Liegenschaften betragen rund 25,5 Millionen DM und müssen in den Jahren 1974 bis 1978 aufgebracht werden; dieses Geld fließt den bisherigen Trägern und mittel- oder unmittelbar einem Teil der Kreisgemeinden zu.

Allen beruflichen Schulen ist mit zwei Ausnahmen (Theodor-Heuss-Schule in Reutlingen und Berufliche Schule in Urach) gemeinsam, daß die räumlichen Verhältnisse schon jetzt oder zumindest für die in den kommenden zehn Jahren zu erwartenden Schüler unzulänglich sind. Der Landkreis wird deshalb demnächst eine Schulplanung für die beruflichen Schulen erarbeiten und Lösungsmöglichkeiten aufzeigen müssen. In Reutlingen soll das vorhandene Berufsschulzentrum, das günstig in der Stadtmitte liegt, ausgebaut werden. In Metzingen werden die Schulräume am Lindenplatz zu ersetzen sein, und in Münsingen wird die Unterbringung der Schüler zunehmend schwieriger. Ohne dem Ergebnis der erwähnten Untersuchungen vorgreifen zu wollen, kann man sagen, daß die bisherigen Schulträger selbst die zu erwartenden Investitionen in den nächsten zehn Jahren mit rund 50 Millionen DM geschätzt haben. Die beruflichen Schulen werden also zukünftig sowohl mit den laufenden Kosten als auch mit den Investitionen einen erheblichen Teil der Landkreisfinanzen beanspruchen.

Sonderschulen

Hier hat sich der Landkreis in zweierlei Hinsicht engagiert. Einmal ist er selbst Träger einer Sonderschule für bildungsschwache Kinder und Jugendliche in Urach-Seeburg mit Außenstelle in Münsingen-Trailfingen sowie Träger von zwei Sonderschulen für lernbehinderte Kinder und Jugendliche in Münsingen-Hundersingen und in Zwiefalten; diese drei Schulen sind – wie schon ausgeführt – vom Altkreis Münsingen übernommen worden. Zum andern bezahlt der Landkreis allen Gemeinden und Städten, die Träger von Sonderschulen B (Reutlingen) und Sonderschulen L (Reutlingen, Pfullingen, Pliezhausen) sind, laufend einen angemessenen Ausgleich für die Schullasten.

Kreislandwirtschaftsschule

In einem vom früheren Landkreis Münsingen gebauten Schulgebäude in Münsingen ist die Kreislandwirtschaftsschule untergebracht. Sie ist die einzige Schule dieser Art im Landkreis und hat ihren Sitz mitten im überwiegend landwirtschaftlich orientierten Teil des Landkreises auf der Schwäbischen Alb. Die Landwirtschaftsschule in Reutlingen besteht schon seit längerer Zeit nicht mehr.

Kreisbildstelle

Der Landkreis unterhält eine Kreisbildstelle in Reutlingen mit einer Außenstelle in Münsingen. Sie versorgen Schulen und andere Bildungseinrichtungen mit Bild-, Film- und Tonträgermaterial.

Weitere Förderungsmaßnahmen des Landkreises

Auf dem kulturellen Sektor gewährt der Landkreis beachtliche Zuschüsse an das Landestheater, an das Theater in der Tonne in Reutlingen und an das Schwäbische Symphonieorchester. Weiterhin werden gefördert die Volkshochschulen, der Sportkreis und die Sportvereine sowie die Landwirtschaft. Wesentlich ist die Förderung der Gemeinden bei der Schaffung kommunaler Einrichtungen. So werden erhebliche Zuschüsse gewährt für Maßnahmen im Fremdenverkehr, für die Beschaffung von feuerwehrtechnischen Geräten und Fahrzeugen, für die dazugehörigen Funksprech- und Funkalarmierungsanlagen, für Kindertagesstätten, für Jugendheime, für Leichenhallen und für Backhäuser, um nur die wichtigsten zu nennen.
Insgesamt kann man feststellen, daß die eigenen Maßnahmen des Landkreises, wie auch die von ihm gewährten Förderungsbeträge, wesentlich dazu beigetragen haben, die Struktur unseres Raumes zu verbessern.

Verkehrserschließung

Der Landkreis wird von keiner Bundesautobahn berührt. Wichtigste Träger des Verkehrs sind deshalb die Bundesstraßen (159 km) und die Landesstraßen (313 km), mit deren Ausbaustand unsere Bevölkerung keineswegs zufrieden sein kann.

Die B 28 zwischen Reutlingen (Tübinger Tor) und Tübingen ist als einzige überörtliche Straße mit zwei getrennten Fahrbahnen ausgebaut. Im Neckartal verläuft von Nürtingen nach Tübingen die B 297, die den Landkreis nur auf einer Länge von 6 km durchquert. Die anderen Bundesstraßen (28, 312, 313 und 465) überqueren die Alb vom Vorland in südlicher und südöstlicher Richtung und führen in das Donautal und weiter ins württembergische Oberland. Wesentliche Bedeutung kommt der B 312 zu, die den Landkreis in nördlicher Richtung mit dem Raum Stuttgart verbindet. Die zur Entlastung dieser stark befahrenen Straße vorgesehene neue B 27 ist bisher trotz vieler Versprechungen noch nicht gebaut worden. Die baureife Planung sieht vor, daß die Straße von Stuttgart aus auf den Fildern von der B 312 abzweigen und in zweibahnigem Ausbau vorbei an Walddorfhäslach und Pliezhausen nach Tübingen führen soll. Die Stadt Reutlingen wird an diese Straße über einen zweibahnigen Zubringer (B 313 neu) angeschlossen werden. Am stärksten befahren sind die B 28 von Reutlingen nach Metzingen und die B 312 zwischen Reutlingen und Engstingen. Die in den Alb-Donau-Kreis weiterführende Bundesstraße 28 übernimmt in Fahrtrichtung München die Funktion eines Zubringers zur Autobahnanschlußstelle Merklingen. Schwierigkeiten bereiten seit langem die Albaufstiege der Bundesstraßen bei Honau und Urach, die als Fernverkehrsstraßen vom Lkw-Verkehr in erhöhtem Maße benutzt werden. Im Echaztal ist die Situation dadurch etwas besser geworden, daß die Landesstraße 387 (Holzelfinger Steige) modern ausgebaut wurde. Die Verantwortlichen sind sich schon lange darüber im klaren, daß ein neuer Albaufstieg im Landkreis dringend erforderlich ist. Die gegenwärtigen Überlegungen gehen dahin, die Trasse von Eningen u. A. aus durch das Arbachtal, vorbei am Übersberg, Stahleck und Holzelfingen zu legen. Da die Straße auf eine Länge von etwa 6 km einen Höhenunterschied von 250 m bewältigen muß, werden die Kosten hoch sein. Es ist zu wünschen, daß das Vorhaben trotzdem bald zur Verwirklichung kommt.

Die Ortsdurchfahrten der Bundesstraßen in den Tallagen des Erms- und Echaztales stellen hinderliche Engpässe dar, die den Verkehrsfluß hemmen. Hier sind dringend notwendige Verbesserungen (vor allem in Pfullingen und Dettingen) durch die dichte Bebauung schwierig und kostspielig. Die Ortsdurchfahrten von Münsingen und Zwiefalten müßten ebenfalls verbessert werden. In Urach wird der überörtliche Verkehr schon seit mehreren Jahren auf einer neugebauten Durchgangsstraße um den Stadtkern herumgeführt.

130. *Landratsamt-Außenstelle Münsingen*
131. *Bezirkskrankenhaus Reutlingen 1892*

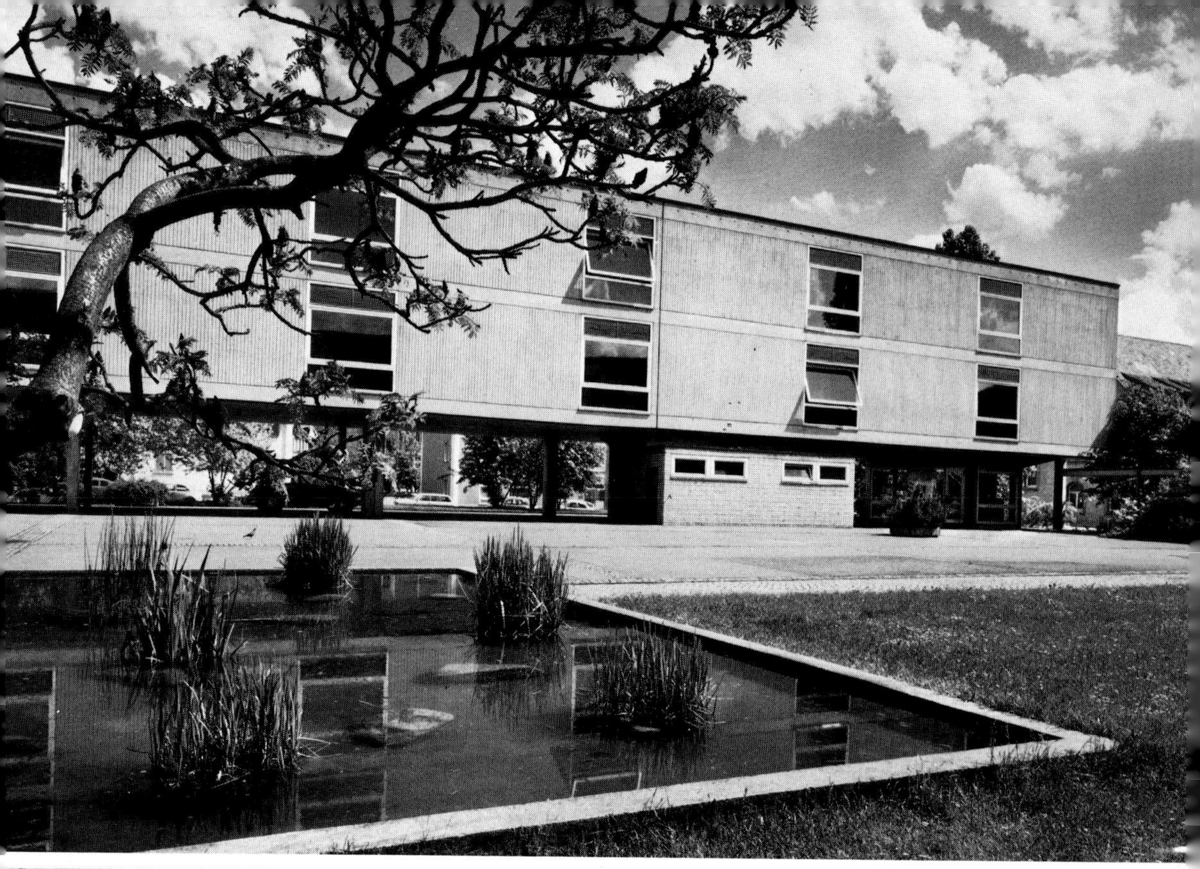

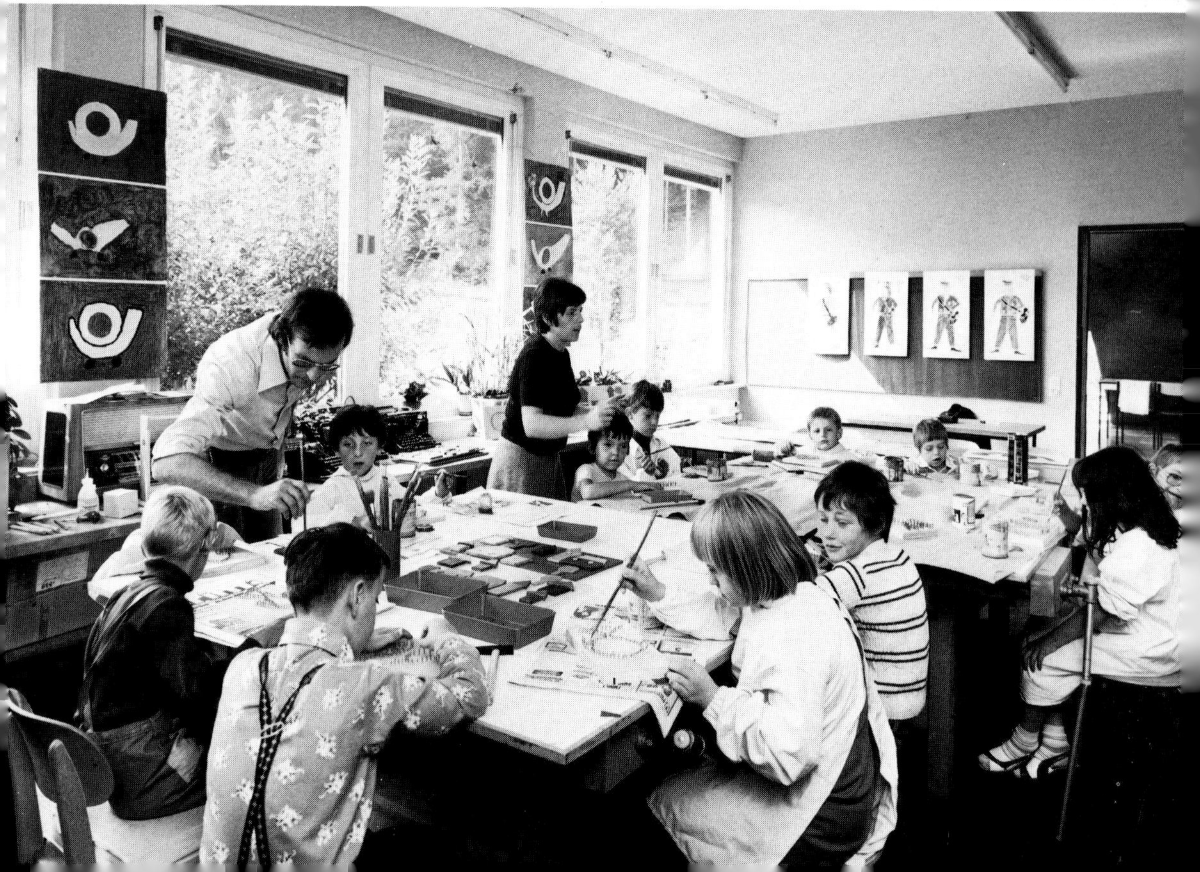

134. *Kreiskrankenhaus Reutlingen*

132. *Theodor-Heuss-Schule, Kaufmännische Berufsschule des Kreises in Reutlingen*
133. *Sonderschule für bildungsschwache Kinder in Seeburg (Stadt Urach)*

135. *(umseitig oben) Kreiskrankenhaus Urach*
136. *(umseitig unten) Kreiskrankenhaus Münsingen*

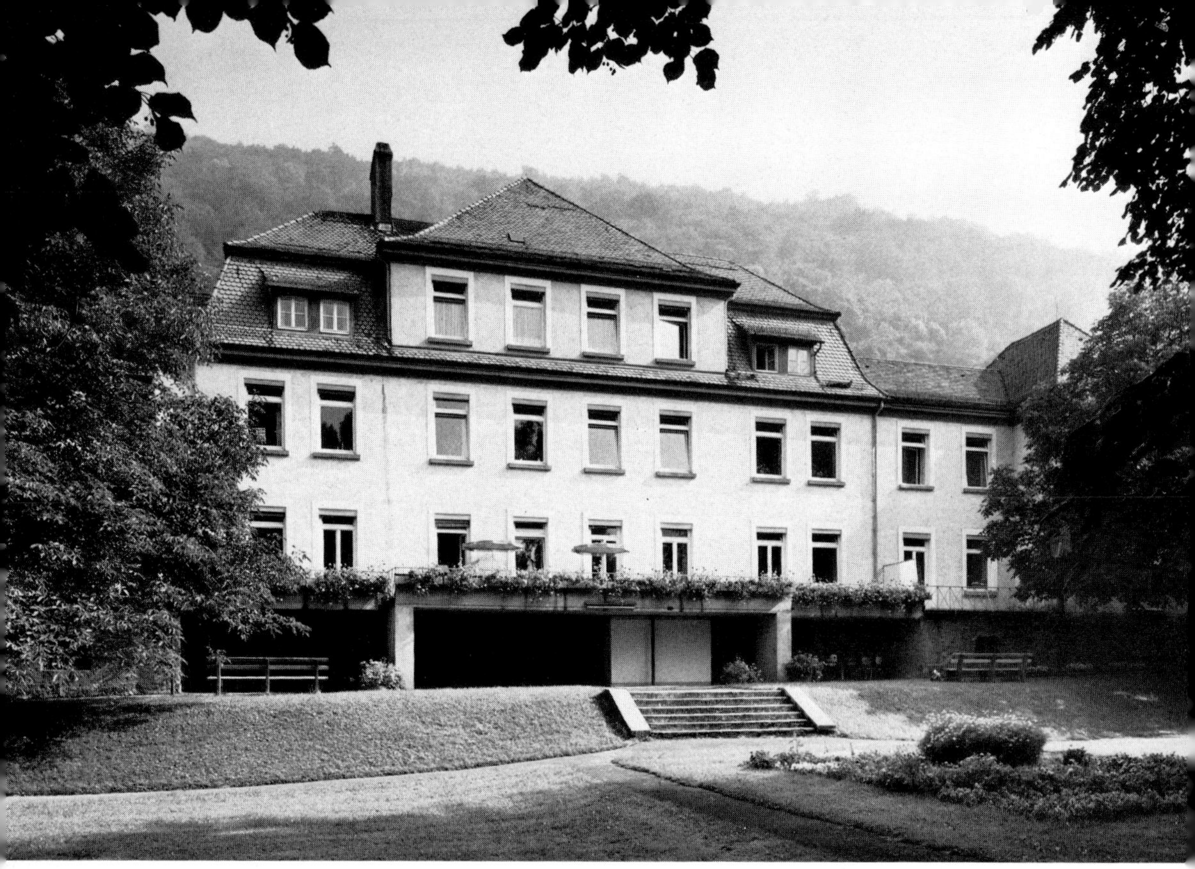

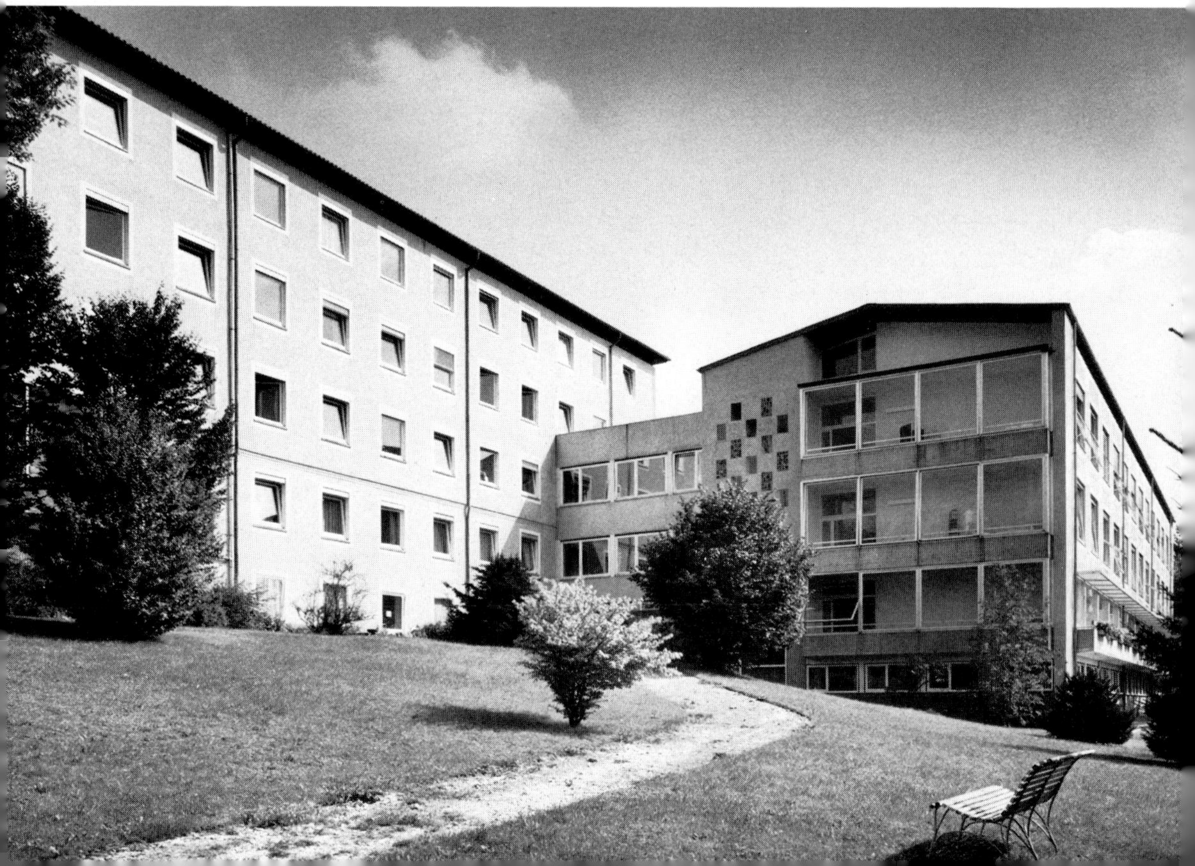

Das überörtliche Netz der Bundesstraßen wird durch ein Netz von Landesstraßen (313 km) ergänzt. Allein in den Jahren 1973 bis 1975 waren in der ersten Ausbaustufe nach dem Generalverkehrsplan Aufwendungen des Landes mit 28 Mio. DM für den Straßenbau im Landkreis vorgesehen; es sind jedoch noch nicht alle geplanten Vorhaben durchgeführt worden. Der weitere Ausbau der Landesstraßen ist von wesentlicher Bedeutung für unseren Raum.

Den Kreisstraßen (221 km) kommt vor allem im ländlichen Raum und für die Verkehrserschließung kleiner Gemeinden eine wichtige Funktion zu. Zu einem großen Teil sind die Kreisstraßen heute modern und besser ausgebaut als manche Landesstraßen; wassergebundene Schotterdecken sind nur noch vereinzelt zu finden.

Der Landkreis unternimmt alle Anstrengungen, das Kreisstraßennetz ständig zu verbessern und wendet hierfür jährlich beachtliche Beträge auf; so läßt er sich Ausbau und Betreuung der Kreisstraßen im Jahr 1975 rd. 6 Mio. DM kosten. Unsere Kreisstraßen können sich sehen lassen.

Durch das Eisenbahnnetz wird nur ein flächenmäßig kleiner, aber dicht besiedelter Teil des Landkreises bedient. Die zweigleisige Strecke Stuttgart–Tübingen stellt mit ihrem Eilzugverkehr den Anschluß an das internationale D-Zug-Netz her. Der Güterbahnhof Reutlingen mit seinem 1972 erweiterten Container-Terminal ist ein bedeutender Umschlagplatz für ankommende und abgehende Güter im Industrieraum Reutlingen.

Die Bahnnebenlinien sind als Nahverkehrsmittel anzusehen, sie gewinnen noch gewisse überörtliche Bedeutung für den Güterverkehr. Die frühere Bahnlinie Reutlingen–Münsingen-Schelklingen–Ulm wurde 1969 am Albaufstieg, wo sie als Zahnradbahn betrieben wurde, unterbrochen. Die Gleise wurden inzwischen entfernt. Damit gibt es im Landkreis keine Eisenbahn mehr, die den Albaufstieg überwindet. Heute verkehren zwischen Reutlingen und Honau Schienenbusse. Es wäre notwendig, auf dieser Linie einen halbstündigen Taktverkehr einzurichten. Auf dem Reststück zwischen Engstingen und Schelklingen dient diese Linie nur noch dem Güterverkehr und Militärtransporten zum Truppenübungsplatz Münsingen. Ein besonderer Bahnhof für militärische Zwecke wurde vor wenigen Jahren in Oberheutal bei Münsingen errichtet. Ebenfalls von der Deutschen Bundesbahn wird die Nebenstrecke von Metzingen nach Urach betrieben. Allerdings ist hier der Personenverkehr durch intensiven Parallelverkehr auf der Straße fast zum Erliegen gekommen. Auch hier sollte nach den Vorstellungen des Landkreises die Verkehrsbedienung auf Taktverkehr mit Schienenbussen nach Reutlingen umgestellt werden. Die Bahnlinie der Hohenzollerischen Landesbahn AG führt von Engstingen durch das Lauchterttal nach Gammertingen und Sigmaringen. Ihre Bedeutung für den Personen- und Güterverkehr ist gering, da die Züge nur in großen Abständen verkehren. Dasselbe gilt für die Strecke von Reutlingen über Gomaringen nach Reutlingen-Gönningen, die von der Württ. Nebenbahnen AG betrieben wird.

Nahverkehr

Da die Verkehrsbedienung im Landkreis außerordentlich uneinheitlich ist, hat der Kreistag im Mai 1974 einen Nahverkehrsplan verabschiedet. Ziel der Planung ist die Herstellung guter und schneller Verbindungen von allen Gemeinden zur Kreisstadt und zurück einerseits sowie von den zentralen Orten der Ober-, Mittel- und unteren Stufe zu den Orten des Verflechtungsbereichs und zurück andererseits.

An den bestehenden 40 Omnibuslinien im öffentlichen Personenverkehr sind die Bundesbahn mit 13, die Bundespost mit neun und private Konzessionsinhaber mit 18 Linien beteiligt. Auf dem Sektor des Busverkehrs soll künftig der Flächenkonzession vor der Linienkonzession der Vorrang gegeben werden. Damit hätte der Konzessionär wirtschaftlich gute und schlechte Linien zu bedienen und könnte ein tragbares Wirtschaftseinkommen erwirtschaften. Die Verwirklichung dieses Zieles wird jedoch noch langwierige Verhandlungen mit den Betroffenen erforderlich machen.

Im Raum Reutlingen wurde für den öffentlichen Personennahverkehr bereits eine befriedigende Lösung gefunden. Dabei kam es auch zur Einstellung des Betriebs der Straßenbahnen von Reutlingen nach Pfullingen und Eningen.

Erholungs- und Fremdenverkehr

Diejenigen Teile des Landkreises, die nicht zur Industriezone gehören, zeichnen sich besonders durch ihre landschaftliche Schönheit aus. Sie sind daher auch bestens als Nah- und Ferienerholungsgebiete geeignet. Schönbuch, Albtrauf und Alb liegen sehr verkehrsgünstig zu den Industriezonen des Landkreises und zum Ballungsgebiet Mittlerer Neckar. In diese Gebiete ergießt sich daher, insbesondere an Wochenenden, ein sehr starker *Naherholungsverkehr*. Den Gemeinden des Zielgebiets war es ein Anliegen, mit finanzieller Hilfe durch Land und Landkreis zur Bewältigung dieses Ausflugverkehrs Wanderparkplätze, Spazierwege, Spiel- und Picknickplätze zu schaffen. Im Augenblick stehen ca. 120 Wanderparkplätze, teilweise mit Rundwanderwegen, Spiel- und Picknickplätzen versehen, zur Verfügung. Dieses Angebot wird sicher noch vergrößert werden.

Im Winter stellen ca. 15 Skischlepplifte besondere Anziehungspunkte für Wintersportler dar. Seit ca. zwei Jahren wird versucht, den Winterfremdenverkehr auf eine etwas breitere Basis zu stellen; durch Langlaufloipen sollen Skiwanderer angelockt und durch geräumte Wege soll Nichtskiläufern ein Anreiz zum Besuch der Schwäbischen Alb gegeben werden.

Auf der Schwäbischen Alb werden große Anstrengungen unternommen, den *Ferienerholungsverkehr* so weit auszubauen, daß er einen echten Wirtschaftszweig darstellt. In den Bereichen „Oberes Ermstal und Uracher Alb", „Großes Lautertal und Zwiefalter Ach", „Sonnenalb", „Schmiechtal und Umgebung" sowie „Schopflocher Alb" sind Vereine bzw. Arbeitskreise mit privatrechtlichem Charakter gegründet worden, deren Mitglieder im wesentlichen die Gemeinden in diesen Räumen sind. Insbesondere in den Bereichen Großes Lautertal–Zwiefalter Ach und Sonnenalb (hier vor allem in Erpfingen) konnten schon recht gute Erfolge erzielt und beachtliche Ansatzpunkte geschaffen werden. Dazu beigetragen haben neben dem Ausbau der Gastronomie der Bau von Freibädern (Münsingen und Zwiefalten), der Ausbau von Spazierwegen zur Ergänzung des Wanderwegenetzes des Schwäbischen Albvereins, die Pflege und der Ausbau von Sehenswürdigkeiten: Zahlreiche Burgruinen und Aussichtspunkte (instandgesetzt wurden Hohenhundersingen durch die Gemeinde, Hohengundelfingen durch den Besitzer und Ruine Bichishausen durch den Landkreis), Höhlen (Wimsener Höhle, Bärenhöhle, Nebelhöhle, Falkensteiner Höhle u. a.), der Uracher Wasserfall, das Haupt- und Landgestüt Marbach/Lauter, Schloß Lichtenstein, das Uracher Residenzschloß und das Münster in Zwiefalten, um nur die wichtigsten zu nennen.
Jugendlichen Touristen stehen zwei *Jugendherbergen* zur Verfügung, eine weitere soll bald in Erpfingen gebaut werden. Sechs *Wanderheime* von Wandervereinen und zwei *Campingplätze* vervollständigen das touristische Angebot.
In Urach wurde im März 1972 ein Thermalbad in Betrieb genommen und damit der Anfang für einen *Kurbetrieb* gemacht. Die „Uracher Therme" ist eine der stärksten und mit 58° C auch eine der wärmsten des Landes. Nach den balneologischen Begriffsbestimmungen ist ihr hyperthermales Mineralwasser als „Natrium-Calcium-Chlorid-Sulfat-Hydrogenkarbonat-Thermalsäuerling" zu bezeichnen. Es eignet sich u. a. hervorragend zur Vorbeugung und Behandlung von Bewegungsleiden.
In dem Hallenbewegungsbad und dem Außenbecken stehen 550 qm Wasserfläche zur Verfügung, das quellfrische Wasser ist in den Becken auf 30° und 35° C abgekühlt. Außerdem gehört eine kleine Kurmittelabteilung zum Thermalbad.
Im ganzen Landkreis stehen ca. 2500 Fremdenbetten zur Verfügung; diese Betten stehen größtenteils in ca. 100 Beherbergungsbetrieben. Darüber hinaus sorgen weitere 170 Speisegaststätten und Cafés für das leibliche Wohl der Besucher.
Die Fremdenbetten waren im Fremdenverkehrsjahr 1973 durchschnittlich 170mal belegt. Die gesamte Übernachtungszahl hat damit die Zahl von 425 000 erreicht. Der Anteil der auf Ausländer entfallenden Übernachtungen macht knappe zehn Prozent aus.
Die Aktion „Ferien auf dem Bauernhof" wurde etwa im Jahr 1970 aufgenommen. Es stehen jetzt in 21 landwirtschaftlichen Betrieben 50 Ferienwohnungen mit 220 Betten und 43 Fremdenzimmer mit 102 Betten zur Verfügung.

Abfallbeseitigung

Durch das Abfallgesetz des Landes Baden-Württemberg wurde 1972 den Landkreisen ohne größere Vorbereitungszeit die Abfallbeseitigung als Pflichtaufgabe zugewiesen. Der Übergang der Pflicht zur Abfallbeseitigung von den Gemeinden auf die Landkreise traf deshalb die damals noch bestehenden Landkreise Reutlingen und Münsingen mehr oder weniger unvorbereitet und erfolgte zu einem wegen der bevorstehenden Kreisreform etwas ungünstigen Zeitpunkt. Die Neubildung des jetzigen Landkreises Reutlingen auf 1. 1. 1973 mit wesentlicher Vergrößerung der Kreisgebietsfläche und der Anzahl der Siedlungsorte machte eine neue Konzeption für die Müllbeseitigung erforderlich.

Nach den besonderen geologischen Verhältnissen im Landkreis Reutlingen scheidet ein großer Teil des Kreisgebietes wegen Verkarstung für die Anlage von Deponien aus. Höherwertige technische Abfallbeseitigungsanlagen, die eine größtmögliche Volumenreduktion der Abfälle ermöglichen, bedingen für einen „wirtschaftlichen" Betrieb größere Müllanfallmengen. Deshalb wird eine gemeinsame Abfallbeseitigung zumindest mit dem Nachbarlandkreis Tübingen angestrebt. Ein von diesen beiden Landkreisen in Auftrag gegebenes Abfallgutachten wird von der Technischen Universität Stuttgart – unter besonderer Berücksichtigung der Möglichkeiten, Abfälle dem Wirtschaftskreislauf in Form von extrahierten Rohstoffen oder in Form von weiter verarbeiteten Abfallbestandteilen wieder zuzuführen – erarbeitet und Mitte des Jahres 1975 vorgelegt werden.

Die Bestrebungen der Landkreise Reutlingen und Tübingen, wie auch des Zollernalbkreises, bei einer Abfallbeseitigung auf lange Sicht möglichst eine Rückführung wiederverwertbarer Abfallbestandteile in den Wirtschaftskreislauf durchzuführen, haben dazu geführt, daß seitens der Bundesregierung und des Landes Baden-Württemberg die Absicht besteht, im Rahmen einer kreisgrenzenüberschreitenden Abfallbeseitigungsanlage der Landkreise eine Modell- und Versuchsabfallbeseitigungsanlage zur Wiedergewinnung von Rohstoffen und zur Herstellung von Fertigprodukten aus Müll und Klärschlamm zu errichten. Die dafür erforderlichen Vorarbeiten und Untersuchungen sind derzeit im Gange.

Bis zur Errichtung und Inbetriebnahme einer mit dem Landkreis Tübingen (und evtl. mit dem Zollernalbkreis) gemeinsam zu betreibenden Abfallanlage neuer und fortschrittlicher Konzeption sollen die im Kreisgebiet anfallenden deponierfähigen Abfälle nach einem Beschluß des Kreistages des Landkreises Reutlingen vom 8. 7. 1974 in sechs mit überörtlichen Einzugsbereichen ausgestatteten Deponien (auf den Gemarkungen Dettingen, Mägerkingen, Münsingen, Pfullingen, Pliezhausen und Reutlingen) abgelagert werden. Nach Verwirklichung des angeführten Kreistagsbeschlusses ist die Zahl der im Jahre 1972 im jetzigen Kreisgebiet noch betriebenen ca. 70 Müllkippen auf sechs reduziert. Mit der Inbetriebnahme der angestrebten Abfallbeseitigungsanlage, möglichst in der Form einer weitgehenden Abfallrecyclinganlage, die den Gesichtspunkten des Umweltschutzes und der Erkenntnis, daß eine zunehmende Verknappung der Ressourcen und Rohstoffe erfolgt, am ehesten gerecht wird, werden auch diese sechs Übergangsdeponien geschlossen werden.

Ausblick

Dem Landkreis Reutlingen und seinen Rechtsvorgängern ist es schon in der Vergangenheit gelungen, die Aufgaben zur Zufriedenheit der Bürger durchzuführen. Unser Raum hat sich so entwickelt, wie es für die Mehrheit seiner Bürger notwendig war. Unsere Arbeit ist aber noch keineswegs beendet. Ausruhen wäre Stillstand und Rückschritt. Nachdem die Nachwehen der Kreisreform überwunden sind und der neue Landkreis sich als eine gefestigte Einheit darstellt, muß eine weitere Verbesserung der Infrastruktur angestrebt werden. Hierzu sind weitsichtige Planungen erforderlich. Landesentwicklungsplan, Regionalplan und Kreisentwicklungsprogramm werden die Grundlagen für die künftige Arbeit sein müssen. Von besonderer Bedeutung ist aber auch die finanzielle Ausstattung. Ohne genügende finanzielle Mittel können die wichtigsten Aufgaben des Landkreises nicht wahrgenommen werden. Der Landkreis ist hier wesentlich auf Bund und Land angewiesen, weil eine stärkere Belastung der Gemeinden durch die Kreisumlage kaum möglich erscheint, solange die Gemeinden ihre knapper werdenden Mittel selbst dringend benötigen. Deshalb ist mehr denn je eine Zusammenarbeit, vor allem zwischen Gemeinden und dem Landkreis, erforderlich, um die Aufgaben so durchzuführen, wie es die Bürger von uns erwarten. Es ist aber auch eine vertrauensvolle Zusammenarbeit zwischen dem Landkreis, seinen Organen und der gesamten Bevölkerung notwendig. Um eine solche wird sich der Landkreis tagtäglich zum Wohle der Bevölkerung unseres Landkreises bemühen.

Die Kreisstadt Reutlingen – Regionaler Schwerpunkt Neckar–Alb

von Manfred Oechsle

Einst waren es Mauern, die die freie Reichsstadt Reutlingen begrenzten, waren es die dazugehörenden Stadttore und der über sie hinausschauende Turm der Marienkirche, die mit der Achalm die Stadt äußerlich charakterisierten. Die Mauern sind bis auf spärliche Reste verschwunden, die Achalm ist immer noch Hausberg, doch die Stadtgrenzen haben sich weit hinausgeschoben. Reutlingen ist in den letzten Jahrzehnten enorm gewachsen, hat vor allem durch Eingemeindungen in den vergangenen vier Jahren Grenzen erhalten, die durch die Landschaft geprägt sind. Je nach Geschmack und Gefühl kann sich der Reutlinger heute als Echazstädter oder Neckartäler bezeichnen, sein Zuhause als am Fuß des Roßbergs oder der Achalm, am Neckar oder bei der mittelalterlichen Marienkirche liegend beschreiben. Reutlingen lebt nicht mehr nur aus der Kernstadt; Impulse kommen ebenso aus den umliegenden Stadtbezirken. Und diese jetzt engere Beziehung zum Umland, die nicht durch einen alles fressenden Moloch „Große Kreisstadt" entstanden, sondern natürlich gewachsen ist – alle Eingemeindungen von 1971 bis 1974 erfolgten auf freiwilliger Basis – bringt der Stadt nicht nur Nutzen, sondern auch Pflichten, neue Aufgaben, neue Funktionen. Vor diesen Aufgaben braucht sich Reutlingen nicht zu fürchten. Als Kreisstadt des Landkreises Reutlingen und zentraler Schwerpunkt der Region Neckar–Alb hatte man bereits in der Vergangenheit Einrichtungen geschaffen, die auch auf das Umland ausstrahlten und von ihm angenommen wurden.

Ein Beispiel für die Leistungsfähigkeit der Stadt, für ihre Bedeutung für die Region, zeigt die Entscheidung der Landesregierung, Reutlingen zusammen mit Tübingen als Oberzentrum im Landesentwicklungsplan auszuweisen. Diese Entscheidung bedeutet einmal, daß die Stadt über für die Region wichtige Einrichtungen schon verfügt, zum anderen aber auch, daß sie als regionaler Schwerpunkt diese Einrichtungen noch weiter auszubauen hat und sich um zusätzliche, attraktive Angebote für das Umland bemühen muß.

Wichtig für die Zukunft ist selbstverständlich eine gesunde Wirtschaftsstruktur, eine Weiterentwicklung und ein Ausbau der ansässigen und neu hinzukommenden Industrie. Trotz des starken Wandels, der sich in der einheimischen Wirtschaft in den ver-

gangenen Jahren und Jahrzehnten vollzogen hat – von der einst blühenden Lederindustrie sind kaum mehr Betriebe übrig, die Textilindustrie litt auch hier wie anderswo,
und allein zwischen 1960 und 1970 ging die Zahl ihrer Beschäftigten um 23 Prozent zurück –, darf die Reutlinger Wirtschaftsstruktur als ausgewogen bezeichnet werden. So
entwickelte sich zum Beispiel zum Ausgleich für schwindende Wirtschaftszweige besonders stark die Elektroindustrie mit 2600 Beschäftigten, weiteten sich Maschinen-
baufirmen beträchtlich aus.
Dabei ist man jedoch nicht von wenigen Großbetrieben abhängig, gesunde Klein- und
Mittelbetriebe stellen einen Großteil der Arbeitsplätze. Lediglich fünf der insgesamt
rund 900 Reutlinger Betriebe des produzierenden Gewerbes beschäftigen mehr als 1000
Personen. Daß dieses breite Arbeitsangebot nicht allein den Bürgern der Stadt zugute
kommt, sondern auch für die Bewohner der gesamten Region äußerst wichtig ist, machen Erhebungen ganz deutlich. 50 000 und damit 21 Prozent aller Arbeitsplätze der
Region Neckar–Alb sind in der Achalmstadt zu finden, deren Bevölkerung nur 17 Prozent der Gesamtbevölkerung der Region ausmacht. 27 Prozent der Reutlinger Arbeitsplätze werden daher auch von Pendlern belegt, die zusammengenommen immerhin
eine kleinere Stadt bilden könnten. Denn 13 500 Einpendler (korrigierter Wert nach
Eingemeindungen) sind eine ganz stattliche Zahl, denen nur 3400 Reutlinger Auspendler gegenüberstehen.
Die Stadt ist bemüht, ihre Bedeutung als wirtschaftlicher Schwerpunkt der Region weiter auszubauen und auch künftig den Bewohnern der Region Arbeitsmöglichkeiten zu
bieten.
Um die Ausweitung der bestehenden Betriebe und die Neuansiedlung neuer Wirtschaftszweige zu erleichtern, wurden schon in den vergangenen Jahren zusätzliche Industriegebiete in verkehrsgünstigen Lagen erschlossen. Sie bieten auch für die Zukunft
noch Spielraum, sind nicht allein auf den gegenwärtigen Bedarf konzipiert. Parallel mit
den Maßnahmen zur Förderung der Wirtschaft lief bereits der Ausbau des öffentlichen
Nahverkehrs, der den Pendlern den Weg zur Arbeit erleichtert. In Eigeninitiative
wurde ein Verkehrsnetz geschaffen, das nicht an Stadtgrenzen endet und vor allem den
Nordraum über den Neckar hinaus gut erfaßt. Für den Südraum wurde durch die Umstellung von Straßenbahn auf Bus eine Flächenbedienung möglich. Auch durch den
Ausbau des innerstädtischen Straßennetzes sowie eines Teiles der wichtigsten Ausfall-
straßen sind die Stadt-Umland-Beziehungen intensiviert worden.
Günstig wirken sich Nahverkehr und Straßennetz natürlich auch auf die Funktion
Reutlingens als Einkaufsstadt für das Umland aus, deren guten Ruf durch zahlreiche
leistungsfähige Einzelhändler und Unternehmen begründet ist. Im ganzen Bereich bekannte, teils alteingesessene Geschäfte, neue Einkaufsmärkte und Großhandlungen für
Einzelhändler ziehen die Bevölkerung der Region in die Stadt, können alle Anforde-

rungen erfüllen. Ergänzt wird das Warenangebot durch umfangreiche und weitreichende Dienstleistungen bekannter Bankinstitute, die ihren Sitz in Reutlingen haben und ihre Geschäftsbereiche über die Stadt weit hinaus ausdehnen konnten. Es fehlt kaum eines der im ganzen Bundesgebiet vertretenen, renommierten Institute, es fehlen nicht die bekannten baden-württembergischen Banken, deren Zweigstellen und Niederlassungen im ländlichen Raum in breiten Kreisen angenommen sind. Daneben spielt Reutlingen im Dienstleistungsbereich eine wichtige Rolle für die ärztliche Versorgung seines Umlandes. Bei zahlreichen in Reutlingen niedergelassenen Ärzten sowie bei den Einrichtungen des Kreiskrankenhauses kann die Bevölkerung der umliegenden Städte und Gemeinden umfassende ärztliche Dienste in Anspruch nehmen.

Positiv für die Stadt als wirtschaftlichen Schwerpunkt sind selbstverständlich auch die regionalen und überregionalen Einrichtungen, die von Handwerk und Industrie in Eigenregie geschaffen wurden. Wie die Industrie- und Handelskammer betreut auch die Handwerkskammer Reutlingen ein Einzugsgebiet von über 500 000 Einwohnern, erreichen die Informations- und Bildungsangebote nicht nur Zielgruppen der Stadt und Region, sondern auch im weiteren Umland. Ist die Industrie- und Handelskammer zentrale Institution für Beratung und Förderung der gewerblichen Wirtschaft, so sieht die Handwerkskammer eine ihrer Hauptaufgaben in der Weiterbildung ihrer Mitglieder, in der Abnahme von Prüfungen und im Angebot an Meisterkursen.

Über die Grenzen des Landes und der Bundesrepublik hinaus bekannt ist die Staatliche Fachhochschule für Textilwesen, kurz ,,Technikum'' genannt, die heute in ihren verschiedenen Schulzweigen unter anderem auch die Möglichkeit zum Studium der Betriebswissenschaften bietet. Die Schule, die mit Instituten im Ausland engen Kontakt pflegt, ist aufgrund ihres guten Rufes so gefragt, daß trotz mehrerer Ausbauten und Erweiterungen in den vergangenen Jahren der Raum zu eng geworden ist und ein Institutsneubau eingeplant werden mußte. Gebaut wird bei dem Gelände einer weiteren, äußert gefragten Institution, bei der Reutlinger Pädagogischen Hochschule. Die PH Reutlingen, die mit 600 Studenten begann, ist heute mit 3200 Studenten überfüllt und sieht schon den gefürchteten Numerus clausus auf sich zukommen. Mehr im Verborgenen für die Bewohner der Stadt, da am Rande gelegen und ohne Mammutschülerzahlen, blüht und gedeiht die Westdeutsche Gerberschule, die an die alte Gerbertradition der ehemaligen Reichsstadt anschließt. Auch diese Schule trägt zum Ruf der Stadt im Ausland bei, hat Studierende der verschiedensten Nationalitäten.

Neben diesen Instituten bietet Reutlingen der Region jedoch auch Einrichtungen, die für die Bürger der Stadt und des Umlandes wichtig, manchmal auch weniger bekannt sind. So hat das Regionale Rechenzentrum Alb-Schwarzwald hier seinen Sitz, es residieren das Finanzamt, die Landeszentralbank, die Einkaufszentrale öffentlicher Büchereien, das Predigerseminar als Ausbildungsstätte der Evangelisch-Methodistischen

137. *Friedrich-List-Gymnasium in Reutlingen, einst Klausur des 1259 gegründeten Barfüßerklosters*

138. *Marktbrunnen in Reutlingen mit dem Standbild Kaiser Maximilians II. (1570)*

139. *Luftbild von Reutlingen-Orschelhagen*
140. *Stadtautobahn-Verkehrsknoten Hobuch in Reutlingen*

141. *Die Pädagogische Hochschule in Reutlingen*
142. *Waldschule in Reutlingen-Ohmenhausen*

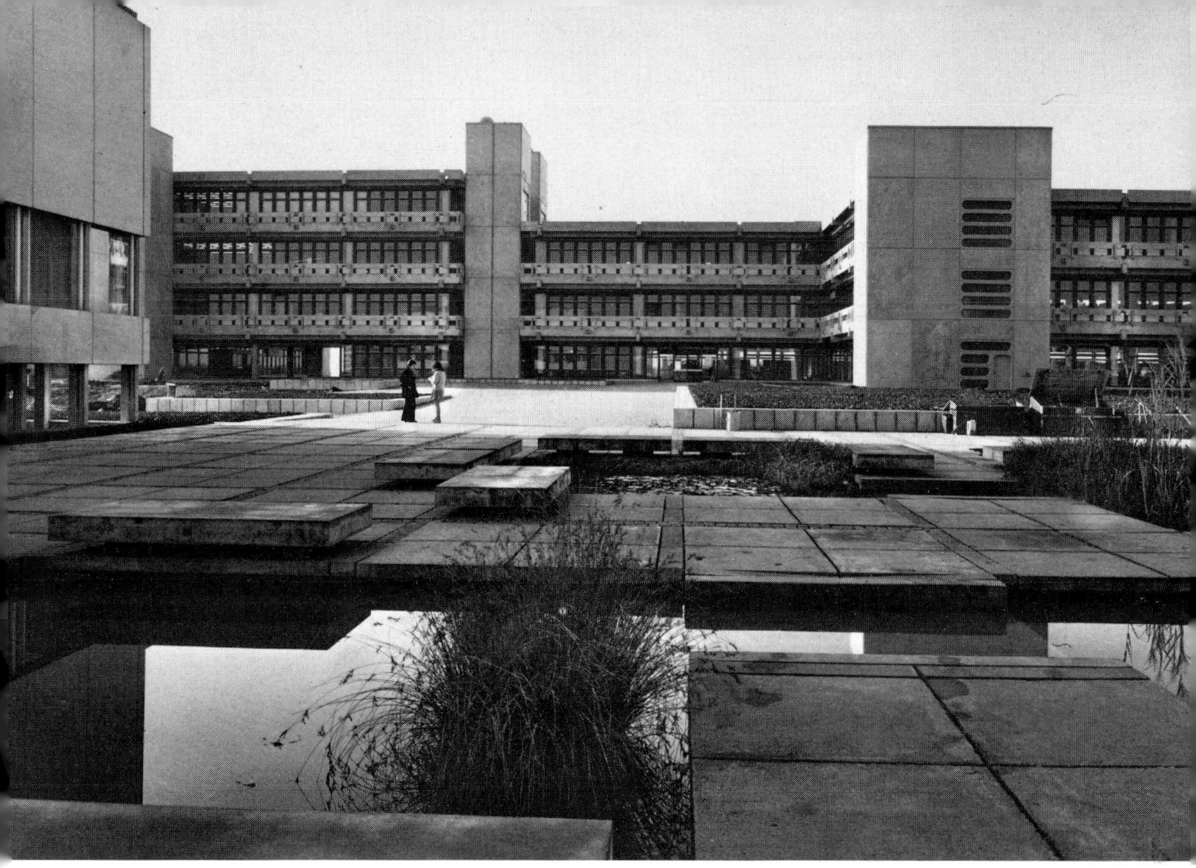

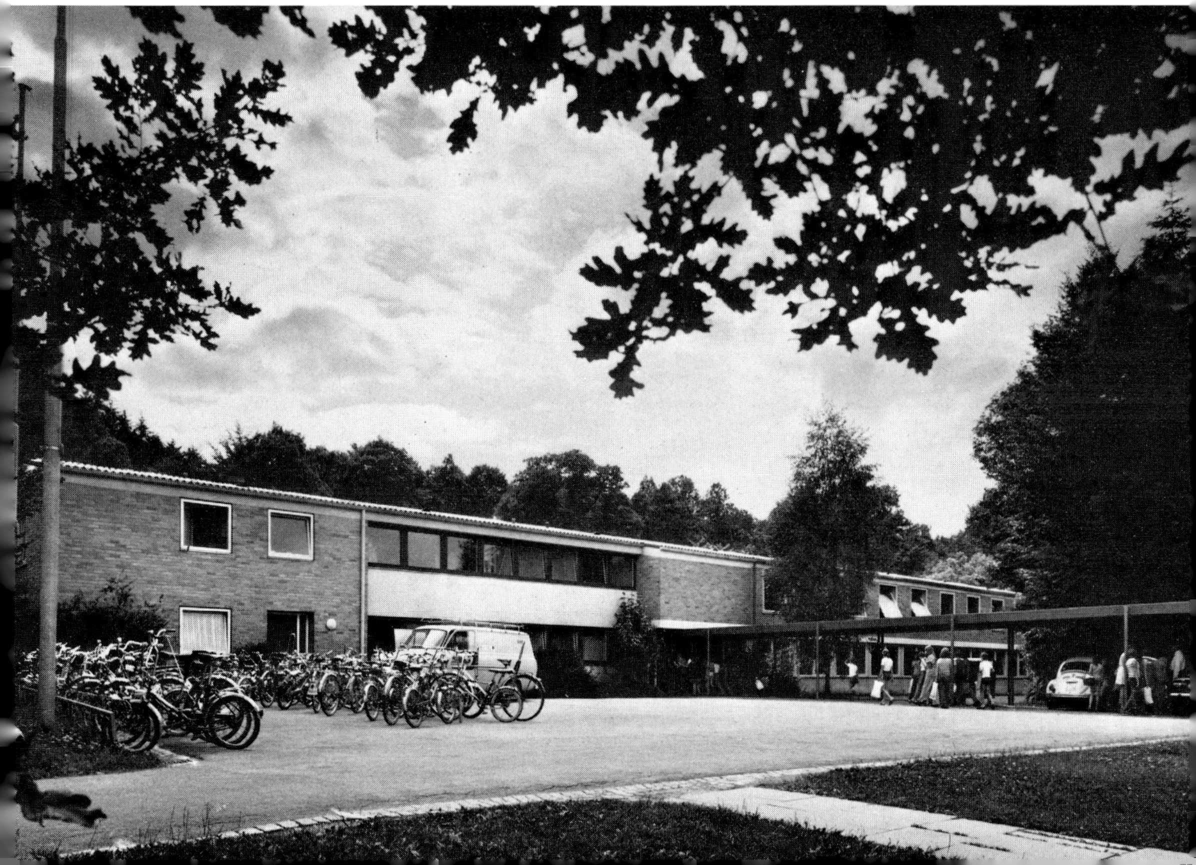

144. Der Innenhof des Reutlinger Rathauses
143. (umseitiges Farbbild) Der Stadtkern von Reutlingen mit dem 1966 erbauten neuen Rathaus

145./146. Freischwimmbad Markwasen in Reutlingen, mit den angrenzenden ausgedehnten Wäldern ein ideales Sport-, Freizeit- und Wandergelände

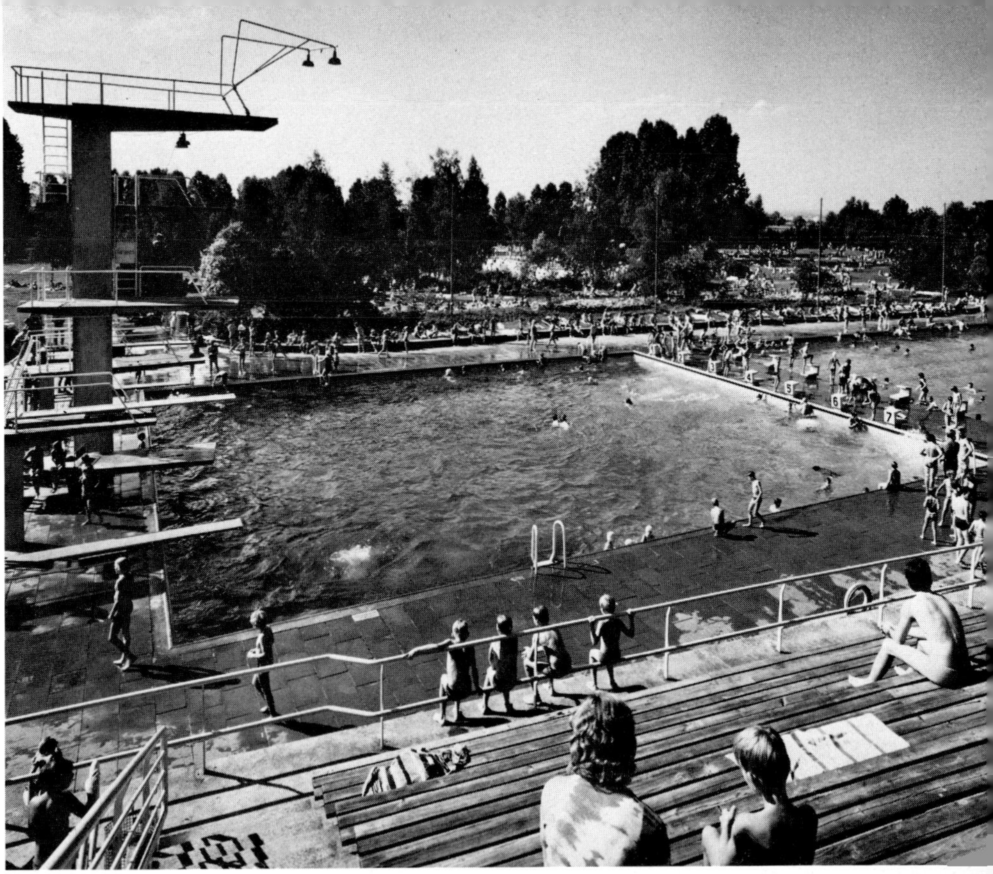

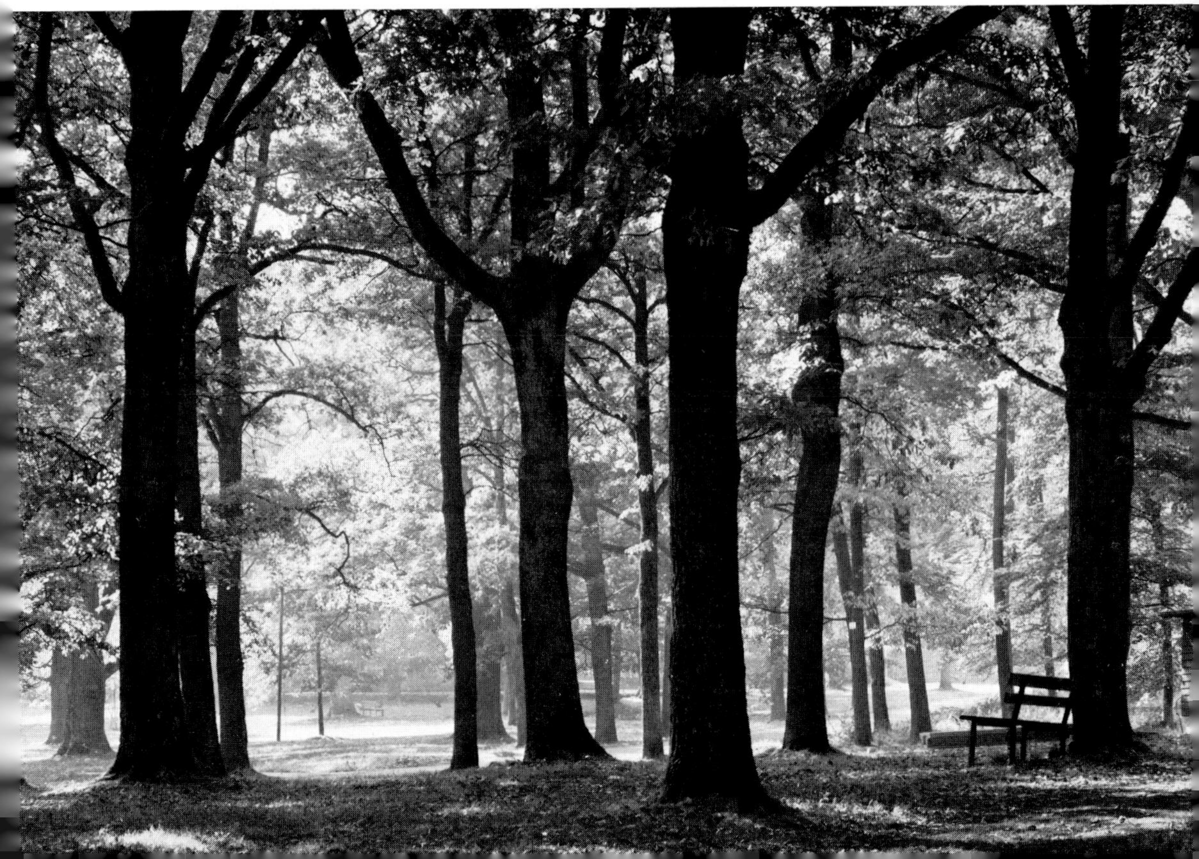

147. *Blick auf Mittelstadt (Stadt Reutlingen)*

Kirche, die Gustav-Werner-Stiftung, die sich Alten und Kindern sowie Behinderten annimmt und Zweigstellen auch in der weiteren Umgebung unterhält. Beheimatet ist in der Stadt neben der Fachhochschule für Sozialwesen, einer Ausbildungsstätte für Erzieher und Sozialpädagogen, ein Kindergärtnerinnenseminar, eine große Volkshochschule, der eine stark frequentierte und auch vom Umland gefragte Jugendmusikschule angeschlossen ist, eine Evangelische Mütterschule, die ihre Seminare und Kurse auch in Gemeinden der Region abhält.

Nicht zu vergessen sind die Reutlinger Stadtbücherei mit überregionaler Bedeutung, das Schwäbische Symphonie-Orchester und das von der Stadt maßgeblich geförderte Landestheater Reutlingen–Tübingen, das wie das „Reutlinger Theater in der Tonne" Gastspiele im ganzen Land gibt. Bedeutende Ausstellungen, teils in städtischer Regie, teils auf privater Basis runden das kulturelle Angebot ab, zu dem natürlich auch verschiedene schulische Einrichtungen gehören, die von Schülern der gesamten Region besucht werden.

Klar zeigt sich vor allem die Bedeutung der Höheren Schulen, der Gymnasien für die Region Neckar–Alb, die immerhin 25 Prozent aller Schüler stellt. Besonders stark ist der Anteil auswärtiger Schüler mit 63 Prozent am Theodor-Heuss-Gymnasium, einem Wirtschaftsgymnasium mit Wirtschaftsschule, Kaufmännischer Berufsschule und Berufsaufbauschule. Natürlich spiegelt auch die Gewerbliche Berufsschule die Verbindung des Umlandes mit der Stadt wider. 65 Prozent aller Schüler, die hier nicht nur ihre berufsbegleitende Ausbildung erhalten, sondern Fachschule, Berufsfachschule und Technisches Gymnasium besuchen, kommen aus dem Umland. Daß der Landkreis die Reutlinger Berufsschulen seit 1. Januar 1975 als Träger übernommen hat, entspricht dieser Situation.

Auch in Zukunft werden größere Aufgaben gemeinsam von Kreis und Stadt gelöst werden müssen. Reutlingen wird sich dabei den Verpflichtungen nicht entziehen, die die Stadt als regionaler Schwerpunkt zu erfüllen hat.

Wissenswertes aus den Städten und Gemeinden

von Angelika Bischoff-Luithlen (Bi) und Paul Schwarz (Schw)

Die Gemeindenamen entsprechen dem Stand vom 1. 1. 1975. Die bis zum 31. 12. 1970 noch selbständigen Gemeinden sind als Ortsteile unter den Hauptgemeinden jeweils gesondert behandelt.

Reutlingen

(382 m NN) Das urkundlich erstmals 1090 erwähnte Dorf Reutlingen ist aus einigen von den alamannischen Einwanderern im 6. und 7. Jh. gegründeten Höfen und weilerartigen Siedlungen entstanden. Der Ort erhielt dann wohl schon von Kaiser Friedrich I. Barbarossa das Marktrecht, das Otto IV. um 1210 erweiterte. Die eigentliche Stadtgründung, vor allem die kostspielige Ummauerung, muß aber um 1240 von Kaiser Friedrich II. ausgegangen sein, als nach dem Aufstand seines Sohnes, König Heinrich (VII.), dessen Anhänger Heinrich von Neuffen die Burg Achalm an das Reich abtreten mußte. Die Stadt wurde von dem alten Dorfkern, der in der Gegend des heutigen alten Friedhofs Unter den Linden zu suchen ist, abgerückt und aus festungstechnischen Gründen auf einer einige hundert Meter weiter südlich gelegenen Schotterterrasse als fast regelmäßiges Rechteck angelegt, dessen Westflanke dem im leichten Bogen verlaufenden Echazflüßchen zum besseren Schutz angeschmiegt worden ist. Burg und Stadt bildeten als kaiserliche Stützpunkte ein Gegengewicht zum hohen Adel der Nachbarschaft, der um diese Zeit begann, eigene Herrschaftsgebiete aufzubauen. Das bestätigt die Belagerung der Stadt durch die Anhänger des Gegenkönigs Heinrich Raspe, Landgraf von Thüringen, im Jahr 1247. Nach der chronikalischen Überlieferung haben die Reutlinger Bürger mit dem Bau ihrer Marienkirche, dem Wahrzeichen der Stadt, ein Dankgelöbnis eingelöst, als sie diese Belagerung glücklich abgeschlagen hatten. Als die Stadt nach dem Niedergang der Staufer nunmehr als „Reichsstadt" auf eigenen Füßen stehen mußte und keine Hilfe vom Kaiser gegen die andrängenden fürstlichen Nachbarn erwarten konnte, galt es, das junge Gemeinwesen durch starke Wehrbauten zu schützen. Kleine Teile dieser Stadtbefestigung haben die Jahrhunderte überdauert. Als besonders eindrucksvolle Zeugen sind vor allem die beiden erhalten gebliebenen starken Tortürme, das „Gartentor" und das „Tübinger Tor" zu nennen. Im Schutze dieser Mauern legten fünf große und bedeutende Klöster ihre Pfleghöfe in der Stadt an, in denen sie die ihnen aus der Umgebung zufallenden Naturalabgaben der Bauern sammelten und gleich wieder mit gutem Gewinn an die zahlreiche städtische Bevölkerung verkaufen konnten. Solche Niederlassungen hatten das Benediktinerkloster Zwiefalten (auf dessen Gelände nunmehr das erste Parkhaus erstellt wird), das Prämonstratenserkloster Obermarchtal und die Zisterzienserklöster Bebenhausen und Salem. 1308 schenkte König Albrecht I. dem von ihm gegründeten Zisterzienserkloster Königsbronn das dem Reich gehörende Patronat der Pfarrkirche. 1325 wurde die Reutlinger Pfarrkirche mit ihren reichen Einkünften dem Kloster inkorporiert, das dann wohl um diese Zeit an die Errichtung des stattlichen Gebäudes gegangen ist, in dem heute das Reutlinger Heimatmuseum untergebracht ist. Um die Mitte des 13. Jh. sind auch die Franziskanermönche (Barfüßer) aus dem in Pfullingen bestehenden Doppelkloster für Frauen und Männer in die rasch aufstrebende Stadt übergesiedelt. Vielleicht war auch das Klosterasyl die Keimzelle für das seit dem 15. Jh. urkundlich bekannte Reutlinger Asyl, in dem seit 1500 bis zu seiner Aufhebung im Jahr 1804 über 2000 Totschläger Zuflucht gefunden haben.

Die stetige Bedrohung durch die benachbarten Fürsten – vom 14. Jh. ab waren es hauptsächlich die Grafen von Württemberg, die die aufblühende Handwerkerstadt gern unterworfen und ihrer Landesherrschaft eingefügt hätten – führte mit dazu, daß die Handwerker schon ab 1343 Zutritt zum Rat erhielten und zusammen mit der Ehrbarkeit die Geschicke der Stadt bestimmen konnten. Dieser einmütige Zusammenhalt der gesamten Bürgerschaft ermöglichte auch die Besiegung eines zur Belagerung Reutlingens auf der Burg Achalm lagernden württembergischen Ritterheeres vor den Toren der Stadt im Mai 1377.
„... wie haben da die Gerber so meisterlich gegerbt! Wie haben da die Färber so blutigrot gefärbt!..." heißt es in dem bekannten Gedicht von Ludwig Uhland über die Schlacht bei Reutlingen.
Im Laufe des 14. und 15. Jh. hat Reutlingen von dem verarmenden Niederadel ein halbes Dutzend in seiner Umgebung gelegener Ortschaften erworben, deren bäuerliche Bevölkerung ihren Bedarf an Kaufmannsgütern und Gerätschaften in der Stadt deckte. Grund- und Kapitalzinsen haben die Stadt, das Spital samt anderen wohltätigen Pflegschaften und die reichen, zur städtischen Ehrbarkeit gehörenden Bürger aus rund 100 in der nahen und ferneren Umgebung Reutlingens gelegenen Dörfern bezogen.
Der Überfall von Herzog Ulrich von Württemberg auf Reutlingen 1519, den der Schwäbische Bund aber rasch wieder vertrieb, bedeutet für die Stadtgeschichte eigentlich nur eine kleine Episode. Dagegen bildeten die Zollschranken, die das Herzogtum Württemberg rings um Reutlingen errichtet hatte, ein schweres Hindernis für Handel und Gewerbe der völlig auf sich allein gestellten Reichsstadt. Dieses Verhältnis hat sich auch dadurch nicht gebessert, daß sich Reutlingen 1524 und Württemberg zehn Jahre später der Lutherischen Reformation anschlossen und die Stadt seit dieser Zeit auch im Schirmvertragsverhältnis zu Württemberg stand. Als die Stadt sich von den Schrecken und Lasten des Dreißigjährigen Krieges wieder etwas erholt hatte, traf sie 1726 das große Brandunglück, dem vier Fünftel der Wohnhäuser und fast alle öffentlichen Gebäude zum Opfer fielen. Durch den Reichsdeputationshauptschluß vom 25. Februar 1803, in welchem u. a. auch Württemberg für sein an Frankreich verlorenes linksrheinisches Gebiet entschädigt wurde, kam Reutlingen, zusammen mit anderen schwäbischen Reichsstädten endlich doch unter die Landeshoheit seines überlegenen Gegners, gegen den es

sich durch die Jahrhunderte so tapfer gewehrt hatte. Württemberg wußte den Erwerb der damals rund 8000 Einwohner zählenden Stadt wohl zu schätzen. Reutlingen wurde 1808 württembergische Oberamtsstadt und 1811, zusammen mit den sechs anderen bedeutendsten Städten des Landes, mit dem Recht, einen besonderen Vertreter der Stadt in den Landtag zu entsenden, zur „Guten Stadt" erhoben. Die erste Hälfte des 19. Jh. brachte wichtige Voraussetzungen für das Aufblühen der Reutlinger Industrie: Die die Wirtschaft einengenden Zunftsgesetze und die den Handel hemmenden württembergischen Zollschranken fielen, der ungehinderte Zugang zum württembergischen Straßennetz erleichterte den Warenabsatz, und der Anschluß an das Eisenbahnnetz in der Mitte des Jahrhunderts ermöglichte durch den nunmehr wirtschaftlich gewordenen Steinkohlenbezug die Errichtung von mit Dampfmaschinenkraft betriebenen Fabriken. Die Entwicklung der Industrie und ihr jetziger Stand in der Stadt und im Reutlinger Raum wird S. 127 ff. eingehend geschildert.
Die nach dem 2. Weltkrieg gewaltig angewachsene Industrie hat in den letzten Jahrzehnten Tausende von Menschen nach Reutlingen gezogen, denen Wohnraum beschafft werden mußte. 1939 hatte die Stadt 39 000 Einwohner, heute sind es 96 000. (Davon entfallen rund 15 000 auf die die seit dem 1. Januar 1971 im Zuge der Verwaltungsreform zu Reutlingen gekommenen neun Gemeinden, die nachstehend besonders beschrieben sind.) Bei der Beschaffung von neuem Wohnraum für beinahe die Hälfte der jetzigen Einwohnerschaft ist man in Reutlingen völlig neue Wege gegangen: man hat mit den oft kilometerweit in die Landschaft hinausgeschobenen Wohngebieten ideale, von Licht und Luft durchflutete Wohnmöglichkeiten geschaffen. Maßgeblich beteiligt am Wohnungsbau ist die 1950 gegründete Gemeinnützige Wohnungsgesellschaft m.b.H., die um die 13 000 Wohnungen, zur Hälfte Mietwohnungen und zur Hälfte Eigentumswohnungen bzw. Eigenheime, gebaut hat.
Zur Erholung der Jugend und der vielen arbeitenden Menschen bei Sport und Spiel hat die Stadt Reutlingen einen ganzen Markungsteil in ein zusammenhängendes Sport- und Freizeitgelände verwandelt. Vollendet sind schon seit Jahren das Sportstadion und das großräumige Freibad. Die gesamte Anlage bildet mit den angrenzenden, stundenweit sich hinziehenden Wäldern eine natürliche, der Erholung dienende Einheit.

An kulturellen Einrichtungen, die der Erholung und der Weiterbildung dienen, sind die rührige Volkshochschule, das Heimat- und Naturkundemuseum mit ihren reichhaltigen und wertvollen Sammlungen, das Stadtarchiv, das auch die Nachlässe von Friedrich List und Ludwig Finckh beherbergt, die 80 000 Bände umfassende Stadtbücherei mit mehreren Zweigstellen, das Schwäbische Symphonieorchester Reutlingen, das Landestheater Württemberg-Hohenzollern, das Reutlinger Naturtheater sowie das Theater in der Tonne zu erwähnen.

Das vielfältige Angebot an Schulen und sonstigen Lehranstalten bis hin zu den Fachhochschulen hat Reutlingen auch das ehrende Prädikat ,,Stadt der Schulen'' eingebracht: Neben den üblichen Grund-, Haupt-, Sonder-, Realschulen und Gymnasien sind einige Berufs-, Berufsfachschulen und Berufsoberschulen und andere Fachschulen für die verschiedensten Berufszweige in der Stadt ansässig. Als Hochschulen sind die Fachhochschulen für Sozialwesen, für Textilwesen und die Pädagogische Hochschule zu nennen, außerdem die Institute für Reallehrer und Sonderschulpädagogen. An sonstigen Schulen gibt es neben drei Privatschulen die Staatliche Techniker- und Textilfachschule, die Westdeutsche Gerberschule, die Volkshochschule, eine Musikschule und ein theologisches Seminar. Im Frühjahr 1966 ist der Wiederaufbau des kriegszerstörten Stadtkerns mit der Erstellung eines neuen Rathauses abgeschlossen worden. Mit dem Standort dieses Rathauses am Marktplatz ist bewußt die geschichtliche Bedeutung des Marktplatzes als städtischer Mittelpunkt und Ort bürgerschaftlicher Begegnung wieder aufgenommen worden.

Kunsthistorische Sehenswürdigkeiten s. S. 165 ff.

Stadtteil Altenburg (331 m NN) Um 1070 erbaute Graf Werner von Achalm, Bischof von Straßburg, an der Stelle einer über dem Neckar gelegenen kleinen Burg eine Nikolauskapelle. Ihn beerbten 1077 seine Brüder Kuno und Liutold von Achalm, die im Ort 1089 ein Benediktinerkloster gründen wollten, dann aber auf Betreiben des Abts Wilhelm von Hirsau Zwiefalten den Vorzug gaben. Altenburg gehörte zur Erstausstattung des Klosters, dessen Besitz 1750 an Württemberg übergegangen ist. Es bildete zusammen mit Rommelsbach, Sickenhausen und Degerschlacht einen eigenen Gerichtsbezirk, dessen Vogtei um 1400 im Besitz der Reutlinger Patrizierfamilie Teufel war und 1444 von Hans Teufel an Württemberg um 2800 Gulden verkauft wurde. Gefälle besaß die Johanniterkommende Dätzingen-

Rohrdorf. Kirchlich war Altenburg Filial von Oferdingen und erhielt erst 1844 einen ev. Pfarrverweser, 1896 einen Pfarrer. Die jetzige Kirche wurde 1654 neu errichtet, die steinerne Neckarbrücke 1895. – 1938 kam Altenburg vom damaligen Oberamt Tübingen zum Kreis Reutlingen. Im Zuge der Verwaltungsreform hat sich Altenburg mit Wirkung vom 1. 1. 1972 freiwillig Reutlingen eingegliedert. Die Markungsfäche umfaßt 261 ha. Von seinen 1200 Einwohnern pendeln, bei 50 Einpendlern, rund 600 zur Arbeit aus. In der Nachkriegszeit hat sich Altenburg zu einer Arbeiterwohngemeinde mit ständigem Rückgang der Landwirtschaft entwickelt. Kommunale Errungenschaften seit 1946: Schulhaus, Rathaus, Kindergarten, Friedhoferweiterung mit Leichenhalle, Ausbau der Wasserversorgung, Kanalisation mit Anschluß an ein Sammelklärwerk, Ausbau der Ortsdurchfahrt, Baugeländeerschließung.

Kunsthistorische Sehenswürdigkeiten s. S. 153.

Stadtteil Bronnweiler (477 m NN) Die romanische Marienkirche wurde um 1100 von den Herren von Hugenberg auf einer früheren Burgstelle als Grablege für das Geschlecht erbaut. 1432 wird sie als Wallfahrtskirche mit vier Priestern erwähnt. 1415 wurden Chor und Turm unter dem Einfluß der Reutlinger Marienkirchenbauhütte neu aufgeführt. Die Kirche hat 1968 eine gut gelungene Renovation erfahren. 1275 gelangte der Ort an die Johanniter von Hemmendorf und von diesen 1315 an Reutlinger Patrizier. 1437 hat die Reichsstadt Reutlingen Bronnweiler samt der Burgstelle Altenburg und dem Weiler Hugenberg gekauft. Mit dem Erlöschen der Reutlinger Reichsstadtherrlichkeit ist Bronnweiler 1803 selbständig geworden, hat aber mit Wirkung vom 1. 1. 1971 den Weg zur Stadt Reutlingen, mit der es schon einmal beinahe ein halbes Jahrtausend verbunden war, wieder freiwillig genommen. Seine Markung umfaßt 119 ha. Von seinen 960 Einwohnern pendeln etwa 350 zur Arbeit aus, ca. 35 pendeln ein.

Eine schon Ende des 19. Jh. an der Wiesaz errichtete mechanische Weberei gewährte vor allem jungen Leuten Verdienstmöglichkeiten. Seitdem wird die Landwirtschaft in zunehmendem Maße im Nebenerwerb betrieben. Wer im Ort keinen Arbeitsplatz fand, pendelte vorwiegend nach Gomaringen und Reutlingen aus.

Heute bietet die Firma Rieber 70 Arbeitsplätze, ca. 30 Frauen beschäftigen sich mit Heimarbeit. Kommunale Errungenschaften seit 1946: Durch die ,,Heimstätte'' erstellte Wohnsiedlung, Schulhaus,

Turnhalle, Lehrerwohngebäude, Rathaus, Waldfriedhof, in die Schule eingebauter Kindergarten, Turnhallenerweiterung samt Außenanlagen, neue Ortskanalisation mit Anschluß an die Sammelkläranlage Steinlach-Wiesaz.
Kunsthistorische Sehenswürdigkeiten s. S. 155.
Stadtteil Degerschlacht (399 m NN) 1092 schenkte Werner von Kirchheim hier und in dem abgegangenen „Hirmilbrunnen" dem Kloster Allerheiligen in Schaffhausen Güter. Degerschlacht gehörte ursprünglich zur Grafschaft Achalm und kam mit Altenburg 1444 von Hans Teufel von Reutlingen an Württemberg. Eingepfarrt war Degerschlacht ursprünglich in die St.-Peters-Kirche in Reutlingen; 1679 erwirbt Württemberg das Patronat und errichtet eine ev. Pfarrei für Degerschlacht und Sickenhausen. Die Gemeinde kam 1938 vom Oberamt Tübingen zum Kreis Reutlingen. Die ausschließlich landwirtschaftliche Struktur der Gemeinde hat sich seit der Jahrhundertwende, wie in den Nachbargemeinden, verändert: Seit dem Kriegsende hat sich Degerschlacht zur Arbeiterwohngemeinde mit kleinem Industriegebiet und kleinen landwirtschaftlichen Betrieben gewandelt. Die Markung umfaßt 175 ha. Von den etwas über 1400 Einwohnern pendeln ca. 500 zur Arbeit aus, ca. 20 pendeln ein. Kommunale Errungenschaften seit 1946: Schulhausneubau, Friedhoferweiterung, Rathausumbau, Kindergarten, Turn- und Festhalle, Ausbau der Ortsdurchfahrt, Kläranlagenanschluß. Im Zuge der Verwaltungsreform hat sich Degerschlacht mit Wirkung vom 1. 1. 1972 freiwillig Reutlingen angeschlossen.
Kunsthistorische Sehenswürdigkeiten s. S. 155.
Stadtteil Gönningen (536 m NN) 1092 erhielten die Klöster St. Georgen und wenig später auch Hirsau Besitz im Ort. Die Edelfreien von Stöffeln erbauten sich im 12. Jh. eine Doppelburg über Gönningen, das sie in der 2. Hälfte des 13. Jh. zur Stadt machten. Nachdem sie 1300 Burg und Stadt an Württemberg verkaufen mußten, ist das Stadtrecht bald wieder eingeschlafen. Im Städtekrieg besetzten die Reichsstädte 1388 den Ort und zerstörten die Stöffelburg. Einen Namen hat sich Gönningen durch seinen Samenhandel gemacht, der sich nach dem Dreißigjährigen Krieg lebhaft entwickelte; in seiner Blütezeit, in der Mitte des vorigen Jahrhunderts, vor dem Aufkommen der Eisenbahn, sind die Gönninger mit ihrem Samen durch ganz Europa und bis nach Amerika gereist. Viele haben sich auch in ihren Absatzländern niedergelassen und dort bedeutende Handlungen aufgezogen. Die Gönninger Markung umfaßt

1568 ha. Es kam 1938 vom Oberamt Tübingen zum Kreis Reutlingen. Das landschaftlich schön gelegene Gönningen, in dem Industrie und Gewerbe sich nur in bescheidenem Umfang entwickelt, wird sich mit seinen rund 3100 Einwohnern voraussichtlich zu einer hübschen Wohngemeinde der nahen Industrie- und Kreisstadt Reutlingen entwickeln, der es sich mit Wirkung vom 1. 1. 1971 freiwillig eingegliedert hat. Kommunale Errungenschaften seit 1946: Nachbarschaftsschule mit Großturnhalle; Sicherstellung der Wasserversorgung; Ausbau der Ortskanalisation; Verbandskläranlage; Erschließung der Feldmarkung (Flurbereinigung) und des umfangreichen Waldbesitzes; Baulanderschließungen; Leichenhalle und Friedhoferweiterung; Gönningen hat viele landschaftliche Aussichtspunkte, insbesondere den Roßberg mit dem Wanderheim und Aussichtsturm des Schwäbischen Albvereins und ca. 100 ha Hochwiesen. Entwicklungsziel: Wohnstandort mit Naherholungsfunktion.
Kunsthistorische Sehenswürdigkeiten s. S. 157.
Stadtteil Mittelstadt (320 m NN) Mittelstadt ist altes Siedlungsgebiet; das beweist u. a. der vor einigen Jahren freigelegte römische Gutshof. Die Grundherrlichkeit erwarb seit 1268 allmählich das Pfullinger Frauenkloster, das sich im Jahr 1413 auch die Kirche inkorporierte. Die Ortsherrschaft ist wohl mit der Grafschaft Urach um 1260 an Württemberg gekommen. Die Markung umfaßt 648 ha. Der wirtschaftliche Aufschwung der 50er Jahre hat eine Strukturwandlung mit sich gebracht: Mittelstadt ist mit seinen 2700 Einwohnern, bei ca. 600 Aus- und 300 Einpendlern, eine Arbeiterwohn- und Industriegemeinde mit einigen gut fundierten Betrieben. Es kam 1938 von dem aufgelösten Oberamt Urach zum Kreis Reutlingen und hat sich im Zuge der Verwaltungsreform mit Wirkung vom 1. 1. 1975 freiwillig der Stadt Reutlingen angeschlossen. Kommunale Errungenschaften seit 1946: Schulhauserweiterung, Turn- und Festhalle, Leichenhalle, Kindergarten, Erweiterung der Wasserversorgung, Ausbau der Ortskanalisation. Erschließung von Neubaugebieten.
Kunsthistorische Sehenswürdigkeiten s. S. 162.
Stadtteil Oferdingen (319 m NN) In Oferdingen lag eine der ältesten Burgen der Achalmgrafen auf dem von Neckar und Reichenbach gebildeten Sporn. Nach häufigem Besitzwechsel zwischen den Grafen von Achalm-Urach und dem Kloster Zwiefalten kam Oferdingen, zusammen mit der Pfalzgrafschaft Tübingen, 1342 an Württemberg. Seine Markung um-

faßt 317 ha. Durch rege Bautätigkeit hat sich die Gemeinde in den letzten Jahren auf 1500 Einwohner, bei ca. 600 Aus- und 20 Einpendlern, vergrößert. Wirtschaftlich ist die Gemeinde fast ausschließlich zum Reutlinger Industrieraum hin orientiert; im Ort selbst befinden sich 60 Arbeitsplätze. Diesem Umstand ist es auch zuzuschreiben, daß die 1938 vom Oberamt Tübingen zum Kreis Reutlingen gekommene Gemeinde sich auf dem Wege der Eingemeindung seit dem 1. Januar 1971 der Stadt Reutlingen freiwillig angeschlossen hat. In der Nachkriegszeit hat sich Oferdingen zu einer Arbeiterwohngemeinde entwickelt. Kommunale Errungenschaften seit 1946: Baulandumlegungen; Anschluß an die Bodenseewasserversorgung über die Mitgliedschaft bei der Neckar-Echaz-Wasserversorgungsgruppe; volle Kanalisation in Verbindung mit der Erstellung eines Sammelklärwerks; Schulhausneubau.
Kunsthistorische Sehenswürdigkeiten s. S. 163.

Stadtteil Reicheneck (367 m NN) Reicheneck ist mit seinen rund 450 Einwohnern und seiner 226 ha großen Markung, nach der Einwohnerzahl und Markungsfläche die kleinste Reutlinger Bezirksgemeinde. Seine Burg war im 14. Jh. im Besitz der Herren von Riet; außer diesen waren verschiedene Reutlinger Bürger begütert. Seit dem Anfang des 16. Jh. ist das Frauenkloster Pfullingen der alleinige Grundherr. Reicheneck war bis zum Beginn des 19. Jh. frei von Steuern, Ungeld und Fron! Der Grund scheint in der früheren liberalen Besteuerung durch die Ortsherrschaft zu liegen. Bis 1829 bildete Reicheneck einen Teil der Gemeinde Mittelstadt, zu der es auch immer kirchlich gehörte. Seine Bewohner lebten überwiegend von der Landwirtschaft; in jüngster Zeit ist Reicheneck bevorzugte Wohngemeinde geworden, von der etwa 200 Personen zur Arbeit auspendeln. Zur Zeit baut die GWG Reutlingen wieder fünf Wohnblocks mit 28 Wohnungen; eine weitere größere Baulandumlegung ist in Vorbereitung. Reicheneck wurde mit Wirkung vom 1. 1. 1971 nach Reutlingen eingemeindet. Kommunale Errungenschaften seit 1946: Bau eines Löschwasserbunkers in der Ortsmitte, Baulanderschließungen, Volksschulbau (heute durch den Kindergarten belegt); seit 1971: weitere Baulanderschließungen, Rathausrenovierung, Friedhofserweiterung, Kanalisation, Feuerwehrgerätehaus, Kinderspielplatz.
Kunsthistorische Sehenswürdigkeiten s. S. 165.

Stadtteil Rommelsbach (369 m NN) In seiner ersten urkundlichen Nennung wird der Ort ,,Romanisbach'' genannt. Das läßt vermuten, daß die Fran-

ken hier, wie in Willmandingen, ,,Romanen'' angesiedelt haben. Kloster Zwiefalten hat bei seiner Gründung um 1090 von Graf Liutold von Achalm und dessen Dienstmann Ernst Besitz erhalten, den es 1750 an Württemberg veräußerte. 1444 ist Rommelsbach von dem Reutlinger Patrizier Teufel an Württemberg verkauft worden und dann bei dem württembergischen Amt und Oberamt Tübingen verblieben, bis es 1938 dem Kreis Reutlingen zugeschlagen worden ist. Kirchlich war Rommelsbach ursprünglich Filial von Oferdingen. Es erhielt 1401 eine Frühmeßpfründe und 1681 eine eigene Pfarrei. Bis zur Mitte des 19. Jh. war die 370 ha große Gemeinde hauptsächlich landwirtschaftlich orientiert. Der heute 2500 Einwohner zählende Ort geht bei über 500 Aus- und etwa gleichvielen Einpendlern den durch die Industrialisierung bedingten Weg der Strukturveränderung. Rommelsbach hat sich im Zuge der Verwaltungsreform mit Wirkung vom 1. 7. 1974 Reutlingen angeschlossen. Kommunale Errungenschaften seit 1946: Gemeindehalle, Kindergarten, Aussegnungshalle mit großzügiger Friedhofserweiterung, Grundschule mit Kindergarten, Turnhalle, Erschließung von Baugelände.
Kunsthistorische Sehenswürdigkeiten s. S. 167.

Stadtteil Sickenhausen (390 m NN) ,,Sigginhusin'' wird 1090 erstmals urkundlich in einer Stiftung für das Kloster Zwiefalten genannt. Es gehörte ursprünglich zur Achalmgrafschaft und wurde 1444 von dem Reutlinger Patrizier Teufel an Württemberg verkauft. Kirchlich war Sickenhausen ursprünglich Filial der St.-Peters-Pfarrei zu Reutlingen und wurde 1679, zusammen mit Degerschlacht, von ihr getrennt. Die verhältnismäßig kleine Gemeinde (262 ha), die verwaltungsmäßig zum Amt und Oberamt Tübingen gehörte, kam 1938 zum Kreis Reutlingen. Durch den wirtschaftlichen Aufschwung nach dem 2. Weltkrieg hat Sickenhausen seinen bäuerlichen Charakter verloren; von seinen heute 1400 Einwohnern haben über 300 im Reutlinger Industriegebiet Arbeitsplätze. Im Zuge der Verwaltungsreform hat sich Sickenhausen mit Wirkung vom 1. 4. 1972 der Stadt Reutlingen angeschlossen. Kommunale Errungenschaften seit 1946: Rathausumbau, Schulhausneubau, Friedhoferweiterung mit Leichenhalle, Kindergarten, Turn- und Festhalle, Feuerwehrgerätehaus, Kinderspielplatz, Kanalisation des gesamten Orts, Sammelkläranlage, Ausbau sämtlicher Ortsstraßen, Erschließung von Wohngebieten.
                                                      Schw
Kunsthistorische Sehenswürdigkeiten s. S. 168.

Aichelau *siehe Pfronstetten*

Aichstetten *siehe Pfronstetten*

Altenburg *siehe Reutlingen*

Anhausen *siehe Hayingen*

Apfelstetten *siehe Münsingen*

Auingen *siehe Münsingen*

Bernloch *siehe Hohenstein*

Bichishausen *siehe Münsingen*

Bleichstetten *siehe Würtingen*

Böhringen *siehe Römerstein*

Böttingen *siehe Münsingen*

Bremelau *siehe Münsingen*

Bronnweiler *siehe Reutlingen*

Buttenhausen *siehe Münsingen*

Dapfen *siehe Gomadingen*

Degerschlacht *siehe Reutlingen*

Dettingen a. d. E.

(398 m NN) Der Ort war im 11. Jh. Sitz und Familiengrablege der Grafen von Achalm. Zu seiner Gründung (1089) bekam das Kloster Zwiefalten Besitz im Ort. Die Ortsherrschaft kam mit Urach vor 1265 an Württemberg. 1377 wurde Dettingen von den Reutlingern abgebrannt. In die reiche, den hll. Pankratius und Hippolyt geweihte Kirche, waren Neuhausen, Glems, Hülben, Güterstein und Hohenurach eingepfarrt. Graf Eberhard im Bart hat die Kirche 1482 zu einem Stift der Brüder des gemeinsamen Lebens erhoben, das Herzog Ulrich 1516 wieder auflöste und 1534 die Reformation einführte. Dettingen kam von dem 1938 aufgelösten Oberamt Urach zum Kreis Reutlingen. Es hat die übliche Entwicklung vom Bauerndorf zur Arbeiterwohn- und Industriegemeinde durchgemacht. Seine Markung

umfaßt 1582 ha. Schon um 1900 beschäftigte die von der Gustav-Werner-Stiftung zum Bruderhaus (Reutlingen) 1860 gegründete Papierfabrik 200 Personen und in den von einem Reutlinger Unternehmer danach erstellten drei Textilbetrieben fanden annähernd 1000 Arbeiter Verdienst. Von den heutigen 7700 Einwohnern haben um die 1000 ihren Arbeitsplatz auswärts, über 300 pendeln ein. Dettingen ist mit seinen modernen Sportstätten eine beliebte Sommerfrische, die auch viel als Ausgangspunkt für Wanderungen in die herrliche Umgebung gewählt wird. An kommunalen Errungenschaften hat es seit 1946 aufzuweisen: Ausbau des Straßennetzes, der Kanalisation und der Wasserversorgung, zahlreiche Kinderspielplätze, vier Kindergärten, eine Grund- und Hauptschule, zahlreiche neue Wohn-, Gewerbe- und Industriegebiete, Ausbau des Feld- und Waldwegnetzes, Friedhofserweiterung mit Aussegnungshalle, eigenes Notariat, zahlreiche Musterobstanlagen, Erhaltung des täglichen Betriebs von drei öffentlichen Backhäusern.
Kunsthistorische Sehenswürdigkeiten s. S. 155 f.

Dörnach *siehe Pliezhausen*

Donnstetten *siehe Römerstein*

Dottingen *siehe Münsingen*

Eglingen *siehe Hohenstein*

Ehestetten *siehe Hayingen*

Engstingen

Die früheren Gemeinden Großengstingen, Kleinengstingen und Kohlstetten wurden mit Wirkung vom 1. 1. 1975 zu der neuen Gemeinde Engstingen mit ca. 4700 Einwohnern vereinigt.
Die Gemeinde Engstingen und die Gemeinde Hohenstein bilden aufgrund des Besonderen Gemeindereformgesetzes seit 1. Juli 1975 eine vereinbarte Verwaltungsgemeinschaft.
Ortsteil Großengstingen (700 m NN) Das an einem Schnittpunkt mehrerer Römerstraßen gelegene Großengstingen wird 788 als „Anegestingen" im Schenkungsbuch des Klosters Lorsch genannt. Als Königsgut kam der Ort durch Bischof Hartbert (s. Honau) um 960 an das Bistum Chur, das von hier aus seinen in der Umgegend gelegenen Besitz verwalten ließ. Chur verkaufte seine „Herrschaft Engstingen"

1717 an das Kloster Zwiefalten, das sie 1750 an Württemberg weitergab. Die 1275 erstmals genannte Martinskirche wurde 1717/19 vom Kloster Zwiefalten im Rokokostil neu erbaut.

Der vorherrschende Erwerbszweig war auf der 1294 ha großen Markung immer die Landwirtschaft. Durch den Aufbau der vielfältigen Industrie im Raum Reutlingen hat sich Großengstingen seit der Jahrhundertwende immer mehr zur Wohngemeinde entwickelt, in der die Landwirtschaft fast nur noch im Nebenerwerb betrieben wird. Seit 1957 besteht eine Bundeswehrgarnison. Mit dem Bau der Bundeswehrsiedlung „auf dem Berg" ist die Bevölkerung von Großengstingen auf ca. 3000 Einwohner angestiegen. Die 1964 erbaute „Freibühlschule" ist seit 1967 Hauptschule für Kleinengstingen und Kohlstetten und Realschule mit weitem Einzugsbereich.

Kunsthistorische Sehenswürdigkeiten s. S. 158.

Ortsteil Kleinengstingen (703 m NN) Der Ort wurde im späten Mittelalter „Freiengstingen" genannt. Diese Bezeichnung dürfte daher rühren, daß die Franken hier „Wehrbauern" mit besserem Recht zum Schutze der über die Honauer Steige verlaufenden Königsstraße angesiedelt haben. Als württembergisch wird Kleinengstingen spätestens in einem Uracher Lagerbuch aus dem Jahr 1454 angesprochen. Früher berühmt, heute noch gern getrunken ist das Wasser des 1580 im Dorfmittelpunkt entdeckten Sauerbrunnens. Die Gemeindemarkung umfaßt 1188 ha. Das einst geruhsame Albdorf hat aber seit der Jahrhundertwende seinen ländlichen Charakter weitgehend verloren; heute stehen etwa zwei Drittel Industrie ein Drittel Landwirtschaft gegenüber. Von seinen 1100 Einwohnern sind 300 Aus- und 90 Einpendler. Kommunale Errungenschaften seit 1946: Kanalisation des gesamten Ortsgebiets mit mechanisch biologischer Kläranlage, modern ausgebautes Ortsstraßennetz, Schulgebäude mit Lehrschwimmhalle, Kindergarten, Rathausumbau, Arzthaus, Lehrerdienstwohnung, Leichenhalle, Ausbau der Turn- und Festhalle, Ausbau der Feld- und Waldwege.   Schw

Kunsthistorische Sehenswürdigkeiten s. S. 160.

Ortsteil Kohlstetten (694 m NN) Kohlstetten, vermutlich alamannischer Ausbauort von Engstingen, war ein Teil des Kirchspiels, kam mit diesem um 1230 von den Grafen von Achalm an die von Urach und mit diesen vor 1265 an Württemberg. 1454 hatte Württemberg drei Höfe am Ort, die Erblehen waren. Auch das Kloster Offenhausen hatte Besitz

im Ort. Die 1161 erstmals erwähnte Kirche ist ein Rechteck ohne Chor, mit Dachreiter auf dem Vordergiebel. Das Rathaus wurde zusammen mit dem alten Schulhaus 1837 gebaut.

Die Markungsfläche ist wie bei den meisten Ausbauorten nicht besonders groß. Landwirtschaft in Verbindung mit Pferdezucht war früher die Haupteinnahmequelle. Seit dem Ausbau der Bahnlinie war Anschluß an die Fabriken des Honauer Tals gegeben, schon um 1912 arbeiteten 20 bis 25 Kohlstetter dort. Heute gibt es noch 32 landwirtschaftliche Betriebe über 5 ha in Kohlstetten, alle im Nebenerwerb betrieben. Im Ort hat sich Gewerbe und Industrie so entwickelt, daß 90 Arbeitsplätze angeboten werden. Von den heute 616 Einwohnern pendeln 130 Personen täglich aus, 45 sind Einpendler.

Seit 1945 hat Kohlstetten ein Schulhaus und ein Sportheim gebaut, Kanalisation, Kläranlage und neue Wasserleitung angelegt. Die Ortsstraßen wurden ausgebaut, ein Kindergarten in der neuen Schule und das Rathaus in der alten Schule eingerichtet.
                                                          Bi

Eningen

(463 m NN) Der Ort wird erstmals 1090 im Bempflinger Vertrag des Klosters Zwiefalten erwähnt. Seine Ortsherrschaft ist über die Grafschaften Achalm-Urach an Württemberg gekommen. 1477 erhielt die Universität Tübingen bei ihrer Gründung eine Pfründe der 1534 ev. gewordenen Pfarrkirche. Die Einwohner trieben seit alter Zeit Hausierhandel mit Reutlinger Erzeugnissen, besonders Spitzen, aber auch Bücher; berühmt war der bis in die Mitte des 19. Jahrhunderts abgehaltene „Eninger Kongreß". Eningen kam 1842 vom Oberamt Urach zum Oberamt Reutlingen. Trotz der verhältnismäßig großen Markung von 2318 ha wurde der Ort zu einer reinen Arbeiterwohngemeinde, die sich dann nach dem Ende des 2. Weltkriegs aufgrund von namhaften Firmenniederlassungen zu einer aufstrebenden Industriegemeinde gewandelt hat. Von seinen rund 9300 Einwohnern pendeln 2500 zur Arbeit aus, 1500 pendeln ein. Ihre Anstrengungen auf dem Gebiet der Erholungsmöglichkeiten haben der Gemeinde 1970 die Anerkennung als Erholungsort gebracht. Kommunale Errungenschaften seit 1946: Erweiterung des Ortsbildes durch die Bildung größerer Wohnsiedlungen und Erschließung neuer Baugebiete, Sportplatz, Wege, Festhalle, Freibad, Rathauserweiterung, Anschluß an die Bodenseewasserversor-

148. Das 1562 erbaute und 1628
von Schickhardt erneuerte
Metzinger Rathaus

149. Keltern mit Wochenmarkt
in Metzingen

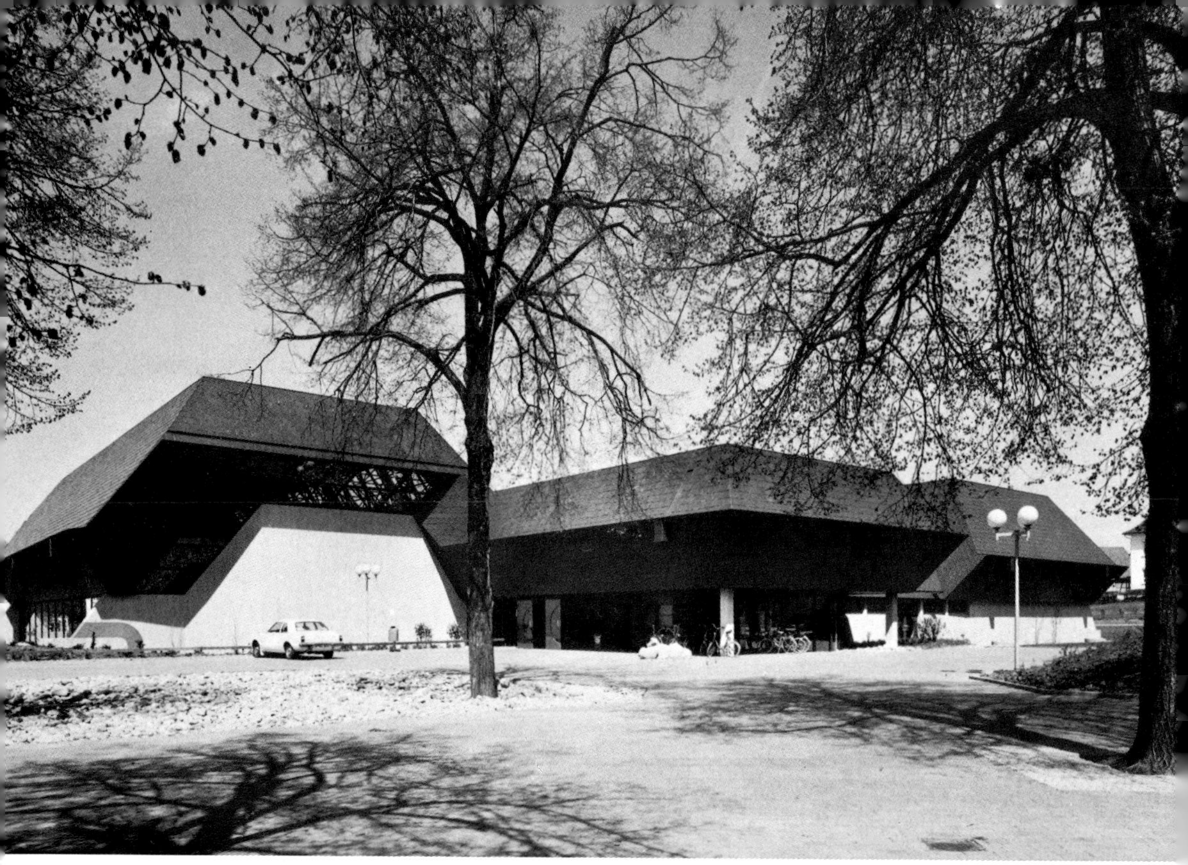

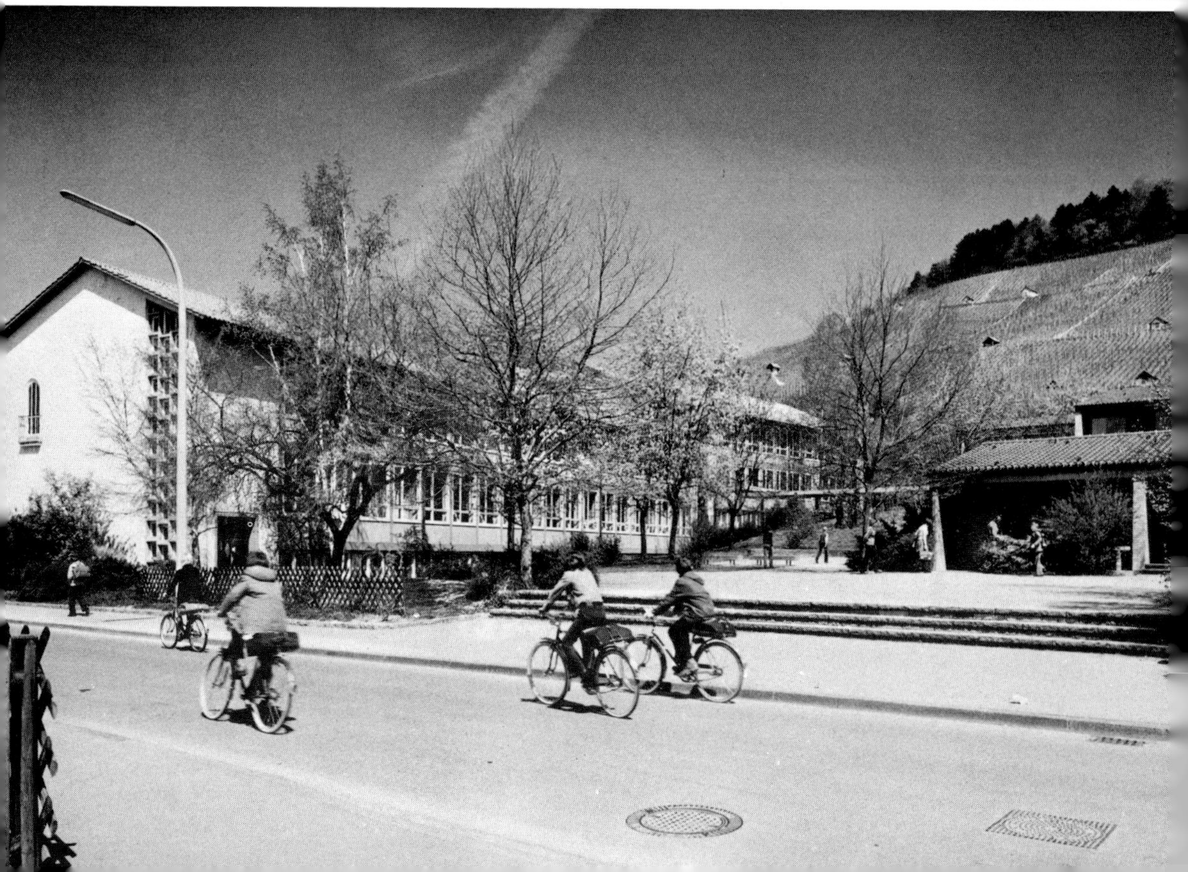

150./151. Metzingen. Oben: Hallenbad. Unten: Gymnasium mit Metzinger Weinberg

152. Uhlandschule und Hofbühlhalle in Neuhausen (Stadt Metzingen)

153. Schulzentrum Neugreuth (Stadt Metzingen)

154. (umseitig oben) Grundschule in Glems (Stadt Metzingen)

155. (umseitig unten) Blick vom St.-Johanner-Weg auf Glems und den Stausee (Stadt Metzingen)

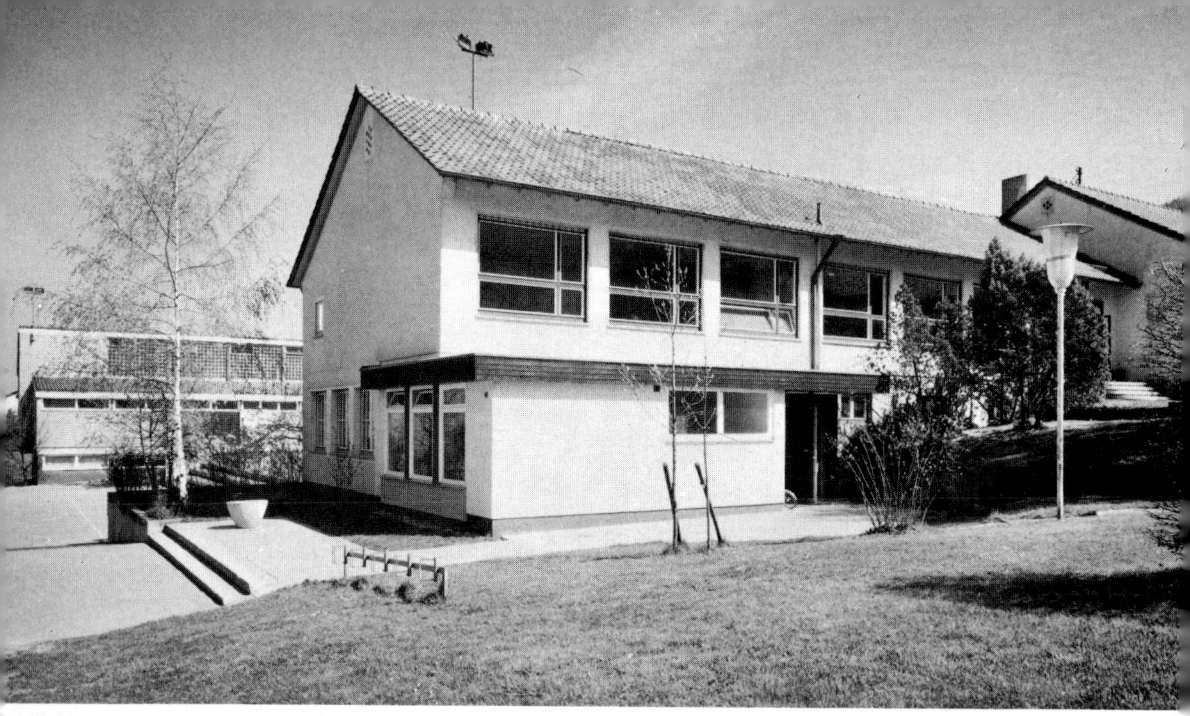

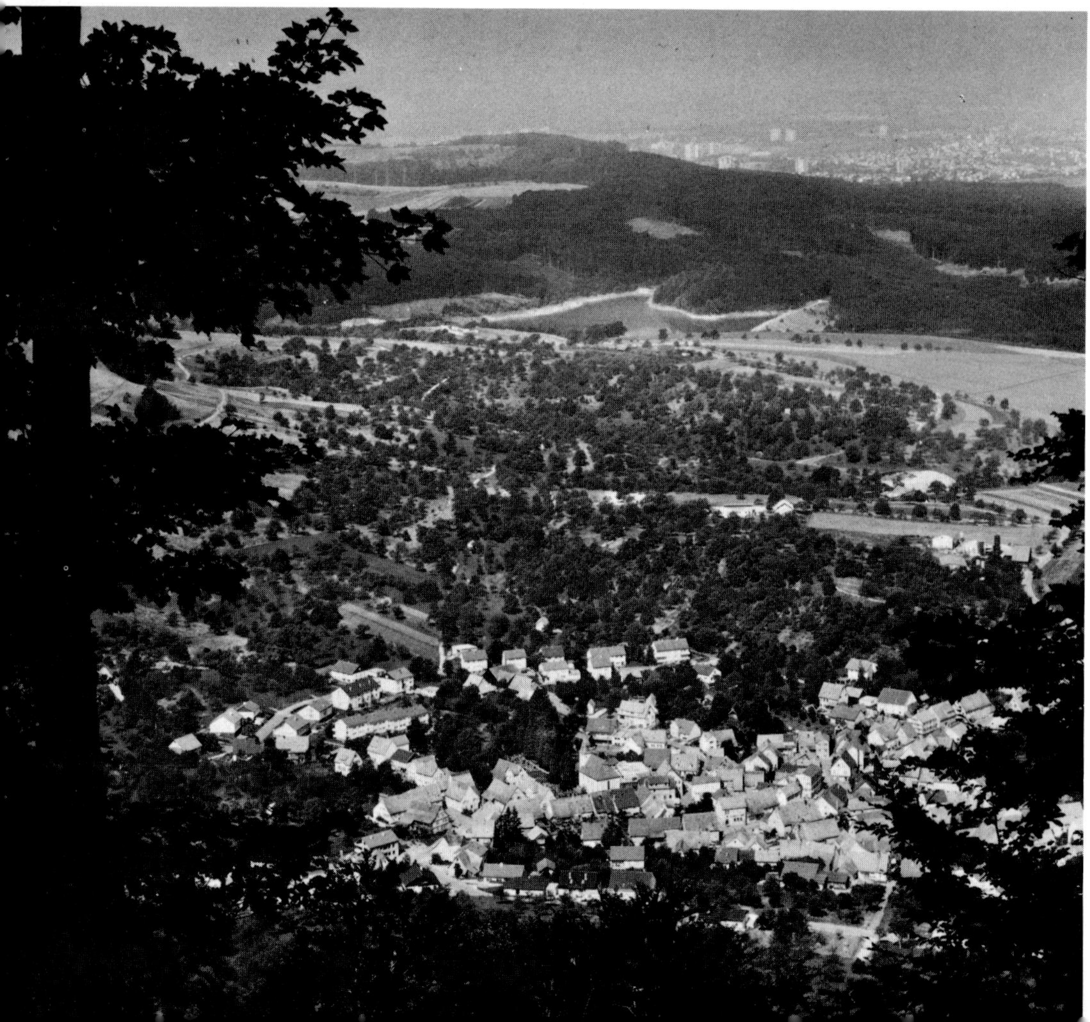

gung, Turnhallenumbau, Bahnhofstraße, Achalm-schule, Erholungsgebiet Eninger Weide, Feuer-wehrmagazin, Friedhoferweiterung mit Erstellung der Aussegnungshalle, Sporthalle. Schw. Kunsthistorische Sehenswürdigkeiten s. S. 156.

Erpfingen *siehe Sonnenbühl*

Gächingen *siehe Würtingen*

Gauingen *siehe Münsingen*

Geisingen *siehe Pfronstetten*

Genkingen *siehe Sonnenbühl*

Gniebel *siehe Pliezhausen*

Glems *siehe Metzingen*

Gönningen *siehe Reutlingen*

Gomadingen

(675 m NN) Das Dorf liegt im oberen Tal der großen Lauter, die hier die Gächinger Lauter aufnimmt, eine Mühle treibt und schon 1823 von einer stattli-chen Steinbrücke überwölbt wurde. Auf einem Fel-sen rechts der Lauter stand die einstige Burg, von der wenige Mauerreste noch übrig sind. Reichliche Quellen guten Wassers fließen ins Tiefental. Der Hausberg ist der Sternberg, 844 m hoch, mit Aus-sichtsturm. Das ganze Sternberggebiet steht unter Landschaftsschutz.

Die ev. Martinskirche ist 1180 erwähnt, 1760 neu gebaut worden und ist eines der ältesten Gotteshäu-ser im „Kirchspiel". Gomadingen, 1100 als „Go-mindingin" erstmals erwähnt, war früher Filial des Klosters Offenhausen.

Von diesem Kloster, 1262 als Dominikanerinnen-kloster am Lautertopf gegründet und 1575 von Her-zog Ulrich aufgehoben, steht nur noch die heute pro-fanierte Kirche. Bald darauf wurde in Offenhausen ein Gestüt eingerichtet, in dem zeitweilig auch Esel und Maultiere gezüchtet wurden. Heute noch ist Of-fenhausen Gestütshof von Marbach (s. S. 161 und S. 345).

In dem ursprünglich landwirtschaftlich orientierten Dorf wurden eine Zeitlang Versuche mit Hopfenan-bau unternommen. Heute gibt es einige mittlere und

kleinere Gewerbebetriebe. Trotzdem hat Gomadin-gen 254 Auspendler gegenüber acht Einpendlern. Seit 1970 hat sich der Fremdenverkehr stark entwik-kelt durch den Bau von ev. Familienferienstätten. Auch das private Bettenangebot steigt ständig (1973/74 = 50 000 Übernachtungen). Gomadingen hat heute mit seinen Teilorten 2035 Einwohner und seit 1946 einen Kindergarten, eine Grund- und Hauptschule mit Turnhalle, ein Schlachthaus und eine Wartehalle mit Kiosk gebaut. Wasserversor-gung, Straßen- und Wegenetz wurden verbessert, die Ortskanalisation angelegt und eine Leichenhalle erstellt.

Seit 1. 12. 1971 sind Dapfen und Steingebronn nach Gomadingen eingemeindet. Gomadingen, Münsin-gen und Mehrstetten haben mit Wirkung vom 1. 1. 1975 eine Verwaltungsgemeinschaft abgeschlossen. Kunsthistorische Sehenswürdigkeiten s. S. 157.

Ortsteil Dapfen (661 m NN) Das Dorf liegt beider-seits der oberen Lauter und ist 904 als „Taffo" erst-mals erwähnt. Damals schenkte König Ludwig allen Königsbesitz in Dapfen, Eglingen und Echenhausen an das Kloster St. Gallen. Ende des 13. Jh. ist der Ort Zubehör der Burg Blankenstein, mit der er 1320 an Württemberg kommt.

Über dem Dolderbachtal liegt Schloß Grafeneck, er-baut von Herzog Christoph 1556–1560. Während des Dritten Reiches wurden hier etwa 10 000 unheil-bare Pfleglinge aus verschiedenen Anstalten in Gas-kammern getötet. Seit 1947 ist Grafeneck im Besitz der Samariterstiftung Stuttgart, die körperlich und geistig Behinderte hier pflegt und beherbergt. Der Markungsfläche nach gehört Dapfen zu den größten Gemeinden des ehemaligen Kreises Münsingen. Fast die Hälfte jedoch ist Wald und von der landwirt-schaftlichen Nutzfläche ist ein großer Teil im Besitz des Staats (Gestüt Marbach). Heute hat Dapfen 69 Auspendler. Es hat seit 1946 den Straßen- und Feld-wegbau gefördert, Grundschule, Kindergarten, Schlachthaus, Aussegnungshalle erbaut, die Orts-kanalisation eingerichtet, den Friedhof erweitert und Baugelände erschlossen. Seit 1. 12. 1971 ist Dapfen nach Gomadingen eingemeindet.

Kunsthistorische Sehenswürdigkeiten s. S. 155, 158.

Ortsteil Steingebronn (689 m NN) Steingebronn, auf einer Hügelzunge gelegen, ist eine reizvolle und noch ganz dörfliche Siedlung mit 210 Einwohnern. Der Ort war der Stammsitz der Familie von Speth, die sich Speth von Steingebronn nannte. Das Dorf ist vermutlich einst ein Burgweiler gewesen; dies bestä-tigt auch seine verhältnismäßig kleine Markung

(162 ha). Eine Kirche zu Steingebronn ist erstmals 1275 erwähnt.

Der Name des Dorfes deutet in seiner alten Form „Stainigebrunnon" oder 1275 „Staimbrunnen" auf Wasservorkommen hin; am Fuß des Dorfhügels entspringt ein dreifacher Quellbrunnen. 1562 verkaufte Hans Ludwig von Speth das Dorf Steingebronn mit der Hälfte von Dottingen und drei Höfen zu Rietheim an Herzog Christoph von Württemberg.

Bis in die Neuzeit war der Ort fast ganz landwirtschaftlich orientiert. Heute arbeiten 57 Einwohner auswärts. Die Gemeinde hat seit 1946 Ortskanalisation und Wasserversorgung geregelt, Baugelände erschlossen, Straßen und Feldwege ausgebaut und eine Leichenhalle erstellt. Seit 1. 12. 1971 ist Steingebronn nach Gomadingen eingemeindet.   Bi
Kunsthistorische Sehenswürdigkeiten s. S. 168.

Gossenzugen *siehe Zwiefalten*

Grabenstetten

(710 m NN) Grabenstetten verdankt seinen Namen der Tatsache, daß es in der Nähe der mit mächtigem Graben, Wall und Toren abgeschirmten „Elsachstadt" gelegen ist, die sich die Kelten im 2.–1. Jh. v. Chr. auf der Berghalbinsel gebaut haben, die schon von Natur aus guten Schutz geboten hat. Ursprünglich zur Herrschaft Neuffen gehörend, kam der Ort im 14. Jh. an Württemberg. Von der nahe gelegenen Burg Hofen aus haben die Schwenzlin von Hofen das Vogtrecht im 13.–15. Jh. ausgeübt. Die Markung umfaßt 1454 ha. Von der heute über 1200 Einwohner zählenden bäuerlichen Auspendlergemeinde (ca. 100, vornehmlich Nebenerwerbsbetriebe, halten noch Großvieh) gehen etwa 300 auswärts zur Arbeit. Häufig besucht wird die nahe gelegene Falkensteiner Höhle, durch deren großartiges Felsentor sich mutige Höhlenforscher schon bis zu 3 km weit vorgewagt haben. Grabenstetten kam von dem 1938 aufgelösten Oberamt Urach zum Kreis Reutlingen. Kommunale Errungenschaften seit 1946: Schulhausbau, mechanisch-biologische Kläranlage, Rathausneubau, Leichenhalle, Backhaus, Feuerwehrmagazin, Kindergarten, Friedhoferweiterung, Baulanderschließung samt Ansiedlung von Industriebetrieben. Grabenstetten ist Mitglied einer von Urach mit Hülben und Römerstein gebildeten Verwaltungsgemeinschaft.   Schw
Kunsthistorische Sehenswürdigkeiten s. S. 157 f.

Grafenberg

(422 m NN) Der Ort wird 1254 mit anderen Gütern der Gräfin Agathe von Urach als Leibgeding vorbehalten. Der Ortsname dürfte aber eher von den Grafen von Württemberg herrühren, an die Grafenberg wohl zusammen mit der Grafschaft Urach gekommen ist. Die benachbarten Dörfer Groß- und Kleinbettlingen gehörten seit dem Ende des 15. Jh. ins Gericht nach Grafenberg. Grafenberg selbst war bis 1806 beim württembergischen Amt Neuffen. Die evangelische Kirche zum hl. Michael stammt aus frühgotischer, vielleicht schon romanischer Zeit. Die 351 ha große Markung wirft landwirtschaftliche Erträge im Kreisdurchschnitt ab. Die früher rein landwirtschaftliche Gemeinde ist jetzt Arbeiterwohngemeinde mit eigener industrieller Entwicklung. Von ihren 1860 Einwohnern pendeln 520 zur Arbeit aus, 125 pendeln ein. Kommunale Errungenschaften seit 1946: Ausbau der Wasserversorgung mit der Erstellung eines Hochbehälters, Ausbau der Kanalisation mit Anschluß an die Sammelkläranlage Metzingen, Grundschulneubau mit Lehrerwohngebäude, Rathausumbau, zweiklassiger Kindergarten, Sportanlage, Erschließung von drei Baugebieten. Grafenberg kam 1973 im Zuge der Verwaltungsreform vom Landkreis Nürtingen zum Landkreis Reutlingen. Seit 1. 7. 1975 gehört es zur vereinbarten Verwaltungsgemeinschaft Metzingen-Grafenberg-Riederich.   Schw
Kunsthistorische Sehenswürdigkeiten s. S. 158.

Großengstingen *siehe Engstingen*

Gundelfingen *siehe Münsingen*

Häslach *siehe Walddorfhäslach*

Hayingen

Die Stadt Hayingen und die Gemeinden Anhausen, Ehestetten, Indelhausen und Münzdorf bilden seit 1. 1. 1975 die neue Stadt Hayingen mit insgesamt ca. 2200 Einwohnern.

Aus der Stadt Hayingen und den Gemeinden Pfronstetten und Zwiefalten wurde zum 1. 7. 1975 aufgrund des Besonderen Gemeindereformgesetzes der Gemeindeverwaltungsverband Zwiefalten-Hayingen mit Sitz in Zwiefalten gebildet.

Stadtteil Anhausen (581 m NN) Der Ort ist 1268 erstmals genannt. Damals erwarb das Kloster Salem einige Güter dort. Der Name Anhausen bedeutet Ahusen = Häuser. Ab 1329 wurde es Zubehör der Schülzburg, ,,Zwing und Bänn und alle Gerechtsame'' waren fortan mit der Schülzburg verbunden. Bis zur Gründung der Pfarrei Indelhausen war Anhausen nach Hayingen eingepfarrt. Es hatte aber eine eigene Kapelle auf einer Anhöhe. Diese Ursulakapelle stammt aus dem 17. Jh. und ist 1798 erneuert worden.

Die Einwohner mußten sich auch hier nach Abgang der Burg, die ihnen Arbeit und Brot gab, mühsam mit Kleinlandwirtschaft, Schneckenhandel, Mahl-Gersten-Ölmüllerei und einer Hammerschmiede ernähren. Heute arbeiten von 176 Einwohnern 35 auswärts. Nebenerwerbslandwirtschaft besteht nach wie vor.

Mehr und mehr wird auch der Wander- und Fremdenverkehr auf diese Perle des Lautertals aufmerksam. Die Schülzburg, ein beliebtes Ausflugsziel, liegt auf einer Felserrasse am Hang zwischen zwei Klingen. Sie ist wahrscheinlich erst nach 1329 von Walter von Stadion erbaut worden. 1374 erwarben sie die Grafen von Württemberg von den Herren von Freyberg, verpfändeten sie aber 1409 an die Grafen von Kirchberg und 1452 an die Familie von Speth, deren Nachkommen die Burg noch heute besitzen. Kunsthistorische Sehenswürdigkeiten s. S. 153.

Stadtteil Ehestetten (720 m NN) Die erste gesicherte urkundliche Erwähnung von Ehestetten war im 14. Jh. Bei den in manchen Quellen angegebenen Daten 1108 oder 1179 handelt es sich um Verwechslungen mit Ehestetten bei Balingen. Unser Ehestetten war ritterschaftlicher Ort der Familie Speth von Steingebronn, die ihn 1364 von den Herren von Gundelfingen erworben hatte. Unter Wilhelm Dietrich Speth gab es um 1600 Streitigkeiten zwischen der Gemeinde und dem Grundherrn. Die Bauern wollten den Speth als Obrigkeit nicht mehr dulden und eher mit Weib und Kind am Bettelstab umherziehen. Sie setzten es durch, daß ein württembergischer Vogt die Verwaltung übernahm. 1809 kam Ehestetten endgültig zu Württemberg.

Die Pfarrkirche St. Nikolaus steht in ummauertem Friedhof, ist im Chor altgotisch und im Schiff barock (1756). Das Schloß, ein großes ummauertes Geviert, steht am östlichen Dorfrand über einem steilen kurzen Abhang.

Der Ort war seit jeher landwirtschaftlich strukturiert und ist es heute noch (52 Bauernbetriebe). Doch

konnten auch Industriebetriebe (Metallverarbeitung, Teigwaren, Bauunternehmen) angesiedelt werden. 36 Einpendler kommen aus der Umgebung, 74 pendeln aus. Ehestetten hat 472 Einwohner. Die Gemeinde hat die Ortskanalisation und die Ortsstraßen ausgebaut, Schulhaus und Gymnastikhalle, Leichenhalle, Kindergarten erstellt, eine Sammelkläranlage geschaffen und Baugebiet erschlossen. Kunsthistorische Sehenswürdigkeiten s. S. 156.

Stadtteil Hayingen (661 m NN) Hayingen ist die zweite Stadtsiedlung auf der Albhochfläche, die, ähnlich wie Münsingen, von der Herrschaft aus Verteidigungsgründen jäh zur Stadt erhoben wurde, ohne die Voraussetzungen für das Gedeihen einer solchen erfüllen zu können.

Das ursprüngliche Hayingen lag vermutlich nicht an der Stelle der heutigen Stadt, sondern 2 km nordöstlich auf der ,,Burghalde'', wo auf der Flur ,,Alt-Hayingen'' mittelalterliche Baureste gefunden wurden. Die spätere Stadt ist planmäßig angelegt, nicht nach und nach gewachsen. Es gibt hier, anders als in Münsingen, zwei Stadtteile, ein Herrschafts- und ein Handwerkerviertel, desgleichen ausführliche Zunftbücher. Hayingen ist keine württembergische Gründung. Es wurde von der Herrschaft Gundelfingen vor Mitte des 13. Jh., vermutlich vom alten Swigger von Gundelfingen ausgebaut.

Die erste sichere Urkunde stammt von 854. Damals übertrug König Ludwig der Deutsche Besitz in ,,Heiginga'' vom Kloster St. Gallen an das Bistum Konstanz. 1303 war Hayingen eine befestigte Stadt mit Mauer, Wassergraben und zwei Stadttoren; 1546 ging es mit Münzdorf und Derneck durch Erbschaft an die Helfensteiner, 1627 an die Fürstenberg über; 1806 kam es an Württemberg. Zum Dekanat Hayingen gehörten 1275 29 Pfarrorte, zur Pfarrei acht Filialorte. Fünf bekannte Orgelbauer stammen aus dem Städtchen.

Heute hat Hayingen 1167 Einwohner (1955 noch 625). Die Ansiedlung eines Zweigwerkes der WMF hat endlich Ansätze für eine Industrialisierung gebracht. Es folgte die Gründung einer Strickwarenfabrik sowie zweier Baufirmen. 68 Einpendlern stehen 79 Auspendler gegenüber. Im Zuge dieser Entwicklung mußten 10 ha Bauland erschlossen werden, 1955–1974 sind 170 Wohnungen geschaffen worden. Wasserversorgungsanlage, Ortskanalisation und Kläranlage folgten sowie der Bau von zwei Schulhäusern, Turn- und Festhalle, Leichenhalle. Das 1947 gegründete Naturtheater (über 500 000 Besucher in 25 Jahren), dessen Initiator Martin

Schleker ist, hat zu einer wesentlichen Steigerung des Fremdenverkehrs geführt.

Zu Hayingen gehört Schloß Ehrenfels, 3,2 km südwestlich als Sommersitz der Zwiefalter Äbte 1735–1740 erbaut und Wimsen mit Gasthaus, Höhle und Achursprung. Die Höhle ist ein beliebtes Ausflugsziel, elektrisch beleuchtet und mit Kähnen befahrbar. Die Klostermühle Wimsheim kam schon 1100 an das Kloster Zwiefalten.
Kunsthistorische Sehenswürdigkeiten s. S. 156, 159.

Stadtteil Indelhausen   (585 m NN) Die kleine Gemeinde liegt sehr reizvoll im schönsten Teil des Lautertals. Geradezu ein Juwel ist das Rathaus aus dem 16. Jh., das wasserumflossen auf einer Art Insel liegt und aus einer einstigen Mühle entstanden sein soll. Es zeigt eichenes Fachwerk, innen alle Einrichtungen der alten Dorfrathäuser des 18. Jh., samt Ratsstube und Ortsarrest. Im Herbst 1974 unter Mitwirkung des Denkmalamtes restauriert.

Um 1100 wird Ortsadel erwähnt. Der Zwiefalter Mönch Heinrich von Undilhusin stiftete ein halbes Gut zu Hayingen an das Kloster Zwiefalten. Grundherren sind seit dem 14. Jh. die Freiherrn von Speth-Schülzburg, denen bis heute ein Teil der Markung gehört. Vermutlich war das Dorf von jeher Burgweiler der Maisenburg, die 2,2 km entfernt auf der rechten Talseite auf steilem Felsen liegt. Die Burganlage, 635 m hoch, erstreckt sich in Spornlage auf einer langen schmalen Trasse zwischen drei Tälern. Man kann heute noch die einstige Ringmauer erkennen. Die Burg stammt aus dem 12. Jh. und kam über die Familien Baustetten und Reichlin von Meldegg an die Speth-Schülzburg, die die Anlage seit 1821 verfallen lassen.

Wie in allen Lautertalgemeinden hatten bei dem kargen Boden die Bauern einen schweren Stand. Sie betrieben deshalb Fischerei, Müllerei, Köhlerei, aber auch Obstbau und Schneckenzucht; viele arbeiteten im Wald.

Heute arbeiten von den 155 Einwohnern 25 auswärts. Eine sehr schön gelegene Schule mit Lehrerwohnhaus wurde 1962 erbaut; sie wurde 1974 an das Land Baden-Württemberg zur Einrichtung eines Waldschulheimes durch die Forstverwaltung verkauft. Eine Leichenhalle wurde 1971 erbaut.

Ein prominenter Indelhauser ist Tiberius Fundel, Müller und früher Landtagsabgeordneter (s. S. 191).
Kunsthistorische Sehenswürdigkeiten s. S. 160.

Stadtteil Münzdorf   (695 m NN) Münzdorf wird als Monistorf erst im 14. Jh. erwähnt, ist aber älter. Es war gundelfingischer Besitz, später fürstenber-

gisch und teilte die Schicksale von Hayingen, mit dem es kirchlich und politisch auch weiterhin verbunden blieb. Burg Derneck hieß bis ins 16. Jh. Degeneck und wurde wohl Mitte 14. Jh. von Degenhart von Gundelfingen erbaut. 1546 kam sie mit Hayingen an die Grafen von Helfenstein und später an die Fürstenberg.

Haupterwerbsquelle der heute 180 Einwohner war und ist die Landwirtschaft, Bienenzucht und Obstbau, daneben Abbau von Kies, Sand und Schotter. Heute suchen 20 Auspendler Arbeit in auswärtigen Industriebetrieben. Münzdorf hat 1953 ein Rathaus gebaut, 1962 die Ortskanalisation angelegt, die Ortsdurchfahrt und das Ortsnetz der Wasserversorgung erneuert, 1974 den Friedhof erweitert und eine Leichenhalle errichtet.   Bi
Kunsthistorische Sehenswürdigkeiten s. S. 163.

Hausen a. d. L. *siehe Trochtelfingen*

Hengen *siehe Urach*

Hohenstein

Zum 1. 1. 1975 haben sich die Gemeinden Bernloch, Eglingen, Meidelstetten, Oberstetten und Ödenwaldstetten zur neuen Gemeinde Hohenstein vereinigt.

Ortsteil Bernloch   (751 m NN) Wie selten eine Albgemeinde ist Bernloch in die Literatur eingegangen: der hier geborene und begrabene Erzähler Hans Reyhing (1882 – 1961) hat in vielen Romanen, Gedichten und Beschreibungen das Leben seines Heimatorts dargestellt. Ein zweiter bekannter Bernlocher ist der Wundarzt Ehrenreich Bösbier (1772 bis 1852), der das Gut des damaligen Schultheißen kaufte und darauf viele neuartige landwirtschaftliche Versuche unternahm, um die kargen Erträge der Alb zu steigern. Der ebenfalls in Bernloch geborene Pfarrerssohn Wolfgang Dietrich Majer machte sich als Bildnismaler einen Namen.

Historisch hat Bernloch eine Entwicklungsgeschichte, die von anderen Dörfern abweicht. Es war Grangie, also großer Gutsbetrieb des Prämonstratenserklosters Weißenau. Das Kloster hatte schon vor 1161 hier Besitz gehabt, Schenkungen dazu bekommen und Bauerngüter aufgekauft. Der klösterliche Wirtschaftshof bestand bis 1355. Dann vergab Weißenau seine Besitzungen als Lehen, die von den Bauern in einzelnen Teilen wieder aufgekauft wurden. Aus

Bernloch wurde wieder ein Dorf, 1460 ist ein Schultheiß erwähnt. Im selben Jahr erhielt der Ort eine eigene Pfarrei. Württemberg führte 1537 die Reformation ein und Bernloch erhielt Meidelstetten als Filial. 1774 wurde unter Karl Eugen die Georgskirche in ummauertem Friedhof errichtet. Sie brannte durch Blitzschlag ab und wurde 1931 durch einen Neubau ersetzt. Die Verbindung mit Weißenau erlosch 1803 mit der Säkularisation.

In der Nachkriegszeit hat sich Bernloch in Richtung Arbeiterwohngemeinde entwickelt. Von den 59 landwirtschaftlichen Betrieben werden nur noch ein kleiner Teil im Vollerwerb betrieben. Der Ort hat 655 Einwohner, 120 Auspendlern stehen 30 Einpendler gegenüber. Die Gemeinde hat in den letzten Jahren geschaffen: Kindergarten, zusammen mit den anderen Teilgemeinden eine Nachbarschaftsschule, Flurbereinigung, Kanalisation mit mechanisch-biologischer Kläranlage, Arztgebäude, Erweiterung des Friedhofes und Erstellung einer Leichenhalle, Feuerwehrgerätehaus.

Ortsteil Eglingen (760 m NN) Das schon 904 als „Egilinga" erwähnte Dorf gehörte zur Munigiseshuntare. 1296 taucht es als „Villa Egelinga" und Zubehör der Burg Bichishausen auf. Mit diesem wird es von Konrad von Gundelfingen dem Bistum Konstanz zu Lehen aufgetragen. Ein Teil des Ortes gehörte aber zur Burg Blankenstein und wird 1313 von Swigger von Blankenstein zu Konstanzer Lehen gemacht. Ortsadel ist 1249 bis 1413 erwähnt. Später gehörte Eglingen den Speth als württembergisches Lehen. 1320 war die Burg an Württemberg übergegangen, 1534 der Ort. Bis 1484 war Eglingen teils nach Buttenhausen, teils nach Dapfen eingepfarrt, was wohl der Teilung zwischen Bichishausen und Blankenstein entsprach. 1484 bekam es eine eigene Pfarrei. Eglingens Haupterwerb war von jeher die Landwirtschaft, auch Schneckenzucht.

Eglingen hat 369 Einwohner. Die Landwirtschaft wird großteils im Nebenerwerb betrieben. 50 Personen pendeln in den Münsinger und Reutlinger Raum aus. Die Gemeinde hat das Kanalisationsnetz erneuert und die Wasserversorgung saniert, Straßen ausgebaut, ein Gemeindehaus errichtet, das ein Zentrum für den ganzen Raum Hohenstein bildet. Außerdem wurde eine Leichenhalle errichtet.

Kunsthistorische Sehenswürdigkeiten s. S. 156.

In der Nähe liegt die Burgruine Blankenstein (siehe S. 154).

Ortsteil Meidelstetten (754 m NN) Der Ort ist 777 als Mutilistat im Lorscher Codex erwähnt, kam wohl um 1230 von den Grafen von Achalm an das Haus Urach und mit diesem 1260 an Württemberg. Er wird später immer mit den Orten des Kirchspiels zusammen genannt. Anfang des 10. Jh. haben die Klöster Offenhausen und Zwiefalten Güter dort. Bis zur Reformation war Meidelstetten Filial von Trochtelfingen, ab 1587 von Bernloch. Das alte Pfarrhaus stammt aus dem 17. Jh. Als dann im 19. Jh. in Meidelstetten eine eigene Pfarrei eingerichtet wurde, hatten sich die Bürger so an den alten Zustand gewöhnt, daß sie weiterhin in Bernloch zur Kirche gehen wollten.

Meidelstetten war, etwas verkehrungünstig gelegen, auf die Landwirtschaft als Erwerbsquelle angewiesen. Hafer konnte an die Proviantämter verkauft werden, die übrigen Erzeugnisse ins Honauer Tal und nach Reutlingen, wohin der Verkehr mehr ging als nach Münsingen. Zur Erntezeit gingen Bürger als Erntehelfer ins Oberland und in die Neckargegend, wie dies auch von andern Albdörfern berichtet wird. Seit dem letzten Weltkrieg hat die Gemeinde 7 km Straßen ausgebaut, die Kanalisation eingerichtet und eine mechanisch-biologische Sammelkläranlage erstellt, einen Wasserhochbehälter für die Aussiedlerhöfe und für die Wasserversorgung für das Neubaugebiet errichtet. Ausweisung eines herrlichen Baugeländes an der Sommerhalde, das jetzt schon fast ganz bebaut ist. Von den 406 Einwohnern pendeln rd. 130 Personen aus.

Kunsthistorische Sehenswürdigkeiten s. S. 162.

Ortsteil Oberstetten (781 m NN) Der Ort liegt auf der Zwiefalter Alb, nach allen Seiten frei, nur von zwei entfernteren Felshügeln überragt, die beide einst Burgen trugen, Hohenstein und Ödenburg. Oberstetten erscheint erstmalig um 1100 in den Urkunden, dort ist der Name eines Adeligen Adalbert von Obirostetin erwähnt, Bruder des Ernst von Hohenstein, der in Zwiefalten Mönch wurde. Der Ort ist sicher älter und hat in der alamannischen Ausbauzeit seinen Namen von der Ebene unterhalb, also von Meidelstetten und Bernloch aus erhalten; die drei Markungen hängen immer noch zusammen. Die Hohensteiner waren bis Ende des 12. Jh. hier begütert; ihnen gehörte der Maierhof zu Oberstetten. Später folgten als Besitzer die Berolzheim, Zollern, Kaib, Bubenhofen, 1497 das Kloster Zwiefalten, mit dem Oberstetten dann 1803 an Württemberg kam. Der Ort hat eine stattliche Markung. Haupterwerbsquelle war die Landwirtschaft mit größeren und mittleren Betrieben. Oberstetten hat heute 736 Einwohner. Seine Einwohnerzahl ist in den letzten 10

Jahren um 200 gestiegen, dank dem Zweigwerk einer Firma im Fertigbau, die mehr als 300 Personen beschäftigt. 70 Personen pendeln zur Arbeit aus.

An kommunalen Einrichtungen wurden geschaffen: Backhaus und Gemeindewaschküche, Feuerwehrgerätehaus, mechanisch-biologische Sammelkläranlage und Anlage der Kanalisation, Sanierung der Wasserversorgung. Gehwegbau.

Kunsthistorische Sehenswürdigkeiten s. S. 163.

Ortsteil Ödenwaldstetten (742 m NN) Der Name Ödenwaldstetten ist verhältnismäßig jung, alte Urkunden sprechen von „Waldstetten" oder „Walichstetten" und erst das Kloster Zwiefalten unterschied seine beiden „Waldstetten" durch ein davorgesetztes „Öden" und „Dürren", wobei das unverstandene „Wal", das auf ältere Zusammenhänge mit „Welsch" hindeutet, einfach zu „Wald" wurde. „Walichstetin" ist schon 1100 erwähnt; damals unterhielt das Kloster Zwiefalten Güter dort. 1161 erscheint ein Rudolf von Waldstetten, die Pfarrkirche wird 1275 genannt. Das Dorf gehörte zu zwei Herrschaften; ein Drittel zu Hohenstein und zwei Drittel zu Blankenstein. Letztere wurde 1320 an Graf Eberhard I. von Württemberg abgetreten. Den Hohensteiner Besitz erwarb 1438 Albrecht Speth und später von Württemberg den Blankensteiner Teil dazu, jedoch ohne Patronatsrechte über die Kirche. Aufgrund dieser Patronatsrechte Württembergs wurde der Ort, trotz seiner Zugehörigkeit zum Kloster Zwiefalten, reformiert.

Die Erschließung von Baugebieten und gleichzeitige Ansiedlung von Gewerbebetrieben hat der Abwanderung in die Ballungsgebiete weitgehend Einhalt geboten und die Einwohnerzahl stieg in den letzten 10 Jahren um mehr als 100 Personen auf 565. 30 Einpendlern stehen 60 Auspendler gegenüber.

Neben der Dorfsanierung und der Durchführung der Flurbereinigung sind folgende Maßnahmen der Gemeinden erwähnenswert: Ausbau von Straßen, und der Ortskanalisation. Erstellung einer mechanisch-biologischen Kläranlage und eines Löschwasserbehälters, eines Mehrzweckgebäudes und eines Kindergartens.

Zur Gemeinde zählt auch die Staatsdomäne Maßhalderbuch, ein früherer Klosterhof des Klosters Zwiefalten, auf dem Fohlenaufzucht betrieben wird. Ödenwaldstetten hat seit 2 Jahren ein Automuseum.

Kunsthistorische Sehenswürdigkeiten s. S. 163.

Bi

Holzelfingen *siehe Lichtenstein*

Honau *siehe Lichtenstein*

Hülben

(715 m NN) Urkundlich wird das auf einer kahlen Fläche der vorderen Alb gelegene Hülben um 1100 in einer Schenkung an das Kloster Zwiefalten genannt. Es leitet seinen Namen von der Hülbe oder Hüle ab, in der man den Regen für Mensch und Vieh vor dem Bau der Wasserleitung gesammelt hat. Die engen kirchlichen und politischen Verbindungen zu Dettingen lassen vermuten, daß der Ort von dort aus als Tochtersiedlung gegründet wurde und demnach zusammen mit Dettingen ab 1265 als Bestandteil der Grafschaft Urach zu Württemberg gekommen ist. Seine Markung umfaßt 640 ha. Mit dem beginnenden 20. Jh. erfolgte auch die Ansiedlung von Industrie, die das wirtschaftliche Bild der Gemeinde mitprägt. In neuerer Zeit ist das schön gelegene Hülben, das bei rund 2700 Einwohnern ca. 800 Aus- und 100 Einpendler zählt, zu einem gern besuchten Ausflugsziel herangewachsen. Hülben kam 1938 von dem aufgelösten Oberamt Urach zum Kreis Reutlingen. Kommunale Errungenschaften seit 1946: Anschluß an die Wasserversorgung der Blau-Lauter-Gruppe, Kanalisierung des gesamten Orts, mechanisch-biologische Kläranlage mit Regenrückhaltebecken, Grund- und Hauptschulgebäude, Erschließung von fünf Neubaugebieten.

Durch das besondere Gemeindereformgesetz wurde die Gemeinde Hülben mit Wirkung vom 1. 7. 1975 an der vereinbarten Verwaltungsgemeinschaft zwischen der Stadt Urach und den Gemeinden Grabenstetten und Römerstein beteiligt.   Schw

Kunsthistorische Sehenswürdigkeiten s. S. 160.

Huldstetten *siehe Pfronstetten*

Hundersingen *siehe Münsingen*

Indelhausen *siehe Hayingen*

Kleinengstingen *siehe Engstingen*

Lichtenstein

Mit Wirkung vom 1. 1. 1975 wurde Holzelfingen und Honau in die Gemeinde Unterhausen eingegliedert, die seit diesem Zeitpunkt den Namen Lichtenstein trägt und 7900 Einwohner hat.

Ortsteil Holzelfingen (700 m NN) Das unmittelbar am Albrand gelegene Holzelfingen wurde am 25. November 1355 von dem Ritter Schwigger von Greifenstein, dem letzten Sproß seines Geschlechts, samt seinem Besitz zu Hausen im Echaztal um 424 Pfund Heller an Württemberg verkauft. Die beim Ort gelegene Burgruine ist ein beliebtes Ausflugsziel. Die 1275 erstmals genannte, als Wehrkirche aufgeführte schöne alte, dem hl. Blasius geweihte und nunmehr ev. Pfarrkirche dürfte, vom Kirchenpatron her schließend, auf Veranlassung des Bischofs von Chur gegründet worden sein. Mit Trinkwasser ist der Ort 1891 mit einer von Unterhausen her angelegten Wasserleitung versorgt worden. Die Landwirtschaft auf der 1074 ha großen Markung wird meist von der älteren Generation betrieben. Von den rund 1000 Einwohnern pendeln von der jüngeren Generation ca. 200 zur Arbeit in die Talorte aus, ca. 20 pendeln ein.

Kommunale Errungenschaften seit 1946: Rathausumbau, Schulgebäude mit Lehrschwimmbecken, Leichenhalle mit Friedhofserweiterung, Feuerwehrgerätehaus, Turn- und Festhalle „Greifensteinhalle", Baulanderschließung und Industrieansiedlung. Den Urlaubsgästen stehen Ferienwohnungen, Reitmöglichkeiten und Ski-Schlepplifte mit Flutlicht zur Verfügung.

Kunsthistorische Sehenswürdigkeiten s. S. 160.

Ortsteil Honau (565 m NN) Das an einem wichtigen Albaufstieg gelegene Honau wird 937 erstmals in einer Schenkung König Ottos I. erwähnt, der dem damaligen Priester Hartbert (Kaplan des Grafen Hermann im Pfullichgau) und nachmaligen Bischof von Chur Reichsgut in Honau und im Echaztal schenkte. Dieser Honauer Besitz ist mit der Churer Herrschaft Engstingen 1717 an Kloster Zwiefalten und 1750 an Württemberg gefallen, das schon seit 1376 die Oberherrschaft besaß. Die Markung umfaßt 632 ha. Aus Rationalisierungsgründen hat die Bundesbahn die seit 1892 nach Münsingen führende Bahnlinie vor einigen Jahren ab Honau wieder unterbrochen. Trotzdem wird das als Erholungsort anerkannte Honau viel besucht. Tausende kehren hier jährlich ein, um sich an den im Quellwasser der Echaz gezüchteten Forellen zu laben, oder sie statten der Quelle selbst, der Olgahöhle und dem 1840 erbauten Schloß Lichtenstein, das durch Hauffs Roman weithin bekannt geworden ist, einen Besuch ab. Die Einwohnerzahl ist auf 1185 angestiegen; 420 sind Aus- und 60 Einpendler. Kommunale Errungenschaften seit 1946: Schulhaus, Kindergarten,

Friedhofsanlage mit Aussegnungshalle, eine Turnhalle ist zur Zeit im Bau.

Kunsthistorische Sehenswürdigkeiten s. S. 158.

Ortsteil Unterhausen (507 m NN) Das benachbarte Oberhausen, 1930 nach Unterhausen eingegliedert, hat dieselbe geschichtliche Vergangenheit wie Unterhausen. Außer dem Kloster Zwiefalten, das anläßlich seiner Gründung 1089 eine Stiftung von den Achalmgrafen erhalten hat, hatten auch die Klöster Offenhausen, Weißenau und der Bischof von Chur (zu seiner Herrschaft Großengstingen gehörend) Besitz im Ort. Auf dem Burgstein lag die abgegangene Burg des Ortsadels der Herren von Greifenstein, die ihre Herrschaft 1355 an Württemberg verkauften und im 14. Jh. ausstarben. Bis zur Mitte des 18. Jh. bildeten die beiden Hausen, zusammen mit Holzelfingen, Honau und Kleinengstingen ein gemeinsames Talgericht. Später gehörten die beiden Hausen zum Amt Pfullingen und ab 1806 zum Oberamt Reutlingen. Mit seinen rund 5800 Einwohnern und seiner 1719 ha großen Markung ist Unterhausen eine mittlere Industriegemeinde mit Schwergewicht bei der Textil-, Metall- und Holzindustrie. Bis Ende des 2. Weltkrieges wurde die Landwirtschaft noch in beträchtlichem Umfang als Nebenerwerb betrieben; sie ist heute fast bedeutungslos geworden. Im Zuge des wirtschaftlichen Aufschwungs wurde ein Gewerbegebiet erschlossen, in dem in den letzten Jahren zehn Firmen ihre Produktion aufgenommen haben. Kommunale Errungenschaften seit 1946: Sanierung der Wasserversorgung mit Erstellung einer Ozonanlage, Kanalisation mit späterem Anschluß an das Sammelklärwerk Oberes Echaztal in Pfullingen, Erweiterung der Karl-Bröger-Schule, Schulturnhalle, Erschließung von Baugebieten im Ortsbereich und eines Wohngebiets auf der Albhochfläche, Anschluß der Höfe Stahleck an die Wasser- und Stromversorgung, Uhlandschule, Kindergarten, Sport- und Versammlungshalle (Lichtensteinhalle) mit Hallenbad, Schaffung eines Gemeindezentrums mit einem neuen Ortsmittelpunkt, Erweiterung der Friedhofanlage und Bau der Aussegnungshalle, Kindergarten durch die kath. Kirchengemeinde, Feuerwehrgerätehaus.

Schw

Kunsthistorische Sehenswürdigkeiten s. S. 169 f.

Lonsingen *siehe Würtingen*

Mägerkingen *siehe Trochtelfingen*

Magolsheim *siehe Münsingen*

Mehrstetten

(756 m NN) Mehrstetten hat in der letzten Zeit als „Musterdorf" viel von sich reden gemacht. 1960 wurde die Gemeinde für eine „Beispieldorfsanierung" ausersehen, die Markung neu geordnet, landwirtschaftliche Betriebe ausgesiedelt und Neubau- und Industriegebiet angelegt. Die Veränderungen ziehen viele interessierte Besucher nach Mehrstetten.

„Merstetten", auf Mähre = Pferd zurückgehend, wird 1307 erstmals erwähnt, ist aber sicher älter. Es gehörte einst verschiedenen Herren, den Speth, Seeburg und Gundelfingen. Seit 1396 hatte auch Württemberg hier Besitz, den es nach und nach durch Kauf erweiterte. 1478 wird über das Vordringen der Württemberger im Dorf Klage erhoben. Auch Mehrstetten wurde, wie Hundersingen im 30jährigen Krieg so zerstört, daß niemand mehr am Leben war, der den Besitzstand der landwirtschaftlichen Güter noch hätte nennen können. Kirchlich war Mehrstetten Filial von Münsingen. Geboren ist in Mehrstetten als Pfarrerssohn Gustav Reuschle (1812–1875), Mathematiker und Geograph, Professor in Stuttgart.

Mehrstetten war und ist sowohl landwirtschaftlich als auch gewerblich orientiert und beherbergt mehrere Industriebetriebe. Heute hat Mehrstetten 1067 Einwohner, 170 von ihnen sind Auspendler, 190 Einpendler. Grund- und Hauptschule, Lehrerwohngebäude, Kindergarten, Turn- und Festhalle sowie Leichenhalle und Kläranlage sind seit 1946 geschaffen, das Kirchenzentrum mit Gemeinde- und Pfarrhaus grundlegend erneuert worden. Anlagen für Erholungsgebiet, Wanderwege, Skilift, Sprungschanze, Loipen sind ebenfalls vorhanden.

Seit 1. 1. 1975 hat Mehrstetten zusammen mit Münsingen und Gomadingen eine Verwaltungsgemeinschaft.   Bi

Kunsthistorische Sehenswürdigkeiten s. S. 162.

Meidelstetten *siehe Hohenstein*

Metzingen

(350 m NN) Mit dem aus dem Keltischen stammenden Flußnamen Armissa-Erms und dem Dorfnamen Glems, einem vermutlichen Flurnamen, ist die Metzinger Gegend als Niederlassungsort der Kelten ausgewiesen. Die einstmalige römische Niederlassung wird durch einen Weihestein bezeugt, den die Tempelgenossen an der Armissa dem Gott Jupiter gestiftet haben. Als -ingen-Ort ist Metzingen den ältesten alamannischen Ansiedlungen im Ermstal, neben dem Hauptort Dettingen zuzurechnen. Im 11. Jh. war der Ortsbesitz Metzingens zwischen den verwandten gräflichen Häusern Achalm und Urach geteilt. Im Bempflinger Vertrag 1089 – der ersten urkundlichen Erwähnung Metzingens – überschrieben die beiden Stifter des Klosters Zwiefalten, die Achalmgrafen Kuno und Liutold, ihrem Neffen Werner von Grüningen die Hälfte der beiden Dörfer Metzingen und Dettingen samt dem halben Kirchensatz. 1317 wurde Württemberg durch Käufe von den Grafen von Urach und den Herren von Stöffeln alleiniger Ortsherr. Die Markung von Metzingen umfaßt 1913 ha. Vom Ende des 18. Jh. ab hat das heute rund 19 700 Bewohner zählende Metzingen seine damalige Oberamtstadt Urach in der Einwohnerzahl übertroffen, und seit dem Ende des 2. Weltkriegs ist aus dem einst geruhsamen Landstädtchen eine betriebsame, moderne Stadt geworden. An über 8000 Arbeitsplätzen finden Einheimische und rund 3800 Einpendler Verdienst; Auspendler sind es ca. 1500. Nach dem 2. Weltkrieg hat sich die Metall-, Textil- und kunststoffverarbeitende Industrie besonders entwickelt, während Landwirtschaft und auch Lederindustrie im Rückgang begriffen sind. Als heute noch größte Weinbaugemeinde Südwürttembergs, hat sich Metzingen neben seiner günstigen wirtschaftlichen Entwicklung mit seinen sieben Keltern einen guten historischen Ortskern erhalten. Kommunale Errungenschaften seit 1946: Erweiterung der Wasserversorgung (Grundwasserfassung, Erstellung von 3 Hochbehältern, Beteiligung an der Bodenseewasserversorgung), Vollkanalisation des Stadtgebiets, Sammelklärwerk mit derzeitigem Ausbau der biologischen Hauptstufe durch den Abwasserverband Ermstal, umfangreiche Baulanderschließungen (u. a. Stadtteil Neugreuth für 2000 Einwohner, ca. 80 ha Industriegelände), umfangreiche Straßen- und sieben Brückenbauten, Straßendurchbruch im Zuge der B 28, Umgestaltung des Bahnhofsplatzes, Feuerwehrgerätehaus, Schulhausneubauten: Gymnasium, Grund- und Hauptschule, Realschule mit zusammen 72 Klassen und Spezialräumen, Werkstätte für gewerbliche Berufsschule, Sporthalle (Dreifachturnhalle) und drei

Turnhallen, sechs Kindergärten mit zehn Abteilungen, neuer Friedhof mit Aussegnungshalle, Stadion mit zwei Rasenplätzen und einem Hartplatz, leichtathletische Anlagen und Gebäude, Jugendhaus, Weinbergflurbereinigung. Auf 1. 4. 1971 wurde die Gemeinde Neuhausen und auf 1. 1. 1975 die Gemeinde Glems eingegliedert. Metzingen erfüllt seit 1. 7. 1975 für die Gemeinden Grafenberg und Riederich die Aufgaben eines Gemeindeverwaltungsverbandes.

Kunsthistorische Sehenswürdigkeiten s. S. 162.

Stadtteil Glems (439 m NN) Glems ist 1254 zusammen mit Grafenberg der Gräfin Agathe von Urach als Leibgeding vorbehalten worden und kam mit der Grafschaft Urach um 1260 an Württemberg und 1938 vom aufgelösten Oberamt Urach zum Kreis Reutlingen. Seine Markung umfaßt 734 ha. Der landwirtschaftliche Charakter von Glems hat sich nach dem 2. Weltkrieg durch Industrieansiedlung gewandelt. Der Bau des Pumpspeicherwerks der Technischen Werke Stuttgart setzte einen neuen Akzent in die Landschaft. Von den rund 920 Einwohnern pendeln etwas über 200 zur Arbeit aus, Einpendler sind es 20. Kommunale Errungenschaften seit 1946: Schule, Turnhalle, Kindergarten, Rathaus, Leichenhalle, Sportplatz, Kanal- und Wasserleitungsneubau, Ortsstraßenerweiterung, Baulanderschließung, Feld- und Waldwegbau. Glems ist im Zuge der Verwaltungsreform mit Wirkung vom 1. 1. 1975 nach Metzingen eingemeindet worden.

Kunsthistorische Sehenswürdigkeiten s. S. 157.

Stadtteil Neuhausen (365 m NN) Neuhausen hat als Schenkung der Achalmgrafen an das Kloster Zwiefalten durch seinen Chronisten Ortlieb im Jahr 1135 die erste Landschaftsschilderung unserer Gegend erhalten: „, . . . Das ist ein Land wie das Land der Verheißung, ein Land reich an Korn und Wein, ein Land der Brote und der Weinberge, ein Land des Honigs, der Ölbäume und der Nüsse; dieses Land hat gesunde Luft, für den Fischfang die Annehmlichkeit eines Flusses, es hat fruchtbare Äcker, baumreiche Wälder und üppig tragende Weingärten . . .‟ Diesen kostbaren Besitz hat das Kloster 1750 auf seinem Wege zur Reichsstandschaft an Württemberg abgetreten. Seine Markung umfaßt 816 ha. Eine in den letzten Jahren durchgeführte Rebflurbereinigung hat den Winzern neben Arbeitserleichterung auch bessere Erträge gebracht. Von den rund 3900 Einwohnern wird zwar noch rege Landwirtschaft betrieben, doch schiebt sich bei rund

700 Ein- und halb so vielen Auspendlern auch hier die Industrie in den Vordergrund. Neuhausen kam 1938 von dem aufgelösten Oberamt Urach zum Kreis Reutlingen und wurde am 1. 4. 1971 aufgrund seiner kommunalen und wirtschaftlichen Verflechtungen nach Metzingen eingegliedert. Kommunale Errungenschaften seit 1946: Umfangreiche Baulanderschließungen u. a. Siedlungen „Obere Weiden‟ und „Hardt‟, Ortskanalisation und Kläranlagenanschluß, Wasserfassung „Kies‟, Hochbehälter „Egart‟, Beteiligung an der Bodenseewasserversorgung, Neubau Uhlandschule (Grund- und Hauptschule mit 15 Klassen- und fünf Spezialräumen), Farrenstall, Rathaus, Leichenhalle mit Gedenkstätte für die Kriegstoten, Friedhoferweiterung, Kindergarten Albstraße, Feuerwehrgerätehaus, Dreifachturnhalle („Hofbühlhalle‟ mit rund 1600 Zuschauerplätzen und leichtathletischen Anlagen), umfangreiche Straßenbauten, Weinbergflurbereinigung.

Schw

Kunsthistorische Sehenswürdigkeiten s. S. 163.

Mittelstadt *siehe Reutlingen*

Mörsingen *siehe Zwiefalten*

Münsingen

(706 m NN) Münsingen ist heute mit 14 Stadtteilen die viertgrößte Stadt des Kreises Reutlingen und hat 11 200 Einwohner. Die Einbuße, nicht mehr Kreisstadt zu sein, hat sich durch die zahlreichen Eingemeindungen etwas ausgeglichen. Außerdem besteht seit 1. 1. 1975 eine Verwaltungsgemeinschaft mit Gomadingen und Mehrstetten, die Stadt besitzt sämtliche Schultypen von der Grundschule bis zum Gymnasium und weist zwölf ansässige Industriebetriebe auf; 1176 Einpendler sind neben 286 Auspendlern schon eine stattliche Zahl für die bevölkerungsarme Hochalb. Auch der Truppenübungsplatz, wenn auch nicht restlos beliebt, bringt Konsumenten und Leben in die Stadt.

Das war nicht immer so. Münsingen, einst zwar Mittelpunkt der Munigesinger marca und bereits 809 im Lorscher Codex erwähnt, war bis weit in die Neuzeit herein nicht mehr als ein größeres, ummauertes Dorf, das von seinen Grundherrn, den Uracher und später den Württemberger Grafen, zwischen 1263 und 1339 mehr oder weniger mit Gewalt zur Stadt erklärt und als befestigter Stützpunkt ausgebaut wurde. 1470 bestand die Stadt aus 18 steuerpflichtigen Häusern! Hochlagen sind (nach Gradmann) keine Marktlagen; Münsingens zahlreiche Märkte konnten auch trotz aller Anstrengungen und Privilegien nie so recht gedeihen. 1514, bei den Beschwerden zum armen Konrad, beklagen sich die Münsinger auch: ,,So man Münsingen für ain stat haben will, und doch ganz und gar kein gewerb da ist, dann daß der gemain Mann sich des buws (Feldbaus) und des fichs (Viehzucht) behelfen muß." Die Landwirtschaft hat also Münsingen bestimmt, sie und das Vorhandensein einiger Behörden und Ämter, die sich durch Oberamt und Kreis ergaben; es gibt heute noch bäuerliche Betriebe in der Stadt.

Die älteste Siedlung Münsingens befand sich vermutlich westlich vom späteren Stadtkern in Richtung Dottingen. Die auf einem Hügel liegende, befestigte Martinskirche war ursprünglich Zentralkirche für mehrere Gemeinden. An sie wurde westlich dann der Marktflecken angeschlossen, ein Dreiecksmarkt aus romanischer Zeit ist deutlich nachvollziehbar, ebenso ein späterer, der heutige Marktplatz, nach Verlegung des Rathauses in die von Herzog Christoph von Württemberg der Stadt übermachte Allerseelenpfründe.

Münsingen hat sich von einem kleinen Kern aus ringförmig nach außen erweitert, die Stadtmauer wurde mehrmals versetzt und wieder aufgebaut, auch nach zahlreichen Bränden und Feindeinwirkungen im Laufe der Jahrhunderte. Die spätere Viereckform des Mauerverlaufs ist nicht ursprünglich. Das Schloß lag einst außerhalb der Mauer und wurde später einbezogen; vermutlich ist das heute als ,,Schloß" bezeichnete Gebäude nicht das eigentliche, sondern ein umgebauter Fruchtkasten, denn 1740 wird im Steuerbuch der Stadt ein anderes, daneben liegendes Haus, das spätere Landratsamt, als Schloß bezeichnet. Dies Gebäude (mit heute noch vorhandenem Rundturm) war vermutlich die einstige Burg. In welchem der beiden Häuser der berühmte Münsinger Vertrag, der die beiden getrennten Württemberger Landeshälften 1482 wieder zusammenschloß, unterzeichnet wurde, ist nicht klar. Im heute ,,Schloß" genannten Gebäude befindet sich u. a. das Heimatmuseum mit beachtlichen Sammlungen vorgeschichtlicher Funde, bäuerlicher Kultur und den frühmittelalterlichen Fresken aus Gruorn und Münzdorf. Das Naherholungsgebiet auf dem schönen Aussichtsberg ,,Beutenlay" zeigt neben Kinderspielplätzen und Spazierwegen auch Naturlehranlagen, ein Feldflora-Reservat und eine Musterbepflanzung in der alten Dreifelderwirtschaft.

Ein 1973 eröffnetes Freischwimmbad stellt ein weiteres Erholungszentrum dar.

Kunsthistorische Sehenswürdigkeiten s. S. 163.

Stadtteil Apfelstetten (729 m NN) Apfelstetten, 1384 erstmals erwähnt, war einst Zubehör der Burg Hundersingen und kam mit dieser zunächst 1352 an Württemberg, dann aber wieder an die Grafen von Kirchberg und von Speth und den Truchseß von Bichishausen, bis es 1510 endgültig württembergisch wurde. Kirchlich war es bis zur Reformation Filial von Buttenhausen; der dortige Geistliche las an der Barbarakirche in Apfelstetten die Messe. Später versorgte der Diakon von Münsingen diese Kirche, d. h. die Leute vom Dorf kamen meist nach Münsingen zum Gottesdienst und hatten auch eine Begräbnisstätte dort. Da in dieser Stadt auch eine Barbarakapelle urkundlich erwähnt ist, die am Ortsausgang in Richtung Apfelstetten gestanden sein soll, kann an eine Verbindung zu diesem Filialverhältnis gedacht werden.

Errungenschaften aus der Neuzeit sind: Leichenhalle, Friedhoferweiterung, Kanalisation und Ausbau der Ortsdurchfahrt. Der Ort hat 408 Einwohner und ist vorwiegend landwirtschaftlich orientiert. Das Neubaugebiet ,,Am Berg" mit weitem Alpenfernblick ist zur Ferien- und Wohnsiedlung nicht nur für Einheimische, sondern auch für Naturliebhaber aus dem ganzen Land geworden. Seit 1. 4. 1974 ist Apfelstetten in die Stadt Münsingen eingemeindet.

Kunsthistorische Sehenswürdigkeiten s. S. 153.

Stadtteil Auingen (781 m NN) Kaum ein Ort auf der Hochalb hat sich in der Neuzeit stärker verändert als Auingen: von einem stattlichen Großbauerndorf zur Anliegergemeinde des Truppenübungsplatzes Münsingen. Schon das Barackenlager, heute ,,Altes Lager" genannt, hat sehr zur Vergrößerung und sozialen Strukturveränderung des Ortes beigetragen. Außerdem gibt es einige Industrie (z. B. Kalkwerk Egelstein, gegründet 1898).

Auingen wird mit einer ,,Howinger Marca" schon 770 erwähnt, ist Hartort und kam 1265 mit Münsingen an Württemberg. Die Verbindung zwischen den beiden Orten ist immer sehr eng gewesen. In der Nähe, im Übungsplatz (Betreten verboten!), befinden sich die Ruinen der einstigen Burg Reichenau; es ist möglich, daß Auingen einst zu diesen Grundherren, von deren Herkunft man wenig weiß, gehört hat, so wie das zerstörte Gruorn, in dessen wiederhergestellter Kirche sich ein Schlußstein mit dem Bildnis des heiligen Pankratius findet, der auch der Auinger Kirchenpatron ist.

Auingen hat in letzter Zeit viel Baugelände erschlossen, Gehwege, Leichenhalle, Grund- und Hauptschule, Turn- und Festhalle, Sportanlagen samt Trimm-dich-Pfad gebaut und sich an der landeseigenen Kläranlage im Böttental beteiligt. Durch Kasernen- und Industrieanlagen ist es auch baulich schon fast ganz mit der Mutterstadt Münsingen (seit 1. 7. 1971 eingemeindet) vereinigt.
Kunsthistorische Sehenswürdigkeiten s. S. 153.
Stadtteil Bichishausen (618 m NN) ,,Bichineshusin'', vom Personennamen Bichino, war wohl Ausbausiedlung von Hundersingen und stets eng mit ihm verbunden. Die beiden Dörfer bebauten bis 1722, obwohl zu verschiedenen Herrschaften gehörig, das ,,Malfeld'' gemeinsam, ein 100 Morgen großes Land. Bichishausen war im 11. Jh. achalmisch, Mitte 13. Jh. gundelfingisch. Ritter Conrad II. von Gundelfingen hat vermutlich um 1300 die Burg erbaut. Sein Enkel verkaufte Burg und Herrschaft an die Truchsessen von Magolsheim. 1510 war Heinrich Trost v. Buttler der Besitzer. Es folgten Wolf von Vellberg, Georg von Helfenstein und 1627 die Fürstenberger. Die Burg war schon im 16. Jh. zerfallen. 1974 wurde sie neu hergerichtet und begehbar gemacht.
Nach Bichishausen waren und sind die Katholiken von Buttenhausen, Hundersingen, Gundelfingen und Dürrenstetten eingepfarrt.
Das Dorf ist vorwiegend landwirtschaftlich strukturiert. Die Einwohner betrieben früher noch Schneckenzucht, Obstbau und das Mühlengewerbe, noch heute gibt es praktisch keine Industrie. Für den Fremdenverkehr wird einiges unternommen, Wanderwege und Wanderparkplätze sind geschaffen worden. (Der Aussichtspunkt Bürzel ist ein lohnendes Ziel.) Von den 160 Einwohnern arbeiten 31 außerhalb. Die Gemeinde hat Schulhaus und Friedhofshalle erstellt, Kanalisation der Parzelle Steighöfe geregelt. Sie ist ab 1. 1. 1975 zur Stadt Münsingen eingemeindet.
Kunsthistorische Sehenswürdigkeiten s. S. 154.
Stadtteil Böttingen Kunstsachverständige und Geologen kennen Böttingen auch ohne persönlichen Augenschein: der Böttinger Marmor, der am Südhang des Sternenbergs und teilweise im Ort selbst vorkommt, hat sich einst als Baumaterial, u. a. beim Bau des neuen Stuttgarter Schlosses, einen Namen gemacht. Seine herrliche rotbraunweiße Bänderung ist als Nachwirkung des Vulkanismus auf der Alb entstanden. Heute wird er nicht mehr abgebaut, aber es gab Zeiten, in denen die Hausstaffeln der Böttin-

ger Bauern aus Marmor bestanden. Das Dorf hat heute 720 Einwohner, etwas Industrie, aber noch vorwiegend Landwirtschaft. Der Truppenübungsplatz ist ebenfalls Arbeitgeber.
Historisch hat Böttingen eine ehrwürdige Vergangenheit. Es wurden römische Relikte gefunden, in ,,Villa Potinga'' war das Bistum Chur schon 961 begütert. Im 15. Jh. kam der Hartort nach Württemberg, bis 1496 war er Filial von Münsingen, hatte aber schon 1360 eine eigene Petruskapelle, aus der später eine Pfarrkirche mit ,,Leichlege, Glockhaus, Taufstein und Sakramentshaus'' hervorging.
Alte Flurnamen wie Burggraben und Burggarten lassen Ortsadel vermuten, der allerdings nirgends erwähnt ist. 1720 gab es noch 23 Lehensgüter. Die Klöster Pfullingen, Offenhausen, Zwiefalten waren hier begütert, sowie der Heilige (das Kirchenvermögen) von Eningen/Achalm.
Seit 1946 wurden Backhaus, Bauhof, Feuerwehrgerätehaus, Kläranlage, Ortskanalisation sowie ein Kindergarten geschaffen, Baugelände erschlossen und das schöne alte Pfarrhaus in vorbildlicher Weise zum Rathaus umgestaltet. Seit 1. 7. 1971 ist Böttingen ein Stadtteil von Münsingen.
Kunsthistorische Sehenswürdigkeiten s. S. 154.
Stadtteil Bremelau (764 m NN) Der Ort, auffallend stattlich mit breit hingelagerten Höfen und weiten Straßen über dem waldigen Heutal, hat heute 360 Einwohner. Er ist nicht altwürttembergisch, hier ist nichts Verwinkeltes, Putziges und sparsam Aneinandergereihtes, sondern eine große, offene, wohlhabende Bauerngemeinde bietet sich dar. 1907 waren unter 61 landwirtschaftlichen Betrieben 43 mittlere und größere. Eine bekannte Pferdezucht wurde betrieben. Auch heute noch ist der Ort vorwiegend landwirtschaftlich orientiert.
Bremelau, einst wie Apfelstetten Zubehör der Ruine Gundelfingen, wurde 1246 erstmals erwähnt. Vor Mitte des 14. Jh. kam es an die Truchsessen von Magolsheim, später an die Familien Weiler und Brandeck, wechselte weiterhin die Besitzer, war 1666 bei Kloster Marchtal und kam 1806 zu Württemberg. Bremelau wurde zum 1. 4. 1974 nach Münsingen eingemeindet, hat seit 1946 Kläranlage, Schulhaus, Wasserversorgung, Kriegerdenkmal, Friedhof geschaffen, Straßen, Feld- und Waldwege ausgebaut sowie ein gemeindeeigenes Wohnhaus erstellt.
Kunsthistorische Sehenswürdigkeiten s. S. 155 und S. 159.
Stadtteil Buttenhausen (624 m NN) ,,Buttenhusen'', eine alamannische Ausbausiedlung mit Rei-

hengräberfunden, ist 1275 als Pfarrort erstmals erwähnt, gehörte 1365 den Freyberg, kam 1384 an Gundelfingen, von 1469 an die Stein, 1569 an die Gemmingen, die die Reformation einführten und das Schloß erbauten. 1782 ist der Ort liebensteinisch. Mit der Judenansiedlung durch den Freiherrn von Liebenstein im Jahr 1787 hat das Dorf im oberen Lautertal sein Gepräge bekommen. Die jüdischen Handelsleute aus Buttenhausen haben im 18. und 19. Jh. in vielen Gemeinden der Münsinger Gegend eine Rolle gespielt. 1858 waren 49 Prozent der Bevölkerung Buttenhausens Israeliten. 1875 ist Matthias Erzberger hier geboren, der als Zentrumsführer nach dem 1. Weltkrieg bekannt und 1921 von politischen Gegnern erschossen wurde. Später sank die Zahl der Buttenhauser Juden wieder. 1933 lebten noch 97, 1945 war keiner mehr im Ort, 15 starben, 16 verzogen, 38 wanderten aus, 24 wurden deportiert, 4 nahmen sich das Leben. Die Synagoge wurde 1938 zerstört, Gedenksteine 1961 und 1966 errichtet.

Der Freiherr von Liebenstein wies den jüdischen Familien das rechte, vorher nicht bebaute Lauterufer zur Ansiedlung zu. Das jüdische Leben spielte sich also zunächst nur rechts der Lauter ab, während die eigentliche Gemeinde mit ihrer ev. Kirche St. Michael und ihrem Friedhof (inmitten mittelalterlicher Burgruinen) den linken Talhang beherrschte. Dieses außergewöhnliche Spiegelbild änderte sich, als den Juden der ursprünglich verbotene Erwerb anderweitigen Grundbesitzes erlaubt wurde. Nun gab es auch linkslauterische Judenhäuser und 1901 wurde dort auch die Bernheimersche Realschule erstellt, ein städtisches Bauwerk, das nun auch dem ursprünglichen Dorf ein neues Gepräge gab.

Buttenhausen kam 1805 an Württemberg. 1935 erwarb die Stadt Stuttgart das Schloßgut und verpachtete es erst an die Gustav-Werner-Stiftung in Reutlingen und 1959 an die „Haus am Berg GmbH" in Urach. Das Landheim Buttenhausen, das schwachsinnige und gefährdete Menschen in Pflege nimmt, bestimmt viel vom heutigen Dorfleben. Die „Haus am Berg GmbH" betreibt auch Landwirtschaft, Gärtnerei, Großbäckerei und -metzgerei für ihre anderen Heime und gibt manchem Buttenhauser Bürger Arbeit. Ein wertvolles Archiv der Freiherrn befindet sich im Schloß.

Der Ort hat heute 872 Einwohner, hat Grund- und Hauptschule (die „Lautertalschule"), Rathaus, Leichenhalle gebaut, den Friedhof saniert, Gefrieranlage und Gemeinschaftsantenne geschaffen und

Baugelände erschlossen. Seit 1. 1. 1975 ist Buttenhausen der Stadt Münsingen eingemeindet. Kunsthistorische Sehenswürdigkeiten s. S. 155.

Stadtteil Dottingen (749 m NN) „Totingen", 1318 erstmals erwähnt, gehörte damals der Familie von Speth, die 1562 die Hälfte des Dorfs und 1630 den Rest an Württemberg verkaufte. Die eine Hälfte war nach Münsingen, die andere nach Steingebronn eingepfarrt. Von Dottingen nach Münsingen geht ein noch im 19. Jh. erwähnter „Braut- und Bahrweg" über die Markung. Eine Kapelle hatte der Ort schon 1360, die heutige Kirche wurde 1605 nachgotisch erbaut, hat einen dreiseitigen Chor mit neuen farbigen Glasfenstern. Das Rathaus ist ein stilvoll renoviertes altes Fachwerkgebäude.

Die 866 m hohe Buchhalde ist ein viel besuchter Aussichtspunkt. Der „Eisenrüttel", ein umfangreicher Vulkanschlot, ist etwa 25 ha groß und besteht aus Basalttuff. Am Südrand entspringen Quellen, eine Seltenheit auf der trockenen Hochalb. Herzog Karl Eugen von Württemberg wollte sie 1765 anhand bäuerlicher Fronarbeit in einer Wasserleitung auffangen und sein neu erbautes Jagdschloß Grafeneck bei Marbach damit versorgen. Das viel bestaunte „Brunnenwerk" funktionierte aber nur 3 Tage lang. Der Ort wurde zum 1. 4. 1971 nach Münsingen eingemeindet, hat seit 1946 Grundschule, Leichenhalle, Kläranlage, Ortskanalisation, Sportanlagen und Feuerwehrgerätehaus erstellt, Baugelände erschlossen und Wasserversorgung sowie Ortsdurchfahrt ausgebaut.

Kunsthistorische Sehenswürdigkeiten s. S. 158.

Stadtteil Gundelfingen (593 m NN) Das Dorf war einst Vasallensiedlung von Nieder- und Hohengundelfingen, wo das reiche und im Mittelalter sehr begüterte Rittergeschlecht der Gundelfinger seinen Hauptwohnsitz hatte. H. Jänichen setzt Gundelfingens Vergangenheit noch weiter zurück, und zwar ins späte 8. bzw. 9. Jh. als Burgweiler, der von den Gundelfingern übernommen wurde. Die beiden in Gundelfingen auftretenden Kapellen-Patrozinien Maria und Michael weisen auf beträchtliches Alter hin; kirchlich war Gundelfingen Filial von Bichishausen.

Die Lage des Ortes in der Talschleife zwischen den beiden Burgen Hohen- und Niedergundelfingen zieht mehr und mehr Wander- und Fremdenverkehr an sich, was ihm zuträglich ist, denn dem Dorf mit seinen heute 193 Einwohnern fehlen sonstige Einnahmequellen. Die Gundelfinger haben sich mit Kleinlandwirtschaft, Weberei, Schneckenzucht,

Mühlenwesen mühsam über Wasser gehalten. Die 1822 eingemeindete Teilgemeinde Dürrenstetten, 2,5 km nordöstlich auf der Hochfläche gelegen, kann dagegen mit einer doppelten Markungsfläche und fruchtbaren Feldern sehr viel bessere landwirtschaftliche Erträge aufweisen.

Am 1. 1. 1974 wurde das Dorf Gundelfingen der Stadt Münsingen eingemeindet. Es besitzt Ortskanalisation und Straßenausbau, moderne Gebäude sind nicht erstellt worden.

Kunsthistorische Sehenswürdigkeiten s. S. 159 und S. 156.

Stadtteil Hundersingen (613 m NN) Der Ort ist um 1100 als „Hundersingin" erstmals erwähnt, scheint jedoch wesentlich früher gegründet worden zu sein. Da es mehrere Gemeinden dieses Namens gibt (z. B. im Kreis Sigmaringen), vermutet H. Jänichen dort um 700 den jeweiligen Sitz eines fränkischen Huntareführers. Die Edelfreien von Hundersingen, die etwa 1100–1385 lebten und im Wappen einen gespaltenen Schild mit Windhund und linkem Querbalken trugen, wären dann dessen Nachfahren. Sie verkauften ihre Herrschaft mit Apfelstetten an Württemberg, das die Burg von 1463 bis 1510 an die Truchsessen von Bichishausen verlieh.

Hundersingen besaß einst zwei Burgen, von der „oberen Burg" sind jedoch nur noch Grabenspuren übrig. Die heute viel besuchte Ruine Hohenhundersingen wurde von den Herren von Hundersingen vermutlich im 12. Jh. erbaut und 1352 samt dem Dorf an Eberhard den Greiner verkauft. 1899 wurde sie wieder besteigbar gemacht.

Im Dreißigjährigen Krieg wurde das Dorf völlig aufgerieben; es war lange Zeit menschenleer. Wirtschaftlich haben es die Hundersinger nach Aufgabe der Burgen nicht leicht gehabt. Ihre Felder liegen teilweise oben auf der Hochfläche, so daß die Zufahrtswege lang und beschwerlich waren. 1780 richteten sie eine Bitte an den Herzog Karl Eugen, ihre Höfe zum Teil dort hinaus verlegen zu dürfen. Es wurde ihnen nicht gewährt.

Seit 1. 1. 1975 ist Hundersingen Stadtteil von Münsingen. Es hat 385 Einwohner, Grund- und Hauptschule (die „Lautertalschule") und Backhaus erstellt, Baugelände erschlossen, kanalisiert und die Ortsdurchfahrt ausgebaut.

Kunsthistorische Sehenswürdigkeiten s. S. 160.

Stadtteil Magolsheim (780 m NN) „Magolfesheim" (vom Personennamen Magolf) wird 1263 erstmals erwähnt. Württemberg erwarb ein Drittel des Dorfes 1396 und reformierte 1595, zwei Drittel

kam 1572 an die Stadion. Eine Chronik von 1840 berichtet, die Einwohner hätten sich auch äußerlich sehr voneinander unterschieden, so hätten die katholischen Weiber blaue und die lutherischen schwarze Strümpfe getragen. Es gab auch katholische und protestantische Äcker und Wiesen.

Seit 1. 1. 1975 ist Magolsheim Stadtteil von Münsingen. Es hat heute Kanalisation, ausgebaute Ortsstraße, Schulhaus, Lehrerwohngebäude, Kindergarten und Leichenhalle, ist noch vorwiegend landwirtschaftlich orientiert, hat wenig Handwerksbetriebe und keine Industrie; 103 Auspendler gegenüber vier Einpendlern verdeutlichen dies. An den Truppenübungsplatz ging fast die Hälfte der Markung verloren, auch der größte Teil des Gemeindewaldes.

Kunsthistorische Sehenswürdigkeiten s. S. 161.

Stadtteil Rietheim (734 m NN) Geschichtlich erfahren wir erst 1387 etwas von Rietheim. Hier ist Berta von Seeburg als Besitzerin genannt. Rietheim ist zweifellos älter, da im Ort alamannische Reihengräber gefunden wurden. Mit seinem -heim-Namen gehört es zu den älteren Ausbausiedlungen dieser Zeit und wurde zur Münsinger Huntare gezählt. Die Herren von Seeburg und von Speth sowie die Grafen von Württemberg hatten im 14. Jh. Besitz im Ort, der 1563 ganz zu Württemberg kam. Kirchlich gehörte der Ort zu Seeburg, mit dem er protestantisch wurde.

Die Markung Rietheim weist beträchtliche Höhenunterschiede auf, deshalb differieren auch die Bodenbonitäten. Obstbau kann mit Erfolg betrieben werden. Die „Schwende" ist ein herrlicher Aussichtspunkt.

Heute hat Rietheim 500 Einwohner, 152 pendeln nach Urach und Münsingen aus und nur 18 kommen in den Ort zur Arbeit. Trotzdem hat der Ort seine ländliche Struktur behalten. Straßen und Feldwege sind ausgebaut, die Kanalisation ist eingerichtet, Schulhaus, Lehrerwohnung und Leichenhalle wurden erstellt. Rietheim ist seit 1. 1. 1975 Stadtteil von Münsingen.

Kunsthistorische Sehenswürdigkeiten s. S. 167.

Stadtteil Trailfingen (725 m NN) Historisch nimmt sich Trailfingen, einst „Dragolfingen", sehr ehrwürdig aus. Seine Andreaskirche wurde 770 dem Kloster Lorsch geschenkt. Es soll Hauptort der Trailfinger Mark, eines Nebenbezirks der Münsinger Mark, gewesen sein. Trailfingen gehörte einst mit Auingen, Böttingen und Gruorn zu den vier Hartorten, denen, zusammen mit der Stadt Münsingen, das „Hart", ein unbesiedeltes Gebiet mit Wäldern und Wiesen – Kern des heutigen Truppenübungsplatzes –, von einer bisher noch unbekannten Grundherrschaft geschenkt worden war. Die Linde vor dem hinteren Friedhoftor ist von einer gemauerten Plattform umgeben. Man vermutet, daß dies der Gerichtsplatz der Hartgemeinde war. Württemberg hatte schon 1396 Besitz in Trailfingen und führte 1537 die Reformation ein. Im April 1965 wurde auf einer Baustelle ein großer mittelalterlicher Münzschatz gefunden, 7000 silberne Heller der Prägestätten Mainz, Nürnberg und Würzburg.

Heute hat Trailfingen 470 Einwohner und ist seit 1. 4. 1975 der Stadt Münsingen eingemeindet. Es hat seit 1946 ein Schulhaus und einen Notschlachtraum erbaut und Kanalisation sowie Kläranlage eingerichtet.   Bi

Kunsthistorische Sehenswürdigkeiten s. S. 169.

Münzdorf *siehe Hayingen*

Neuhausen a. d. E. *siehe Metzingen*

Oberstetten *siehe Hohenstein*

Ödenwaldstetten *siehe Hohenstein*

Oferdingen *siehe Reutlingen*

Ohnastetten *siehe Würtingen*

Pfronstetten

Die früheren Gemeinden Pfronstetten, Aichelau, Aichstetten, Huldstetten, Geisingen und Tigerfeld bilden seit 1. 1. 1975 aufgrund des Besonderen Gemeindereformgesetzes die neue Gemeinde Pfronstetten.

Ortsteil Aichelau (734 m NN) Aichelau ist als „Aychiloch" 1275 erstmals erwähnt. Der Name bedeutet Eichenwald von loh = Wald. 1432 gehört es der Familie von Speth, an die es aus gundelfingischem oder hohensteinischem Besitz gekommen ist. 1448 verkaufen die Speth das Dorf an Hans Caspar von Bubenhofen, dieser gibt die Herrschaft 1497 an das Kloster Zwiefalten.

In der Gemeinde ist bis heute keine Industrie angesiedelt. Sie ist rein landwirtschaftlich strukturiert mit mehreren großen Bauernbetrieben, die sich zu modernen Höfen entwickelt haben. 40 Auspendler arbeiten auswärts. Aichelau hat die Ortsstraßen und die Kanalisation ausgebaut, die Wasserleitung erneuert, eine Leichenhalle erstellt und mit Pfron-

stetten einen gemeinsamen Kindergarten errichtet. Kunsthistorische Sehenswürdigkeiten s. S. 152.

Ortsteil Aichstetten (745 m NN) Aichstetten ist um 1100 als „Aichstetin" erstmals erwähnt und erscheint im 14.–16. Jh. im Besitz der Herren vom Stein. Das Kloster Zwiefalten hatte schon um 1100 Besitz im Ort, 1410 kamen noch zwei Höfe von Hans Kaib zu Hohenstein dazu. 1514 wurde das ganze Dorf an das Kloster verkauft und kam mit ihm 1803 an Württemberg.

Das Dorf war stets vorwiegend landwirtschaftlich strukturiert, dank der in zwiefaltischen Dörfern üblichen Vererbungssitten (Übergabe des Hofes an einen Erben zu Lebzeiten) entwickelte sich die Besitzverteilung vorteilhafter als in den altwürttembergischen Dörfern mit Realteilung, d. h. Zerteilung des Gutes an alle Erben. Aichstetten hat 162 Einwohner und eine sehr kleine Markung von 558 ha. Heute gibt es einige Gewerbebetriebe. Die Gemeinde hat viel für den Wegbau getan, 1956 ein Schulhaus, 1963 ein Lehrerwohnhaus und 1973 ein Schlachthaus erstellt und die Gemeindeverbindungsstraße nach Hayingen ausgebaut. Das Ortsnetz der Wasserversorgung wurde erneuert, die Kanalisation durchgeführt.

Kunsthistorische Sehenswürdigkeiten s. S. 152 f.

Ortsteil Geisingen (731 m NN) Im 11. Jh. ist ein Gozolt de Gisingin erwähnt. 1412 werden, wie in Gauingen, Vogtei und Gericht über Geisingen durch das Kloster Zwiefalten von Heinrich von Rechberg erkauft. Besitz im Dorf hatte das Kloster schon um 1100. Bereits 1089 ist Geisingen Filial von Zwiefalten.

Die Markungsfläche ist nicht besonders groß. Haupterwerbsquelle war früher die Landwirtschaft. Heute sind noch etwa die Hälfte der Erwerbstätigen in den Bauernbetrieben tätig, die andere Hälfte hat Arbeit in zumeist auswärtigen Gewerbe- und Industriebetrieben gefunden. 36 Personen pendeln täglich aus.

Seit 1946 wurden die Ortsstraßen ausgebaut, Wasserversorgung und Kanalisation geschaffen, das Schulhaus renoviert und Baugelände erschlossen. Kunsthistorische Sehenswürdigkeiten s. S. 157.

Ortsteil Huldstetten (764 m NN) Huldstetten ist im 11. Jh. als „Hulfstetten" erstmals erwähnt. Es wird „Hulfstetten" geschrieben bis ins 16. Jh., wo sich der Name dann zu „Huldstetten" verändert. Der Ort ist urzwiefaltisch und gehört schon zu den Stiftungsgütern des Klosters. Adalbert von Oberstetten, Gozolt von Geisingen, mehrere Mönche und

Bertold von Hirschbühl oder Hirzbühl gaben alle ihren Besitz zu Huldstetten dem Kloster. Die letztere Familie soll ein Schloß im Ort gehabt haben, der letzte Nachfahre Ulrich von Hirschbühl sei von 1095 bis 1139 dort Abt gewesen. 1802/03 kam der Ort mit Zwiefalten an Württemberg.

Huldstetten und Geisingen bilden zusammen eine Pfarrei; verwaltungsmäßig haben die beiden Gemeinden sich 1848 getrennt. Huldstetten ist auch heute noch vorwiegend landwirtschaftlich strukturiert. Auspendler sind es 14, Einpendler fünf. Seit 1946 wurden geschaffen: Backhaus, Feuerwehrgeräteraum, Farrenstall, Feuerlöschteich, Ortsstraßenausbau und Kanalisation, außerdem Kläranlage, Schul- und Rathausumbau, Ortsbeleuchtung, Erneuerung der Wasserversorgung, Baugebiet wurde erschlossen.

Kunsthistorische Sehenswürdigkeiten s. S. 160.

Ortsteil Pfronstetten (742 m NN) Zahlreiche Grabhügel aus der Bronzezeit deuten auf frühe Besiedlung des Orts. In den Urkunden taucht Pfronstetten als Prunstetin im 11. Jh. auf. Graf Liutold von Achalm, der Stifter des Klosters Zwiefalten, war hier begütert; sein Besitz geht bald in das neugegründete Kloster über. Im 14. Jh. hat Pfronstetten zum hohensteinischen Besitz gehört, auch die Ehrenfels, Stain und Kaib waren hier begütert. Das Kloster Zwiefalten kaufte im Laufe der Jahre viele Besitzungen zusammen und war 1416 fast ganz im Besitz des Dorfes. Mit dem Kloster kam Pfronstetten 1803 an Württemberg. Kirchlich war es bis ins 19. Jh. Filial von Tigerfeld.

Pfronstetten gehörte zu den guten Bauernorten der Umgegend, 1912 waren noch 75 Prozent der Bevölkerung in der Landwirtschaft tätig. Auch heute noch liegt der Schwerpunkt auf diesem Gebiet. Die Markung umfaßt 1095 ha.

Etwa 80 Auspendler arbeiten außerhalb, hauptsächlich im Baugewerbe. 1961/62 wurde ein Schulhaus mit Gymnastikhalle errichtet, worin heute die Grundschüler von sieben Gemeinden unterrichtet werden. Auch die Kleinkinder dieser sieben Gemeinden sind im 1974 erbauten Kindergarten zusammengefaßt. Außerdem wurde die Wasserversorgung ausgebaut, Kanalisation und Sammelkläranlage eingerichtet, Ortsstraßen mit Gehwegen und Beleuchtung geschaffen und Baugelände erschlossen.

Kunsthistorische Sehenswürdigkeiten s. S. 164.

Ortsteil Tigerfeld (734 m NN) Tigerfeld gehörte zum Gründungsgut des Klosters Zwiefalten im 11. Jh.; die Grafen Liutold und Kuno von Achalm gaben dem Kloster die Kirche in „Tygirnvelt" samt Zehnten und zinspflichtigen Leuten. Den Hauptteil des Dorfes erwarb das Kloster 1410 von Hans Kaib von Hohenstein; 1623 hatte es vier Erblehen und 22 Fallehen, darunter neun Seldgütlein und eine Badestube. Schul- und Rathaus wurden 1856 eingerichtet. Die Besitzverhältnisse sind günstig, es gibt mehr mittlere und große Betriebe in Tigerfeld. Die Struktur des Ortes kann als rein ländlich bezeichnet werden. Seit 1946 wurden an kommunalen Vorhaben durchgeführt: Ausbau der Kanalisation und der Wasserversorgung, der Gemeindeverbindungsstraßen und des Feldwegenetzes. Planung eines Wohngebietes. Gemeinsam mit den anderen Ortsteilen Bau eines dreiklassigen Kindergartens.

Der 1863 erbaute St.-Georgen-Hof gehört seit 1973 der Haus am Berg GmbH und dient der Erholung von körperlich und geistig Behinderten.

Das Pfarrhaus von 1737, in früheren Jahren Sommersitz der Zwiefalter Äbte wird im Einvernehmen mit dem bischöflichen Ordinariat und dem Landesdenkmalamt renoviert.   Bi

Kunsthistorische Sehenswürdigkeiten s. S. 168.

Pfullingen

(426 m NN) Pfullingen, das 937 erstmals erwähnt wird, war der Hauptort im Pfullichgau, der sich durch das ganze Echaztal bis hinauf zu den Weidegründen von Groß- und Kleinengstingen auf der Alb erstreckte. Der um 1500 endgültig württembergisch gewordene Ort hat 1699 wieder Stadtrecht erhalten. Pfullingen hat dies wohl in den Städtekriegen am Ende des 14. Jh. verloren, als es von den rivalisierenden Reutlingern wiederholt eingenommen und zerstört worden war. Seine Markung umfaßt 3017 ha. Die Wasserkraft der Echaz, um 1830 wurden schon 22 Triebwerke gezählt, begünstigte schon frühzeitig die industrielle Entwicklung. Die Landwirtschaft ist zurückgegangen und wird heute im wesentlichen von einigen Aussiedlerhöfen aus rationell betrieben. Mit ihren 16 500 Einwohnern hat sich die Stadt mit ihrem Industriegebiet und neuen Wohnquartieren bis dicht an die Grenzen Reutlingens herangeschoben. Bedeutende Betriebe mit großem Exportanteil der Textil-, Metall-, Leder-, Kunststoff-, der holzverarbeitenden und der papierverarbeitenden Industrie bieten mehr als 8000 Arbeitsplätze an; der Zahl der rund 3000 Auspendler

stehen mit rund 2650 nicht viel weniger Einpendler entgegen. Kommunale Errungenschaften seit 1946: Erschließung von ca. 114 ha für den Wohnungsbau und ca. 46 ha für die Ansiedlung von Gewerbe und Industrie. Ausbau des Ortsstraßennetzes und der B 312 im Stadtbereich, Neuschaffung des Abschnitts der L 382 zwischen Arbachbad und Gönninger Straße samt dem Ausbau der Gönninger Straße und der Stuhlsteige; Kanalisierung der gesamten Stadt, Erstellung des Sammelklärwerks Oberes Echaztal auf Pfullinger Markung zusammen mit den in einem Zweckverband verbundenen Gemeinden Eningen, Unterhausen und Honau; Ausbau der Wasserversorgung durch den Bau des Wasserwerks Vor Buch, zwei Hochbehältern, einem Windkesselpumpwerk und dem Anschluß an die Bodenseewasserversorgung; Friedhofserweiterung mit Aussegnungshalle; Erstellung von zwei Grundschulen, einer Haupt- und Grundschule, einer Realschule, einem Gymnasium, dies sind 90 Prozent des Pfullinger Schulraums; vier Schulturnhallen mit dazugehörigen Freispielfeldern; vier Kindergärten mit insgesamt zehn Abteilungen; Altenheim; Freibad, als Teil eines umfassenden Sport- und Freizeitzentrums; durch Vereinsinitiative Tennisplätze, Reithalle mit Reitplatz, Skisprungschanze, Skiabfahrts- und Langlaufstrecken. Bau der St.-Wolfgangs-Kirche als Teil eines großen Gemeindezentrums der kath. Kirchengemeinde; ev. Gemeindezentrum im Burgweg, Renovation der Martinskirche.

In der für Naherholung ausgezeichneten landschaftlichen Umgebung wurden Rastplätze mit Feuerstellen, Unterkunftshütten, Liegewiesen, Kinderspielplätze samt Wanderparkplätzen, ein Waldsport- und ein Naturlehrpfad angelegt; das Jakob-Albrecht-Haus der ev.-methodistischen Kirche und das Freizeitheim des Ev. Jugend- und Familienwerks (CVJM) dienen der Freizeitgestaltung und Ferienerholung, ebenso die Kleingartenanlage des Ortsvereins der Siedler, Eigenheimer und Kleingärtner.

Das Schwabenbergfest, vom hiesigen VfL und dem Schwäbischen Turnerbund auf der Wanne durchgeführte volkstümliche leichtathletische Wettkämpfe, lockt alljährlich Tausende von Turnern und Besuchern an, die meist eine Wanderung zum Schönberg anschließen, dessen nach Plänen von Prof. Th. Fischer erstellter Doppelturm einer der Hauptanziehungspunkte im großen Pfullinger Wandergebiet ist. Schw

Kunsthistorische Sehenswürdigkeiten s. S. 164 f.

Pliezhausen

Zum 9. 5. 1975 vereinigten sich die Gemeinden Pliezhausen und Rübgarten im Zuge des Besonderen Gemeindereformgesetzes zur neuen Gemeinde Pliezhausen mit rund 5900 Einwohnern.

Ortsteil Dörnach (390 m NN) Ursprünglich gehörte Dörnach zum Schönbuch, seit dem 13. Jh. den Pfalzgrafen von Tübingen, die die hohe Obrigkeit wohl anläßlich des Verkaufs der Stadt Tübingen 1342 an Württemberg abgetreten haben, das 1416 dann von den Schilling von Cannstatt auch die Dorfherrschaft erworben hat. Alter Besitz vom Kloster Allerheiligen kam 1528 an die Spitäler Urach und Nürtingen. Kirchlich war Dörnach Filial von Pliezhausen, von dessen ev. Pfarramt es heute noch betreut wird. Die Markung der bäuerlichen Auspendlergemeinde, von deren 400 Einwohner rund 100 auswärtige Arbeitsplätze haben, umfaßt 166 ha. Im Zuge der Verwaltungsreform ist Dörnach 1973 vom Landkreis Tübingen dem Landkreis Reutlingen zugeschlagen und mit Wirkung vom 1. 12. 1971 nach Pliezhausen eingemeindet worden.

Ortsteil Gniebel Forstlich gehörte Gniebel 1383 zum württembergischen Schönbuchamt, eine frühere Zugehörigkeit zur Herrschaft der Pfalzgrafen von Tübingen ist nicht sicher. Ein um 1300 erwähnter ,,Konrad gen. Gnibeler" war von den Herren von Stöffeln mit einem Wald beim ,,Großholz" belehnt. Im Jahr 1473 überließ Graf Jos Niklaus von Hohenzollern den Ort im Wege des Vergleichs an Württemberg, das ihn dem Tübinger Amt (Unteramt Walddorf) und Forst eingliederte. Die Markung umfaßt 418 ha. Der Weiler war Filial der ev. Pfarrei Walddorf, bis er 1842 eine Pfarrverweserei und 1873 eine eigene Pfarrei erhielt, der Rübgarten als Filial zugeteilt war. Von den rund 800 Einwohnern der bäuerlichen Auspendlergemeinde haben um die 200 auswärtige Arbeitsplätze. Gniebel kam im Zuge der Verwaltungsreform 1973 vom Landkreis Tübingen zum Landkreis Reutlingen und wurde mit Wirkung vom 1. 12. 1971 nach Pliezhausen eingemeindet.

Ortsteil Pliezhausen (340 m NN) Werner von Kirchheim (Kirchen bei Ehingen) schenkte 1092 mit seiner Mutter Richinza seinen ganzen Besitz (vermutliches Erbe der Achalmgrafen) dem Kloster Allerheiligen in Schaffhausen, das sich die Kirche 1402 inkorporierte. Nach 1528 übten die Spitäler Nürtingen und Urach das Präsentationsrecht abwechselnd aus, bis es 1806 an Württemberg fiel. Mitte des 13. Jh. kam Pliezhausen wohl mit der Grafschaft

156. *Blick vom Calverbühl über das Ermstal auf Dettingen*
157. *„Schlößle" und ev. Kirche im Zentrum von Dettingen*

158. *Blick vom Hochbergfelsen auf den Luftkurort Urach. Über der Stadt die Burgruine Hohenurach.*
159. *Urach. Kammermusik im Residenzschloß*
160. *Thermal-Mineralbad Urach*

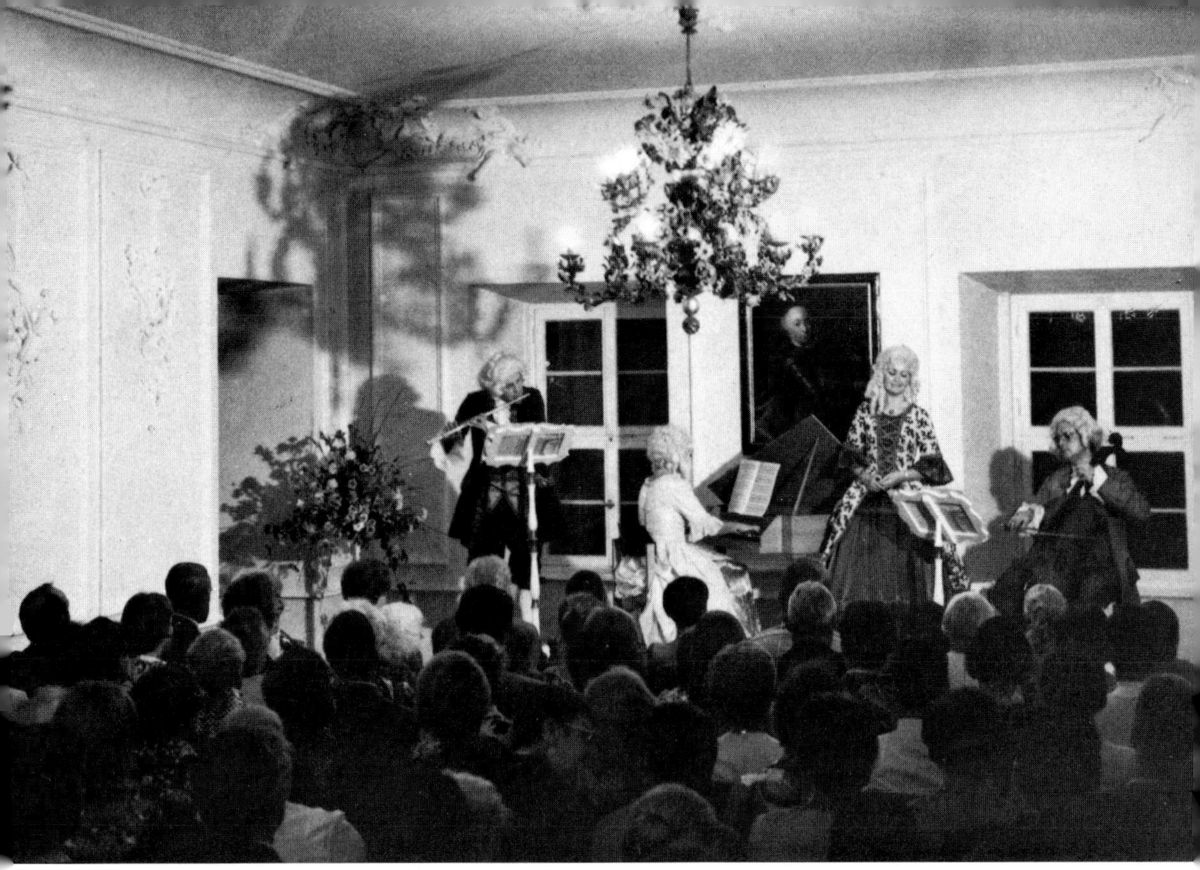

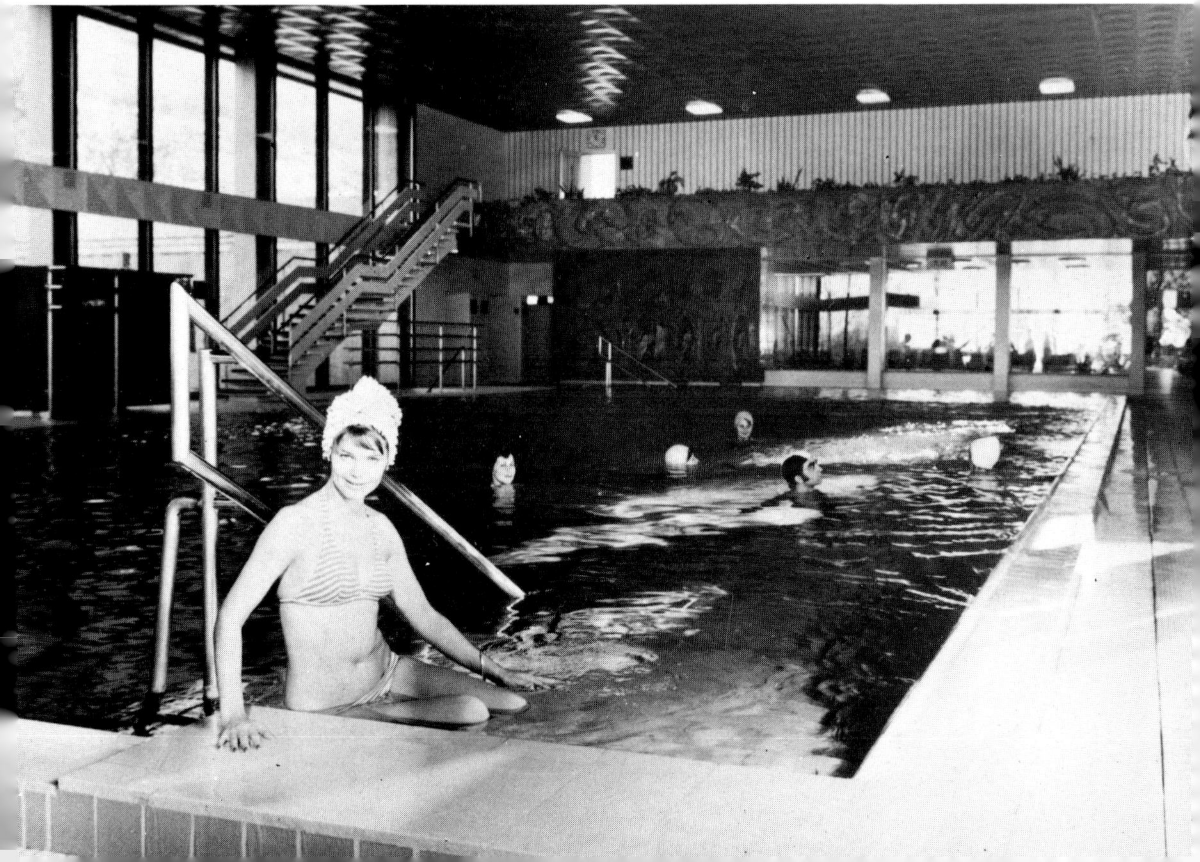

161. Das 1774 erbaute
Rathaus in Würtingen
162. Der Hirschbrunnen
in Würtingen

163./164. Lonsingen
(Gemeinde Würtingen)
Oben: Neue ev. Kirche.
Unten: Moderne Volks-
schule

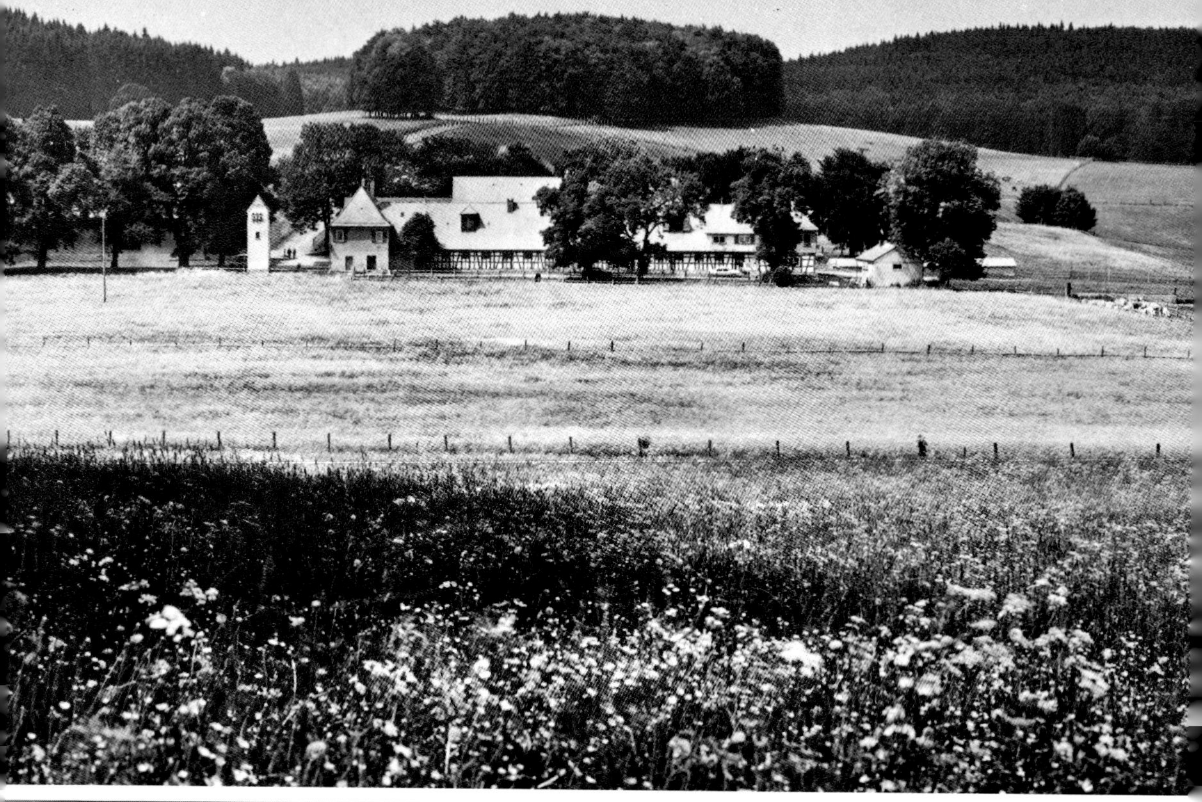

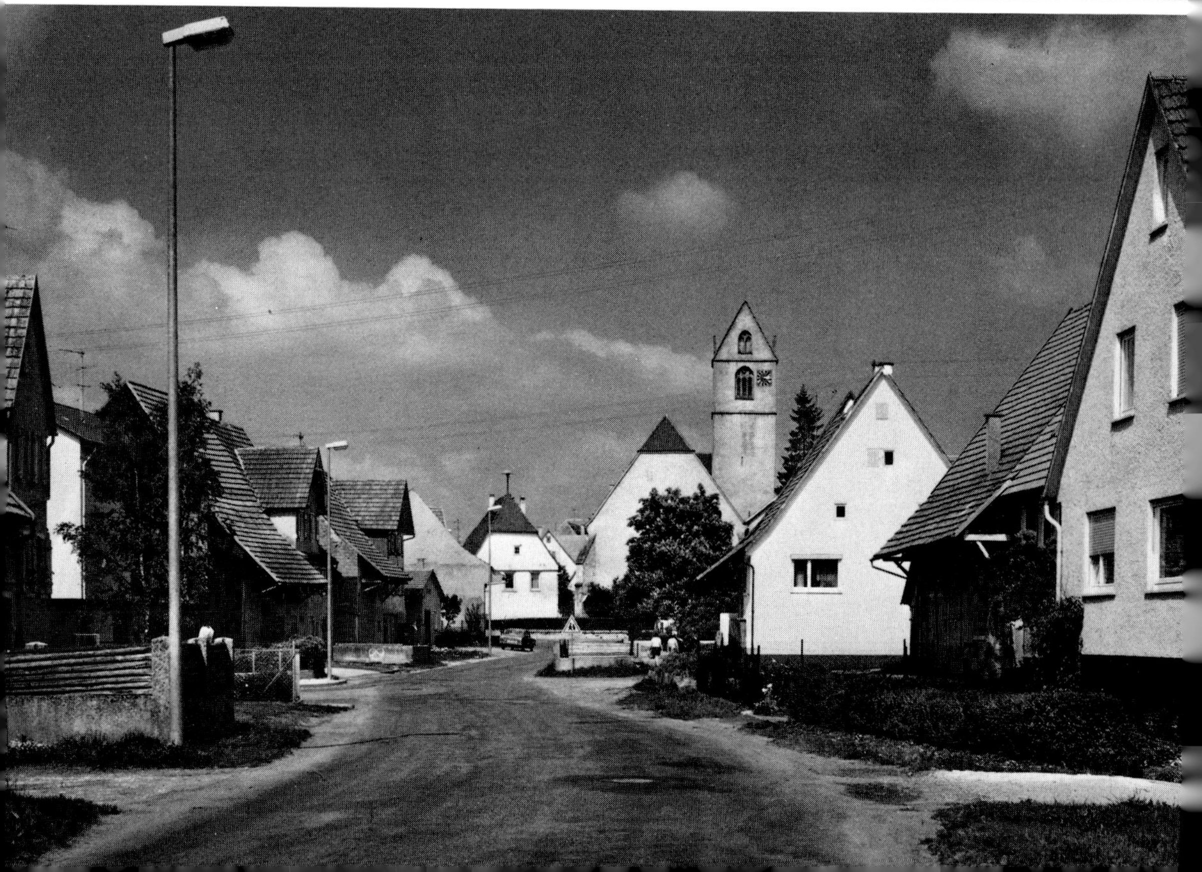

165. *Fohlenhof St. Johann*
bei Würtingen
166. *Dorfstraße*
in Upfingen
(Gemeinde Würtingen)

167. *Die Georgskirche*
in Gächingen
(Gemeinde Würtingen)

168. *Rathaus*
in Gächingen
(Gemeinde Würtingen)

169. *(umseitig oben)*
Kindergarten und Mehr-
zweckhalle in Bleichstetten
(Gemeinde Würtingen)
170. *(umseitig unten)*
Dorfbrunnen
in Bleichstetten
(Gemeinde Würtingen)

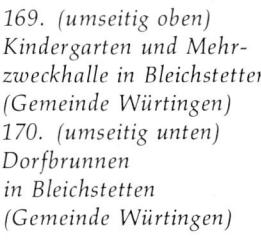

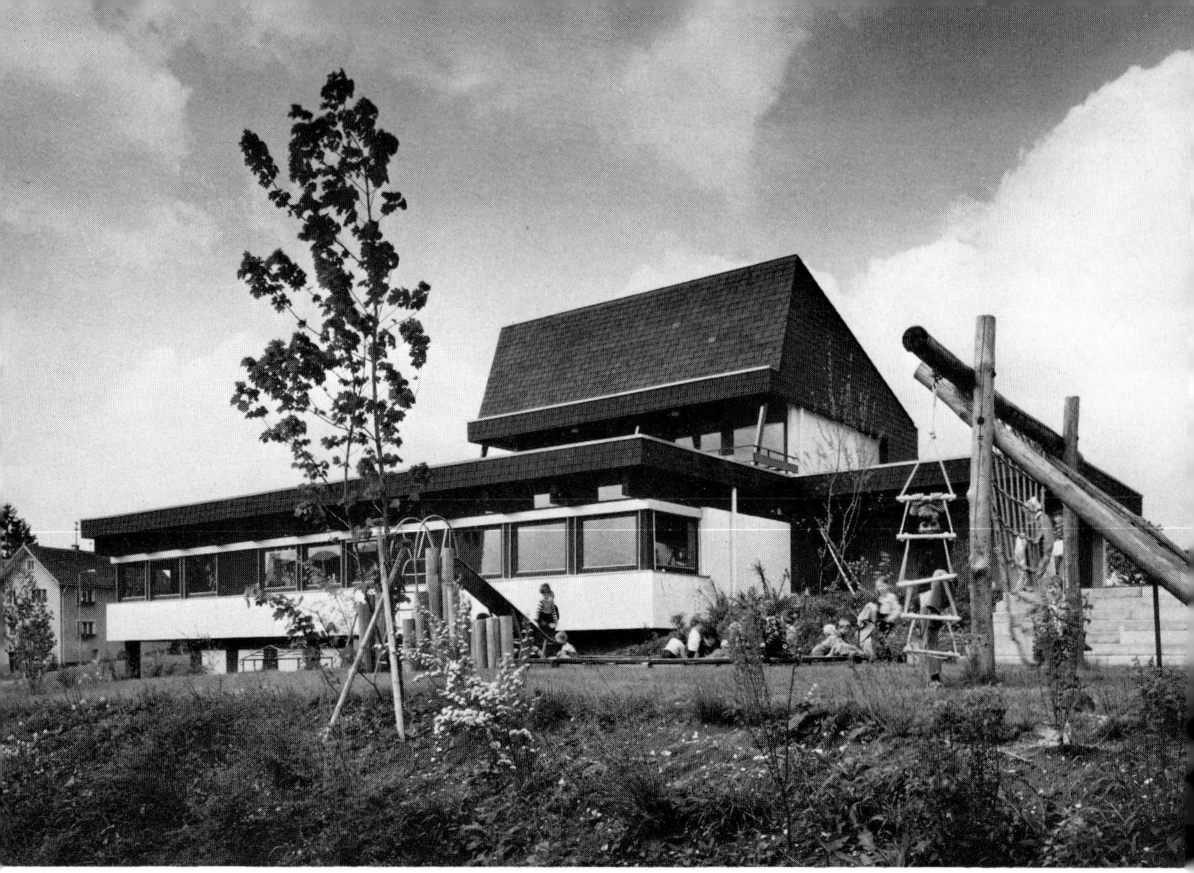

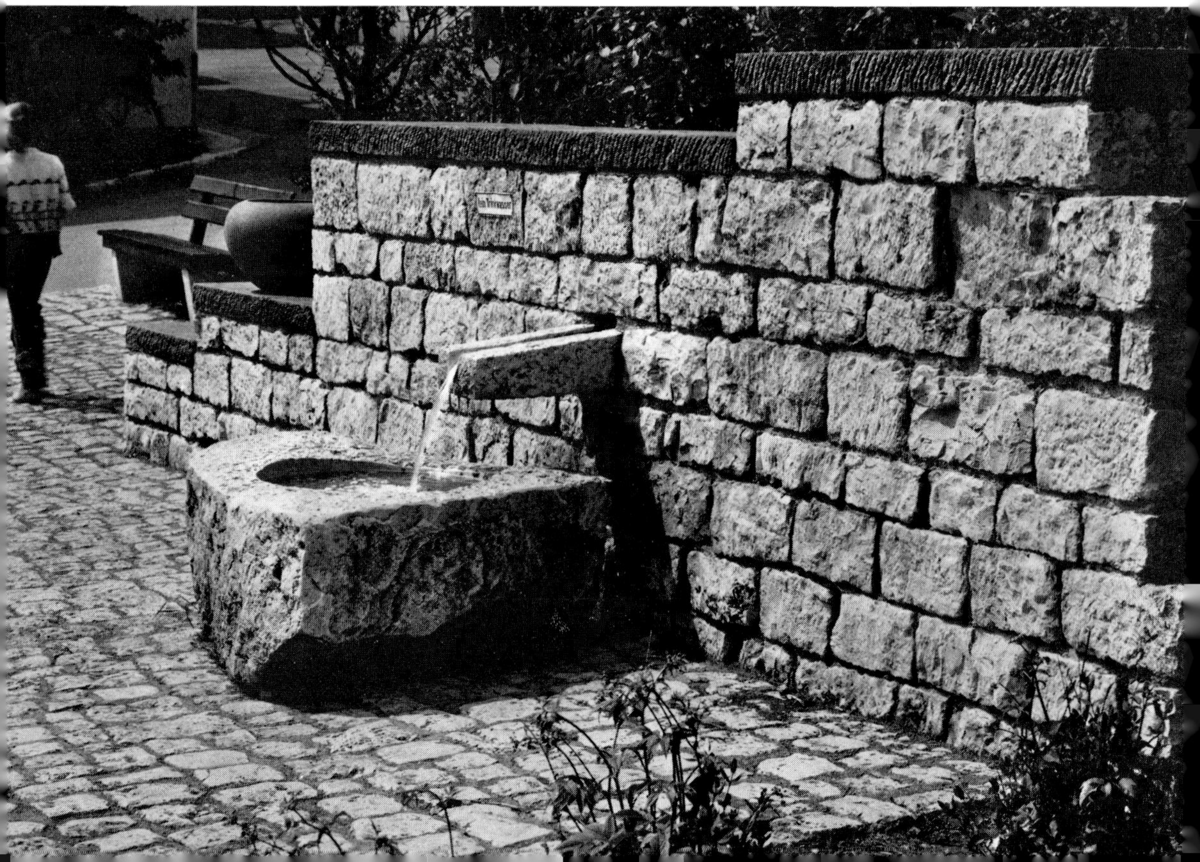

Urach an Württemberg, das es dem Amt Urach zuordnete; in forstlicher Hinsicht war Pliezhausen 1383 Teil des mittleren Schönbuchamts, später des Tübinger Forsts unter dem Waldvogt. Seine Markung ist 590 ha groß. Pliezhausen kam 1842 zum damaligen Oberamt (ab 1938 Kreis Tübingen) und im Zuge der Verwaltungsreform 1973 zum Landkreis Reutlingen. Pliezhausen ist mit seinen 3650 Einwohnern eine in starkem Wachstum begriffene stadtnahe Pendlerwohngemeinde mit beginnender eigener Industrieansiedlung, die über etwa 770 gewerbliche Arbeitsplätze verfügt. Die Zahl der Einpendler ist gering. Die Auspendler sind überwiegend im Bereich Reutlingen tätig. Seit dem 1. 12. 1971 sind die Orte Dörnach und Gniebel nach Pliezhausen eingemeindet. Seit 1. 7. 1975 besteht eine Verwaltungsgemeinschaft mit Walddorfhäslach, mit dem Verwaltungssitz in Pliezhausen. Kommunale Errungenschaften seit 1946: Ausbau des Ortsstraßennetzes, der Wasserversorgung und Abwasserbeseitigung, Sammelkläranlage zusammen mit Reutlingen-Oferdingen, Erschließung und Überbauung der Neubaugebiete westlich und östlich des Ortskerns, Erschließung und teilweise Überbauung eines Industriegebiets zur Strukturverbesserung, Neubau eines Schulzentrums für Grund-, Haupt- und Realschule mit Schulturnhalle, Lehrschwimmbad, Schulturngarten und Schulsportgelände, Neubau eines Sport- und Freizeitzentrums (Schönbuchstadion) mit verschiedenen Sportplätzen, leichtathletischen Anlagen, Tennisplätzen, Reitgelände und einer Gaststätte. Die Sanierung des Ortskerns ist noch nicht abgeschlossen.
Kunsthistorische Sehenswürdigkeiten s. S. 164.
Ortsteil Rübgarten Der Ortsname des um 1363 erstmals genannten Weilers wurde bis ins 18. Jh. als Stellenbezeichnung aufgefaßt: 1383 ,,in dem Ruebgarten'', 1559 ,,im Riebgarten''. Der südöstliche Teil der Gemarkung besteht aus dem Zubehör der 1232 erstmals erwähnten und anfangs des 15. Jh. abgegangenen Burg Wildenau und des 1302 genannten, im Reichenbachtal gelegenen Weilers. Die Oberhoheit und Hochgerichtsbarkeit über beide Orte kam 1342 mit dem Verkauf der Tübinger Pfalzgrafschaft an Württemberg. Mindestens ab 1770 war Rübgarten ritterschaftlicher Ort des Ritterkantons Neckar-Schwarzwald. Bis 1954 befand sich noch Grundbesitz im Besitz des Hauses von Bülow, der vor 1905 in den Händen einiger anderer adeliger Familien gewesen ist. Nachdem die Ritterschaft 1806 aufgelöst wurde, ist Rübgarten dem Oberamt Tü-

bingen eingegliedert worden und kam im Zuge der Verwaltungsreform 1973 zum Landkreis Reutlingen. Rübgarten gehörte bis nach 1585 zur bebenhausischen Pfarrei Weil im Schönbuch, dann bis 1872 zur Pfarrei Walddorf. Eine selbständige ev. Kirchengemeinde bildet Rübgarten seit 1842, die seit dem Bestehen der Pfarrei Gniebel ab dem Jahr 1872 von dort betreut wird.
Die Betriebsstruktur der 556 ha großen Gemeinde ist ausgesprochen kleinbäuerlich und vorwiegend nebenerwerblich. Das spiegelt sich auch in den Pendlerzahlen: von den jetzt 1050 Einwohnern fuhren 1966 schon insgesamt 306 Erwerbstätige nach auswärts, von ihnen 128 nach dem wichtigsten Zielort Reutlingen. Seit dem Ende des 2. Weltkriegs ist mit dem ,,Unterweiler'' östlich des alten Dorfes ein ganz neuer Ortsteil entstanden.   Schw

Riederich

(326 m NN) In der ersten urkundlichen Nennung hat das Kloster Hirsau in dem um 1100 ,,Ruderchingen'' genannten Ort Besitz von der Gräfin Richenza von Sigmaringen erworben. Riederich ist zusammen mit der Grafschaft Urach um 1260 an Württemberg gekommen und gehörte zum württembergischen Amt Urach, bzw. dessen Unteramt Metzingen, bis es 1938 vom aufgelösten Oberamt Urach zum Kreis Reutlingen gekommen ist. Kirchlich war Riederich Filial von Bempflingen, 1841 Pfarrverweserei und seit 1860 Pfarrei. In dem früheren, 461 ha großen Bauerndorf war die Handweberei stark vertreten. Schon um die Jahrhundertwende haben viele Einwohner in den Gerbereien und Färbereien von Metzingen ihren Verdienst gefunden. Ortsansässig war damals nur die mechanische Weberei Winkler. In der Nachkriegsentwicklung zeichnet sich neben dem Rückgang der Landwirtschaft eine starke Zunahme von Gewerbe und Industrie ab. Von den rund 3100 Einwohnern pendeln 600 zur Arbeit aus, während 1100 einpendeln. Durch seine zentrale, verkehrsgünstige Lage hat sich Riederich überdurchschnittlich gut entwickelt und seit 1946 an kommunalen Errungenschaften die Erstellung einer Leichenhalle, Sammelkläranlage, Schule mit Turnhalle und Lehrschwimmhalle, Rathaus, Feuerwehrgerätemagazin, Friedhoferweiterung, eine neue Sport- und Freizeitanlage, Kindergartenbauten und eine erweiterte Wasserversorgung im Zusammenhang mit dem Bodenseewasserversorgungsanschluß aufzuweisen.

R. war auch schon wiederholt Preisträger in dem Wettbewerb „Unser Dorf soll schöner werden". Im Zuge der Verwaltungsreform ist Riederich zusammen mit Grafenberg ab 1. 7. 1975 eine Verwaltungsgemeinschaft mit Metzingen eingegangen.   Schw Kunsthistorische Sehenswürdigkeiten s. S. 167.

Rietheim *siehe Münsingen*

Römerstein

Auf 1. 1. 1975 wurden die Gemeinden Böhringen, Donnstetten und Zaininigen zur neuen Gemeinde Römerstein vereinigt.
Ortsteil Böhringen   (757 m NN) Böhringen ist ein, wie viele Albsiedlungen, auf Basalttuff erbautes, alamannisches Urdorf mit Reihengräberfunden. Bis heute gibt es hier noch Flurstücke mit den Namen Brühl und Braike, die für die damalige Landnahme typisch sind. Böhringen, 1191 erstmals erwähnt, gehörte einst zur Kirchheimer Hundertschaft; der Neckargau reichte bis hier herauf. Im 12. Jh. war es im Besitz der Herren von Sperberseck und wurde im 15. Jh. württembergisch. Im Dreißigjährigen Krieg wurde es fast ganz zerstört.
Schloßgut Aglishardt war einst eine Grangie des Zisterzienserklosters Bebenhausen. Das Kloster hatte 1192 von den Tübinger Pfalzgrafen hier ein Gut erworben und durch Ankauf von Bauerngütern erweitert. Die Mönche betrieben das sog. „Bauernlegen". Den Ackerbau ersetzten sie größtenteils durch Weidewirtschaft, insbes. Schafzucht. 1829 kam Aglishardt in Privathand.
Böhringen hat die größte Markung des einstigen Kreises Münsingen. Heute hat die Gemeinde 1400 Einwohner, 80 landwirtschaftliche Betriebe mit 1500 ha und vier Industriebetriebe mit ca. 200 Arbeitsplätzen, 60 Einpendlern aus den Nachbarorten stehen 180 Auspendler, hauptsächlich ins Ermstal, gegenüber. Das Rathaus ist ausgebaut, Kindergarten mit Schwesternwohnung, Schulen, Sammelkläranlage, Ortskanalisation, Gemeindehaus, Leichenhalle mit Ehrenmal, Friedhoferweiterung geschaffen, die Ortsdurchfahrt ist ausgebaut, Gemeindebackhaus, Fahrzeug- und Viehwaage erstellt und die Flurbereinigung abgeschlossen, ebenso die Wasserversorgung des Hofgutes Aglishardt.
Kunsthistorische Sehenswürdigkeiten s. S. 154.
Ortsteil Donnstetten   (803 m NN) Der Ort ist einer der am höchsten gelegenen Alborte des Kreises. Er liegt in einem Maarkessel, dessen Rand im Osten erhalten ist und sich halbkreisförmig um den Ort hinzieht; beim Römerstein (Aussichtsturm) erreicht er eine Höhe von 874 m. Donnstetten selbst liegt auf Basalt und Basalttuff, westlich vom Ort befinden sich noch drei Vulkanstellen.
Das Vorhandensein dieser wasserstauenden Schichten bestimmte schon die Römer zu einer Niederlassung, die vermutlich Clarenna hieß und etwa 75 bis 200 n. Chr. bestand. Bei der heutigen Kirche wurden römische Brunnen gefunden, östlich vom Dorf ein Kastellbad mit Mauern aus Kalktuff und einem Heizkanal aus Basalttuffquadern. Vermutlich war in Donnstetten ein römisches Kastell. Es wurde aber bis jetzt noch nicht gefunden.
In der Alamannenzeit wurde Donnstetten wahrscheinlich von Zaininigen aus neu als Ausbausiedlung gegründet oder übernommen. Seine erste urkundliche Erwähnung in einem Dokument des Klosters Lorsch liegt jedenfalls sehr früh, 776 als „Tunnesstate".
Kirchlich gehörte Donnstetten ursprünglich zu Zaininigen, mit ihm kam es 1603 zu Württemberg. Im 15. Jh. erhielt es eine eigene Georgskapelle, 1447 wurde eine Pfarrei gegründet. Die Kirche ist gotisch, wurde 1828 verlängert, der Chor hat ein Rippenkreuzgewölbe.
Heute hat Donnstetten 883 Einwohner, die ihren Broterwerb größtenteils in den Industrien der umliegenden Gemeinden finden. Die Landwirtschaft wird hauptsächlich im Nebenerwerb betrieben. Die Nachkriegsentwicklung verlief nicht besonders günstig, was die Ansiedlung von Industriebetrieben betrifft. 128 Auspendler gegenüber fünf Einpendlern beweisen das. Gebaut wurde seit 1946: Schule mit Turnhalle, Kindergarten, Aussegnungshalle und Friedhofneugestaltung, Kläranlage und Ortskanalisation, Baugelände wurde erschlossen. Skilifte sorgen für regen Wintersportbetrieb.
Ortsteil Zaininigen   Zaininigen ist mit 800 m Höhenlage eines der höchstgelegenen Albdörfer. Früher besaß es 4 Hülben (Hülbe, Hüle = Wasseransammlung), von denen zwei, die große und die hintere Hülbe, erhalten und gepflegt sind. Sie stehen unter Naturschutz. Um dieser schönen Anlage willen, die die frühere Albwasserversorgung noch zeigt, wird Zaininigen von Ausflüglern und Exkursionen besucht. Es ist eine Art Prototyp des alten Albdorfes auf der Hochfläche, oft fotografiert und dargestellt. Als Mittelpunkt der „Zaininiger marca" ist der Ort schon 788 im Lorscher Codex erwähnt. Seine Mar-

tinskirche gilt als eine der ältesten Missionsstationen auf der Alb, erbaut im 15 Jh. An der Innenwand überlebensgroßes Christophorus-Fresko von 1496. Der Ort ist seit 1383 württembergisch. Der Kirchhof wurde, wie viele an der Strecke, 1559 durch Herzog Christoph befestigt, hauptsächlich zum Schutz der Salztransporte, die von Bayern her in Richtung Urach–Metzingen fuhren und auf dem Hinweg Holz und Vieh führten. Sie konnten sich vor Überfällen in diesen befestigten Friedhöfen schützen. Zainingen ist ein besonders klares Beispiel für diese Anlagen. Bekannt ist auch der Ortspfarrer Kuhn, der sich Anfang des 18. Jh. für die geistliche Erneuerung seiner Pfarrkinder stark einsetzte, sich aber Gegner schuf und durch Herzog Carl Alexander auf dem Hohenneuffen gefangen gesetzt wurde. Die pietistische Bewegung hatte indessen dort schon Fuß gefaßt. Später was der Zaininger Stundenhalter, Ulrich Fischer, einer ihrer Initiatoren, auch in der Umgegend.

Heute hat Zainingen 1100 Einwohner. Es hat sich in der Nachkriegszeit vom Bauerndorf zur Arbeiterwohngemeinde entwickelt. Ortsansässige Industrie, vor allem Metallverarbeitung, bietet etwa 180 Arbeitsplätze. Einpendler gibt es 30, 150 pendeln hauptsächlich ins Ermstal aus. Trotz dieser Entwicklung ist die Schäferei hier noch von Bedeutung. Seit 1946 sind Schulhaus, Kindergarten, Turn- und Festhalle, Gemeindehaus, Waschhaus und Kriegerdenkmal gerichtet, Kanalisation und Kläranlage, Straßenausbau, Erschließung von Baugelände geschaffen worden.   Bi
Kunsthistorische Sehenswürdigkeiten s. S. 174.

Rommelsbach *siehe Reutlingen*

Rübgarten *siehe Pliezhausen*

Seeburg *siehe Urach*

Sirchingen *siehe Urach*

Sickenhausen *siehe Reutlingen*

Sonderbuch *siehe Münsingen*

Sonnenbühl

Mit Wirkung vom 1. 1. 1975 haben sich die Gemeinden Erpfingen, Genkingen, Undingen und Willmandingen zur neuen Gemeinde Sonnenbühl mit rund 5300 Einwohnern zusammengeschlossen.

Ortsteil Erpfingen (731 m NN) Die 1834 entdeckte Karlshöhle barg Höhlenbärenknochen, Geräte aus der Altstein- und Bestattungen aus der Hallstattzeit. Ihre 1949 entdeckte Fortsetzung, die 140 m lange ,,Bärenhöhle'', benannt nach den übersinterten Knochen und Schädeln von Höhlenbären, ist heute berühmt durch ihre Tropfsteinpracht.

In Erpfingen hatte das Kloster Lorsch seit 773 und das Kloster Zwiefalten vor 1138 Besitz. Der Ortsadel war im 14. Jh. ein Zweig der zollerischen Schenken von Andeck, die Besitz und Rechte 1347 an die Grafen von Werdenberg verkauften, von denen sie dann Württemberg 1450 erwarb, das 1534 auch die Reformation einführte. Die Erpfinger Markung umfaßt 1812 ha. Durch die 1949 entdeckte Bärenhöhle hat der Fremdenverkehr einen mächtigen Aufschwung erhalten, dem ein Campingplatz und das Feriendorf ,,Sonnenmatte'' Rechnung tragen. Dies brachte der Gemeinde 1970 die Anerkennung als ,,Erholungsort'' ein. Beachtliche Industrie- und Handwerksbetriebe haben sich aus kleinen Anfängen heraus entwickelt. Die rund 1100 Einwohner haben sich dem allgemeinen Strukturwandel der Wirtschaft angepaßt; 70 pendeln zur täglichen Arbeit aus, 10 pendeln ein. Kommunale Errungenschaften seit 1946: Gemeindehaus, Schulhaus, Familienferiendorf ,,Sonnematte'' mit 50 Einfamilienhäusern, Waldsiedlung Beerenhalde mit 42 Häusern, Campingplatz mit Freibad, Feldwegbau.
Kunsthistorische Sehenswürdigkeiten s. S. 156.

Ortsteil Genkingen (771 m NN) Der Ort wird erstmals 772 in einer für das Kloster Lorsch ausgestellten Schenkungsurkunde genannt. Das Ortsherrengeschlecht ist bis zum Anfang des 16. Jh. nachweisbar. Durch zielstrebige, mit dem Jahr 1322 einsetzende Käufe, wurde das Frauenkloster Pfullingen aber allmählich der eigentliche Herr des Orts. So wurde Genkingen nach der Reformation um 1540, zusammen mit dem Klosteramt Pfullingen, dem württembergischen Kirchengut zugeschlagen. Die Markung umfaßt 1465 ha. Am 21. April 1945 wurden bei einem Fliegerangriff 53 Häuser zerstört. Der Wiederaufbau war mühevoll und hart. Genkingen ist nach Kriegsende den üblichen Weg vom Bauerndorf zur Industrie- und Arbeiterwohngemeinde gegangen. Von seinen rund 1600 Einwohnern die zumeist in der ortsansässigen Metall- und Textilindustrie, im Handwerk, Baugewerbe und in der stark zurückgegangenen Landwirtschaft beschäftigt sind, pendeln rund 150 zur Arbeit aus und 100 pendeln ein. Eine besondere Sehenswürdigkeit ist die Nebelhöhle (bekannt durch Hauffs Lichtenstein). An Bauleistungen hat die Gemeinde seit 1946 aufzuweisen: ein Rasthaus bei der Nebelhöhle (im Rahmen der Fremdenverkehrsförderung), Turn- und Festhalle, Schule mit Spezialräumen, Lehrschwimmhalle und Sportanlage, Kindergarten, Lehrerwohnungen, Farrenstall mit Feuerwehrgerätehaus, Sammelkläranlage, Leichenhalle mit Friedhofserweiterung. Kunsthistorische Sehenswürdigkeiten s. S. 157.

Ortsteil Undingen (775 m NN) Undingen gehört wie die benachbarten -ingen-Orte Genkingen, Willmandingen Erpfingen zu den frühen alamannischen Gründungen. In der frühesten Urkunde erhält das Kloster St. Gallen 806 Besitz in ,,Undinga'', Kloster Zwiefalten 1089 von seinem Stifter Graf Liutold von Achalm, der es erweiterte und 1250 an Württemberg abgetreten hat, das wohl schon von der Achalmgrafschaft her Hoheitsrechte hatte. Urkundlich erscheint Undingen erst 1454 als württembergisch. Bis zur Gründung der ev. Pfarrei im Jahr 1892 war Undingen Filial von Genkingen. Heute ist die Landwirtschaft in der 1733 ha großen Gemeinde stark im Schwinden und wird fast nur noch im Nebenerwerb betrieben. Ihre rund 1700 Einwohner finden vorwiegend in einheimischen und in Textilbetrieben der Nachbarschaft Beschäftigung. Rund 300 pendeln in der Hauptsache nach Reutlingen und auch in Nachbarorte zur Arbeit aus, ca. 30 pendeln ein.

Undingen ist Verwaltungssitz der neuen Gemeinde Sonnenbühl. Wirtschaftlich große Bedeutung hat die Strickwarenindustrie, die mit zehn Fabrikbetrieben und zahlreichen Lohnstrickereien betrieben wird. Auch das Baugewerbe sowie Holz- und Kunststoffverarbeitung sind vertreten. Leistungsfähiges Handwerk und Handel, Dienstleistungen – besonders hinsichtlich der Gesundheitsfürsorge (zwei Ärzte, Apotheke) schaffen weitere Voraussetzungen für eine positive Entwicklung der Gemeinde. Ein neuer Erwerbszweig erschließt sich durch den Fremdenverkehr: Undingen liegt günstig zwischen den bekannten Sehenswürdigkeiten der Reutlinger Alb: Bärenhöhle, Nebelhöhle, Lichtenstein, Roßberg und Bolberg und erweist sich so mit seiner eigenen reizvollen Umgebung als günstiger Ferienstandort.

Kommunale Errungenschaften seit 1946: Gemeindehaus mit Feuerwehrmagazin, Sportanlage, Kindergarten, Wasserhochbehälter, Waldsportpfad, Kinderspielplätze, Wanderparkplätze, Turn- und Festhalle, Reithalle. In Planung Schwimmhalle mit Wellenerzeugung, Sport- und Freizeitzentrum. Kunsthistorische Sehenswürdigkeiten s. S. 169.

Ortsteil Willmandingen (750 m NN) In der ersten urkundlichen Nennung vom 10. Juli 772 macht ein fränkischer Herr dem Kloster St. Gallen eine Schenkung. Gleichzeitig wird auch Kloster Lorsch, und um 1112 Zwiefalten bedacht. Willmandingen erscheint im 14. Jh. im Besitz der Grafen von Zollern, die es 1477 Württemberg überlassen. Die Gemeinde wurde dann Sitz eines Unteramts, dem die Ortschaften Undingen, Erpfingen, Hausen a. L. und Mägerkingen angehörten. Dieses Unteramt kam 1808 vom Oberamt Urach an das Oberamt Reutlingen und ist dann schließlich 1818 aufgelöst worden. In der Zeit nach dem 2. Weltkrieg ist die Landwirtschaft auf der 1117 ha großen Markung stark geschrumpft, mit Ausnahme von zwei Aussiedlerhöfen wird sie nur noch im Nebenerwerb betrieben. Dagegen hat die Textilindustrie mit zwei ,,Großbetrieben'' und über 60 Kleinbetrieben (hauptsächlich Lohnstrickereien und Spulereien) einen großen Aufschwung genommen. Von den 935 Einwohnern sind 50 Auspendler, 70 pendeln ein. An kommunalen Leistungen sind seit 1946 zu nennen: Farrenstall, Spritzenmagazin, Rathaus, Leichenhalle, Kindergarten, Erschließung des Neubaugeländes Lette, Löhern, Manteläcker, Griesäcker, Flurbereinigung 1967–1974, Kanalisation, Aufforstung, Wegebau, Spiel- und Wanderparkplätze.   Schw
Kunsthistorische Sehenswürdigkeiten s. S. 173.

Steingebronn *siehe Gomadingen*

Steinhilben *siehe Trochtelfingen*

Tigerfeld *siehe Pfronstetten*

Trailfingen *siehe Münsingen*

Trochtelfingen

Zum 1. 1. 1975 vereinigte sich die Stadt Trochtelfingen und die Gemeinden Mägerkingen und Steinhilben zur ca. 4980 Einwohner zählenden neuen Stadt Trochtelfingen.

Stadtteil Hausen a. d. L. (703 m NN) Das im engen Laucherttal gelegene Dorf wird erstmals 1275 im Konstanzer Zehntregister erwähnt. Seine Markung umfaßt 702 ha. Um die Mitte des 15. Jh. fiel Hausen an Württemberg. Die Lehenschaft der Pfarrei gehörte im späten Mittelalter dem Abt von St. Gallen. Kirchlich wird Hausen, das ein malerisch über dem Tal gelegenes Kirchlein besitzt, seit 1900 von dem ev. Pfarramt Erpfingen betreut. Das 1965 errichtete Schulhaus mußte wegen zu geringer Kinderzahl wieder geschlossen werden; die Kinder gehen in Mägerkingen und Trochtelfingen zur Schule. Wegen der durch Beschäftigungsmangel bedingten Abwanderung – im Ort gibt es nur eine kleine Stickerei und Näherei – ist die Einwohnerzahl rückläufig und auf rund 250 zurückgegangen, deren Haupterwerb die Landwirtschaft ist. Im Zuge der Verwaltungsreform wurde Hausen mit Wirkung vom 1. 2. 1972 in die Stadt Trochtelfingen eingemeindet. Schw
Kunsthistorische Sehenswürdigkeiten s. S. 159.

Stadtteil Mägerkingen (686 m NN) Mägerkingen wurde erstmals 1138 in einer Schenkung für das Kloster Zwiefalten urkundlich genannt. Es kam um 1450 an Württemberg. Seine Markung umfaßt 1257 ha. In den ortsansässigen Betrieben (Strickwaren und Meßwerkzeuge) sind um die 150 Personen beschäftigt. Da auch die Landwirtschaft moderne Wege ging, bietet Mägerkingen mit seinen rund 900 Einwohnern, bei um die 200 Aus- und unter 50 Einpendlern, das Bild einer ausgewogenen Gemeinde. Kommunale Errungenschaften seit 1946: Turn- und Festhalle, Feuerwehrgerätehaus, neues Schulhaus mit Sporttrakt, Kindergarten, Erschließung mehrer Baugebiete. Schw
Kunsthistorische Sehenswürdigkeiten s. S. 161.

Stadtteil Steinhilben (810 m NN) Der Name Steinhilben läßt sich aus dem Fehlen von natürlichem Wasservorkommen erklären. Hilben = Hülben oder Hülen sind Wasserlöcher, kleine Teiche, einst zur Behebung der Wassernot künstlich angelegt; Steinhilben besaß davon sechs, die heute alle zugeschüttet sind, nachdem der Ort 1907 an das Verbandswasserwerk Gammertingen angeschlossen wurde. 1324 wird Steinhilben als Filial von Trochtelfingen erwähnt, 1847 erhielt es eine eigene Pfarrei. Die Ritter von Steinhilben, die sich auch Hülwer, Pfützer oder Pfutz nannten, sind vom Ende des 13. Jh. bis zum 16. Jh. nachweisbar. Ihre Burg stand mitten im Ort und wurde meist nur das „Steinhaus" genannt. 1550–1568 baute Herzog Christoph von Württemberg das Schloß zu Jagdzwecken um. Spä-

ter war der Ort fürstenbergisch und ging dann an das Haus Hohenzollern-Sigmaringen über. In Steinhilben wurde Thomas Geiselhart 1811 geboren, der 1867 das Waisenhaus Nazareth in Sigmaringen gründete und dort 1891 starb.
Steinhilben hat heute 820 Einwohner. Es war früher rein landwirtschaftlich orientiert, Hanfbau wurde intensiv betrieben, Wald mußte erst aufgeforstet werden, heute neigt man mehr zur Industrie, die Landwirtschaft ist rückläufig. 90 Auspendlern stehen 35 Einpendler gegenüber. Der Ort hat einen Thomas-Geiselhart-Kindergarten erstellt, ein Feuerwehrgerätehaus, eine Leichenhalle gebaut, den Friedhof erweitert und Kinderspielplätze angelegt. Bi
Kunsthistorische Sehenswürdigkeiten s. S. 168.

Stadtteil Trochtelfingen (700 m NN) Die Größe seiner Markung, 3013 ha, weist Trochtelfingen als eine der ältesten Alamannensiedlungen der Gegend aus. Im Schutz einer auf der Terrasse über der Seckach gelegenen Burg entwickelte sich eine regelmäßig angelegte Marktsiedlung, die gegen Ende des 13. Jh. Stadt und Mittelpunkt einer Herrschaft wurde. Nach dem Aussterben der Grafen von Gammertingen kam sie im 13. Jh. an die Pfalzgrafen von Tübingen, dann über die Grafen von Hohenberg 1310 an Graf Eberhard von Württemberg, der sie kurz danach als Aussteuer für seine Tochter Agnes dem Grafen Heinrich von Werdenberg überließ, dessen Sohn Eberhard dann 1349 eine eigene Linie Werdenberg-Trochtelfingen begründete. Nachdem 1534 die Grafen von Fürstenberg Stadt und Herrschaft geerbt hatten, wurde das Schloß Amtssitz des Obervogts. 1806 kam die Herrschaft Trochtelfingen unter die Souveränität von Hohenzollern-Sigmaringen. Das Oberamt Trochtelfingen wurde 1862 zum Oberamt Gammertingen geschlagen und nach dessen Auflösung 1925 zum Kreis und späteren Landkreis Sigmaringen. Der Bau der hohenzollerischen Landesbahn 1901 und ihr Anschluß an die seit 1892 bestehende Echaztalbahn schuf neue Beziehungen zum Albvorland und zum Reutlinger Raum. So ist dann Trochtelfingen im Zuge der Verwaltungsreform 1973 dem Landkreis Reutlingen zugeschlagen worden. Schon der Verlust des Oberamtssitzes im Jahr 1861, aber auch das Fehlen eines ausreichenden Markteinzugsgebiets und seine verkehrsungünstige Lage haben Trochtelfingen in seiner Entwicklung gehemmt. Von seinen damaligen rund 2400 Einwohnern sind 1966 181 zur Arbeit aus- und 82 eingependelt. Der stattliche Bestand an historischen Bauwerken lockt zahlreiche Besucher und Urlauber in den Luftkurort. Trochtelfingen hat nach dem Krieg eine neue Grund- und Hauptschule und einen Kindergarten gebaut, die Wasserversorgung und Kanalisation in Ordnung gebracht, den Friedhof erweitert und eine Leichen- halle erstellt. Des weiteren wurde Baugelände er- schlossen.

Zum 1. 2. 1972 wurde die Gemeinde Hausen a. d. L. und zum 1. 7. 1974 die Gemeinde Wilsingen nach Trochtelfingen eingemeindet.   Schw Kunsthistorische Sehenswürdigkeiten s. S. 169.

Stadtteil Wilsingen (758 m NN) In Wilsingen (Willigisingen) erhält Kloster Zwiefalten schon von seinem Gründer, Graf Liutold von Achalm, vier Höfe. 1284–1286 kauft das Kloster ein Drittel des Zehnten in Wilsingen, das Gut Laubenhühle und den Brabanshof von Bertold von Pfullingen. Weitere Erwerbungen folgen, 1618 hat das Kloster 7 Erbhöfe und 11 Fallehen, auch alle hohe und niedere Ge- richtsbarkeit im Ort. Mit dem Kloster kam Wilsin- gen 1803 an Württemberg. Kirchlich war es bis ins 19. Jh. Filial von Trochtelfingen, 1809 erhielt es eine eigene Pfarrei. Am oberen Ortsausgang steht eine Wendelinskapelle aus dem 18. Jh.

Fast ausschließliche Erwerbsquelle war seit jeher die Landwirtschaft mit mittleren und größeren Bauern- betrieben. 26 Auspendlern stehen 5 Einpendler ge- genüber. Die Gemeinde hat die Ortsdurchfahrt aus- gebaut, ein Baugebiet ausgewiesen, die Kanalisation durchgeführt und eine Leichenhalle erstellt.   Bi Kunsthistorische Sehenswürdigkeiten s. S. 174 f.

Undingen *siehe Sonnenbühl*

Unterhausen *siehe Lichtenstein*

Upfingen *siehe Würtingen*

Upflamör *siehe Zwiefalten*

Urach

Die Stadt Urach wurde um 1265 von dem Grafenge- schlecht, dem sie ihre Gründung und ihren Namen verdankt, an die damaligen Grafen von Württem- berg verkauft. Seine erste große Zeit erlebte Urach, als es in den Jahren 1441 bis 1482 während der würt- tembergischen Landesteilung zweite Residenzstadt war. Unter der Regierung der tüchtigen Herrscher Graf Ludwig und seines von Kaiser Maximilian zum

Herzog von Württemberg erhobenen Sohnes Eber- hard im Bart wurden das Stadtschloß, die Amandus- kirche, das Spital und das Rathaus am Marktplatz er- richtet, die der Stadt ihr Gepräge bis heute verleihen. Auf die Anregung von Herzog Friedrich I., der den auf der Alb angebauten Flachs im eigenen Land ver- arbeiten ließ, entstand um 1600 am Ostrand der Stadt das Weberviertel und die Bleiche. Die um 1600 gegründete Leinwandhandlungscompagnie, die bis 1793 bestand und im Laufe der Entwicklung in der Leinenspinnerei GmbH Urach aufging, hatte Ge- schäftsbeziehungen bis nach Frankreich, Italien und der Schweiz. Die beginnende Industrialisierung im 19. Jahrhundert brachte das Ende der Uracher Hausweberei in den „Donken". Im Jahr 1938 wurde im Zuge der Verwaltungsvereinfachung das altwürt- tembergische Oberamt Urach aufgelöst, die 2798 ha große Stadt Urach und ein großer Teil der Ortschaf- ten kamen zum Kreis Reutlingen. Nach dem 2. Weltkrieg hat die Industrialisierung erneut stark eingesetzt; für die heute 11 100 Einwohner (die ein- gemeindeten Orte eingeschlossen) hat die letzte, im Jahr 1970 durchgeführte Erhebung 4591 Arbeits- plätze in den vielfältig gegliederten 441 Gewerbe-, Einzelhandels- und Industriebetrieben erbracht. Diese Betriebe und die verbliebenen staatlichen Be- hörden machen Urach zum Zentrum des oberen Ermstales und der angrenzenden Albgemeinden. Urach zählt dank seiner reizvollen Lage zu den be- deutendsten Fremdenverkehrsorten des Landkreises Reutlingen, durch die Errichtung des Thermalbades hat seine Bedeutung noch zugenommen. An bemer- kenswerten Einrichtungen sind zu nennen: Kreis- krankenhaus, Thermalbad, Jugendherberge und Evangelisches Seminar. An größeren Bauvorhaben wurden in den letzten 20 Jahren durchgeführt (die eingegliederten Gemeinden Hengen, Sirchingen und Wittlingen sind erst ab dem Zeitpunkt ihrer Eingliederung berücksichtigt): Neubauten: Berufs- schulen, Altstadtschule, Christophschule, Jugend- herberge, fünf Kindergärten, mechanischer Teil der Sammelkläranlage, Sanierung der Wasserversor- gung mit einem Kostenaufwand von 5,2 Mio. DM, Feuerwehrgerätehaus, Turnhalle, Nikolaiwasen, Gymnasium, Ermstalhalle. Eine Aussegnungshalle ist im Bau. Baugebiete wurden in der Unteren Brai- ke, Breitenstein und in den einzelnen Stadtteilen er- schlossen.

Mit Wirkung vom 1. 1. 1975 ist die öffentlich-recht- liche Vereinbarung über die Erfüllung der Aufgaben eines Gemeindeverwaltungsverbandes (vereinbarte

Verwaltungsgemeinschaft) durch die Stadt Urach (erfüllende Gemeinde) für die Gemeinden Grabenstetten und Römerstein in Kraft getreten. Durch das Besondere Gemeindereformgesetz wurde die Gemeinde Hülben mit Wirkung vom 1. 7. 1975 an dieser vereinbarten Verwaltungsgemeinschaft beteiligt.   Schw

Kunsthistorische Sehenswürdigkeiten s. S. 170 ff.

Stadtteil Hengen (736 m NN) Hengen liegt auf der Albhochfläche oberhalb von Urach an der Stelle eines einstigen Moors. Fast alle Häuser stehen auf Basalttuff, der Wasser führt und die Anlage von Schachtbrunnen ermöglichte; am Südrand des Dorfes gibt es sogar eine kleine Quelle.

Die Kirche zu Aller Heiligen ist schon 1275 genannt; sie war reichlich mit Gütern ausgestattet und vermutlich in spätgotischer Zeit auf romanischen Grundmauern neu errichtet worden. Der Ort wurde wohl von Wittlingen aus gegründet. Urkundlich erstmals erwähnt ist es 1276. Hengen kam 1251 mit Wittlingen oder etwas später an Württemberg.

Die Bevölkerung lebte ursprünglich nur von Landwirtschaft, Viehzucht und Waldarbeit, auch Obstbau wurde getrieben. Anschluß an die Uracher Industrie bot sich schon früh, 1933 pendelten 30 Arbeiter aus. Seit 1. 12. 1972 ist Hengen in die Stadt Urach eingemeindet.   Bi

Kunsthistorische Sehenswürdigkeiten s. S. 158.

Stadtteil Seeburg (597 m NN) „Seburc" in der Münsinger Mark wird schon 770 in der zweitältesten württembergischen Urkunde mit dem Namen „Burg" genannt; damals erhielt das Kloster Lorsch dort eine Kirche, die wohl die Vorgängerin der heutigen Johanneskirche ist. Die Johanneskirche mit dem Friedhof liegt auf der das Fischburgtal sperrenden Tuffsteinbarre.

Die „Seeburg" war wohl eine alamannische Befestigung, der Ort Seeburg wäre dann als Burgweiler entstanden. Im 15. Jh. gewann Seeburg Bedeutung als Mühlendorf; infolge des Wassermangels auf der Hochalb mußten die dort gelegenen Gemeinden in Seeburg mahlen lassen. 1454 waren sieben, 1554 sechs, später neun Mühlen hier im Betrieb, die „Bannrechte" und daher einen festen Kundenkreis besaßen, worüber es viele Streitigkeiten, besonders mit der Stadt Münsingen, die auch dort mahlen lassen mußte, gegeben hat. Heute ist noch eine Mühle in Betrieb.

Eine weitere Erwerbsmöglichkeit bot den Seeburgern ihr Tuffstein, der dort aus der mächtigen Kalktuffbarre gewonnen wird. Z. B. sind Hohenurach

und die Uracher Stadtmauer aus diesem Stein gebaut, auch die Erlöserkirche in Stuttgart u. a.

Bei Seeburg lagen früher drei Seen, davon wahrscheinlich zwei künstlich aufgestaut. Nur der sog. „bodenlose See" im Fischburgtal war natürlich. Herzog Johann Friedrich von Württemberg ließ ihn 1618 ablaßbar machen. Hierzu ließ er durch die vorgelagerte Tuffbarre einen Stollen treiben, der 415 m lang, 2,5 m hoch und 1 m breit ist, 14 m unter der Erdoberfläche liegt und zweimal unter der Erms durchgeht. Von 1618 bis 1763 war der See noch gefüllt und wurde nur jeweils zum Ausfischen abgelassen; von 1763 bis 1821 war er meist leer und wurde einmal jährlich zur Flößerei aufgestaut. Seither ist er leer, die 26 Morgen Seegrund wurden als Wiesen an die Bauern verkauft; er könnte aber jederzeit wieder aufgestaut werden, und es mehren sich die Stimmen, die einen Fisch- und Badesee zur Belebung des Fremdenverkehrs hier am Platze finden.

Die oben genannte Flößerei war im 18. und 19. Jh. eine weitere Einkommensquelle der Seeburger. Vom Rand der Hochalb wurden die dort oben geschlagenen und geglätteten Holzstämme auf hölzernen und später eisernen „Rutschen" zu Tal befördert und in die aufgestaute Erms eingebracht, die sie dann weiter in den Neckar und von da nach Stuttgart brachte, wo man sie u. a. zur Beheizung der dortigen Schlösser brauchte. Hierbei fanden viele Holzarbeiter und Flößer aus der Gegend Arbeit. Zum Schlößchen Uhenfels oberhalb des Dorfes gehören 150 ha der Markung.

Heute hat Seeburg 332 Einwohner. 160 Personen pendeln aus, meistens nach Urach, und zehn kommen nach Seeburg zur Arbeit. Ein Schulhaus wurde neu gebaut, ein Back- und Waschhaus mit Gemeindebad, eine neue Wasserversorgung mit Pumpstation und Hochbehälter angelegt und das Rathaus mit Feuerwehrmagazin umgebaut. Mit Wirkung vom 1. 1. 1975 wurde Seeburg in die Stadt Urach eingemeindet.   Bi

Kunsthistorische Sehenswürdigkeiten s. S. 167.

Stadtteil Sirchingen (729 m NN) Der Ort ist dadurch bekannt geworden, daß er auf der europäischen Wasserscheide liegt, die mitten durch das Dorf geht. Die eine Ortshälfte entwässert nach dem Katzental und damit zur Erms, die andere nach dem Ried, zur großen Lauter und zur Donau. Ein Haus an der Hauptstraße steht sogar mit dem Trauf in Richtung Wasserscheide, so daß das Wasser der einen Dachseite nach der Erms, das der anderen nach der Lauter im Straßenkandel fließt.

Wir erfahren von Sirchingen erstmals 1446; der Ort ist aber sicher älter, nach seinen Reihengräberfunden ein alamannischer Urort. Ein alter Heerweg vom Sternberg bei Gomadingen zum Runden Berg bei Urach geht über die Markung. Mit den anderen Kirchspielorten kam Sirchingen vor 1265 an Württemberg und hatte im Dreißigjährigen Krieg viel zu leiden. Kirchlich gehörte Sirchingen als Kirchspielort bis 1449 zu Gächingen und dann zu Upfingen. Eine eigene Schule besaß es schon 1753, das spätere Schul- und Rathaus stammt von 1846.

Der Ort ist landwirtschaftlich orientiert, Anschluß an Industriebetriebe wird gesucht. Seit 1. 9. 1971 ist Sirchingen ein Stadtteil von Urach. Bi
Kunsthistorische Sehenswürdigkeiten s. S. 168.

Stadtteil Wittlingen (689 m NN) liegt klimatisch sehr günstig inmitten eines ausgedehnten Vulkanmaars. Auf der Markung fand man alamannische Reihengräber und am Weg nach Hohenwittlingen ein Aufsteckkreuz aus dem 7. Jh., das erste dieser Art in Württemberg. Wittlingen muß als eine der Ursiedlungen in der Gegend angesehen werden. Der Ort gehörte zum achalm-urachischen Besitz und kam im 11. Jh. als Erbe an Mechthild, die Schwester der Grafen Kuno und Liutold von Achalm, und von dieser an ihren Sohn Berthold. „Witilingin" wurde 1090 im „Bempflinger Vertrag" genannt, es gehörte damals Bertholds Sohn, der als Burkhard von Wittlingen auftritt. 1248 ist Bischof Eberhard von Konstanz Ortsherr und 1251 Graf Ulrich I. von Württemberg. Unter Herzog Ulrich wurde die Reformation eingeführt. Die Burg Hohenwittlingen (691 m NN) wird erstmals 1248 genannt. Um 1300 war sie ein Hauptstützpunkt Graf Eberhards von Württemberg, 1311 hielt sie den Anstürmen der Habsburger unter Rudolf stand. In der zweiten Hälfte des 14. Jh. war sie als württembergisches Lehen in der Hand der Speth. 1548 wurde der Reformator Johannes Brenz während des Interims auf der Burg verborgen. Er schrieb dort seinen berühmten Kommentar über den 93. Psalm und entwarf den späteren württembergischen Katechismus. Außerdem wurden viele Wiedertäufer dort gefangen gehalten. 1576 brannte die Burg aus, wurde aber wieder aufgebaut und hatte im Dreißigjährigen Krieg eine Besatzung. Später verfiel sie; 1953–1963 wurde sie durch die Staatsforstverwaltung wieder hergestellt und begehbar gemacht. Auf Hohenwittlingen lebte seit 1864 der 1829 in Grabenstetten geborene Schriftsteller Dr. David Friedrich Weinland, der hier 1876 das bekannte Jugendbuch „Rulaman" und 1878 die Fortsetzung

„Kuning Hartfest" schrieb. Sie spielen z. T. in der Gegend um Hohenwittlingen und in den Höhlen Schillingsloch und Steffeshöhle. Weinland ist dort oben beigesetzt.

Wittlingen hat eine große Markung und ist eine vorwiegend bäuerliche Gemeinde. Allerdings gingen schon vor 1933 32 Prozent der Bevölkerung nach Urach zur Arbeit.

Seit 1. 9. 1971 ist Wittlingen ein Stadtteil von Urach. Bi

Kunsthistorische Sehenswürdigkeiten s. S. 174.

Walddorf *siehe Walddorfhäslach*

Walddorfhäslach

Zum 1. 4. 1972 haben sich die Gemeinden Häslach und Walddorf zur neuen Gemeinde Walddorfhäslach vereinigt mit 2900 Einwohnern.

Ortsteil Häslach Häslach kam wohl zusammen mit dem Schönbuch um die Mitte des 14. Jh. von den Tübinger Pfalzgrafen an Württemberg und wurde im Amt Tübingen dem Unteramtsbezirk Walddorf eingegliedert. Im späten Mittelalter war die kirchliche Zugehörigkeit unter den drei Pfarreien Walddorf, Neckartailfingen und Schlaitdorf geteilt. Seit 1842 gehört der Ort allein zur ev. Pfarrei Walddorf. Die Markung der gewerblichen Auspendlergemeinde umfaßt nur 237 ha. Von seinen rund 800 Einwohnern haben bei rund 40 Einpendlern um die 150 auswärtige Arbeitsplätze. An kommunalen Errungenschaften hat Häslach seit 1946 aufzuweisen: Ausbau der Ortskanalisation mit Sammelkläranlage, Ausbau der Wasserversorgung mit Fremdwasseranschluß und Wasserturmneubau, Schulhausneubau, Kindergartenneubau, Friedhofserweiterung mit Leichenhallenbau, Ausbau aller Ortsstraßen, Flurbereinigung mit landwirtschaftlichem Wegebau, Erschließung von ca. 12 ha Baugelände. Im Zuge der Verwaltungsreform kam Häslach 1973 vom Landkreis Tübingen zum Landkreis Reutlingen.

Ortsteil Walddorf Das erstmals 1204 und dann 1275 urkundlich erwähnte Walddorf geht auf eine Siedlung des 7./8. Jh. zurück –bezeugt durch drei Totenbäume –, die 1866 bei der Kirche in den Resten eines offenbar alamannischen Gräberfeldes gefunden worden sind. Walddorf gehörte zum Besitz der Pfalzgrafen von Tübingen, die Ende des 12. Jh. das Kloster Bebenhausen mit Grundbesitz bedachten und den Ort 1342 zusammen mit ihrer Tübinger

Herrschaft an Württemberg verkauften. Der Ort war dem Amt und der Kellerei Tübingen zugeteilt, bildete aber im 18. Jh. mit Gniebel, Dörnach, Häslach, Altenriet und Schlaitdorf ein Unteramt, das von dem Walddorfer Schultheißen bis 1792 als das „Obere Amt" bei den Beratungen von Stadt und Amt Tübingen vertreten worden ist. Als die das „Untere Amt" bildenden Gemeinden Degerschlacht, Sickenhausen, Rommelsbach, Altenburg und Oferdingen 1938 zum Kreis Reutlingen kamen, ist die Bezeichnung „Unteres Amt" auf den Walddorfer Bezirk übergegangen. Die 1208 ha große Gemeinde ist 1973 im Zuge der Verwaltungsreform dem Landkreis Reutlingen zugeschlagen worden. Die Pfarrei wird erstmals 1275 im Konstanzer Zehntbuch erwähnt und gehörte bis zur Mitte des 14. Jh. zum Landkapitel Urach, danach zum Landkapitel Reutlingen. Der Walddorfer Sprengel umfaßte bis 1842 auch Gniebel und einen Teil von Häslach, seit der Reformation auch Rübgarten. Nach 1842 blieb nur Häslach als Filial.

Die Entwicklung vom Bauerndorf zur Arbeiterbauerngemeinde setzte schon vor dem 1. Weltkrieg ein. Während die kleinen Betriebe stark zurückgegangen sind, gibt es heute schon elf Betriebe, die mehr als 10 ha bewirtschaften. Im Verhältnis zu der über 1700 Personen betragenden Einwohnerzahl bietet die Industrie am Ort nur wenige Arbeitsplätze an. Bei der letzten Zählung im Jahr 1966 wurden 351 Auspendler gezählt, die in der Mehrzahl in Reutlingen arbeiten.

An bemerkenswerten, nach dem 2. Weltkrieg entstandenen kommunalen Einrichtungen sind zu vermerken: Schulhausneubau, Friedhofserweiterung mit Leichenhallenneubau, Ortskernsanierung, Kindergartenneubau, Ausbau der Wasserversorgung, Ausbau der Kanalisation, Rathausumbau und Erschließung von ca. 15 ha Baugelände.   Schw
Kunsthistorische Sehenswürdigkeiten s. S. 173.

Wannweil

(323 m NN) Wannweil ist römischen Ursprungs. Das beweist neben Bodenfunden sein frühester (1275) überlieferter Name „Wile", der vom lateinischen „villa" hergeleitet ist. Die Dorfkirche ist auf einem römischen Bauwerk gegründet und wurde 1890 letztmals umgebaut. Sie ist wahrscheinlich das älteste oberirdische Gotteshaus in Württemberg. Der Ort kam im Laufe des 14. Jh. aus den Händen der

Herren von Blankenstein und von Wildnau in den Besitz Reutlingens. Seit dem Übergang der Reichsstadt Reutlingen an Württemberg im Jahr 1803 ist Wannweil selbständig. Mit der Gründung von zwei Fabriken in Wannweil um 1870, in denen bald je 200 Menschen Arbeit fanden, hat sich der ländliche Charakter der Ortschaft schon verhältnismäßig früh zu ändern begonnen.

Heute ist das 534 ha große Wannweil, mit seinen 4700 Einwohnern, von denen nach einer Zählung von 1970 1407 Personen zur Arbeit aus- und 239 einpendelten, vorwiegend Arbeiterwohn- und Industriegemeinde, in der die Landwirtschaft keine Rolle mehr spielt. Seit 1946 sind zahlreiche neue Wohn- und verschiedene Gewerbe- und Industriegebiete erschlossen worden. Im Zuge dieser Entwicklung wurden die nachstehenden Baumaßnahmen ausgeführt: Vorschule; Kindergärten; Kinderspielplätze und Schulturngärten; Zentrum für offene Jugendarbeit; Sportzentrum; Erweiterung des Wassernetzes und der Ortskanalisation; Sammelkläranlage, zusammen mit Kirchentellinsfurt, Kusterdingen, Mähringen, Jettenburg und Wankheim; Umbau der Gemeindehalle mit Vereinszentrum, verschiedene größere Straßenbauprojekte; Ebbachverdolung. Die wegen der andauernd drohenden Hochwassergefahr notwendige Echazkorrektur war bei einem Aufwand von 6 Mio. DM das teuerste Bauvorhaben in der Geschichte der Gemeinde.   Schw
Kunsthistorische Sehenswürdigkeiten s. S. 173.

Willmandingen *siehe Sonnenbühl*

Wilsingen *siehe Trochtelfingen*

Wittlingen *siehe Urach*

Würtingen

Durch das Besondere Gemeindereformgesetz wurde mit Wirkung vom 1. 1. 1975 aus den Gemeinden Gächingen, Lonsingen, Ohnastetten und Würtingen mit Bleichstetten und Upfingen die neue Gemeinde Würtingen gebildet mit rund 4300 Einwohnern.

Ortsteil Bleichstetten (763 m NN) Als Vater des damaligen Abtes Adelbert stiftete Eberhard von Metzingen dem Kloster Allerheiligen in Schaffhausen 1102 fast den ganzen Grundbesitz im Dorf im

Umfang von acht Höfen. 1390 wurde Bleichstetten an die Kartause Güterstein verkauft und kam mit diesem an Württemberg. Kirchlich ehemals Filial von Würtingen ist Bleichstetten selbständige ev. Kirchengemeinde, die aber immer noch vom Pfarrer von Würtingen betreut wird. Die neue, 1952 erbaute Kirche, steht auf der Anhöhe, in unmittelbarer Nähe der aus dem Jahr 1927 stammenden Schule. Früher meist landwirtschaftlich orientiert, hat sich Bleichstetten zu einer Arbeiterwohngemeinde entwickelt. Von seinen rund 600 Einwohnern pendeln über 100 zur Arbeit aus. In den letzten Jahren sind aber auch einige kleinere leistungsstarke Betriebe im Ort gegründet worden. Im Zuge dieser Entwicklung entstanden zwei größere Baugebiete im westlichen Bereich der Gemeinde. Die Markung ist 390 ha groß. 1938 kam Bleichstetten vom damals aufgelösten Oberamt Urach zum Kreis Reutlingen. Im Zuge der Verwaltungsreform hat sich die Gemeinde mit Wirkung vom 1. 2. 1972 Würtingen angeschlossen.

An kommunalen Bauten sind seit 1946 zu nennen: Gemeinschaftsanlage, Schlachthaus, Feuerwehrgerätehaus, Sammelkläranlage, Leichenhalle, Kindergarten mit Gemeindesaal, Spiel- und Sportanlagen und die Flurbereinigung.   Schw

Ortsteil Gächingen (690 m NN) Gächingen wird als Hauptort des sog. „Kirchspiel" schon vor 1265 erwähnt, ist aber sicher älter. Mit Würtingen, Bleichstetten, Ohnastetten, Upfingen, Sirchingen, Lonsingen, Gomadingen und Kohlstetten bildete es eine Gemeinschaft von Dörfern, die vermutlich auf dem Gächinger Kirchberg ihren Mittelpunkt hatte, allerdings lange vor 1275, denn da sind schon vier Pfarrkirchen im Gebiet bezeugt. Der Ort war ein Bestandteil der Grafschaft Urach und kam mit dieser an Württemberg. Begütert waren hier im 15. Jh. auch die Truchsessen von Waldegg.

Gächingen war bis zum 2. Weltkrieg vorwiegend landwirtschaftlich strukturiert. 1958 siedelte sich eine Strickwarenfabrik mit 60 Arbeitsplätzen an, außerdem zwei große Handwerksbetriebe. 180 Auspendler stehen 28 Einpendlern gegenüber. 1958 wurde der Ort kanalisiert, das Freischwimmbad restauriert, Kläranlage, Farrenstall, Kindergarten, Leichenhalle gebaut, das Rathaus mit Parkplatz neu gestaltet und die Wasserversorgung des Neubaugebietes Birkenhof mit zwei neuen Hochbehältern versehen.

Die „Gächinger Kantorei" ist ein Begriff im Konzertleben. Unter der Leitung von Helmut Rilling, Stuttgart, wurde hier jeweils eine Woche lang in

Klausur geübt, ehe man auf Konzertreise ging.   Bi Kunsthistorische Sehenswürdigkeiten s. S. 156.

Ortsteil Lonsingen (692 m NN) Der Ort wird von Liebhabern und Experten gern besucht wegen seines interessanten Roßbrunnens. Dieser gibt einen guten Einblick in das einstige Wasser- und Brunnenwesen der Albhochfläche. Das runde, gemauerte Becken ist 6 m tief und 12 m weit, ein Pumpenschwengel für Handbetrieb, der das Wasser dort einst schöpfte, ist ebenfalls erhalten samt dem Tränkbecken für das Vieh (s. auch S. 161).

Lonsingen ist als einstiges Kirchspieldorf bis vor kurzem noch Filial von Gächingen gewesen. 1268 ist es als „Lonesingen" erstmals erwähnt, 1265 kam es mit dem ganzen „Kispel" an Württemberg. Die Gemeinde hatte bis vor kurzem die geringste Bevölkerungsdichte im ehemaligen Kreis Münsingen. Die Markung umfaßt 1015 ha, davon sind 45 Prozent Wald. Die Einwohner betrieben neben Landwirtschaft hauptsächlich Weberei. Um 1450 bauten sie eine eigene Kirche, die 1741 umgebaut und 1970 ganz neu errichtet wurde. 1878 wurde ein eigener Friedhof angelegt.

Heute ist Lonsingen mit 516 Einwohnern mehr Arbeiterwohngemeinde. 210 Auspendler gegenüber 10 Einpendlern verdeutlichen dies. Nebenerwerbslandwirtschaft und Handwerksbetriebe sind aber noch vorhanden. Der Fremdenverkehr wird gefördert und soll als Erwerbsquelle weiter erschlossen werden. Die Gemeinde hat 1959 ein ev. Gemeindehaus, 1963 eine Volksschule, 1970 Kirche und Kläranlage, 1974 eine Leichenhalle mit Gefallenen-Ehrenmal gebaut, Kanalisation, Ortsstraßenausbau abgeschlossen und eine Gemeinschafts-Gefrieranlage errichtet.   Bi

Ortsteil Ohnastetten (758 m NN) Ohnastetten kam 1265 mit Würtingen an Württemberg. Im späten Mittelalter waren die Klöster Offenhausen, Pfullingen und Zwiefalten die Hauptgrundbesitzer im Ort. Seine Markung ist 591 ha groß. Bei seinen rund 280 Einwohnern, von denen 85 zur Arbeit auspendeln, steht die Landwirtschaft noch im Vordergrund. Ohnastetten kam 1938 von dem aufgelösten Oberamt Urach zum Kreis Reutlingen. 1945 wurden durch Bombenangriff sechs Häuser zerstört, die anfänglich nur provisorisch mit Holzdachabdeckung wieder aufgebaut werden konnten. Kommunale Errungenschaften seit 1946: Kanalisation des gesamten Dorfgebiets, Feldwegbau, Erschließung von zwei Baugebieten mit 50 Wohneinheiten, Leichenhalle, Erneuerung der Wasserleitung im Dorfgebiet, Er-

neuerung der Ortsbeleuchtung, Ausbau der Ortsdurchfahrt mit Anlage von Gehwegen, Renovierung
der Kirche und des Rathauses.   Schw
Kunsthistorische Sehenswürdigkeiten s. S. 164.
Ortsteil Upfingen (708 m NN) Upfingen ist im
11. Jh. als „Upphingin" erstmals erwähnt. Es ist besonders bekannt durch seine verhältnismäßig große
gotische Kirche. Sie hatte eine Vorgängerin: im
14. Jh. stand dort eine viel besuchte Marienkapelle,
deren Gnadenbild gegen Epilepsie angerufen wurde.
1435 auch von dem jungen Grafen Ludwig von
Württemberg, dem älteren Bruder von Eberhard im
Bart. Upfingen kam mit dem Kirchspiel 1265 an
Württemberg und gehörte kirchlich bis 1449 zu Gächingen, der Fußweg nach dort ist der „Kirchweg".
1805–1865 hatte der Upfinger Pfarrer Hohenurach
zu versehen.
Es hat heute 740 Einwohner und entwickelt sich vom
Bauerndorf zur Arbeiterwohngemeinde mit Nebenerwerbslandwirtschaft. Der Ort ist kanalisiert, hat
Kläranlage, ausgebaute Ortsstraßen, Kindergarten
und Leichenhalle und tut viel für die Verschönerung
des Ortsbildes.   Bi
Kunsthistorische Sehenswürdigkeiten s. S. 170.
Ortsteil Würtingen (726 m NN) Würtingen hat als
Zubehör der Grafschaft Urach bis in die neueste Zeit
an den Geschicken seiner früheren Amts- und Ober-
amtsstadt Urach teilgenommen. Es bietet an Se-
henswürdigkeiten den Gestütshof St. Johann, den
Fohlenhof, den Aussichtsturm Hohe Warte und die
Rutschenfelsen. Der Ort ist mit seiner 2011 ha großen Markung eine landwirtschaftlich orientierte
Wohngemeinde mit vielen landwirtschaftlichen Zu-
und Nebenerwerbs- aber keinen Hauptbetrieben.
Auffallend sind die meist zweistockigen bäuerlichen
Anwesen, die auf der Uracher Alb sonst selten sind.
Die wenigen Industriebetriebe im Ort befassen sich
mit Holz- und Textilverarbeitung. Von den heute
rund 1500 Einwohnern pendeln jeweils über 150 zur
Arbeit aus und über 50 ein. An kommunalen Bauten
sind seit 1946 zu nennen: Schulhaus mit Lehrschwimmbecken, Sammelkläranlage, Kindergarten,
Turn- und Festhalle, Kirchenrenovierung, Spielplätze, Sportanlagen, Reitanlagen, Leichenhalle.
                                            Schw
Kunsthistorische Sehenswürdigkeiten s. S. 174.

Zainingen *siehe Römerstein*

Zwiefalten

(540 m NN) Am Fuß der Schwäbischen Alb, an der
Schwelle zum Oberland liegt in zwei Wiesentälern
der Ach das prächtige Barockkloster Zwiefalten. Der
Hauptteil des Marktfleckens liegt am Fuß der Gauin-
ger Steige, westlich von der Abtei. Ein Strom von
Besuchern aus aller Welt belebt ständig das Ortsbild.
„Zvivaltum" ist 904 erstmals erwähnt, bis 1137 erscheinen die Namen Zvivalta, Zvivulda, später Du-
plices Aquae; dies deutet auf den Ursprung des Namens: der Ort liegt am Zusammenfluß zweier Bäche
namens Ach, der Zwiefalter Ach und der Kessel-Ach
und bedeutet soviel wie zweifache oder zwiefältige
Ach, hieß auch vor nicht allzulanger Zeit noch Zwie-
faltach.
Im Zeitalter des Investiturstreites stifteten die Grafen Kuno und Liutold von Achalm auf den Rat des
Abtes Wilhelm von Hirsau ein Kloster in Altenburg
bei Tübingen und verpflanzten es wenig später,
1089, nach Zwiefalten. Das ursprüngliche Pfarrdorf
wurde von den ansässigen Bauern geräumt, ehe sich
die ersten aus Hirsau kommenden Mönche nieder-
ließen; man vermutet, sie seien nach Zwiefaltendorf
gezogen. Schon unter dem zweiten Abt Ulrich von
Hirschbühl (1095–1139) erlebte das Kloster mit 70
Mönchen und 130 Laienbrüdern eine hohe Blüte.
Das Kloster war und wurde reich ausgestattet von
vielen Stiftern und Wohltätern und besaß bald ein
eigenes Territorium auf der Alb, das laufend ausgebaut wurde und schließlich 26 Dörfer zählte, in denen das Kloster die Obrigkeit hatte; die Propstei Mochental und das Frauenkloster Mariaberg gehörten
auch dazu. Eine Dorfordnung wurde 1479 erlassen;
noch heute unterscheiden sich z. B. die Erbsitten der
Zwiefalter von den altwürttembergischen Dörfern.
Nur die freie Vogtwahl hatte das Kloster nicht; die
Grafen von Württemberg waren seit 1365 im Besitz
der Vogtei und suchten diese im 15. Jh. in landesherrliche Oberhoheit umzuwandeln, wogegen sich
besonders der Abt Georg Fischer (1474–1513) energisch wehrte. Es gab viele Streitigkeiten, besonders
zur Reformationszeit, als die Herzöge Ulrich und
Christoph die Reformation einführen wollten, aber
keinen Erfolg hatten. Nach langem Rechtsstreit
wurde in einem Vertrag von 1569 die Vogtei Württembergs zwar bestätigt, eine Einverleibung des Klosters in das Herzogtum aber verhindert, so daß
Zwiefalten als Kloster weiterbestand. Es kaufte dann
1749 von Herzog Karl Eugen die Vogtei und erreichte damit die Reichsunmittelbarkeit.

Es folgte eine neue Glanzzeit, Klosterschulen wurden gebaut, auch in Ehingen, wo Wissenschaften und Künste aller Art gelehrt wurden. Der schriftstellernde Mönch Magnus Ziegelbauer verhalf dem Kloster zu hohem Ruf. Die Krönung dieser Zeit waren dann die herrlichen Bauten der Barockzeit.

1802 wurde das Klosterterritorium mit 4780 Einwohnern dem württembergischen Staat einverleibt und das blühende Kloster mit 37 Mönchen und 11 Brüdern aufgehoben. Ab 1810 gehörte Zwiefalten zum damaligen Kreis Münsingen, ab 1812 wurde die Irrenanstalt von Ludwigsburg in die Klostergebäude verlegt. Seither ist die Geschichte Zwiefaltens mit der des heutigen Psychiatrischen Landeskrankenhauses eng verbunden. 1818 wurde ein katholisches Dekanat in den Ort gelegt, 1832 eine eigene Gemeinde gegründet. 1938 wurden die Gemeinden Baach und Gossenzugen eingemeindet, am 1. 2. 1972 Mörsingen, am 1. 1. 1974 Upflamör, am 1. 1. 1975 Gauingen und Sonderbuch.

Während in den ländlichen Teilorten die Landwirtschaft noch deutlich überwiegt, ist die Erwerbsstruktur im Hauptort Zwiefalten mit Handel, Handwerk und Industrie gemischt, jedoch mit einem deutlichen Übergewicht des Dienstleistungsbereichs, hauptsächlich bedingt durch das Psychiatrische Landeskrankenhaus, das 300 Arbeitsplätze bietet. Die Einpendler stellen daher die stattliche Zahl von 250 Personen; Auspendler sind es ca. 60.

Seit 1946 hat die Gemeinde Bauland erschlossen, Wohnungen und Feldwege gebaut, kanalisiert und Straßen neu angelegt. 1958 entstand der Hochbehälter Gauberg, 1962 die neue Münsterschule mit Turnhalle, 1965 die Kläranlage, 1970 ein beheiztes Freibad, 1971 ein Sportplatz und eine Sonderschule sowie 1972 eine Haupt- und Realschule. 1973 wurde das Rathaus neu gestaltet. Zwiefalten hat mit seinen Ortsteilen 3000 Einwohner.

Kunsthistorische Sehenswürdigkeiten s. S. 174 f.

Ortsteil Gauingen (718 m NN) Die erste urkundliche Erwähnung liegt schon bei 904, zu „Guingon" im Affagau hatte Kloster Reichenau um 900 vier Güter. Weiter erhielt Kloster Zwiefalten schon in den ersten Jahrzehnten nach seiner Gründung 1089 durch mehrere Schenkungen hier Besitz. Es sind dabei auffallend viele Obstgärten genannt, woraus man auf frühen Obstbau im Ort schließen kann. Mehr und mehr Güter wurden zwiefaltisch, bis 1622 kein freies Eigentum mehr vorhanden war. Alle Äcker gaben außer dem Zehnten die vierte Garbe dem Kloster. Vogtei und Gericht über das Dorf hatte das

Kloster 1412 von Heinrich von Rechberg aus veringischem Besitz erworben. Kirchlich gehörte Gauingen schon Ende des 11. Jh. zur Pfarrei Zwiefalten. Es ist einer der ältesten Zwiefalter Orte. Nach dem Bau der Kapelle 1688 verpflichtete sich die Gemeinde zu deren Unterhaltung.

Auch heute noch ist der Ort vorwiegend landwirtschaftlich strukturiert. Jedoch sorgen zwei Natursteinbrüche und eine Näherei für industriellen Anschluß, es gibt Auspendler und Einpendler.

Gauingen ist seit 1. 1. 1975 Ortsteil von Zwiefalten.

Kunsthistorische Sehenswürdigkeiten s. S. 156.

Ortsteil Mörsingen (661 m NN) Der Ort liegt in einer quellreichen Tertiärmulde. Die ganze Wasserversorgung des Dorfes kann von diesen Quellen in den Fluren „Weiße Steige" und „Pfarrwald" gedeckt werden. Die Siedlung ist langgestreckt und hat ein Ober-, Unter- und Mitteldorf, was auf eine einstige Besitzteilung zurückgeht.

In „Meregisinga" im Affagau (vom Personennamen Merigis) besaß der 887 abgesetzte Karolingerkönig Karl III., der Dicke, Königsgut, das 904 unter König Ludwig dem Kind an Kloster Reichenau gegeben wurde. Dieses erhielten auch von Berthold, dem letzten Alaholfinger, Besitz in Mörsingen. Im 18. Jh. gehörte „Meregesingen" den Herren von Justingen, die den Ort als Lehen je zur Hälfte den Herren von Emerkingen und von Grüningen gaben – daher die Teilung in verschiedene Dorfteile. Ab 1290 war Mörsingen zwiefaltisch und kam mit dem Kloster 1803 an Württemberg.

Mörsingen ist seit 1. 2. 1972 Ortsteil von Zwiefalten.

Kunsthistorische Sehenswürdigkeiten s. S. 162 f.

Ortsteil Sonderbuch (674 m NN) Der Schloßberg beim Dorf, am Ende der Talrinne, ist vermutlich ein vorgeschichtlicher Grabhügel, der im Mittelalter eine Ritterburg trug. Man sieht noch den wassergefüllten Ringgraben am Fuß des Hügels.

Sonderbuch ist als „Sundirinbouch" = südlicher Buchenwald 1100 erwähnt und von Hayingen aus gegründet und benannt worden. Bis 1432 war es Zubehör der Burg Ehrenfels, doch hatte Zwiefalten schon früh Besitz hier. Am 26. 2. 1432 verkaufte Jörg Kaib von Hohenstein alle seine Rechte und den ganzen Besitz zu Sonderbuch an das Kloster Zwiefalten. Kirchlich gehörte Sonderbuch schon 1089 dorthin. Ortsadel ist im 12. Jh. erwähnt. 1728 setzte das Kloster einen Kleemeister und Scharfrichter in den Ort, was von seiten Württembergs großen Widerspruch fand.

Die Markungsfläche ist klein, trotzdem ist der Ort bis heute landwirtschaftlich orientiert. Wie bei den meisten Zwiefalter Dörfern sind die Besitzverhältnisse günstig, es gibt mehr mittlere und größere Höfe.

Heute hat Sonderbuch 230 Einwohner; 30 Auspendler arbeiten auswärts. Seit 1946 sind Gemeinschaftsgefrieranlage, Gemeindebackofen, Waschplatte und Leichenhalle geschaffen worden. Der Ort ist seit 1. 1. 1975 in die Gemeinde Zwiefalten eingemeindet. Kunsthistorische Sehenswürdigkeiten s. S. 168.

Ortsteil Upflamör (760 m NN) Hallstattgräber, Bronzezeitfunde weisen auf ein reges Leben in der Vorzeit hin; dazu gehört auch die 1,5 km südwestlich gelegene Upflamörer Heuneburg. Sie liegt auf einer gegen Süden vorspringenden Bergnase, hat eine Fläche von 180 x 300 m, ist von einem Wall umgeben und auf der Nordseite durch einen 6,5 m tiefen Graben vom Hinterland getrennt; hier ist eine rechteckige Vorburg vorgelagert.

Der so fremd klingende Name läßt sich folgendermaßen erklären: Upflamör wurde von dem 5 km südlich gelegenen Dorf Pflummern als „Ufpflummern" gegründet; Upflamör ist 140 m höher gelegen. Ähnlich wie bei Hausen (im Filstal) und Aufhausen (auf der Alb) wurde hier die höhergelegene Schwestergemeinde durch das Prädikat „auf" hervorgehoben. „Ufpflummern" hat sich dann im Laufe der Zeit sprachlich zu Upflamör zusammengeschliffen.

Der Ort war schon 1089 Filial der Pfarrei Zwiefalten. Von der 1587 geweihten Kirche ist noch der Turm mit Satteldach und Staffelgiebel erhalten. Die Flurnamen Brühl und Braike deuten auf ein alamannisches Urdorf. Nordöstlich von Upflamör lag über dem Geisinger Tal die heute abgegangene Burg Sigeberg, deren Burgherrn im 13. Jh. genannt sind. 1311 verkauften die Grafen von Veringen Burg und Dorf Upflamör an Zwiefalten; es kam mit diesem 1803 an Württemberg.

Upflamör ist landwirtschaftlich strukturiert bis heute. Früher hatten fast alle Häuser Pumpbrunnen, trotzdem mußte in heißen Sommern das Wasser aus der Zwiefalter Ach geholt werden. Bis 1870 wurde auf der Markung Bohnerz gegraben, das bei Schussenried verhüttet wurde.

Upflamör ist bekannt durch das Kreisjugendheim, den Wasserturm mit Aussichtsplatte und als Wintersportgebiet. Die Wasserversorgung wurde in Verbindung mit dem Wasserturm neu geregelt, die Friedhofskapelle renoviert. Seit 1. 1. 1974 ist Upflamör in die Gemeinde Zwiefalten eingemeindet. Kunsthistorische Sehenswürdigkeiten s. S. 170.

Kreis und Gemeinden in Zahlen

Landkreis Reutlingen (Gebietsstand 1. 1. 1975)

| | Fläche in ha | Wohnbevölkerung | | | | Bevölkerungs-zunahme bzw. -abnahme in % | Geburten-überschuß bzw. -defizit | Wande-rungsgewinn bzw. -verlust | Bevölke-rungsdichte (VZ 1970) in qkm |
| | | Volks-zählung 17. 5. 1939 | Volks-zählung 6. 6. 1961 | Volks-zählung 27. 5. 1970 | Fortschrei-bung 1. 1. 1975 | 17. 5. 1939 bis 27. 5. 1970 | 1961 bis 1970 | 1961 bis 1970 | |
	1	2	3	4	5	6	7	8	9
1 Reutlingen, Stadt	8 707	47 879	77 451	92 412	96 157	93,0	4 684	4 690	1 061,3
2 Dettingen/Erms	1 582	4 056	5 993	7 339	7 640	80,9	592	728	463,9
3 Engstingen	3 152	2 169	3 707	4 280	4 705	97,3	681	59	135,7
4 Eningen u. A.	2 316	4 884	7 515	8 401	9 298	72,0	625	605	362,7
5 Gomadingen	4 581	1 574	1 541	1 954	2 033	24,1	86	182	42,6
6 Grabenstetten	1 454	957	1 113	1 220	1 258	27,5	119	− 9	83,9
7 Grafenberg	351	847	1 284	1 592	1 858	87,9	209	89	453,5
8 Hayingen, Stadt	6 334	1 380	1 813	2 114	2 122	53,2	266	59	33,3
9 Hohenstein	6 172	2 214	2 323	2 611	2 731	17,9	301	− 81	42,3
10 Hülben	640	1 921	2 545	2 676	2 677	39,3	259	− 94	418,1
11 Lichtenstein	3 425	4 598	6 882	7 967	7 852	73,3	689	653	232,6
12 Mehrstetten	1 609	788	963	1 053	1 058	33,6	118	1	65,4
13 Metzingen, Stadt	3 463	10 543	15 645	18 884	19 559	79,1	1 485	1 700	54,53
14 Münsingen, Stadt	11 599	9 177	9 827	10 896	11 215	18,7	986	870	93,9
15 Pfronstetten	5 410	1 248	1 376	1 364	1 334	9,3	115	−159	25,2
16 Pfullingen, Stadt	3 014	9 143	13 593	16 034	16 353	75,4	1 259	1 422	531,9
17 Pliezhausen	1 729	3 364	4 341	5 285	5 896	57,1	551	446	305,6
18 Riederich	460	1 058	1 897	2 641	3 135	149,6	279	433	574,1
19 Römerstein	4 595	2 747	3 074	3 198	3 267	16,4	285	−146	69,5
20 Sonnenbühl	6 127	3 628	4 101	4 888	5 304	34,8	449	356	79,7
21 Trochtelfingen, Stadt	7 917	2 975	3 818	4 536	4 979	52,5	454	275	57,2
22 Urach, Stadt	5 550	7 075	10 429	11 391	11 028	61,0	529	477	205,2
23 Walddorfhäslach	1 444	1 569	2 011	2 501	2 926	59,4	299	216	173,1
24 Wannweil	534	2 090	3 579	4 485	4 707	114,6	376	749	839,8
25 Würtingen	5 896	2 920	3 423	3 927	4 255	34,5	334	199	66,6
26 Zwiefalten	4 543	2 559	3 037	3 000	2 840	17,2	347	516	66,0
27 Gutsbezirk Münsingen	6 701	38	296	262	277	589,5	31	0	3,9
Landkreis Reutlingen	109 305	131 232	193 577	226 911	236 464	72,9	16 408	14 236	207,5

Von der Wohnbevölkerung am 27.5.1970 waren				Höchster Schulabschluß 1970			Überwiegender Lebensunterhalt 1970		Von der Wohnbevölkerung 1970 waren		
männl.	weibl.	evang.	r.-kath.	Mittl. Reife Abitur	Berufsfach-Fach-,Ing.-Schulen	Hoch-schulen	durch Erwerbs-tätigkeit	durch Renten, Pension usw.	unter 21 Jahre	über 65 Jahre	
10	11	12	13	14	15	16	17	18	19	20	
43 593	48 819	61 475	21 991	9 701	7 599	2 403	39 646	14 394	28 527	10 997	1
3 469	3 870	5 819	1 076	309	443	72	3 101	1 127	2 494	808	2
2 209	2 071	2 078	2 005	223	232	35	1 830	411	1 757	345	3
4 005	4 396	5 991	1 539	555	640	187	3 696	1 233	2 609	921	4
991	963	1 692	154	59	89	26	743	375	701	264	5
600	620	1 102	63	28	75	4	564	153	449	157	6
790	802	1 232	269	52	63	9	672	198	572	154	7
1 059	1 055	411	1 499	39	125	28	926	250	878	236	8
1 277	1 334	1 472	1 073	31	162	19	1 202	321	1 037	317	9
1 224	1 452	2 472	125	60	55	14	1 232	424	948	290	10
3 749	4 218	5 710	1 230	350	430	88	3 404	1 132	2 748	919	11
516	537	917	66	17	64	16	477	142	396	145	12
9 027	9 857	13 474	3 742	1 341	1 236	348	8 187	2 644	6 090	2 272	13
5 141	5 755	7 896	2 117	377	615	162	4 600	1 756	3 851	1 381	14
652	712	108	1 155	12	50	9	666	189	520	193	15
7 576	8 458	11 608	3 094	1 215	1 305	345	6 994	2 278	5 051	1 837	16
2 523	2 762	4 260	426	133	213	50	2 228	725	1 858	470	17
1 315	1 326	1 929	551	104	157	28	1 104	340	919	267	18
1 529	1 669	2 836	64	55	77	19	1 389	416	1 215	375	19
2 295	2 593	4 235	401	116	187	16	2 439	531	1 784	536	20
2 159	2 377	1 595	2 694	129	228	47	2 084	552	1 768	526	21
5 329	6 062	7 907	2 582	781	822	224	5 087	1 859	3 663	1 480	22
1 216	1 285	2 060	293	54	131	28	1 011	301	943	237	23
2 122	2 363	3 132	876	297	305	81	1 931	692	1 394	558	24
1 862	2 065	3 502	220	112	147	36	1 780	538	1 443	492	25
1 433	1 567	667	2 236	80	208	44	992	861	986	422	26
145	117	131	129	13	7	2	106	22	104	11	27
107 806	119 105	155 696	51 670	16 243	15 665	4 340	98 091	33 864	74 705	26 731	

		Erwerbstätige 1970						
		nach Wirtschaftsbereichen				nach der Stellung im Beruf		
	Insgesamt	Land- und Forstwirt-schaft	Produzier. Gewerbe	Handel und Verkehr	Sonstige Wirtschafts-bereiche	Selbständige u. mithelf. Fam.-Angeh.	Beamte, Angestellte Kaufm. u. techn. Lehrl.	Arbeiter, gewerbl. Lehrlinge
	21	22	23	24	25	26	27	28
1 Reutlingen, Stadt	43 300	759	25 997	6 898	9 646	4 723	16 836	21 741
2 Dettingen/Erms	3 442	148	2 610	251	433	469	971	2 002
3 Engstingen	2 052	274	858	149	771	363	810	879
4 Eningen	3 967	127	2 662	552	626	499	1 267	2 201
5 Gomadingen	849	221	343	76	209	229	226	394
6 Grabenstetten	638	245	307	33	53	193	63	382
7 Grafenberg	802	92	556	84	70	154	154	494
8 Hayingen, Stadt	1 014	390	401	69	154	434	143	437
9 Hohenstein	1 370	563	559	83	165	616	146	608
10 Hülben	1 295	56	1 022	74	143	147	246	902
11 Lichtenstein	3 782	243	2 581	370	588	460	994	2 328
12 Mehrstetten	542	206	229	29	78	254	81	207
13 Metzingen, Stadt	9 032	306	6 374	978	1 374	1 176	2 687	5 169
14 Münsingen, Stadt	5 079	970	1 990	539	1 580	1 382	1 533	2 164
15 Pfronstetten	740	468	164	54	54	497	54	189
16 Pfullingen, Stadt	7 653	170	5 106	1 035	1 342	1 000	2 666	3 987
17 Pliezhausen	2 510	214	1 835	178	283	395	487	1 628
18 Riederich	1 227	37	890	169	131	151	311	765
19 Römerstein	1 574	364	908	121	181	413	247	914
20 Sonnenbühl	2 740	454	1 908	145	233	831	392	1 517
21 Trochtelfingen, Stadt	2 255	570	1 216	148	321	753	391	1 111
22 Urach, Stadt	5 471	262	3 670	507	1 032	711	1 764	2 996
23 Walddorfhäslach	1 143	140	778	97	128	221	198	724
24 Wannweil	2 118	53	1 469	252	344	256	635	1 227
25 Würtingen	2 086	549	1 149	154	234	596	360	1 130
26 Zwiefalten	1 125	305	285	108	427	391	400	334
27 Gutsbezirk Münsingen	130	18	39	10	63	4	45	81
Landkreis Reutlingen	107 936	8 204	65 906	13 163	20 663	17 318	34 107	56 511

Aus-	Ein-	Landwirtschaftliche Betriebe und Forstbetriebe 1971			Nichtlandwirtschaftliche Arbeitsstätten insgesamt		Wohn-gebäude	Woh-nungen	Steuerkraft-summe DM/EW 1973	
Pendler		Betriebe	Betriebs-fläche (ha)	Betriebe über 15 ha landw. Nutzfläche	Arbeits-stätten	Beschäf-tigte				
am 27. 5. 1970							am 31. 12. 1970			
29	30	31	32	33	34	35	36	37	38	
7 462	17 319	553	4 919	46	3 770	51 497	15 650	30 876	1 231,58	1
1 157	971	136	997	3	183	2 867	1 435	2 305	463,66	2
664	483	192	5 223	26	173	1 158	791	1 202	339,63	3
2 124	1 042	60	1 618	15	323	3 378	1 670	2 879	235,50	4
395	35	91	2 843	35	87	438	487	635	343,69	5
308	26	137	1 109	7	68	221	313	398	392,00	6
435	112	88	272	0	76	389	380	526	349,21	7
216	112	195	4 891	97	99	572	457	598	352,82	8
299	144	318	5 601	93	110	624	587	740	345,03	9
671	50	48	537	9	112	636	630	886	344,79	10
1 813	480	155	2 241	13	281	2 218	1 376	2 493	367,48	11
96	150	97	1 539	33	49	402	242	310	345,18	12
2 553	3 550	240	3 159	14	814	9 378	3 128	6 226	369,10	13
1 578	1 593	539	10 773	170	563	3 622	2 385	3 440	301,04	14
168	45	201	5 703	93	75	174	328	360	334,05	15
3 295	1 957	130	1 876	17	704	6 920	2 604	5 556	404,21	16
1 489	197	149	889	6	182	1 036	1 206	1 692	343,67	17
624	365	58	280	1	98	1 227	545	866	398,45	18
700	91	389	3 831	37	123	596	809	954	335,78	19
787	379	471	4 631	23	347	1 909	1 190	1 539	329,20	20
548	250	325	6 409	116	248	1 371	983	1 453	337,00	21
1 561	2 355	203	5 116	22	533	6 111	1 839	3 820	362,84	22
595	168	174	931	8	102	743	568	770	330,38	23
1 145	238	33	260	2	171	1 189	902	1 478	423,30	24
922	113	408	4 575	31	178	779	1 067	1 311	334,21	25
205	223	155	5 351	63	131	997	514	720	356,42	26
59	15	5	5 564	3	6	270	35	50	156,44	27
31 869	32 468	5 550	91 138	983	9 606	100 722	42 121	74 083	408,42	

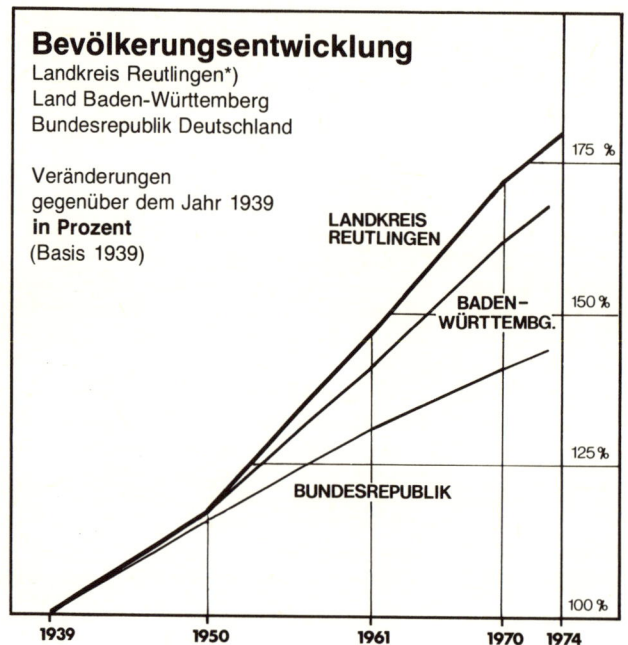

Bevölkerungsentwicklung
Landkreis Reutlingen*)
Land Baden-Württemberg
Bundesrepublik Deutschland

Veränderungen
gegenüber dem Jahr 1939
in Prozent
(Basis 1939)

*) Umgerechnet auf den Gebietsstand vom 1. Januar 1975

Bevölkerungszahlen

	1939	1950	1961	1970	1973/74
Bundesrepublik (in 1000)	43008	49981	56175	60651	62101
Baden-Württemberg (in 1000)	5476	6430	7759	8895	9239
Landkreis Reutlingen*)	131200	154600	193600	226900	236700

Veränderungen in Prozent im Vergleich zu 1939

	1939	1950	1961	1970	1973/74
Bundesrepublik	–	116	131	141	144
Baden-Württemberg	–	117	142	162	168
Landkreis Reutlingen	–	117	147	172	180

*) Gebietsstand 1. 1. 1975

Altersaufbau der Bevölkerung im Landkreis Reutlingen*) am 1. Januar 1971

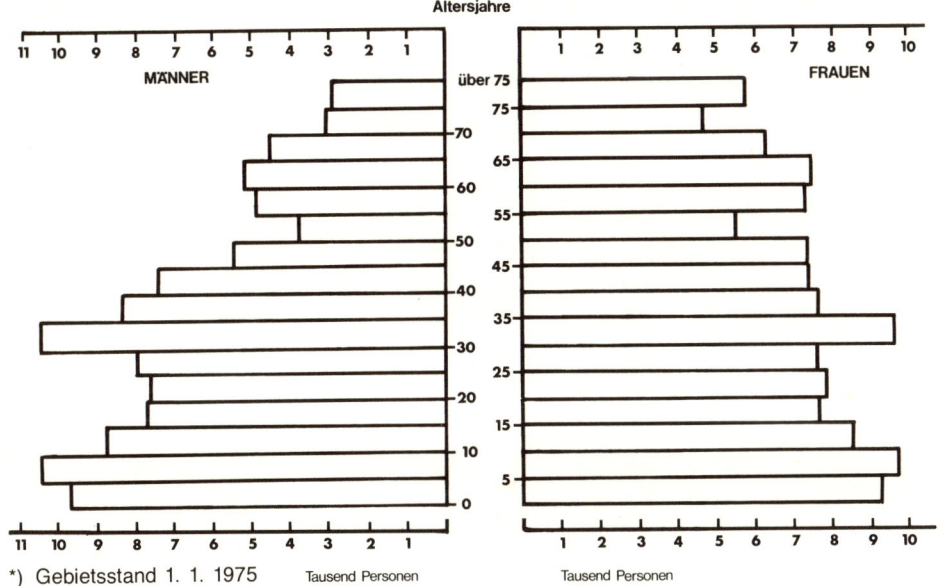

*) Gebietsstand 1. 1. 1975   Tausend Personen   Tausend Personen

Altersaufbau der Bevölkerung im Landkreis Reutlingen*) am 1. Januar 1975

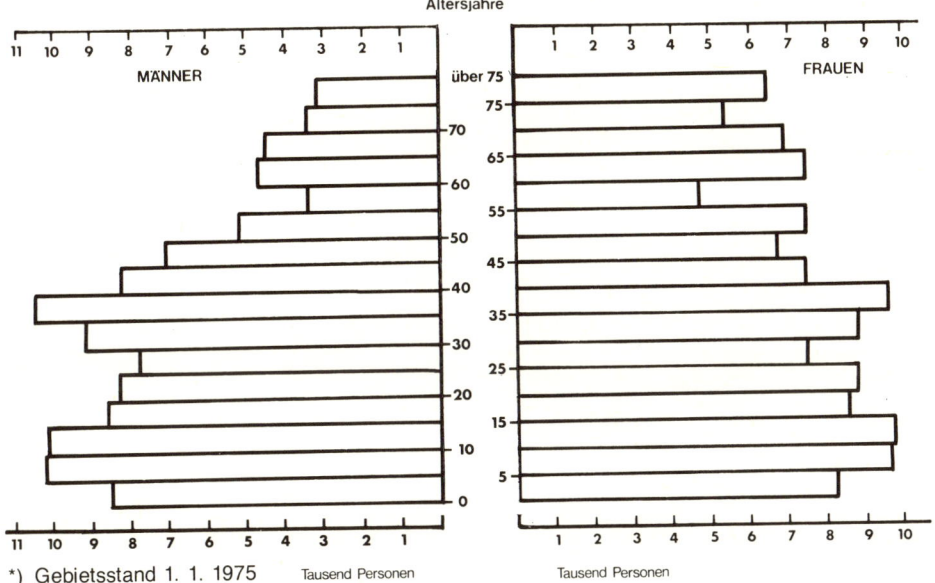

*) Gebietsstand 1. 1. 1975   Tausend Personen   Tausend Personen

ERWERBSTÄTIGE
in Tausend

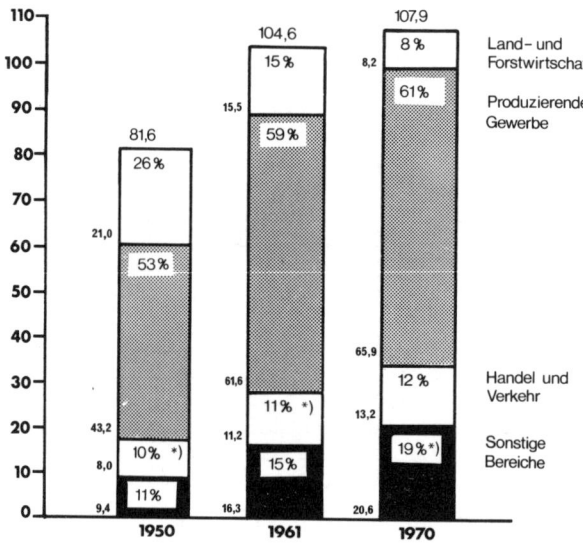

Volkszählungs-
ergebnisse, umge-
rechnet auf den
Gebietsstand vom
1. 1. 75
*) Einschl. Kredit-
institute und Ver-
sicherungen; es
sind deshalb nur
die Bereiche
,,Land- und
Forstwirtschaft''
und ,,Produzieren-
des Gewerbe''
direkt vergleichbar.

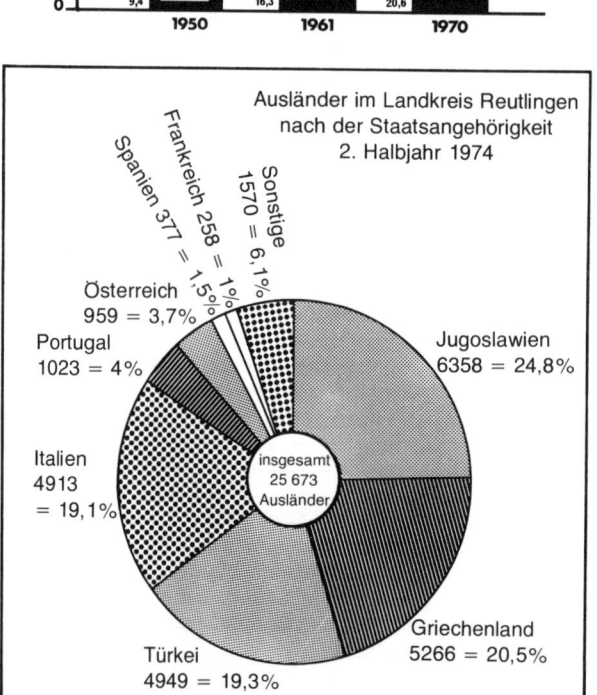

Ausländer im Landkreis Reutlingen
nach der Staatsangehörigkeit
2. Halbjahr 1974

Wohnungen und Wohngebäude
im Landkreis Reutlingen

in Tausend

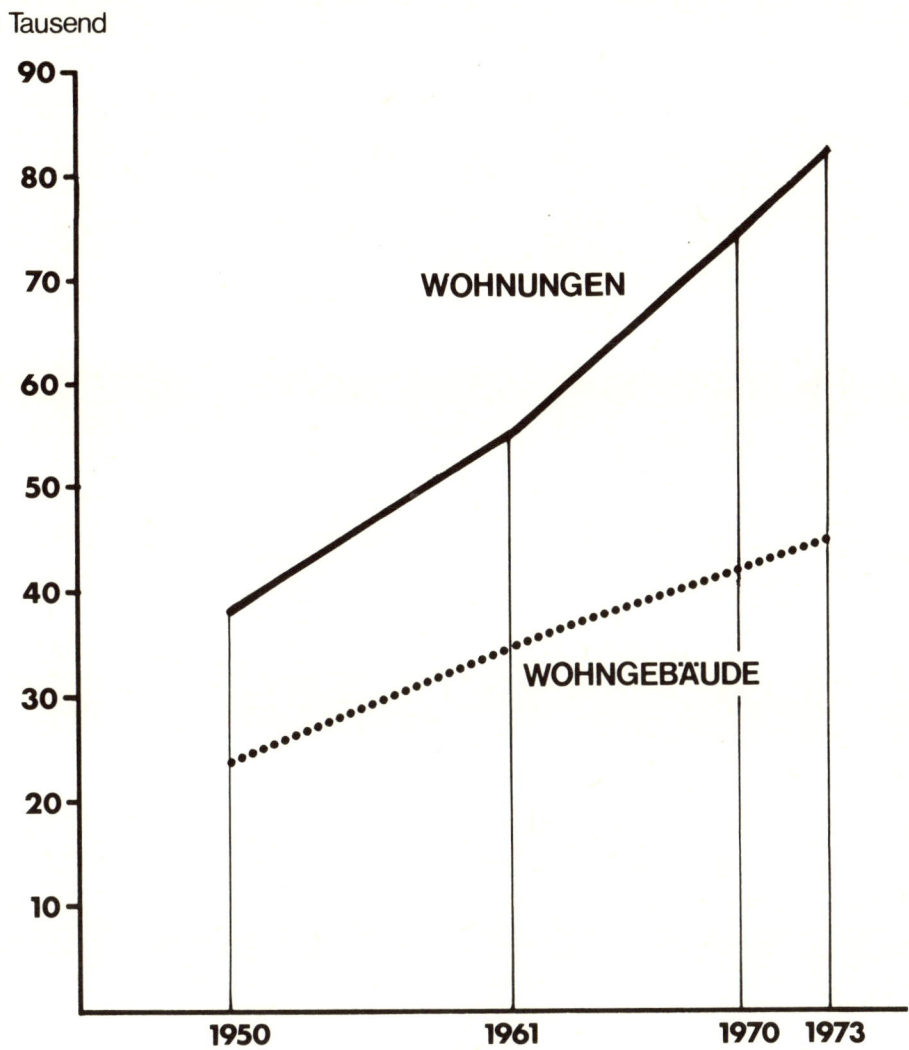

Umgerechnet auf den Gebietsstand vom 1. Januar 1975

171. (umseitig) Ruine
Hohenstein in Ober-
stetten (Gemeinde
Hohenstein)

172. Parkanlage in
Eglingen (Gemeinde
Hohenstein)
173. Das Kriegerdenk-
mal in Ödenwaldstet-
ten (Gemeinde Hohen-
stein)

174. Die neugestaltete
Hüle in Bernloch (Ge-
meinde Hohenstein)
175. Die Hohenstein-
schule in Meidelstetten
(Gemeinde Hohen-
stein)

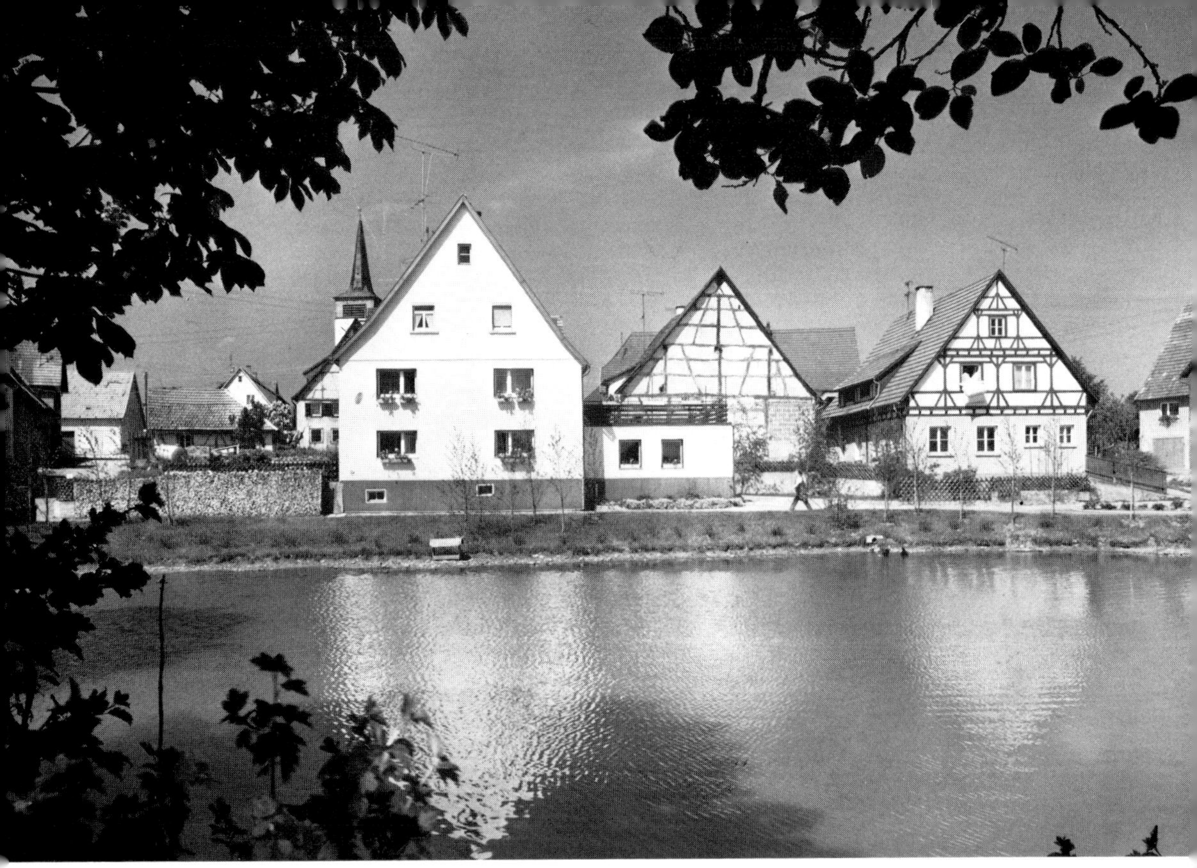

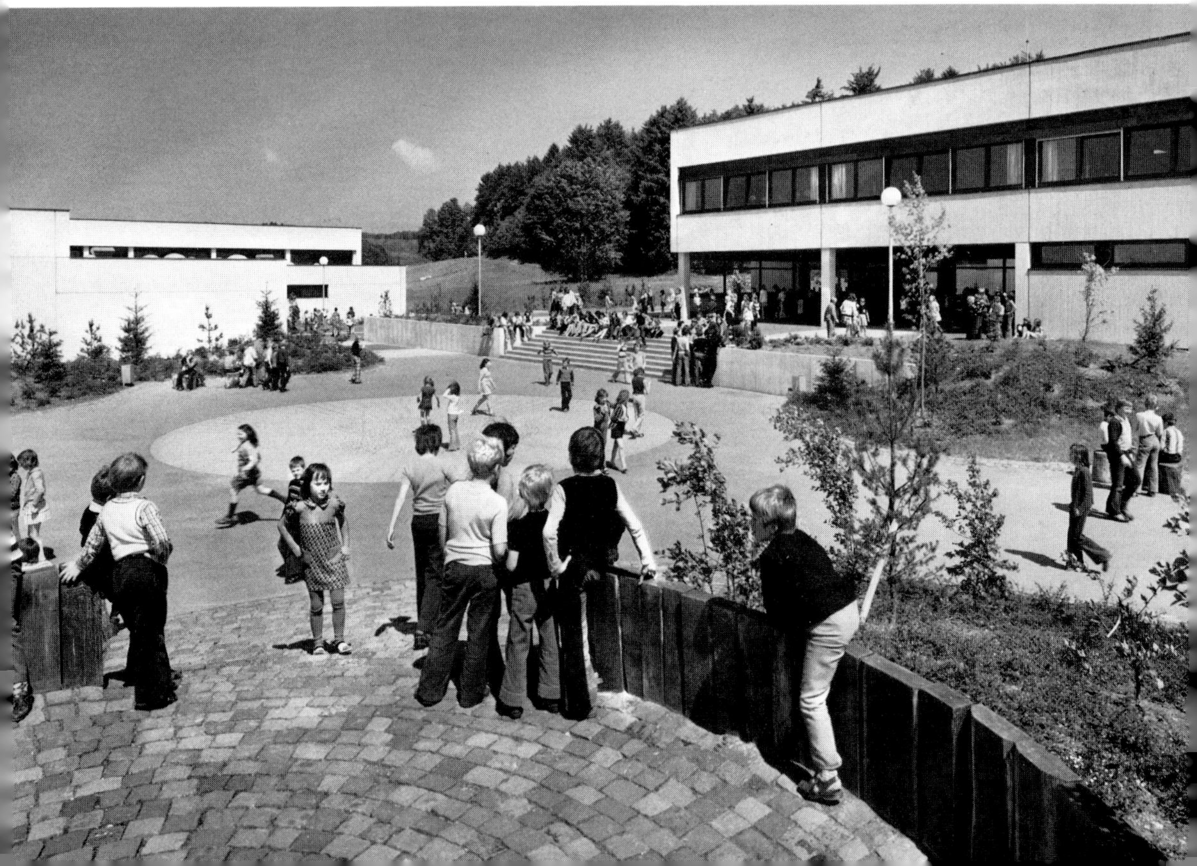

178. *Spätgotische Pfarrkirche in Oberstetten (Gemeinde Hohenstein)*

176. *Blick auf Oberstetten (Gemeinde Hohenstein)*

177. *Die 1616 erbaute Hofanlage Maßhalderbuch (Gemeinde Hohenstein) ist heute Voll-*
zugsanstalt.

179. Ortsmitte von Donn-
stetten (Gemeinde Römer-
stein)
180. Malerische Hüle
in Zainingen (Gemeinde
Römerstein)

181. Der 874 m hoch
gelegene Römersteinturm
bei Donnstetten (Ge-
meinde Römerstein)

182./183. Böhringen
(Gemeinde Römerstein)
Ortsmitte und Kirche

Wirtschaft im Wandel

Industrie – Gewerbe – Verkehr

von Herbert Scheurer

Wirtschaft und Landschaft

Seit dem Inkrafttreten der Verwaltungsreform am 1. Januar 1973 hat sich auch der Wirtschaftsraum des Kreises Reutlingen erheblich verändert.

Bisher schon prägten die alte Reichsstadt Reutlingen, die Städte Pfullingen, Metzingen und Urach die wirtschaftliche Entwicklung dieser Gegend, wobei zweifellos Reutlingen immer der Mittelpunkt gewesen ist. Der neu hinzugekommene Raum ist überwiegend landwirtschaftlich orientiert. Die im Zentrum der neuen Reutlinger Alb gelegene Stadt Münsingen ist industriell-wirtschaftlich gesehen erst in einer Entwicklungsphase. Seit 1969 als Bundesausbaugebiet anerkannt und in das Regionale Aktionsprogramm des Bundes „Alb-Oberschwaben-Bodenseegebiet" zur wirtschaftlichen Förderung einbezogen, bemühte sich die Stadt Münsingen mit ihrem Umland um Neuansiedlung von Industrie- und Handelsunternehmen. Die Programme des Bundes und Landes sind darauf ausgerichtet, den wirtschaftlichen Rückstand durch bessere Nutzung des Entwicklungspotentials dieses Gebietes zu vermindern. Zur Erreichung dieses Zieles sind vor allem weitere gewerbliche Arbeitsplätze durch Förderung der Neuansiedlung und Erweiterung von Unternehmen zu schaffen. Es ist gelungen, seit 1969 dort 16 neue Unternehmen bzw. Filialbetriebe bestehender Unternehmen aufzubauen.

In diesem Teil der Alb und ihres Vorlandes fand sich immer schon ein großes Angebot arbeitssuchender Menschen in übervölkerten Dörfern. Die wirtschaftliche Entfaltung vollzog sich ohne die Grundlage von bemerkenswerten Rohstoffen – abgesehen von Holz, Steinen und Erde – auch abseits von zentralen Verkehrswegen. Die Existenzsorge machte die Bewohner erfinderisch. Die Begabung des Menschen an und auf der Schwäbischen Alb für Qualitätsarbeit kam im Laufe der Industrialisierung allen Branchen und

dem strukturellen Aufbau bis in die heutige Zeit zugute. Günstige Ansatzpunkte für
diese Entwicklung waren der Hausfleiß der Älbler und die alten Handwerke und Gewerbe, die am Albfuß besonders die Kraft der gefällstarken Gewässer nutzten. So entstand durch besondere Unternehmerinitiative eine vielseitige hochwertige Investi-
tionsgüter- und Konsumgüterindustrie.

Eine besondere Note erhielt die Wirtschaftsstruktur durch die über die landwirtschaftliche Basis gelagerte Industrieansiedlung mit Schwerpunkten in den relativ dicht besiedelten Gebieten im Echaz- und Ermstal und ihrer breiten Streuung in den Dörfern auf
der Alb. Haus- und Landbesitz sowie der im Dorf befindliche Industriebetrieb oder der
ins Dorf gebrachte Filialbetrieb sichern die Lebensexistenz. Industrie und Landwirtschaft ergänzen sich gegenseitig: in gleichem Maße wie die Landwirtschaft von den gewerblichen Nebenerwerbsmöglichkeiten profitiert, kam bisher der Industrie die Agrar-
struktur mit Kleinstbetrieben zustatten, die zu einem gesunden Arbeitskräftepotential
geführt hat.

Beschäftigung

Im Kreis Reutlingen sind etwa 53 Prozent aller Erwerbstätigen in Industrie und Handel
beschäftigt. Industrieller Mittelpunkt ist dabei die Stadt Reutlingen mit ihrem Einzugsgebiet bis zu den noch nahe am Albtrauf liegenden Dörfern auf der Albhochfläche,
denn ca. 54 Prozent der im Kreisgebiet in Industrie und Handel Tätigen arbeiten in
Reutlingen-Pfullingen.

Ähnliches gilt für das Ermstal mit Metzingen, Dettingen und Urach als industrielle
Zentralorte. Hier sind ca. 30 Prozent der Beschäftigten in Industrie und Handel tätig.
In den weiter zurückliegenden Albdörfern arbeitet dann noch etwa die Hälfte der Er-
werbspersonen in der Landwirtschaft. Um Münsingen sind nur ca. 4,5 Prozent Erwerbstätige in Industrie und Handel beschäftigt. Die Beschäftigungsdichte in einigen Ballungszentren des Kreises schlägt sich besonders nieder in der Wohnstruktur der ländlichen Gemeinden. Es gibt rein ländlich bäuerliche Gemeinden (etwa auf der zentralen
Albhochfläche), dann Arbeiterbauerngemeinden (häufig die Albrandgemeinden), deren Bewohner vielfach in der Stadt Arbeit suchen, aber nebenberuflich noch ihre Landwirtschaft betreiben und endlich reine Arbeiterwohngemeinden (nördlich Reutlingen
in Richtung Neckartal und Stadtrandgemeinden). Die letzteren haben einen starken
Auspendlerüberschuß.

Mehr und mehr entwickelten sich in den letzten Jahren aber auch außerhalb der Städte
ausgesprochene Gewerbegemeinden (wie etwa Eningen/A., Lichtenstein-Honau,
Wannweil, Dettingen/E.), die einen Einpendlerüberschuß ausweisen.

Die Zahlen der Beschäftigten (ohne Landwirtschaft) haben sich im Laufe der nahezu drei Jahrzehnte seit dem Zweiten Weltkrieg sehr verändert.

	1950	1961	1972
Altkreis Reutlingen	51 500	78 000	89 000
Altkreis Münsingen*	13 000	14 000	12 000
	64 500	92 000	101 000

* umgerechnet auf die Gemeinden, die heute zum Kreis Reutlingen gehören.

Die Zahl der Arbeitnehmer in Industrie, Handel, Handwerk und im Dienstleistungsbereich nehmen zwar insgesamt ständig zu, sie erhöhte sich aber zwischen 1950 und 1961 im Altkreis Reutlingen wesentlich stärker als in den Jahren zwischen 1960 und 1970. Im Teil des alten Kreises Münsingen waren die Beschäftigtenzahlen immer etwas ausgeglichen und sind heute infolge einer vermehrten Landflucht eher rückläufig. Konnte Vollbeschäftigung in den fünfziger Jahren noch mit eigenen Arbeitskräften erreicht werden, so mußte in den sechziger Jahren zunehmend auf fremde Arbeitskräfte zurückgegriffen werden. Der Rückgang der Beschäftigtenzahlen ist naturgemäß eine Auswirkung des Zweiten Weltkriegs gewesen. In den sechziger Jahren konnte der Eintritt verhältnismäßig geburtenschwacher Jahrgänge ins Arbeitsleben durch zunehmendes Erreichen des Rentenalters einer Generation nicht mehr ausgeglichen werden. Der Ausgleich konnte nur durch eine Zunahme ausländischer Arbeitskräfte erfolgen.
Ende 1950 waren im heutigen Kreisgebiet etwa 700 Ausländer in Industrie, Handel und Gewerbe tätig, 1960 waren es 2200 und bereits 1965 = 10 000. In der Zeit der wirtschaftlichen Rezession 1966/67 sank die Zahl auf 9000, nahm aber ab Januar 1968 wieder zu, um bis Ende 1973 auf 14 000 anzuwachsen (ca. 9000 männliche und ca. 5000 weibliche Arbeitnehmer). Der Kreis Reutlingen steht in der Ausländerbeschäftigung an erster Stelle im Regierungsbezirk Südwürttemberg-Hohenzollern und an zehnter Stelle im Land Baden-Württemberg. Der Anteil der erwerbstätigen Ausländer beträgt etwa 12,4 Prozent der Gesamtbeschäftigtenzahl im Kreis (bezogen auf Regierungsbezirksebene 9,3 Prozent, auf Landesebene 11,4 Prozent). Die größte Gruppe der ausländischen Arbeitnehmer bilden die Jugoslawen mit 26,4 Prozent, dann folgen Italiener mit 23,2 Prozent, Griechen mit 21,6 Prozent, Türken mit 16,8 Prozent, die restlichen 12 Prozent verteilen sich auf Spanier, Portugiesen und andere Nationalitäten. Der Anteil der männlichen ausländischen Arbeitskräfte ist wiederum bei den Jugoslawen, gefolgt von den Italienern am höchsten, während bei den ausländischen Arbeiterinnen die Griechinnen an der Spitze stehen, gefolgt von Jugoslawinnen und Italienerinnen.
Von den derzeit im Kreisgebiet beschäftigten, mehr als 100 000 Menschen finden ihre Arbeit
ca. 44 400 in der Industrie

ca. 11 900 im Handel

ca. 3 400 im Verkehrsgewerbe und Verkehrsbetrieben

ca. 1 800 im Hotel- und .Gaststättengewerbe und Fremdenverkehr

ca. 1 400 im Kreditgewerbe.

Bei den Industriebeschäftigten steht der Kreis Reutlingen wieder an erster Stelle im Regierungsbezirk und an neunter Stelle im Landesdurchschnitt, während die Beschäftigten im Handel im Landesdurchschnitt erst an 14. Stelle, aber wiederum an erster Stelle in Südwürttemberg stehen.

Relativ hoch ist immer noch die Zahl der von auswärts in den Kreis einpendelnden Arbeitskräfte, denn etwa 15 Prozent aller Arbeitsplätze sind durch Einpendler besetzt (1950: 15 Prozent; 1960: 18 Prozent; 1970: 20 Prozent). Die Eingliederung eines Großteils des alten Landkreises Münsingen in den neuen Kreis ließ allerdings eine starke Pendlerbewegung vom Altkreis Münsingen zum Altkreis Reutlingen statistisch wegfallen. Einmal ist dieses Einpendeln zu erklären aus der Freisetzung von weiteren Arbeitskräften aus der Landwirtschaft aus den angrenzenden Kreisen Esslingen, Tübingen, Zollernalbkreis, Sigmaringen oder gar vom Alb-Donau-Kreis her; zum andern wird eine Arbeitsplatzveränderung gerne angestrebt in Orte mit attraktiveren Arbeitsplatzangeboten sowie beruflichen und allgemeinen Fortbildungsmöglichkeiten. Stärkste Anziehungspunkte sind hier die Städte Reutlingen, Metzingen, Pfullingen und Urach. 60 Prozent der Einpendler arbeiten in der Industrie, rund neun Prozent im Handel. Die Auspendler aus dem Kreis machen dagegen nur ca. zehn Prozent der Erwerbstätigen aus. Die Richtung geht vornehmlich nach Tübingen, Nürtingen–Esslingen, Stuttgart, teils auch vom Münsinger Bereich her in das Gebiet um Laichingen, dem Zentrum der Textilindustrie des früheren Landkreises Münsingen.

Industrie in der Entwicklung

Die industrielle Entwicklung in den letzten 25 Jahren war den Wandlungen des technischen Zeitalters und den Ansprüchen eines hohen Konsums unterworfen. Wer sich seit Kriegsende dieser Entwicklung des allgemeinen Fortschritts in seiner Geschäfts- und Investitionspolitik nicht anpassen konnte, blieb auf der Strecke. So sind auch im Kreis manche Unternehmen, die aus der Gründerzeit Rang und Namen hatten, in diesen Jahren verschwunden. Auf der anderen Seite führt die ungeheuer fortschreitende Technik zwangsläufig zu neuen unternehmerischen Überlegungen und Anpassungen. Neue Unternehmen sind entstanden, nicht zuletzt auch manche neugegründeten Betriebe von Heimatvertriebenen, neue Produktionen wurden entwickelt, insbesondere auf dem Gebiet der Elektrotechnik und Elektronik, der Kunststoffe, der Chemie. Nicht nur zahlreiche Patente werden Jahr für Jahr neu angemeldet, der Fortschritt der industriellen Produktion ist auch zeitgemäß und zukunftsweisend. So sind in Reutlingen hergestellte Spezialteile in Raketen und Raumschiffe eingebaut, die in den USA von Kap Kennedy gestartet wurden.

Aber auch Strukturveränderungen in einzelnen Wirtschaftszweigen zeichneten sich in den Jahren seit dem Zweiten Weltkrieg ab. Die Lage auf dem Textilmarkt allgemein, der starke Import billiger Textilien in den letzten Jahren brachten es mit sich, daß einige Betriebe der scharfen Wettbewerbssituation nicht mehr standhalten konnten. Ähnliches gilt in der Lederbranche, einem Alt-Reutlinger- und besonders Metzinger Gewerbe.

Nach wie vor wird die Wirtschaft des Reutlinger-Münsinger Raums von den beiden großen Gruppen der Textil- und Bekleidungsindustrie und der metallverarbeitenden Industrie geprägt. Die Textilindustrie ist immer noch mit der größten Zahl der Betriebe vertreten. In der Anzahl der Beschäftigten verschob sich das Verhältnis jedoch zugunsten der Metallindustrie.

Tabelle 1: Beschäftigte in Betrieben der Textil- und Metallindustrie (Betriebe mit mehr als zehn Beschäftigten)

a) Industriebetriebe im Altkreis Reutlingen b) Industriebetriebe im Altkreis Münsingen*	davon Textil- und Bekleidungsbranche	metallverarbeitende Industrie
1955 a) 295	a) 140 (mit 19 000 Beschäftigten)	a) 56 (mit 10 000 Beschäftigten)
b) 67	b) 38 (mit 2000 Beschäftigten)	b) 7 (mit 300 Beschäftigten)
1965 a) 337	a) 151 (mit 14 900 Beschäftigten)	a) 74 (mit 13 000 Beschäftigten)
b) 125	b) 75 (mit 2100 Beschäftigten)	b) 13 (mit 1000 Beschäftigten)
1970 a) 350	a) 145 (mit 15 000 Beschäftigten)	a) 83 (mit 17 500 Beschäftigten)
b) 65	b) 32 (mit 1200 Beschäftigten)	b) 12 (mit 1100 Beschäftigten)

* In den Zahlen von 1955 und 1965 ist der gesamte Altkreis Münsingen erfaßt, also mit dem Gebiet um Laichingen (daher 1965 die große Zahl von Textilbetrieben); 1970 ist umgerechnet auf das heutige zum Landkreis Reutlingen gehörende Gebiet.

Während die Textilindustrie in den ersten Nachkriegsjahren einen großen Nachholbedarf befriedigen mußte, lief die Metallindustrie nur sehr langsam wieder an, da sie am stärksten von Demontagen während der Besatzungszeit betroffen war. Die Landesregierung in Südwürttemberg-Hohenzollern hatte jedoch damals großzügig zu helfen versucht. Mit neu angeschafften Maschinen konnte eine neue Produktion großzügiger aufgebaut werden. Die Textilindustrie mußte dagegen in den fünfziger Jahren erst einmal innerbetriebliche Rationalisierungen durchführen, um gegenüber den zunehmenden Importen aus Billigpreisländern konkurrenzfähig zu bleiben, dies schlug sich jahrelang in stagnierenden Umsätzen nieder.

Jedoch nicht nur Textil- und Metallindustrie haben maßgeblichen Anteil an der Wirtschaftsentwicklung des Kreises. Die übrigen Industriezweige sind ebenso intensiv am wirtschaftlichen Geschehen beteiligt, so die optische, papierverarbeitende, elektrotechnische und Elektronikindustrie, die Kunststoff- und Lederindustrie, die chemische, holzverarbeitende Industrie, die Nahrungsmittel- und Genußmittelindustrie, die Bauindustrie, das Druckgewerbe und das Verlagswesen. Besonders in der elektrotechnischen und Elektronikindustrie fand die Aufwärtsbewegung der Wirtschaft durch sichtbare Betriebsausweitungen ihren Niederschlag.

Teilt man den ganzen Wirtschaftsraum in drei Teile, so kann man die strukturelle Ausdehnung der einzelnen Wirtschaftszweige näher beobachten.

Reutlinger Raum – Reutlingen, Echaztal, Härdten, Neckarvorland, Reutlinger Alb

Hier dominiert eine mannigfaltig spezialisierte, breitgefächerte Textilindustrie. Die metallverarbeitende und auch die übrigen Industrien (Leder, Elektronik, Papier, Holz) sind stärker an den Kernraum um Reutlingen gebunden. Die Erzeugung der Textilindustrie umfaßt Wäsche-, Futter-, Kleider-, Dekorations- und Möbelstoffe, Strick- und Wirkwaren aller Art, besonders Kinderkleidung, Sport- und Berufskleidung, Frottierwaren, Garne und Faden. Alle Arten von Rohstoffen werden verarbeitet, insbesondere Baumwolle. Die bisher vielfach in alten und größeren Unternehmen gefundene vertikale Arbeitsform Spinnerei – Weberei – Färberei – Ausrüstung weicht allmählich einer rationelleren Konzentration, ebenso findet die Kunstfaser mehr und mehr Eingang. Die Textilindustrie paßt sich den modischen Entwicklungen an, hier haben besonders Reutlinger Firmen auf dem Gebiet der neuesten Bademoden einen guten Namen. Als Sitz vieler textiler Branchen, als Sitz einer Fachhochschule, besonders für die Ingenieurausbildung im Textilsektor und des „Deutschen Forschungsinstituts für die Textilindustrie" und als Sitz einer namhaften Textilmaschinenindustrie ist gerade Reutlingen repräsentatives Zentrum der baden-württembergischen Textilwirtschaft.

Die Metallindustrie pflegt vor allem den Maschinen- und Apparatebau. Dieser hat sich, wie bereits gesagt, vielfach in Zusammenhang mit der Textilindustrie entwickelt. Aber auch Papiermaschinen, Drahtverarbeitungsmaschinen, vielspindlige Bohrmaschinen, Transferstraßen u. a. m. gehören heute zum Produktionsprogramm der Reutlinger Metallindustrie. Dazu kommen als Reutlinger Spezialität die vier Metalltuchfabriken. Sie liefern ca. 60 Prozent der westdeutschen Produktion an feinen Drahtgeweben, die bei der Papier-, Pappe- und Zellstoffabrikation benötigt wird.

Die metallverarbeitende Industrie bestreitet mit Erzeugnissen aus ihrem hochentwickelten Produktionsprogramm die Hälfte des Reutlinger Auslandsexports.

Zu den elektrotechnischen und Elektronikbetrieben (Herstellung von Fernmeldeanlagen, elektronischen Präzisionsinstrumenten, Laborgeräten, Autozubehör u. a.) kommen papierverarbeitende, holzverarbeitende Betriebe (ein großes Furnierwerk), chemische Betriebe und Betriebe der Industrie der Steine und Erden mit zahlreichen Steinbruchbetrieben am Keuperstufenrand des Schönbuchs und entlang des Albtraufs hinzu. Schließlich darf das aus alter Tradition gewachsene Druck- und Verlagswesen in Reutlingen und Umgebung nicht unerwähnt bleiben.

Ermstal – Metzingen, Urach, Uracher Alb

Nach Größe und Bedeutung tritt die Industrie des Ermstals hinter die des Reutlinger Raumes zurück. Statt eines Kernes gibt es hier zwei Mittelpunkte mit Urach, dem einstigen Vorort der herzoglich-württembergischen Leinwandmanufaktur und der Stadt Metzingen. Allerdings ist das Tal in den letzten Jahren mehr und mehr zu einer „Industriestraße" geworden. Die Textilindustrie steht wieder an erster Stelle. Spinnereien, Webereien, Tuch-, Kleider- und Strickwarenfabrikation dominieren. Ihr folgt auch hier die Metallindustrie. Besonders von Urach geht eine Pumpen-, Tankanlagen-, Hebebühnen- und Kraftfahrzeugindustrie aus. Das Produktionsprogramm umfaßt weiter Bohr-, Holzbearbeitungs-, Lederbearbeitungsmaschinen, Blechemballagen und besonders aus Metzingen Spritzen, Spritzanlagen zur Schädlingsbekämpfung sowie Spezialfahrzeuge für Weinbauern. Im Ermstal findet sich noch eine bedeutende Lederindustrie, teils als Gerbereien, teils auch als verarbeitende Industrie (Handschuhfabrikation).

Weiter ist angesiedelt eine große Papierfabrik sowie neuere Betriebe der Elektrotechnik und der Chemie. Nahrungsmittelbetriebe (hauptsächlich Fleisch- und Wurstfabriken, Brauereien) ergänzen das Bild.

Münsinger Alb – Münsingen, Mehrstetten, Gomadingen bis Zwiefalten

In seiner industriellen Entwicklung mußte sich dieser Raum in den letzten Jahren müh-
selig aus dem Schatten der Ballungsräume Reutlingen – Ermstal herauslösen. Durch die
Verwaltungsreform ist der industriell bedeutendere Teil des alten Kreises Münsingen,
nämlich das Laichinger Gebiet mit seiner zentralen Wäscheindustrie, abgetrennt worden. Die Textilindustrie, allerdings nur mit Kleinbetrieben, führt. Im wesentlichen
handelt es sich hier um Strickwarenfabrikation und vielfach auch um Filialbetriebe der
im Tal ansässigen größeren Firmen (teils nur Nähfilialen). Die Frauen und Mädchen
der verkehrsfernen Dörfer können hier den Familienverdienst mit aufbessern.
Die Metallindustrie umfaßt, von wenigen Ausnahmen abgesehen, ebenfalls vielfach
nur kleinere Zulieferungsbetriebe. Im Münsinger Raum selbst werden Schrauben,
Baubeschläge, Gitterroste, Zuschneidemaschinen für die Textilindustrie und Hebe-
bühnen hergestellt. Neben einem Kunststoffwerk, das neu angesiedelt wurde, gibt es
Betriebe der Baustoffindustrie, der Holzindustrie (Sägewerke, Kistenfabrikation) und
der Nahrungs- und Genußmittelindustrie mit verschiedenen Brauereien.

Tabelle 2: Überblick über die im Handelsregister eingetragenen Industriebetriebe im
Kreis Reutlingen (Stand 1. 10. 1974)

	Metallverarb. Industrie	Elektrotechn. Ind., Elektronik	Textilind.	Holzverarb. Industrie
Altkreis Reutlingen	120	32	170	31
Neu Münsingen	17	–	15	2
Gesamtkreis	137	32	185	33

	Kunststoff-Industrie	Nahrungs-mittelind., Chemische Industrie	Bau-industrie	Leder-industrie	Druck-industrie und Verlage
Altkreis Reutlingen	20	37	45	22	46
Neu Münsingen	4	3	9	–	3
Gesamt	24	40	54	22	49

	sonstige Industrie
Altkreis Reutlingen	35
Neu Münsingen	4
Gesamt	39

184. Die Pfarrkirche in Huldstetten (Gemeinde Pfronstetten)

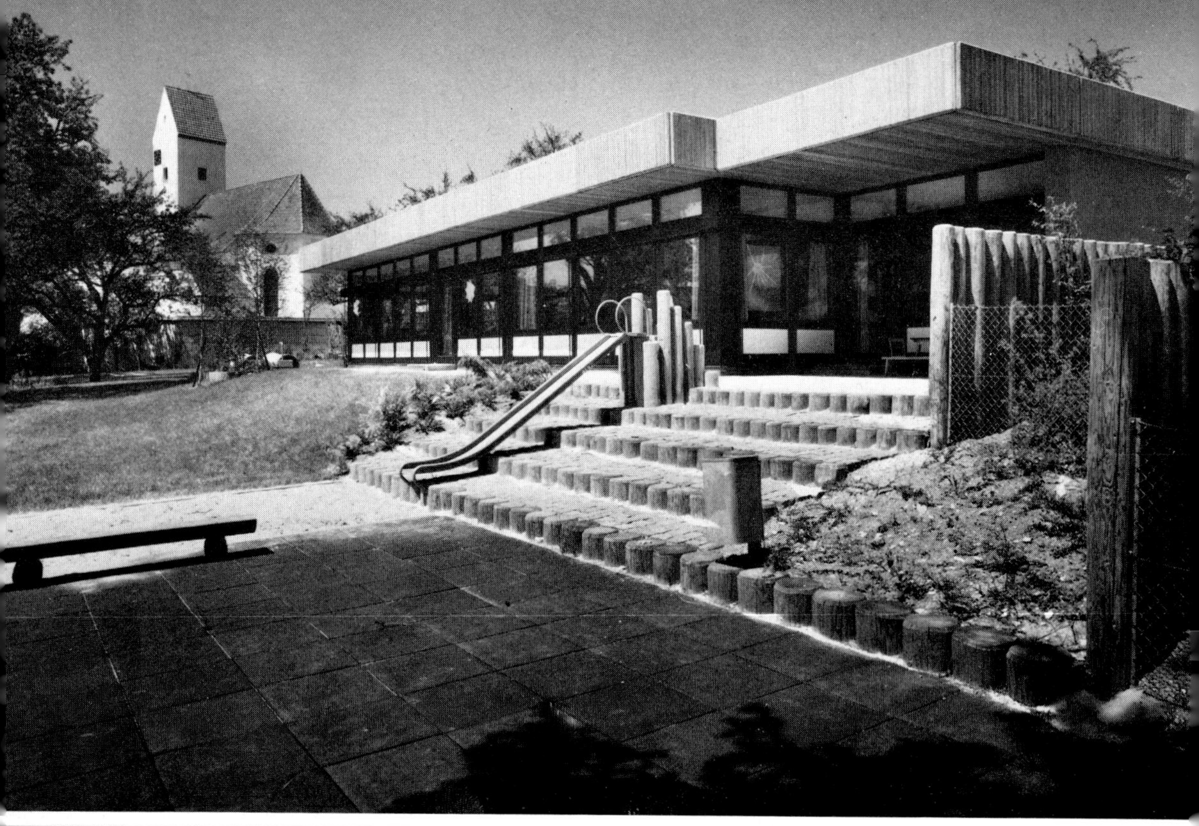

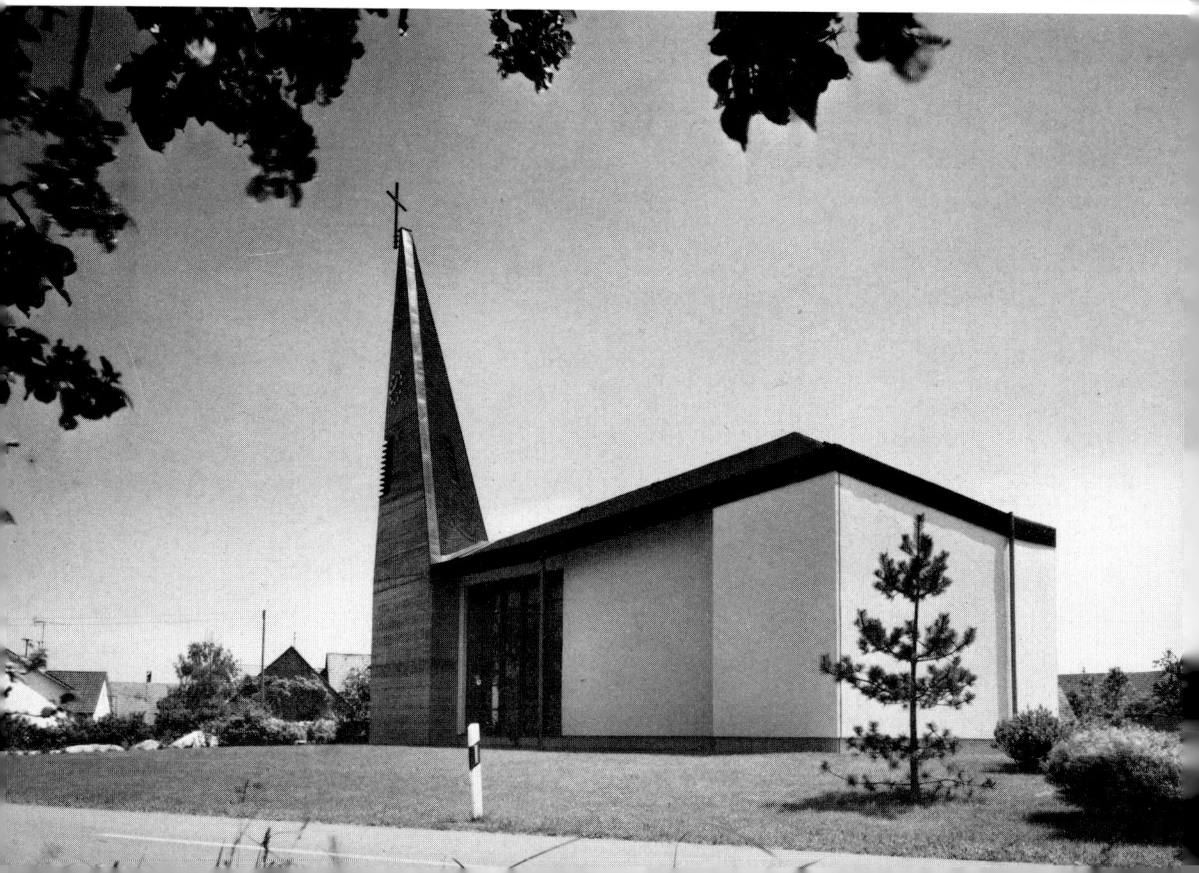

185. Der 1974 erbaute Kindergarten in Pfronstetten

186. Die 1971 erbaute moderne Kirche in Aichstetten (Gemeinde Pfronstetten)

187. Stefanskirche in Tigerfeld (Gemeinde Pfronstetten)

188. Der Pfarrhof in Tigerfeld (Gemeinde Pfronstetten) war einst Sitz eines Zwiefalter Konventualen

189. (umseitig oben) Der Georgenhof in Tigerfeld (Gemeinde Pfronstetten)

190. (umseitig unten) Das historische Pfarrhaus in Aichelau (Gemeinde Pfronstetten)

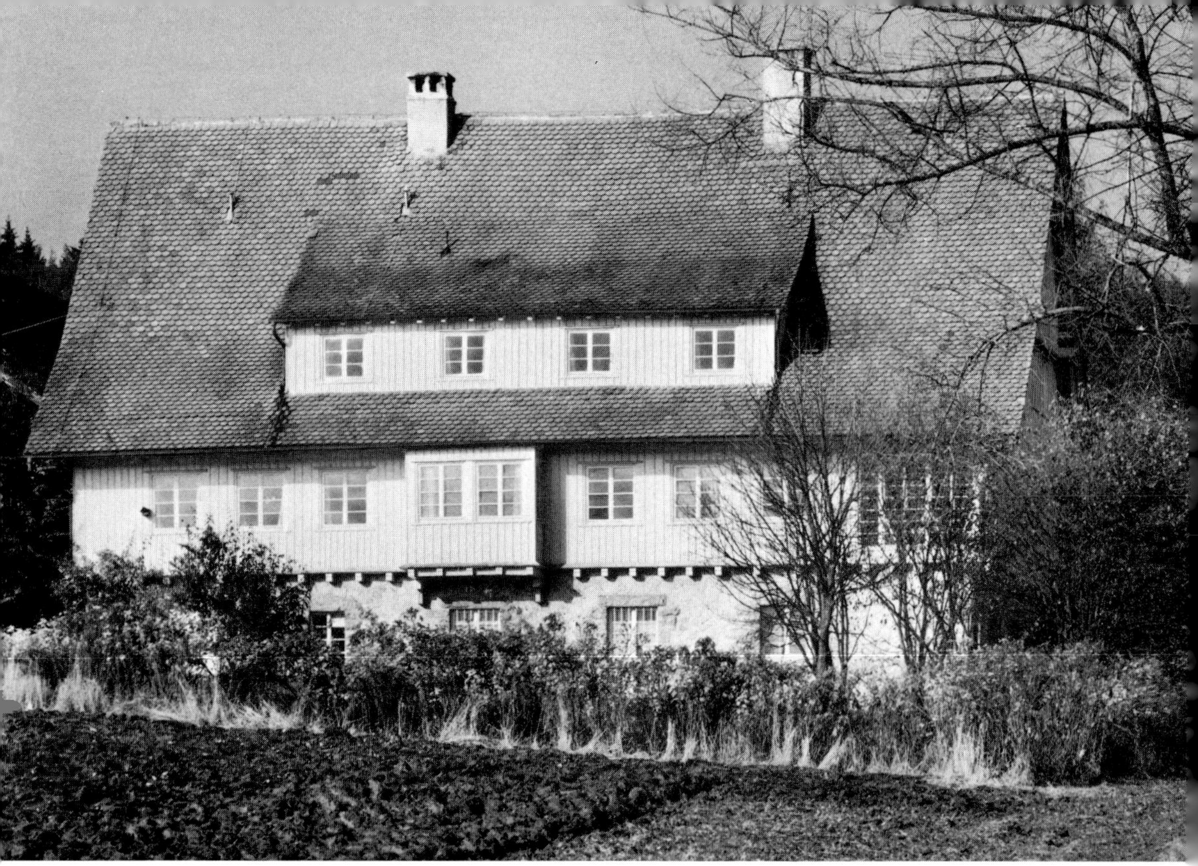

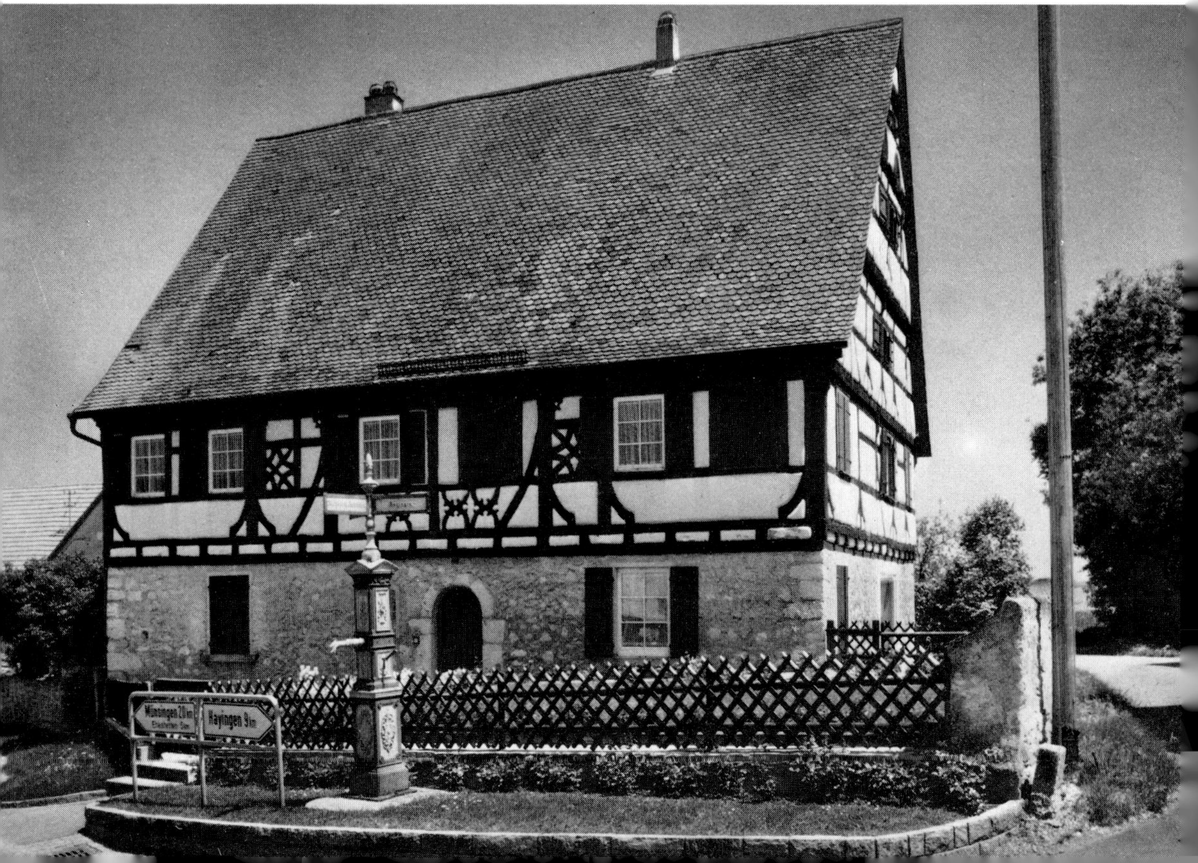

Münsingen 20 km
Hayingen 9 km

Von insgesamt 1616 im Handelsregister eingetragenen Betrieben (ausgeklammert in der Tabelle sind die Unternehmen des Handels, des Kreditgewerbes und sonstiger Dienstleistungsgewerbe) sind 615 Industriebetriebe; allein davon wieder 322 (52,4 Prozent) Textil- und Metallbetriebe (Textilbetriebe allein 30,1 Prozent und die metallverarbeitenden Unternehmen 22,3 Prozent).

Bei den Textilbetrieben ist noch interessant, daß 38 (Alt-Reutlingen = 33, neues Gebiet Münsingen = 5) Textilveredelungsbetriebe sind, während alle anderen 147 (137 Alt-Reutlingen; 10 Münsinger Gebiet) der Maschen- bzw. Bekleidungsindustrie angehören.

Am besten zu beurteilen ist die Entwicklung der Gesamtindustrie im Vergleich der Umsatzzahlen der vergangenen Jahre:

Tabelle 3: Industrieumsätze 1955–1972
Betriebe mit mehr als 10 Beschäftigten, ohne Versorgungsbetriebe und Baugewerbe
(ohne Umsatz- bzw. Mehrwertsteuer)

	Früherer Kreis Reutlingen Umsätze in DM 1000	Früherer Kreis Münsingen* Umsätze in DM 1000	davon Export Reutlingen in DM 1000	Münsingen in DM 1000
1955	758 136	35 238	99 978	1 288
1960	1 109 893	51 591	169 707	2 067
1965	1 156 658	73 715	274 719	4 922
1966	1 652 596	82 542	318 959	6 372
1967	1 601 590	73 578	343 368	6 319
1968	1 805 736	90 263	360 129	7 672
1970	2 118 704	111 118	473 612	12 132
1972	2 319 983	129 598	492 423	13 575

* Beim früheren Kreis Münsingen sind die Gebiete, die durch die Verwaltungsreform abgetrennt wurden, in den Zahlen noch enthalten.

Unter den früheren 70 Landkreisen in Baden-Württemberg stand Reutlingen mit den Industrieumsätzen nach Stuttgart, Mannheim, Karlsruhe, Göppingen und Ludwigsburg an sechster Stelle, der frühere Kreis Münsingen fast am Schluß der Skala. 1973/74 betrugen die Zahlen für den neuen Landkreis:

Umsatz 1973 2 608 956, davon Export 603 372 (in DM 1000).

Umsatz 1974 2 889 748, davon Export 737 746 (in DM 1000).

Der jetzige Landkreis Reutlingen stand damit bei 44 Land- und Stadtkreisen an 15. bzw. 1974 an 14. Stelle und noch nach dem Zollernalbkreis an zweiter Stelle im Regierungsbezirk Südwürttemberg-Hohenzollern.

Die Zahlen zeigen auch deutlich die durch die Rezession hervorgerufene Zäsur in den Umsätzen zwischen Ende 1966 und Ende 1967, die um etwas über drei Prozent zurückgingen, während gleichzeitig innerhalb dieser zurückgehenden Umsätze die Exportrate um ca. acht Prozent zugenommen hat. Es wurde also in Zeiten verknappten Inlandabsatzes das Auslandsgeschäft allenthalben stark ausgebaut.

Der große Exportanteil der Industrie ist bedingt durch weltweite Verflechtung und Beziehungen der heimischen Firmen nach aller Welt. Neben Niederlassungen und Filialen der Bundesrepublik haben sich etliche Unternehmen aus dem Kreisgebiet Niederlassungen und Filialen auch im Ausland geschaffen, von Österreich über Italien, Frankreich, Spanien, Portugal, Griechenland, Südafrika, Brasilien, Mexiko, USA bis Kanada. Ein Reutlinger Unternehmen betreibt in einer afrikanischen Republik in eigener Regie Entwicklungshilfe durch Förderung von Infrastrukturaufgaben (Straßenbau und Industrieansiedlung) und Bau von Krankenstationen und Schulen.

Die Erzeugnisse aus dem Kreis gehen in alle Länder der Welt. Man kann ein alphabetisches Länderverzeichnis, angefangen bei Ägypten bis Vietnam, eingeschlossen die Ostblockstaaten und die Volksrepublik China aufstellen, überall haben Produkte aus Reutlingen Eingang gefunden.

Unternehmensstruktur

Neben der Vielfältigkeit der Branchen ist für die Unternehmen im Kreis (Industrie, Handel und sonstige Gewerbe) ihre Größen- und Besitzstruktur charakteristisch. Die einigermaßen gesunde Mischung von Groß-, Mittel- und Kleinbetrieben bewirkt eine gewisse Krisenfestigkeit. In den letzten 20 Jahren ist die Zahl der Betriebe und die der Beschäftigten zwar in allen Größenklassen gestiegen, das Wachstum in einzelnen Klassen war jedoch unterschiedlich. Die Betriebe ab 500 Beschäftigten haben in den Jahren 1955 bis heute in ihrer Belegschaftsstärke um ca. 35 Prozent zugenommen, während die schwächste Zunahme in Kleinbetrieben (bis zu 50 Beschäftigte) mit elf Prozent zu verzeichnen ist. Die stärkste Zunahme verzeichnen die Mittelbetriebe (50 bis 500 Beschäftigte) mit 54 Prozent.

Von den im Handelsregister eingetragenen 1616 Firmen sind 1264 Betriebe Kleinbetriebe bis zu 50 Beschäftigte (78,3 Prozent). Ihnen gegenüber stehen 334 Mittelbetriebe

mit 51 bis 500 Beschäftigten (20,6 Prozent), 18 Großbetriebe mit über 500 Beschäftigten (1,1 Prozent). Bei den Großbetrieben sind es wiederum nur fünf, die mehr als 1000
Mitarbeiter beschäftigen. Zu den Großbetrieben gehören acht Metall- und sechs Tex-
tilunternehmen, ein Holzverarbeitungs- (Furnierwerk), ein Papierverarbeitungsbe-
trieb (Spulen- und Hülsenherstellung) und zwei Betriebe der Elektrotechnik bzw. Elektronik, d. h. die Struktur der Klein- und Mittelbetriebe überwiegt. Die industriellen
Kleinbetriebe sind vielfach aus Handwerksbetrieben hervorgegangen.
Die Betriebsgröße hängt meist eng mit den Besitzverhältnissen zusammen. Charakteristisch ist das Vorherrschen von Unternehmen, die sich im Einzel- oder Familienbesitz
befinden. Auch Neugründungen erfolgen oftmals auf der Basis von Familienbetrieben
mit möglichst wenigen fremden Arbeitskräften.
1155 (rund 72 Prozent) der im Handelsregister eingetragenen 1616 Firmen sind Einzel-
firmen oder Personalgesellschaften (OHG, KG), 420 Firmen sind Kapitalgesellschaften
(GmbH, GmbH & Co., KGaA, AG), wobei sich die Kapitalanteile vielfach ebenfalls im
Familienbesitz befinden. Dazu kommen noch 41 eingetragene Genossenschaften (Banken, Einkaufsgenossenschaften). Viele Firmen, besonders Familienunternehmen, haben aus Haftungsgründen besondere Verwaltungsgesellschaften in der Form der
GmbH & Co. gegründet, die hier nicht gezählt sind. Von den Kapitalgesellschaften beziehen sich 360 auf GmbHs, 37 echte GmbH & Co.'s und 21 Aktiengesellschaften (vier
echte, die übrigen sind selbständige Niederlassungen von Konzernen, Privatbanken
oder Versicherungen).
Es überwiegt also der persönlich haftende und seinen Betrieb selbst leitende Unternehmer, vielfach noch durch ein persönliches Vertrauensverhältnis mit seinem Mitarbeiterstamm verbunden.

Handel im Wandel

Nach Aufhebung der Rationalisierung auf allen Sektoren des Konsumgüterbereichs
1950 setzte ein Konsumboom ein, der insbesondere dem Einzelhandel alter Prägung
eine Starthilfe gab. Steigender Lebensstandard ließ den Kunden bald anspruchsvoll
werden. Der selbständige Einzelhandelskaufmann sah sich neuen Vertriebsformen gegenüber und geriet in zunehmenden Konkurrenzkampf mit Einkaufsformen, die mit
scharfen Preiskalkulationen in den Wettbewerb mit ihm traten. 1950 gab es im Altkreis
Reutlingen 1173 Einzelhandelsgeschäfte mit rund 3400 Beschäftigten, im Altkreis
Münsingen 210 mit ca. 350 Beschäftigten (bezogen auf den gesamten Altkreis); 1960
im Altkreis Reutlingen = 1272 Einzelhandelsgeschäfte mit rund 5000 Beschäftigten;
im Altkreis Münsingen = 287 Einzelhandelsgeschäfte mit rund 650 Beschäftigten und

1970 = 1180 Geschäfte mit rund 6500 Beschäftigten in Reutlingen und 272 Geschäfte mit rund 770 Beschäftigten in Münsingen; 1973, umgerechnet auf den neuen Kreis, sind es 1570 Einzelhandelsgeschäfte mit 7300 Beschäftigten. Aus diesen Zahlen ist ein Strukturwandel in den letzten 15 Jahren zu erkennen, der zu Lasten des Selbständigen geht. Im November 1952 war es eine kleine Sensation, als in Reutlingen das erste Großkaufhaus eröffnet wurde, das bis heute auch das einzige im Kreisgebiet blieb. Dazu kamen dann in den letzten Jahren Einkaufszentren am Rand der Städte oder in stillgelegten Fabrikhallen. Hauptursache für ihre Anziehungskraft ist in der Regel bei zunehmender Motorisierung des Verbrauchers die gute Anfahrt mit ausreichenden und günstigen Parkmöglichkeiten und der Zug zum Familieneinkauf am Wochenende. Im Kreis gibt es derzeit ein Kaufhaus und sechs Einkaufszentren. Mit der Eröffnung von Kaufhäusern und Einkaufszentren, der Zunahme des Versandhandels, der sich mit gut aufgemachten Katalogen besonders an die ländliche Bevölkerung wendet und dem Ausbau der Konsum- und landwirtschaftlichen Genossenschaften wurde der Strukturwandel eingeleitet. Besonders stark betroffen war der Lebensmitteleinzelhandel. Neue Lebensmittelzentralen mit einem Netz von Filialbetrieben entstanden, die mit der Konsumgenossenschaft in den vergangenen Jahren auch maßgeblich an der Erprobung neuer Vertriebsmethoden, insbesondere an der Errichtung von Selbstbedienungsläden (SB) und Supermärkten beteiligt waren. Notgedrungen mußte der ,,Tante-Emma-Laden'' dieser Entwicklung folgen. Es gibt kaum einen Laden in allen Branchen, der in den letzten Jahren nicht eine zunehmende Verbesserung und Verschönerung der Verkaufsräume und des Äußeren erfahren hätte. Als Gegengewicht zu Genossenschaften und Einkaufszentren wurden, ausgehend vom Lebensmittelgroßhandel, freiwillige Ladenketten (Spar, Edeka, IFA etc.) gegründet, die ein breites Sortiment anbieten und nach dem Prinzip der Auslese und Leistungssteigerung bei günstigeren Preisen arbeiten. Trotz alledem dürfte jedoch nach wie vor das gute Fachgeschäft seinen Reiz nicht verlieren.

Im Großhandel gab es 1960 in den beiden Altkreisen Reutlingen und Münsingen insgesamt 443 Betriebe mit ca. 2800 Beschäftigten; 1970 = 415 Betriebe mit rund 3800 Beschäftigten und 1973, auf den neuen Landkreis bezogen, 408 Betriebe mit 3500 Beschäftigten. Zentrum eines ausgedehnten Samengroßhandels ist der Vorort Gönningen der Stadt Reutlingen. Hier ist ein traditionelles Gewerbe seit mehreren Jahrhunderten (,,Gönninger Samenhandel'') bis heute erhalten geblieben.

Tabelle 4: Überblick über die im Handelsregister eingetragenen Handelsbetriebe (Stand 1. 10. 1974) im Kreis Reutlingen

	Einzel- handel davon	Lebens- mittel	Textil	Groß- handel davon	Lebens- mittel	Textil	Bau- stoffe
Altkreis Reutlingen	355	47	83	301	23	42	20
Neues Münsinger Gebiet	42	15	5	17	3	—	6
Gesamt	397	62	88	318	26	42	26

Kreditwesen und andere Dienstleistungsgewerbe

In dem bedeutenden Industrie- und Handelsraum Reutlingen spielt natürlich das Bank- und Kreditwesen eine wichtige Rolle. In den Ballungsräumen der Städte Reutlingen, Pfullingen und Metzingen sind die großen Privatbanken mit Filialen und Geschäftsstellen nahezu vollständig vertreten, während die Kreissparkasse und die vereinigten Volksbanken und Raiffeisenbanken im Verbund mit Genossenschaftsbanken und Spar-und Darlehenskassen über das ganze Kreisgebiet gleichmäßig verstreut sind. Ist das Einlage- und Kreditgeschäft mit ein Schwerpunkt der letzteren, so ist ein Hauptakzent der Privatbanken die Betreuung der Industrie in ihren Auslandsgeschäften.
Die Kreissparkasse hat neben der Zentrale in Reutlingen neun Hauptzweigstellen, 40 hauptamtlich besetzte Zweigstellen und 61 nebenamtlich besetzte Zweigstellen. Sie hatte 1973 eine Bilanzsumme von über 860 Mio. DM.
Die 44 Volksbanken und Raiffeisenbanken unterhalten im Kreisgebiet insgesamt 108 Geschäfts- und Zweigstellen, dazu kommen noch 25 selbständige Genossenschaftsbanken und neun Spar- und Darlehenskassen. Das Bilanzvolumen dieser Institute hat die Milliardengrenze überschritten. Obwohl die mit den ländlichen Kreditgenossenschaften verbundenen Warengeschäfte leicht stagnieren, beziffert sich der Marktanteil der Genossenschaften an den landwirtschaftlichen Umsätzen auf über 50 Prozent. Besonderen Anteil an diesem Geschäft haben Lagerhäuser der Württembergischen Landwirtschaftlichen Zentralgenossenschaft (WLZ) in Reutlingen, Kleinengstingen, Münsingen und Urach.
Die Vielfalt der weiteren Betriebe des Dienstleistungsgewerbes im Kreis Reutlingen ist groß. Allein im Handelsregister sind 247 Betriebe eingetragen, die sich aufteilen in Ho-

tel- und Gaststättenbetriebe, in Transport- und Omnibusunternehmen, Reisebüros, Versicherungsunternehmen, Wohnbaugesellschaften, Immobilien-Beteiligungs- und Betreuungsgesellschaften, Werbe- und Filmgesellschaften u. a. mehr, darunter sind auch fünf landwirtschaftliche Betriebe (Großgartenbau und Baumschulen).

Im Gaststätten- und Beherbergungsgewerbe gibt es heute im Kreis 594 Betriebe (555 Gaststätten, Cafés, Tanzlokale, 25 Hotels und 14 ausschließliche Fremdenpensionsbetriebe) gegenüber 569 in den alten Kreisen Reutlingen und Münsingen (im Jahre 1960).

Ausbildung, Fortbildung

Das gezeichnete Bild einer fortschrittlichen Wirtschaftsstruktur, die in der Konzentration der Märkte und im Rahmen einer Europäischen Gemeinschaft bestehen will, bedingt auch eine fortlaufende Verbesserung und Anpassung ihrer Produkte an den technischen Fortschritt. Neben einer erfolgreichen Teamarbeit im Management der Betriebe, Forschungs- und Entwicklungsarbeiten in den Labors und technischen Büros ist ebenso notwendig eine praxisbezogene Berufsausbildung und eine systematische Berufsaufstiegs- und -anpassungsbildung der Mitarbeiter.

Im Rahmen der Berufsausbildung besteht ein weitgefächertes Angebot an Ausbildungsplätzen in den verschiedensten Branchen und Berufen. Aus dem Kreis sind bei der Industrie- und Handelskammer etwa 1300 kaufmännische und 1570 industriell-gewerbliche Auszubildende registriert. (Stand: Ende 1974). Von den kaufmännischen Auszubildenden erlernen allein 520 Berufe des Handels (Verkäufer, Einzelhandelskaufmann, Großhandelskaufmann), 310 Industrie- bzw. Bürokaufmann und 190 Bankkaufmann. Die übrigen teilen sich in Berufe der Versicherungswirtschaft, des Hotel- und Gaststättengewerbes, des Buchhandels, der Datenverarbeitung usw.

Bei den industriell-gewerblichen Berufen überwiegen die Metall- und Elektroberufe mit 1300 Auszubildenden, dann folgen Berufe des Baugewerbes (90), Technische Zeichner (70), Berufe des graphischen Gewerbes (54), Bekleidung/Textil und andere. In den Metall- und Elektroberufen werden die Auszubildenden zu 92 Prozent in betriebseigenen Lehrwerkstätten mit geschultem Ausbildungspersonal ausgebildet.

Das Verhältnis der Ausbildungszahlen im Kreis Reutlingen gegenüber dem ganzen Kammerbezirk (Region Neckar-Alb) ist etwa 2870 : 7100 = 40,4 Prozent.

Neben der Berufsausbildung werden von der Industrie- und Handelskammer im kaufmännischen Bereich an beruflichen Erwachsenenprüfungen angeboten: Bilanzbuchhalterprüfungen, Industrie- und Handelsfachwirteprüfungen, Sekretärinnenprüfungen und Prüfungen für Stenotypistinnen und Phonotypistinnen. Im gewerblichen Bereich sind es Prüfungen für Industriemeister der Fachrichtungen Metall, Elektrotechnik, Textil (Sparten Spinnerei, Weberei, Maschentechnik) und Lederherstellung. Die Vorbereitung zu diesen Meisterprüfungen geschieht in engem Kontakt mit der Kammer von den Meisterschulen für Metall in Metzingen und Elektrotechnik an der Ferdinand-von-Steinbeis-Schule Reutlingen, von der Fachhochschule für Textil und der Westdeutschen Gerberschule, beide in Reutlingen.

Die laufende pädagogische Schulung von Ausbildern in mehrwöchigem Vollunterricht mit Prüfung führen die Kammer und die Volkshochschule Reutlingen gemeinsam durch.

Darüber hinaus bieten alle Fortbildungsinstitutionen des Kreises die in der ,,Arbeitsgemeinschaft für berufliche Fortbildung'' zusammengeschlossen sind in einem jährlich erscheinenden überregionalen Fortbildungskalender zahlreiche Möglichkeiten, die überwiegend der beruflichen Anpassung dienen, für alle fortbildungswilligen Arbeitnehmer an.

Verkehr

Der Kreis Reutlingen hat schon immer im Schatten großer Durchgangsverkehrsverbindungen gelegen. Aus diesem Grund war wirtschaftlich gesehen die Bedeutung der damals Freien Reichsstadt Reutlingen mit ihrem Umland gegenüber anderen Städten wie Ulm, Esslingen, Heilbronn oder dem aufblühenden Stuttgart nie sehr groß. Erst mit Beginn der Industrialisierung wurde der Reutlinger Raum über das Eisenbahnnetz verkehrsmäßig angeschlossen. Auch heute noch sind es nur wenige Bundesstraßen, die durch den Kreis Reutlingen führen oder ihn berühren: die B 28 Tübingen–Reutlingen–Metzingen–Urach–Ulm; die B 312 von Stuttgart über Metzingen–Reutlingen–Pfullingen nach Biberach/Riß; die B 313 vom Beginn der Albhochfläche bei Großengstingen von der B 312 in Richtung Sigmaringen abzweigend und schließlich die B 465 von Urach–Münsingen nach Ehingen.

Die nächsten Anschlüsse zu der Bundesautobahn Richtung Frankfurt oder Richtung München sind beim Flughafen Stuttgart oder bei Laichingen ca. 30 km und 50 km entfernt. Auch ein künftiger Anschluß an die im Bau befindliche Autobahn Stuttgart–Bodensee wird etwa 40 km entfernt sein. Diese Tatsachen bedingen eine enorme Verkehrsdichte gerade im industriellen Ballungsgebiet um Reutlingen, im Echaztal und Ermstal, wo die Bundesstraßen 312 und 28 total überlastet sind. Zwar ist eine Stadtautobahn zwischen Tübingen und Reutlingen verwirklicht, sie wird im innerstädtischen Bereich weitergeführt und ist in Richtung Pfullingen–Eningen nahezu vollendet, aber eine echte Umgehung der Engpässe Pfullingen, Metzingen und Urach wird in naher Zukunft noch nicht möglich sein. Der Kreis Reutlingen wies Mitte 1974 einen Be-

stand von 84 148 zugelassenen Kraftfahrzeugen aller Art aus, das sind auf 100 Einwohner rund 35 Kraftfahrzeuge (entsprechend etwa dem Landesdurchschnitt). Überdurchschnittlich beteiligt sind Kraftomnibusse (226) und Lastkraftwagen (4295), während
Personenwagen mit 62 535 wieder dem Landesdurchschnitt entsprechen. Das Münsinger Gebiet ist nur über die Straße zu erreichen. Das Fehlen jeglichen Eisenbahnverkehrs
auf der Albhochfläche bedingt den Personenverkehr ausschließlich mit Bussen der
Bundesbahn, Bundespost und privater Omnibusunternehmen. Das gleiche gilt für den
Personennahverkehr in den Ballungsräumen. Von den Eisenbahnlinien im Kreis ist nur
als Fernverbindung übriggeblieben die Strecke Tübingen–Stuttgart, allerdings mit guten Anschlußmöglichkeiten an das bundesweite Intercitynetz und an das internationale
TEE-Netz. Die frühere Linie Reutlingen–Münsingen–Schelklingen–Ulm ist eingestellt. Auf ihr wird nur im Nahverkehr noch das Echaztal bis Honau im Personenverkehr bedient, wie auch das Ermstal in der Nebenstrecke Metzingen–Urach.
Ein Schienenverkehr von Ulm–Münsingen–Kleinengstingen besteht ausschließlich
noch zur Güterbedienung der beiden großen Bundeswehrstandorte Münsingen und
Großengstingen. Im Zuge der Rationalisierungsmaßnahmen der Bundesbahn ist der
Stückgutverkehr in den Bahnhöfen Münsingen, Pfullingen und Urach ganz eingestellt
worden. Die Stückgutbedienung des Wirtschaftsraumes wird jetzt von zentralen Stellen in Reutlingen und Metzingen mit Lastkraftwagen übernommen.
An den internationalen Flugverkehr ist die Reutlinger Wirtschaft angeschlossen über
den Flughafen Stuttgart-Echterdingen. Privatflugzeuge der Geschäftswelt sind dort
ebenfalls bereits vielfach placiert. Dringend erwünscht wäre im eigenen Kreisgebiet ein
Luftlandeplatz für Kleinflugzeuge. Zu diesem Zweck wurde vor Jahren schon eine In-
teressengemeinschaft gegründet, deren Aufgabe sich bis heute allerdings in der Suche
nach einem geeigneten Gelände erschöpft hat.

Handwerk

von Herbert Beyer und Hans-Peter Henninger

Das Handwerk ist nach der Industrie der zweitgrößte wertschöpfende Wirtschaftsfaktor in der Bundesrepublik, sein Anteil am Bruttosozialprodukt beträgt heute nicht weniger als 14,2 Prozent.

1973 waren in den 541 300 Handwerksunternehmen 4 288 200 Mitarbeiter beschäftigt und erzielten einen Umsatz von 253,7 Milliarden DM.

1968, dem Jahr der letzten Handwerkszählung, waren im Gebiet des heutigen Landkreises Reutlingen 3101 Betriebe mit 18 525 Beschäftigten tätig.

Durchschnittliche Beschäftigtenzahl pro Handwerksbetrieb

Baden-Württemberg	6,1
Regierungspräsidium Tübingen	5,7
Landkreis Reutlingen	5,9

Die Tätigkeit des Handwerks reicht von der Herstellung von Gütern über die Ausführung von Arbeiten ohne direkte Gütererzeugung wie Montage von Industrieerzeugnissen, Wartung und Reparatur bis zur reinen Dienstleistung sachlicher und persönlicher Art.

In zunehmendem Maße gehen die Handwerksbetriebe dazu über, mit den von ihnen verarbeiteten Industrieerzeugnissen und artverwandten Erzeugnissen Handel zu treiben. Im Gegensatz zur Industrie, die für oft weit entfernte Absatzmärkte arbeitet, diente das Handwerk in früheren Jahren in erster Linie dem Bedarf der am Ort oder in der näheren Umgebung wohnenden Bevölkerung. Durch die zeitlich immer kürzer werdenden Verkehrswege bedingt, bedient das Handwerk immer mehr auch entfernter liegende Absatzmärkte. Dies trifft hauptsächlich für die metallverarbeitenden Handwerke zu. Viele dieser Betriebe fertigen dabei keine vollständigen Produkte, sondern liefern als Zulieferer für Produktionsunternehmer Teile zum Ganzen. Es handelt sich hierbei häufig um Erzeugnisse, die für eine industrielle Produktion nicht geeignet sind, und oftmals sehr hohe Anforderungen an die Präzision der Ausführung stellen.

Die staatliche Verwaltungsreform in Baden-Württemberg hatte auch eine Neuabgrenzung der Handwerkskammerbezirke und eine Anpassung der Gebiete der Kreishandwerkerschaften und Innungen an die neuen Verwaltungsgrenzen zum 1. 1. 1974 zur

Folge. Durch die Vereinigung großer Teile des früheren Kreises Münsingen mit dem
Kreis Reutlingen kamen die Handwerksbetriebe dieses Gebietes zur Kreishandwerkerschaft Reutlingen und somit auch zur Handwerkskammer Reutlingen.
Die Situation der Handwerkswirtschaft im Landkreis Reutlingen ist nachfolgend ersichtlich, wobei zu berücksichtigen ist, daß die Zahlenangaben der früheren Kreisge-
biete nicht ohne weiteres auf den neuen Landkreis Reutlingen bezogen werden können,
da das heutige Kreisgebiet nicht mit denen der früheren Landkreise Reutlingen und
Münsingen deckungsgleich ist.

Zahl der Betriebe in ausgewählten Gewerbezweigen

	Landkreis Münsingen 1968	Landkreis Reutlingen 1968	Landkreis Reutlingen 1974	Kammer- bezirk
Maurer, Beton- u. Stahlbeton- bauer	35	81	131	544
Zimmerer	27	59	83	347
Dachdecker	2	7	9	26
Straßenbauer	3	9	7	29
Fliesen-, Platten- u. Mosaikleger	5	33	48	111
Steinmetze u. Steinbildhauer	6	18	21	106
Stukkateure	20	67	85	253
Maler und Lackierer	47	221	251	849
Kachelofen- u. Luftheizungsbauer	4	11	12	46
Schmiede	40	26	73	303
Schlosser	15	62	68	253
Karosseriebauer	1	2	10	25
Maschinenbauer (Mühlenbauer)	6	16	134	90
Mechaniker (Nähmaschinen-, Zweirad- u. Kältemechaniker)	8	48	15	151
Büromaschinenmechaniker	–	11	13	27
Kraftfahrzeugmechaniker, Kraftfahrzeugelektriker	18	81	130	447
Landmaschinenmechaniker	17	9	26	89
Feinmechaniker	–	6	3	35
Klempner, Gas- u. Wasser- installateure	24	82	146	386

	Landkreis Münsingen 1968	Landkreis Reutlingen 1968	Landkreis Reutlingen 1974	Kammer-bezirk
Zentralheizungs- u. Lüftungsbauer	4	30	42	118
Elektroinstallateure	20	93	164	533
Elektro- u. Fernmeldemechaniker	–	2	12	25
Elektromaschinenbauer	–	4	3	10
Radio- u. Fernsehtechniker	2	20	38	82
Uhrmacher	4	30	34	108
Gold- u. Silberschmiede	–	1	4	8
Tischler, Parkettleger	93	198	250	877
Boots- u. Schiffbauer	–	1	1	2
Wagner	24	22	39	151
Drechsler (Elfenbeinschnitzer)	5	7	8	25
Böttcher	13	10	29	71
Herrenschneider	19	79	51	195
Damenschneider	24	71	53	161
Modisten	–	1	8	21
Kürschner	2	8	6	19
Schuhmacher, Orthopädieschuhm.	45	109	125	409
Sattler	7	16	105	363
Raumausstatter	30	69		
Bäcker	28	180	179	567
Konditoren	2	28	24	82
Fleischer	28	133	149	535
Müller	7	24	21	77
Weinküfer	–	13	1	1
Augenoptiker	2	4	13	31
Bandagisten	–	–	2	5
Orthopädiemechaniker	–	2	2	11
Zahntechniker	–	6	11	27
Friseure	27	150	181	633
Färber u. Chemischreiniger	–	7	5	17
Wäscher u. Plätter	1	6	5	31
Gebäudereiniger	–	2	5	17
Glaser	9	29	39	174
Fotografen	3	15	18	64
Buchbinder	1	16	18	47

	Landkreis Münsingen 1968	Landkreis Reutlingen 1968	Landkreis Reutlingen 1974	Kammerbezirk
Graphisches Gewerbe	–	20	22	54
Musikinstrumentenbauer	–	4	–	19
Vulkaniseure	–	5	5	14

1968 im Jahr der letzten Handwerkszählung waren insgesamt 3173 Betriebe in den beiden Landkreisen verzeichnet. 1974 waren für den Landkreis Reutlingen 3135 Betriebe in der Handwerksrolle eingetragen. Berücksichtigt man, daß nur ein Teil des früheren Kreises Münsingen mit dem Landkreis Reutlingen vereinigt wurde, so ist festzustellen, daß der Trend früherer Jahre zu immer weniger Handwerksbetrieben gebrochen ist. Allerdings ist immer noch eine starke Verschiebung der Betriebszahlen der einzelnen Handwerksgruppen bemerkbar. So stellt heute die Gruppe der Metallhandwerke nicht nur die größte Gruppe der Handwerksbetriebe dar, sie kann auch eine starke Zunahme der Betriebe verzeichnen. Weiter abgenommen dagegen haben die Gruppen der Bekleidungs-, Textil- und Lederhandwerke und der Nahrungsmittelhandwerke.

Betrachtet man die Dichte der Handwerksbetriebe im Landkreis, so fällt die starke Konzentration der Betriebe auf nur sieben Gemeinden auf. 65 Prozent aller handwerklichen Betriebsstätten sind in den Gemeinden Reutlingen, Pfullingen, Metzingen, Urach, Eningen u. A., Dettingen a. d. E. und Münsingen zu finden. Abgesehen von den Betrieben der Stadt Münsingen befindet sich also der Großteil in der Nachbarschaft der Industrie, im Albvorland.

Entwicklung und Organisation des Handwerks

Das Handwerk hat in Baden-Württemberg und insbesondere im Landkreis Reutlingen eine alte Tradition.

Im Erwerbsleben der Stadt Reutlingen dominierten jahrhundertelang die Handwerker, aber auch in den alten Beschreibungen der Oberämter Münsingen und Urach finden sich Zeugnisse und Hinweise auf die Bedeutung der Handwerker und ihrer Einrichtungen in jenen Jahren. Doch trotz dieser Tradition verschloß sich das Handwerk nie den immer wieder neu gestellten Aufgaben und hat es verstanden, sich der Entwicklung anzupassen. Sicherlich wäre dies nie in dem Maße möglich gewesen, wie es bisher geschah, hätte die Handwerkswirtschaft nicht immer in ihren Organisationen und berufsständischen Einrichtungen einen starken Rückhalt gehabt.

Die Handwerksbetriebe des Kreises sind heute in der Kreishandwerkerschaft Reutlingen, einer Körperschaft des öffentlichen Rechts gebündelt und in fachlicher Richtung in 42 Innungen gegliedert. Die Kreishandwerkerschaft wiederum gehört zur Handwerkskammer Reutlingen, die außerdem noch für die Kreise Freudenstadt, Sigmaringen, Tübingen und Zollernalb zuständig ist. Hier sind alle die Aufgaben zusammengefaßt, die für die Selbstverwaltung des Handwerks in den genannten Kreisen notwendig sind. Doch die Handwerkskammer ist nicht nur Verwaltungsstelle, sie versteht sich heute als moderne Dienstleistungseinrichtung für das Handwerk, bei der Beratung, Bildung und Betreuung im Vordergrund steht.

Schon früh haben die Handwerker des Kreises Genossenschaften gegründet, um ihre wirtschaftlichen Interessen gemeinsam wahrzunehmen. So bestehen z. B. Genossenschaften der Bäcker und Konditoren, der Metzger, der Schuhmacher und der Schreiner und Raumausstatter. Es besteht im sozialen Bereich eine Innungskrankenkasse als gesetzlicher Krankenversicherungsträger sowie das Versorgungswerk des Handwerks e. V., eine Selbsthilfeeinrichtung für zusätzliche Altersversorgung von selbständigen Handwerkern und ihren Mitarbeitern.

Ausbildung

Die Zukunft des Handwerks wird entscheidend von einem zeitgemäßen Ausbildungsangebot und von den Berufsabsichten der Schulabgänger abhängen. Hier ist erfreulich, festzustellen, daß trotz oft unbegründeter Angriffe auf das Berufsbildungssystem des Handwerks die Zahl der Ausbildungsverhältnisse zunimmt.

Statistik der Ausbildungsverhältnisse (Stichtag 31. 12. 1974)

Berufe	Reutlingen	Kammerbezirk
Apparate-Glasbläser	–	2
Augenoptiker	16	36
Bäcker	44	145
Verkäuferin im Bäckerhandwerk	8	57
Bandagisten	1	6
Bauzeichner	–	1
Beton- u. Stahlbetonbauer	1	6
Betonstein- u. Terrazzohersteller	–	1
Brauer u. Mälzer	2	3

Berufe	Reutlingen	Kammerbezirk
Buchbinder	2	7
Buchdrucker	7	16
Büchsenmacher	1	1
Bürokaufmann	16	69
Büromaschinenmechaniker	3	6
Chirurgiemechaniker	–	13
Dachdecker	1	8
Damenschneider	30	90
Drechsler	1	2
Elektroinstallateur	215	824
Elektromaschinenbauer	16	25
Elektromechaniker	58	62
Elektromechaniker (Fachr. Elektronik)	14	22
Estrichleger	–	3
Feinmechaniker	2	103
Fernmeldemechaniker	27	27
Flaschner	–	9
Fliesen-, Platten- u. Mosaikleger	16	74
Fotograf	12	16
Friseur	109	439
Gas- u. Wasserinstallateur	84	240
Gipser	6	30
Glaser	3	28
Goldschmied	2	3
Galvaniseur u. Metallschleifer	–	1
Graveur	1	4
Handweber	2	2
Herrenschneider	2	3
Holzbildhauer	–	8
Holzblasinstrumentenmacher	–	1
Karosseriebauer	44	89
Keramiker	–	2
Klavierbauer	–	3
Konditor	30	87
Verkäuferin im Konditorenhandwerk	6	22

Berufe	Reutlingen	Kammer-bezirk
Kraftfahrzeugelektriker	58	90
Kraftfahrzeugmechaniker	360	1180
Kürschner	1	1
Kupferschmied	–	3
Landmaschinenmechaniker	28	77
Maler- u. Lackierer	60	268
Maurer	40	207
Maschinenbauer	–	18
Mechaniker	119	226
Metallblasinstrumentenmacher	–	3
Metzger	69	214
Verkäuferin im Metzgerhandwerk	28	68
Modellbauer	4	15
Modistin	–	2
Müller	1	3
Orgelbauer	–	3
Orthopädiemechaniker	–	6
Orthopädieschuhmacher	–	2
Parkettleger	1	2
Praktikanten	2	2
Radio- u. Fernsehtechniker	48	105
Raumausstatter	18	43
Rolladen- u. Jalousiebauer	–	2
Schilder- u. Lichtreklamehersteller	15	15
Schlosser	16	88
Schmied	–	18
Schornsteinfeger	6	22
Schreiner	65	221
Schriftsetzer	10	16
Schuhmacher	1	1
Siebdrucker	–	2
Steinmetz- u. Steinbildhauer	2	5
Straßenbauer	5	7
Stricker	4	4
Technischer Zeichner	11	29

Berufe	Reutlingen	Kammer-bezirk
Uhrmacher	–	5
Vulkaniseur	1	1
Wärme-, Kälte- u. Schallschutzisolierer	2	3
Wagner	–	1
Werkzeugmacher	2	74
Zahntechniker	40	82
Zentralheizungs- u. Lüftungsbauer	37	157
Zimmerer	25	120
zusammen	1861	6007

Die 6007 Auszubildenden werden von insgesamt 2704 Betrieben ausgebildet, so daß auf einen Ausbildungsbetrieb rd. 2,2 Ausbildungsverhältnisse kommen.

Seit 1946 wurden bei der Handwerkskammer in Reutlingen 35 035 Meisterprüfungen erfolgreich abgelegt. Obwohl es aufgrund der ständig steigenden Investitionskosten immer schwieriger wird, sich selbständig zu machen, ist der Meistertitel nach wie vor für viele Junghandwerker ein erstrebenswertes Ziel und in aller Welt anerkannt.

Für die berufliche Aus- und Weiterbildung stehen moderne Einrichtungen zur Verfügung. Dabei wird auch die Weiterbildung der Meister nicht vergessen, deren ständige Information über neue Techniken und Erkenntnisse der Betriebsführung ein besonderes Anliegen der Innungen, der Kreishandwerkerschaft und der Handwerkskammer ist. Seit 1965 besteht in Reutlingen an der Handwerkskammer ein Lehrinstitut für Elektronik. 1969 wurde es in den Kreis der beim Heinz-Piest-Institut für Handwerkstechnik an der Technischen Universität Hannover zusammengeschlossenen Schulungsstätten aufgenommen. 44 Lehrgänge mit 1007 Teilnehmern wurden seither durchgeführt.

Ausblick

Die Zukunft des Handwerks im Kreis Reutlingen wird nicht zuletzt auch durch die Maßnahmen der Wirtschaftspolitik und die Wirtschaftsgesetzgebung bestimmt.

Die handwerklichen Betriebe und ihre Organisationen haben bisher Wesentliches zur wirtschaftlichen Bedeutung des Kreises beigetragen. Aufgabe der künftigen Strukturpolitik des Landes und des Bundes wird es sein, Handwerksbetriebe in zurückgebliebenen Gebieten des Kreises so zu fördern, daß auch sie einen angemessenen Beitrag zur Wirtschaftskraft leisten können. Die Bereitschaft, sich veränderten Situationen anzupassen, hat das Handwerk schon immer erkennen lassen.

191. Blick über die neuerbaute Neckarbrücke auf Pliezhausen
192. Das Schulzentrum Pliezhausen beherbergt eine Grund-, Haupt- und eine Realschule mit Lehrschwimmbecken und Schulturnhalle.

193. Brunnen
und alte Fach-
werkhäuser
in Gniebel (Ge-
meinde Pliez-
hausen)
194. Das Back-
haus in Dörnac
(Gemeinde
Pliezhausen)

195. Blick auf
Rübgarten (Ge-
meinde Pliez-
hausen)
196. Rübgarter
(Gemeinde
Pliezhausen).
Schloß und
Rathaus

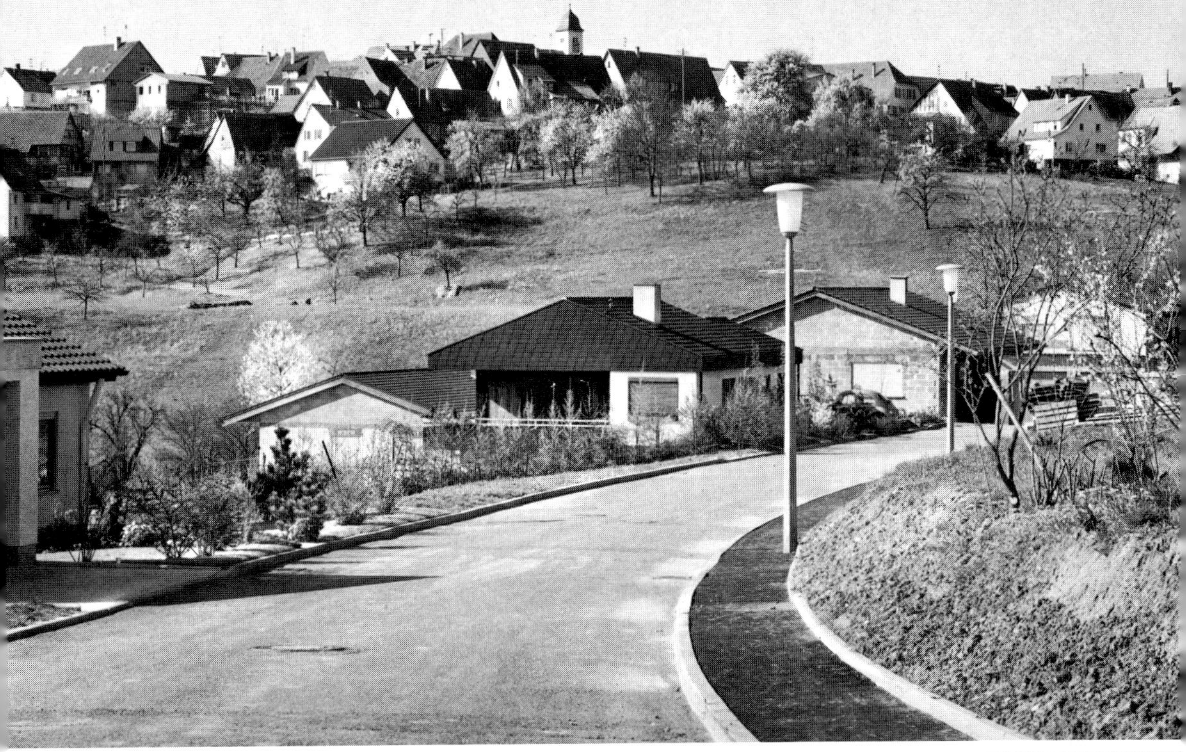

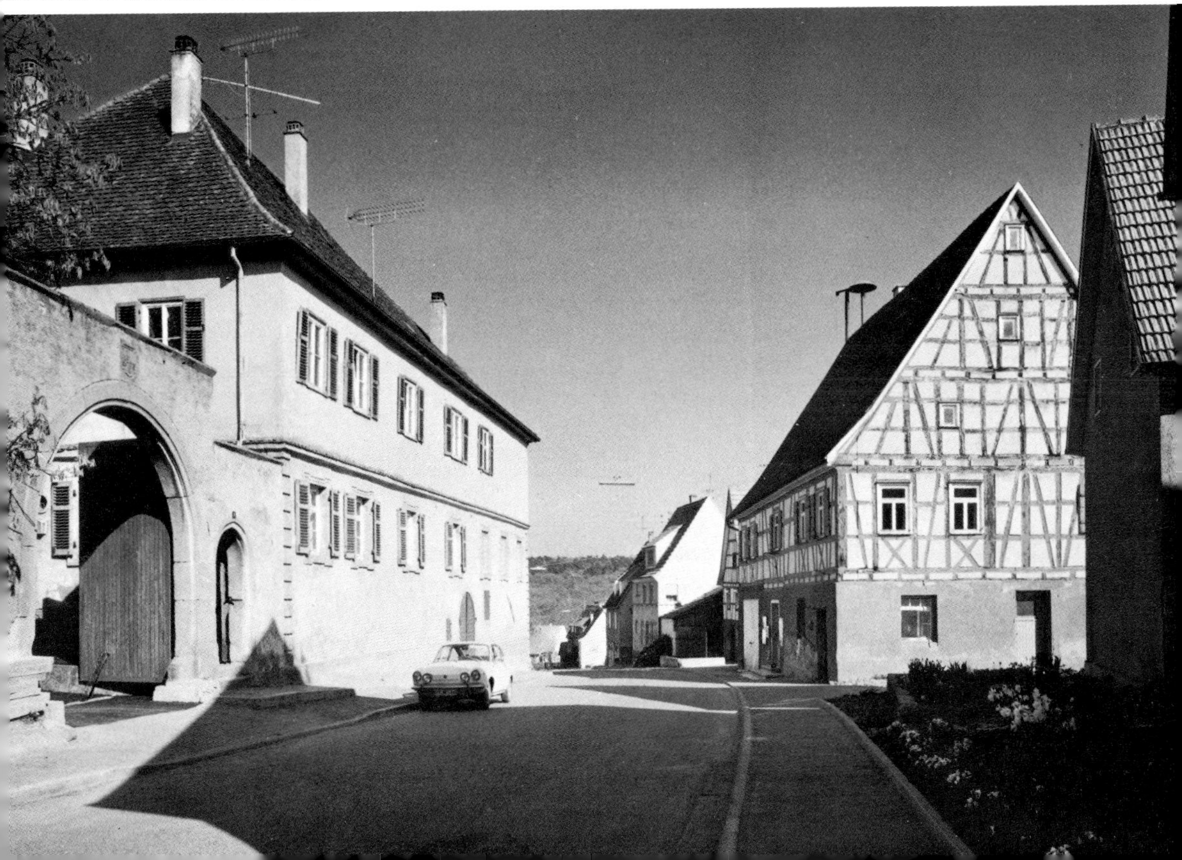

197./198. Walddorfhäslach. Oben: Der moderne Kindergarten in Häslach. Unten: Das Rathaus in Walddorf.

Die Landwirtschaft

von Christian Eberhardt

Die natürlichen Produktionsgrundlagen für die Landwirtschaft im Kreisgebiet sind sehr unterschiedlich. So vielgestaltig wie die Landschaft ist auch die Landwirtschaft. Gute Ackerböden mit Ertragsmeßzahlen (EMZ) von über 60 und einem Hektarsatz von über 1700 in klimatisch und topographisch guten Lagen kommen vor wie auch Grenzertragsböden mit EMZ von unter 20 und einem Hektarsatz von 340 in Höhenlagen mit entsprechend ungünstigen Klima- und Geländeverhältnissen.

Bereinigte Ertragsmeßzahl je ha Lw. Nutzfläche – Durchschnitt der Gemarkung
Gemeinden im Neckarraum und Albvorland = 52 b. EMZ
Gemeinden auf der Hochfläche der Alb = 29 b. EMZ
Höchster Wert Reutlingen-Sickenhausen = 62 b. EMZ
Niedrigster Wert Münsingen-Rietheim = 24 b. EMZ
Münsingen-Eglingen = 24 b. EMZ
Münsingen-Gundelfingen = 24 b. EMZ

Große Schwankungen weisen die Höhenlagen der Landwirtschaftlichen Nutzfläche (LF) auf; im Durchschnitt liegen die Felder bei Reutlingen 350 m, auf der Alb 750 m NN;
Niederste Lage der LF bei Metzingen um 300 m,
höchste Lage der LF bei Gächingen um 840 m.
7,6 Prozent der Erwerbstätigen, das sind 8 246 Arbeitskräfte, sind noch in der Landwirtschaft tätig von insgesamt 108 114 Erwerbstätigen. Der Anteil der in der Landwirtschaft Arbeitenden liegt also unter dem Landesdurchschnitt. Wenn die Zahl der in der Landwirtschaft tätigen Arbeitskräfte noch weiter zurückgeht, ist die Bewirtschaftung und damit die Pflege der Kulturlandschaft gefährdet. In der letzten Zeit wurden pro Jahr etwa 25 Landwirte zwischen 25 und 40 Jahren umgeschult in metallverarbeitende, pflegerische und kaufmännische Berufe. Der Trend zur Umschulung hat allerdings nachgelassen.

Ackerböden

Die aus dem Keuper – der erdgeschichtlich ältesten im Kreisgebiet vorkommenden geologischen Schicht – entstandenen Böden sind meist dem Walde (Stubensand) vorbehalten oder werden, wie auf dem Knollenmergel, wegen ihrer Schwere und Hanglage als Dauergrünland genutzt. Die Landwirtschaft gibt diese schwierigen Böden an den Hängen des Neckartales und seinen Seitentälchen immer mehr zur Aufforstung ab oder überläßt sie zum geringen Teil einer natürlichen Sukzession. Sehr fruchtbare Ackerböden liegen auf den Verebnungsflächen links und rechts des Neckars im Raum Walddorf/Rommelsbach auf Schwarz-Jura. Diese mineralkräftigen Böden sind gute Getreidestandorte. Häufig vorkommende Lößauflagen verschiedener Mächtigkeit würden Zuckerrübenanbau gestatten, wenn dem nicht zu starke Parzellierung und ungünstige Besitzstruktur entgegenstünde.

Die Böden auf Braun-Jura, einem breiten Band von Gönningen bis Grafenberg am Fuße der Alb sind gekennzeichnet durch eine intensive braune Farbe und einen hohen Tongehalt.

Aus dem Opalinuston entstandene Böden eignen sich aufgrund der Schwere und Hanglage nur als Dauergrünland. Nur wenige ebene Flächen auf Braun-Jura gamma dienen dem Ackerbau. Sehr oft ist allerdings der Braun-Jura mit einer Schuttdecke aus dem höher liegenden Weiß-Jura überlagert. Dieser Gehängeschutt macht die Böden locker und damit wasserdurchlässiger und wärmer. Kirschen und Obst gedeihen hier an den Hängen des Albtraufes – besonders aber an den Hanglagen der oft weit in die Albtafel eingeschnittenen Bachtälern.

Der Weiß-Jura ist bodenbildendes Gestein auf der Albhochfläche. Neben sehr flachgründigen Rendzinen kommen besonders in den Muldenlagen tiefgründige Braunerden vor. Bei genügend Niederschlägen und ausreichender Krumentiefe sind sie insgesamt ertragsfähige Ackerböden mit allerdings sehr vielen Grenzertragsstandorten für den Ackerbau infolge Flachgründigkeit oder hohem Steingehalt. Seit alters her werden die flachgründigen steinigen Böden „Fleinsböden'' genannt, während die kräftigen Verwitterungslehme als „Lixböden'' bezeichnet werden. Eine Besonderheit stellen die aus der obersten Schicht des Weiß-Juras, den Zementmergeln, hervorgegangenen Böden um Münsingen – Wittlingen – Gächingen – mit ihrem hohen Tongehalt dar: Schwerer und wasserundurchlässiger als die üblichen Kalksteinverwitterungsböden.

Böden aus tertiärem Kalk im Zwiefalter Raum sind zwar fruchtbar, aber wegen sehr hohem Steingehalt mit Maschinen schwieriger zu bewirtschaften. Aus der lehmigen Albüberdeckung und in Bachtälern, den jüngsten Bildungen in der Erdgeschichte, sind flächenmäßig wenig verbreitete aber als Ackerland bzw. in den Tälern als Dauerwiesen geschätzte Pflanzenstandorte hervorgegangen.

Das *Klima* zeigt auf der Albhochfläche weitgehend kontinentalen Charakter mit kurzen Sommern und langen Wintern. Durchschnittliche Jahrestemperatur im Raum Münsingen 6,2° C. Niederschläge am Albrand knapp 1000 mm, bis zur östlichen Kreisgrenze bei Bremelau fallend auf 750 mm.

Letzter Spätfrost Mitte Mai, erster Frühfrost Mitte bis Ende September. Für die Landwirtschaft ergeben sich daraus Anbaubeschränkungen für empfindliche Kulturpflanzen wie Obst, Mais, Braugerste.

Im Neckarraum und Albvorland erreicht die durchschnittliche Jahrestemperatur die 8°-Grenze, der Weinbau ist also noch möglich. Die Niederschläge schwanken von 700 mm im westlichen Kreisgebiet bis auf 1000 mm direkt am Albrand. Fröste treten wesentlich weniger und im Herbst viel später auf als auf der Hochfläche der Alb.

Bodennutzung 1973/74

Gesamtfläche Landkreis	109 947 ha
davon Landw. genutzte Fläche	55 298 ha = 50,3% = 23,9 Ar je Einw.
(davon liegen lt. Statistik z. Z. brach)	1 245 ha = 2,2% der LF
Forstw. genutzte Fläche	37 627 ha = 34,2% = 16,2 Ar je Einw.

Aufteilung der landwirtschaftlich genutzten Fläche

Ackerland	= 25 410 ha =	46%
Haus- u. Nutzgärten	= 673 ha =	1,2%
Obstanlagen	= 321 ha =	⎫
Baumschulen	= 50 ha =	⎪ Sonder-
Rebland	= 38 ha =	⎬ kulturen 0,8%
Korbweiden	= 8 ha =	⎭
Dauergrünland	= 28 798 ha =	52%
	55 298 ha =	100%

Anbau und Erträge

Klima, Boden und Marktlage bestimmen das Anbauverhältnis. Im Neckarraum und um Reutlingen werden Gemüse, Beerenobst und Obst angebaut. Allerdings gibt es kaum größeren feldmäßigen Anbau, sondern die Anpflanzung erfolgt nach wie vor in kleinen

Parzellen; die Erzeugnisse werden zum Teil selbst vermarktet. Die ca. 40 ha Freiland-
gemüse teilen sich in 19 verschiedene Arten auf, wovon der Kopfsalat mit 14,1 ha den
größten Anteil hat.

Größere Bedeutung kommt dem *Beerenobst* zu.

1974	Sträucher	Ø-Ertrag	Ertrag insgesamt
Rote Johannisbeeren	123 846	2,6 kg/Strauch	3 220 dt
Schwarze Johannisbeeren	191 074	1,9 kg/Strauch	4 586 dt
Stachelbeeren	47 102	2,4 kg/Strauch	1 133 dt
Himbeeren	4,9287 ha	1,8 kg/m²	887 dt

Geldwert insgesamt 1 664 975,– DM

Baumobst 1973

	Bäume	Ertrag/ Baum	ins- gesamt	Preis dt	Geldwert DM
Äpfel Standort I	38 223	44,4 kg	17 006 dt	43,–	731 240,–
Äpfel Standort II und III	322 444	82,5 kg	265 890 dt	36,–	9 348 674,–
			282 896 dt		10 079 914,–
Birnen	117 825	88,8 kg	104 639 dt	39,–	3 283 605,–
Süßkirschen	29 106	51,1 kg	17 297 dt	162,–	2 795 184,–
Sauerkirschen	12 189	20,7 kg	2 523 dt	164,–	414 186,–
Zwetschgen und Pflaumen	128 496	22,6 kg	28 996 dt	58,–	1 689 294,–

Dazu kommen noch Mirabellen/Aprikosen/Pfirsiche/Walnüsse = 20 653 Bäume.

Baumobst ohne Äpfel	308 463 Bäume	156 399 dt	8 570 038,–
Äpfel	360 667 Bäume	282 896 dt	10 079 914,–
Beerenobst	362 022 Sträucher	9 826 dt	1 664 975,–
		449 121 dt	20 314 927,–

	Anbaufläche	Ertrag
Sommerweizen	345 ha	40,2 dt
Winterweizen und Spelz	5 669 ha	42,6 dt
Winter- und Sommerroggen	221 ha	30,3 dt
Winter-Menggetreide	86 ha	32,2 dt
Brotgetreide	6 321 ha	41,9 dt
Wintergerste	119 ha	33,2 dt
Sommergerste	4 580 ha	33,0 dt
Hafer	3 901 ha	31,2 dt
Sommer-Menggetreide	1 460 ha	34,4 dt
Futtergetreide	10 060 ha	32,5 dt
Erbsen	202 ha	21,3 dt
Ackerbohnen	67 ha	27,2 dt
Körnermais	142 ha	44,6 dt
Raps	90 ha	20,1 dt
Hülsen- und Ölfrüchte	501 ha	
Kartoffeln	2 538 ha	253,9 dt
Zuckerrüben	5 ha	313,6 dt
Futterrüben	1 064 ha	966,4 dt
Kohlrüben (Futter)	98 ha	542,2 dt
Hackfrüchte	3 705 ha	
Wiesen und Mähweiden	23 009 ha	Heu 61,4 dt
Ackerwiesen	1 084 ha	65,2 dt
Klee	2 383 ha	72,2 dt
Luzerne	481 ha	69,8 dt
Rauhfutterfläche	26 957 ha	
Grünmais	368 ha	397,6 dt
sonstige Futterpflanzen	645,1 ha	–

Ackerbau

Die Getreideanbauflächen haben insbesondere in den größeren Betrieben zugenommen in den letzten Jahren. Stark zurückgegangen ist der Hackfruchtanteil. In der nächsten

Zeit wird die Kohlrübe vollends ganz verdrängt sein von der Futterrübe. Der Silomais-anbau wurde ausgeweitet, trotzdem es insbesondere in den Höhenlagen immer wieder Rückschläge gibt. Als Ersatz für die immer noch einen hohen Arbeitsaufwand benöti-genden Hackfrüchte werden Raps, Senf, Ackerbohnen, Erbsen, Grassamen zum Anbau empfohlen. Ertragsmäßig erreichen die Landwirte auf Ackerland und auch im Futter-bau nur das Mittel des Landes, weil die neu zum Kreis Reutlingen gekommenen Ge-meinden auf der Albhochfläche mit einem größeren Anteil an Grenzertragsböden das Ergebnis beeinflussen.

Düngeraufwand

Der Handelsdüngeraufwand in kg Reinnährstoff je ha ist keineswegs hoch.

	N	P	K	C_a
Reutlingen	43,4	38,2	46,4	6,6
Regierungsbezirk Tübingen	49,9	55,0	58,9	9,3
Land Baden-Württemberg	56,9	56,4	64,0	10,7

Diese Werte werden gedrückt durch die Einbeziehung der geringwertigen Weiden in die Statistik. Absolute Schafweiden erhalten in der Regel keinen Handelsdünger. Es kommt noch hinzu, daß viele Betriebe sehr viehstark wirtschaften, deshalb einen hohen Düngeranfall haben und den Nährstoffentzug durch Ernten bis zu einem gewissen Grad aus dem eigenen Betrieb in Form von Gülle und Stallmist decken können.

Weinbau

Der schon bald 2000 Jahre alte Weinbau ist flächenmäßig auf 38 ha Rebfläche zurückge-gangen. Aufgelassene Weinberge, deren Anlage heute noch erkennbar ist, an der Achalm und an den Südhängen von Dettingen im Ermstal und vor allem im Neckartal künden von der ehemals großen Bedeutung. Die Bewohner der Alb sprechen noch heute vom „Täleswein", den sie aus dieser Gegend einst bezogen im Tausch gegen Dinkel, Hafer.
Die Weinbaugemeinden Metzingen und Metzingen-Neuhausen haben ihre Rebfluren am „Metzinger Weinberg" und am Neuhauser „Hofbühl" – beides Vulkankegel und deshalb aus bodenmäßigen Gründen für den Weinbau besonders geeignet – in den letz-ten Jahren flurbereinigt und völlig neu angelegt. Die Bewirtschaftung kann jetzt nach

moderner Art erfolgen. Bevorzugte Traubensorten sind: Schwarzriesling und Burgunder, Portugieser, Sylvaner, Müller-Turgau, Ruländer und jetzt auch Kerner.

Erträge: 1969 = 232 600 kg Trauben
         1970 = 360 768 kg Trauben
         1971 = 174 516 kg Trauben
         1972 = 282 392 kg Trauben
         1973 = 410 484 kg Trauben
         1974 = 240 856 kg Trauben

Das an die Genossenschaft angelieferte Lesegut hatte Mostgewichte von 72 bis 84° 1973 und 62 bis 80° Öchsle 1974. Sehr starke Schwankungen im Ertrag sind im Weinbau immer noch festzustellen. Nach dem Kellerausbau ergeben sich für die Metzinger und Neuhauser Weine in allen Jahren Qualitätsweine, ja sogar ein Teil Prädikatsweine werden erzeugt.

Aufgrund der durchgeführten Rebflurneuordnung kann man mit einem Weiterbestehen des Weinbaues überhaupt in dieser Lage rechnen. Wenn auch die vielen Stäffele, die windschiefen Weinberghäusle und kleinste Wengert dadurch verloren gingen und die Romantik nicht mehr ist, so werden doch die Südhänge im Tal des Ermsaustrittes in das Neckartal nach wie vor durch Weinberge gekrönt, Kennzeichen einer milden und fruchtbaren Landschaft.

Viehbestand

Rinder insgesamt   =   47 939
davon Milchkühe   =   16 429
Schweine insgesamt   =   54 697
davon Zuchtschweine   =   3 786
Hühner insgesamt   =   310 140
davon Legehennen   =   230 661
sonstiges Geflügel   =   2 014
Schafe   =   8 146
Ziegen   =   288
Pferde   =   1 423
Bienenstöcke   =   5 986

Der Viehbestand erfuhr in den letzten Jahren eine sehr starke Aufstockung. Während sich die Zahl der Milchkühe mit ca. 16 000 Stück bei einer durchschnittlichen Jahresmilchmenge von 3800 kg je Kuh kaum verändert hat, ist der Bestand an Mastschweinen, an Hühnern und auch an Rindern zur Nachzucht und zur Mast kräftig im Ansteigen.

Wie allgemein sonst ging der Pferdebestand mit Aufkommen der Motorzugkraft ab 1955 enorm zurück. Erst seit einigen Jahren nimmt die Zahl der gehaltenen Tiere wieder zu; allerdings sind sehr viele der jetzt hinzugekommenen Pferde nicht in landwirtschaftlicher Hand, allenthalben werden Reitbetriebe und Ställe für Pensionspferde eingerichtet.

Kooperationen in der Tierhaltung gibt es zwei und zwar eine mit Mastschweinen in Bernloch und eine mit Milchkühen in Bremelau. Günstige Absatzmöglichkeiten für alle tierischen Veredelungsprodukte sind im Verdichtungsraum Reutlingen, Stuttgart vorhanden.

Tierhalter			auf einen Halter entfallen Tiere
Pferde	=	350	4
Rinder	=	3 660	13
davon Milchkühe	=	3 166	5
Schweine	=	3 688	15
Schafe	=	214	38
Ziegen	=	288	2
Hühner	=	5 979	52

Auf 100 ha landwirtschaftliche Fläche (LF) entfallen:

			ohne Schweine
im Landkreis Reutlingen	=	81,1 GVE	65,4 GVE
im Landkreis Tübingen	=	64,7 GVE	49,9 GVE
im Landkreis Zollernalb	=	56,1 GVE	47,4 GVE

Es handelt sich also nach wie vor um kleine Bestände, der Durchbruch zu Kuhbeständen mit mehr als 40 Stück beginnt jetzt. Zur Zeit gibt es ca. zehn Kuhbestände mit je über 40 Kühen, zwei Mastschweinbestände mit über 600 Stück und einige Hühnerhalter mit mehr als 20 000 Legehühnern.

Schafhaltung

Ende des 18. Jahrhunderts schrieb ein Pfarrer über die Schafhaltung auf der Alb: „Die störrischen Bauern widersetzen sich beharrlich der Einkreuzung von Merinoschafen; sie wollen fürderhin Wolle erzeugen so dick wie Roßhaar."
Man kann aus diesem Bericht entnehmen, daß die Verbesserung der Wollqualität schon frühzeitig betrieben wurde mit Hilfe der Landesherrn und der Pfarrer.

Die Statistik weist für das Kreisgebiet einen Schafbestand für 1973 von 8 146 Stück auf. Da dieses Ergebnis auf der Dezemberviehzählung basiert, sind keineswegs alle Schafe in dieser Zahl enthalten, die tatsächlich im Sommer auf der Alb bzw. am Albrand geweidet werden. Die alte Einrichtung der Wanderschäferei bringt es mit sich, daß der Schäfer an Martini – 11. November – auf seine Winterweide zieht in das Oberland, die Bodenseegegend, in den Breisgau oder sogar in die Pfalz und erst im April an Georgi wieder zurück sein darf. Genaue Zahlen sind schwer zu bekommen, da Schafherden schwierig zu zählen sind! Man darf aber mit mindestens 16 000 bis 18 000 Stück Besatz im Kreis rechnen. Allein auf dem Truppenübungsplatz Münsingen stehen im Sommer 30 Schafherden mit zusammen 12 000 bis 14 000 Stück. Die Umstellung auf Standschäferei ist notwendig aus beruflichen und familiären Gründen (monatelanges Fortsein des Schäfers von der Familie), aus verkehrsmäßigen Schwierigkeiten (wochenlanges Ziehen der Herden von der Alb in die Winterquartiere und wieder zurück). Der Bau von Schafhöfen wird jetzt in Angriff genommen, obwohl die Seßhaftmachung dem Schäfer alter Prägung mit seinem Wandertrieb nicht entspricht und die Maßnahme sehr teuer ist. Ein Schafplatz kostet z. Z. DM 400,– bis 500,–. Im Rahmen des Albplanes kommt der Förderung der Schafhaltung eine besondere Bedeutung zu. Man hat erkannt, daß die Schafe die billigsten Landschaftspfleger in den Wacholderheiden sind, und diese sollte man ja wegen des Landschaftsbildes unbedingt erhalten. Von der Romantik des Schäfers ging und geht mit zunehmender Rationalisierung immer mehr verloren: die Schafwäsche, die Handschur, die Pferchkarren.

Es gibt sogar den für mancherlei Gebrechen der Menschen oder Krankheiten bei Tieren ein heilendes Mittel wissenden Schäfer kaum mehr. Die Ausbildung der Schäfer wird in einer geregelten Lehrzeit durchgeführt und ökonomische Aspekte beherrschen seinen Beruf.

Technisierung und Bauwesen

Die Technisierung ist weit fortgeschritten in den kleinen landwirtschaftlichen Betrieben, manchmal beängstigend weit. Der Maschinenwert beläuft sich in den mittleren Betrieben sehr oft auf über 3000,–/ha LF. Die Inanspruchnahme von Landwirtschafts-Lohnunternehmen hält sich in bescheidenen Grenzen. Ein Maschinenring, dem über 120 Landwirte angehören, läßt Ansätze erkennen zur Verminderung des Maschinenkapitals. Kühe und Pferde als Zugtiere sind bis auf wenige Gespanne nicht mehr im Gebrauch. Zur Zeit rollt die 50- bis 100-PS-Schlepper-Welle. Als Folgeinvestition müssen größere und schlagkräftigere Maschinen bereitgestellt werden.

Das alte Eindachhaus des Albbauern wird heute nicht mehr gebaut. Die räumlich enge

Unterbringung von Wohnung, Stall, Scheune unter einem Dach brachte Vorteile hinsichtlich des Raumbedarfs und der Wärmegewinnung. Bei den früher auf der Alb üblichen Seldnerhäusern – Tagelöhner und Knechte bei den größeren Bauern – war der Stall unter der Wohnung. Hier wurde die Wärme vom Kuhstall ausgenützt zur Erwärmung des Wohnhauses. Auch die früher üblichen Weberhäuser sind auf der Alb ganz verschwunden.

Die heutigen landwirtschaftlichen Wirtschaftsgebäude sind reine Zweckbauten mit Behältern für Silage und seit neuestem sogar mit Silos für Fertigfutter.

Ferien auf dem Bauernhof

Als neuer Betriebszweig in der Landwirtschaft bietet sich die Bereitstellung von Fremdenzimmern im Rahmen der Aktion „Ferien auf dem Bauernhof" an. Besonders in den Tälern von Lauchert, Lauter und Erms und aber auch an anderen reizvollen Orten auf der Hochfläche und am Rande der Alb wird durch das Anbieten von Ferienwohnungen ein Zuerwerb erreicht. Der „Ferienring Schwäbische Alb" mit etwas über 50 Mitgliedern bietet zu günstigen Preisen Aufenthalt für Erholungssuchende an. Die Ergebnisse der letzten Jahre lassen erkennen, daß die Alb als Feriengebiet gut ankommt, besonders bei Familien mit Kindern; daß aber auch Folgeeinrichtungen geschaffen werden müssen über den Bauernhof hinaus mit Hilfe von Gemeinde, Landkreis und Land.

Agrarstruktur

Betriebsgrößenklassen	Zahl der Betriebe	%	Landw. genutzte Fläche ha
0,5– 2 ha	1908		2 072
2 – 5 ha	1343	73,2	4 401
5 – 10 ha	1162		8 356
10 – 15 ha	617	17,8	7 671
15 – 20 ha	458		7 967
20 – 25 ha	271	6,5	5 961
25 – 30 ha	122		3 300
30 – 40 ha	105	2,1	3 529
40 – 50 ha	18		792
50 – 75 ha	10		586
75 –100 ha	4	0,4	339
100 ha und mehr	10		4 551
	6028		49 525

Gliederung der Betriebe nach Betriebssystemen:

	i. v. H.	Zahl d. Betr.	ha LF	Standard Betriebseinkommen DM/Betrieb	DM/ha
Gartenbaubetriebe	0,6	37	63	13 455,–	7 902,–
Forstwirtschaftl. Betr.	23,1	1496	1093	3 643,–	—
Kombinationsbetriebe	6,9	447	1860	3 097,–	744,–
Marktfruchtbetriebe	3,5	231	2059	5 638,–	633,–
Futterbaubetriebe	55,2	3580	31627	6 123,–	693,–
Veredelungsbetriebe	1,1	71	462	9 634,–	1 481,–
Dauerkulturbetriebe	0,8	49	127	3 313,–	1 278,–
Landw. Gemischtbetr.	8,8	574	7363	10 531,–	821,–

Agrarstrukturverbesserung

Die Flurbereinigung ist die wichtigste Voraussetzung für eine Verbesserung der Agrar-
struktur, da es in allen nicht bereinigten Gemeinden eine Unzahl von Parzellen und vor
allem auch Mißformen der Grundstücke gibt: ,,Hosenträger'', ,,Spitze'', ,,Zwickel'',
,,Stelzen''.
Für Gespann- und Handarbeit gingen diese Grundstücksformen noch an, nicht mehr
aber für die moderne Technik. Außerdem fehlen sehr oft Zufahrts- und Treppwege.

Abgeschlossene	Trochtelfingen – Mägerkingen	1381 ha	
Flurbereinigungen	Metzingen (Rebflur)	54 ha	
	Würtingen – Bleichstetten	1240 ha	
	Hohenstein – Bernloch	1426 ha	
	Römerstein – Strohweiler	289 ha	
	Hohenstein – Ödenwaldstetten	1090 ha	
	Römerstein – Zainingen (Teil)	451 ha	5931 ha
Verfahren	Mehrstetten I und II	1754 ha	
im Laufen	Hohenstein – Meidelstetten	1141 ha	
	Römerstein – Böhringen	1808 ha	
	Hohenstein – Eglingen	1300 ha	
	Gomadingen – Dapfen	985 ha	
	Urach – Hengen	1840 ha	8828 ha

	Sonnenbühl – Willmandingen	1120 ha	
	Sonnenbühl – Undingen	1505 ha	
	Pliezhausen	475 ha	
	Rübgarten	766 ha	
	Reutlingen – Gönningen	601 ha	4467 ha
Vorgesehen	Pliezhausen – Gniebel	1265 ha	
	Sonnenbühl – Erpfingen	1831 ha	
	Trochtelfingen	2529 ha	
	Lichtenstein – Holzelfingen	934 ha	
	Münsingen – Magolsheim	705 ha	
	Grabenstetten	1369 ha	8633 ha

In die Verfahren eingeschlossen sind sehr viel Wald und sonstige Flächen, deshalb eine so hohe Hektarzahl. Tatsächlich ist kaum die Hälfte der LF bereinigt, bzw. im Verfahren. Zur Flurbereinigung anstehend ist die gesamte landwirtschaftliche Nutzfläche im Landkreis.

Als Musterbeispiel einer Dorfsanierung in einem Flurbereinigungsverfahren wurde in der Gemeinde Mehrstetten mit den Maßnahmen begonnen: landwirtschaftliche Aussiedlungen, Flurneuordnung, Auflockerung des Dorfkernes, Ausweisung von Wohnbaugebiet, Schaffung von außerlandwirtschaftlichen Arbeitsplätzen. Dieses Projekt als Beispiel für den Regierungsbezirk Tübingen ist noch nicht abgeschlossen.

Anerbensitte und Realteilung

Die zwei Vererbungsformen, Anerbensitte und Realteilung, sind im Kreisgebiet seit Jahrhunderten gang und gäbe. Im Herrschaftsgebiet der früheren Klöster und besonders auf der Zwiefalter Alb wurde der landwirtschaftliche Betrieb geschlossen an den ältesten oder auch jüngsten Sohn vererbt. Eine Teilung des Hofes fand nur in seltenen Fällen statt. Diese Anerbensitte wurde von den Grundherren stark gefördert. Heute finden wir in diesem Gebiet relativ große landwirtschaftliche Betriebe mit einigermaßen großen Parzellen.

In den zur Herrschaft Württemberg gehörenden Gemeinden erfolgte dagegen seit langem die Realteilung: es fand nicht nur eine flächenmäßige Verteilung des Besitzes unter die Kinder statt, sondern es wurden auch aus einem besonderen Gerechtigkeitssinn heraus sehr oft noch einzelne Felder aufgeteilt, damit jedes Kind von einem bestimmten

Acker seinen Teil bekam. In den Grundbüchern heißt es dann z. B. Parzelle 564/1/2/3.
Zwei nebeneinanderliegende Gemeinden im östlichen Kreisgebiet gestatten einen interessanten Vergleich:

	LF/ha	Lw.-Betr.	Durchschn. Betriebs- größe ha	Parzellen- zahl insges. je Gemeinde ha	Durchschn. Parzellen- ha
Bremelau Neuwürtt.	1221,9	59	20,7	1240	0,98
Mehrstetten Altwürtt.	1136,8	145	7,8	5009	0,22

Dieser Vergleich stammt allerdings aus der Zeit vor der in Mehrstetten 1960/70 durchgeführten Flurbereinigung.

Welche Entwicklung die Landwirtschaft in den letzten 20 Jahren nahm, zeigen einige ausgewählte Werte aus dem Altkreis Münsingen, der größtenteils in den jetzigen Landkreis Reutlingen einging.

	Zahl d. Lw.-Betr.	Dinkel- anbau ha	Weizen	Kohl- rüben	Silo- mais	Pferde	Schweine	Rindv.	Hühner
								Stück	
1947	4960	3022	1070	820	–	3425	5989	27071	71401
1965	3860	21	4212	436	12	1213	41104	33371	118391
1973	3100	2	4420	65	287	560	53260	39640	225360

Der Strukturwandel in der Landwirtschaft ist auch im Kreis Reutlingen im Fluß. Sehr viele Betriebe haben aufgehört, manche werden im Nebenerwerb weitergeführt, viele Flächen sind verpachtet, verhältnismäßig wenig Felder werden an aufstockungswillige Landwirte verkauft. Der Anteil an gepachtete LF beträgt z. Z. etwa 35 Prozent.

Ausbildung – Hofnachfolge

Landwirtschaftslehrlinge müssen neben einer praktischen Ausbildung im Lehrbetrieb oder auch im elterlichen Betrieb die dreijährige Berufsschule für Landwirtschaft in Münsingen besuchen. Der Nachwuchs für die landwirtschaftlichen Betriebe im Kreisgebiet ist keineswegs gesichert: Besuch der landwirtschaftlichen Berufsschule Münsingen

Klasse 1	Schuljahrgang 1974/75	22 Auszubildende
Klasse 2	Schuljahrgang 1973/74	19 Auszubildende
Klasse 3	Schuljahrgang 1972/73	16 Auszubildende

Landwirtschaftsbetriebe mit einer Nutzfläche von über 15 ha gibt es 998. Unterstellt man eine 30jährige Erbfolge, Übergang vom Vater auf den Sohn, so benötigt man im Jahr 33 Auszubildende; nimmt man nur die Betriebe mit über 20 ha LF = 540, so würden 18 Hofnachfolger benötigt. In den Zahlen der drei Berufsschuljahrgänge sind noch einige Schäfer und Pferdepfleger enthalten, so daß tatsächlich pro Jahr kaum zehn Auszubildende für die Landwirtschaft übrig bleiben. Wie wird es dann in 30 Jahren mit der Hofnachfolge bestellt sein?

Die weitere Ausbildung für Landwirte und Bäuerinnen erfolgt nach der Berufsschulpflicht in der Fachschule für Landwirtschaft, Abteilung Landbau bzw. in der Abteilung Hauswirtschaft. In dieser freiwilligen Schule wird der Abschluß ,,staatl. geprüfter Wirtschafter für Landbau'' erreicht. Das landwirtschaftliche Schulwesen ist für das gesamte Kreisgebiet in Münsingen konzentriert, nachdem die landwirtschaftliche Fachschule in Reutlingen nach hundertjährigem Wirken geschlossen werden mußte aufgrund der geringen Schülerzahlen.

Zwei Drittel aller Absolventen der Fachschule für Landwirtschaft legen später die Landwirtschaftsmeisterprüfung ab. Insgesamt ist der Stand der Ausbildung als gut zu bezeichnen. Besonders hervorgehoben werden soll der Fortbildungswille der Landwirte allgemein. Dies kommt zum Ausdruck in einem überaus starken Besuch von Seminaren, Fachvorträgen, Lehrfahrten für Landwirte und Landfrauen. Der Leistungs- und Erhaltungswille der Landwirtschaft in den dünner besiedelten Gebieten ist enorm. Nicht nur die Erzeugung von gesunden Nahrungsmitteln, sondern auch die Erhaltung der Kulturlandschaft sind die Aufgaben einer intakten Landwirtschaft im Kreisgebiet.

Literaturverzeichnis

Abel, Wilhelm: ,,Geschichte der deutschen Landwirtschaft'', Stuttgart
Eberhardt, Christian, Dissertation 1951 ,,Ackerunkrautgesellschaften und ihre Abhängigkeit von Boden und Bewirtschaftung''
Geologische Übersichtskarte von Baden-Württemberg
Geologisches Landesamt
Informationen für die Landwirtschaftsberatung in Baden-Württemberg, Heft 3/1974, Ministerium für Ernährung, Landwirtschaft und Umwelt
Kreisstatistik über die Düngemittelversorgung im Bundesgebiet Teil Baden-Württemberg, 1. 7. 1972 bis 30. 6. 1973
Statistik von Baden-Württemberg, Band 203
Die Land- und Forstwirtschaft 1973

Das Haupt- und Landgestüt Marbach

von Georg Wenzler

Die Verwaltungsreform hat dem industriestarken und gewerbefleißigen Kreis Reutlingen eine wertvolle Bereicherung an landwirtschaftlichen Gebieten und vor allem schöne Landschaften aus dem früheren Kreis Münsingen beschert. Darin ist das Haupt- und Landgestüt Marbach als Anziehungspunkt nicht nur für Pferde- und Naturfreunde, sondern für den Fremdenverkehr eine besondere Bereicherung. Der Kreis Reutlingen ist für die im Lautertal gelegenen Gestütshöfe Marbach, Offenhausen, wie für die am Steilabfall der Alb gelegenen Höfe St. Johann, Schafhausberg und Güterstein bei Urach gemeinsame Heimat geworden.

Der Gestütshof *Marbach* ist Ausgangs- und Schwerpunkt des Gestütes. Seit 400 Jahren erstehen hier jedes Jahr neue Pferdegenerationen. Nicht eine Stifterlaune oder die Freude an schönen Pferden veranlaßten die Wirtemberger Grafen im ausgehenden Mittelalter immer wieder zu neuen Gestütsgründungen. Sie erkannten klar, daß jede Förderung der Pferdezucht die „reisige" d. h. berittene Wehr ihre Hausmacht und ihr Ansehen stärkte und auf lange Sicht zu einer Ausweitung ihres Herrschaftsbereiches führen konnte. So zahlten sich diese Bemühungen geradlinig 1495 durch Erhebung zu Herzögen, 1806 zu Kurfürsten und 1816 zu Königen aus. Genau besehen, ist die Geschichte der Pferdezucht und der Gestüte ein Spiegelbild der Landesgeschichte. Die Gründung Marbachs im Jahre 1553 bedeutete eine Zusammenfassung verschiedener, verstreuter, kleiner Gestütshöfe. Zuchtmäßig spielte in den ersten zwei Jahrhunderten die Art und Güte der Pferde keine Rolle. Die Landesherren fragten nur nach der Zahl und Menge der Pferde. Erst zu Beginn des 19. Jahrhunderts forderten die einflußreich gewordene Militärverwaltung, aber auch die intensiver gewordene Landwirtschaft besonders in den Ackerbaugebieten, die für ihre Zwecke geeigneten Pferde. Sie sollten einerseits edel, schnell, andererseits schwer genug für die Zugarbeit sein. Erst um 1890 verstanden sich die Gegner in dem Begriff des „Artilleriestangenpferdes" zu einem Kompromiß. Landläufig sprach man vom „Fausttyp", den der Anglonormänner Hengst „Faust" verkörperte. Fast 90 Jahre bildete er das Idol des württembergischen Pferdezüchters. Es war ein mittelschweres Pferd, das Militär und Bauern befriedigte.

Erst der rasante Fortschritt der Technik in der Landwirtschaft nach dem Zweiten Weltkrieg hat dem guten, alten „Württemberger" Pferd ein rasches Ende bereitet und die
Zucht zu einer schnellen Umstellung auf ein elegantes Reit- und Sportpferd gezwungen. Das heutige württembergische Pferd ist deshalb mit dem vor 20 Jahren nicht zu
vergleichen. Es wurde im wesentlichen mit Trakehner Hengsten auf der einheimischen
Stutengrundlage umgezüchtet und veredelt und tritt heute gleichwertig und erfolgreich in den Wettbewerb mit den Pferden anderer deutscher Zuchtgebiete.

Marbach ist die Schaltstelle für die Pferdezucht unseres Landes und verantwortlich für
deren Stand und Fortschritt. Seine Zuchthengste bestimmen das Gesicht und den Erfolg
der Pferdezucht im Lande. Deshalb besteht seine Aufgabe darin, den schwierigen und
auch kostspieligen Ausleseprozeß um die Pferdeelite durchzuführen. Alle Bemühungen gipfeln im Erkennen und Verbessern der Erbanlagen. Tag für Tag, jahraus, jahrein
werden Hengste und Stuten in der reiterlichen Ausbildung erprobt und nach dem Prinzip: „Das Bessere ist des Guten Feind", ausgelesen. Der etwa 100 Hengste umfassende
Bestand ist der Stolz des Gestütes. Sie beziehen jedes Frühjahr mit ihren Wärtern die
etwa 45 Beschälstationen im Lande Baden-Württemberg, wo sie zum Decken der Züch-
terstuten zur Verfügung stehen und erst wieder im Juni in das Gestüt zurückkehren.
Alle zwei Jahre zeigt das Gestüt die Hengste in festlichem Gewand, um Züchtern, Rei-
tern und Pferdefreunden seine züchterische Arbeit in den glanzvollen Hengstparaden
zur Beurteilung zu stellen. Zu Zehntausenden strömen pferdebegeisterte Menschen
zusammen, um das herrliche Schauspiel der unter dem Reiter in Quadrillen, Schau-
nummern und Anspannungen paradierenden edlen Hengste zu erleben.

Der Besucher fragt oft nach der Rasse der Pferde in Marbach. Der größte Teil gehört der
veredelten Württemberger Warmblutrasse an, kurz „Marbacher" genannt. Daneben
züchtet das Gestüt auch Trakehner; ihnen verdankt der heutige Marbacher seine Ele-
ganz und Schönheit. Ein paar Haflinger, kleine Gebirgspferde, spielen wie die schmuk-
ken Schwarzwälder Füchse, als reine Arbeitspferde kaum noch eine Rolle. Berühmt und
in aller Welt bekannt sind die Vollblutaraber aus Marbach. Ihre Ahnen gehen in den
Stutenlinien auf das heute nicht mehr bestehende königliche Privatgestüt in Weil bei
Esslingen zurück, das Wilhelm I. von Württemberg 1817 mit Pferden aus Arabien zur
Verbesserung der einheimischen Pferde gründete. Das arabische Pferd gilt seit alten
Zeiten als das Vorbild eines leistungsfähigen Pferdes. Obwohl nach dem Zweiten Welt-
krieg dem Versiegen nahe, konnte der edle Blutsquell mit dem fast legendär geworde-
nen ägyptischen Hengst Hadban Enzahi gerettet und seit 1956 bis heute neu aufgebaut
werden. Marbach ist heute das Mekka der deutschen Araberzüchter, aber auch der
Welt.

Das eigentliche Zuchtgeschehen in Marbach vollzieht sich in der Stutenherde. Die rund
60 Mutterstuten und die 18 Vollblutaraberstuten bilden die Keimzelle der Landespfer-

201. Blick vom Albtrauf auf Eningen und die Achalm

199. (umseitig oben) Junghengste im Gestütshof Offenhausen
200. (umseitig unten) Vollblutaraber des Gestüts Marbach beim Gespannfahren

202. *Blick auf die ev.*
Kirche in Eningen und
auf die Achalm

203. *Erholungsgebiet*
Eninger Weide

204./205. Dorfstraße
in Grabenstetten. Unten:
Die ev. Peter-und-Pauls-
Kirche von Grabenstetten.

dezucht. Sie sind hochwertige Zuchttiere und in ihnen nehmen die züchterischen Gedanken und Planungen lebende Gestalt an. Mit zwei der vollkommensten Hengste, den Hauptbeschälern, werden die Stuten nach wohlüberlegten Plänen angepaart. Die spannungsreichste Zeit im Gestüt ist die Abfohlzeit im Frühjahr, wo die Stuten abgesondert und in sich gekehrt die Geburt ihrer Fohlen erwarten. Es gibt für Stutenmeister, Gestütsveterinär und Gestütsleiter erregende Tage und durchwachte Nächte, bis das Wunder um den neuen Fohlenjahrgang gelöst ist. Da wird das Wagnis der Zucht offenbar. Die Natur selbst entscheidet in der Güte des Fohlenjahrganges über Erfolg und Mißerfolg der züchterischen Überlegungen und Maßnahmen. Und nicht immer geht die Natur mit unserer Gedankenwelt konform. Immer wieder gibt sie uns Rätsel auf und erinnert daran, daß sich in jedem Fohlen das Schöpfungsgeschehen wiederholt und wir verantwortlich daran teilnehmen dürfen. Für unzählige Pferdefreunde bedeutet das Bild der Stutenherde mit den von Leben überschäumenden Fohlen in den sich weit dehnenden mit alten Hainbuchen bestandenen Koppeln Inbegriff unverbildeter Natur, pulsierenden Lebens und von Harmonie und Glück.

Verlassen wir das an landschaftlichen Reizen und Schönheiten reiche Marbach und folgen der Lauter aufwärts bis zu ihrem Ursprung, vorbei an kahlen, wacholderbestandenen Hängen durch das Dorf Gomadingen, dann sind wir im Gestütshof *Offenhausen* am Fuße des Sternbergs. Noch immer umrahmt die fast vollständig erhaltene Klostermauer die im 11. Jahrhundert gegründete Dominikanerinnenabtei. Sie wurde in der Reformation aufgelöst und von den Landesherren zu einem Gestütshof umgestaltet. Das Kloster, einst reich und mächtig, hatte schon eine ansehnliche Pferdezucht wie viele andere Klöster betrieben. In der Tat ist das weite, hügelige Gelände um den Sternberg ideal für die Aufzucht von Fohlen. Deshalb sind heute dem Gestütshof neben der Landwirtschaft die Hengstaufzuchtstation „Im Hau" übertragen. Dort auf den freien Höhen tummeln sich etwa 100 ein- und zweijährige Hengste. Sie – bereits mit Sachkenntnis und Sorgfalt ausgewählt – wachsen hier zu kräftigen Hengsten heran. Es ist ein Schauspiel besonderer Art, die von Übermut strotzenden Junghengste in ihren kämpferischen Spielen oder im sausenden Galopp messenden Kräfte beobachten zu können. Unten im Gestütshof wiehern in den alten, hohen Klosterställen etwa 40 Zuchthengste, während nebenan eine Kuhherde mit 50 Kühen augenfällig den Hochstand der Rinderzucht des Gestütes zeigt.

Die anderen Gestütshöfe liegen etwa 15 km entfernt am Nordrand der Alb. Die Gestütshöfe St. Johann, Schafhausberg und Güterstein sind von herrlichen Buchenwäldern umrahmt. Das Areal, ein langes Rechteck vom Schafhausberg bei Eningen/Achalm erstreckt sich über das Hauptwerk St. Johann nach dem auf halbem Wege liegenden „Fohlenhof" bis zu dem im Tale bei Urach liegenden Gestütshof *Güterstein*. Letzterer ist Weidehof und beherbergt 20 zweijährige Hengste neben etwa 50 Jungrindern. Güterstein war nach Auflösung des Hengstdepots im Marstallgebäude in Stuttgart im Jahre 1852 Standort der Landbeschäler. Der lichtarme Gestütshof im engen Tal, besonders im Winter, bekam aber den Hengsten nicht gut, so daß sie auf die Höfe Marbach, Offenhausen und St. Johann verteilt wurden. Das auf der Albhochfläche zu *St. Johann* gehörende Gutsareal ist mit 750 m Meereshöhe vorzugsweise Grünland, indessen läßt die relativ flache Bodengestaltung einen recht beachtlichen Ackerbau zu. Dieser ist notwendig für die Versorgung des Nachwuchses an Fohlen, Jungrindern, Schafen und Schweinen des Gestütes, die hier zusammengefaßt sind. Wie kaum anderswo, sind die Koppeln bunt, aber einträchtig mit Stutfohlen, Fleck- und Braunviehrindern bestückt. Die Pferdefreunde wählen den Fohlenhof – ,,das Mädchenpensionat'' – als Ausflugsziel. Sobald die Fohlen im Alter von fünf Monaten von den Müttern getrennt werden, kommen die Stutfohlen hierher zur Aufzucht und bleiben, bis sie entweder zur Stammstute für Marbach gekürt, oder aber auf der alljährlich im Februar stattfindenden Auktion an Pferdeliebhaber verkauft werden.

Ehedem stand hier eine Kapelle ,,Zu Rauh St. Johann'', die dem Gestütshof den Namen gab. Dorthin durften die Schweigemönche des alten Klosters Güterstein jedes Jahr am ,,St.-Johanni-Tag'' einen Spaziergang in die freiere Luft der Albhöhe machen.

Das Haupt- und Landgestüt Marbach ist heute ein bedeutender und vielseitiger landwirtschaftlicher Großbetrieb mit etwa 1000 ha Fläche, etwa 400 Pferden, 550 Rindern, 500 Schafen, ebensovielen Schweinen und besonderen Instituten, die für das Land wichtig sind. Es ist ein bezauberndes Tierparadies in einer mit Verständnis und Liebe gepflegten ursprünglichen Alblandschaft. Es ist das Ziel von jährlich mehr als 500 000 Besuchern aus aller Welt, denen es zu einem Quell der Freude und Erholung wird. Die Schwaben aber sind auf ihr Marbach an der Lauter – das Pferde-Marbach – ebenso stolz wie auf jenes am Neckar, den Geburtsort des Dichters Schiller, und sie verstehen wohl, daß Ihre Majestät, die Königin von England, eine große Pferdefreundin, bei ihrem Deutschlandbesuch arg enttäuscht war, als ihr anstelle des Pferdeparadieses Marbach das Schiller-Marbach gezeigt wurde.

Literaturhinweise:

Wenzler, Georg – Das Haupt- und Landgestüt Marbach/Lauter zum vierhundertjährigen Bestehen. 1973
Wenzler, Georg – Marbach – Das schwäbische Pferdeparadies, Metzingen 1974
Wenzler, Georg – Stutbuch Weil-Marbach, Geschichte der Vollblutaraberzucht, Bamberg 1972
Wenzler, Georg – Hengstbuch der Bad.-Württ. Pferdezucht, 1974
Wenzler, Georg – Die Vollblutaraberzucht Weil-Marbach, 1968

Wald- und Forstwirtschaft

von Ulrich Ammer
unter Mitarbeit von Walter Frick und Werner Goerlich

Die Aufgaben des Waldes im Wandel der Zeiten

Im 4. Jahrhundert begann mit der Völkerwanderung eine neue Siedlungs- und Rodungswelle, an deren Ende die heutige Verteilung von Wald und Feld stand. Diese Rodungsperiode erreichte in der Karolingerzeit ihren Höhepunkt und dauerte örtlich bis ins 14./15. Jahrhundert. Im Verlaufe dieser Entwicklung wurde der Wald auf die standörtlich ungünstigen Lagen, auf die Kuppen der Albberge, auf die Steilhänge oder auf die wechselfeuchten und rutschgefährdeten Lagen des Keuperberglandes (Schönbuch) zurückgedrängt.

Auf diese Rodungsperioden folgte eine Zeit starker, vielfältiger Inanspruchnahme des Waldes durch den Menschen: der Wald war Holzlieferant für die Salinen und (Silber-, Salz-)Bergwerke der Landesherren, Bau- und Brennstoff für das gemeine Volk und im Hochmittelalter mit zunehmender Bevölkerung auch Weidefläche für Rinder, Schafe, Ziegen und Schweine; und als mit dem Übergang zur Stallfütterung die Waldweide eingeschränkt oder ganz beseitigt werden konnte, wurde sie durch ein neues, teilweise noch verheerenderes Übel, die Streunutzung, abgelöst. Dieses „Streurechen", das vor allem in Laubwaldgebieten stark geübt wurde, führte durch den Entzug wichtiger Nährstoffe und durch ungünstige Veränderungen der Bodenstruktur zu Kümmerwuchs und einem Versagen der natürlichen Verjüngung.

Große geschlossene Waldgebiete wie etwa der alte Reichsforst Schönbuch oder der „Ortbuch bei Schloß Grafeneck" waren schon früh unter Jagdbann gestellt worden. So sehr diese Forsten unter der übertriebenen Wildhege zu leiden hatten, so sind doch diese großen zusammenhängenden Waldkomplexe nur durch die Jagdleidenschaft der Standesherren erhalten geblieben.

Die vielfältigen Nutzungen und die meist ungeregelten Eingriffe führten vor allem in der Nähe der Siedlungsschwerpunkte zu Devastationserscheinungen (Verödungen), die bedrohlich waren und zum Zusammenbruch des Ökosystems Wald führen mußten. Ende des 16. Jahrhunderts war deutlich, daß es so nicht weitergehen konnte. Die Mißstände wurden zum Teil noch dadurch verschärft, daß die Vorläufer einer Forstorganisation, die „Waldvögte" und „Vorstknechte" so schlecht besoldet waren, daß sie sich gezwungen sahen, ihr Einkommen durch „Unregelmäßigkeiten" aufzubessern. In der herzoglichen Forstordnung von 1614 werden daher neben Regelungen, die vorsehen, daß das selten gewordene Eichenholz nur noch von den „Vorstmeistern" abgegeben werden darf, sehr deutliche Ermahnungen an die „Vorstknechte" ausgesprochen, „ . . . in jeder Hut ein fleissig auffsehen zu haben, damit kein Holtz entführt werde und daß sie (die Vorstknechte) auch niemandts keins erlauben, schencken oder geben . . ." „bey straff an Leib und Gut . . ."

Über den damaligen Zustand unserer Wälder gibt heute noch das Naturschutzgebiet Eisenbachhain, an der Kreisgrenze im Norden gelegen, mit seinen durch Überweidung und geduldetem Waldfrevel verlichteten Flächen ein letztes Zeugnis.

Aber erst mit dem Aufbau einer Forstverwaltung um die Mitte des 18. Jahrhunderts wurde mit dem systematischen Wiederaufbau des Waldes begonnen. Diese Wiederbestockung der großen Blößen konnte nur mit Hilfe des Nadelholzes erfolgen, nachdem man gelernt hatte, über Fichten- und Kiefersaaten künstliche Bestände zu begründen.

Hier drängt sich die Frage auf, wie der Naturwald ausgesehen haben mag. Aus pollenanalytischen Untersuchungen, die im Randecker Maar, im Schönbuch und für die Südalb bei Sigmaringen durchgeführt wurden, weiß man, daß der Wald im gesamten Kreisgebiet ein fast reiner Laubwald gewesen sein muß. Als einziger Nadelbaum war von Natur aus auf der Alb nur die Eibe vertreten, die damals zum Teil beachtliche Stammformen erreicht hat. Im einzelnen ergaben sich jedoch in der Baumartenzusammensetzung Unterschiede: während im Schönbuch und im Albvorland Eiche, Linde, Esche und Hainbuche fast ebenso stark vertreten waren wie die Rotbuche, hatte diese auf der Kuppen- und auf der Flächen-(Donau-)alb – wie die Pollenprofile ausweisen – mit 77 bis 80 Prozent das Hauptgewicht; hier war die Eiche nur mit 12, Ulme und Hainbuche mit 2 bzw. 2,5 Prozent an der Waldbestockung vertreten.

Trotz des Nadelholzanbaus im 19. Jahrhundert blieb das *Brennholz* die Hauptnutzung unserer Wälder im Kreisgebiet. So heißt es noch in der Kreisbeschreibung von 1893: „das Erzeugnis des Waldes ist in erster Linie Brennholz, mit dem die Bewohner der Alb nach der Oberamtsstadt Handel treiben . . .". Einen letzten Höhepunkt hatte diese Nutzungsart in den Kriegs- und Nachkriegsjahren des Zweiten Weltkrieges, als über Sonderhiebe die Brennholzversorgung der Bevölkerung sichergestellt werden mußte.

Neben dieser klassischen Rohstofffunktion der Forstwirtschaft sind in den letzten Jahren die Schutz- und Erholungsaufgaben immer mehr in den Vordergrund getreten. Die zunehmende Belastung unserer Umwelt, die wachsende Freizeit, die Verstädterung mit allen ihren negativen Folgen und die Mobilität der Bevölkerung haben den Wald mehr und mehr in den Mittelpunkt der Erholungs- und Daseinsvorsorge gerückt. Vor allem in den stadtnahen Waldungen werden heute von der Bevölkerung die primären Aufgaben des Waldes mit seiner Funktion für die Erholung, der Verbesserung des Kleinklimas und der lufthygienischen Verhältnisse beschrieben. Etwas inkonsequent allerdings wird dennoch gelegentlich gefordert, daß die Waldwirtschaft rentabel sein müsse, obwohl extreme Maßnahmen der Rationalisierung (einseitige Fichtenpflanzungen, Groß-Kahlschläge und hoch mechanisierte Erntemethoden) zu Recht als nicht vereinbar mit den Zielen des Schutzes vor Erosion, der Gesunderhaltung des Wassers und der Leistungen für die Erholung im Wald abgelehnt werden.

Waldverteilung

Betrachtet man die Karte der Waldverteilung (vgl. Abb. 1) so fällt auf, daß die Waldungen im Landkreis Reutlingen ziemlich gleichmäßig verteilt sind. Lediglich die guten Ackerstandorte nördlich von Reutlingen bis zum Neckar (die ehemaligen Gemeinden Altenburg, Degerschlacht, Sickenhausen, Oferdingen, Reicheneck, Rommelsbach und Mittelstadt) sind waldarm.
Große zusammenhängende Waldkomplexe sind der östliche Schönbuchrand, der Reutlinger und der Metzinger Wald, der Albtrauf vom Roßberg bis zum Heidengraben, das Waldgebiet zwischen Bernloch und Münsingen und die Zwiefalter Alb mit den bewaldeten Einhängen des Oberstettener, Tiefen- und Glastales.
Das Bewaldungsprozent beträgt im Mittel des Landkreises 34 und liegt damit knapp unter dem Landesdurchschnitt mit 37 Prozent, aber über dem Durchschnitt der Bundesrepublik Deutschland mit 29 Prozent. Von den alten Gemeinden waren Urach mit 67, Wittlingen mit 63 und Zwiefalten mit 58 Prozent die waldreichsten; Bronnweiler, Degerschlacht bzw. Sickenhausen mit 4 bis 7 Prozent und auf der Albhochfläche Trailfingen und Magolsheim mit 9 bzw. 11 Prozent die waldärmsten Gemarkungen.
Seit 1945 ist die Entwicklung der Waldfläche positiv. Zwar wurden von 1945 bis 1965 im alten Landkreis Münsingen 6 ha, im Landkreis Reutlingen 114 ha Wald ausgestockt, diesen Waldverlusten standen aber rund 1200 ha Neuaufforstungen gegenüber. Durch die Aufforstungswelle, die zu Beginn der sechziger Jahre ihren Höhepunkt hatte, sind manche zu weit gegangene Rodungen früherer Zeit wieder korrigiert worden. Gelegentlich sind aber auch Aufforstungen in landschaftlich reizvollen Talauen (Trockentäler) vorgenommen worden, die zwar forstwirtschaftlich sinnvoll, landschaftlich jedoch bedauerlich sind. Dies hat sich seit 1972 insoweit gebessert, als mit dem Landwirtschafts- und Landeskulturgesetz die rechtlichen Möglichkeiten gegeben sind, landschaftsästhetisch oder agrarstrukturell unvertretbare Aufforstungen zu verhindern. Die Staatlichen Forstämter hatten bis dahin keine gesetzliche Handhabe, um privaten Grundstücksbesitzern bei Einhaltung der gesetzlich vorgeschriebenen Grenzabstände

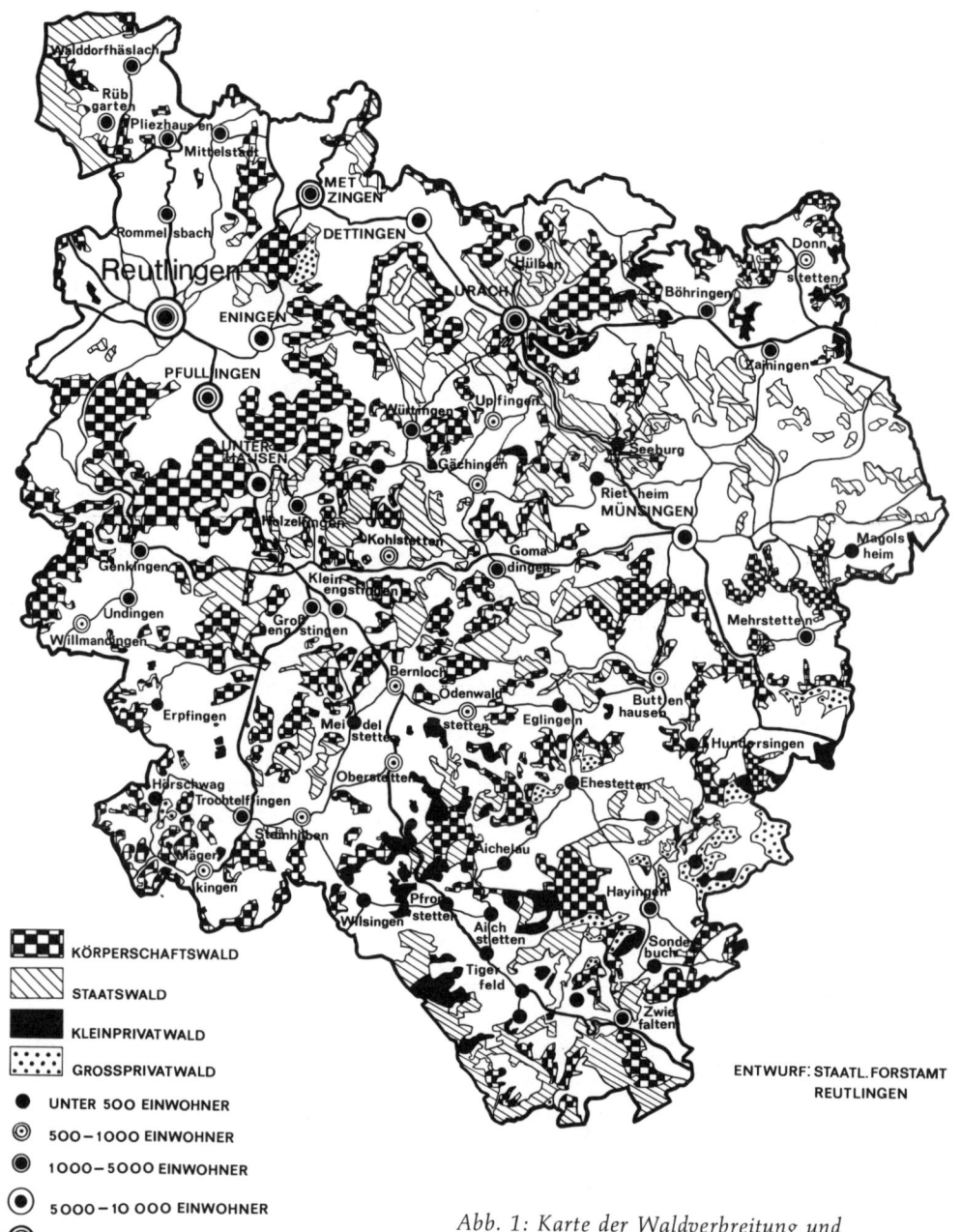

KÖRPERSCHAFTSWALD

STAATSWALD

KLEINPRIVATWALD

GROSSPRIVATWALD

● UNTER 500 EINWOHNER

◉ 500–1000 EINWOHNER

◉ 1000–5000 EINWOHNER

◉ 5000–10 000 EINWOHNER

◎ ÜBER 10 000 EINWOHNER

ENTWURF: STAATL. FORSTAMT
REUTLINGEN

*Abb. 1: Karte der Waldverbreitung und
Waldbesitzverhältnisse im Landkreis Reutlingen*

(in der Regel 8 m) eine Aufforstung ihrer landwirtschaftlich nicht mehr genutzten Grundstücke zu verbieten.

Daß dieser durch die härter werdenden Bedingungen in der Landwirtschaft in Gang gekommene Prozeß einer Wiederbestockung ehemaliger Waldflächen noch nicht abgeschlossen ist, zeigt die Statistik, die für den Zeitraum 1965 bis 1975 im Kreisgebiet 537 ha an Aufforstungen aufweist.

Waldbesitz

Wie überall im germanisch-karolingischen Macht- und Siedlungsbereich war zu Anfang jede Siedlungsgemeinschaft auch autarke Wirtschaftsgenossenschaft; ihr Grundbesitz umfaßte außer dem aus Rodung gewonnenen Ackerland auch einen anschließenden Waldgürtel, die ,,Mark'' (im Stadtwald Reutlingen noch in der Bezeichnung ,,Markwasen'' erhalten), der zugleich Grenze, Schutzwald und Nutzungsraum und als solcher Gemeineigentum der Markgenossenschaft war. Das heute noch in allen Bevölkerungskreisen verbreitete – und im Bundeswaldgesetz auch verankerte – Gefühl, daß der Wald Gemeinbesitz aller Bewohner des Landes sei, und daß der Wald allen zum Betreten offen stehe, stammt wohl noch aus jener Zeit. Mit der zunehmenden Zahl der Siedlungen wurden die ursprünglich nach außen nicht genau festgelegten Markwälder abgegrenzt. In vielen der Siedlung nicht günstigen Gebieten blieben aber zwischen den Markwäldern noch große Urwaldreste übrig, zunächst herrenlos. Diese Wälder beanspruchten aber schon sehr früh (etwa ab 1000 n. Chr.) die Landesherren, stellten sie als Jagdreviere unter strengen Bann oder vergaben sie als Lehen oder Geschenke an Klöster, Kirchenfürsten oder weltlichen Adel.

Aus diesen Königswäldern, Bannwäldern oder Reichsforsten ist später der Staatswald bzw. der Großprivatwald hervorgegangen. Diese Entwicklung ist im Kreisgebiet noch recht gut nachvollziehbar: im Bereich der frühen Siedlungen, im fruchtbaren Albvorland, finden sich kaum Staatswaldungen (vgl. Abb. 1), weil bei den rasch wachsenden Siedlungen die Markwälder nahtlos aneinanderstießen. Dagegen finden wir große Staatswaldkomplexe auf der siedlungsfeindlichen Alb und im Bereich des alten Reichsforstes Schönbuch. An den Einhängen zum Lautertal stockt auch der einzige Großprivatwald (Baron von Späth'scher Besitz) des Gebietes.

Der Klein- oder bäuerliche Privatwald spielt im Kreis (s. Tab. 1) eine absolut untergeordnete Rolle. Als Besonderheit kommt vor allem im Bereich der Zwiefalter Alb eine Sonderform des Privatwaldes, der Gerechtigkeitswald vor. Er umfaßt im Forstbezirk Zwiefalten auf acht Markungen 773 ha und im Forstbezirk Pfronstetten auf 10 Markungen 1582 ha Waldfläche.

Tabelle 1:
Waldbesitzverhältnisse im Landkreis Reutlingen

Forstliche Betriebsfläche					
	insgesamt	davon Staatswald	Körper-schafts-wald	Groß- und mittlerer Privatwald	Klein-Privatwald Bauernw.	Bundes-wald
ha	37 298	9 699	19 180	3 269	3 061	2 089
%	100	26	51	9	8	6

Der Ursprung der Holzgerechtigkeiten geht auf den beachtlichen Besitz des im Jahr 1089 gegründeten Benediktinerklosters Zwiefalten zurück. Das Streben des Klosters war, durch systematischen Güterkauf das Klostergebiet auszudehnen und abzurunden. Neben den Gütervermehrungen ging einher der Erwerb verschiedener Rechte, wie Gerichtshoheit, Zwing- und Bannrecht über die Dörfer seines Bereichs, Zehntgerechtigkeit und Patronatsrecht über die Kirchen. Die Erwerbungen des Klosters wurden begünstigt durch kaiserliche und päpstliche Privilegien und führten schließlich zum Besitz eines geschlossenen Gebietes mit einem Flächeninhalt von rund 180 qkm und einem Waldbesitz von über 5000 ha. Die durch den Kauf überkommenen Rechte wurden unter zwiefaltischer Herrschaft noch weiter ausgedehnt und vervollkommnet. Die Napoleonischen Kriege brachten im Frieden von Lunéville im Jahre 1801 und in der darauffolgenden Säkularisation eine Neuregelung der kloster- und kirchenstaatlichen Verhältnisse.

Das Kloster Zwiefalten fiel mit seinem gesamten Grundbesitz an das neu entstandene Königreich Württemberg, das damit auch die auf den ehemaligen Klosterwaldungen ruhenden Holz-, Weide- und Streurechte übernahm. Von einer durch die Vergrößerung des Königreichs Württemberg notwendig gewordenen Neuordnung der Verwaltung wurde auch die Forstverwaltung betroffen. Eine wichtige Aufgabe dabei war die Auflösung der o. g. Gerechtigkeiten, da deren Ausübung mit den Anforderungen einer nach forsttechnischen Grundsätzen zu ordnenden Wirtschaft nicht mehr vereinbar war. Die Verhandlungen über die Auflösung dieser Rechte begannen im Jahre 1816 und zogen sich infolge Auftretens zahlreicher Schwierigkeiten bis zum Jahre 1824 hin. Das Ergebnis dieser Verhandlungen war, daß die Ablösung der Rechte auf eine bestimmte Menge Holz, Streu oder Weide in ein Anteilsrecht am Gesamterlös umgewandelt wurde, das sich vom früheren Holzbezugsrecht ableitete. Von der üblichen Form des Privatwaldes unterscheidet sich der „Gerechtigkeitswald" dadurch, daß die Holzberechtigten einer Ortschaft zwar über eine genau fixierte Fläche an Wald verfügen, diese jedoch Eigentum zur ,,Gesamten Hand'' darstellt. Der einzelne Holzberechtigte kann also nicht über einen Teil des Grund und Bodens frei verfügen. Diese Tatsache erleichtert die Bewirtschaftung dieser Wälder, die im Sinne des Gesetzes als Privatwald zu werten sind. Nach den in der Regel vorhandenen Satzungen, die vom jeweils zuständig gewesenen Oberamt genehmigt werden mußten, wird der Gerechtigkeitswald im Wege der Selbstverwaltung bewirtschaftet. Die jährlich einmal einzuberufene Generalversammlung wählt aus ihrer Mitte einen Vorstand und einige Ausschußmitglieder, die den laufenden Geschäften vorstehen und am Ende des Geschäftsjahres Rechenschaft ablegen. Der Erlös aus dem Gerechtigkeitswald wird nach Abzug sämtlicher Unkosten an die Holzberechtigten entsprechend ihrem Anteil verteilt.

Wald- und Holzwirtschaft

Bei einem Gesamtvorrat von rund 9 Mio. Festmeter (fm) (das sind ca. 250 fm/ha) im Kreisgebiet kommen jährlich knapp 200 000 fm (im Forstwirtschaftsjahr 1974 198 288 fm) zum Einschlag, von denen 72 088 fm, das sind 36 Prozent, auf den Staatswald, 108 219 fm (55%) auf den Körperschaftswald und 17 981 fm (9%) auf den Privatwald entfallen.

Die heimische holzbe- und -verarbeitende Industrie ist auf eine möglichst gleichmäßige Belieferung angewiesen. In der Bundesrepublik kann jedoch der Holzbedarf nur zur Hälfte aus den deutschen Wäldern gedeckt werden. Wenn trotz dieses Nachfragemarktes die Ertragsverhältnisse der Forstbetriebe denen der Landwirtschaft in bedauerlicher Weise ähneln (die Preise für Fichtenstammholz entsprechen beispielsweise 1975 genau denjenigen von 1952!), so liegt auch dies daran, daß zum Ausgleich der Zahlungsbilanz große Mengen Holz aus Staatshandelsländern nach Deutschland eingeführt werden, die dort unter Anwendung extremer Nutzungsmethoden und unter Vernachlässigung der Sozialfunktionen des Waldes sehr viel billiger erzeugt werden können. Von den einzelnen Holzarten ist die *Eiche* (vorwiegend aus den Forstbezirken Reutlingen und Metzingen stammend) als Schneideware (Möbel) und teilweise auch als Furnier sehr gefragt und hat einen bis nach Nordbayern reichenden Käuferkreis. Geringere Eichenware dient der Parkettherstellung.

Die *Buche*, die bei den Laubhölzern noch immer weit überwiegt, und den massenmäßigen Schwerpunkt der Albtraufreviere darstellt, wird zu Schälzwecken (Buchensperrholzwerk Würtingen) zur Stuhl- und Palettenfabrikation, zur Herstellung von Schwellen für die Bundesbahn und in großem Umfang zur Zellstoffgewinnung (Buchenzellstoffwerk Ehingen) verwendet. Zusammen mit schwachem Eschen- und Ahornholz wird auch ein erheblicher Anteil geringen Buchenholzes zu Spanplatten verarbeitet.

Die nur in geringen Mengen anfallenden *Edellaubhölzer* Ahorn, Esche, Ulme, Linde
u. a. gehen in die Möbel- und Spielwarenindustrie.
Das *Fichten-Tannen-Stammholz,* finanziell noch immer die tragende Säule der Forst-
haushalte, findet als Bau- und Schnittholz guten Absatz. Schwaches Nadelholz wird als
Papierholz in den Zellstoffwerken verarbeitet. Das mengenmäßig kaum ins Gewicht
fallende *Kiefernholz* ist bei stärkeren Durchmessern und guter Qualität (Forstbezirk
Reutlingen) als „Glaser"-Holz ebenfalls sehr gefragt. Schwaches Kiefernholz wird in
der Regel als Bauholz abgesetzt oder zur Papierherstellung verwendet. Das *Brennholz,*
einst das Hauptholzsortiment, ist heute nur noch mit zehn Prozent an der gesamten
Holzverwertung beteiligt.

Wald und Landschaft

Der Wald gehört neben dem Relief zu den stärksten Gestaltungselementen der Landschaft. Im Kreis Reutlingen fehlt auf großer Fläche eigentlich nirgends der Wald als
Landschaftselement. An einigen Punkten tritt er besonders markant hervor: dies ist
wohl am deutlichsten am Steilabfall der Alb, vom Roßberg bis zum Neuffen der Fall.
Hier verbinden sich Relief und Laubwaldfläche zu einer der Landschaft auf ganz besondere Weise prägenden Form. Es ist vor allem die Buche, die – wie Gradmann formu-
lierte – „als Mutter des Albwaldes" diesem ihr besonderes Gepräge gibt.

Tabelle 2:
Baumartenverteilung am Albsteilhang und im Kreis Reutlingen

Forstliche Betriebsfläche ha	Fi/Dgl %	Ta %	Fo/Lä %	Bu %	Ei %	SLB %	insges. Nadelholz %	insges. Laubholz %	
	14	–	4	62	3	17	18	82	Albsteilhang
	44	–	3	46	1	6	47	53	Albhochfläche
35 209*	36	–	4	46	3	11	40	60	Landkreis Reutlingen

* ohne Gutsbezirk Münsingen

Ein Blick auf die gegenwärtige Verteilung der Baumarten (s. Tab. 2) belegt, daß sich tatsächlich der Steilabfall der Alb mit 82 Prozent Laubholz (62 % Buche, 17 % Esche,
Ahorn, Linde, Ulme und 3 % Eiche) deutlich von der Hochfläche (nur 63 % Laubholz)

bzw. der durchschnittlichen Baumartenverteilung des Kreises (40% Nadelholz, 60% Laubholz) abhebt. Wird das so bleiben, werden die Forstleute von engagierten Naturfreunden immer wieder gefragt, oder wird nicht die Buche langfristig der rentableren Fichte weichen müssen? Wird nicht unsere Alb (gemeint ist die *mittlere* Kuppenalb, denn auf der Südwestalb, vom Randen bis zum Zollern, kommt schon von Natur aus das Nadelholz, insbesondere die Tanne, vor) zum Schwarzwald werden?

Es sollen daher an dieser Stelle die landschaftsästhetischen Zielsetzungen der Forstverwaltung kurz skizziert werden. In Abb. 2 ist schematisiert der Albsteilhang und die angestrebte Bewaldung dargestellt. Der Schnitt zeigt, daß im Bereich der nährstoffreichen Braunjurastandorte (z. B. im Stadtwald Reutlingen und im Stadtwald Metzingen) die Eiche – entsprechend ihrer natürlichen Verbreitung – einen landschaftlichen und waldbaulichen Schwerpunkt hat. Daneben wird aber in diesem Bereich die Fichte ein etwas höheres Gewicht erhalten können, ohne daß es landschaftsästhetisch spürbar wird; denn noch befinden wir uns im Bereich der Vorberge. Mit der Steilstufe aber verschwindet die Fichte zugunsten des Laubholzes und je nach Exposition, Hanglage und Wasserversorgung werden mehr oder weniger reine Buchenbestände oder solche mit Lärche bzw. Ahorn/Linde, Ulme und Esche das Landschaftsbild bestimmen. Die Hangkanten der Weißjura Beta-Verebnung zeigen häufig jene Steppenheidewälder, die Gradmann als die Besonderheit der Alb zu Recht so herausgestellt hat. In diesen von Natur aus lichten Waldgesellschaften, in der Eiche, Buche, Elsbeere, Mehlbeere, Linde,

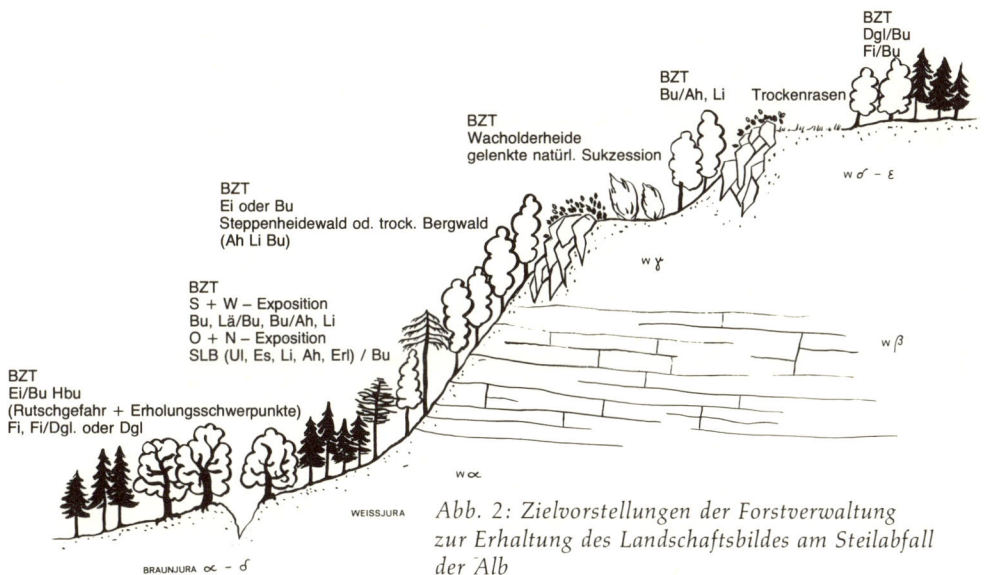

Abb. 2: Zielvorstellungen der Forstverwaltung zur Erhaltung des Landschaftsbildes am Steilabfall der Alb

Ahorn u. a. nur noch Buschformen erreichen, finden sich eine Vielzahl selten gewordener oder geschützter Pflanzen.

Der zweite Steilanstieg, die Weißjura Delta- und Epsilonstufe soll auch in Zukunft, dem dort natürlich vorkommendem Laubholz, vor allem der Buche vorbehalten bleiben. Es werden also auch langfristig die im Kreis Reutlingen liegenden Albberge mit jenen Laubhölzern bestockt sein, die diesem Landschaftsabschnitt seinen charakteristischen Eindruck vermitteln. Als einziges Nadelholz wird zu den heimischen Laubbaumarten auf geeigneten Standorten gelegentlich die Lärche treten, die aber keine Änderung des Landschaftsbildes hervorrufen wird.

Auf der Hochfläche der Alb erhält das Nadelholz ein stärkeres Gewicht. Hier lebt die Landschaft vom kleinflächigen Wechsel zwischen Wald und Feld und der Überzeichnung des schwach ausgeprägten Reliefs durch die Waldbestockung der Kuppen und die vielfältigen Übergangsformen von den Mager- und Trockenrasengesellschaften einmähdiger Wiesen bis zur waldnahen, zusammengewachsenen Wacholder- oder Kiefernheide. Auch auf diesem Gebiet sind (siehe Beitrag ,,Natur und Landschaft") der Forstverwaltung in Zusammenarbeit mit dem Naturschutz Aufgaben der Landschaftserhaltung und Landschaftspflege zugewachsen. Hier geht es auf vielen Standorten darum, den natürlichen Entwicklungsprozeß dieser nicht mehr ausreichend beweideten Flächen, der im Endstadium zum Wald führt, im Interesse der landschaftlichen Vielfalt durch gezielte Eingriffe zu unterbrechen. Diese Pflegemaßnahmen, die auch zur Erhaltung einer Vielzahl seltener und geschützter Pflanzen (Küchenschelle, Frühlings-, Gefranster oder Deutscher Enzian, Silberdistel und viele Orchideen, wie die Händelwurz, verschiedene Knabenkräuter und Ragwurzarten) erforderlich sind, bestehen teils in einem Zurückdrängen des sich stark ausbreitenden Schwarzdorns oder im Aushieb zu reichlichen Fichten- und Kiefernanfluges. Aber auch der Wacholder selbst bedarf regulierender Eingriffe, nachdem die Pflege der Weiden durch den Schäfer (Ausstechen junger Wacholderpflanzen mit der Schippe) fast ganz aufgehört hat.

Neben diesen mehr großflächigen Maßnahmen sind es eine Fülle kleiner, die dazu beitragen können. Es beginnt mit dem Verzicht auf Großkahlschläge oder mit dem Aufbau gesunder und ökologisch günstiger Waldtraufe und führt über das Belassen von Überhältern (Stehenlassen an sich hiebsreifer Bäume über einer Kultur oder Verjüngung) und der Erhaltung abnormer oder besonders urwüchsiger Baumindividuen bis hin zur Schaffung von Feldgehölzen und der Sorge um die Nachzucht der für die Alb so charakteristischen Weidebuchen.

Wald und Erholung

Schon immer hat der Wald als Stätte der Erholung eine besondere Rolle gespielt. War es früher fast ausschließlich das Wandern, so kommt heute zum klassischen Wandern der Autotourist als Spaziergänger und Picknickveranstalter hinzu. Diese größere Beweglichkeit des einzelnen, die kinderfeindliche Umgebung mancher Neubaugebiete und die „Unwirtlichkeit" unserer Städte hat zu einer noch immer steigenden Erholungsnachfrage geführt. Aus Untersuchungen und Zählungen der Landesforstverwaltung wissen wir, daß allein der Schönbuch jährlich von ca. zwei bis drei Millionen Menschen aufgesucht wird. Einzelne Erholungsschwerpunkte im Kreisgebiet weisen gleichfalls an schönen Sonntagen außerordentlich hohe Besucherzahlen auf (z. B. Eninger Weide 4000 bis 5000 Besucher pro Sonntag).

Interessant ist, daß viele Waldbesucher klare Vorstellungen über den wünschenswerten Aufbau des Erholungswaldes haben. So ist aus Untersuchungen der Forstwissenschaftlichen Fakultät der Universität Freiburg bekannt, daß die Mehrheit der befragten Personen sich vor allem altholzreiche Bestände mit starken Stämmen wünscht. Innerhalb dieser Gruppe erfreut sich der Eichen-Buchen-Typ besonderer Beliebtheit, aber auch Kiefern- und Fichtenalthölzer werden jüngeren (auch Laubholz-)Beständen vorgezogen. Am wenigsten gewünscht – weil wohl zu wenig als „Wald" empfunden – werden Kulturen und Neuanpflanzungen, besonders aus Nadelholz.

Für die Waldbesitzer bedeutet diese Wertschätzung des Waldes durch die Erholungssuchenden in aller Regel eine z. T. ganz erhebliche Belastung, die sich in Schäden am biologisch-ökologischen Potential, in Belastungen und Behinderungen der Holzproduktion und in Belastungen und Behinderungen der Nebennutzungen, insbesondere der Jagd ausdrücken.

So entstehen beispielsweise Schäden durch Waldbrände, deren Häufigkeit mit zunehmender Besucherdichte wächst, durch die Beschädigung von Kulturen (Herbststräuße, Spiel der Jugendlichen), die in extrem gelegenen Waldteilen bis zur Vernichtung bestimmter Betriebszieltypen führen können, durch die Störung natürlicher Biotope, insbesondere von Wild und Vögeln mit der Folge einer Verdrängung oder wenigstens einer Veränderung der Verhaltensweisen und damit mittelbar extreme Schäden durch Verbeißen und Schälen des auf wenige, schwer zugängliche Gebiete konzentrierten Wildes.

Im Bereich der Holzproduktion sind die Auswirkungen vor allem in finanzieller Hinsicht spürbar, indem zugunsten der Erholungswirkung auf die Anwendung möglicher Rationalisierungseffekte – etwa auf den Einsatz chemischer Läuterungen, die zu einer künstlichen Herbstfärbung mitten im Sommer führen würden oder die Durchführung von Großkahlschlägen mit der Möglichkeit optimalen Maschineneinsatzes – verzichtet wird; indem Abfälle wie Reisig, Kronenteile usw. bei Durchforstungen aus ästhetischen Gründen mit erheblichen Kosten beseitigt werden müssen, obwohl vom biologischen und waldbaulichen Standpunkt aus keinerlei Notwendigkeiten hierfür bestehen; indem Erschließungsdichten (Wege) und Befestigungsarten gewählt werden, die bei ausschließlich wirtschaftlichem, d. h. erholungsfeindlichem Einsatz von Rückegeräten für den Holztransport nicht erforderlich wären; indem durch die Wahl erholungsfreundlicher Betriebszieltypen (z. B. langfristig Laubholzbestände) bewußt auf Holzzuwachs verzichtet wird, der sich immerhin in der Größenordnung von bis zu 50 Prozent der erzeugten Holzsubstanz bewegen kann; und indem in der Waldbehandlung (Gestaltung von Innenrändern, Belassen von Überhältern) nicht nur Nutzenentgang toleriert, sondern zusätzliche Schwierigkeiten (etwa beim späteren Auszug der Überhälter) in Kauf genommen werden können.

Schließlich ergeben sich auch für die Nebennutzungen der Forstwirtschaft, insbesondere der Jagd, starke Einschränkungen. In stark besuchten Erholungswaldungen ist die Jagdausübung beschränkt auf die ganz frühen Morgenstunden der Werktage, sofern nicht spezielle Einrichtungen wie Trimmpfade durch Frühaufsteher zu Störungen führen. Weniger bekannt sind solche Erscheinungen, wie die Erschwerung der Wildfuttergewinnung (Benutzung der Wildwiesen als Rast-, Spiel- oder Lagerplätze) bzw. der Anlage von Wildäsungsflächen. In ähnlicher Weise kann auch die Ausübung der Fischerei gestört sein, insbesondere, weil natürliche und biologisch-ökologisch noch gesunde Wasserläufe in Erholungsgebieten einen starken Anreiz zum Spiel im und am Wasser durch Kinder erzeugen.

Dennoch sind sich Waldbesitzer und Forstverwaltung dieser Aufgabe des Waldes als Stätte der Erholung bewußt, obwohl die Allgemeinheit bis heute nicht bereit ist, diese Leistungen auch nur annähernd zu entschädigen. Diese Bereitschaft, den Wald für die Erholung zu öffnen, zeigt sich u. a. auch in der Vielzahl der Einrichtungen, die vom Parkplatz und vom markierten Wanderweg über Spiel-, Rast- und Liegeplätze mit Feuerstelle und Schutzhütte bis hin zu Trimm-dich-Pfaden und Wildgehegen reicht. Es würde hier zu weit führen, alle Einrichtungen und Maßnahmen dieser Art im Kreis Reutlingen aufzuführen, zumal inzwischen für mehrere Gebiete detaillierte Beschreibungen (der Beutenlay – Münsingen, Forstbezirk Kohlstetten und Forstbezirk Reutlingen: Wandervorschläge mit Erläuterungen der Erholungseinrichtungen) vorliegen. Wichtig für die weitere Ausgestaltung der Waldungen mit Erholungseinrichtungen ist wiederum das Urteil der Bevölkerung. Repräsentative Umfragen in Freiburg und Reutlingen haben für die gängigsten Erholungseinrichtungen die in Tabelle 3 dargestellte Rangfolge ergeben:

Tabelle 3:

Einordnung verschiedener Erholungseinrichtungen nach dem Beliebtheitsgrad auf Grund von Befragungsergebnissen

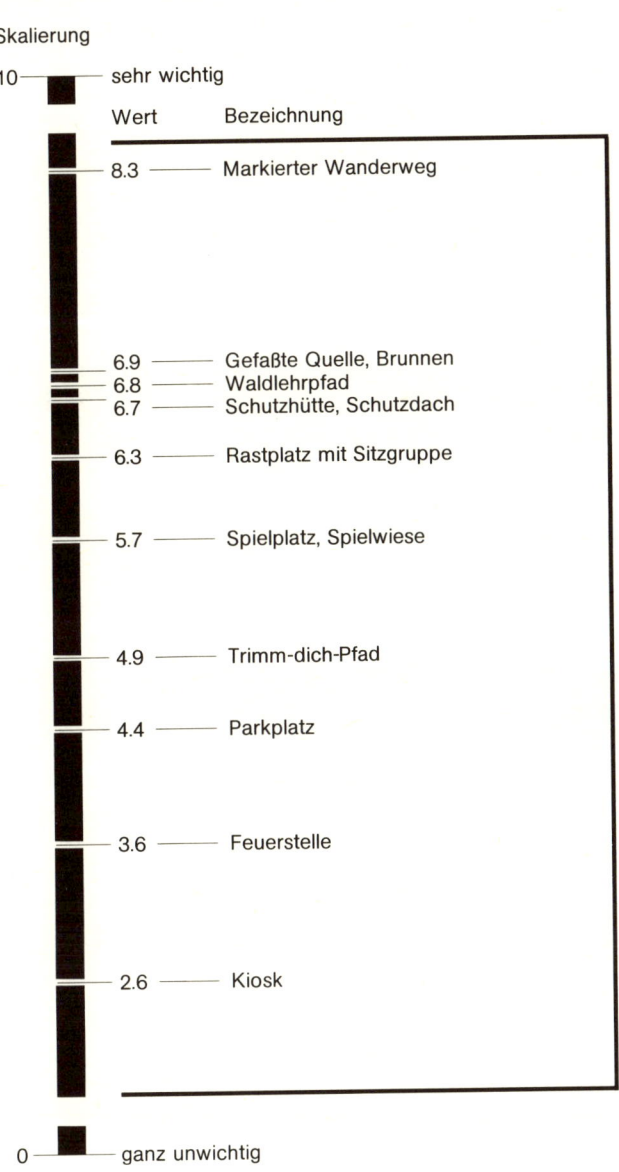

Skalierung

10 —— sehr wichtig

Wert   Bezeichnung

8.3 ——— Markierter Wanderweg

6.9 ——— Gefaßte Quelle, Brunnen
6.8 ——— Waldlehrpfad
6.7 ——— Schutzhütte, Schutzdach

6.3 ——— Rastplatz mit Sitzgruppe

5.7 ——— Spielplatz, Spielwiese

4.9 ——— Trimm-dich-Pfad

4.4 ——— Parkplatz

3.6 ——— Feuerstelle

2.6 ——— Kiosk

0 —— ganz unwichtig

Die Besucher erwarten demnach von der Forstverwaltung keine spektakulären Einrichtungen, sondern einfache durch Bauart und Material sich in die Landschaft einfügende Anlagen. Besondere Sorgfalt wird darauf zu richten sein, daß die aktivitätsbetonten Schwerpunkte peripher und in der Regel ortsnah angelegt werden, damit für die Ruhe- und Entspannungssuchenden auch morgen noch genügend große und weitläufige Gebiete zur Verfügung stehen.

Wald und Wild

Die durch Siedlungsentwicklung, Ausbau der Verkehrswege und steigende Verkehrsdichte sowie die durch das Anwachsen der Freizeitbedürfnisse entstandenen Änderungen in unserer Landschaft sind nicht ohne Auswirkungen auf Wild und Jagd geblieben. Hunderte wildlebender Tiere (beim Rehwild in extremen Revieren bis zu 50 Prozent des gesamten Abschusses) fallen dem Verkehr zum Opfer, wobei Igel, Hasen und Rehe die am meisten betroffenen Tierarten sind. Aber auch dort, wo die Verluste durch den Straßenverkehr geringer sind, ist die Jagdausübung schwieriger geworden. Die Zerschneidung früher großer zusammenhängender Revierteile und die Unruhe, die mit dem Erholungsverkehr in die Wälder hineingetragen wird, haben das Wild z. T. unter Veränderung der natürlichen Verhaltensweisen auf die ruhigeren Waldteile zurückgedrängt oder zum Nachttier werden lassen.

Dem widerspricht nur scheinbar die Tatsache, daß der Wildbestand seit der Freigabe der Jagd (1954) bis zum Ende der sechziger Jahre stark, örtlich sogar in unvertretbarer Weise zugenommen hat. Einerseits war verständlich, daß die in der Nachkriegszeit nahezu vollständig vernichteten Wildbestände durch forcierte Hege wieder aufgebaut werden mußten und zum anderen hat sich gezeigt, daß eben durch die genannten Erschwernisse in der Jagdausübung die Reduktionsabschüsse oft trotz bester Vorsätze nicht voll durchgeführt werden konnten. Wie die Jagdstatistik ausweist, sind die Abschußpläne im Zeitraum 1967–1972 zu

$$\frac{76\text{--}101}{86}\,\%$$

(Altkreis Reutlingen) erfüllt worden. Bezeichnenderweise ist bei Nichterfüllung der Rehwildabschüsse nicht nur das weibliche Wild betroffen, sondern es konnte in vielen Fällen auch der Bockabschuß nicht vollzogen werden, was nicht zuletzt als statistischer Hinweis auf die zunehmenden Schwierigkeiten der Jagdausübung gewertet werden muß, wenn unterstellt werden darf, daß die Angaben über die Wildbestände und damit auch die Abschußquoten in der Regel vorsichtig angesetzt werden.

Trotz dieser Schwierigkeiten erfreut sich die Jagd eines ständig steigenden Interesses. Dieses neue „Hobby" drückt sich u. a. darin aus, daß die Zahl der Jagdscheininhaber im neuen Landkreis Reutlingen 1973 und 1974 von 570 auf 593 angewachsen ist. Bei der festliegenden Zahl von Jagdrevieren wird man sich fragen müssen, wo die neuen Jünger Dianas alle jagen sollen, denn irgendwo verderben auch hier zuviele Köche den Brei. In Tab. 4 sind die Abschußzahlen für das Jagdjahr 1973 für den neuen Landkreis Reutlingen zusammengestellt.

Tabelle 4:
Übersicht über die Jagdstrecke im Jahr 1973 im Kreis Reutlingen

	Rehwild		Schwarzwild	Hasen	Füchse	Dachse	Edelmarder Steinmarder	Iltisse	Rebhühner	Fasanen	Schnepfen	Wildenten	Wildtauben	Wiesel	Bussarde Sperber	Krähen, Elstern Eichelhäher
	Böcke	Geißen Schmalrehe Kitze														
Gemeinschaftl. Jagdbezirke	943	1992	50	2058	291	20	52	6	372	27	4	186	340	217	4	3889
Eigenjagdbezirke	103	193	16	133	39	1	2	1	19	–	1	37	35	2	–	179
Staatliche Verwaltungsjagd	160	287	11	59	11	–	–	–	–	–	–	–	–	–	–	14
Summe	1206	2472	77	2250	341	21	54	7	391	27	5	223	375	219	4	4082

Wenn es auch im Kreisgebiet in freier Wildbahn kein Rotwild gibt, so zeigt doch die Statistik, daß mit einem Abschuß von rund 10 Stück Rehwild je 100 ha Waldfläche noch immer ein Rehwildbestand vorhanden ist, der an der Obergrenze des Tragbaren liegt. Als einziges Hochwild hält sich in den größeren zusammenhängenden Waldkomplexen der Albhochfläche und im Schönbuch das Schwarzwild; im Albvorland kommt es praktisch nicht mehr vor. Fuchs und Dachs haben sich in den Jahren nach Beendigung der Begasungsaktionen zahlenmäßig wieder erholt, sind aber durch das neuerliche Aufleben der Tollwut stark gefährdet. Auch der Hasenbesatz hat sich in den letzten Jahren wieder günstig entwickelt, schwankt aber witterungsabhängig von Jahr zu Jahr.
Die ganzjährige Schonung der Greifvögel, insbesondere des Bussards, hat sehr zu deren Bestandserhaltung beigetragen. Dies ist ökologisch um so notwendiger, als durch die tollwutbedingte Reduktion der Fuchsbestände ein wichtiger Mäusevertilger fast ausgefallen ist.
Wenn von Wald und Wild die Rede ist, dürfen auch die *Wildgehege* im Raum nicht unerwähnt bleiben. Sie sind der – bei wildbiologisch vernünftiger Haltung – gelungene Kompromiß zwischen dem Wunsch der Erholungssuchenden, unser heimisches Wild

in seinem Biotop zu erleben und der Forderung der Jäger, dem freilebenden Wild nicht bis in die letzten Einstände nachzuspüren, um weitere Degenerationserscheinungen zu verhindern. Im Gehege hat der interessierte Laie Gelegenheit, das Wild in Ruhe zu beobachten und sich über seine Lebensgewohnheiten zu informieren. Solche Wildgehege bestehen im Landkreis Reutlingen: in Reutlingen (Stadtwald Markwasen) Damwild, in Eningen (Eninger Weide) Rotwild, in Eningen (Eninger Weide) Schwarzwild.

Literatur:

Ammer, U.: Erholungsplanung in Baden-Württ. aus forstlicher Sicht
    Landesforstverwaltung Baden-Württ. (1970), 30 S.
Barthelmess, A.: Wald und Umwelt des Menschen
    Freiburg/München (1972), 332 S.
Hasel, K.: Waldwirtschaft und Umwelt
    Hamburg-Berlin (1971), S. 77–87
Weidenbach, P.: Naherholungsgebiet Schönbuch
    Schriftenreihe der Landesforstverwaltung Baden-Württ., Stuttgart, (1971), Bd. 33, 140 S.
Landesforstverwaltung Baden-Württ.: Forstlicher Fachentwicklungsplan, Stuttgart, (März 1967).

Fremdenverkehr

von Herbert Thomanek

Die Schwäbische Alb ist als ideales Wandergebiet schon lange bekannt. Der größte Wanderverein in der Bundesrepublik Deutschland, der ,,Schwäbische Albverein" hat sie ungezählten Naturfreunden näher gebracht. Seine Wanderkarten, seine Aktivitäten in der Anlegung und Markierung von Wanderwegen haben sehr zur Erschließung der Landschaft beigetragen.

Mit der zunehmenden Motorisierung, die immer mehr Menschen aus den Ballungsgebieten an arbeitsfreien Tagen auf die Alb zog, traten natürlich zunächst Probleme auf, weil die Landschaft auf einen derartigen größeren Andrang nicht vorbereitet war: Flurschäden auf Grundstücken, zu wenig Parkplätze, nicht genügend Gastronomie usw.

Der Schwerpunkt des Fremdenverkehrs auf der Alb lag bisher beim Ausflugs- und Wochenendverkehr. Nur in landschaftlich besonders anziehenden Dörfern gab es Gasthöfe mit Übernachtungsmöglichkeiten, vornehmlich von treuen Stammgästen Jahr für Jahr aufgesucht. Diese Quartiere wurden fast als Geheimtip für erholsame Ferien nur an gute Bekannte weiterempfohlen. Seit ein paar Jahren bemühen sich nun die verantwortlichen Stellen, neben dem Ausflugverkehr auch den Langzeiturlaub auf der Alb attraktiv zu machen und haben damit schon recht gute Erfolge zu verzeichnen.

Zur Erschließung der Schwäbischen Alb für den Fremden- und Naherholungsverkehr hat aber nicht zuletzt die Schwäbische Albstraße beigetragen. Sie überquert die ganze Schwäbische Alb in einer durchschnittlichen Höhe von 700 bis 800 Meter von Aalen im Nordosten bis Tuttlingen im Südwesten über eine Distanz von 230 km und führt dabei durch den Landkreis Reutlingen von östlich Donnstetten bis südlich Erpfingen auf einer Länge von 65 km und berührt dabei Luftkurorte und Feriengebiete wie Donnstetten mit seinem idealen Skigelände und dem Ausflugsziel Römerstein (874 m), den Luftkurort Urach mit seinem Thermalbad, seinen herrlichen Fachwerkbauten, Schloß, spätgotischer Kirche und einem um 1440 entstandenen Rathaus. Von Urach steigt sie wieder auf die Albhochfläche bei Würtingen (800 m) und führt über Holzelfingen (700 m) zum Traifelberg, von wo aus sich ein Abstecher zum malerischen Schloß Lichtenstein (813 m) hoch über dem Echaztal anbietet. Weiter geht sie dann über den Erholungsort Großengstingen (700 m) und an der Bärenhöhle, einer der schönsten Tropfsteinhöhlen

Südwestdeutschlands, vorbei und verläßt den Landkreis Reutlingen schließlich hinter
Erpfingen (725 m), einem Erholungsort bekannt durch das Feriendorf „Sonnenmatte".
Was bietet die Schwäbische Alb nun den Erholungssuchenden? Warum kommen die
Feriengäste jetzt immer lieber und immer wieder? Auch heute gibt es auf der Alb keine
großen Attraktionen wie Luxushotels, Spielbanken, Vergnügungsparks. Sie zeichnet
sich vielmehr durch die natürliche Landschaft aus, ihre gastfreundliche Bevölkerung,
die fast unbegrenzten Möglichkeiten zur Erholung in Ruhe, Abgeschiedenheit und
durch ihr gesundes Reizklima. Große Buchenwälder laden zum Verweilen ein. Sie sind
ein besonderer Anziehungspunkt, wechseln sie doch jahreszeitlich vom Violett der auf-
brechenden Knospen im Frühjahr über das satte Grün der Blätter im Sommer bis zum
farbenreichen Herbstlaub. Auch die einige tausend Hektar umfassenden Wacholderheiden im Kreis Reutlingen – meist unter Landschafts- oder Naturschutz stehend – laden zum Wandern und Spielen ein. Für den botanisch interessierten Besucher finden
sich eine Fülle von herrlich blühenden Pflanzen der Trockenrasengesellschaft, begin-
nend mit der Küchenschelle im Frühjahr und endend mit der Silberdistel und einigen
Enzianarten im Herbst.

So bietet sich dem Feriengast eine Landschaft, wie man sie in ihrer Vielfältigkeit nicht
oft findet: Wechsel von landwirtschaftlich genutzten Flächen – meist durchsetzt mit
von Hecken bestandenen Steinriegeln –, mit Buchen- und Fichtenwäldern, mit Wacholderheiden, Tälern mit klarem Wasser und bizarren Felsen an den Hängen und Dörfern mit einem freundlichen Gesicht alter Prägung.

Große Anstrengungen wurden in den letzten Jahren unternommen, um weitere notwendige Einrichtungen für den Fremdenverkehr zu schaffen. Ein gut und sinnvoll ausgebautes Wanderwegenetz ermöglicht Wanderungen von beliebiger Dauer. Von Wanderparkplätzen aus führen Rundwanderungen mit oder ohne Steigungen. Gut und
ideenreich gestaltete Kinderspielplätze, Sitzgruppen mit Feuerstellen laden zum Rasten
ein und locken Familien mit Kindern; Wald-, Naturlehr- und Trimmpfade bringen
Abwechslung. Gerade in der Nähe der viel besuchten Schauhöhlen, der Albvereinsaus-
sichtstürme und in den Tälern sind zahlreiche Erholungseinrichtungen im und am
Wald entstanden und noch weiter im Ausbau. Auch mit dieser Belebung des Fremdenverkehrs bleibt die Alb nach wie vor ein ruhiges Erholungsgebiet. Schwerpunkte für die
Ferienerholung bilden sich im Großen Lautertal, im Raum Zwiefalten, im Gebiet des
Albrandes um Bären-, Nebel- und Olgahöhle und Lichtenstein, im Uracher Tal, im
Laucherttal und in den beiden Feriendörfern Erpfingen und Gomadingen.

Ein Blick auf die nachstehende Tabelle der Übernachtungszahlen des Sommers 1974
(1. April bis 30. September 1974) läßt die touristischen Schwerpunkte des Landkreises
Reutlingen erkennen:

Gemeinde	Ankünfte		Übernachtungen		Zahl der Betten	Durchschnittliche	
	Total	davon Auslandsgäste	Total	davon Auslandsgäste		Betten ausnutz. in %	Aufenthaltsdauer in Tagen
Eningen u. Achalm	3 132	178	11 540	590	174	36,2	3,7
Sonnenbühl	4 505	177	57 506	2 654	514	61,1	12,8
Gomadingen	3 930	55	35 349	380	470	41,1	9,0
Lichtenstein	4 578	538	13 965	1 999	236	32,3	3,1
Metzingen	4 381	325	5 655	575	105	29,4	1,3
Münsingen	442	49	4 680	168	148	17,3	10,6
Pfullingen	3 695	140	9 198	515	139	36,2	2,5
Reutlingen	23 385	3 959	49 514	12 847	636	42,5	2,1
Urach	9 206	742	62 567	2 894	590	57,9	6,8
Würtingen	320	19	4 859	465	106	25,1	15,2
Zwiefalten	1 568	299	4 265	679	95	24,5	2,7

Leider lassen sich aus dieser Statistik, die das Statistische Landesamt Baden-Württemberg nach den Angaben der Städte und Gemeinden veröffentlicht für unseren Bereich nur wenig Vergleichszahlen aus früheren Jahren gewinnen; die sehr starke Aufwärtsentwicklung der vergangenen Jahre wird daraus nicht deutlich. Die Verweildauer der Gäste in den einzelnen Ortschaften ist, wie ersichtlich, sehr verschieden. Ziel der Beherbergungsbetriebe muß es sein, den Aufenthalt möglichst angenehm zu gestalten, um die Übernachtungsgäste zu einem längeren Bleiben zu animieren. In den letzten Jahren wurden mehrere modern eingerichtete, separat stehende Gästeheime mit je ca. 30 Betten im Raum Münsingen gebaut, geführt von renommierten bürgerlichen Gaststätten mit persönlicher und gemütlicher Atmosphäre. Zum Teil haben diese Gästehäuser eigene Hallenschwimmbecken wie in Dapfen und Ödenwaldstetten. Das Land fördert derartige im Aufbau befindliche Betriebe.

Urlaub als „Ferien auf dem Bauernhof" ist für die Menschen aus den städtischen Ballungsgebieten – vor allem für Familien mit Kindern – aus verschiedenen Gründen sehr attraktiv: Kontakt mit Menschen und Tieren, Voll- oder Teilverpflegung nach Wunsch, günstige Übernachtungspreise. Es war nicht ganz einfach, Ferienwohnungen und Gästezimmer bei den Landwirten auf der Alb einzurichten, fehlen doch hier die großen Bauernhäuser wie im Allgäu und im Schwarzwald. Nur in wenigen Fällen können Ferienwohnungen direkt in bereits bestehende Bauernhäuser eingebaut werden; so haben sich an den Hof angebaute oder im Hofbereich neu erstellte Ferienhäuser gut be-

währt. Die Landwirtschaftsverwaltung fördert die Aktion „Ferien auf dem Bauernhof''
mit Beihilfen. Eine Bäuerin, die neben ihrer vielen Arbeit auch noch Gäste betreut,
muß nicht nur in ihrem landwirtschaftlichen Betrieb entlastet, sondern auch auf die
neue Aufgabe im Rahmen des Fremdenverkehrs vorbereitet werden. Hierzu gibt es besondere Schulungen, Kurse, Seminare. Ein eigens gegründeter „Ferienring Schwäbische Alb'' schließt 42 Betriebe mit Ferien auf dem Lande ein. Ziel ist die gemeinsame
Werbung, der Erfahrungsaustausch und die Verbesserung in der Betreuung der Gäste.
Einzelne Betriebe weisen heute schon 200 Belegtage im Jahr nach und nur wenige erreichen die für eine Rendite notwendigen 120 Tage im Jahr noch nicht. Die auf einige Jahre
zurückgehenden Erfahrungen ermutigen zu einem weiteren Ausbau, weil der Fremdenverkehr bei landwirtschaftlichen Betrieben in geeigneten Lagen nicht zuletzt dazu
beiträgt, die Existenzgrundlage zu verbessern.

Neben den schon angeführten, gibt es über das ganze Erholungsgebiet verstreut eine
Fülle von Möglichkeiten, einen Urlaub abwechslungsreich zu gestalten. Die Gestütshöfe des Haupt- und Landgestüts Marbach in Marbach, Offenhausen und St. Johann
sind mit ihrem Pferdebestand nicht nur für Pferdekenner interessant, und für Reiter
entstehen immer mehr Reitbetriebe. Die Täler von Erms, Lauter und Lauchert laden
zum Angeln ein. Einsame Feldwege, teilweise mit Mitteln der EG als kombinierte
Landwirtschafts- und Wanderwege gebaut, eignen sich zum Radfahren. Wintersportler locken Skilifte und Loipen zum Skiwandern. Für den Kunstfreund gilt es zahlreiche
Burgruinen zu erwandern oder einen Besuch zu machen in den nahegelegenen Kirchen
des oberschwäbischen Barock.

Die folgende Übersicht ist ein Versuch, einen kleinen Einblick in bemerkenswerte touristische Angebote im Landkreis Reutlingen zu geben. Dieser Einblick kann keinen Anspruch auf Vollständigkeit erheben. Detaillierte Auskünfte geben alle Bürgermeister-
ämter des Kreises und der Verkehrsverein Reutlinger Alb e. V. in Reutlingen; auch sei
auf die Topographie der Sehenswürdigkeiten S. 152 ff. hingewiesen, die viele Angaben
über besonders interessante und sehenswerte Gebäude und Anlagen enthalten.

Angelmöglichkeiten   Dettingen/Erms
                         Hayingen-Anhausen
                         Lichtenstein-Unterhausen
                         Metzingen
                         Metzingen-Glems
                         Pfullingen
                         Reutlingen
                         Urach
                         Zwiefalten

Aussichtstürme	Eningen u. A.,	Aussichtsturm „Hohe Warte", 750 m
	Gomadingen,	Aussichtsturm „Sternberg", 844 m
	Pfullingen,	Schönbergturm, 793 m
	Reutlingen-Stadt	Aussichtsturm auf der Achalm, 707 m
	Reutlingen,	Aussichtsturm „Roßberg", 869 m
	Römerstein-Donnstetten,	Aussichtsturm „Römerstein", 874 m
	Trochtelfingen-Steinhilben,	Augstbergturm, 849 m

Burgruinen

Achalm in Reutlingen
Altehrenfels in Hayingen
Alt Lichtenstein in Lichtenstein-Honau
Bichishausen in Münsingen-Bichishausen
Blankenstein in Gomadingen-Wasserstetten
Burg Derneck in Hayingen-Münzdorf
Greifenstein in Lichtenstein-Unterhausen
Hofen in Grabenstetten
Hohenerpfingen in Sonnenbühl-Erpfingen
Hohengundelfingen in Münsingen-Gundelfingen
Hohenhundersingen in Münsingen-Hundersingen
Hohenstein in Hohenstein-Oberstetten
Hohenurach in Urach
Hohenwittlingen in Urach-Wittlingen
Niedergundelfingen in Münsingen-Gundelfingen
Schülzburg in Hayingen-Anhausen
Wildenau in Pliezhausen-Rübgarten

Campingplätze

Sonnenbühl-Erpfingen, „Rosencamping", 7 ha, 600 Stellplätze
Urach, Campingplatz „Pfählhof" im Grabenstettener Tal, 7,5 ha, 200 Stellplätze

Feriendörfer

Gomadingen, Familienferienstätte und Jugendfreizeitheim
Sonnenbühl-Erpfingen, Familien-Feriendorf „Sonnenmatte"

Ferien auf dem Bauernhof

Verzeichnis und Auskünfte:
Verkehrsverein Reutlinger Alb, 7410 Reutlingen

Freibäder

Dettingen/Erms
Eningen u. A.
Lichtenstein-Honau
Lichtenstein-Unterhausen
Metzingen
Münsingen
Pfullingen
Reutlingen-Stadt
Zwiefalten

Hallenbäder und	Engstingen-Großengstingen
Kleinschwimm-	Engstingen-Kleinengstingen
hallen	Hohenstein
	Lichtenstein-Holzelfingen
	Lichtenstein-Unterhausen
	Metzingen
	Münsingen-Stadt
	Münsingen-Hundersingen
	Pliezhausen
	Reutlingen-Stadt
	Reutlingen-Betzingen
	Reutlingen-Ohmenhausen
	Reutlingen-Orschel-Hagen
	Riederich
	Sonnenbühl-Erpfingen
	Sonnenbühl-Genkingen
	Sonnenbühl-Willmandingen
	Trochtelfingen-Stadt
	Trochtelfingen-Mägerkingen
	Wannweil
	Würtingen

Heilbäder Urach
Thermal-Mineral-Bewegungsbad mit Heilwirkung bei
Rheuma, Herz- und Kreislaufbeschwerden

Höhlen	Grabenstetten,	,,Falkensteiner Höhle''
	Lichtenstein-Honau,	,,Olgahöhle'' – Tuffsteinhöhle –
	Sonnenbühl-Erpfingen,	,,Bärenhöhle'' – eine der schönsten Tropfsteinhöhlen –
	Sonnenbühl-Genkingen,	,,Nebelhöhle'' – in der Nähe vom Lichtenstein –
	Zwiefalten	,,Wimsener Höhle'' – Wasserhöhle, nur mit dem Kahn befahrbar –

Jugendherbergen	Reutlingen-Stadt,	7410 Reutlingen, Im Arbach 4, 78 Betten
	Urach,	7417 Urach, Burgstraße 45, 160 Betten
	Sonnenbühl-Erpfingen,	z. Z. in Planung

Museen	Lichtenstein-Honau,	Schloß Lichtenstein, interessante historische Sammlungen
	Münsingen,	Heimatmuseum
	Reutlingen-Stadt,	Heimatmuseum, Naturkundemuseum

	Urach,	Residenzschloß – Museum (Albvereinsmuseum)
	Ödenwaldstetten	Automuseum
Naturtheater	Hayingen,	Naturtheater, Spielzeit Mitte Juni bis Mitte September
	Reutlingen-Stadt,	Naturtheater Markwasen, Spielzeit Juni bis September
Reitsport und Ponyhöfe	Gomadingen Gomadingen-Dapfen Mehrstetten Münsingen Pfullingen Reutlingen-Stadt Römerstein-Böhringen Sonnenbühl-Undingen Trochtelfingen Urach Würtingen	
Rudern und Paddeln	Große Lauter – Paddeln mit eigenen Booten möglich –	
Segel- und Motorflugsport	Hayingen, Hülben	Segelflugplatz Hayingen Segel- und Motorflugplatz an der Straße nach Grabenstetten
	Metzingen-Glems,	Segelflugplatz „Roßfeld'', Motorflugplatz „Bockwiese''
	Münsingen-Dottingen, Pfullingen,	Segelflugplatz Segelflugplatz auf dem Übersberg
Schlösser	Schloß Lichtenstein Schloß Urach	

Skilifte

Ort	Ortshöhe m	Liftlänge m	Höhen-differenz m	Abfahrts-länge m
Engstingen-Kleinengstingen	760	290	55	320
Lichtenstein-Holzelfingen (Heutal)	798	362	70	450
Lichtenstein-Traifelberg	760	250	70	350
Lichtenstein-Unterhausen (Kalkofen)	817	350	78	400
Mehrstetten	760	250	50	280
Metzingen-Glems	436	400	100	420
Münsingen (Böhm)	800	290	50	350
Münsingen (Ziegelhäuser)	800	350	55	450
Münsingen-Apfelstetten	800	200	45	250
Münsingen-Auingen/Böttingen	790	250	60	250
Münsingen-Dottingen	800	500	120	750
Römerstein-Donnstetten	800	400	50	450
Römerstein-Zainingen	800	400	60	600
Sonnenbühl-Erpfingen	790	350	80	400
Sonnenbühl-Genkingen	780	400	90	600
Sonnenbühl-Undingen	775	300	60	300
Trochtelfingen	740	260	55	300
Trochtelfingen (Hausen a. d. Lauchert)	780	500	125	900
Urach-Sirchingen	700	250	50	260
Würtingen-Upfingen	708	350	70	350
Zwiefalten-Upflamör	760	300	70	350

Wirtschaft im Bild

Unternehmen stellen sich vor

(Firmenkurzbiographien ab Seite 373)

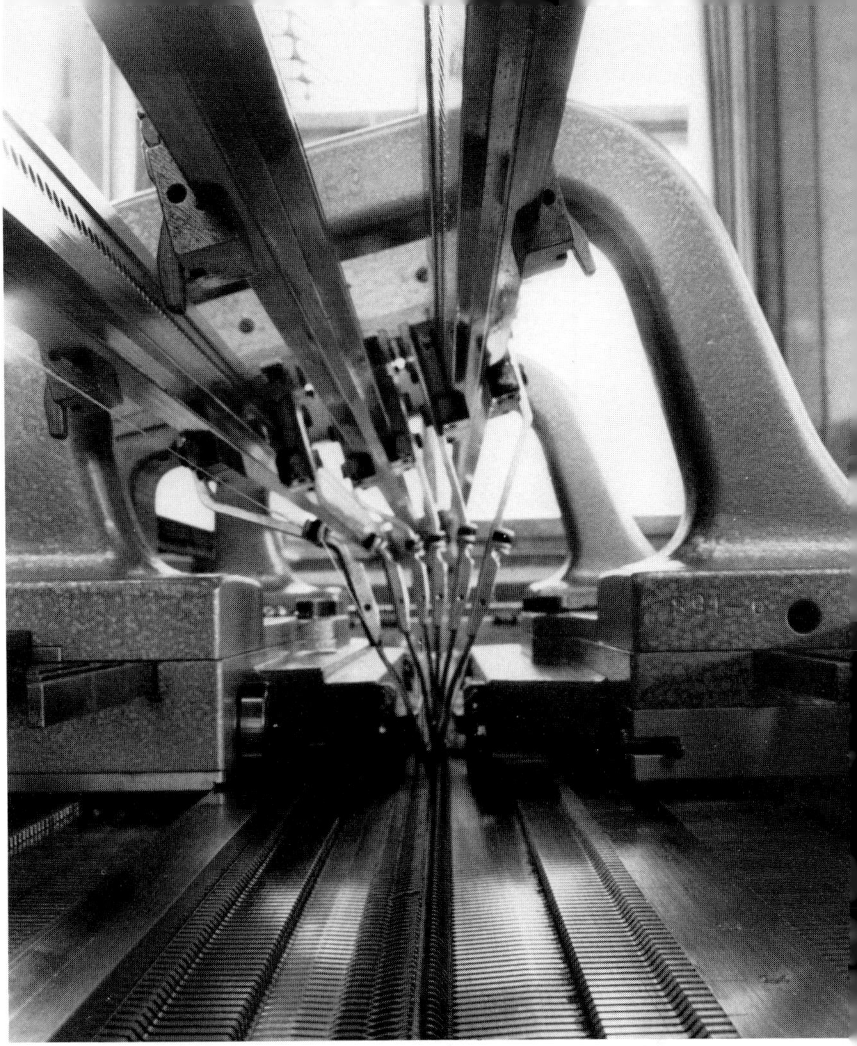

1. Firma H. Stoll
& Co., Strick-
maschinenfabrik,
Reutlingen. Blick
auf Nadelbett und
Schlitten eines
Links-Links-Flach-
strick-Automaten.

2. Die Werks-
anlagen der Firma
H. Stoll & Co.,
Reutlingen.
Das Unternehmen
konnte 1973 auf
das einhundertjäh-
rige Bestehen zu-
rückblicken.

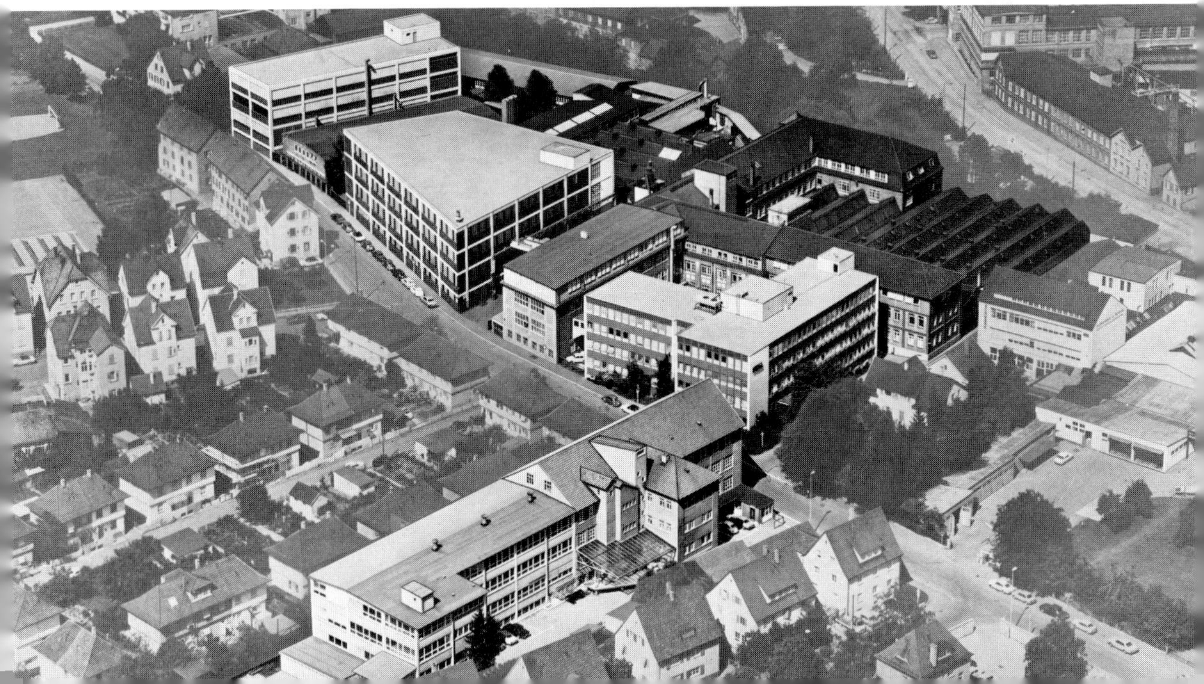

3. Werk I der WAFIOS-Maschinenfabrik, Reutlingen, weltbekannte Herstellerin von Spezial-
maschinen für die Drahtverarbeitung; im Hintergrund Achalm und Albtrauf
4. (Unten) Serienanfertigung von WAFIOS-Kettenschweißmaschinen der Baureihe KEH

5. *Lehrlingswerkstätte der Firma* Bullmerwerk, Spezialmaschinenfabrik, Mehrstetten.
Hier erhalten die Lehrlinge eine umfassende Ausbildung und Betreuung.

6. *Luftaufnahme der Firma* elring Dichtungswerke KG, *Werk Dettingen*

7. Das 1974 neu bezogene Verwaltungsgebäude der Maschinenfabrik Hermann Finckh, *Pfullingen; im Hintergrund die Produktionsstätten*
8. Hermann Finckh, Maschinenfabrik, Pfullingen: *Walzenkörper in Wabenbauart (1200 mm Durchmesser, 9250 mm Gesamtlänge, ca. 7500 kg Gewicht)*

9. *Firma* Gebr. Gmelin, Landmaschinen / Maschinenfabrik Gebr. Gmelin KG, *Reutlingen.*
Produktionshalle mit Gmelin-Fahrmischern

10.–13. *Die Luftaufnahmen zeigen die Werke der Firma* **Ernst Wagner KG** *in Reutlingen (oben) und Mittelstadt (unten). In den verschiedenen Geschäftsbereichen werden z. B. Cafeteria-Anlagen und fahrerlose Transportgeräte hergestellt.*

14./15. Firma
Willy Sauter KG,
Feinmechanik und
Spezialmaschinen,
Metzingen.
Oben:
Luftaufnahme
des Werkes.
Unten:
Instruktionen an
einer Maschine

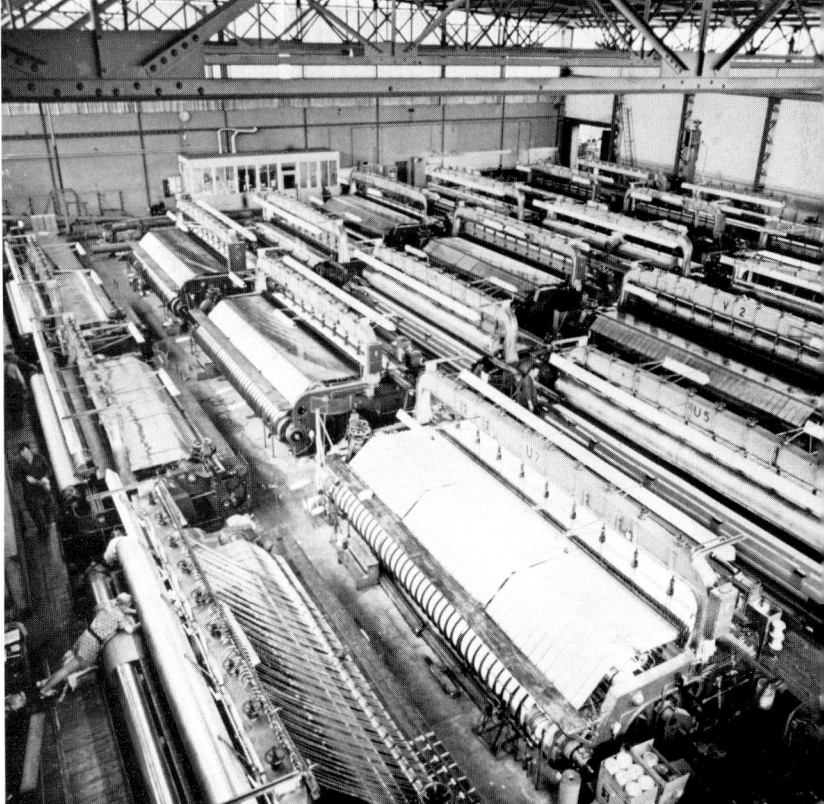

16./17. *Firma* Hermann
Wangner, Bespannung
für Papiermaschinen,
*Reutlingen. Oben: Blick
in die Abt. Ausspannung,
unten: die Weberei*

18. Karl Danzer, Furnierwerke, *Reutlingen*

19. Bruderhaus Maschinen GmbH, *Reutlingen. Werk Gönningen*
20. Hermann Genkinger KG, Maschinen- und Apparatebau, *Münsingen*

21. Fabrikanlage in
Eningen u. A. der
Maschinenfabrik
Karl Hack KG,
Reutlingen

22. In der Firma
Fr. Henning,
Gesenkschmiede –
Maschinenfabrik,
Metzingen

23./24. *Die Firma* Gebrüder Holder, *Metzingen, produziert Pflanzenschutzgeräte, Spezial-Schlepper, Motorhacken- und Mäher und Vielzweckgeräte.*

25. *Aus dem Fertigungsprogramm der Firma* Kauffmann & Haug KG, Rohrleitungs- und Apparatebau, *Reutlingen*

26. *Luftaufnahme der* Maschinenfabrik Gustav Wagner, *Reutlingen*
27. *Das Stammhaus der Firma* Bernhard Wohlfarth, Elektro-Großhandlung, *Pfullingen*

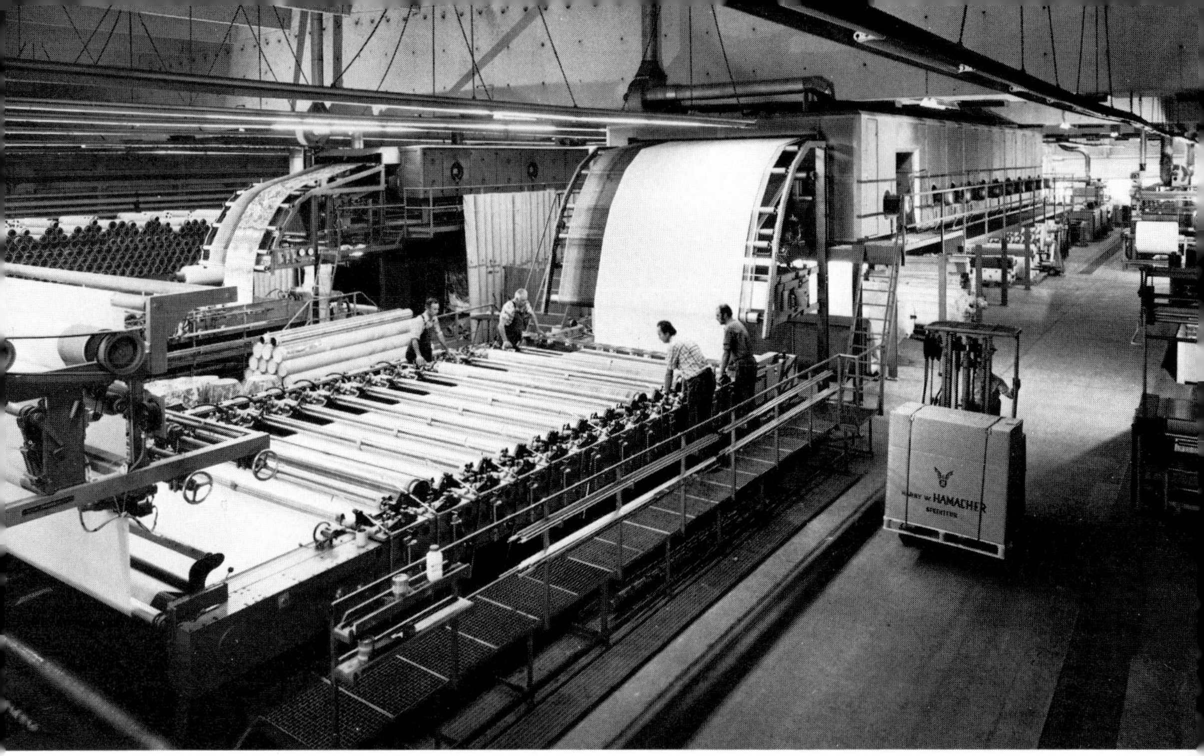

28./29. *Firma* Ernst Beck, Druckerei, Färberei, Ausrüstung, *Reutlingen. Oben: Blick in die mit modernsten Maschinen ausgerüstete Produktionshalle, unten: eine Luftaufnahme des Werkes*

30./31. Luftaufnahme der Firma Gebr. Burkhardt, Pfullingen. Unten: Blick in die Produktion

32. *Firma* Joh. Mich. Engel, Färberei, Bleicherei, Ausrüstung, *Reutlingen*

33./34. Gebrüder Groß GmbH, Spinnerei, Färberei, Zwirnerei, Urach. Oben: Neues Spinnereigebäude an der Stuttgarter Straße. Unten: Flocke- und Garnfärberei

35./36. Firma Conrad Hoelle & Sohn KG, *Reutlingen. Unten: Vorstellung der Kollektion*

37/38. Seidenweberei Reutlingen, Gerstenberg & Tritschler. *Oben: Weberei, unten: die Kett-anfertigung*

39. *Luftaufnahme der Firma* Gaenslen & Völter, Tuch-fabrik, *Metzingen*

40. WILLUGA Strickwarenfabrik Willy Haug, *Pfullingen*

41. Strickwarenfabrik Christian Hipp, *Wannweil*
42. *Moderne Hochleistungs-Strickmaschinen der* Strickwarenfabrik Jakob Roll, *Pliezhausen*

43. Strickwarenfabrik
Fritz Schmälzle,
Pfullingen

44. Mech. Zwirnerei
Schwenk & Zink,
*Metzingen-Neuhau-
sen*

45 *Firma* Büsing + Co. KG, *Reutlingen*

46. *Firma* Erwin Fritz, Pelzzurichterei und Sämischlederfabrik, *Metzingen-Neuhausen*

47./48. Lederhandschuhfabrik Karl Reusch, *Metzingen-Neuhausen*
Unten: Blick in den Nähsaal

49. *Firma* Wilhelm Kadel KG, Maschinenausrüstung, *Eningen/Reutlingen*
50. *Firma* W. Kilgus, Lederbekleidungsfabrik, *Eningen*

51. Hauptstelle
der Volksbank
Reutlingen eG.
in Reutlingen,
Ecke Garten-
straße/Karlstraße

52. Modell des
im Bau befindlichen
Bankneubaus der
Volksbank Reutlin-
gen eG in Reutlin-
gen, Gartenstraße
33

53. *Haupt- und Zweigstellen der* Bezirksvereinigung der Kreditgenossenschaften *im Kreis Reutlingen*

54. Volksbank
Reutlingen
55. Volksbank
Metzingen

56. Volksbank
Pfullingen
57. Genossen-
schaftsbank Dettin-
gen

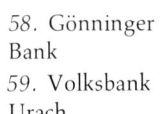

58. Gönninger
Bank
59. Volksbank
Urach

60. Raiffeisenbank
Würtingen-Bleich-
stetten
61. Raiffeisenbank
Böhringen

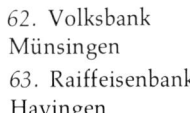

62. Volksbank
Münsingen
63. Raiffeisenbank
Hayingen

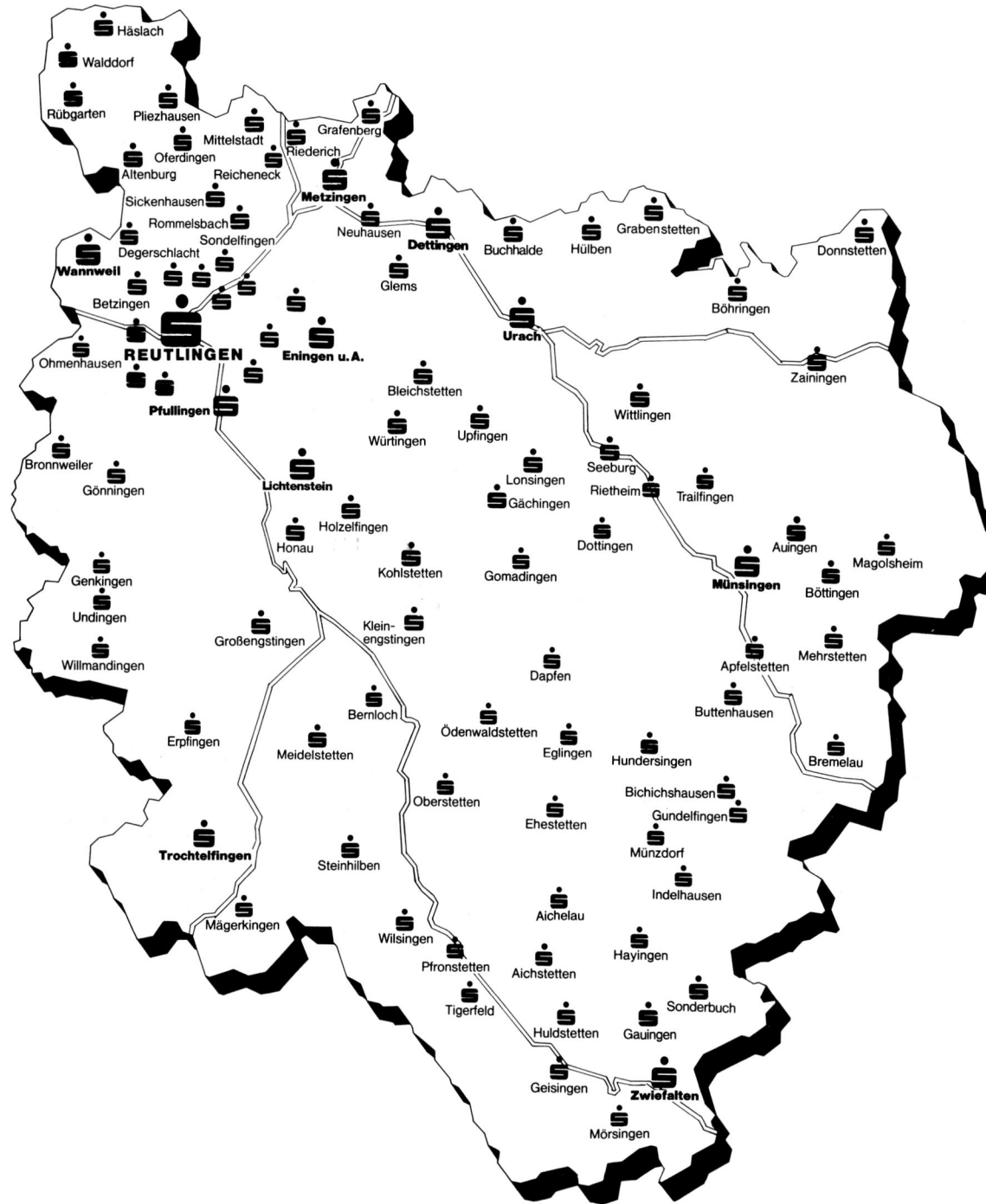

64. Die Kreissparkasse Reutlingen *in allen Gemeinden des Kreises*
65./66. *Hauptstelle der* Kreissparkasse *in Reutlingen, Marktplatz, unten: die Schalterhalle*

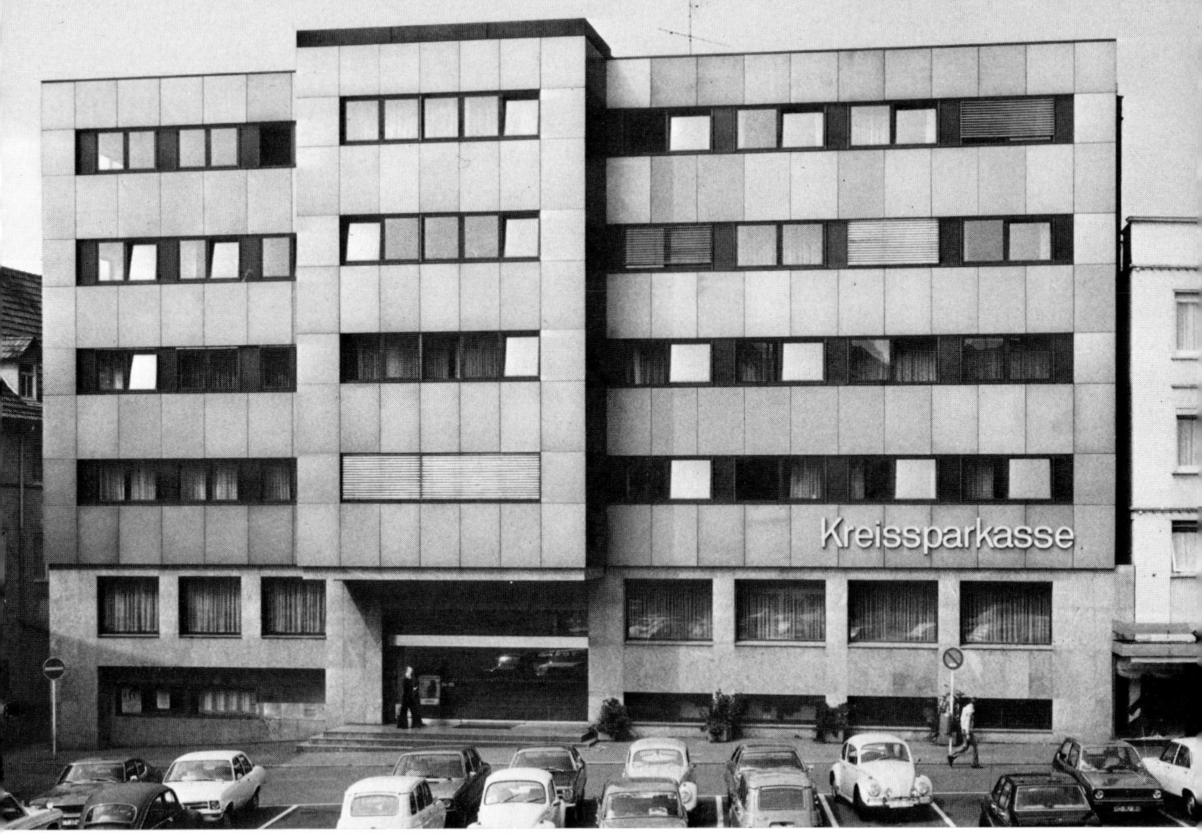
Kreissparkasse

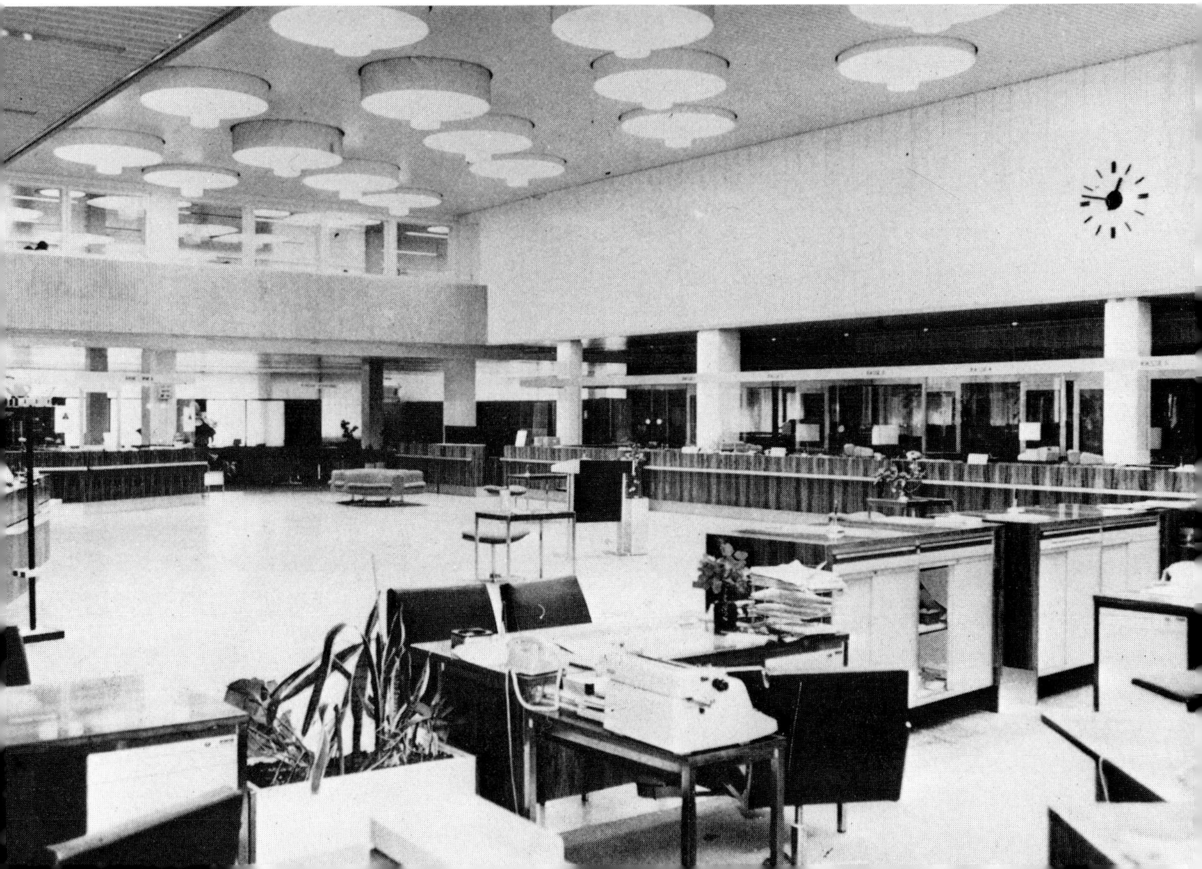

67. Der moderne
Neubau der
C. L. Baader Buch-
und Offsetdrucke-
rei, ,,Alb-Bote''
Verlag Baader
& Co. KG, *Mün-
singen*

68. Deutsche Bank
Aktiengesellschaft,
Filiale Reutlingen

69. *Das neue Verkaufs- und Beratungscenter der Firma* Wilhelm Gallion – Tapeten, Teppiche, Gardinen und Bodenbeläge – *Reutlingen*

70. Drogerie –
Parfümerie Herzer
*in einem der schön-
sten Fachwerkhäu-
ser am Marktplatz
von Urach*

71. *Firma* C. F. Keim, *Reutlingens gutes Haus für Bekleidung*

72. Reifen-Junginger, Fabrik für Runderneuerungen, *Metzingen*
73. *Der 1973 neu bezogene Betrieb der Firma* AUTO-KEINATH Gebr. Keinath, Opel-Vertrags-händler, *Dettingen*

74. Automuseum Hohenstein/Ödenwaldstetten
75. *Blick in die Werkstätten des* Autohauses Max Moritz GmbH, VW-Großhändler, *Reutlingen*

76./77. Firma Gumми-Reiff, Reutlingen. Oben: Das Gummiwerk in Reutlingen-Betzingen, unten: die Autozubehörgroßhandlung in der Hohenzollernstraße in Reutlingen

78. Getreidemühle Indelhausen e. G., eine der letzten Mahlmühlen im Großen Lautertal

79. *Luftaufnahme der* Asphaltmischwerke GmbH & Co. KG, *Nehren*

80. *Das Betriebsgebäude der Firma* Harwalik KG, *Druckerei und Verlag, Reutlingen*
81. *Tennishalle Nord, Reutlingen. Die vierfeldrige Tennishalle entspricht allen Anforderungen des modernen Tennissports*

82. Neubau
der Firma
Eugen Koch,
Bürobedarf,
Münsingen
mit der
Schwesterfirma
Schuhhaus
Koch

83. *Firma* Hans Kunert KG, Möbelwerkstätten, *Pfullingen*

84./85. Firma Ski-
Schneiderhahn
in Münsingen-
Auingen, eines der
größten Fach-
geschäfte im Lande

86. *Luftbild der Firma* Schwab Svedex-Türenwerk GmbH, *Reutlingen*
87. Sägewerk und Holzhandlung Gottlieb Stumpp OHG, *Eningen*

88./89. Firma Kurt Wolf, Büro- und Hochschuleinrichtungen, *Reutlingen-Ohmenhausen*

90. *Luftaufnahme der* EVG Württembergische Meisterbetriebe für Möbelbau und Raumgestaltung, *Reutlingen*

91./92. Zwiefalter Klosterbräu, A. Baader, *Zwiefalten*

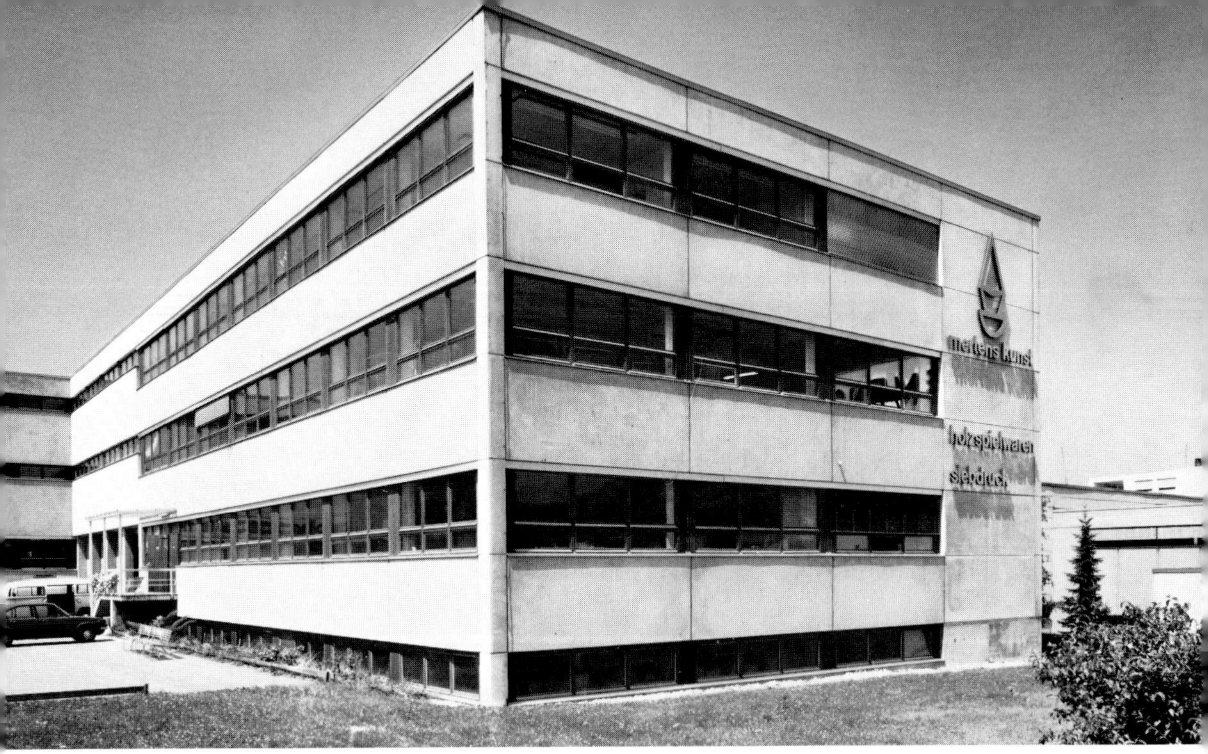

93. *Firma*
Mertens-Kunst,
Holzspielwaren,
Pfullingen

94. *Aufenthalts-
raum im* Psychia-
trischen Landes-
krankenhaus
Zwiefalten

95./96. Die Garten-Moser GmbH & Co. KG, Landschafts- und Sportstättenbau *in Reutlingen baut und pflegt Garten-, Grün- und Sportanlagen im privaten, halböffentlichen und öffentlichen Bereich. Blick über eine Baustelle – die Carl-Diem-Sportanlage – sowie Betriebshof und Fuhrpark des vielseitigen Unternehmens, einem anerkannten, landschaftsgärtnerischen Ausbildungsbetrieb.*

97./98. Internationale Spedition Willi Betz, *Reutlingen. Oben: der Fuhrpark,*
unten: Betz-Transporte in den Iran.

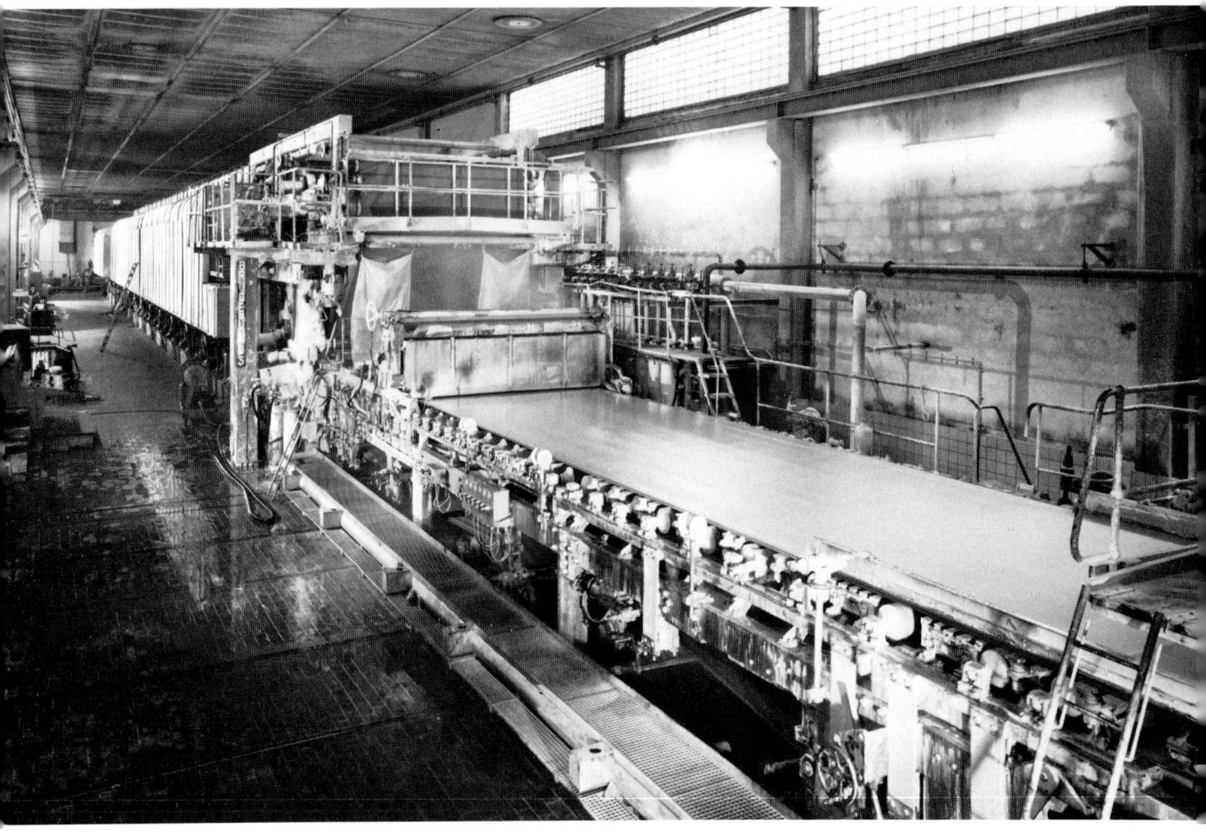

99./100. Papierfabrik zum Bruderhaus GmbH, *Dettingen, unten eine der drei Hochleistungs-Papiermaschinen.*

Fotonachweis

Die Zahlen verweisen auf die Abbildungsnummer. WiB = Firmenbilder in „Wirtschaft im Bild".

A. Brugger Luftbild, Stuttgart: 1 (2/16703 C), 40 (2/12901), 52 (2/29774), 65 (2/28271), 113 (2/13679), 139 (2/34649), 143 (2/21860 C). WiB 2 (2/237014 R), 6 (2/36034), 14 (2/31712), 79 (2/38715)

B. Burgemeister, Pfullingen: WiB 27, 31, 45

P. Chmelik, Schorndorf: 199

B. Cubasch, Metzingen: WiB 69

Foto-Dohm KG, Reutlingen: WiB 29 (Freigabe d. Reg.-Präs. Südwürtt.-Hohenzollern Nr. 4/1282)

D. Geissler, Stuttgart: 2

Griner, Eningen: 117

Grohe Luftbild, Kirchentellinsfurt: 6 (Freigabe d. Reg.-Präs. Tübingen Nr. 42/1631), 134 (Freigabe durch Reg.-Präs. Tübingen Nr. 42/1634)

A. Handel, Dettingen: WiB 48

Dr. H. Hell, Reutlingen: 3, 7–11, 18–34, 43–51, 53–59, 61–64, 66–84, 87–104, 111, 112, 114–116, 118–120, 122–133, 135–137, 141, 142, 145–157, 161–198, 201–205.
WiB 9, 15, 18, 20–22, 25, 28, 32, 35, 36, 41, 43, 46, 47, 50, 67, 68, 70–72, 74–78, 80, 82, 84, 85, 88 (Freigabe durch Reg.-Präs. Tübingen Nr. P/4366), 89, 91–96, 100. Schutzumschlag

R. Holder, Urach: 200

Dr. Keim, Reutlingen: 110

Kleiber-Studio, Fellbach: WiB 5

Foto-Näher, Reutlingen: WiB 16, 37, 38

Foto-Schumacher, Urach: WiB 42

Stadtarchiv Reutlingen: 106, 140

W. Stuhler, Hergensweiler: 138

G. Stumpp, Eningen: WiB 87 (Freigabe durch den Niedersächs. Minister für Wirtschaft und öffentl. Arbeiten Hannover Nr. 16/2175/6)

Stuttgarter Luftbild Elsäßer & Co.: 121 (9/32818); WiB 86 (54523 A)

T. Uhland-Clauss, Esslingen: 85, 86

Unterberger, Reutlingen: 35–39, 41

Verkehrsamt Reutlingen: 60, 105

Verkehrsamt Urach – Foto Röckle: 158–160

Wafios Maschinenfabrik Reutlingen: WiB 3 (Freigabe durch Reg.-Präs. Südwürtt.-Hohenzollern Nr. 4/1228), 4

Die Karte auf dem Vorsatzblatt zeichnete Eckart Munz, Stuttgart.

Bei den nicht nachgewiesenen Bildern handelt es sich um Eigen- bzw. Werkfotos der in den Bildunterschriften genannten Gemeinden und Firmen.

Firmenkurzbiographien

Die Zahlen in Klammern verweisen auf die Abbildungsnummern in „Wirtschaft im Bild"

Asphaltmischwerke GmbH & Co. KG, Nehren (79)

Die Asphaltmischwerke Nehren wurden 1970 von den Reutlinger Bauunternehmungen Wilhelm Krötz, Adolf List und Albert Maier gegründet.

Im Jahre 1972 schlossen sich die Firmen Walter Egeler, Reutlingen, Richard Flammer, Mössingen, Wilhelm Hahn, Tübingen, und Eugen Ost, Reutlingen diesem Werk an.

Ziel und Aufgabe der Firma ist die Herstellung und der Vertrieb von Asphaltmischgut und Baustoffen. Zu diesem Zweck wurde eine zentrale und stationäre Großanlage errichtet, die bei Berücksichtigung des allgemeinen Umweltschutzes unter optimalen Bedingungen jährlich 300 000 t Asphaltmischgut herstellen kann. Diese Menge deckt den Bedarf im Raume Reutlingen, Tübingen voll.

Durch den Bau dieser Anlage wurden 7 kleinere Asphaltmischanlagen geschlossen, die, bedingt durch die ältere Bauart, eine erhöhte Belästigung der Umwelt mit sich brachten.

Die neue Anlage mit ihrem außergewöhnlichen großen Energiebedarf, wird ausschließlich mit Erdgas beheizt, so daß keine schädlichen Emissionen auftreten. Die Abgase werden praktisch vollkommen entstaubt (Restgehalt 15 mg/1 cbm).

Eine neue Konzeption stellt auch die Belieferung der Anlage mit Kiesvollzügen (Ladegewicht 1000 t) über die Schiene dar. Um diese Menge aus dem Donaugebiet zur Anlage zu fördern, müßten arbeitstäglich ca. 40 Lastzüge über die Straße das Werk anfahren. Die effektive jährliche Straßenentlastung beträgt ca. 14 Mio. t/km.

Automuseum Hohenstein-Ödenwaldstetten (75)

Das im Juni 1974 eröffnete Automuseum ist eine echte Attraktion auf der Schwäbischen Alb und wurde in den letzten 12 Monaten von über 18 000 Personen besucht. Ödenwaldstetten liegt nur 6 km entfernt von dem weltbekannten Gestüt Marbach, Schloß Lichtenstein und Bärenhöhle sind ebenfalls in unmittelbarer Nähe (10 km).

In der neuerbauten, großen Ausstellungshalle, die ansprechend aufgemacht ist, sind etwa 30 Oldtimer aller Altersklassen, Autos und Motorräder zu sehen. Das älteste Fahrzeug ist ein motorisiertes Dreirad aus dem Jahre 1898. Die ausgestellten Fahrzeuge zeigen einen Querschnitt durch den Automobil- und Motorradbau nahezu aller europäischen Länder der letzten 80 Jahre. Alle Fahrzeuge sind sehr gut restauriert und zum größten Teil fahrbereit, so hat der gezeigte Maybach SW 38 im letzten Jahr mit Erfolg an der Rallye Monte Carlo für Oldtimer teilgenommen; auch mit anderen Fahrzeugen werden laufend Veteranen-Veranstaltungen besucht.

Als besondere Attraktion ist seit kurzer Zeit vor dem Museum ein Straßenbahntriebwagen Baujahr 1928 zu sehen, der bis zu seiner Stillegung auf der Strecke Eningen-Reutlingen verkehrte.

Das Museum ist täglich geöffnet von 10.00 bis 18.00 Uhr. Die Eintrittspreise: Erwachsene DM 2.- Jugendliche DM 1.-.

„Alb-Bote" Verlag Baader & Co. KG
C. L. Baader Buch- und Offsetdruckerei
Münsingen (67)

Die Heimatzeitung der Münsinger Alb wurde 1838 als Intelligenzblatt für den Oberamtsbezirk Münsingen gegründet. Seit 1861 im Besitz der Familie Baader, trägt sie seit 1863 den Titel „Alb-Bote". Für Herausgeber und Redaktion ist dieser Name Verpflichtung und Programm. Der Alb-Bote ist nicht nur die meistgelesene Tageszeitung im Altkreis Münsingen, sondern auch Anwalt der Bevölkerung im ländlich strukturierten Raum auf der Schwäbischen Alb. Durch die Zusammenarbeit mit der Südwest Presse, der größten Abonnementszeitung in Württemberg, seit 1949 ist es dem Alb-Boten möglich, bei aller Betonung des Heimatlichen seine Leser auch über die Ereignisse in aller Welt und aus allen Bereichen des täglichen Lebens rasch und umfassend zu informieren. Das beste Kapital, über das der Alb-Bote verfügt, sind neben der Aktualität das Vertrauen seiner Leser, das zum Teil in jahrzehntelanger Verbundenheit gewachsen ist und die reiche Erfahrung, die er aus der bald 140jährigen Geschichte schöpfen kann.

Das Druckhaus Baader hat 1966 seinen Neubau in der Gutenbergstraße bezogen und sich von der technischen Ausstattung her laufend den Anforderungen seiner Kunden angepaßt. Es verfügt über 25 qualifizierte Mitarbeiter und einen modernen Geräte- und Maschinenpark für Gestaltung, Hand-, Maschinen- und Fotosatz, Raster- und Strichklischees für Buchdruck, Reproduktionen für Offsetdruck, Buchdruck, Offsetdruck und Buchbinderei. Das Fertigungsprogramm umfaßt: Farbdrucke, Prospekte, Kataloge, Verpackungseinschieber, Festschriften, Programme, Briefbogen, Briefhüllen, Visitenkarten, Rechnungen, Preislisten, Karteikarten und Familiendrucksachen.

Ernst Beck, Druckerei, Färberei, Ausrüstung,
Reutlingen   (28, 29)

Das Unternehmen wurde 1947 als Handwerksbetrieb von Herrn Ernst Beck gegründet. Heute werden ca. 200 Mitarbeiter beschäftigt, und die Firma gehört zu den führenden Herstellern von Gardinen- und Vorhangstoffen mit anspruchsvollem Design (z. B. Kollektionen „neue Romantik" und „aktuelle Moderne"). Dazwischen liegt die Entwicklung des Stoffdrucks auf Handdrucktischen zum maschinellen Flach- und Rotationsfilmdruck und schließlich zu einem vollstufigen Veredlungsbetrieb, in dem bis zu einer Breite von 320 cm sowohl im Eigen- wie auch im Auftragsgeschäft gedruckt, gefärbt und ausgerüstet wird.
1955 wurde unter 35 Platzangeboten im Alb-, Bodensee- und Schwarzwaldgebiet Reutlingen-Mittelstadt als Sitz der Produktionsstätte ausgewählt. Eine 6000 qm umfassende Produktionshalle und ein repräsentativer Verwaltungsbau bieten beste Voraussetzungen für eine stetige Expansion. 1960 brachte die Firma Beck als absolute Neuheit einen vollsynthetischen Vorhangstoff aus 100 Prozent Diolen auf den Markt. Ein Vertreterstab im In- und Ausland bahnte zahlreiche Geschäftsverbindungen an: es wird in die westlichen Länder Europas, aber auch nach Afrika, Amerika, Asien und Australien exportiert. Als erstes europäisches Unternehmen wurde 1966 ein Flachdruckmaschinen-Prototyp für 280 cm Druckbreite installiert, 1972 folgte eine 320 cm breite Rotationsdruckmaschine. Der Markt ist in Europa und Übersee für die Kollektion in Breitware sehr aufgeschlossen, die ‚beck-maxi-collection' in klassischer Stildessinierung und mit formal aufgelö-

sten Naturstudien hat großen Erfolg. Ein eigenes Entwurfsatelier mit kreativen Designern sorgt für neue Impulse auf dem Heimtextilien-Sektor.

Willi Betz, Internationale Spedition,
Reutlingen   (97, 98)

Die Firmengruppe umfaßt: Stammhaus Reutlingen mit Niederlassungen in München, Saarbrücken, Grenzabfertigungsbüros in Schwarzbach-Walserberg und BAB-Grenzkontrollstelle Helmstedt, TT-Helmstedt mit Umschlaglager und Instandsetzungswerkstatt für Lkw mit Tochterfirmen in Frankreich, Italien, den Niederlanden und Österreich.
Gründung 1945 durch Hr. Willi Betz. Kontinuierliche Entwicklung, Bezug des heutigen Betriebsgeländes im Jahre 1959, laufend Ergänzungen der Baulichkeiten in Reutlingen, Einrichtungen für Kfz-Reparatur, Lagerung, Lagerumschlag und Fahrzeugabstellplätze. 1960 Einrichtung einer Kfz-Reparaturwerkstatt mit Servicestation und Reparaturdienst, auch für betriebsfremde LKW.
Ursprüngliche Gründung als Fuhrunternehmen, im Laufe der Jahre Umstellung und vermehrte Tätigkeit als Spediteur. Trotzdem wurde der eigene Fuhrpark ebenfalls ausgebaut und besteht heute aus ca. 80 Sattelzugmaschinen und der doppelten Anzahl Sattelauflieger modernster Bauart. Die Aktivitäten teilen sich in 3 Betriebszweige auf und zwar: Lebensmitteltransport mit V 2 A Tanksattel, Transporte staubförmiger Güter mit Silo-LKW und Transporte mit Planen-, Tieflader- und Kühl-Transporte auf dem Nahostverkehr.
Zur Zeit sind ca. 470 Mitarbeiter beschäftigt. Die Verwaltung ist im Stammhaus Reutlingen zusammengefaßt und wird über eine eigene EDV-Anlage dirigiert. Weitere umfassende Investitionen werden z. Z. im Iran mit dem Bau eines Autohofes, der Ende des Jahres seiner Bestimmung übergeben wird, getätigt. Außerdem werden durchschnittlich pro Monat 1300 Charterfahrzeuge verfrachtet.

Bezirksvereinigung der Kreditgenossenschaften
im Kreis Reutlingen   (53–63)

Wer in der Geschichte der Volks- und Raiffeisenbanken des Kreises Reutlingen blättert, dem wird sehr schnell klar, daß er sich hier auf soziologischen Boden begeben hat, nicht – wie man annehmen könnte – auf a priori kommerziellen. Und evident wird auch die Bedeutung eines Hermann Schulze-Delitzsch und eines Friedrich Wilhelm Raiffeisen, deren Wirken finanzielle Not lindern half.

Dies wird deutlich, wenn wir in den alten Protokollen nach den Gründen zur Schaffung dieser genossenschaftlichen Vereinigungen suchen: ,,Not'' – ,,Selbsthilfe der Bauern und Arbeiter gegen fremde Ausbeutung'' – ,,Not in der Gemeinde'' – ,,Die wirtschaftliche Lage forderte den Zusammenschluß aller Kräfte'' – ,,Zusammenschluß der Bauern, Handwerker und Arbeiter'' – ,,Genossenschaftliche Selbsthilfe''.

Die Aufrichtigkeit dieser Protokolle wird bestätigt durch die Gründungsdaten. Keine Zeiten, in denen Milch und Honig floß: 1861 bis 1867, 1881 bis 1901 und das erste Jahrzehnt des 20. Jahrhunderts haben den Löwenanteil an den Gründungsjahren. Bestätigt werden die Beweggründe auch durch die Tatsache, daß 91 Prozent dieser Geldinstitute die Gründungsnamen ,,Spar- oder Darlehenskassenverein'' trugen. Die Gründer kamen aus allen Berufen und Ständen: Bürgermeister und Bauern, Handwerker und Lehrer, Notare, Pfarrer, Apotheker, Arbeiter, Gewerbevereine, Bürger, Kaufleute, Gemeinderäte: Initiatoren, Einsichtige, Hilfesuchende. Jeder wußte um den Wert des genossenschaftlichen Zusammenschlusses, jeder erkannte die Hilfe, die Raiffeisen und Schulze-Delitzsch mit ihren Ideen boten, sah die Notwendigkeit solcher Genossenschaften im wahrsten Sinne des Wortes.

120 genossenschaftliche Bankstellen – 43 Haupt- mit 77 Zweigstellen – zählte der Kreis Reutlingen am 31. 12. 1974. Der Genossenschaftsgedanke hat reiche Früchte getragen. Doch diese Banken stehen heute nicht mehr allein; hinter ihnen steht ein kraftvoller, solider Verbund: 11 Zentralbanken, die Deutsche Genossenschaftskasse Frankfurt, die Bausparkasse Schwäbisch Hall, die R + V-Versicherung, die Deutsche Genossenschafts-Hypothekenbank, die Münchener Hypothekenbank, die Union-Investment-Gesellschaft, das Internationale Immobilien-Institut. Sie sind mit jeder, auch noch so kleinen Genossenschaftsbank so solidarisch, wie es die Mitglieder der Genossenschaftsbanken der Städte und Dörfer von jeher untereinander waren. Diese Solidarität hat sie nicht nur aus finanzieller Not befreit, sie hat diesen Verbund geschaffen.

Umgekehrt sind die Volksbanken und Raiffeisenbanken des Kreises Reutlingen ein gewichtiger Faktor des Verbundes. Sie sind die größte Bankengruppe im Kreis. Die 120 Bankstellen führen zur Zeit eine Viertelmillion Konten. Jeder sechste Einwohner (fast jeder vierte Erwachsene) im Kreis ist Mitglied einer Genossenschaftsbank.

Im Juni 1974 haben diese Banken im Kreis Reutlingen eine Milliarde Bilanzsumme überschritten. Das war eine Verdoppelung innerhalb von 5 Jahren. Am 31. 12. 1974 waren es 1067,2 Mio.

Bruderhaus Maschinen GmbH, Reutlingen (19)

Die Gründung der Bruderhaus Maschinen GmbH in der Mitte des vorigen Jahrhunderts geht auf Pfarrer Gustav Werner zurück, der Waisenkinder und vom Schicksal schwer betroffene Menschen aufnahm und in Heimen und landwirtschaftlichen Betrieben unterbrachte. Um sein soziales Hilfswerk am Leben zu erhalten, erwarb er 1851 die stillgelegte Braun'sche Papierfabrik vor den Toren des mittelalterlichen Stadtkerns der ehemaligen ,,Freien Reichsstadt Reutlingen''. Eine mechanische Werkstatt wurde darin errichtet, in der landwirtschaftliche Maschinen, Kräne, Eisenbahnwagen, Brückenwaagen und ähnliches repariert und hergestellt wurde. Mit einer selbstgebauten Papiermaschine konnte die Papierfabrikation wieder aufgenommen werden. Diese Fertigung mußte aber bald nach Dettingen verlegt werden, da die Räumlichkeiten nicht mehr ausreichten und das Wasser der Echaz durch Gerber und Färber stark verschmutzt war.

In Reutlingen wurde ein Neubau errichtet und dem Unternehmen der Name ,,Mechanische Werkstätte zum Bruderhaus'' gegeben, der später in ,,Maschinenfabrik zum Bruderhaus GmbH'' umgewandelt wurde. Mit der Angliederung einer Eisengießerei trat der industrielle Charakter immer mehr in Erscheinung. Die Fabrik wurde 1865 in Form eines Aktienvereins betrieben, als deren technischer Leiter Gottlieb Daimler, der Erfinder des Automotors, gewonnen wurde. Unter den im Bruderhaus erzogenen Lehrlingen fand Daimler einen Mitarbeiter, der ihm später bei der Schaffung seines Lebenswerkes entscheidende Hilfe leistete: Wilhelm Maybach.

Immer mehr konzentrierte sich das Bauprogramm auf Maschinen für die Papierfabrikation und für die Papierausrüstung. Damit war die Richtung gewiesen, die das Unternehmen zur heutigen Größe führte.

Als nach dem Ende des letzten Krieges, dem auch ein Teil der Fabrikgebäude und Werkzeugmaschinen zum Opfer fiel, eine stürmische Entwicklung auf dem Gebiet des Papiermaschinenbaus begann, mußten neue Montagehallen gebaut und andere Fertigungsabteilungen vergrößert werden. 1963 erwarb man 8 km vom Stammwerk auf Markung Gönningen ein Industriegelände mit 65 000 qm Fläche mit dem Ziel, später alle Werkstätten hier zu vereinen. Seit 1971 wurde der Firmenname in „Bruderhaus Maschinen GmbH" geändert, da der Begriff „Bruderhaus Maschinen" weltweite Anerkennung fand. Die Gießerei erzeugt den gesamten Guß für das eigene Werk und liefert auch hochwertige Gußteile für Maschinenfabriken in der näheren Umgebung, wobei Zylinder und Stuhlungen bis zu einem Gewicht von 25 t gegossen werden können.

Die Ausbildung Jugendlicher wird im Sinne des Gründers besonders gefördert. Die Lehrwerkstatt mit neuem Hörsaal ist von den Fertigungsstätten getrennt im eigenen Gebäude untergebracht. An modernen Werkzeugmaschinen erhalten zur Zeit 70 Auszubildende von 4 erfahrenen Lehrkräften eine hervorragende Schulung, die mit der Facharbeiterprüfung abschließt.

Das Lieferprogramm wendet sich besonders an die Papierindustrie und umfaßt von der Stoffaufbereitung bis zur Herstellung der fertigen Rollen und Bogen alle Maschinen für jede Papier- und Kartonsorte, besonders für feine und feinste Papiere, Schreib- und Druckpapiere.

Büsing + Co K.G., Reutlingen   (45)

Das Unternehmen wurde unter dem Namen Büsing + Kessler in der zweiten Hälfte des letzten Jahrhunderts gegründet. 1875 erwarb Christian Döttinger, der Großvater der heutigen Inhaber, den Betrieb und führte ihn unter der Bezeichnung Büsing + Co K.G. weiter. Seit dieser Zeit sind die Familien Döttinger-Werwag im Besitz der Firma.

Das Programm umfaßte bis zum Ersten Weltkrieg gestrickte Kinder- und Babybekleidung. Der schnelle Aufschwung machte schon um die Jahrhundertwende für die Strickerei Zweigwerke in Eningen und Metzingen erforderlich. In den folgenden Jahren kam die Produktion von Badeanzügen und Sportbekleidung hinzu.

500 Personen beschäftigt die Firma Büsing + Co, die heute zu den maßgebenden Herstellern auf dem Kindermodegebiet gehört. Neben den weithin bekannten Marken porolastic®-Kinderbekleidung und Babysana®-Kleinkindbekleidung erfreuen sich porolastic®-Badebekleidung und vor allen Dingen porolastic® Olympia®-Sportbekleidung höchster Anerkennung, mit der seit 1936 deutsche und viele andere Nationalmannschaften ausgerüstet wurden.

Im Zuge der ständigen Kapazitätsausweitung entstanden in den letzten Jahren noch Nähereifilialen in Reutlingen-Sondelfingen und Kelheim/Bayern.

*Bullmerwerk, Spezialmaschinenfabrik,
Mehrstetten*   (5)

Das Bullmerwerk wurde 1933 von Herrn Karl Bullmer in Stuttgart gegründet. Produziert wurden ausschließlich Stahlwolleerzeugnisse. Aus den kleinsten Anfängen heraus entwickelte sich das Werk zu einem bedeutenden Unternehmen dieser Spezialbranche für den süddeutschen Raum.

1953 wurde der Grundstein zum Bau einer neuen Fabrik in Mehrstetten gelegt, mit dem Ziel, einen neuen Produktionszweig – die Fabrikation von Zuschneidemaschinen – aufzubauen. Seit 1957/58 werden in Mehrstetten ausschließlich Maschinen für die Bekleidungs- bzw. nähende Industrie hergestellt. Seit dem Tod von Herrn Karl Bullmer 1964 wird das Werk von dem geschäftsführenden Gesellschafter, Herrn Oberingenieur G. O. Stumpf geleitet. Unter seiner Führung entwickelte sich das Bullmerwerk zu einer der führendsten Firmen auf diesem Gebiet in der Welt.

Das Produktionsprogramm umfaßt weit über 150 verschiedene Maschinenmodelle die fast ausschließlich im eigenen Werk entwickelt, konstruiert und produziert werden, u. a. Stofflegeautomaten, Förderbänder, Stoffballen-Paternoster, Transportgeräte und Maschinen, Tische und Regale sowie Zuschneidemaschinen.

Das Lieferprogramm, in den EG-Staaten, den übrigen europäischen Ländern, in Übersee und in zunehmendem Maße in den Ostblockstaaten vertrieben – hat im Geschäftsjahr 1973 einen Bruttoverkaufserlös von mehr als 20 Millionen erbracht, der Exportanteil liegt bei ca. 65 Prozent.

Im Geschäftsjahr 1974 waren 200 Mitarbeiter beschäftigt. Die eigene Lehrwerkstatt sorgt für den qualifizierten Nachwuchs an Facharbeitskräften. Die Ausbildung zum Mechaniker, Schlosser, Werkzeugmacher, Dreher, Energiegeräteelektroniker ist im Bullmerwerk durch Meister, Techniker und Ingenieure möglich.

Die Gesamtfläche für Verwaltung und Produktion mit Sozialgebäude beträgt ca. 6800 qm auf einem Gelände von 40000 qm. Die Geschäftsleitung ist der Überzeugung, daß die Investition und das Wissen und Können der Mitarbeiter die Basis für ein zukünftiges Wachstum darstellt.

Gebr. Burkhardt, Pfullingen (30, 31)

Die Firma Gebr. Burkhardt, Pfullingen, ehemals Buntspinnerei, Buntweberei und Färberei, betreibt heute nur noch ihre Kraftzentrale und stellt ihre Grundstücke, Gebäude sowie das bedeutende Wasservorkommen ihren Tochtergesellschaften BST Burkhardt Textilveredlung GmbH und CPT Colibri Textildruck GmbH + Co zur Verfügung.
Im Zentrum der deutschen Maschen-Textilindustrie gelegen, bedienen diese beiden Auftragsveredlungsbetriebe eine Vielzahl von Strickereien, Wirkereien und Webereien, vorwiegend der näheren Umgebung. Darüber hinaus werden ausgesuchte Spezialartikel für Kunden in Frankreich, der Schweiz und Holland bearbeitet.
Die 1966 gegründete BST Burkhardt Textilveredlung GmbH hat den von der Stammfirma Gebr. Burkhardt übernommenen Maschinenpark im Zuge eines langfristig geplanten Investitionsprogramms vollständig erneuert. Sie zählt heute zu den modernsten und bedeutendsten Auftragsveredlungen im süddeutschen Raum.
Die erst im Frühjahr 1975 gegründete CPT Colibri Textildruck GmbH + Co ist mit modernen Textildruckmaschinen ausgestattet. Sie bietet in Zusammenarbeit mit ihrer Schwesterfirma BST ein abgerundetes Programm, das allen Forderungen des dem modischen Wechsel unterliegenden Textilmarktes gerecht wird.
Die gesamte Firmengruppe Gebr. Burkhardt, BST und CPT beschäftigt rd. 220 Mitarbeiter, die teils aus langer Familientradition mit dem Hause Burkhardt verbunden sind, teils in den letzten Jahren aus dem Ausland zugewandert, in Pfullingen einen Arbeitsplatz und oft auch mit ihren Familien in den angebotenen Werkswohnungen eine zweite Heimat gefunden haben.

Karl Danzer, Furnierwerke, Reutlingen (18)

Die Firmengruppe Danzer, Stammhaus Reutlingen, gehört mit ihren europäischen und überseeischen Furnierwerken, Holzverarbeitungswerken und Handelsgesellschaften (3500 Mitarbeiter) zu den führenden Unternehmen der Holzwirtschaft. Edle Hölzer aus den Wäldern und Urwäldern aller Erdteile werden in den Danzer-Furnierwerken in Europa, Afrika, Brasilien, USA und Kanada zu wertvollen Furnieren für Möbel und Innenausbau verarbeitet.
Zur Rundholzversorgung seiner Werke und Kunden besitzt das Unternehmen in Afrika Urwaldkonzessionen, insbesondere in der Republik Elfenbeinküste. Dort, im modernsten Furnierwerk Afrikas, werden auch jene Schäl- und Messerfurniere hergestellt, die unter anderen in Deutschland zu Danzer-Paneelen, Compacttüren, Deweton-Akustikplatten, Täfelbrettern, Türfutter usw. weiterverarbeitet und als Fertigelemente für den Innenausbau verwendet werden.

Deutsche Bank Aktiengesellschaft,
Filiale Reutlingen (68)

Die Tradition der Deutschen Bank in Reutlingen geht auf das Jahr 1872 zurück. Damals eröffnete die drei Jahre zuvor in Stuttgart gegründete Württembergische Vereinsbank in Reutlingen eine Filiale und entsprach damit den Vorstellungen der Reutlinger Handels- und Gewerbekammer. Diese hatte schon zu Beginn der 60er Jahre des vergangenen Jahrhunderts für das industriell rasch expandierende Industriezentrum Reutlingen von der Notwendigkeit gesprochen, daß sich dort ein leistungsfähiges Kreditinstitut niederlassen sollte.
Die neue Bankfiliale konnte sich stetig entwickeln, zunächst in gemieteten Räumen und ab 1896 dann in der Krämerstraße im eigenen Hause, das die Presse damals als einen „imposanten Renaissancebau" beschrieb. Er wurde inzwischen viermal umgebaut, erweitert und modernisiert, zuletzt 1974/75 und dient noch heute als Bankgebäude der Deutschen Bank, die nach dem Ersten Weltkrieg die Württembergische Vereinsbank übernahm. Nach 1945 tauchte für einige Jahre – nach der Aufgliederung der alten Deutschen Bank in 10 Regionalinstitute – in Reutlingen der Name Württembergische Vereinsbank noch einmal auf. Seit 1957 gibt es wieder eine einheitliche Deutsche Bank AG mit Sitz in Frankfurt und Zentralen in Düsseldorf und Frankfurt. Zur Deutschen Bank Reutlingen gehören heute auch die Filialen in Metzingen und Pfullingen sowie eine 1972 in der Alteburgstraße errichtete Zweigstelle.

Die Deutsche Bank wurde im Jahre 1870 gegründet und ist die größte Geschäftsbank in der Bundesrepublik Deutschland. In Berlin ist sie durch die Berliner Disconto Bank und im Saarland durch die Saarländische Kreditbank vertreten. Mehr als 1200 Filialen und Zweigstellen in der Bundesrepublik Deutschland tragen zum Geschäftsergebnis der Deutschen Bank bei. Über drei Millionen Sparer hatten der Bank im Frühjahr 1975 15,2 Milliarden DM Sparein lagen anvertraut.

Insgesamt nehmen derzeit über 4,6 Millionen Kunden aller Bevölkerungs-, Einkommens- und Berufsgruppen die universellen Dienstleistungen und die individuelle Beratung der Bank in Anspruch:
– der Sparer, der sein Geld zinsgünstig und wertbeständig anlegen will;
– der Kreditkunde, der sich einen neuen Pkw finanzieren läßt;
– der Depotkunde, der sich mit einem Kundenberater über die spezifischen Probleme seiner Wertpapiere unterhalten will;
– das Industrieunternehmen, das für ein schwieriges Exportgeschäft den fachkundigen Rat der Bank erwartet;
– das Unternehmen, das eine günstige Finanzierung für anstehende Investitionen benötigt.

Beispiele, stellvertretend für eine Vielzahl von Kundenwünschen und -anfragen, mit denen sich auch die Deutsche Bank in Reutlingen täglich beschäftigt. Für das internationale Geschäft unterhält das Institut zur Zeit 67 Stützpunkte in 46 Ländern. Das sind Tochter- und Beteiligungsbanken sowie deren Filialen, ferner Finanzierungsgesellschaften und Vertretungsbüros. Zum Teil handelt es sich hierbei um Gemeinschaftsgründungen mit den der Deutschen Bank befreundeten EBIC-Banken. Die bedeutendste Gemeinschaftsgründung sind die European-American Banking Corporation und die European-American Bank & Trust Company in New York, die sich namentlich der Finanzierung europäischer Interessen in den USA widmen.

Die Bank weist nach der Kapitalerhöhung im Juni 1975 ein Grundkapital von 900 Millionen DM aus. Es liegt breitgestreut bei über 168 000 Aktionären, darunter rund 28 000 Belegschaftsaktionäre der etwa 40 000 Mitarbeiter der Deutschen-Bank-Gruppe. Einschließlich der offenen Rücklagen belaufen sich die Eigenmittel der Bank auf 2,9 Milliarden DM.

elring Dichtungswerke KG, Dettingen/Erms   (6)

Bis 1964 befanden sich die Produktionsstätten dieses Unternehmens der LECHLER - Firmen in Stuttgart-Bad Cannstatt und Urach.
Dann wurde die Fertigung von Urach in das neuerrichtete Werk in Dettingen/Erms verlegt, das 1967 zwecks Kapazitätserweiterung erheblich ausgebaut werden mußte.
Die elring Dichtungswerke KG beschäftigt über 1500 Mitarbeiter und zählt zu den führenden europäischen Herstellern von einbaufertigen Dichtungen, Dichtungswerkstoffen und Dichtmassen. elring-Dichtungen werden serienmäßig von fast allen deutschen und europäischen Fahrzeug- und Motorenherstellern verwendet. Ein weiteres Werk besteht in Langenzenn bei Nürnberg. Die Hauptverwaltung befindet sich in Fellbach.
Der Export des Unternehmens, das über zahlreiche Vertretungen in Europa und Übersee verfügt, ist weltweit.

Joh. Mich. Engel, Färberei, Bleicherei, Ausrüstung, Reutlingen   (32)

Vor nun 130 Jahren, im Jahre 1845, wurde die Firma Joh. Mich. Engel in Reutlingen gegründet.
Johann Michael Engel gründete sein Unternehmen als Schnellbleiche. Ein neues chemisch-technisches Verfahren kündigte einen Umbruch an, von da an wurde das Unternehmen stets am höchsten technischen Standard seiner Zeit orientiert. Oft war es Vorarbeiter bei neuen Entwicklungen. Jüngstes Beispiel in der langen Unternehmensgeschichte war die Neugründung des Zweigbetriebes in Säckingen im Jahre 1961 durch Richard Engel. Dort wurde erstmals in Deutschland ein vollkontinuierliches Bleichverfahren für Trikotware eingeführt – ein neuer Aufschwung begann.
Neben dem Aufbauen des Zweigbetriebes, in dem heute 250 Mitarbeiter Wirkware veredeln, wurde aber auch das Stammhaus in Reutlingen zielstrebig ausgebaut. Die Maschinen und Anlagen wurden modernisiert. Im Jahre 1969 wurde das Nachbargrundstück der Firma Hempel käuflich erworben. Aber auch dadurch wurde die chronische Platznot nicht beseitigt. So kam es im Jahre 1971 zum Kauf der Firma Schlayer-Polydress. Jetzt erst konnte der von der Firma Hempel übernommene Produktionszweig der Garnveredelung rationell ausgebaut wer-

den. Maschinen und Apparate, die dem neuesten technischen Stand entsprechen garantieren eine moderne und qualitativ hochstehende Ware. Der bis jetzt letzte Baustein in der Produktionspalette der Firma ist die in diesem Jahr neuinstallierte Abteilung Rouleauxdruck für Trikotwaren. Damit ist die Firma Engel in der Lage, ihren Kunden, denen sie bisher schon zum Druck vorbereitete Waren geliefert hat, Konfektionsware anzubieten, die aus einer Hand kommt. Bleichen, färben und drucken, ebenso wie ein allen Wünschen entsprechendes Endausrüsten können die Kunden somit von einem Partner haben. Das Bestreben der Firma Joh. Mich. Engel war es in den Jahren ihres Bestehens immer, bereit zu sein zu höchsten Leistungen im Dienste der heimischen Textilindustrie.

Hermann Finckh, Maschinenfabrik, Pfullingen
(7, 8)

Die Firma Hermann Finckh, Maschinenfabrik, heute mit Sitz in Pfullingen, wurde im Jahr 1879 von Herrn Hermann Finckh in Reutlingen in der Kaiserstraße als Metalltuchfabrik gegründet. 1910 begann die Entwicklung auf dem Sektor Maschinenbau mit der Einrichtung einer Reparaturabteilung und Werkstatt. Heute befinden sich auf der Markung Pfullingen modern eingerichtete Werkshallen sowie das im Jahr 1974 bezogene Verwaltungsgebäude.
Das Erzeugungsprogramm der Firma Hermann Finckh ist auf Maschinen ausgerichtet, die bei der Herstellung von Holzschliff, Zellstoff und Papier Verwendung finden. Die ständig zunehmende Wiederverwendung von Altpapier zur Produktion neuer Papier- und Kartonqualitäten hat wesentlichen Anteil am Wachstum des Unternehmens im vergangenen Jahrzehnt.
Die Firma Hermann Finckh gehört heute zu den bedeutendsten Lieferanten in aller Welt auf den Sektoren: gebohrte und gefräste Sortierbleche, Sortiermaschinen, Egoutteure und Egoutteureinrichtungen sowie Rundsiebzylindermaschinen.

Erwin Fritz, Pelzzurichterei und Sämischlederfabrik, Metzingen-Neuhausen
(46)

Die Firma wurde von Erwin Fritz und Wilhelm Krumm im Jahre 1937 gegründet. 1948 trennten sich die beiden Gesellschafter. Gerbermeister Erwin Fritz gründete eine Einzelfirma zur Herstellung von sämisch gegerbten Handschuh-, Orthopädie- und Fensterleder.
Aus dem ehemaligen Handwerksbetrieb entwickelte sich ein gut eingerichteter Fabrikbetrieb. Im Laufe der Jahre wurde des Fabrikationsprogramm wesentlich erweitert. Es werden heute speziell Schaffelle zur Verwendung als Vorleger, medizinische Felle und Autofelle hergestellt. Ebenso werden auch Dekorationsfelle aus Zahm- und Wildfellen gegerbt. Eine kleine Konfektionsabteilung in welcher Autositzbezüge aus Schaffellen und sonstige Pelzartikel hergestellt werden, kam in den letzten Jahren dazu. Es werden hauptsächlich deutsche Felle verarbeitet und ein kleinerer Prozentsatz aus Übersee eingeführt. Ein Teil der Fertigwaren geht in den Export.

Gaenslen & Völter, Tuchfabrik, Metzingen
(39)

Die ersten Anfänge einer Tuchfabrikation gehen auf das Jahr 1820 zurück. Damals errichtete Mathias Raifftstänger eine Tuchwalkerei in Metzingen. Die Voraussetzungen für den Standort waren günstig, bildete doch die Schafzucht auf der Schwäbischen Alb eine in der Nähe gelegene Rohstoffquelle und die Erms lieferte in ausreichendem Maße das benötigte Betriebswasser. Im Jahre 1873 gründeten dann Heinrich Gaenslen und Christian Völter die Firma Gaenslen & Völter und legten den Grundstein für einen weiteren Ausbau der früheren Tuchwalkerei zu einer vollstufigen Tuchfabrik. Heute vollzieht sich die Tuchfabrikation vom Rohstoff Wolle bis zum fertigen Erzeugnis in den Produktionsstufen Spinnerei, Weberei und Ausrüstung einschließlich Färberei. In allen diesen Abteilungen befinden sich modernste Maschinen. Das umfangreiche Produktions- und Verkaufsprogramm umfaßt Stoffe für Herrenbekleidung, d. h. für Sakkos, Hosen, Anzüge und Mäntel, aus vorwiegend reiner Schurwolle. Die Kollektionen zeigen ein modisch aktuelles Angebot. Täglich werden etwa 10 000 m Stoff hergestellt. Beliefert werden vorwiegend Konfektionäre im In- und Ausland. Daneben bedient die Firma auch noch zahlreiche Behörden in Bund, Land und im kommunalen Bereich. Zur Zeit werden ca. 350 Mitarbeiter beschäftigt. Große Bedeutung wird der Pflege der sozialen Beziehungen beigemessen. Schon im Jahre 1874 wurde eine Betriebskrankenkasse gegründet. Eine firmeneigene Siedlungs-GmbH erstellte nach dem Krieg zahlreiche Wohngebäude für Mitarbeiter.

Mit Hilfe besonderer Bauprogramme unter der Schirmherrschaft der Firma wurden Eigenheime und Eigentumswohnungen für Betriebsangehörige geschaffen. In den letzten 8 Jahren konnte die Produktionsleistung verdoppelt werden. Die Firma Gaenslen & Völter ist heute die größte Tuchfabrik im süddeutschen Raum.

Wilhelm Gallion, Tapeten – Gardinen –
Teppiche – Bodenbeläge, Reutlingen   (69)

Eine vernünftige und verbrauchergerechte Firmenpolitik bestimmte schon immer die Expansionsstrategie des Hauses. So auch 1972, als das Reutlinger Haus aus den Nähten zu platzen drohte – am 6. Juni desselben Jahres eröffnete die Firma das neue große Verkaufs- und Beratungscenter Gallion Reutlingen. Hier präsentiert Gallion seinem Publikum auf über 1200 qm Verkaufsfläche die internationale Wohnatmosphäre bekannter in- und ausländischer Hersteller.

Im Untergeschoß der Preis-Bazar und Teppichboden-Markt: ein vielseitiges Programm für jeden Geldbeutel, geradezu ein kleines Paradies für preisbewußte Kunden.

Im Erdgeschoß der unerschöpfliche Tapeten-Markt und Teppichböden vom Nadelfilz über die Schlinge bis zu den hochwertigen Velours-Qualitäten. Wie schon in den Gründerjahren setzt Gallion dabei einen besonderen Schwerpunkt auf die optimal zusammengestellte Tapetenkollektion mit umfassender Auswahl in Qualität, Dessin und Preis.

Im I. OG wählt der Kunde Gardinen, Dekostoffe und Wandbeläge. Stoffrollos, Jalousetten und aufkaschierte Stoffbahnen komplettieren das ausgewählte Angebot.

Im II. OG schließlich stellt Gallion mechanische Teppiche und Orientteppiche vor. Brücken und Fertigteppiche, den robusten Berber ebenso wie den griechischen Hirtenteppich, den Langflor und die Sisalmatte – ein faszinierendes Qualitätssortiment. Gallion-Fachleute reisen regelmäßig in die entlegensten Gebiete der Knüpfkunst und machen durch diese persönlichen Einkäufe selbst seltene Sammlerexemplare erschwinglich.

Zuletzt ein Wort zum sprichwörtlichen Gallion-Service: Wenn es beispielsweise ums Nähen, um Fensterdekorationen, ums Verlegen von Bodenbelägen geht, helfen die qualifizierten Gallion-Spezialisten mit Rat und Tat.

Diese ganze Angebots- und Leistungspalette für ein schöneres Zuhause zeichnet das Haus Gallion als Deutschlands großen Spezialisten für schöne Fenster, Böden, Wände aus.

Hermann Genkinger KG, Maschinen- und
Apparatebau, Münsingen   (20)

Vor mehr als 50 Jahren gründete Hermann Genkinger eine kleine mechanische Werkstatt, in der Reparaturen aller Art ausgeführt wurden. Heute nach mehr als einem halben Jahrhundert ist der Name GENKINGER zu einem Markenbegriff der Hebe- und Fördertechnik geworden.

Nach einer guten und gesunden Entwicklung in den zwanziger Jahren kam die Krise von 1928–1932, die mühsam überstanden wurde. Die nun folgende Vollbeschäftigung endete mit der Stunde Null des Jahres 1945 und der Totaldemontage. Mit nichts mußte von neuem angefangen werden. Der Gründer mußte sein Lebenswerk zum zweitenmal aufbauen. Es war ihm vergönnt, den Wiederaufstieg zu erleben. Als er im Jahre 1968 starb, war sein Werk beachtlich erweitert und seine Erzeugnisse wieder ein hoch geachtetes Produkt in der deutschen und ausländischen Wirtschaft. Die Verbindungen nahmen einen Umfang an, der sich so ausweitete, daß Genkinger Hebe- und Fördertechnik-Geräte in 80 Länder der Erde exportiert wurden.

Die Produkte umfassen Kettbaum-Hubwagen für die Textilindustrie, Gabel- und Plattformhubstapler sowie Hubwagen, Kommissionierstapler für alle Lagerbereiche, fahrbare und stationäre Hubtische für den Werkzeugmaschinenbau sowie Sonder-Hubgeräte für Spezialeinsätze. Die ausgezeichnete technische Ausstattung erlaubt nahezu eine lückenlose Fabrikation sämtlicher Bauteile in eigener Regie. In einer großen Lehrwerkstatt werden seit vielen Jahren hochqualifizierte Facharbeiter für alle Bereiche des Unternehmens ausgebildet.

Nach dem bereits im Jahre 1965 eine räumliche Modernisierungsphase eingeleitet wurde, erweiterte sich die Firma im Jahre 1971 erneut beträchtlich mit der Errichtung des Werkes II im heutigen Stadtteil Auingen. In beiden Werken sind heute insgesamt 135 Mitarbeiter beschäftigt. Im Jahre 1973 verstarb der unvergeßliche Firmenchef Herr Lothar Genkinger. Heute wird das Unternehmen von seinen Nachkommen erfolgreich weitergeführt.

Getreidemühle e. G., Hayingen-Indelhausen (78)

Eine der letzten von einst 13 existierenden Mahlmühlen im Großen Lautertal, und zugleich eine der bedeutendsten des Kreises überhaupt, ist die Getreidemühle Indelhausen. Urkundlich erstmals erwähnt 1358 als Bannmühle der Herrschaft Gundelfingen. Mit den Herrschaften wechselten auch die Besitzer der Mühle über die Geschlechter Helfenstein, Zimmern, Fürstenberg, Reichle-Meldegg und Speth-Schülzburg. Mit der im 19. Jahrhundert erfolgten Aufhebung der Leibeigenschaften wurde auch der Mühlebann aufgehoben; die Mühle erhielt nunmehr Pächter. Als solche dominierte in der Mühle Indelhausen fast 90 Jahre lang die Familie der Fundel. So bereits 1886 ein Tiber Fundel, der Großvater, und danach Markus Fundel, der Vater des nachfolgenden, wohl berühmtesten Müllers, des Landtagsabgeordneten ,,Bere'' Fundel, mit dem Beinamen ,,König vom Lautertal''. Er ,,regierte'' über 50 Jahre lang als Obermüller und geschäftsführender Direktor der 1919 vom ihm mitgegründeten Getreidemühlegenossenschaft Indelhausen; einer heute bestfundierten Einrichtung mit über 500 Mitgliedern in rund 25 Ortschaften der Alb.

Seit der Zurruhesetzung des ,,Bere'' fungieren an seiner Stelle der Schwiegersohn – Franz Müller – und die Tochter. Die Zeit der alten Mühlenromantik mit dem munteren Klipp-Klapp der sich drehenden riesigen Wasserräder ist längst vorbei. An ihrer Stelle sind, zugleich mit dem 1937 erfolgten Neubau der heutigen Mühle, Turbinen gekommen; und mit dem Hinzuerwerb der Wasserkraft einer stillgelegten Sägemühle ist die Voraussetzung für die eigene und teilweise Fremdstromversorgung geschaffen worden. Ein im Jahre 1960 erstellter imposanter Silo-Hochbau mit Trocknungsanlagen dient der Einlagerung von 1100 t Getreide. Zum Betrieb gehört auch der Handel mit Mehl und Futtermitteln. Eine eigene Tankstelle vervollständigt die moderne Zweckanlage zum Nutzen weiter Bevölkerungskreise.

Gebr. Gmelin, Landmaschinen / Maschinenfabrik Gmelin KG, Reutlingen (9)

Es begann mit dem Handel von Landmaschinen, als die aus dem Ersten Weltkrieg heimgekehrten Brüder Gmelin eine eigene Existenz suchten. Zunächst hatten sie ihn dem elterlichen Geschäft in der Tübinger Straße angegliedert, 1919 gründeten sie ihre eigene Firma: Gebr. Gmelin.

Die Entwicklung des Betriebes verlief – den damaligen Verhältnissen entsprechend – sehr wechselhaft. Erst seit den dreißiger Jahren konnte man von einer kontinuierlichen Aufwärtsentwicklung sprechen. 1938 mußten neue, größere Betriebsräume in der Föhrstraße bezogen werden, wo heute – nach mehreren Um- und Neubauten – mehr als 4000 Quadratmeter Produktions-, Lager- und Bürofläche zur Verfügung stehen. Als sich Hermann Gmelin 1963 aus dem aktiven Geschäftsleben zurückzog (sein Bruder war schon wenige Jahre nach Betriebsgründung ausgeschieden), konnte er seinem Sohn Eberhard Gmelin und seinem Schwiegersohn Hans Finkbohner ein in sich gefestigtes Handelsunternehmen übergeben, das sich im süddeutschen Raum einen beachtlichen Marktanteil gesichert hatte.

Im gleichen Jahr nahmen die jungen Inhaber die Fabrikation von Mahl- und Mischanlagen auf, mit deren Hilfe der Landwirt sein Getreide selbst zu Kraftfutter für die Rinder- und Schweinemast verwerten kann. Nachdem zunächst nur kleinere stationäre Anlagen gebaut worden waren, entstand 1964 eine große fahrbare Anlage; Mühle und Mischer wurden auf einen wendigen Lkw aufgesetzt, der dann von Hof zu Hof fahren und an Ort und Stelle das dort vorhandene Getreide zu Kraftfutter veredeln kann. Es war die erste Anlage dieser Art, die in Deutschland gebaut wurde. Zahlreiche landwirtschaftliche Lohnunternehmen in Deutschland und Österreich sowie einer der größten deutschen Kraftfutterhersteller arbeiten heute mit Gmelin-Fahrmischern. 1965 wurde auch der Handelsbereich durch den Vertrieb und die Reparatur von Lastwagen erweitert. Ferner kamen der Handel und die Reparatur von Rasenmähern, Kehrmaschinen, Schneefräsen und anderen Kleinmaschinen hinzu. Die 1966 erbaute Filiale Schussenried erreichte bereits drei Jahre nach Gründung die Hälfte des Reutlinger Handelsumsatzes.

Gebrüder Gross GmbH, Spinnerei, Färberei, Zwirnerei, Urach (33, 34)

Die Firma Gebr. Gross GmbH, Urach, begann ihre Produktion im Jahre 1869 in der Musel am 5/8-Kanal der Erms durch die Erstellung einer mechanischen Weberei. Die weiteren Stationen der Entwicklung sind Inbetriebnahme einer zweiten Weberei an der

Mündung der Elsach in die Erms 1887, Bau der Spinnerei zwischen Stuttgarter Straße und Hirschsee 1906, Neubau einer Weberei in Hülben 1925, Erstellung einer Garnfärberei 1948, Stillegung der Webereien zugunsten einer Erweiterung der Spinnerei im Jahre 1967. Heute werden in der Spinnerei hochmodische Buntgarne und Effektgarne für die Strickereiindustrie hergestellt. Die Färberei färbt Fasern für die Spinnerei und Garne. Beschäftigt werden ca. 260 Mitarbeiter. 75 Prozent des Umsatzes werden an inländische Kunden, 25 Prozent an ausländische Kunden in Europa und Übersee geliefert. Das Unternehmen ist seit der Gründung in Familienhand und wird zur Zeit von dem 1916 geborenen Walter Groß geleitet.

Karl Hack KG, Maschinenfabrik,
Reutlingen, Eningen u. A.   (21)

Die Firma Karl Hack KG wurde im Jahre 1929 gegründet. Herr Ing. Hack war zuvor Chefkonstrukteur in einer größeren Maschinenfabrik und machte sich selbständig, um seine eigenen Ideen verwirklichen zu können. Er war ein hervorragender Fachmann auf dem Gebiet der Drahtverarbeitungsmaschinen und hat mit seinen Konstruktionen die Entwicklung dieser Maschinen maßgeblich beeinflußt. Die Firma – seit ihrem Bestehen in Familienbesitz – beschäftigt zur Zeit ca. 180 Arbeiter und Angestellte. Im Zuge der stetigen Aufwärtsentwicklung wurden die ursprünglichen Fabrikationsräume in der Stadt Reutlingen, Bismarckstraße, zu eng, Betrieb und Konstruktionsbüros mußten nach Eningen u. A. verlegt werden. Die dortigen Anlagen haben inzwischen wiederholte Erweiterungen erfahren.
Das Fertigungsprogramm umfaßt Universal-Federnwindeautomaten, kupplungs- und segmentgesteuert, für 0,1–18 mm Draht-Ø, zur Herstellung von Zug- und Druckfedern aus Rund-, Flach- und Vierkantmaterial, ferner Schenkelfedernwindeautomaten für den Drahtstärkenbereich von ca. 0,07 mm bis ca. 9 mm Ø, mit und ohne automatische Biegeeinrichtung, sowie Federenden-Schleifmaschinen für den Arbeitsbereich von ca. 0,3–16 mm Draht-Ø. Ergänzt wird das Programm durch Motorbundhaspel und Einrichtungen zum automatischen und Von-Hand-Anbiegen von Ösen an Zugfedern. Einen breiten Raum in der Fabrikation nehmen heute automatische Fertigungseinrichtungen zur Herstellung komplizierter Federsorten ein, die den

Wünschen und Anforderungen der Kunden angepaßt werden.
Hack-Federnwindeautomaten und Federenden-Schleifmaschinen werden seit vielen Jahren in nahezu alle Länder der Erde exportiert. Sie sind überall, wo immer sie im Einsatz sind, ein Begriff für solide Qualitäts- und Präzisionsarbeit.

Harwalik KG, Druckerei und Verlag
Formularverlag Gegenbaur, Reutlingen   (80)

Von Buchdrucker Zonsius 1925 in Reutlingen gegründet, ging dieser kleine Betrieb 1934 auf Alfons Braxmaier über. Im Jahre 1945 wurde das Unternehmen total ausgebombt. Nach dem Ableben von Alfons Braxmaier übernahm seine Witwe, Martha Braxmaier, Geschäft und Betrieb.
Seit 1962 ist Schriftsetzermeister Ignaz Harwalik der Inhaber. Seine beiden Söhne stehen ihm als fachkundige Teilhaber zur Seite. Schon 1964 zog der Betrieb um in neue Geschäftsräume in der Hohbuchstraße in Reutlingen. Hier war in zwei Stockwerken genügend Platz zum Entwickeln eines modernen, zielstrebigen Betriebes. Neue Abteilungen konnten eingefügt und mit den modernsten Maschinen ausgerüstet werden. Mit unermüdlichem Einsatz schaffte man sich einen breiten Kundenstamm. Besonders ausgebaut wurde der neu aufgekommene Fotosatz, die Offset- und Montageabteilung mit Entwurf und Filmherstellung.
Das Produktionsprogramm umfaßt heute vor allem den Druck von Büchern, Zeitschriften, Plakaten, Industriedrucksachen, Büroformularen, Durchschreibesätzen bis hin zu hochwertigen Mehrfarbdrucken. 1971 konnte das dreistöckige moderne Betriebsgebäude und gleichzeitig der Formularverlag Wilhelm Gegenbaur erworben werden. Dies ergab völlig veränderte Zielsetzungen in der Entwicklung der Druckerei.
Gleichzeitig wurde ein Kalenderverlag aufgebaut. Großflächige farbige Holzschnitte in Anwesenheit des Künstlers vom Originalholzstock gedruckt, fanden guten, ja begehrten Absatz. Die Kalender sicherten sich einen beständigen, jungen Abnehmerkreis. Als Ergänzung zum Kalenderprogramm wurden Kunstbücher und Gedichtbände mit Holzschnitten verlegt und gedruckt. Durch neue Projekte erfährt der Verlag ständige Ausweitung.
Gerade aus dieser Verlagsarbeit ergab sich eine Fülle von Darstellungsmöglichkeiten für den ungewöhnli-

chen Bekanntheitsgrad dieser lebendigen Druckerei. Ausstellungen wie „Kunst in der Druckerei" in den Betriebsräumen selbst abgehalten, später im Landesgewerbeamt in Stuttgart und bei Fachverbänden, vielfache Prämierungen und Auszeichnungen der Kalender festigten den Ruf der Druckerei Harwalik KG über die Landesgrenzen von Baden-Württemberg hinaus.

Fr. Henning, Gesenkschmiede – Maschinenfabrik, Metzingen (22)

1860 von Friedrich Henning als mechanische Werkstätte in Metzingen gegründet, wurden zunächst Industrieausrüstungen aller Art produziert. Später, ab 1873, konnte die sich gut entwickelnde Maschinenfabrik die vollständige Herstellung von Dampfmaschinen eigener Konstruktion aufnehmen. Ab 1880 wurden des weiteren noch Blechabkantmaschinen senkrechter Bauart, im Maximalgewicht bis zu 10 t, hinzugenommen.

Im Jahre 1891 wurde ein neuer Industriezweig durch den Sohn des Gründers, Herrn Fritz Henning jr., in Süddeutschland heimisch: die Gesenkschmiede. Hauptauftraggeber waren die Königlich-Württembergischen Eisenbahnen und später auch die Waffenfabriken, insbesondere Artillerieausrüstungshersteller, um die Jahrhundertwende dann die Automobilindustrie.

Die Kriegsjahre 1914 bis 1918 brachten der Gesenkschmiede eine starke Belebung. In den Jahren 1918 bis 1924 traten dann nacheinander die Herren Dipl.-Ing. Fritz, Ernst und Gustav Henning in der dritten Generation in das Unternehmen ein. Insbesondere Fritz Henning hat sich in diesen Jahren um die Entwicklung der Gesenkschmiede verdient gemacht.

In dieser Zeit wurde die Firma Henning immer mehr als Hersteller von präzisionsgeschmiedeten Teilen bekannt und begehrt.

So schwierig es war, die laufend steigenden Anforderungen in den Kriegsjahren 1939–1945 zu meistern, so hart traf das Werk auch die fast totale Demontage des gesamten Betriebs durch die französische Besatzungsmacht.

Durch die umfassende Vielseitigkeit des Schmiede- und Bearbeitungsbetriebes gelang es, den Betrieb in den Jahren 1948 bis 1955 kräftig anzukurbeln, vor allem durch die aufblühende Automobilindustrie. Schon 1954 wuchs die Belegschaftsstärke wiederum auf 307 Mann an. In den Jahren 1950 bis 1960 trat

dann auch die vierte Generation mit Hans, Helmut und Peter Henning in die Geschäftsleitung ein.

In diesen Jahren erfolgte die Energieumstellung auf Heizöl, die Inbetriebnahme von neuzeitlichen Wärmebehandlungsanlagen, welche das Vergüten, Grobkornglühen und Blankglühen aller hochwertigen Stahlsorten erlauben. Die Gesenkschmiede wurde mit modernen oberdruckhydraulischen Lascohämmern und Spindelpressen ausgerüstet. Ein ungewöhnlich reichhaltiges Materiallager in allen gebräuchlichen Stahlqualitäten gestattet es, jeden Kundenwunsch in kurzer Zeit zu erfüllen. Die eigene Gesenkherstellung ist mit den modernsten Kopierfräsmaschinen und Funkenerosionsmaschinen ausgestattet. Der Betrieb ist daher in der Lage alle hochbeanspruchten Schmiedeteile, wie Kurbelwellen, Pleuelstangen, Zahnräder usw. in technisch ausgefeilter Qualität und Präzision zu liefern. Die Herstellung von Webstuhlkurbelwellen wurde technisch weiter verfeinert. Abnehmer sind Webmaschinenhersteller im In- und Ausland.

Die Abteilung Maschinenfabrik hat sich auf die Herstellung von Stoß- und Räummaschinen spezialisiert. Der zunehmende Export dieser Erzeugnisse beweist die wachsende Bedeutung dieser Produktgruppe.

Herzer, Drogerie – Parfümerie, Urach (70)

Eines der schönsten Fachwerkhäuser am Marktplatz von Urach, erbaut 1564, das Haus Klöblen, war 300 Jahre im Besitz der Familie Klöblen. Dort hatte Oskar Klöblen und seine Vorfahren seit 1684 eine Seilerei. Die Familie Klöblen stammt aus einem österreichischen Geschlecht, das in Salzburg beheimatet war. 1957 übernahm die Familie Herzer Seilerei und Haus. Im Laufe der Jahre wurde der Betrieb von der Seilerei mit chemisch-technischen Produkten ausgebaut und erweitert zur Parfümerie-Drogerie mit Kosmetiksalon und Fotoabteilung. Heute bietet die Firma ihren Kunden auf einer Fläche von 120 qm ein Großstadtsortiment.

Christian Hipp, Strickwarenfabrik, Wannweil

(41)

Christian Hipp gründete 1930 ein Textileinzelhandelsgeschäft und begann 1935 mit der Produktion von Strickwaren. 1957 wurde der Betrieb durch den ersten Neubau erweitert. Nach dem Tod von Herrn Christian Hipp übernahmen am 1. Januar 1958 Christian und Mathilde Heusel geb. Hipp die Firma und bauten sie in vier weiteren Bauabschnitten in den Jahren 1959 bis 1969 bis zur heutigen Größe aus. Die Zahl der Mitarbeiter beträgt zur Zeit ca. 150. Die hergestellten Strickwaren, hauptsächlich Baby- und Kinderbekleidung und zum Teil Damen- und Herrenstrickwaren, finden im Inland und europäischen, neuerdings auch im überseeischen Ausland, großen Anklang.

Trotz der zur Zeit angespannten konjunkturellen Lage, kann die Firma optimistisch in die Zukunft schauen, da sie sich in langen Jahren der Zusammenarbeit mit führenden deutschen und ausländischen Firmen einen Marktanteil gesichert hat.

Conrad Hoelle & Sohn KG, Metzingen   (35, 36)

Die Firma wurde 1870 in Reutlingen gegründet. Das Firmen- und Produktionsgebäude wurde 1945 beim Bombenangriff auf Reutlingen zerstört. 1948 erfolgte der Wiederaufbau in Metzingen.
Nach Ausscheiden des letzten Namensträgers Fritz Hoelle, Reutlingen, aus der Firma wurde sie vom Mitgesellschafter Friedrich Lorch weitergeführt und die Kollektion in die Richtung modischer Tages-, Fest- und Abendkleider weiterentwickelt. 1968 konnte ein Neubau mit 1500 qm Betriebsfläche bezogen werden. 1974 wurde die Kleiderkollektion um eine Rock-, Hosen- und Blusenkollektion erweitert. Zur Zeit werden ca. 100 Mitarbeiter beschäftigt.

Gebrüder Holder, Traktoren und Pflanzenschutz-geräte, Metzingen   (23, 24)

Aus dem Handwerksbetrieb der Jahrhundertwende entstand eine Unternehmensgruppe mit nunmehr über 1000 Mitarbeitern in den drei Werken Metzingen, Grunbach und Frankenthal.
Das Pflanzenschutzprogramm reicht von der kleinen Rückenspritze bis zum Großgerät und gilt heute im Gartenbau, Feldbau, Wein-, Obst- und Hopfenbau als führend in Europa. Zur Sicherstellung der Welternährung wird der chemische Pflanzenschutz immer wichtiger. Während man früher nur nach Wirkung und Wirtschaftlichkeit fragte, muß heute im Zeichen des Umweltschutzes und der Lebensmittelkontrollen die bestmögliche Dosierung als Haupt-

maßstab gelten. Mit genau dosierenden Geräten und Kontrolleinrichtungen ist Holder dem Ziel des „sauberen Pflanzenschutzes" durch korrekte Applikation sehr nahe gekommen.
Bei den Einachstraktoren liegt das Schwergewicht bei den modernen Motorhacken für Gartenbau, Weinbau und Obstbau sowie bei den Motorgeräten für den Privatgarten.
Holder Schmalspur-Allradtraktoren haben sich in allen fünf Erdteilen einen guten Ruf erworben und werden in verschiedenen Typen von 16 bis 50 PS angeboten. Nach wie vor spielt die komplette Lieferung von Traktoren und Geräten eine große Rolle. Auch im Kommunalbereich (Grünanlagen, Sportplätze, Winterdienst) sowie im Forst haben sich Holder-Traktoren und Geräte im In- und Ausland gut eingeführt.

Reifen-Junginger, Fabrik für Runderneuerungen, Metzingen   (72)

1949 gründete Adolf Junginger die Firma und betrieb zunächst in gemieteten Räumen einen Großhandel mit Fahrrad- und Autoreifen. Im Jahr 1953 wurde die Fabrikation von Runderneuerungen für Pkw-Reifen und Lkw-Reifen angegliedert. Hierzu wurde ein eigenes Grundstück in der Stuttgarter Straße 74 mit Halle gekauft und kurze Zeit darauf ein Büro- und Lagergebäude angebaut. Damit war die Möglichkeit gegeben, eine großzügige und moderne Servicestation für Kraftfahrzeugreifen einzurichten.
Die enorme Zunahme der Kraftfahrzeuge und der Motorisierung insgesamt hat dazu beigetragen, daß der Betrieb jedes Jahr vergrößert werden mußte. So wurden in den folgenden Jahren Niederlassungen mit Servicestationen in den Städten Balingen, Wangen/Allgäu, Tuttlingen, Nürtingen, Freudenstadt und Münsingen gebaut bzw. eingerichtet. Im Hauptbetrieb Metzingen selbst bezog die Firma 1967 ein dreistöckiges Bürogebäude, welches zur Bewältigung der Verwaltungsaufgaben notwendig war. Heute werden etwas mehr als 100 Mitarbeiter beschäftigt. Der Betrieb gehört zu den größten Fachbetrieben dieser Branche in Baden-Württemberg.

Wilhelm Kadel KG, Maschinenausrüstung Eningen/Reutlingen   (49)

Die Firma liegt an der Straße von Reutlingen nach Eningen und wurde im Jahr 1926 in der Nähe von

Böblingen von Herrn Wilhelm Kadel gegründet. In den dreißiger Jahren wurde sie an ihren jetzigen Standort zwischen Reutlingen und Eningen verlegt. Zuerst war sie vor allen Dingen als Bleicherei für Wollgarne vorgesehen. Später kam auch noch das Bleichen von Baumwolle und Trikotstoffen hinzu. Im Jahre 1938 wurde die Firma von den Herren Gustav Werwag, Richard Döttinger und Dr. Erwin Döttinger übernommen.

Sie stand in der Zeit von 1941 bis gegen 1972 unter der Leitung der Textilchemikerin Frau Irmgard Wandel.

Seit 1964 wurde die Firma stark modernisiert und erweitert. Es wurden neue Bauten errichtet, besonders eine große Fertigungshalle, in der moderne Hochtemperaturausrüstungsmaschinen aufgestellt wurden.

1970 wurde ein großes neues Kesselhaus gebaut mit einem Kessel für Erdgasheizung. Die Firma Kadel ist der größte Erdgasverbraucher der Gemeinde Eningen.

Neuerdings werden vor allen Dingen Maschenstoffe gefärbt und ausgerüstet nach modernsten Verfahren.

Es wird eine große Produktion erzielt und täglich weit über 10 000 m Stoff veredelt.

Kauffmann & Haug KG, Rohrleitungs-
und Apparatebau, Reutlingen (25)

Die Firma wurde 1946 von Ing. Gustav Kauffmann und Schweißermeister Otto Haug gegründet. Aus bescheidenen Anfängen mit wenigen Mitarbeitern entwickelte sie sich zu einem bedeutenden Unternehmen für die Fertigung und Montage von kompletten Rohrleitungsanlagen der Verfahrenstechnik und Energieversorgung in allen Druck- und Temperaturbereichen für Kraftwerke und Industriebetriebe in der Bundesrepublik, Europa und Übersee mit heute nahezu 100 Mitarbeitern.

Zum Fertigungs- und Lieferprogramm gehören neben kompletten Anlagen auch Rohrleitungseinzelteile, Apparate, Schweißkonstruktionen und Armaturen für viele Anwendungsbereiche.

Die 1953 erstellte Fertigungs- und Montagehalle wurde durch zwei Erweiterungsbauten vergrößert und mit modernen Werkzeugmaschinen und Schweißanlagen ausgestattet. 1960 konnte ein neuerbautes Verwaltungsgebäude bezogen werden.

Das Unternehmen wurde 1965 in eine Kommanditgesellschaft umgewandelt. 1970 verstarb der Mitbegründer Ing. Gustav Kauffmann. Die Geschäftsleitung wird heute von Herrn Ing. Gerhard Haug und von Frau Erna Kauffmann wahrgenommen. Kommanditisten sind die Herren Otto Haug und Werner Kauffmann.

C. F. Keim, Reutlingens „gutes Haus" für
Bekleidung (71)

Die Fa. C. F. Keim ist ein Unternehmen mit über 260jähriger Geschichte. 1710 von dem „Tucher" Johann Jacob Keim gegründet, wird es heute von Fritz Keim sen. und seinem Sohn, Dipl.-Kaufmann Carl Fred-Udo Keim, geleitet. Die Firma empfindet es als besondere Verpflichtung, ungeachtet ihrer modischen Ausrichtung, hervorragende Qualitäten zu führen. Das Sortiment konzentriert sich auf einen Kundenkreis, der besonderen Wert auf gepflegte und dabei modische Kleidung legt.

Mit dieser geschäftspolitischen Überlegung wurde das Haus in den letzten 20 Jahren stetig erweitert und modernisiert, so daß es sich heute als Mode- und Bekleidungszentrum mit besonderer Anziehungskraft präsentiert.

Die drei Verkaufsetagen sind von dem individuellen Stil des Hauses geprägt und vermitteln eine gediegene Atmosphäre. Trotz der Größe und Weitläufigkeit dieses Familienunternehmens – man zählt inzwischen 130 Mitarbeiter – wurde die persönliche Note gewahrt. Allen Maßnahmen der Geschäftsleitung liegt die Konzeption zugrunde, so lebendig zu bleiben wie eh und je, nicht ans Ausruhen und Träumen zu denken, sondern immer in der Zeit mit der Zeit zu gehen.

Auto-Keinath, Gebr. Keinath,
Opel-Vertragshändler, Dettingen (73)

Die Firma Auto-Keinath bezog 1973 diesen neuen Betrieb. Gegründet wurde die Firma von dem Vater der jetzigen Inhaber im Jahre 1934, seit 1935 ist das Unternehmen mit der Firma Opel verbunden.

Die stetige Aufwärtsentwicklung und Erweiterung des Betriebes machte innerhalb von 15 Jahren eine dreimalige Übersiedlung in immer größere Werk-

stätten und Hallen erforderlich. Im neuen Betrieb
steht der Firma jetzt eine Betriebsfläche von 1,3 ha
zur Verfügung. Ein ausreichendes großzügig ange-
legtes Gelände für den Neu- und Gebrauchtwagen-
verkauf, eine mit den modernsten Geräten ausgerüstete Werkstatt, eine Karosserieinstandsetzungshal-
le, eine Lackieranlage mit Spritz- und Trockenbo-
xen, ein großes Ersatzteillager in Doppelstockbau-
weise errichtet.
Der Nachwuchs für alle technischen und kaufmännischen Abteilungen wird selber herangebildet, seien
es Kraftfahrzeugmechaniker, Karosserieflaschner,
Lackierer, Lageristen und Bürokaufleute. Der große
Stamm der Facharbeiter wird laufend in Speziallehr-
gängen bei der A. Opel AG in Rüsselsheim geschult.
Zur Zeit werden ca. 60 Mitarbeiterinnen und Mitarbeiter beschäftigt.

W. Kilgus, Lederbekleidungsfabrik, Eningen u. A.
(50)

Die Fa. W. Kilgus, Lederbekleidungsfabrik – Leder-
großhandel, gehört zu den größten Fachgeschäften
für Lederbekleidung im süddeutschen Raum.
Hauptsitz des Unternehmens ist Eningen. Dort resi-
diert die Fertigung, die Verwaltung und der Verkauf.
Die eigene Fertigung dient der Herstellung hochwertiger Qualitätserzeugnisse, die ausschließlich im eigenen Verkauf in Eningen sowie in den Filialen Alb-
stadt-Ebingen, Esslingen, Göppingen und Ulm abgesetzt werden. Die umfangreiche Kollektion an Lederbekleidung wird durch Fabrikate der führenden
europäischen, auch überseeischer Hersteller abgerundet.
Das Verkaufsprogramm umfaßt neben Lederbeklei-
dungsstücken aller Art auch Tierfelle, Autositzbezüge sowie Accessoires wie Taschen, Geldbörsen etc.
Die steigende Nachfrage nach Lederbekleidung in
den letzten Jahren hat eine ständige Vergrößerung
des Betriebs notwendig gemacht. So wurde im Jahre
1970 ein Gebäude für Verkauf und Lager im Eninger
Industriegebiet erstellt, dem 1972 der Neubau der
eigenen Schneiderei folgte, der 1974 noch einmal
erweitert werden mußte. Seit 1965 befindet sich die
Firma in ständiger Expansion. Da eine Ausweitung
der Verkaufskapazität in Eningen nicht mehr möglich war, mußte dazu übergegangen werden, ein eigenes Filialnetz aufzubauen, um den Verkauf möglichst effektiv zu gestalten.

Eugen Koch, Bürobedarf, Münsingen   (82)

Mit dem Namen Koch verbinden sich auf der Münsinger Alb zwei Begriffe.
Einmal das Bürobedarfsgeschäft Koch mit dem Fach-
sortiment: Schreibwaren, Buchhandlung, Spielwaren und Lederwaren. Die Büro-Etage führt alles fürs
Büro von Büromaschinen über Organisationsmittel
zu Büromöbeln. Daneben gibt es noch eine Schwesterfirma, das Schuhhaus Koch, das den Salaman-
der-Alleinverkauf für Münsingen hat.
Einige Daten aus der Firmengeschichte: Gegründet
1895 von Eugen Friedrich Koch als Buchbinderei und
Schreibwarengeschäft. 1962 übernehmen Eugen
Robert Koch und Traude Koch die Firma in der dritten Generation. 1967 gründet Traude Koch die
Schwesterfirma Schuhhaus Koch, Salamander-Al-
leinverkauf im Nachbarhaus. 1972 Abbruch des zu
klein gewordenen Betriebsgebäudes. 1973 Eröffnung des modernen und großzügigen Neubaus am
alten Platz, Hauptstraße 17. 1975 Verlegung des
Schuhhauses Koch in den Neubau.

Kreissparkasse Reutlingen   (64–66)

Die Kreissparkasse Reutlingen wurde im Jahr 1853
als damalige Oberamtssparkasse gegründet. Zweck
der Gründung war, einerseits dem Sparer eine sichere Anlage seiner Ersparnisse zu ermöglichen, andererseits das angesammelte Sparkapital im heimatlichen Bereich durch Gewährung von zinsgünstigen
Krediten wieder nutzbar zu machen. Diesem Grundsatz ist die Kreissparkasse in allen Phasen ihrer Entwicklung treu geblieben.
Die wechselvolle Geschichte seit dem Gründungs-
jahr kommt auch in der geschäftlichen Entwicklung
der Kreissparkasse zum Ausdruck. Das starke
Wachstum nach der Währungsreform zeigt die in
der Vergangenheit erworbene Stellung der Kreissparkasse und ihre enge Verbundenheit mit der Bevölkerung, den Gemeinden und den gewerblichen
Bereichen des Kreises. Die Gesamteinlagen nahmen
von 35 Mio. DM im Jahre 1950 auf 890 Mio. DM am
Anfang des Jahres 1975 zu. Zu diesem Zeitpunkt
wurden rund 250 000 Kundenkonten geführt. Im
Zuge der Kreisreform erfolgte im Jahr 1973 die Vereinigung der bisher selbständigen Kreissparkasse
Münsingen mit der Kreissparkasse Reutlingen. Die
starke Ausweitung des Geschäftsvolumens und die
ständige Verbesserung in der Betreuung der Kund-

schaft erforderte einen laufenden Ausbau der Geschäftsstellen und eine Erweiterung des Zweigstellennetzes. Im Jahr 1974 wurde der Um- und Erweiterungsbau der Hauptstelle in Reutlingen, im darauffolgenden Jahr die Hauptzweigstellenneubauten in Urach, und Pfullingen fertiggestellt. Insgesamt stehen der Bevölkerung des Kreises 106 Zweigstellen zur Verfügung.

Hans Kunert KG, Möbelwerkstätten, Pfullingen
(83)

Am 1. Februar 1948 wurde der Betrieb von dem Schreinermeister Hans Kunert in einer gemieteten, kleineren Schreinerei in Pfullingen gegründet, 1950 eine zweite Werkstatt in der Hauffstraße in Pfullingen errichtet und außerdem eine größere Halle in Honau gepachtet.

Ab 1961 konnte die Produktion in einem neu erstellten Betriebsgebäude in Pfullingen, Hermann-Burkhardt-Straße, erfolgen.

Ursprünglich wurden Möbel der verschiedensten Art produziert, vornehmlich Büchereimöbel und Möbel für den gehobenen Bedarf. Der nächste Schritt erfolgte mit der Produktion von Schrankwänden, Schranktrennwänden und anderen Serienmöbeln, auch für den privaten und öffentlichen Bereich. Damit wurde zugleich erfolgreich der Export angestrebt. Heute exportiert die Firma 30% ihrer Produktion vornehmlich nach Frankreich, jedoch auch nach Belgien und die Niederlande. Durch eine weite Verzweigung ihres Vertriebsnetzes ist es ihr immer gelungen, die so wichtige Selbständigkeit und Unabhängigkeit zu bewahren, wodurch auch in ökonomisch kritischen Phasen auf dem Binnenmarkt keine Gefahr für das Fortbestehen der Firma bestand und sogar in solchen Zeiten eine Festigung der Marktposition gelang. Ein weiterer Schritt hierfür war die Gründung der Kunert France in Straßburg im Jahre 1975.

Als letzte Initiative der Firma ist der Einzug in den Neubau der Fabrikhalle in der Carl-Zeiss-Straße in Pfullingen zu nennen. Damit machte sich die Firma selber das schönste Geschenk zum 25jährigen Betriebsjubiläum. Die neue Produktionshalle mit ihrer maschinellen Einrichtung ist heute auf dem modernsten Stand der Technik. Damit wurde eine solide Basis für die kommende Zukunft geschaffen.

Über die Hälfte der Mitarbeiter sind jetzt über 15 Jahre im Betrieb. Das ist mit ein Zeugnis für das bekannt gute Betriebsklima. Durch Pflege des partnerschaftlichen Gedankens und einer Einführung der Erfolgsbeteiligung schon im Jahre 1962 leistet der Betrieb auch auf diesem Gebiet Pionierarbeit.

Mertens-Kunst, Pfullingen (93)

Die Firma Mertens-Kunst ist ein fast 50 Jahre altes Unternehmen. Ende der zwanziger Jahre gründeten die heute noch lebenden Senioren Alfred und Maria Mertens das Kunstgewerbegeschäft ,,Reutlinger Werkhaus''. Bald nach der Gründung wurde eine eigene Werkstätte angegliedert, in der vorzugsweise kunstgewerbliche Holz-, Bast- und Silberarbeiten gefertigt wurden. Später gab die Firma den Einzelhandel auf, und widmete sich voll der Produktion. Der Produktionsbetrieb zog 1936 nach Pfullingen. Hauptartikel der eigenen Fertigung wurde figürlicher Wandschmuck fürs Kinderzimmer. Bis Kriegsende arbeiteten auf diesem Gebiet zwanzig Mitarbeiter. Nach 1945 mußte ein neuer Kundenstamm aufgebaut werden. Kunstgewerbliche Vertretungen sind angegliedert worden. Die starke Expansion zwischen 1955 und 1970 machte mehrere Umzüge und laufende Betriebserweiterungen notwendig. Ende 1971 zog der Betrieb in die neuen Arbeitsräume im Pfullinger Industriegebiet um. Er ist mittlerweile auf fast 50 Mitarbeiter angewachsen, die Arbeitsräume sind auf 2200 qm vergrößert worden.

Auf dem Gebiet des figürlichen Wandschmucks für Kinderzimmer nahm die Firma Mertens-Kunst bald eine führende Stellung ein und hat heute mit einem breiten Programm ausgesprochene Weltgeltung. Die Erzeugnisse gehen in sämtliche Kontinente. Ein beachtlicher Anteil des Umsatzes wird heute mit pädagogisch wertvollem Holzspielzeug erreicht.

1952 trat Reiner Mertens, der Sohn des Firmengründers in die Firma ein, die er heute als geschäftsführender Gesellschafter leitet. Als weiteres Familienmitglied arbeitet die Schwester Ute Mertens im Familienbetrieb mit. Sie zeichnet für den überwiegenden Teil der Entwürfe verantwortlich und hat sich damit in der gesamten Spielwarenbranche einen bedeutenden Namen gemacht.

Autohaus Max Moritz GmbH, Reutlingen (75)

Die Firma wurde 1932 von Max Moritz gegründet. Betrieben wurde der Verkauf und Reparatur von

Motorrädern der Marken DKW und Zündapp. Bereits Ende 1933 wurde an der Karlstraße 79 eine Tankstelle errichtet. Kurz darauf wurde der Verkauf der Automobilmarken Stoewer und Borgward aufgenommen. Im Jahre 1938 wurde eine nach neuzeitlichen Gesichtspunkten errichtete Großtankstelle in der Karlstraße 97 in Betrieb genommen. Der ganze Betrieb mußte dann 1940 wegen Einberufung zum Kriegsdienst geschlossen werden.

Nach jahrelanger Abwesenheit und anschließendem Sanatoriumsaufenthalt brachte Max Moritz mit wenigen Mitarbeitern und nach Überwindung zahlreicher materieller Schwierigkeiten das ausgeplünderte Geschäft wieder in Schwung. Bereits 1948 wurde die Firma, in die ein weiterer Teilhaber, Hans Wetzel aus München, eintrat, Partner des Volkswagenwerkes und firmierte nun als GmbH. Im Jahr 1949 wurde die Firma VW-Großhändler für die damaligen Landkreise Münsingen, Reutlingen, Tübingen und Horb mit der Verpflichtung, die in diesen Gebieten ansässigen Partner mit neuen Automobilen und Ersatzteilen zu versorgen. Der Betrieb mußte nun laufend erweitert werden. Zu der bestehenden Werkstatt kam ein weiterer Anbau. Anfang 1950 wurde der Betrieb an den Ortsausgang, Karlstraße 97, verlegt. Hier entstanden in regelmäßiger Folge eine große Werkstatthalle, Erweiterung der bestehenden Hallen und dann das große Verwaltungsgebäude. Gleichzeitig wurde das Ersatzteillager und die Lagerung der Fahrzeuge an die Bahnlinie Reutlingen–Stuttgart nach Sondelfingen verlegt. Die unaufhörliche Entwicklung der Motorisierung zwang die Geschäftsführung, den Reparaturbetrieb im Jahre 1963 in die Max-Planck-Straße zu verlegen, wo auf einem ausreichend großen Gelände moderne Werkstatthallen für den gesamten Reparaturbetrieb erstellt wurden.

Durch den überraschenden Tod des Teilhabers Hans Wetzel im Jahr 1966 ging die Firma in den alleinigen Besitz von Max Moritz und seiner Ehefrau über. Max Moritz errichtete im Jahr 1968, da eine weitere Ausdehnung der bestehenden Betriebe nicht mehr möglich war, einen modernen Zweigbetrieb in Reutlingen-Betzingen, der bereits nach kurzer Anlaufzeit erweitert werden mußte. Anfang April 1975 verstarb der Gründer der Firma im Alter von 63 Jahren völlig unerwartet.

Heute werden die Betriebe von der Ehefrau und den Söhnen Max und Klaus Moritz geleitet. Die Gesamtbelegschaft beträgt zur Zeit 175 Mitarbeiter.

Garten-Moser GmbH & Co. KG, Landschafts-
und Sportstättenbau, Reutlingen (95, 96)

Der Gartenarchitekt Andreas Moser gründete 1933 den landschaftsgärtnerischen Betrieb in Reutlingen. Im Jahre 1963 wurde die Firma vom Sohn Helmut Moser, übernommen und wird heute in der Form einer Kommanditgesellschaft geführt.

Das Arbeitsprogramm des landschaftsgärtnerischen Unternehmens ist heute sehr vielseitig und reicht vom privaten, individuellen Atrium-, Dach- und Wohngarten über halböffentliche und öffentliche Grünanlagen im Siedlungsbau, Kindergärten und Spielplätze, Schulanlagen, Friedhöfe, bis zum Bau von Tennisplätzen und modernen Sportstätten für den Breiten-, Schul- und Leistungssport. In diesen Bereichen werden sämtliche Leistungen von den Erd-, Beton- und Steinarbeiten über Wegebau, Bodenbearbeitung, Begrünung und Bepflanzung bis zur Rekultivierung und Pflege in der Landschaft ausgeführt.

Auf dem Sektor des kommunalen Bauwesens betätigt sich die Firma verantwortlich als Generalunternehmer oder unterstützt die Bildung von Arbeitsgemeinschaften zur Übernahme von Großbaustellen.

Die Leistungsfähigkeit dieses vielseitigen, landschaftsgärtnerischen Unternehmens basiert auf einem guten Mitarbeiterstamm, einer modernen Mechanisierung mit einem umfangreichen und zeitgemäßen Maschinen- und Fahrzeugpark mit Funkausrüstung sowie der dazu notwendigen Betriebsorganisation. Gartenbauliche Erfahrungen über den Umgang mit Pflanze, Boden und Stein, verbunden mit neuzeitlichen Methoden und Techniken der Bauwirtschaft, sind Grundlage für einen modernen Dienstleistungsbetrieb des Gartenbaues.

Dir Firma Garten-Moser ist ein anerkannter landschaftsgärtnerischer Ausbildungsbetrieb, in dem schon viele Junggärtner Kenntnisse und Fertigkeiten erworben haben.

Papierfabrik zum Bruderhaus GmbH, Dettingen
(99, 100)

Die Papierfabrik zum Bruderhaus GmbH wurde im Jahre 1861 von Gustav Werner, dem großen schwäbischen Wohltäter und Vater des Bruderhauses gegründet. Der von Gustav Werner in Betrieb genommenen Papiermaschine folgte zum 50jährigen

Jubiläum des Unternehmens eine weitere, die von der Schwesterfirma, der Maschinenfabrik zum Bruderhaus in Reutlingen gebaut wurde. Im Jahre 1961 wurde eine dritte Hochleistungspapiermaschine aufgestellt und das Produktionsprogramm wesentlich erweitert.

Heute verfügt das Unternehmen über 3 Papiermaschinen in den Arbeitsbreiten: 156 cm, 184 cm und 246 cm. Folgende Papiersorten werden erzeugt: Bankpost-, Buchungspapier und -karton, Fein-(Druck-)Papier weiß und farbig, Hartpost-, Landkartenpapier, Normal-, Offsetdruckpapier und -karton, Schreibpapier, h'frei, weiß und farbig, Vorsatz-, Wertzeichen-, Dünnpost-, Gummierschreib-, Naturkunstdruckpapier und -karton, Bibeldruck-, Bücher-, Dünndruck-, Hadernbibeldruck-, Hadern-, Kalanderwalzen-, Buchdruck-, Notendruckpapier, Postkartenkarton, Schreibmaschinen-, Sicherheitsscheck-, Tiefdruck-, Werkdruck-, Zeichenpapier, Illustrationsdruckpapier, Endlosformularpapier.

Die Gesamtkapazität des Unternehmens beträgt ca. 40 000 t Papier jährlich. Es werden 350 Mitarbeiter beschäftigt. Die Papierfabrik bildet kaufmännische Lehrlinge zu Industriekaufleuten sowie papiertechnische Lehrlinge zu Papiermachern aus.

Psychiatrisches Landeskrankenhaus Zwiefalten
(94)

1811 traf König Friedrich I. von Württemberg auf Anraten des Königlichen Medizinalkollegiums die Entscheidung, das durch die Säkularisation an den Staat Württemberg gefallene Benediktinerkloster als Irrenanstalt zu verwenden.

Auf „tunlichste Sparsamkeit" wurde schon bei der Gestaltung des Irrenhauses durch königliche Order, wahrscheinlich durch seinen Finanzminister gedrungen. Dieses schwere und belastende Schicksal wurde bis zum heutigen Tag nicht vom Irrenhaus, der späteren Heil- und Pflegeanstalt und jetzigen Psychiatrischen Landeskrankenhaus (PLK) genommen.

Trotz dieser auferlegten Sparsamkeit gelang 1811 den planenden Ärzten des Medizinalkollegiums eine Konzeption, auf die über 150 Jahre später neidvoll zurückgeblickt werden konnte. Es war damals eine strukturelle Differenzierung der Kranken vorgesehen und möglich, um die wir uns noch heute bemühen.

1812 wurde das Irrenhaus mit psychisch Kranken, die bis dahin im Ludwigsburger Zuchthaus untergebracht waren, belegt. Somit wurde Zwiefalten die älteste Heilanstalt Württembergs und eine der beiden ersten Deutschlands. Blickt man auf die erste Belegung zurück, die in einem militärisch stark gesicherten Konvoi aus Ludwigsburg erfolgte und vergleicht man damit heutige Haltungen und Einstellungen der Öffentlichkeit zum psychisch Kranken, so muß man feststellen, daß das übertriebene Sicherheitsbedürfnis geblieben ist. Dieses stammt aber aus dem Bedürfnis des Gesunden, die auch in ihm steckende Möglichkeit seelischen Krankseins, die diesem Kranksein etwas Unheimliches verleiht, zu verdrängen. Diese Verdrängung führt auch zur Verschubung der Kranken in die Provinz. Das daraus entstehende Problem war die Sorge, fern von Städten qualifizierte Ärzte zu finden. Von königlicher Seite waren hohe Qualitätsanforderungen an die ärztliche Versorgung gestellt worden und eine „vorzügliche Belohnung" mit übertariflichen Zulagen gefordert worden. „Das Ministerium zeigte diesen Vorschlägen gegenüber wenig Gegenliebe." Aber 1897 wurde eine Einödszulage bezahlt. 1912 heißt es weiter wörtlich in der Historik: „Die bei der Anstellung des Arztes geübte Sparsamkeit hat sich bitter gerächt." Wir können heute nicht sagen: Es war in einem anderen Land und außerdem ist der König tot. Opfer der Sparsamkeit sind immer in erster Linie die Patienten selbst und darin hat sich nichts geändert.

Trotzdem hatte Zwiefalten aber auch wissenschaftlich bedeutende Ärzte. 1874 kam Dr. J. L. A. Koch als Direktor nach Zwiefalten, dessen Feder u. a. sein Buch „Psychopathische Minderwertigkeiten" entstammt. Prof. Dr. Gaupp, der bekannte spätere Ordinarius von Tübingen und Lehrer Professor Dr. E. Kretschmers, war 1894 hier Assistenzarzt. Prof. Dr. Gruhle war vor dem letzten Krieg hier Direktor. Arbeits- und Beschäftigungstherapie wurden seit 1812 in Zwiefalten gepflegt und die Vergütung für die in der Arbeitstherapie tätigen Patienten war 1816 besser als heute. Es gab Musiktherapie, Turnunterricht, ein Tanzlehrer kam ins Haus; vieles, was früher für die Kranken selbstverständlich war, ging insbesondere in der traurigen Zeit des Dritten Reiches verloren und kann erst jetzt mit Mühe wieder aufgebaut werden.

1816 war das Kloster vorbildlich differenziert mit 82 Kranken belegt. 1878 erhielt das Krankenhaus letztmalig einen „Neubau". 1892 war es mit 565 Kranken belegt. Da bis zum Beginn der Entwicklung neuer medikamentöser Behandlungsverfahren etwa ab 1950 die Aufnahmezahlen immer über den Entlassungszahlen standen, stieg auch die Krankenzahl immer weiter und hatte 1969 die bedrückende Höhe von 840 Kranken erreicht. Die überalterten Baulichkeiten machten Maßnahmen der Sanierung erforderlich. Jede Sanierung bringt erhebliche Bettenverluste mit sich, so daß das PLK ab 1973 nur noch über 640 Betten verfügte und im Zuge weiterer Umbaumaßnahmen die Bettenzahl noch weiter reduziert werden muß. Im Endausbau wird dann etwa eine Bettenzahl von 500 vorhanden sein, was den Empfehlungen der Weltgesundheitsorganisation entspricht.

Da das Aufnahmegebiet des Landeskrankenhauses aus den Kreisen Calw, Böblingen, Esslingen, Reutlingen und Tübingen besteht, muß eine Einwohnerzahl von über 1,2 Mio. Bevölkerung versorgt werden.

1974 hatte das PLK mit 640 Planbetten eine mittlere Belegung von 672 Betten = 105%, 1378 Zugänge und 1368 Abgänge, was den Durchgang von 214,5% ergab. Hieraus ist ersichtlich, daß das Landeskrankenhaus für sein Aufnahmegebiet echte klinische Funktion erfüllt.

Das Krankengut hat sich auch in unserem PLK verändert. Während früher die Aufnahmen an Geistes- und Gemütskrankheiten im Vordergrund standen, ist diese Zahl zurückgegangen, da durch die heutigen medikamentösen Behandlungsmöglichkeiten die leichteren Fälle nicht mehr bis in das Krankenhaus kommen. Dagegen ist durch die erhöhte Lebenserwartung der Bevölkerung die Zahl der psychisch auffällig werdenden Alterskranken und die Zahl der Alkoholkranken stark angestiegen, so daß diese drei Gruppen jeweils etwa ein Drittel der oben genannten Aufnahmezahl stellen.

Neben der medikamentösen Therapie, die die Basis moderner Sozialpsychiatrie wurde, wird bei uns Gruppentherapie, Arbeits- und Beschäftigungstherapie, Musik- und Maltherapie und Sport gepflegt. Die Bewegungstherapie unseres Hauses wurde wegweisend über unser Land hinaus. Zur Zeit sind wir am Aufbau von Übergangseinrichtungen in Form von Wohnheimen innerhalb der Ballungszentren unseres Aufnahmegebietes.

A. Reiff + Cie., Reutlingen   (76, 77)

Stammhaus gegründet 1910 in Reutlingen. – Das Unternehmen, das sich seit der Gründung dem Großhandel mit Kraftfahrzeugreifen und -zubehör, später auch der industriellen Reifenerneuerung widmete, entwickelte sich zu einem der bedeutendsten Reifengroßhändler und -erneuerer des Bundesgebietes.

In einem neuen Gummiwerk in Reutlingen-Betzingen werden Kfz-Reifen aller Größen erneuert.

Um dem Autofahrer den heute unerläßlichen Reifen-Service bieten zu können, wurden modernste Reifen-Servicestationen in Reutlingen, Stuttgart, Ditzingen, Göppingen, Ehingen/Donau, Trillfingen bei Haigerloch, Weingarten, Tübingen, VS-Schwenningen, Öhringen, Tettnang, Bad Waldsee, Waiblingen, Geislingen, Kirchheim/Teck, Überlingen, Stockach und Altensteig aufgebaut.

Albert Reiff KG, Reutlingen   (76, 77)

Seit über 60 Jahren ist das Unternehmen bei Industrie und Handwerk als zuverlässiger Berater und Lieferant für Gummi, Kunststoffe und Asbest, technische Artikel, Antriebselemente usw. bekannt. 1960 wurde ein aus fünf Etagen bestehendes Laden-, Lager- und Verwaltungsgebäude bezogen, das inzwischen durch einen Anbau erweitert wurde.

Zweigbetriebe mit gleichem Verkaufsprogramm bestehen in Göppingen, Tübingen und Singen.

Im Werk Reutlingen-Betzingen werden Industrie-Pendeltüren und Formartikel gefertigt sowie Nieder-, Hoch- und Höchstdruckschläuche montiert und geprüft.

Karl Reusch, Lederhandschuhfabrik, Metzingen-Neuhausen   (47, 48)

1934 gründete der heutige Seniorchef Karl Reusch mit 21 Jahren die Firma. Der schwungvolle Anlauf wurde durch den Zweiten Weltkrieg scharf abgebremst. Nach sieben Jahren Kriegsdienst und Gefangenschaft begann er von neuem.

In rascher Folge: 1950, 1955 und 1960 wurden bauliche Vergrößerungen vorgenommen, die das Wachstum des Betriebes signalisierten.

Die Produktion von feinen modischen Straßenhandschuhen wurde durch die Importkonkurrenz hart bedrängt. Zur Absicherung des Unternehmens erfolgte eine Diversifikation in Richtung exklusiver Sporthandschuhe. Durch den Eintritt des älteren Sohnes Gebhardt in den Betrieb im Jahre 1972 wurde diese Entwicklung stark gefördert. Heute werden neben den feinen Straßenhandschuhen Ski-, Reit-, Segel-, Torwart-, Jagd-, Schieß-, Tennis-, Golf-, Rad- und Motorsporthandschuhe hergestellt. Diese breite Basis mit ihren Spezialitäten brachte neuen Aufschwung und forderte erneut Platz. Der Erweiterungsbau an der B 28 zwischen Metzingen und Neuhausen wurde im Juli 1975 bezogen.

Jakob Roll, Strickwarenfabrik, Pliezhausen (42)

Die Strickwarenfabrik Roll hat sich aus kleinsten Anfängen heraus entwickelt, gegründet im Jahre 1923 durch die Eheleute Jakob und Julie Roll.
Auf Handstrickmaschinen wurden damals Qualitätsstrümpfe hergestellt, deren große Nachfrage zu einer stetigen Weiterentwicklung des Betriebes geführt hat.
Kurz nach Kriegsende nahm der Betrieb neben den bekannten Strumpfqualitäten auch Damen- und Kinderstrickwaren in die Fertigung auf.
Die vorhandenen Räumlichkeiten reichten nicht mehr aus, daher wurde 1964 ein fertigungsgerechter Neubau erstellt sowie in Römerstein-Zainingen eine Nähereifiliale eröffnet. Modernste Strickmaschinen und Fertigungsmethoden tragen dazu bei, sämtlichen Modetrends Rechnung zu tragen.

Willy Sauter, KG, Feinmechanik und Spezial-maschinen, Metzingen (14, 15)

Willy Sauter eröffnete 1946 in Metzingen an der Kanalstraße eine feinmechanische Werkstätte zum Bau von Sondermaschinen. Ausgeprägtes Qualitätsstreben führte bald zu sichtbaren Erfolgen. Die Fertigung mußte erweitert werden, was in den Gebäuden der Weiherstraße 33 realisiert werden konnte. Aber auch diese Baulichkeiten reichten bald nicht mehr aus, und man erwarb im Metzinger Industriegelände ein 3 ha großes Grundstück, auf dem ein neues, großräumiges Werk entstand, das im Oktober 1970 bezogen wurde.
Die Sauter-Feinmechanik Metzingen hat heute im In- und Ausland einen wesentlichen Marktanteil bei der Ausrüstung von Drehmaschinen mit hydraulischen Kopiersteuerungen und zählt auf diesem Fachgebiet zu den führenden Herstellern. In jüngster Zeit wurden auch Hydro-Kopierfräs- und Gewindeschneideinheiten sowie automatische Mehr-

fach-Werkzeughalterungen in das Fertigungsprogramm eingegliedert. Automation mit Sauter-Technik ist im Werkzeugmaschinenbau zu einem Begriff geworden.
Zur Zeit werden ca. 200 Mitarbeiter beschäftigt.

Fritz Schmälzle, Strickwarenfabrik, Pfullingen (43)

Modische Strickwaren für Kinder bis zu 15 Jahren, also „Junge Mode", wird von der Strickwarenfabrik Fritz Schmälzle in Pfullingen hergestellt. Der Betrieb besteht seit 1936. Damals nahm der heutige Inhaber zunächst in gemieteten Räumen die Fertigung von gestrickten Babyartikeln auf. Während des Wehrdienstes und der Gefangenschaft Fritz Schmälzles wurde das junge Unternehmen umsichtig von der Schwester und später von der Frau des Inhabers weitergeführt.
1950 entstand an der Liststraße ein Fabrikgebäude, das 1962, der ständig steigenden Nachfrage entsprechend, durch einen modernen Neubau vergrößert wurde. Dem Gründer stehen heute auf technischem und kaufmännischem Gebiet die Söhne Fritz und Wolfgang tatkräftig zur Seite.
Mit ihrer etwa neunzigköpfigen Belegschaft arbeitet die Firma Schmälzle nach dem Erfolgsgrundsatz: Gute Qualität zu günstigem Preis.

Ski-Schneiderhan, Münsingen-Auingen (84, 85)

Die Firma Ski-Schneiderhan wurde im Jahre 1961 von Helmut Schneiderhan gegründet.
Der Inhaber, in weiten Kreisen des Schwäbischen Skiverbandes als Rennläufer bekannt, brachte jahrzehntelange Erfahrung im Skilauf in das Unternehmen ein.
Gut fundierte Beratung, der Service, die Passion zum Skilauf und die Kenntnis aller Fragen skiläuferischer und technischer Art machten Skispezialist Schneiderhan in weitem Umkreis schnell bekannt.
1969 wurde die „Skihütte" als Verkaufsraum errichtet. In diesem Neubau konnte das Warenangebot der Bedeutung der Firma entsprechend präsentiert und erweitert werden. 1975 wurde ein Erweiterungsbau geplant und ausgeführt.
Heute bietet das Fachgeschäft nicht nur komplette Skiausrüstungen (Ski, Bindungen, Skischuhe, Skibekleidung) sondern befaßt sich darüber hinaus mit

der Organisation von Skicamps zum Sommertraining in Frankreich und Österreich, von Langlauflehrgängen auf der Schwäbischen Alb und führt jedes Jahr Informationsveranstaltungen zu Saisonbeginn durch.

Auch einer der ersten Skilifte auf der Mittleren Alb wurde von Ski-Schneiderhan errichtet.

Das persönliche Engagement des Inhabers, Helmut Schneiderhan, machte es möglich, in der kurzen Zeit seit der Gründung die Firma Skispezialist Schneiderhan und das Firmenzeichen „3 S" zum Begriff werden zu lassen.

Schwab Svedex-Türenwerk GmbH Reutlingen Süd
(86)

Viele Generationen lang betrieb die Familie Schwab das Schreinerhandwerk, bis Johann Georg Schwab den väterlichen Betrieb in Stuttgart 1904 auf eine industrielle Basis stellte und mit der serienmäßigen Fertigung von Türen und Fenstern begann. Seine Söhne Karl und Otto, seine Nachfolger, trennten sich nach anfänglicher Zusammenarbeit, wobei sich Karl Schwab 1907 in Reutlingen mit einem eigenen Betrieb selbständig machte. Beide Unternehmen wurden dann 1932 zu einer Familien-GmbH vereint. Nach dem Zweiten Weltkrieg setzte ein beträchtlicher Aufschwung ein. 1960 gründete man ein Tochterunternehmen, das Kunststoffwerk Hayer KG in Tholey/Saar, und erwarb die Firma Josef Fischer KG Holzwerk in Monheim (Bay.) dazu; 1970 wurde das Reutlinger Werk in zwei Firmen, die Schwab Svedex-Türenwerk GmbH und die Schwab Sanitär-Plastic GmbH, geteilt. Die Produktion der Firmengruppe, die insgesamt etwa 700 Personen beschäftigt, umfaßt: Türen und Fertigtür-Elemente / Wand- und Deckenpaneele / sanitäre Geräte aus Kunststoff / Kunststoff-Vorfabrikate.

Die Leitung der Werke liegt in den Händen eines bewährten Führungsteams unter dem Vorsitz von Gerhard Schwab und seinem Sohn Joachim.

Schwenk & Zink, Mech. Zwirnerei,
Metzingen-Neuhausen
(44)

Die Firma wurde im Jahr 1903 von den Herren August Schwenk und Albert Zink in Nürtingen gegründet. Im Jahr 1907 wurde der Betrieb durch die Übernahme der Mech. Zwirnerei a. d. Erms GmbH., Neuhausen, erweitert. Das Fabrikationsprogramm umfaßte damals rohe Fabrikationszwirne, hauptsächlich für Webereien aller Art, vor allem auch Bandwebereien.

Nach dem Tod von Albert Zink, 1924, wurde August Schwenk Alleininhaber. Im Jahre 1934 wurde das Fabrikationsprogramm ausgeweitet auf technische Zwirne und Fabrikations-Nähgarne. Nach dem Tod von August Schwenk wurde die Firma 1948 auf eine Familien-KG. umgewandelt. Persönlich haftender Gesellschafter ist seit dieser Zeit Hermann Schwenk. Nachdem die nach Kriegsende hauptsächlich hergestellten Babyzwirne für Strickerei in den 60er Jahren laufend zurückgingen, wurde seit dieser Zeit der Export von Spezialzwirnen ausgeweitet sowie die Herstellung von Industrienähfaden verstärkt.

Seidenweberei Reutlingen
Gerstenberg & Tritschler
(37, 38)

Ursprünglich Verarbeiter vom edelsten textilen Spinnstoff, der Naturseide, führte der Weg der Firma über die Kunstseide und Zellwolle hin zu den vollsynthetischen Fäden und Fasern, die als Oberbekleidungsgewebe für Damen früher nie gekannte perfekte Eigenschaften aufweisen und aufgrund moderner Verarbeitungsmethoden und raffinierter Veredelung erlesene Schönheit bieten.

1925 übernahm Eduard Gerstenberg, der aus der Seidenstadt Krefeld stammte, mit seinem Freund, Alfred Tritschler, das Schweizer Unternehmen.

Im Krieg 1939–1945 wurden die Fabrikräume für fremde kriegswichtige Produktionen beschlagnahmt und die Webstühle mußten entfernt und notdürftig ausgelagert werden. Nach dem Krieg faßte die Eigenfertigung nur mühsam wieder Tritt, da in der französischen Besatzungszone die Rohstoffversorgung sehr schleppend war.

Erst nach der Währungsreform 1948 konnte die Entwicklung neu beginnen, so daß bis zum Jahre 1958 die Aufbau- und Ausweitungsphase nach dem Kriege vollzogen war. Die Jahre 1960 bis 1970 brachten in der Seidenindustrie einen harten Ausleseprozeß durch das starke Vordringen der Maschenware in der Damenoberbekleidung: Von 24 Firmen in Süddeutschland gaben 20 auf!

Dank struktureller Veränderungen auf dem deutschen und europäischen Markt sowie äußerster Anstrengungen zu rationellsten Fertigungsmethoden

gelang ab 1971 die zweite Aufbauphase mit dem Erfolg, daß das Unternehmen 1975 ausschließlich auf
modernsten, schützenlosen Webmaschinen produziert bei modernem eigenen Vorwerk und dadurch
zu einer Leistungsfähigkeit gelangte, die internatio-
nalem Niveau standhalten kann.
Zur Unterbringung von Mitarbeitern stehen dem
Unternehmen 32 Werkswohnungen zur Verfügung,
so daß vor allen Dingen auch den ausländischen Un-
ternehmensangehörigen Wohnverhältnisse geboten
werden, wie bei Einheimischen üblich.

H. Stoll & Co., Strickmaschinenfabrik,
Reutlingen (1, 2)

Im Jahre 1873 begann Heinrich Stoll in Riedlingen
an der Donau mit der Herstellung einfacher Hand-
flachstrickmaschinen. In der Waagmühle war die erste Werkstatt. Nach vier Jahren zog er nach Reutlingen, wo er vor den Toren der Stadt größere Fabrikräume fand.
1891 meldete Heinrich Stoll das erste Patent auf eine
Links-Links-Maschine an. Von nun an konnten die
vielfältigen Muster, die den Reiz der Handstrickerei
bildeten, maschinell hergestellt werden. Maschinen-
strickwaren, die vordem als untergeordnete Ge-
brauchsartikel galten, nahmen damit teil an dem
kräftigen Antrieb, den die modische Fantasie unab-
lässig auf die Produkte ausübt. Was das bedeutet,
zeigt allein schon das Beispiel Reutlingen, wo sich in
den ersten Jahren nach der Erfindung der Links-
Links-Strickmaschine ein Mittelpunkt der Strick-
industrie bildete und wo heute mehrere tausend solcher Maschinen arbeiten. Hand in Hand mit dieser
Erfindung ging auch die technische Entwicklung der
herkömmlichen Flach-Jacquard-Maschinen und der
Ausbau des Werkes weiter.
Die Jahre nach dem 2. Weltkrieg brachten dem Unternehmen eine weitere Blütezeit. Neue, das Bran-
chengeschehen beeinflussende Maschinen wurden
konstruiert, die alten Modelle durch hervorragende
Verbesserungen den modernsten Erfordernissen angepaßt. Parallel zur technischen Aufwärtsentwicklung verlief der organische Ausbau der Produktionsstätten. Mehrere Fabrikerweiterungsbauten wurden
errichtet. Auf 38 850 qm Nutzfläche erfolgt in geräumigen Werkshallen die Fertigstellung der Erzeugnisse, von der ersten Bearbeitung des Rohmate-
riales bis zur Endmontage der Maschinen. Die Enkel
des Gründers, Dr. Eberhard Stoll und Heinz Stoll,

fähige Männer der Verwaltung und Konstruktion,
haben das Werk in die Spitzengruppe der Hersteller
von Strickmaschinen geführt. Der Name Stoll hat in
der ganzen Welt einen guten Klang. Strickwaren,
auf Stoll-Maschinen hergestellt, trägt man von New
York bis Kapstadt, von Paris bis Helsinki, von Lon-
don bis Rom, von Wien bis Brüssel und Den Haag.

G. Stumpp OHG, Säge- und Hobelwerk –
Holzhandlung, Eningen u. A. (87)

Im Jahre 1900 wurde das Sägewerk der heutigen
G. Stumpp OHG durch den Zimmermeister Eger
erbaut. Im November 1918 erwarb dann der aus dem
Murgtal stammende Obersäger Gottlieb Stumpp den
Betrieb.
Durch Zukauf von Gelände und vor allem durch das
fachliche Können des neuen Inhabers gewann das
Werk im Raume Reutlingen bald an Bedeutung.
Nach dem Tod von Gottlieb Stumpp im Jahre 1946
führte die Firma zunächst Tochter Else Stumpp, seit
1950 Schwiegersohn Theodor Schütz.
1954 erfolgte auch die Aufnahme des Handels mit
Hobelware und Profilhölzern. In den Jahren 1951 bis
1966 fand eine völlige Modernisierung der Betriebsanlagen statt, außerdem wurden die Sägehalle neu
erstellt und drei Lagerhallen errichtet. 1964 gliederte
man ein Hobelwerk an. Darüber hinaus ist das Han-
delsprogramm der Gottlieb Stumpp OHG inzwischen um Furnier- und Spanplatten sowie Onduli-
ne-Dachplatten erweitert worden.

Tennishalle Nord, Reutlingen (81)

Die Tennishalle Nord Reutlingen wurde am 1. Oktober 1974 neu erstellt und in Betrieb genommen.
Ihre Gründer sind das Sporthaus Vohrer und die Familie Müh. Die ständig steigende Popularität des
Tennissports gab den Anlaß zu diesem Unternehmen, das es jedem ermöglichen will, Tennis zu der
Zeit zu betreiben, die ihm gelegen ist und die Kosten
dafür in ein gesundes Verhältnis zu setzen.
Es ist eine vierfeldrige Tennishalle entstanden, die
mit einem Filzboden belegt, allen Anforderungen
des modernen Tennissports entspricht. Auch auf
eine erstklassige Beleuchtung wurde Wert gelegt.
Die Halle ist voll beheizt und auch im Sommer durch
Luftumfuhr gut bespielbar. Sie wird ständig von einem Trainer betreut, dem bei Bedarf weitere Trainer

zur Verfügung stehen. Neben dem Einzel- findet auch Gruppentraining statt.

Vervollständigt wird die Halle durch Duschräume und Umkleiden. Ein gemütlicher Aufenthaltsraum ist für kleine Treffs vor und nach dem Spielen vorhanden. In einem Tennis-Shop kann unter der Beratung des Trainers fachgerecht eingekauft werden.

So garantiert die Halle jedem ihrer Spieler volles Spiel bei jedem Wetter und zu jeder Tageszeit. Sie ist ein möglicher Weg, um fit zu bleiben.

Volksbank Reutlingen eG   (51, 52)

Von den Reutlinger Gewerbetreibenden als einzig sinnvolle Grundlage wirtschaftlicher Selbsthilfe erkannt, erstand am 5. Februar 1861 die Reutlinger Handwerkerbank. Zehn Jahre später, am 14. 3. 1871, erscheint sie im Genossenschaftsregister des Amtsgerichts Reutlingen unter dem Eintrag Nr. 1 als Genossenschaftsbank; die zweite Genossenschaftsbank Württembergs nach den Grundsätzen Schulze-Delitzschs. Seiner wachsenden Aufgabe angemessen, änderte das Bankinstitut 1908 seinen Namen in ,,Handels- und Gewerbebank Reutlingen eGmbH''; seit 1941 ist das Unternehmen als ,,Volksbank Reutlingen'' bekannt.

Gesundes Wachstum kennzeichnet das Geldinstitut vom ersten Gründungstag an: 320 000 Mark Kapital und 50 000 Mark Rücklagen bereits im Geschäftsjahr 1896. Das Geschäftsjahr 1914 schloß mit einer Bilanzsumme von 1,3 Mio. Mark. Die Währungsreform 1948 ließ der Volksbank Reutlingen noch 74 000 DM Geschäftsguthaben und 61 000 DM Rücklagen.

Immer weitere Kreise aus der Bevölkerung und aus der Geschäftswelt schenkten dem Unternehmen ihr Vertrauen, so daß es 25 Jahre später zur viertgrößten Genossenschaftsbank Württembergs geworden war. Heute bietet diese moderne, bewegliche und universelle Bank ihren Kunden nicht nur klassische Bankgeschäfte, sondern auch alle sonstigen Bankdienstleistungen vom Bausparen und Versicherungsgeschäft bis zur Immobilienvermittlung. Auf dem Reisesektor hat sich die Bank in den letzten Jahren insbesondere durch ihre Kurzflug- und Informationsreisen einen Namen gemacht.

Das Geschäftsjahr 1974 schloß mit einem Bilanzvolumen von 305 Mio. DM, Gesamteinlagen von 280 Mio. DM, einem ausgewiesenen Eigenkapital von 12,6 Mio. DM und einem Mitgliederstand (Anteils-

eigner) von 8396. Getreu dem Motto ,,Wege sparen lohnt sich'' hat das Bankinstitut das Zweigstellennetz konsequent ausgebaut, so daß die Hauptbank in der Gartenstraße 2 von 16 Zweigstellen in und um Reutlingen unterstützt wird.

Daß dieses Wachstum die Räume immer wieder sprengte, ist natürlich. Ein zukunftsorientierter Neubau in der Gartenstraße soll 1978 alle Abteilungen der Hauptstelle aufnehmen.

Wafios Maschinenfabrik,
Wagner, Ficker & Schmid, Reutlingen   (3, 4)

Es war Ende des 19. Jahrhunderts, der Gründer- und Erfinderzeit, der Zeit der voranschreitenden Industrialisierung, als Ernst Wagner im Jahre 1893 in Pfullingen, nahe Reutlingen, eine mechanische Werkstätte einrichtete. Nun kamen ihm seine mehrjährigen gründlichen Auslandserfahrungen zugute. Das Metier des weitgereisten Praktikers war der Draht und dessen Verarbeitung. So befaßte er sich von Anfang an mit der Entwicklung und Fertigung von Drahtverarbeitungsmaschinen.

Diese Firmengründung bildete die Keimzelle der heutigen WAFIOS Maschinenfabrik, Wagner, Ficker & Schmid, in Reutlingen, die sich dem weiten Gebiet der drahtverarbeitenden Maschinen widmet. Qualität und Leistungsfähigkeit der WAFIOS-Konstruktionen und das breit gefächerte Programm brachten dem Unternehmen bald Weltgeltung. Heute ist WAFIOS der Welt größter und bekanntester Hersteller von Spezialmaschinen für die Drahtverarbeitung. In über 75 Ländern produzieren die einschlägige Industrie mit WAFIOS-Maschinen, vertraut deren Zuverlässigkeit und schätzt deren Präzision.

Das Unternehmen beschäftigt in seinen fünf Werken in Deutschland insgesamt ca. 1600 Mitarbeiter. In den letzten Jahren entstanden unter Leitung von bewährten WAFIOS-Fachkräften branchenverwandte Fertigungen in USA, Brasilien, Spanien, Italien und Schottland, die weitgehend auf den Bedarf des jeweiligen Landes ausgerichtet sind.

Mit nahezu 50 Vertretungen und sieben eigenen Vertriebsgesellschaften ist WAFIOS an sämtlichen wichtigen Handelsplätzen der Welt präsent.

Die heutigen Geschäftsführer, Dipl.-Ing. W. Härter und Ing. G. Lange, haben es sich zur Aufgabe gemacht, durch eine dynamische, zielbewußte und flexible Führung des Unternehmens sowie durch per-

sönliche Kontakte mit allen Kundenkreisen das Ansehen des Unternehmens zu erhöhen und seinen
weiteren Aufstieg zu fördern.

Das Fertigungsprogramm umfaßt: Geflechtsauto-
maten, Stacheldrahtmaschinen, Druck- und Form-
federautomaten, Schenkelfederautomaten, Voll-
automaten zur Zugfedernfertigung, Prüf-, Sortier-
und Meßeinrichtungen, Federendenschleifmaschi-
nen, Maschinen für die Polsterindustrie, Drahtstift-
pressen, Kettenbiege- und Kettenschweißautoma-
ten, Drahtricht- und Abschneidemaschinen, Draht-
und Bandmaterial-Biegemaschinen sowie zahlreiche
Einzweckmaschinen.

Dieses breite Fertigungsprogramm wird durch den
Einsatz einer modernen vollelektronischen Datenverarbeitung gesteuert und überwacht.

Im Herbst 1971 konnte für die rund 200 Lehrlinge
des Unternehmens eine neue vorbildliche Ausbildungsstätte eingeweiht und übergeben werden.
Darüber hinaus können interessierte Mitarbeiter an
Fremdsprachenkursen sowie an turnusmäßig stattfindenden Fachvorträgen teilnehmen. Vorbildliche
soziale Einrichtungen sind seit Jahren bei WAFIOS
eine Selbstverständlichkeit.

Ernst Wagner KG, Reutlingen   (10–13)

Die Firma wurde 1893 als Handwerksbetrieb für Sa-
nitärinstallation handelsgerichtlich eingetragen. Die
Entwicklung zum Industrieunternehmen begann
dann 1914. Gefertigt wurden Transportgeräte und
Spültische für Haushalt und Gewerbe. Schon damals
zählten diese Produkte zum Modernsten und Solide-
sten, was der Weltmarkt bieten konnte.

In den folgenden Jahren wurden die Betriebsanlagen
beträchtlich erweitert, bis der Zweite Weltkrieg dem
Wachstum ein vorläufiges Ende setzte. Fliegeran-
griffe zerstörten in den letzten Kriegsmonaten beträchtliche Teile der Betriebsanlagen. Der Wiederaufbau wurde durch die Materialkontingentierung
sehr beeinträchtigt. Weitverzweigte Geschäftsverbindungen machten es jedoch möglich, daß 1949,
nach Auflösung der französischen Administration
der ordentliche Geschäftsbetrieb wieder aufgenommen werden konnte.

Anfang der fünfziger Jahre entstanden nun neben
handfahrbaren Transportgeräten Modelle mit batte-
rie-elektrischem Fahrantrieb und elektrohydrauli-
schem Hub. In rascher Folge wurden die verschie-

densten Transportgeräte für den innerbetrieblichen
Transport entwickelt.

Diese Expansion im Programm und die rege Nachfrage konnten in den bestehenden Betriebsanlagen
nicht befriedigt werden. Das Betriebsgelände in
Reutlingen war restlos bebaut – ein neues Werksge-
lände mußte gefunden werden. Die Wahl fiel auf die
ca. 10 km entfernte Gemeinde Mittelstadt. Dort
wurde 1960 mit der ersten Baustufe der Grundstein
zu einem neuen Transportgerätewerk gelegt.

Sehr schnell war die neugeschaffene Fertigungska-
pazität wieder aufgebraucht, verschiedene Zwi-
schenlösungen brachten nicht den erhofften Erfolg.
Der zweiten Baustufe folgte 1970 die dritte und damit ein vorläufiger Endausbau des Werkes.

Nachdem die Fördertechnik das Werk in Reutlingen
geräumt hatte, konnten sich die Geschäftsbereiche
„Großküchentechnik" und „fahrerlose Transport-
technik" besser entfalten.

Aus Chromnickelstahl werden Serienelemente und
Spezialanfertigungen für Großkücheneinrichtun-
gen, Speisenausgaben, Cafeteria-Anlagen und
Waschraumeinrichtungen gefertigt. Durch die sich
immer stärker ausbreitende Gemeinschaftsverpfle-
gung sind die Zuwachsraten in diesem Bereich besonders ausgeprägt.

Fahrerlose Transportgeräte – auf diesem Gebiet gehört Wagner zu den führenden Unternehmen. Bereits 1964 wurde mit der Entwicklung dieses Pro-
grammes begonnen. Heute werden induktivgesteu-
erte Anlagen geliefert mit Geräten, die automatisch
vor- und rückwärtsfahren, Türen selbständig öffnen
und schließen, über Aufzüge Etagen selbst ansteu-
ern, Anhänger an- und abkuppeln oder in Produk-
tionsabläufen integriert werden.

Gustav Wagner, Maschinenfabrik Reutlingen
                                                (26)

Gegründet wurde das Unternehmen im Jahr 1890
durch Herrn Gustav Wagner. Die erste Gewindema-
schine wurde 1891 gebaut, die erste Kaltkreissäge
1893. Um die Jahrhundertwende wurden Sägeblätter
und Gewindeschneidköpfe gefertigt. Damit war der
Grundstock der rasch wachsenden Firma gelegt.
1927 wurde die erste Kaltkreissäge mit Hydraulik-
steuerung gebaut. Sägemaschinen mit serienmäßi-
gem Ladetisch wurden bereits 1925 angeboten.
Wagner hat dadurch einen wichtigen Teil zur technischen Entwicklung auf dem Sägensektor beigetra-

gen. Qualitäts- und Leistungsstärke der Wagner-Sägen wurden vom Kunden honoriert. Über 3500 Schnell-Kaltkreissägen der Baureihe K 2 arbeiten z. B. heute in aller Welt.

Einen breiten Rahmen nimmt bei Wagner der Anlagenbau für kundenbezogene Lösungen ein. Als Ergänzung zu den bewährten Wagner-Sägeanlagen wurde bereits 1967 eine Bohrmaschine mit 3-Wege-Funktion für Walzprofile gebaut. Stahlträger können jetzt in einem durchgehenden Arbeitsfluß gesägt und gebohrt werden. Die Anlagen wurden kontinuierlich weiter verbessert. Heute stehen modernste vollautomatisch gesteuerte Säge-Bohr-Anlagen zur Verfügung.

Auch auf dem NE-Metall-Sektor hat sich Wagner einen Namen gemacht. Vollautomatische Anlagen zum Fördern, Messen, Sägen, Signieren und Palettieren werden für Rundbolzen und Flachbarren gebaut.

Endenbearbeitungsmaschinen und Maschinenverkettungen sind weitere Spezialitäten von Wagner.

Das Werkzeugprogramm, das die zweite Hälfte des Umsatzes bildet, gewann immer mehr an Gewicht. Wagner-Gewindeschneidköpfe haben sich durch die spezielle Bauweise der tangentialen Strehler-Anordnung und durch die exakte Ausführung einen bedeutenden Markt erobert. Die Vorteile der spanlosen Verformung bei der Gewindefertigung wurde durch die Entwicklung der Gewinderollköpfe 1952 genützt. Wagner bietet auf dem Gewindesektor ein abgerundetes Programm. Gewinderollen oder Gewindeschneiden ist keine Frage, sondern eine Alternative. Ergänzt wird die Angebotspalette durch Segment-Sägeblätter und Sägeblatt-Schärfmaschinen.

Ca. 1000 Mitarbeiter sind heute im Stammwerk in Reutlingen, in den Wagner-Ingenieurbüros Frankfurt und Hamburg, bei der Zweigniederlassung Wagner-France in Paris und bei Wagner-Lennartz do Brasil in Sao Paulo beschäftigt.

Schon vor dem Ersten Weltkrieg wurde in viele Länder exportiert. Nicht nur in Europa, sondern in fast allen überseeischen Ländern ist Wagner mit seinem Programm vertreten.

Hermann Wangner, Reutlingen, Bespannungen für Papiermaschinen   (16, 17)

Am 15. Juni 1849 begann Hermann Wangner auf dem Gelände des heutigen Kaufhauses Horten an der Karlstraße mit der industriellen Herstellung von Metalltüchern für die Papierindustrie.

Im Jahre 1863 erwarb der Kaufmann Adolph Kurtz den Betrieb, der seit dieser Zeit mehrheitlich im Besitz und unter der Leitung der Familie Kurtz ist.

Sein Sohn Carl Kurtz-Hähnle übernahm das Werk 1903. Er prägte maßgeblich die Entwicklung der Firma und ihm ist es zu verdanken, daß der Neubau in der Föhrstraße entstand, der immer noch Sitz der Firma ist.

Heute zählt das Unternehmen mit seinen ca. 550 Mitarbeitern zu den bedeutendsten seiner Branche.

Die Funktion der Metalltücher besteht im Transport und der Entwässerung des Papierbreies sowie der Bildung des Papierblattes.

Die Metalltücher der Anfangszeit, aus Messingdrähten gewoben, waren zwischen 1 und 1,7 m breit und 7 bis 11 m lang, entsprechend dem damaligen Bedarf. Für die modernen Papiermaschinen in aller Welt, die Laufgeschwindigkeiten bis über 1000 m/Min. erreichen, können heute bei Hermann Wangner Metalltücher bis zu 12,5 m Breite und in beliebiger Länge hergestellt werden.

Die Webstühle und sonstigen Einrichtungen zur Fertigung der Siebe werden seit den zwanziger Jahren bei Hermann Wangner selbst entwickelt und gebaut.

In den 125 Jahren Firmengeschichte wurde die Qualität der Drähte wesentlich verbessert. Neben Bronze- und Tombakdrähten wird seit 1969 auch Polyester verarbeitet.

Die Bronze- und Tombakdrähte werden seit 1921 in einem eigenen Drahtwerk bei Gießen aus den Rohmetallen Kupfer, Zinn und Zink als Grobdraht hergestellt. Der Feinzug auf die in der Weberei benötigten Abmessungen erfolgt in Reutlingen.

Im Jahr 1924 wurde eine Metalltuchfabrik in Uppsala/Schweden gegründet, die heute zu den größten Firmen ihres Produktionszweiges in Skandinavien zählt. Der Sprung nach Übersee wurde 1958 mit der Gründung einer Tochtergesellschaft in Mexiko gewagt. Hinzu kamen dann in den Jahren 1965 und 1969 Metalltuchwebereien in Argentinien und Brasilien sowie Minderheitsbeteiligungen in Spanien und Kanada.

Durch eigene Entwicklungsarbeiten ist Hermann Wangner stets bemüht, führend auf dem Markt zu sein.

WILLUGA Strickwarenfabrik, Willy Haug,
Pfullingen (40)

Gegründet 1885 von J. M. Spießhofer, fertigte der Betrieb in den ersten Jahrzehnten seines Bestehens in der Hauptsache Strümpfe und Socken.
In den schwierigen politischen und wirtschaftlichen Zeiten wechselte das Unternehmen im Jahr 1933 den Besitzer, und unter der neuen Leitung entwickelte sich die Firma zu ihrer heutigen Größe. Durch Neu- und Umbauten in den Jahren 1952 und 1957 wurden die Fabrikationsräume beträchtlich erweitert. Ebenso wurden durch regelmäßige Neuanschaffungen die Betriebseinrichtungen immer auf dem neuesten technischen Stand gehalten.
Die Produktion wurde umgestellt und kann heute unter dem Sammelbegriff ,,Gestricktes für Baby und Kind'' zusammengefaßt werden. Die umfangreiche Kollektion wird zweimal im Jahr neu gestaltet, Kreativität und Solidität zeichnen die Muster aus.
Zu dem umfangreichen Kundenstamm zählen Einzel- und Großhandel, Verbände, Konzerne und der Versandhandel. Geschäftsverbindungen bestehen auch seit vielen Jahren mit dem Ausland, und Lieferungen erfolgen vor allem nach Südafrika, den USA sowie in die EG-Staaten. Der Export beträgt 10 Prozent des Umsatzes.
Großer Wert wird auch auf die Ausbildung des technischen und kaufmännischen Nachwuchses gelegt. Auf dem technischen Sektor ist das Berufsziel Strikker und Strickeinrichter, auf dem kaufmännischen Sektor Industriekaufmann.

Bernhard Wohlfarth, Elektro-Großhandlung,
Pfullingen (27)

Die Firma Bernhard Wohlfarth, genannt BEWO, ist eine der führenden Elektro-Großhandlungen im süddeutschen Raum.
Als Vollsortimenter, Elektromaterial, Elektro-Groß- und Kleingeräte, Rundfunk, Phono, Fernsehen, Technische Leuchten, Wohnraumleuchten, bedient das Haus BEWO mit seinen Filialen, BEWO Nürtingen-Oberensingen, gegründet 1968, Kohler KG, Villingen-Schwenningen, gegründet 1969, weite Teile des Landes Baden-Württemberg.
Ferner betreibt die Firma BEWO mit ihrem Kollegen, Karl Mürdel, Ulm, seit 1969 zusammen die Firma Union, Elektro-Großhandels-GmbH & Co., Weiss KG in Ravensburg.

Das Stammhaus BEWO in Reutlingen, gegründet 1924, beschäftigt heute (Filialen eingeschlossen) 170 Mitarbeiter.
Das im Jahr 1973 bezogene neue Betriebsgebäude bietet der Fachhandelskundschaft optimale Möglichkeiten, mit BEWO zu arbeiten. Auch die Industriekundschaft bedient sich gern des guten Sortimentes von BEWO.

Kurt Wolf, Büro- und Hochschuleinrichtungen,
Reutlingen-Ohmenhausen (88, 89)

Die Firma wurde 1968 in Pfullingen gegründet. Herr Kurt Wolf übernahm damit den elterlichen Betrieb. Die starke Expansion, nach der Aufnahme von Fertigung und Vertrieb eines Büromöbelprogrammes machte es notwendig, größere Produktions- und Lagerräume zu schaffen. Der Pfullinger Betrieb eignete sich aus verschiedenen Gründen nicht für dieses Vorhaben. So siedelte die Firma 1972 nach Reutlingen-Ohmenhausen in die Betriebsräume der Möbelfabrik Hack über und übernahm auch die dort vorher beschäftigten Fachkräfte. Nach der Erneuerung des Maschinenparks folgte im Jahre 1974 eine Erweiterung des Betriebsgebäudes. Seither werden ca. 20 Leute beschäftigt. Das Fertigungsprogramm umfaßt außer einer breiten Palette von Büromöbeln, spezielle Einrichtungsgegenstände für Hochschulen. Die Universitäten und Hochschulen des Landes werden von der Firma Wolf laufend bedient. Es geht dabei um Neubaueinrichtungen, Ersatzbeschaffungen und viele Sonderanfertigungen, von Bestuhlungen bis zu Laboreinrichtungen. Ein anderer Teil der Fertigung ist hochwertiger Innenausbau für jeglichen Verwendungszweck. Über den Betrieb hinaus besteht ein Büromöbelgroß- und einzelhandel. Auf einer mehr als 600 qm großen Ausstellungsfläche wird mit vielen Beispielen moderne Büroeinrichtung demonstriert.

EVG – Württembergische Meisterbetriebe eG –
bauen + wohnen – Reutlingen – Ehingen – Haiter-
bach (90)

Das genossenschaftliche Unternehmen wurde als Selbsthilfe-Einrichtung wenige Wochen nach der Währungsreform, im Juli 1948, von 25 Handwerksmeistern gegründet.
Anfang der fünfziger Jahre begann diese Genossen-

schaft – um jene Zeit selbst noch in einer ehemaligen Arbeitsdienstbaracke untergebracht – Hotels, Pensionen und Gasthöfe in zahlreichen Städten des gesamten Bundesgebiets einzurichten. So stehen handwerklich gefertigte Möbel aus Betrieben der Schwäbischen Alb und des Schwarzwaldes in dutzenden Hotels, wie beispielsweise in Hannover, Kiel, Bonn, Kaiserslautern, Wiesbaden, Heidelberg, Karlsruhe, Pirmasens, Badenweiler, Erlangen, Mainz.

1961 beendete die Genossenschaft das Provisorium ihrer bescheidenen Unterbringung und bezog neue, feste Räume auf der Gemarkung Eningen, am südlichen Stadtrand Reutlingens.

1965 eröffnete das Unternehmen eine Niederlassung in Haiterbach (über Nagold) durch Fusion mit der ehemaligen Werk- und Rohstoff-Genossenschaft Haiterbach.

Im Januar 1966 wurde eine weitere Niederlassung für die der Genossenschaft angehörenden Meisterbetriebe der Alb und des oberschwäbischen Raumes, in Ehingen/Donau eröffnet.

Die Genossenschaft unterhält für das holzverarbeitende Handwerk beachtliche Lager an Plattenmaterial aller Art; sie betreibt ein belangreiches Furniergeschäft und ist als bedeutender Lieferant von Halbfertigfabrikaten für den Innenausbau bekannt.

1973 wurden die Lager- und Ausstellungsräume am Stadtrand Reutlingens nochmals erheblich erweitert. Mit ihren beiden Möbelverkaufshäusern Reutlingen und Ehingen zählt die Genossenschaft zu den modernsten und attraktivsten Möbeleinrichtungshäusern Süddeutschlands.

Ergänzt werden diese großzügig ausgestatteten Möbelverkaufshäuser durch eine ständig auf dem modernsten Stand gehaltene Bauausstellung. Das Unternehmen vermittelt allen Besuchern einen überzeugenden Eindruck seiner Leistungsfähigkeit.

Zwiefalter Klosterbräu, Zwiefalten (91, 92)

Bereits zu Beginn des 15. Jahrhunderts preisen Besucher des Klosters den kräftigen, erfrischenden, von den Mönchen gebrauten Gerstensaft. Im Zuge der 1803 durchgeführten Säkularisation des Klosters übernahm der Staat die Klosterbrauerei und verkaufte sie 1828 an den Bierbrauer Anton Götz aus dem benachbarten Tigerfeld. Dessen Sohn veräußerte 1898 die Brauerei an den Braumeister Albert Baader, der von Kappel bei Buchau nach Zwiefalten kam. 1935 übernahm sie sein Sohn Albert Baader, der heutige Besitzer. Kurz vor Ende des Zweiten Weltkrieges zerstörte ein Großfeuer 60 Prozent der Gebäude. Nach beschwerlichem Wiederaufbau wurde dann Ende der 50er Jahre eine dynamische Aufwärtsentwicklung eingeleitet, die 1970 ihren vorläufigen Höhepunkt fand. In genau zehn Jahren erreichte die Zwiefalter Klosterbräu eine Verzehnfachung ihres Ausstoßes und zählt heute zu den größten und modernsten Brauereien Oberschwabens.

Die Zwiefalter Klosterbräu beschäftigt derzeitig ca. 100 Personen und stellt vier Biersorten sowie alkoholfreie Getränke her. Zudem ist der Brauerei eine Mälzerei angegliedert, welche mit einer Jahresproduktion von über 2000 t nahezu den gesamten Malzbedarf der Brauerei deckt. Das heutige Absatzgebiet der Zwiefalter Klosterbräu erstreckt sich vom Großraum Stuttgart bis zum Bodensee und vom östlichen Schwarzwald bis zur Iller.

Hopfen aus ausgesuchten Anbaugebieten, Malz aus bester Gerste, Hefe aus feinster Reinzucht und Zwiefalter Brauwasser aus kristallklarer eigener Quelle der Schwäbischen Alb sind zusammen mit einer 400jährigen Brautradition und dem technischen Fortschritt die Garantie für gleichbleibende Qualität unserer Erzeugnisse.

Namen- und Sachregister

Gemeinderegister

Die Zahlen hinter der Ortsangabe bezeichnen die Textseiten, auf denen die Gemeinde erwähnt wird.
GK   = Gemeindekurzbiographien in ,,Wissenswertes aus den Kreisgemeinden''
TdS = Topographie der historischen Sehenswürdigkeiten
Abb. = Abbildung Nr. . . . (nicht Seitenzahl)